2024

ORGANIZADOR
Anderson Scherner Kist

Código Nacional de Normas do Foro Extrajudicial da Corregedoria Nacional de Justiça do Conselho Nacional de Justiça

Instituído pelo Provimento nº 149/2023
Atualizado até o Provimento nº 164/2024

2024 © Editora FOCO

Organizador: Anderson Scherner Kist
Direitor Acadêmico: Leornardo Pereira
Editor: Roberta Densa
Coordenadora Editorial: Paula Morishita
Revisora Sênior: Georgia Renata Dias
Projeto Gráfico e Diagramação: Ladislau Lima
Capa: Leonardo Hermano
Impressão miolo e capa: FORMA CERTA

Dados Internacionais de Catalogação na Publicação (CIP) de acordo com ISBD

C669

    Código Nacional de Normas do Foro Extrajudicial da Corregedoria Nacional de Justiça do Conselho Nacional de Justiça / organizado por Anderson Scherner Kist. - Indaiatuba, SP : Editora Foco, 2024.
    184 p. ; 17cm x 24cm.

    Inclui bibliografia e índice.
    ISBN: 978-65-6120-090-5

    1. Direito. 2. Direito notarial e registral. I. Kist, Anderson Scherner. II. Título.

2024-1300   CDD 341.411   CDU 347.961

Elaborado por Vagner Rodolfo da Silva – CRB-8/9410
Índices para Catálogo Sistemático:
1. Direito notarial e registral 341.411
2. Direito notarial e registral 347.961

Direitos autorais: É proibida a reprodução parcial ou total desta publicação, por qualquer forma ou meio, sem a prévia autorização da Editora Foco, com exceção dos textos legislativos que, por serem atos oficiais, não são protegidos com direitos autorais, na forma do Artigo 8º, IV, da Lei 9.610/1998. Referida vedação se estende às características gráficas da obra e sua editoração. A punição para a violação dos Direitos Autorais é crime previsto no Artigo 184 do Código Penal e as sanções civis às violações dos Direitos Autorais estão previstas nos Artigos 101 a 110 da Lei 9.610/1998.

Atualizações e erratas: A presente obra é vendida como está. As atualizações voluntárias e erratas são disponibilizadas no site www.editorafoco.com.br, na seção Atualizações. Esforçamo-nos ao máximo para entregar ao leitor uma obra com a melhor qualidade possível e sem erros técnicos ou de conteúdo. No entanto, nem sempre isso ocorre, seja por motivo de alteração de *software*, interpretação ou falhas de diagramação e revisão. Sendo assim, disponibilizamos em nosso site a seção mencionada (Atualizações), na qual relataremos, com a devida correção, os erros encontrados na obra. Solicitamos, outrossim, que o leitor faça a gentileza de colaborar com a perfeição da obra, comunicando eventual erro encontrado por meio de mensagem para contato@editorafoco.com.br.

Impresso no Brasil (5.2024) – Data de Fechamento (30.04.2024)

2024
Todos os direitos reservados à
Editora Foco Jurídico Ltda.
Rua Antonio Brunetti, 593 – Jd. Morada do Sol
CEP 13348-533 – Indaiatuba – SP
E-mail: contato@editorafoco.com.br
www.editorafoco.com.br

APRESENTAÇÃO

Estou muito contente que você tenha decidido abrir este livro, pois você precisa dele. Mais do que você pensa.

Novamente, é uma grande satisfação organizar um livro, este contendo o Código Nacional de Normas do Foro Extrajudicial da Corregedoria Nacional de Justiça do Conselho Nacional de Justiça. Assim como as obras anteriores, esta também foi pensada de forma bastante criteriosa e detalhada para que fosse mantida uma padronização, conservando, então, a familiarização no manuseio do livro, tanto para o estudante que presta Concurso de Outorga de Delegações de Serviços Notarias e Registrais, quanto aos já Tabeliães e Registradores, pois, além de rigorosamente atualizada, em determinadas situações, imprescindível sua consulta para auxílio no desempenho da atividade.

Este livro, além do Código Nacional de Normas do Foro Extrajudicial, contém mais 76 (setenta e seis) regramentos entre Provimentos, Resoluções, Resolução Conjunta, Orientações, Recomendações e Portaria. Ou seja, no que diz respeito aos Registros Públicos, abarca todo conteúdo publicado pelo Conselho Nacional de Justiça.

Em razão da abrangência do conteúdo deste material, ele importa, também, para todos operadores do Direito – juízes, promotores, advogados etc. – na área extrajudicial.

Além disso, todos os artigos em que há ainda referências a algum dispositivo do Código de Processo Civil de 1973, há nota de rodapé com a correspondência, sempre que possível, do artigo vigente do Código de Processo Civil de 2015, além de outras remissões inteligentes que facilitam a leitura e a compreensão global dos artigos.

Esta obra ganhou espaço diferenciado para alguns anexos citados nos regulamentos. Desta forma, fica o alerta aos estudantes, pois estes anexos podem configurar sugestões/modelos de respostas/confecções de peças, devendo, quando da realização da 2ª Fase do Concurso de Outorga de Delegações de Serviços Notarias e Registrais, ser vedados, conforme eventuais instruções passadas pela banca.

Gize-se que é válida a leitura integral da "Exposição dos Motivos" que aprovaram a organização do Código Nacional de Normas do Foro Extrajudicial. Por fim, acredito que o código não recebeu um sumário em virtude de ser novo e de que irá passar por atualizações, então, tomei a liberdade de confeccionar um para melhor manuseio e consulta desta obra.

Ótima leitura e bons estudos.

Anderson Scherner Kist

SUMÁRIO

CÓDIGO DE NORMAS NACIONAL DA CORREGEDORIA NACIONAL DE JUSTIÇA – FORO EXTRAJUDICIAL – PROVIMENTO Nº 149/2023 1
DEMAIS REGRAMENTOS
    PROVIMENTO Nº 162, 11 DE MARÇO DE 2024 75
    PROVIMENTO Nº 159, 18 DE DEZEMBRO DE 2023 76
    PROVIMENTO Nº 158, 05 DE DEZEMBRO DE 2023 78
    PROVIMENTO Nº 156, 04 DE NOVEMBRO DE 2023 79
    PROVIMENTO Nº 147, 04 DE JULHO DE 2023 86
    PROVIMENTO Nº 145, 23 DE JUNHO DE 2023 88
    PROVIMENTO Nº 144, 25 DE ABRIL DE 2023 88
    PROVIMENTO Nº 143, 25 DE ABRIL DE 2023 89
    PROVIMENTO Nº 140, 22 DE FEVEREIRO DE 2023 90
    PROVIMENTO Nº 134, 24 DE AGOSTO DE 2022 91
    PROVIMENTO Nº 133, 15 DE AGOSTO DE 2022 92
    PROVIMENTO Nº 127, 09 DE FEVEREIRO DE 2022 92
    PROVIMENTO Nº 124, 07 DE DEZEMBRO DE 2021 93
    PROVIMENTO Nº 122, 13 DE AGOSTO DE 2021 93
    PROVIMENTO Nº 115, 24 DE MARÇO DE 2021 93
    PROVIMENTO Nº 108, 03 DE JULHO DE 2020 94
    PROVIMENTO Nº 107, 24 DE JUNHO DE 2020 95
    PROVIMENTO Nº 103, 04 DE JUNHO DE 2020 95
    PROVIMENTO Nº 89, 18 DE DEZEMBRO DE 2019 96
    PROVIMENTO Nº 85, 19 DE AGOSTO DE 2019 99
    PROVIMENTO Nº 82, 03 DE JULHO DE 2019 100
    PROVIMENTO Nº 81, 06 DE DEZEMBRO DE 2018 100
    PROVIMENTO Nº 79, 08 DE NOVEMBRO DE 2018 100
    PROVIMENTO Nº 78, 30 DE ABRIL DE 2020 100
    PROVIMENTO Nº 77, 07 DE NOVEMBRO DE 2018 101
    PROVIMENTO Nº 74, 31 DE JULHO DE 2018 101
    PROVIMENTO Nº 73, 28 DE JUNHO DE 2018 101

PROVIMENTO Nº 66, 25 DE JANEIRO DE 2018	101
PROVIMENTO Nº 63, 14 DE NOVEMBRO DE 2017	102
PROVIMENTO Nº 62, 14 DE NOVEMBRO DE 2017	102
PROVIMENTO Nº 61, 17 DE OUTUBRO DE 2017	102
PROVIMENTO Nº 56, 14 DE JULHO DE 2016	103
PROVIMENTO Nº 50, 28 DE SETEMBRO DE 2015	103
PROVIMENTO Nº 45, 13 DE MAIO DE 2015	103
PROVIMENTO Nº 44, 18 DE MARÇO DE 2015	103
PROVIMENTO Nº 39, 25 DE JULHO DE 2014	109
PROVIMENTO Nº 27, 12 DE DEZEMBRO DE 2012	111
PROVIMENTO Nº 26, 12 DE DEZEMBRO DE 2012	111
PROVIMENTO Nº 25, 12 DE NOVEMBRO DE 2012	112
PROVIMENTO Nº 24, 23 DE OUTUBRO DE 2012	113
PROVIMENTO Nº 16, 17 DE FEVEREIRO DE 2012	113
PROVIMENTO Nº 15, 15 DE DEZEMBRO DE 2011	113
PROVIMENTO Nº 14, 29 DE ABRIL DE 2011	113
PROVIMENTO Nº 12, 06 DE AGOSTO DE 2010	113
RESOLUÇÃO Nº 402, 28 DE JUNHO DE 2021	115
RESOLUÇÃO Nº 363, 12 DE JANEIRO DE 2021	115
RESOLUÇÃO Nº 356, 27 DE NOVEMBRO DE 2020	117
RESOLUÇÃO Nº 228, 22 DE JUNHO DE 2016	118
RESOLUÇÃO Nº 175, 14 DE MAIO DE 2013	119
RESOLUÇÃO Nº 155, 16 DE JULHO DE 2012	119
RESOLUÇÃO CONJUNTA Nº 03, 19 DE ABRIL DE 2012	122
RESOLUÇÃO Nº 81, 09 DE JUNHO DE 2009	123
RESOLUÇÃO Nº 80, 09 DE JUNHO DE 2009	125
RESOLUÇÃO Nº 35, 24 DE ABRIL DE 2007	127
RESOLUÇÃO Nº 20, 29 DE AGOSTO DE 2006	129
ORIENTAÇÃO Nº 04, 25 DE JUNHO DE 2013	130
ORIENTAÇÃO Nº 05, 04 DE NOVEMBRO DE 2013	130
RECOMENDAÇÃO Nº 47, 12 DE MARÇO DE 2021	130
RECOMENDAÇÃO Nº 46, 23 DE JUNHO 2020	130
RECOMENDAÇÃO Nº 43, 30 DE OUTUBRO DE 2019	130
RECOMENDAÇÃO Nº 41, 02 DE JULHO DE 2019	131
RECOMENDAÇÃO Nº 40, 02 DE JULHO DE 2019	131
RECOMENDAÇÃO Nº 39, 19 DE JUNHO DE 2019	132

RECOMENDAÇÃO Nº 36, 30 DE MAIO DE 2019 132
RECOMENDAÇÃO Nº 54, 10 DE SETEMBRO DE 2018 132
RECOMENDAÇÃO Nº 28, 17 DE AGOSTO DE 2018 132
RECOMENDAÇÃO Nº 23, 28 DE JUNHO DE 2016 132
RECOMENDAÇÃO Nº 19, 25 DE MARÇO DE 2015 133
RECOMENDAÇÃO Nº 18, 02 DE MARÇO DE 2015 133
RECOMENDAÇÃO Nº 14, 02 DE JULHO DE 2014 133
RECOMENDAÇÃO Nº 09, 07 DE MARÇO DE 2013 133
RECOMENDAÇÃO Nº 08, 07 DE NOVEMBRO DE 2012 134
RECOMENDAÇÃO Nº 06, 02 DE JULHO DE 2012 134
RECOMENDAÇÃO Nº 03, 15 DE MARÇO DE 2012 134
RECOMENDAÇÃO Nº 17, 26 DE AGOSTO DE 2008 134
PORTARIA Nº 53, 14 DE OUTUBRO DE 2020 134

ANEXO DO CÓDIGO NACIONAL DE NORMAS 137
ANEXO I – REQUERIMENTO DE ALTERAÇÃO DE PRENOME 137
ANEXO II – DECLARAÇÃO DE DOAÇÃO DE ÓRGÃOS, TECIDOS E PARTES DO CORPO HUMANO PARA DEPOIS DA MORTE 138
ANEXO III – REVOGAÇÃO DE DECLARAÇÃO DE DOAÇÃO DE ÓRGÃOS, TECIDOS E PARTES DO CORPO HUMANO PARA DEPOIS DA MORTE 138

ANEXOS DOS DEMAIS REGRAMENTOS 139
PROVIMENTO Nº 16, 17 DE FEVEREIRO DE 2012 139
PROVIMENTO Nº 50, 28 DE SETEMBRO DE 2015 141
RESOLUÇÃO Nº 228, 22 DE JUNHO DE 2016 151
PROVIMENTO Nº 63, 14 DE NOVEMBRO DE 2017 153
PROVIMENTO Nº 62, 14 DE NOVEMBRO DE 2017 159
PROVIMENTO Nº 73, 28 DE JUNHO DE 2018 160
PROVIMENTO Nº 74, 31 DE JULHO DE 2018 161
PROVIMENTO Nº 122, 13 DE AGOSTO DE 2021 163

ÍNDICE SISTEMÁTICO

CÓDIGO DE NORMAS NACIONAL DA CORREGEDORIA NACIONAL DE JUSTIÇA – FORO EXTRAJUDICIAL – PROVIMENTO Nº 149/2023

PARTE GERAL – ARTS. 1º A 353

LIVRO I – DO REGIME JURÍDICO ADMINISTRATIVO – ARTS. 1º A 135-A

TÍTULO I – DAS ATRIBUIÇÕES

Arts. 1º a 57 3
CAPÍTULO I – DO APOSTILAMENTO – Arts. 1º a 17 3
  SEÇÃO I – DAS DISPOSIÇÕES GERAIS – Arts. 1º a 17 ... 3
CAPÍTULO II – DA CONCILIAÇÃO E MEDIAÇÃO – Arts. 18 a 57 4
  SEÇÃO I – DAS DISPOSIÇÕES GERAIS – Arts. 18 a 25 ... 4
  SEÇÃO II – DAS PARTES – Arts. 26 e 27 5
  SEÇÃO III – DO OBJETO – Art. 28 6
  SEÇÃO III – DO REQUERIMENTO – Arts. 29 a 36 6
  SEÇÃO IV – DAS SESSÕES – Arts. 37 a 41 6
  SEÇÃO V – DOS LIVROS – Arts. 42 a 51 7
  SEÇÃO VI – DOS EMOLUMENTOS – Arts. 52 a 55 7
  SEÇÃO VII – DAS DISPOSIÇÕES FINAIS – Arts. 56 e 57 8

TÍTULO II – DA ORGANIZAÇÃO NA PRESTAÇÃO DOS SERVIÇOS

Arts. 58 a 64 8
CAPÍTULO I – DO TELETRABALHO – Arts. 58 a 64 8
  SEÇÃO I – DAS DISPOSIÇÕES GERAIS – Arts. 58 a 64 ... 8

TÍTULO III – DOS INTERINOS E DOS PREPOSTOS

Arts. 65 a 71 8
CAPÍTULO I – DAS RESTRIÇÕES – Art. 65 8
  SEÇÃO I – DOS FAMILIARES DE JUÍZES CORREGEDORES – Art. 65 8
CAPÍTULO II – DA DESIGNAÇÃO DE INTERINOS – Arts. 66 a 71 8
  SEÇÃO I – DAS DISPOSIÇÕES GERAIS – Arts. 66 a 71 ... 8

TÍTULO IV – DO DELEGATÁRIO

Art. 72 9
CAPÍTULO I – DAS INCOMPATIBILIDADES E IMPEDIMENTOS – Art. 72 9
  SEÇÃO I – DE MANDATOS ELETIVOS – Art. 72 9

TÍTULO V – DA OUTORGA DE DELEGAÇÃO

Arts. 73 a 78 9
CAPÍTULO I – DO CONCURSO PÚBLICO – Arts. 73 a 77 9
  SEÇÃO I – DAS DISPOSIÇÕES GERAIS – Art. 73 9
  SEÇÃO II – DO PAINEL NACIONAL DOS CONCURSOS PÚBLICOS DE PROVAS E TÍTULOS PARA OUTORGA DE DELEGAÇÕES DE SERVIÇOS DE NOTAS E DE REGISTRO – Arts. 74 a 77 9
CAPÍTULO II – DAS DELEGAÇÕES IRREGULARES – Art. 78 9
  SEÇÃO I – DAS DISPOSIÇÕES GERAIS – Art. 78 9

TÍTULO VI – DA PROTEÇÃO DE DADOS PESSOAIS

Arts. 79 a 135 9
CAPÍTULO I – DA ORGANIZAÇÃO DAS SERVENTIAS – Arts. 79 a 135 9
  SEÇÃO I – DAS DISPOSIÇÕES GERAIS – Arts. 79 a 83 ... 9
  SEÇÃO II – DA GOVERNANÇA DO TRATAMENTO DE DADOS PESSOAIS NAS SERVENTIAS – Art. 84 10
  SEÇÃO III – DO MAPEAMENTO DAS ATIVIDADES DE TRATAMENTO – Art. 85 11
  SEÇÃO IV – DA REVISÃO DOS CONTRATOS – Arts. 86 e 87 11
  SEÇÃO V – DO ENCARREGADO – Art. 88 11
  SEÇÃO VI – DO RELATÓRIO DE IMPACTO – Art. 89 11
  SEÇÃO VII – DAS MEDIDAS DE SEGURANÇA, TÉCNICAS E ADMINISTRATIVAS – Arts. 90 a 93 12
  SEÇÃO VIII – DO TREINAMENTO – Art. 94 12
  SEÇÃO IX – DAS MEDIDAS DE TRANSPARÊNCIA E ATENDIMENTO A DIREITOS DE TITULARES – Arts. 95 a 98 12

SEÇÃO X – DAS CERTIDÕES E COMPARTILHAMENTO DE DADOS COM CENTRAIS E ÓRGÃOS PÚBLICOS – Arts. 99 a 105 13

SEÇÃO XI – DO TABELIONATO DE NOTAS E A PROTEÇÃO DE DADOS – Arts. 106 a 111 13

SEÇÃO XII – DO REGISTRO DE TÍTULOS E DOCUMENTOS E CIVIL DE PESSOAS JURÍDICAS E A PROTEÇÃO DE DADOS – Art. 112 13

SEÇÃO XIII – DO REGISTRO CIVIL DE PESSOAS NATURAIS E A PROTEÇÃO DE DADOS – Arts. 113 a 122 14

SEÇÃO XIV – DO REGISTRO DE IMÓVEIS E A PROTEÇÃO DE DADOS – Arts. 123 a 128 14

SEÇÃO XV – DO PROTESTO DE TÍTULOS E OUTROS DOCUMENTOS DE DÍVIDA E A PROTEÇÃO DE DADOS – Arts. 129 a 135 15

TÍTULO VII – DO REGIME DISCIPLINAR

Art. 135-A 15

CAPÍTULO I – TERMO DE AJUSTAMENTO DE CONDUTA COM O CNJ – Art. 135-A 15

LIVRO II – DA INTERAÇÃO INTERINSTITUCIONAL

Arts. 136 a 184 15

TÍTULO I – DO FORNECIMENTO DE INFORMAÇÕES

Art. 136 15

CAPÍTULO I – DA ALIMENTAÇÃO DOS DADOS NO SISTEMA "JUSTIÇA ABERTA" – Art. 136 15

SEÇÃO I – DAS DISPOSIÇÕES GERAIS – Art. 136 15

TÍTULO II – DA PREVENÇÃO DE CRIMES

Arts. 137 a 181 16

CAPÍTULO I – DA PREVENÇÃO À LAVAGEM DE DINHEIRO E AO FINANCIAMENTO DO TERRORISMO E DA PROLIFERAÇÃO DE ARMAS DE DESTRUIÇÃO EM MASSA – Arts. 137 a 181 16

SEÇÃO I – DAS DISPOSIÇÕES GERAIS – Arts. 137 a 142 16

SEÇÃO II – DA POLÍTICA DE PLD/FTP – Arts. 143 e 144 18

SEÇÃO III – DO CADASTRO DE CLIENTES E DEMAIS ENVOLVIDOS – Arts. 145 e 146 18

SEÇÃO IV – DO CADASTRO ÚNICO DE BENEFICIÁRIOS FINAIS – Arts. 147 e 148 19

SEÇÃO V – DO REGISTRO SOBRE OPERAÇÕES, PROPOSTAS DE OPERAÇÃO E SITUAÇÕES PARA FINS DE PLD/FTP – Arts. 149 e 150-A 19

SEÇÃO VI – DAS COMUNICAÇÕES À UNIDADE DE INTELIGÊNCIA FINANCEIRA (UIF) – Arts. 151 a 156-A ... 20

SEÇÃO VII – DAS NORMAS APLICÁVEIS AOS TABELIÃES E OFICIAIS DE REGISTRO DE CONTRATOS MARÍTIMOS – Arts. 157 e 158 21

SEÇÃO VIII – DAS NORMAS APLICÁVEIS AOS TABELIÃES DE PROTESTO – Arts. 159 e 160 21

SEÇÃO IX – DAS NORMAS APLICÁVEIS AOS REGISTRADORES DE IMÓVEIS – Arts. 161 e 162 21

SEÇÃO X – DAS NORMAS APLICÁVEIS AOS OFICIAIS DE REGISTRO DE TÍTULOS E DOCUMENTOS E CIVIS DAS PESSOAS JURÍDICAS – Arts. 163 e 164 21

SEÇÃO XI – DAS NORMAS APLICÁVEIS AOS NOTÁRIOS – Arts. 165 a 181 21

SUBSEÇÃO I – DAS DISPOSIÇÕES GERAIS – Arts. 165 e 165-A 21

SUBSEÇÃO II – DO CADASTRO ÚNICO DE CLIENTES DO NOTARIADO (CCN) – Art. 166 22

SUBSEÇÃO III – DO CADASTRO ÚNICO DE BENEFICIÁRIOS FINAIS – Arts. 167 e 168 22

SUBSEÇÃO IV – DO REGISTRO DE OPERAÇÕES E DO ÍNDICE ÚNICO DE ATOS NOTARIAIS – Arts. 169 e 170 22

SUBSEÇÃO V – DAS COMUNICAÇÕES DOS TABELIÃES DE NOTAS À UIF – Arts. 171 e 172 22

SEÇÃO XII – DA GUARDA E CONSERVAÇÃO DE REGISTROS E DOCUMENTOS – Art. 173 23

SEÇÃO XIII – DAS DISPOSIÇÕES FINAIS – Arts. 174 a 181 23

TÍTULO III – DA INTERAÇÃO COM ÓRGÃOS E ENTES PÚBLICOS

Arts. 182 a 184 23

CAPÍTULO I – DO ENVIO DE DADOS PELO REGISTRO CIVIL DAS PESSOAS NATURAIS – Arts. 182 a 184 .. 23

SEÇÃO I – DO ENVIO DE DADOS REGISTRAIS DE PESSOAS EM ESTADO DE VULNERABILIDADE ECONÔMICA – Arts. 182 e 183 23

SEÇÃO I – DO ENVIO DE DADOS AO TRIBUNAL SUPERIOR ELEITORAL – Art. 184 24

LIVRO III – DO ACERVO DAS SERVENTIAS

Arts. 185 a 205 24

TÍTULO I – DOS LIVROS

Arts. 185 a 195 24

CAPÍTULO I – DA ESCRITURAÇÃO CONTÁBIL E CORRECIONAL – Arts. 185 a 195 24

SEÇÃO I – DAS DISPOSIÇÕES GERAIS – Arts. 185 a 195 24

TÍTULO II – DA CONSERVAÇÃO DE DOCUMENTOS

Art. 196 25

CAPÍTULO I – DO PRAZO – Art. 196 25

SEÇÃO I – DA TABELA DE TEMPORALIDADE – Art. 196 25

TÍTULO III – DO EXTRAVIO OU DANIFICAÇÃO DO ACERVO

Arts. 197 a 205 25

CAPÍTULO I – DO PROCEDIMENTO – Arts. 197 a 205 25

SEÇÃO I – DAS DISPOSIÇÕES GERAIS – Arts. 197 a 205 25

LIVRO IV – DA ORGANIZAÇÃO DIGITAL DOS SERVIÇOS

Arts. 206 a 343 26

TÍTULO I – DAS NORMAS GERAIS

Art. 206 26

CAPÍTULO I – DOS PADRÕES DE TECNOLOGIA DA INFORMAÇÃO – Art. 206 26

SEÇÃO I – DAS DISPOSIÇÕES GERAIS – Art. 206 26

TÍTULO II – DOS SISTEMAS DIGITAIS DOS SERVIÇOS

Arts. 207 a 343 26

CAPÍTULO I – DAS NORMAS COMUNS – Arts. 207 a 210 ...26

SEÇÃO I – DAS COMUNICAÇÕES ENTRE AS SERVENTIAS E DESTAS COM O PODER JUDICIÁRIO – Art. 207 26

SEÇÃO II – DA RECEPÇÃO DE TÍTULOS E DOCUMENTOS POR VIA ELETRÔNICA – Arts. 208 a 210........26

CAPÍTULO II – DO SISTEMA ELETRÔNICO DOS REGISTROS PÚBLICOS (SERP) – Arts. 211 e 228-H 26

SEÇÃO I – DAS DIRETRIZES PARA ORGANIZAÇÃO DO SISTEMA ELETRÔNICO DE REGISTROS PÚBLICOS (SERP) – Arts. 211 e 212 26

SEÇÃO II – DOS OPERADORES NACIONAL DE REGISTROS PÚBLICOS – Arts. 213 a 216 27

SEÇÃO III – DA SUSTENTAÇÃO FINANCEIRA DO ONSERP, ONR, ON-RCPN E ON-RTDPJ – Arts. 217 a 220 27

SEÇÃO III-A – DO AGENTE REGULADOR – Arts. 220-A a 220-K 28

SUBSEÇÃO I – DAS DISPOSIÇÕES GERAIS – Arts. 220-A e 220-B 28

SUBSEÇÃO II – DAS ATIVIDADES DE REGULAÇÃO DO AGENTE REGULADOR – Art. 220-C 28

SUBSEÇÃO III – DA FISCALIZAÇÃO DO ONSERP, ONR, ON-RCPN E ON-RTDPJ – Arts. 220-D e 220-E... 29

SUBSEÇÃO IV – DOS ÓRGÃOS INTERNOS DO AGENTE REGULADOR – Arts. 220-F a 220-J 29

SUBSEÇÃO IV.1 – DA SECRETARIA EXECUTIVA – Art. 220-F 29

SUBSEÇÃO IV.2 – DA CÂMARA DE REGULAÇÃO – Arts. 220-G a 220-I..29

SUBSEÇÃO IV.3 – DO CONSELHO CONSULTIVO – Art. 220-J..29

SUBSEÇÃO V – DAS DISPOSIÇÕES FINAIS – Art. 220-K 29

SEÇÃO IV – DAS DISPOSIÇÕES GERAIS – Arts. 221 a 228 29

SEÇÃO V – DA AUTENTICAÇÃO DE USUÁRIOS, ASSINATURA ELETRÔNICA E LISTA DE SERVIÇOS ELETRÔNICOS CONFIÁVEIS DO ON-RCPN – Arts. 228-A a 228-H 30

SUBSEÇÃO I – DAS DISPOSIÇÕES GERAIS – Art. 228-A..30

SUBSEÇÃO II – DO SISTEMA DE AUTENTICAÇÃO ELETRÔNICA DO REGISTRO CIVIL – IDRC – Arts. 228-B a 228-D 30

SUBSEÇÃO III – DA INFRAESTRUTURA DE CHAVES PÚBLICAS DO REGISTRO CIVIL (ICP-RC) – Art. 228-E 30

SUBSEÇÃO IV – DA LISTA DE SERVIÇOS ELETRÔNICOS CONFIÁVEIS DO REGISTRO CIVIL DO BRASIL (LSEC-RCPN) – Arts. 228-F a 228-H......... 31

CAPÍTULO III – DO REGISTRO CIVIL DAS PESSOAS NATURAIS – Arts. 229 a 245 31

SEÇÃO I – DA CENTRAL DE INFORMAÇÕES DE REGISTRO CIVIL DAS PESSOAS NATURAIS (CRC) – Arts. 229 a 245.. 31

CAPÍTULO IV – DO REGISTRO CIVIL DE TÍTULOS E DOCUMENTOS E DO REGISTRO CIVIL DAS PESSOAS JURÍDICAS – Arts. 246 a 256 33

SEÇÃO I – DO SISTEMA DE REGISTRO ELETRÔNICO DE TÍTULOS E DOCUMENTOS E CIVIL DE PESSOAS JURÍDICAS – Arts. 246 a 256 33

CAPÍTULO V – DO TABELIONATO DE PROTESTO – Arts. 257 a 263 34

SEÇÃO I – DOS SERVIÇOS ELETRÔNICOS DOS TABELIÃES DE PROTESTO DE TÍTULOS – CENPROT – Arts. 257 a 263..34

CAPÍTULO VI – DO TABELIONATO DE NOTAS – Arts. 264 a 319 35

SEÇÃO I – DA CENTRAL NOTARIAL DE SERVIÇOS ELETRÔNICOS COMPARTILHADOS (CENSEC) – Arts. 264 a 283 35

SUBSEÇÃO I – DAS DISPOSIÇÕES GERAIS – Arts. 264 a 266..35

SUBSEÇÃO II – DO REGISTRO CENTRAL DE TESTAMENTOS "ON-LINE" (RCTO) – Arts. 267 a 269 35

SUBSEÇÃO III – DA CENTRAL DE ESCRITURAS DE SEPARAÇÕES, DIVÓRCIOS E INVENTÁRIOS (CESDI) – Arts. 270 e 271 36

SUBSEÇÃO IV – DA CENTRAL DE ESCRITURAS E PROCURAÇÕES (CEP) – Arts. 272 e 273 36

SUBSEÇÃO V – DA CENTRAL NACIONAL DE SINAL PÚBLICO (CNSIP) – Arts. 274 e 275 36

SUBSEÇÃO VI – DA FISCALIZAÇÃO DA CENSEC – Arts. 276 e 277 36

SUBSEÇÃO VII – DO ACESSO À CENSEC – Arts. 278 a 280.. 36

SUBSEÇÃO VIII – DAS DEFINIÇÕES TÉCNICAS – Arts. 281 a 283..37

SEÇÃO II – DOS ATOS NOTARIAIS ELETRÔNICOS POR MEIO DO E-NOTARIADO – Arts. 284 a 319............37

SUBSEÇÃO I – DAS DISPOSIÇÕES GERAIS – Arts. 284 a 289..37

SUBSEÇÃO II – DO SISTEMA DE ATOS NOTARIAS ELETRÔNICOS E-NOTARIADO – Arts. 290 a 294 38

SUBSEÇÃO III – DA MATRÍCULA NOTARIAL ELETRÔNICA – MNE – Art. 295 38

SUBSEÇÃO IV – DO ACESSO AO SISTEMA – Arts. 296 a 298..38

SUBSEÇÃO V – DOS ATOS NOTARIAIS ELETRÔNICOS – Arts. 299 a 309..................................39

SUBSEÇÃO VI – DOS CADASTROS – Arts. 310 e 311....39

SUBSEÇÃO VII – DAS DISPOSIÇÕES FINAIS – Arts. 312 a 319..40

CAPÍTULO VII – DO REGISTRO DE IMÓVEIS – Arts. 320 a 343..40

SEÇÃO I – DA CENTRAL NACIONAL DE INDISPONIBILIDADE DE BENS – Art. 320 40

SEÇÃO II – DA PRESTAÇÃO DOS SERVIÇOS ELETRÔNICOS PELOS REGISTROS DE IMÓVEIS – Arts. 321 a 329..40

SEÇÃO III – DO CÓDIGO NACIONAL DE MATRÍCULA – Arts. 330 a 343..41

SUBSEÇÃO I – DA INSERÇÃO GRÁFICA DO CÓDIGO NACIONAL DE MATRÍCULA – Art. 330 41

SUBSEÇÃO II – DA REUTILIZAÇÃO DO CÓDIGO NACIONAL DE MATRÍCULA – Art. 331 42

SUBSEÇÃO III – DA REUTILIZAÇÃO DO CÓDIGO NACIONAL DE MATRÍCULA – Art. 332 42

SUBSEÇÃO IV – DO PROGRAMA GERADOR E VALIDADOR – Art. 333..42

SUBSEÇÃO V – DO ACESSO AO PROGRAMA GERADOR E VALIDADOR PELOS OFICIAIS DE REGISTRO DE IMÓVEIS – Art. 334..............42

SUBSEÇÃO VI – DA CONSULTA DO PROGRAMA GERADOR E VALIDADOR PELOS USUÁRIOS – Art. 335..42

SUBSEÇÃO VII – DA ESCRITURAÇÃO DA MATRÍCULA EM FICHAS SOLTAS – Art. 336..............42

SUBSEÇÃO VIII – DA UNICIDADE DA MATRÍCULA – Art. 337..42

SUBSEÇÃO IX – DO NÚMERO DE ORDEM – Art. 338....43

SUBSEÇÃO X – DA RIGOROSA SEQUÊNCIA DO NÚMERO DE ORDEM – Art. 339..............................43

SUBSEÇÃO XI – DO NÚMERO DE ORDEM E ANEXAÇÃO DE ACERVO DE CARTÓRIO EXTINTO – Art. 340..43

SUBSEÇÃO XII – DAS DISPOSIÇÕES SOBRE A ABERTURA DE NOVA MATRÍCULA – Art. 341 43

SUBSEÇÃO XIII – DAS DISPOSIÇÕES FINAIS E TRANSITÓRIAS – Arts. 342 e 343 43

LIVRO V – DOS EMOLUMENTOS NOS SERVIÇOS NOTARIAIS E REGISTRAIS

Arts. 344 a 352 43

TÍTULO I – DAS NORMAS GERAIS

Arts. 344 a 352 43

CAPÍTULO I – DA COBRANÇA – Arts. 344 a 352............. 43

SEÇÃO I – DAS DISPOSIÇÕES GERAIS – Art. 344 43

SEÇÃO II – DAS DIRETRIZES PARA CONTRATOS DE EXPLORAÇÃO DE ENERGIA EÓLICA – Arts. 345 a 352..43

TÍTULO II – DAS NORMAS ESPECÍFICAS

Art. 353..44

CAPÍTULO I – DO REGISTRO CIVIL DAS PESSOAS NATURAIS – Art. 353..44

SEÇÃO I – DA RENDA MÍNIMA – Art. 353 44

PARTE ESPECIAL

Arts. 354 a 556..44

LIVRO I – DO TABELIONATO DE PROTESTO

Arts. 354 a 396..44

TÍTULO I – DAS DISPOSIÇÕES GERAIS

Arts. 354 a 368..44

CAPÍTULO I – DO PROCEDIMENTO PARA PROTESTO – Arts. 354 a 368................................ 44

SEÇÃO I – DAS DISPOSIÇÕES GERAIS – Arts. 354 a 367..44

SEÇÃO II – DAS INTIMAÇÕES – Art. 368 45

TÍTULO II – DOS EMOLUMENTOS DO PROCEDIMENTO DE PROTESTO

Arts. 369 a 374..45

CAPÍTULO I – DO MOMENTO DO PAGAMENTO – Arts. 369 a 374..45

SEÇÃO I – DAS DISPOSIÇÕES GERAIS – Arts. 369 a 374..45

TÍTULO III – DAS ATRIBUIÇÕES DOS TABELIONATOS DE PROTESTOS

Arts 375 a 388..45

CAPÍTULO I – DAS MEDIDAS DE INCENTIVO À QUITAÇÃO OU À RENEGOCIAÇÃO DE DÍVIDAS PROTESTADAS – Arts 375 a 388..............................45

SEÇÃO I – DAS DISPOSIÇÕES GERAIS – Arts 375 a 388..45

ÍNDICE SISTEMÁTICO

TÍTULO III – DOS TÍTULOS E DOCUMENTOS DE DÍVIDA EM ESPÉCIE

Arts. 389 a 396 47

CAPÍTULO I – DO CHEQUE – Arts. 389 a 396 47

SEÇÃO I – DAS DISPOSIÇÕES GERAIS – Arts. 389 a 396 47

LIVRO II – DO REGISTRO DE TÍTULOS E DOCUMENTOS E DO REGISTRO CIVIL DAS PESSOAS JURÍDICAS

Art. 397 48

TÍTULO I – DO REGISTRO DE TÍTULOS E DOCUMENTOS

Art. 397 48

CAPÍTULO I – DOS TÍTULOS RELATIVOS A VEÍCULOS AUTOMOTORES – Art. 397 48

SEÇÃO I – DAS DISPOSIÇÕES GERAIS – Art. 397 48

LIVRO III – DO REGISTRO DE IMÓVEIS

Arts. 398 a 440-AM 48

TÍTULO ÚNICO – DAS DISPOSIÇÕES ESPECÍFICAS

Arts. 398 a 440-AM 48

CAPÍTULO I – DO PROCEDIMENTO DE USUCAPIÃO – Arts. 398 a 423 48

SEÇÃO I – DAS DISPOSIÇÕES GERAIS – Arts. 398 a 423 48

CAPÍTULO II – DOS ATOS RELATIVOS A TERRAS INDÍGENAS – Arts. 424 a 432 52

SEÇÃO I – DAS DISPOSIÇÕES GERAIS – Arts. 424 a 432 52

CAPÍTULO III – DO ARRENDAMENTO DE IMÓVEL RURAL POR ESTRANGEIRO – Arts. 433 a 436 53

SEÇÃO I – DAS DISPOSIÇÕES GERAIS – Arts. 433 a 436 53

CAPÍTULO IV – DA DESCRIÇÃO DE IMÓVEIS PÚBLICOS FEDERAIS NA AMAZÔNIA LEGAL – Arts. 437 a 440 ... 54

SEÇÃO I – DAS DISPOSIÇÕES GERAIS – Arts. 437 a 440 54

CAPÍTULO V – DA ADJUDICAÇÃO COMPULSÓRIA PELA VIA EXTRAJUDICIAL – Arts. 440-A a 440-AM 54

SEÇÃO I – DAS DISPOSIÇÕES GERAIS – Arts. 440-A a 440-J 54

SEÇÃO II – DO PROCEDIMENTO – Arts. 440-K a 440-AL 56

SUBSEÇÃO I – DO REQUERIMENTO INICIAL – Arts. 440-K a 440-Q 56

SUBSEÇÃO II – DA NOTIFICAÇÃO – Arts. 440-R a 440-X 57

SUBSEÇÃO III – DA ANUÊNCIA E DA IMPUGNAÇÃO – Arts. 440-Y a 440-AE 57

SUBSEÇÃO IV – DA QUALIFICAÇÃO E DO REGISTRO – Arts. 440-AF a 440-AL 57

SEÇÃO III – DAS DISPOSIÇÕES FINAIS – Art. 440-AM .. 58

LIVRO IV – DO TABELIONATO DE NOTAS

Arts. 441 a 444-F 58

TÍTULO ÚNICO – DAS DISPOSIÇÕES ESPECÍFICAS

Arts. 441 a 444-F 58

CAPÍTULO I – DA SEPARAÇÃO, DIVÓRCIO, INVENTÁRIO E PARTILHA EXTRAJUDICIAIS – Art. 441 e 442 58

SEÇÃO I – DAS DISPOSIÇÕES GERAIS – Art. 441 58

SEÇÃO II – DA OBRIGATORIEDADE DE CONSULTA AO REGISTRO CENTRAL DE TESTAMENTOS ON-LINE (RCTO) NO CASO DE INVENTÁRIOS E PARTILHAS – Art. 442 58

CAPÍTULO II – DO ARRENDAMENTO DE IMÓVEL RURAL POR ESTRANGEIRO – Art. 443 58

SEÇÃO I – DAS DISPOSIÇÕES GERAIS – Art. 443 58

CAPÍTULO III – DA AUTORIZAÇÃO ELETRÔNICA DE VIAGEM DE CRIANÇAS E ADOLESCENTES – Art. 444 ... 58

SEÇÃO I – DAS DISPOSIÇÕES GERAIS – Art. 444 58

CAPÍTULO IV – DA AUTORIZAÇÃO ELETRÔNICA DE DOAÇÃO DE ÓRGÃOS, TECIDOS E PARTES DO CORPO HUMANO – Art. 444-A a 444-F 58

SEÇÃO I – DISPOSIÇÕES GERAIS – Art. 444-A a 444-C ... 58

SEÇÃO II – DO PROCEDIMENTO – Art. 444-D A 444-F 59

LIVRO V – DO REGISTRO CIVIL DAS PESSOAS NATURAIS

Arts. 445 a 554 59

TÍTULO I – DAS DISPOSIÇÕES GERAIS

Arts. 445 a 471 59

CAPÍTULO I – DAS UNIDADES INTERLIGADAS NOS ESTABELECIMENTOS DE SAÚDE – Arts. 445 a 460 59

SEÇÃO I – DAS DISPOSIÇÕES GERAIS – Arts. 445 a 460 59

CAPÍTULO II – DA OBTENÇÃO DE PAPÉIS DE SEGURANÇA – Art. 461 61

SEÇÃO I – DAS DISPOSIÇÕES GERAIS – Art. 461 61

CAPÍTULO III – DAS SITUAÇÕES JURÍDICO-TRANSNACIONAIS – Art. 462 a 467 62

SEÇÃO I – DO TRASLADO DE ASSENTOS ESTRANGEIROS – Art. 462 62

SEÇÃO II – DOS TÍTULOS ESTRANGEIROS PARA INGRESSO EM ASSENTO BRASILEIRO – Arts. 463 a 467 62

CAPÍTULO IV – DAS ATRIBUIÇÕES POR CONVÊNIOS – Arts. 468 a 471 62

SEÇÃO I – DAS DISPOSIÇÕES GERAIS – Arts. 468 a 471 62

ÍNDICE SISTEMÁTICO

TÍTULO II – DAS DISPOSIÇÕES ESPECÍFICAS

Arts. 472 a 554 62

CAPÍTULO I – DOS MODELOS DE ATOS – Arts. 472 a 479 62

SEÇÃO I – DAS DISPOSIÇÕES GERAIS – Arts. 472 a 479 62

CAPÍTULO I-A – DO REGISTRO DE NATIMORTO – Arts. 479-A e 479-B 63

CAPÍTULO II – DO REGISTRO TARDIO – Arts. 480 a 495 63

SEÇÃO I – DAS DISPOSIÇÕES GERAIS – Arts. 480 a 495 63

CAPÍTULO II-A – DO PROCEDIMENTO DE PROMOÇÃO DO REGISTRO DE NASCIMENTO NO CASO DE OMISSÃO – Arts. 495-A a 495-E 65

CAPÍTULO III – DO RECONHECIMENTO DE PATERNIDADE – Arts. 496 a 504 65

SEÇÃO I – DAS DISPOSIÇÕES GERAIS – Arts. 496 a 504 65

CAPÍTULO IV – DA PARENTALIDADE SOCIOAFETIVA – Arts. 505 a 511 66

SEÇÃO I – DAS DISPOSIÇÕES GERAIS – Arts. 505 a 511 66

CAPÍTULO V – DA REPRODUÇÃO ASSISTIDA – Arts. 512 a 515 67

SEÇÃO I – DAS DISPOSIÇÕES GERAIS – Arts. 512 a 515 67

CAPÍTULO V-A – DA ALTERAÇÃO EXTRAJUDICIAL DO NOME – Art. 515-A a 515-V 67

SEÇÃO I – DAS DISPOSIÇÕES GERAIS – Art. 515-A 67

SEÇÃO II – DA COMPOSIÇÃO DO NOME – Arts. 515-B e 515-C 67

SEÇÃO III – DA ALTERAÇÃO DE PRENOME – Arts. 515-D a 515-H 67

SEÇÃO IV – DA ALTERAÇÃO DE SOBRENOME – Arts. 515-I a 515-M 68

SEÇÃO V – DAS REGRAS COMUNS AOS PROCEDIMENTOS DE ALTERAÇÃO DE PRENOME E DE SOBRENOME – Arts. 515-N a 515-T 69

SEÇÃO VI – DA SITUAÇÃO TRANSNACIONAL – Arts. 515-U e 515-V 69

CAPÍTULO VI – DOS DADOS RELATIVOS À PESSOA TRANSGÊNERO – Arts. 516 a 523 69

SEÇÃO I – DA ALTERAÇÃO DO PRENOME E DO GÊNERO – Arts. 516 a 523 69

CAPÍTULO VII – DA PESSOA COM SEXO IGNORADO – Arts. 524 a 530 70

SEÇÃO I – DAS DISPOSIÇÕES GERAIS – Arts. 524 a 530 70

CAPÍTULO VIII – DAS AÇÕES DE CARÁTER INFORMATIVO PARA MELHOR PREPARAÇÃO DO CASAMENTO – Arts. 531 a 536 71

SEÇÃO I – DAS DISPOSIÇÕES GERAIS – Arts. 531 a 536 71

CAPÍTULO IX – DA UNIÃO ESTÁVEL – Arts. 537 a 553 71

SEÇÃO I – DO REGISTRO DA UNIÃO ESTÁVEL – Arts. 537 a 546 71

SEÇÃO II – DA ALTERAÇÃO DE REGIME DE BENS NA UNIÃO ESTÁVEL – Arts. 547 e 548 73

SEÇÃO III – DA CONVERSÃO DA UNIÃO ESTÁVEL EM CASAMENTO – Arts. 549 a 552 73

SEÇÃO IV – DO PROCEDIMENTO DE CERTIFICAÇÃO ELETRÔNICA DA UNIÃO ESTÁVEL – Art. 553 74

CAPÍTULO X – DO CASAMENTO ENTRE PESSOAS DO MESMO SEXO – Art. 554 74

SEÇÃO I – DAS DISPOSIÇÕES GERAIS – Art. 554 74

LIVRO COMPLEMENTAR – DISPOSIÇÕES FINAIS E TRANSITÓRIAS

Arts. 555 e 556 74

DEMAIS REGRAMENTOS

PROVIMENTO N° 162, 11 DE MARÇO DE 2024

Regulamenta o art. 47-A do Regimento Interno do Conselho Nacional de Justiça (RICNJ), acerca da celebração de Termo de Ajustamento de Conduta (TAC) entre a Corregedoria Nacional de Justiça e magistrados, servidores e serventuários do Poder Judiciário ou delegatários de serventias extrajudiciais, e dá outras providências 75

PROVIMENTO N° 159, 18 DE DEZEMBRO DE 2023

Institui o Fundo para a Implementação e Custeio do Sistema Eletrônico dos Registros Públicos – FIC-ONSERP, o Fundo para a Implementação e Custeio do Sistema Eletrônico do Registro Civil das Pessoas Naturais – FIC-RCPN, e o Fundo para a Implementação e Custeio do Sistema Eletrônico do Registro de Títulos e Documentos e Civis das Pessoas Jurídicas – FIC-RTDPJ; dispõe sobre suas receitas; e dá outras providências. 76

CAPÍTULO I – DAS DISPOSIÇÕES GERAIS – Arts. 1º e 2º ...76

CAPÍTULO II – DA RECEITA DO FUNDO PARA A IMPLEMENTAÇÃO E CUSTEIO DO SISTEMA ELETRÔNICO DO REGISTRO CIVIL DAS PESSOAS NATURAIS – FIC-RCPN – Arts. 3º e 4º 77

CAPÍTULO III – DA RECEITA DO FUNDO PARA A IMPLEMENTAÇÃO E CUSTEIO DO SISTEMA ELETRÔNICO DO REGISTRO DE TÍTULOS E DOCUMENTOS E CIVIL DAS PESSOAS JURÍDICAS – FIC-RTDPJ – Arts. 5º e 6º 77

CAPÍTULO IV – DA RECEITA DO FUNDO PARA A IMPLEMENTAÇÃO E CUSTEIO DO SISTEMA ELETRÔNICO DOS REGISTROS PÚBLICOS – FIC-ONSERP – Art. 7º 77

CAPÍTULO V – DA ESCRITURAÇÃO, RECOLHIMENTO E FISCALIZAÇÃO DO FIC-RCPN E FIC-RTDPJ – Arts. 8º a 12 77

ÍNDICE SISTEMÁTICO

SEÇÃO I – DA ESCRITURAÇÃO – Arts. 8º e 9º 77
SEÇÃO II – DO RECOLHIMENTO – Arts. 10 e 11 77
SEÇÃO III – DA FISCALIZAÇÃO – Art. 12 77
CAPÍTULO VI – DAS INFRAÇÕES – Arts. 13 a 15 78
CAPÍTULO VII – DA DISPENSA DE PAGAMENTO DO FIC/SREI, FIC-RCPN, FIC-RTDPJ E FIC-ONSERP – Art. 16 78
CAPÍTULO VIII – DAS DISPOSIÇÕES FINAIS E TRANSITÓRIAS – Arts. 17 a 21 78

PROVIMENTO Nº 158, 05 DE DEZEMBRO DE 2023
Estabelece, no âmbito do Poder Judiciário, o Programa Permanente de Regularização Fundiária Plena de Núcleos Urbanos Informais e Favelas – "Solo Seguro – Favela" – e dá outras providências 78

PROVIMENTO Nº 156, 04 DE NOVEMBRO DE 2023
Dispõe sobre as normas a serem observadas nas inspeções e correições de competência da Corregedoria Nacional de Justiça, nas unidades judiciais e administrativas dos tribunais e nos serviços notariais e de registro 79

CAPÍTULO I – DAS DISPOSIÇÕES GERAIS – Arts. 1º a 4º ... 79
CAPÍTULO II – DA INSPEÇÃO – Arts. 5º a 12 79
CAPÍTULO III – DO PROCEDIMENTO PREPARATÓRIO DE INSPEÇÃO – Arts. 13 a 19 80
CAPÍTULO IV – DA INSPEÇÃO NAS UNIDADES JUDICIAIS DE PRIMEIRO GRAU – Arts. 20 a 25 80
CAPÍTULO V – DA INSPEÇÃO NAS UNIDADES JUDICIAIS DE SEGUNDO GRAU – Arts. 26 e 27 84
CAPÍTULO VI – DA INSPEÇÃO NO SETOR DE PRECATÓRIOS – Art. 28 84
CAPÍTULO VII – DA INSPEÇÃO NAS DEMAIS UNIDADES ADMINISTRATIVAS – Art. 29 85
CAPÍTULO VIII – DA INSPEÇÃO NOS SERVIÇOS EXTRAJUDICIAIS – Art. 30 85
CAPÍTULO IX – DO RELATÓRIO DE INSPEÇÃO – Arts. 31 a 34 85
CAPÍTULO X – DA CORREIÇÃO – Arts. 35 e 36 86
CAPÍTULO XI – DAS DISPOSIÇÕES FINAIS – Arts. 37 a 39 86

PROVIMENTO Nº 147, 04 DE JULHO DE 2023
Dispõe sobre a política permanente de enfrentamento a todas as formas de violência contra a mulher, no âmbito das atribuições da Corregedoria Nacional de Justiça; adota protocolo específico para o atendimento a vítimas e recebimento de denúncias de violência contra a mulher envolvendo magistrados, servidores do Poder Judiciário, notários e registradores; cria canal simplificado de acesso a vítimas de violência contra a mulher na Corregedoria Nacional de Justiça e dá outras providências 86

PROVIMENTO Nº 145, 23 DE JUNHO DE 2023
Institui o Prêmio "Solo Seguro", com o objetivo de premiar iniciativas inovadoras e incentivar o aperfeiçoamento de práticas relativas à regularização fundiária urbana e rural 88

PROVIMENTO Nº 144, 25 DE ABRIL DE 2023
Estabelece, no âmbito do Poder Judiciário, o Programa Permanente de Regularização Fundiária na Amazônia Legal, institui a Semana Nacional de Regularização Fundiária, e dá outras providências 88

PROVIMENTO Nº 143, 25 DE ABRIL DE 2023
Regulamenta a estrutura, a geração e a validação do Código Nacional de Matrícula (CNM), dispõe sobre a escrituração da matrícula no registro de imóveis, e dá outras providências 89

CAPÍTULO I – DO CÓDIGO NACIONAL DE MATRÍCULA – Arts. 1º a 12 (Revogados) 89
CAPÍTULO III – DAS DISPOSIÇÕES FINAIS E TRANSITÓRIAS – Arts. 13 a 18 89
SEÇÃO I – DO PRAZO PARA A IMPLANTAÇÃO DO CÓDIGO NACIONAL DE MATRÍCULA – Art. 13 89
SEÇÃO II – DO PRAZO DE TRANSPOSIÇÃO INTEGRAL PARA O SISTEMA DE FICHAS SOLTAS – Art. 14 90
SEÇÃO III – DO PRAZO PARA A ESTRUTURAÇÃO DOS DADOS DOS INDICADORES – Art. 15 90
SEÇÃO IV – DA CONSERVAÇÃO DE DADOS – Art. 16 ... 90
SEÇÃO V – DOS CASOS OMISSOS – Art. 17 90
SEÇÃO VI – DA REVOGAÇÃO DE DISPOSIÇÕES EM CONTRÁRIO – Art. 18 90
SEÇÃO VII – DA VIGÊNCIA – Art. 19 (Revogado) 90

PROVIMENTO Nº 140, 22 DE FEVEREIRO DE 2023
Estabelece, no âmbito do Poder Judiciário, o Programa de Enfrentamento ao Sub-registro Civil e de Ampliação ao Acesso à Documentação Básica por Pessoas Vulneráveis; institui a Semana Nacional do Registro Civil e dá outras providências 90

PROVIMENTO Nº 134, 24 DE AGOSTO DE 2022
Estabelece medidas a serem adotadas pelas serventias extrajudiciais em âmbito nacional para o processo de adequação à Lei Geral de Proteção de Dados Pessoais 91

CAPÍTULO I – DAS DISPOSIÇÕES GERAIS – Arts. 1º a 57 91
CAPÍTULO XVI – DAS DISPOSIÇÕES FINAIS – Arts. 58 e 59 91

PROVIMENTO Nº 133, 15 DE AGOSTO DE 2022
Disciplina a alimentação do Painel Nacional dos Concursos Públicos de Provas e Títulos para Outorga de Delegações de Serviços de Notas e de Registro, gerido pela Corregedoria Nacional de Justiça 92

ÍNDICE SISTEMÁTICO

PROVIMENTO Nº 127, 09 DE FEVEREIRO DE 2022

Disciplina a Plataforma do Sistema Integrado de Pagamentos Eletrônicos (SIPE) para os serviços notariais e de registro, e dá outras providências.................. 92

CAPÍTULO I – DA PLATAFORMA DO SISTEMA INTEGRADO DE PAGAMENTOS ELETRÔNICOS – SIPE – Arts. 1º e 2º... 92

CAPÍTULO II – DOS EMOLUMENTOS DE SERVIÇOS ELETRÔNICOS NÃO PREVISTOS NAS TABELAS DE CUSTAS E EMOLUMENTOS – Arts. 3º e 4º.................. 92

CAPÍTULO III – DAS DISPOSIÇÕES GERAIS – Arts. 5º a 10.. 92

PROVIMENTO Nº 124, 07 DE DEZEMBRO DE 2021

Estabelece prazo para a universalização do acesso por todas as unidades do serviço de Registro de Imóveis do Brasil, ao Sistema de Registro Eletrônico de Imóveis (SREI), operado pelo Operador Nacional do Registro Eletrônico de Imóveis (ONR), sob regulação da Corregedoria Nacional de Justiça................................. 93

PROVIMENTO Nº 122, 13 DE AGOSTO DE 2021

Dispõe sobre o assento de nascimento no Registro Civil das Pessoas Naturais nos casos em que o campo sexo da Declaração de Nascido Vivo (DNV) ou na Declaração de Óbito (DO) fetal tenha sido preenchido "ignorado"... 93

PROVIMENTO Nº 115, 24 DE MARÇO DE 2021

Institui a receita do fundo para implementação e custeio do SREI, estabelece a forma do seu recolhimento pelas serventias do serviço de registro de imóveis, e dá outras providências....................................... 93

CAPÍTULO I – DA DISPOSIÇÃO GERAL – Arts. 1º e 2º..... 93
CAPÍTULO II – DA RECEITA – Art. 3º............................. 93
CAPÍTULO III – DA ESCRITURAÇÃO – Arts. 4º e 5º...... 94
CAPÍTULO IV – DO RECOLHIMENTO – Arts. 6º e 6º-A.... 94
CAPÍTULO V – DA FISCALIZAÇÃO – Arts. 7º e 8º........ 94
CAPÍTULO VI – DAS INFRAÇÕES – Arts. 9º a 11.......... 94
CAPÍTULO VII – DAS DISPOSIÇÕES FINAIS E TRANSITÓRIAS – Arts. 12 a 14... 94

PROVIMENTO Nº 108, 03 DE JULHO DE 2020

Dispõe sobre o envio de dados estatísticos pelas Corregedorias-Gerais de Justiça dos Estados e do Distrito Federal, relativos à fiscalização das obrigações impostas a Notários e Registradores de todo o Brasil, no cumprimento dos termos do Provimento nº 88/2019 da Corregedoria Nacional de Justiça e de correlatas sanções que tenham sido aplicadas, na forma do art. 12 da Lei nº 9.613/1998 e dá outras providências................... 94

PROVIMENTO Nº 107, 24 DE JUNHO DE 2020

Dispõe sobre a proibição de cobrança de quaisquer valores dos consumidores finais dos serviços prestados pelas centrais cartorárias em todo o território nacional, e dá outras providências............................ 95

PROVIMENTO Nº 103, 04 DE JUNHO DE 2020

Dispõe sobre a Autorização Eletrônica de Viagem nacional e internacional de crianças e adolescentes até 16 (dezesseis) anos desacompanhados de ambos ou um de seus pais e dá outras providências..................... 95

CAPÍTULO I – DA AUTORIZAÇÃO ELETRÔNICA DE VIAGEM – Arts. 1º a 3º... 95
CAPÍTULO II – DO PROCEDIMENTO – Arts. 4º a 13........ 96

PROVIMENTO Nº 89, 18 DE DEZEMBRO DE 2019

Regulamenta o Código Nacional de Matrículas (CNM), o Sistema de Registro Eletrônico de Imóveis (SREI), o Serviço de Atendimento Eletrônico Compartilhado (SAEC), o acesso da Administração Pública Federal às informações do SREI e estabelece diretrizes para o estatuto do Operador Nacional do Sistema de Registro Eletrônico de Imóveis (ONR)...................... 96

CAPÍTULO I – DISPOSIÇÕES GERAIS – Art. 1º.............. 96
CAPÍTULO II – DO CÓDIGO NACIONAL DE MATRÍCULAS – Art. 5º.. 97
CAPÍTULO III – DO SISTEMA DE REGISTRO ELETRÔNICO DE IMÓVEIS (SREI) – Arts. 8º a 27................. 97
  SEÇÃO I – DO SERVIÇO DE ATENDIMENTO ELETRÔNICO COMPARTILHADO (SAEC) – Arts. 15 a 23....97
  SEÇÃO II – DAS CENTRAIS DE SERVIÇOS ELETRÔNICOS COMPARTILHADOS DOS ESTADOS E DO DISTRITO FEDERAL – Arts. 24 a 27 98
CAPÍTULO IV – DO ACESSO ÀS INFORMAÇÕES DO SREI PELA ADMINISTRAÇÃO PÚBLICA FEDERAL – Arts. 28 e 29.. 98
CAPÍTULO V – DO ESTATUTO DO ONR – Arts. 30 a 32... 98
CAPÍTULO VI – DISPOSIÇÕES FINAIS – Arts. 33 a 38...... 99

PROVIMENTO Nº 85, 19 DE AGOSTO DE 2019

Dispõe sobre a adoção dos Objetivos de Desenvolvimento Sustentável, da Agenda 2030, pelas Corregedorias do Poder Judiciário e pelo Serviço Extrajudicial.... 99

PROVIMENTO Nº 82, 03 DE JULHO DE 2019

Dispõe sobre o procedimento de averbação, no registro de nascimento e no de casamento dos filhos, da alteração do nome do genitor e dá outras providências.. 100

PROVIMENTO Nº 81, 06 DE DEZEMBRO DE 2018

Dispõe sobre a Renda Mínima do Registrador Civil de Pessoas Naturais... 100

PROVIMENTO Nº 79, 08 DE NOVEMBRO DE 2018

Dispõe sobre a política institucional de Metas Nacionais do Serviço Extrajudicial e dá outras providências .. 100

PROVIMENTO Nº 78, 30 DE ABRIL DE 2020

Dispõe sobre a incompatibilidade da atividade notarial e de registro com o exercício simultâneo de mandato eletivo e dá outras providências......................... 100

ÍNDICE SISTEMÁTICO

PROVIMENTO Nº 77, 07 DE NOVEMBRO DE 2018
Dispõe sobre a designação de responsável interino pelo expediente.. 101

PROVIMENTO Nº 74, 31 DE JULHO DE 2018
Dispõe sobre padrões mínimos de tecnologia da informação para a segurança, integridade e disponibilidade de dados para a continuidade da atividade pelos serviços notariais e de registro do Brasil e dá outras providências.. 101

PROVIMENTO Nº 73, 28 DE JUNHO DE 2018
Dispõe sobre a averbação da alteração do prenome e do gênero nos assentos de nascimento e casamento de pessoa transgênero no Registro Civil das Pessoas Naturais (RCPN) 101

PROVIMENTO Nº 66, 25 DE JANEIRO DE 2018
Dispõe sobre a prestação de serviços pelos ofícios de Registro Civil das Pessoas Naturais mediante convênio, credenciamento e matrícula com órgãos e entidades governamentais e privadas............................... 101

PROVIMENTO Nº 63, 14 DE NOVEMBRO DE 2017
Institui modelos únicos de certidão de nascimento, de casamento e de óbito, a serem adotados pelos ofícios de Registro Civil das Pessoas Naturais, e dispõe sobre o reconhecimento voluntário e a averbação da paternidade e maternidade socioafetiva no Livro "A" e sobre o registro de nascimento e emissão da respectiva certidão dos filhos havidos por reprodução assistida 102

SEÇÃO I – DAS REGRAS GERAIS – Arts. 1º a 19......... 102

SEÇÃO IV – DAS DISPOSIÇÕES FINAIS – Arts. 20 e 21.. 102

PROVIMENTO Nº 62, 14 DE NOVEMBRO DE 2017
Dispõe sobre a uniformização dos procedimentos para a aposição de apostila, no âmbito do Poder Judiciário, da Convenção sobre a Eliminação da Exigência de Legalização de Documentos Públicos Estrangeiros, celebrada na Haia, em 05 de outubro de 1961 (Convenção da Apostila)... 102

PROVIMENTO Nº 61, 17 DE OUTUBRO DE 2017
Dispõe sobre a obrigatoriedade de informação do número do Cadastro de Pessoa Física (CPF), do Cadastro Nacional de Pessoa Jurídica (CNPJ) e dos dados necessários à completa qualificação das partes nos feitos distribuídos ao Poder Judiciário e aos serviços extrajudiciais em todo o território nacional 102

PROVIMENTO Nº 56, 14 DE JULHO DE 2016
Dispõe sobre a obrigatoriedade de consulta ao Registro Central de Testamentos On-Line (RCTO) para processar os inventários e partilhas judiciais e lavrar escrituras públicas de inventários extrajudiciais 103

PROVIMENTO Nº 50, 28 DE SETEMBRO DE 2015
Dispõe sobre a conservação de documentos nos cartórios extrajudiciais.. 103

PROVIMENTO Nº 45, 13 DE MAIO DE 2015
Revoga o Provimento nº 34/2013 e a Orientação nº 06/2013 e consolida as normas relativas à manutenção e escrituração dos Livros Diário Auxiliar, Visitas e Correições e Controle de Depósito Prévio pelos titulares de delegações e responsáveis interinos do serviço extrajudicial de notas e registros públicos, e dá outras providências.. 103

PROVIMENTO Nº 44, 18 DE MARÇO DE 2015
Estabelece normas gerais para o registro da regularização fundiária urbana 103

SEÇÃO I – DISPOSIÇÕES GERAIS – Arts. 1º e 9º 103

SEÇÃO II – DA REGULARIZAÇÃO FUNDIÁRIA DE INTERESSE SOCIAL – Arts. 10 e 11............................... 106

SEÇÃO III – DA DEMARCAÇÃO URBANÍSTICA E DA LEGITIMAÇÃO DE POSSE – Arts. 12 a 20 106

SEÇÃO IV – DA REGULARIZAÇÃO FUNDIÁRIA DE INTERESSE ESPECÍFICO – Art. 21................................ 107

SEÇÃO V – DA REGULARIZAÇÃO FUNDIÁRIA DE ÁREAS PARCELADAS ANTES DA VIGÊNCIA DA LEI Nº 6.766/1979 – Arts. 22 a 27... 107

SEÇÃO VI – DA REGULARIZAÇÃO FUNDIÁRIA DE CONDOMÍNIOS – Art. 28 108

SEÇÃO VII – DO REGISTRO DE TÍTULOS DE AQUISIÇÃO IMOBILIÁRIA – Art.29.. 108

SEÇÃO VIII – DOS EMOLUMENTOS E DOS TRIBUTOS – Arts. 30 a 33... 109

SEÇÃO IX – DISPOSIÇÃO FINAL – Art. 40 109

PROVIMENTO Nº 39, 25 DE JULHO DE 2014
Dispõe sobre a instituição e funcionamento da Central Nacional de Indisponibilidade de Bens (CNIB), destinada a recepcionar comunicações de indisponibilidade de bens imóveis não individualizados 109

PROVIMENTO Nº 27, 12 DE DEZEMBRO DE 2012
Dispõe sobre a facultatividade e a competência para o registro de contratos de alienação fiduciária e de arrendamento mercantil de veículos por Oficial de Registro de Títulos e Documentos... 111

PROVIMENTO Nº 26, 12 DE DEZEMBRO DE 2012
Dispõe sobre o "Projeto Pai Presente" 111

PROVIMENTO Nº 25, 12 DE NOVEMBRO DE 2012
Dispõe sobre a regulamentação do uso do Malote Digital pelas serventias extrajudiciais de notas e de registro 112

PROVIMENTO Nº 24, 23 DE OUTUBRO DE 2012
Dispõe sobre a alimentação dos dados no sistema "Justiça Aberta" 113

ÍNDICE SISTEMÁTICO

PROVIMENTO Nº 16, 17 DE FEVEREIRO DE 2012

Dispõe sobre a recepção, pelos Oficiais de Registro Civil das Pessoas Naturais, de indicações de supostos pais de pessoas que já se acharem registradas sem paternidade estabelecida, bem como sobre o reconhecimento espontâneo de filhos perante os referidos Registradores 113

PROVIMENTO Nº 15, 15 DE DEZEMBRO DE 2011

Dispõe sobre a emissão de certidões pelos Ofícios de Registro Civil das Pessoas Naturais em papel de segurança unificado fornecido pela Casa da Moeda do Brasil e o início de sua utilização obrigatória 113

PROVIMENTO Nº 14, 29 DE ABRIL DE 2011

Dispõe sobre a emissão de certidões pelos Ofícios de Registro Civil das Pessoas Naturais em papel de segurança unificado fornecido pela Casa da Moeda do Brasil .. 113

PROVIMENTO Nº 12, 06 DE AGOSTO DE 2010

Determina que seja remetido, em forma que preserve o sigilo, para cada uma das 27 (vinte e sete) Corregedorias-Gerais dos Tribunais de Justiça, o CD com os nomes e endereços dos alunos que, naquela unidade da federação, não possuem paternidade estabelecida, segundo os dados do Censo Escolar 113

RESOLUÇÃO Nº 402, 28 DE JUNHO DE 2021

Dispõe sobre ações de caráter informativo, no âmbito do Serviço de Registro Civil das Pessoas Naturais, para melhor preparação para o casamento civil, e dá outras providências 115

RESOLUÇÃO Nº 363, 12 DE JANEIRO DE 2021

Estabelece medidas para o processo de adequação à Lei Geral de Proteção de Dados Pessoais a serem adotadas pelos Tribunais 115

RESOLUÇÃO Nº 356, 27 DE NOVEMBRO DE 2020

Dispõe sobre a alienação antecipada de bens apreendidos em procedimentos criminais e dá outras providências 117

RESOLUÇÃO Nº 228, 22 DE JUNHO DE 2016

Regulamenta a aplicação, no âmbito do Poder Judiciário, da Convenção sobre a Eliminação da Exigência de Legalização de Documentos Públicos Estrangeiros, celebrada na Haia, em 05 de outubro de 1961 (Convenção da Apostila)...................................... 118

RESOLUÇÃO Nº 175, 14 DE MAIO DE 2013

Dispõe sobre a habilitação, celebração de casamento civil, ou de conversão de união estável em casamento, entre pessoas de mesmo sexo 119

RESOLUÇÃO Nº 155, 16 DE JULHO DE 2012

Dispõe sobre traslado de certidões de Registro Civil de Pessoas Naturais emitidas no exterior...................... 119

DISPOSIÇÕES COMUNS – Arts. 1º a 6º-A..................... 119

TRASLADO DE NASCIMENTO – Arts. 7º a 12 120

TRASLADO DE CASAMENTO – Art. 13 121

TRASLADO DE CERTIDÃO DE ÓBITO – Art. 14............. 122

REGISTRO DE NASCIMENTO DE NASCIDOS NO BRASIL FILHOS DE PAIS ESTRANGEIROS A SERVIÇO DE SEU PAÍS – Arts. 15 e 16 122

RESOLUÇÃO CONJUNTA Nº 03, 19 DE ABRIL DE 2012

Dispõe sobre o assento de nascimento de indígena no Registro Civil das Pessoas Naturais 122

RESOLUÇÃO Nº 81, 09 DE JUNHO DE 2009

Dispõe sobre os concursos públicos de provas e títulos, para a outorga das Delegações de Notas e de Registro, e minuta de edital 123

RESOLUÇÃO Nº 80, 09 DE JUNHO DE 2009

Declara a vacância dos serviços notariais e de registro ocupados em desacordo com as normas constitucionais pertinentes à matéria, estabelecendo regras para a preservação da ampla defesa dos interessados, para o período de transição e para a organização das vagas do serviço de notas e registro que serão submetidas a concurso público.................................. 125

I – DA VACÂNCIA DAS UNIDADES DOS SERVIÇOS NOTARIAIS E REGISTRAIS – Arts. 1º a 8º....................... 125

II – DA ORGANIZAÇÃO DAS VAGAS DO SERVIÇO DE NOTAS E REGISTRO, PARA FIM DE CONCURSO PÚBLICO – Arts. 9º a 12 127

RESOLUÇÃO Nº 35, 24 DE ABRIL DE 2007

Disciplina a lavratura dos atos notariais relacionados a inventário, partilha, separação consensual, divórcio consensual e extinção consensual de união estável por via administrativa 127

SEÇÃO I – DISPOSIÇÕES DE CARÁTER GERAL – Arts. 1º a 10 127

SEÇÃO II – DISPOSIÇÕES REFERENTES AO INVENTÁRIO E À PARTILHA – Arts. 11 a 32 128

SEÇÃO III – DISPOSIÇÕES COMUNS À SEPARAÇÃO E DIVÓRCIO CONSENSUAIS – Arts. 33 a 46....... 129

SEÇÃO IV – DISPOSIÇÕES REFERENTES À SEPARAÇÃO CONSENSUAL – Arts. 47 a 51 129

SEÇÃO V – DISPOSIÇÕES REFERENTES AO DIVÓRCIO CONSENSUAL – Arts. 52 a 54...................... 129

RESOLUÇÃO Nº 20, 29 DE AGOSTO DE 2006

Disciplina a contratação, por delegados extrajudiciais, de cônjuge, companheiro e parente, na linha reta e na colateral, até terceiro grau, de Magistrado incumbido da Corregedoria do respectivo serviço de notas ou de registro 129

ORIENTAÇÃO Nº 04, 25 DE JUNHO DE 2013

Orienta sobre a desnecessidade de preenchimento da coluna "CID" do campo 40 da Declaração de Óbito do Ministério da Saúde para efeito de lavratura de assento de óbito por Oficial de Registro Civil das Pessoas Naturais... 130

ORIENTAÇÃO Nº 05, 04 DE NOVEMBRO DE 2013

Orienta sobre o procedimento de averbação de descrição georreferenciada de Gleba Pública Federal na Amazônia Legal previsto nos arts. 3º e 4º do Provimento nº 33/2013 da Corregedoria Nacional de Justiça.................130

RECOMENDAÇÃO Nº 47, 12 DE MARÇO DE 2021

Dispõe sobre medidas preventivas para que se evitem atos de violência patrimonial ou financeira contra pessoa idosa, especialmente vulnerável, no âmbito das serventias extrajudiciais e da execução dos serviços notariais.. 130

RECOMENDAÇÃO Nº 46, 23 DE JUNHO 2020

Dispõe sobre medidas preventivas para que se evitem atos de violência patrimonial ou financeira contra pessoa idosa, especialmente vulnerável no período de Emergência em Saúde Pública de Importância Nacional (ESPIN), no âmbito das serventias extrajudiciais e da execução dos serviços notariais 130

RECOMENDAÇÃO Nº 43, 30 DE OUTUBRO DE 2019

Dispõe sobre o procedimento prévio a ser observado por todos os Registradores Civis do país para a lavratura de registros de nascimento e passaportes 130

RECOMENDAÇÃO Nº 41, 02 DE JULHO DE 2019

Dispõe sobre a dispensa dos Cartórios de Registro de Imóveis da anuência dos confrontantes na forma dos §§ 3º e 4º do art. 176 da Lei nº 6.015/1973, alterada pela Lei nº 13.838/2019 131

RECOMENDAÇÃO Nº 40, 02 DE JULHO DE 2019

Dispõe sobre os prazos e informações a serem prestadas ao Sistema Nacional de Informações de Registro Civil (SIRC) pelas serventias extrajudiciais de Registro de Pessoas Naturais 131

RECOMENDAÇÃO Nº 39, 19 DE JUNHO DE 2019

Dispõe sobre a necessidade de observância das decisões da Corregedoria Nacional de Justiça relacionadas à vedação de designação de interinos parentes de antigos delegatários titulares das serventias vagas.. 132

RECOMENDAÇÃO Nº 36, 30 DE MAIO DE 2019

Dispõe sobre a vedação aos Tribunais de Justiça dos Estados e do Distrito Federal de regulamentarem a averbação de divórcio por declaração unilateral emanada de um dos cônjuges 132

RECOMENDAÇÃO Nº 54, 10 DE SETEMBRO DE 2018

Recomenda aos tribunais a não exigência de tradução de documentos estrangeiros redigidos em língua portuguesa 132

RECOMENDAÇÃO Nº 28, 17 DE AGOSTO DE 2018

Recomenda aos Tribunais de Justiça dos Estados e do Distrito Federal a celebração de convênios com Notários e Registradores do Brasil para a instalação de Centros Judiciários de Solução de Conflitos e Cidadania (CEJUSCs) 132

RECOMENDAÇÃO Nº 23, 28 DE JUNHO DE 2016

Recomenda aos Oficiais de Registro Civis das Pessoas Naturais que registrem a profissão dos pais a serviço do seu país nos assentos e certidões de nascimento dos seus filhos nascidos no Brasil 132

RECOMENDAÇÃO Nº 19, 25 DE MARÇO DE 2015

Dispõe sobre a instituição de Banco de Dados de óbitos de pessoas não identificadas, nos Estados que possuem Central de Registro Civil e no Distrito Federal 133

RECOMENDAÇÃO Nº 18, 02 DE MARÇO DE 2015

Dispõe sobre a expedição de certidão de óbito no estabelecimento de saúde em que ocorra o falecimento........... 133

RECOMENDAÇÃO Nº 14, 02 DE JULHO DE 2014

Dispõe sobre a divulgação do resultado de estudos realizados para a especificação do modelo de sistema digital para implantação de Sistemas de Registro de Imóveis Eletrônico (SREI).. 133

RECOMENDAÇÃO Nº 09, 07 DE MARÇO DE 2013

Dispõe sobre a formação e manutenção de arquivo de segurança pelos responsáveis pelas serventias do serviço extrajudicial de notas e de registro 133

RECOMENDAÇÃO Nº 08, 07 DE NOVEMBRO DE 2012

Dispõe sobre a colocação de criança e adolescente em família substituta por meio de guarda...................... 134

RECOMENDAÇÃO Nº 06, 02 DE JULHO DE 2012

Dispõe sobre o uso de papel de segurança unificado para a emissão de certidões pelos Ofícios de Registro Civil das Pessoas Naturais... 134

RECOMENDAÇÃO Nº 03, 15 DE MARÇO DE 2012

Dispõe sobre a cientificação prévia das partes, nos atos notariais que especifica, quanto à possibilidade de obterem Certidão Negativa de Débitos Trabalhistas (CNDT)... 134

RECOMENDAÇÃO Nº 17, 26 DE AGOSTO DE 2008

Recomenda aos Tribunais de Justiça a promoção de campanhas e mutirões que visem ao registro civil de nascimento 134

PORTARIA Nº 53, 14 DE OUTUBRO DE 2020

Disciplina o funcionamento da Coordenadoria de Gestão de Serviços Notariais e de Registro, no âmbito da Corregedoria Nacional de Justiça, e dá outras providências... 134

ANEXO DO CÓDIGO NACIONAL DE NORMAS

ANEXO I – REQUERIMENTO DE ALTERAÇÃO DE PRENOME 137

ANEXO II – DECLARAÇÃO DE DOAÇÃO DE ÓRGÃOS, TECIDOS E PARTES DO CORPO HUMANO PARA DEPOIS DA MORTE 138

ANEXO III – REVOGAÇÃO DE DECLARAÇÃO DE DOAÇÃO DE ÓRGÃOS, TECIDOS E PARTES DO CORPO HUMANO PARA DEPOIS DA MORTE 138

ANEXOS DOS DEMAIS REGRAMENTOS

PROVIMENTO Nº 16, 17 DE FEVEREIRO DE 2012

ANEXO I – TERMO DE INDICAÇÃO DE PATERNIDADE 139

ANEXO II – TERMO DE RECONHECIMENTO DE FILHO (A) 140

PROVIMENTO Nº 50, 28 DE SETEMBRO DE 2015

ANEXO 141

RESOLUÇÃO Nº 228, 22 DE JUNHO DE 2016

ANEXO I 151
ANEXO II 152

PROVIMENTO Nº 63, 14 DE NOVEMBRO DE 2017

ANEXO I 153
ANEXO II 154
ANEXO III 155
ANEXO IV – TERMO DE RECONHECIMENTO DE FILIAÇÃO SOCIOAFETIVA 156
ANEXO IV – VERSO DO IMPRESSO DE SEGURANÇA .. 157
ANEXO V 158

PROVIMENTO Nº 62, 14 DE NOVEMBRO DE 2017

ANEXO 159

PROVIMENTO Nº 73, 28 DE JUNHO DE 2018

ANEXO 160

PROVIMENTO Nº 74, 31 DE JULHO DE 2018

ANEXO 161

PROVIMENTO Nº 122, 13 DE AGOSTO DE 2021

ANEXO 163

CÓDIGO NACIONAL DE NORMAS DO FORO EXTRAJUDICIAL DA CORREGEDORIA NACIONAL DE JUSTIÇA DO CONSELHO NACIONAL DE JUSTIÇA

O CORREGEDOR NACIONAL DE JUSTIÇA, usando de suas atribuições constitucionais, legais e regimentais e

CONSIDERANDO o poder de fiscalização e normatização do Poder Judiciário dos atos praticados pelos serviços notariais e de registro, segundo o disposto no art. 236, § 1º, da Constituição Federal, e no art. 37 e art. 38 da Lei n. 8.935, de 18 de novembro de 1994;

CONSIDERANDO a atribuição da Corregedoria Nacional de Justiça de expedir provimentos para o aperfeiçoamento das atividades dos órgãos do Poder Judiciário e dos serviços notariais e de registro, conforme o disposto no art. 8º, X, do Regimento Interno do Conselho Nacional de Justiça (CNJ);

CONSIDERANDO a importância de concentrar todos os provimentos, presentes e futuros, da Corregedoria Nacional de Justiça, em um único ato, para evitar os transtornos decorrentes da dispersão de atos normativos;

CONSIDERANDO a conveniência de outros atos normativos do Conselho Nacional de Justiça (CNJ) relativos aos serviços notariais e registrais serem referenciados em um ato normativo único;

CONSIDERANDO as contribuições prestadas em Consulta Pública, pela sociedade, por órgãos e entidades da Administração Pública, pelo meio acadêmico e por entidades representativas da atividade notarial e de registro processo 04903/2023);

RESOLVE:

Art. 1º Fica aprovado o Código Nacional de Normas da Corregedoria Nacional de Justiça – Foro Extrajudicial (CNN/CN/CNJ-Extra).

Art. 2º Fica instituída a Comissão Consultiva Permanente do Código Nacional de Normas da Corregedoria Nacional de Justiça – Foro Extrajudicial (CCP-CNN/CN/CNJ-Extra).

§ 1º A composição da CCP-CNN/CN/CNJ-Extra será indicada em Portaria do corregedor nacional de Justiça, preferencialmente com a participação de cinco membros, sendo eles quatro juristas e um juiz auxiliar da Corregedoria Nacional de Justiça.

§ 2º Caberá à CCP-CNN/CN/CNJ-Extra de que trata o caput deste artigo:

I – propor ao corregedor nacional de Justiça alterações, acréscimos e supressões de dispositivos diante de mudanças legislativas, da constatação de divergências de entendimentos entre as serventias do país, da identificação de questões sensíveis com potencial risco de gerar divergência de entendimentos; e

II – opinar sobre questões normativas afetas aos serviços notariais e de registro, a pedido do corregedor nacional de Justiça.

§ 3º Caberá ao coordenador da CCP-CNN/CN/CNJ-Extra informar ao corregedor nacional de Justiça acerca de eventual divergência de entendimentos jurídicos entre os juristas integrantes da CCP-CNN/CN/CNJ-Extra relativamente às propostas e às opiniões técnicas de que trata o § 2º deste artigo, expondo, sempre que possível, as motivações da divergência.

Art. 3º Este Provimento entra em vigor na data de sua publicação.

EXPOSIÇÃO DE MOTIVOS

Trata-se de consolidação de todos os atos normativos do Corregedor Nacional de Justiça, relativamente aos serviços notariais e registrais. O objetivo é eliminar a dispersão normativa atual, que, além de dificultar consultas pelos usuários, é potencialmente nociva à segurança jurídica, seja pela falta de sistematicidade, seja por dificultar a identificação de revogações tácitas, de uma norma por outra.

O CNN/CN/CNJ-Extra vocaciona-se a ser o repositório central de todas as normas da Corregedoria Nacional de Justiça endereçadas aos serviços notariais e de registro, seguindo algumas diretrizes importantes.

Em primeiro lugar, cumpre registrar que não se realizou qualquer tipo de inovação normativa neste primeiro momento. O texto ora apresentado é fruto apenas da consolidação de atos normativos já existentes. Os ajustes redacionais realizados foram apenas aqueles estritamente necessários por imperativo lógico de uma consolidação, como as adaptações de remissões a dispositivos normativos anteriormente existentes.

Numa obra de tamanha envergadura, a inserção de inovações normativas seria perigosa e inconveniente. Perigosa, porque a novidade perder-se-ia em meio aos inúmeros outros dispositivos. Inconveniente, pelo fato de que o nascimento do CNN/CN/CNJ-Extra poderia ser adiado demasiadamente, diante de pontos de divergências que poderiam surgir neste primeiro momento.

Assim, eventuais novidades e ajustes ficarão para momento posterior ao nascimento do CNN/CN/CNJ-Extra, quando, de modo pontual, esta Corregedoria poderá promover as alterações que entender devidas.

Aliás, é nesse contexto que se optou pela criação da Comissão Consultiva Permanente do Código de Normas Nacional da Corregedoria Nacional de Justiça – Foro Extrajudicial. A ideia é que essa comissão seja composta por juristas escolhidos pelo Corregedor Nacional de Justiça, os quais serão incumbidos de sugerir e subsidiar os atos do Corregedor no tocante às normas que disciplinam os serviços notariais e registrais.

Em segundo lugar, ressalte-se que foram incorporados à presente consolidação normativa apenas os Provimentos do CNJ, ou seja, atos normativos editados pelo Corregedor Nacional de Justiça. Não foram incorporados o conteúdo de Resoluções, pois trata-se de atos de competência do Plenário do Conselho Nacional de Justiça.

Todavia, tendo em vista a vocação do presente Código Nacional de Normas para ser o depósito de todas as regras da Corregedoria Nacional de Justiça em relação aos serviços notariais e registrais, foram inseridos, ao longo do texto, dispositivos que se remetem às Resoluções aplicáveis aos serviços extrajudiciais. A título de exemplo, a Resolução n. 155/2012, que trata de traslados envolvendo o registro de brasileiros no exterior, é lembrada expressamente neste Código Nacional de Normas, que determina aos registradores civis a observância daquele ato normativo.

A ideia é que os cidadãos, os delegatários, os magistrados e os demais profissionais do Direito encontrem, neste Código Nacional de Normas, tudo de que o Conselho Nacional de Justiça dispõe em matéria de atos normativos relativamente aos serviços notariais e registrais, ainda que por meio de remissões.

Em terceiro lugar, sob a ótica já mencionada de concentração informacional no Código Nacional de Normas, foram feitas remissões a provimentos cuja revogação não convinha neste momento. Como outra ilustração, há provimentos que possuem anexos com modelos de peças, a exemplo do Provimento n. 63/2017. Nessas hipóteses, não foram revogados tais anexos, optando-se pela remissão a eles no Código Nacional de Normas. De fato, soa inconveniente incluir na presente consolidação vários anexos.

É claro que, futuramente, esses anexos poderão ser incluídos ao presente Código, em razão do surgimento de novas regras, o que será adequado até para evitar novas dispersões normativas. Contudo, pareceu salutar que os modelos já presentes em atos normativos anteriores ao nascimento do presente Código Nacional de Normas devem ser mantidos como anexos desses atos, com a devida remissão no presente Código, tudo para evitar transtornos aos usuários que já estão acostumados à localização normativa dessas peças.

Em quarto lugar, não foram incluídos neste Código Nacional de Normas os atos de "Orientação" e de "Recomendação" expedidos pela Corregedoria Nacional de Justiça, seja porque a natureza jurídica desses atos é mais de recomendação do que de normas propriamente ditas, seja porque as orientações geralmente são esclarecimentos pontuais de temas já normatizados, seja porque várias orientações já se exauriram por terem sido dirigidas a uma ação pontual. Foram elencadas aqui as principais orientações e recomendações editadas pela Corregedoria Nacional de Justiça até o presente momento:

a) Orientação n. 4/2013 (orienta sobre a desnecessidade de preenchimento da coluna "CID" do campo 40 da Declaração de Óbito do Ministério da Saúde para efeito de lavratura de assento de óbito pelo Oficial de Registro Civil das Pessoas Naturais);

b) Recomendação n. 9/2013 (dispõe sobre a formação e manutenção de arquivo de segurança pelos responsáveis pelas serventias do serviço extrajudicial de notas e de registro);

c) Recomendação n. 14/2014 (dispõe sobre a divulgação do resultado de estudos realizados para a especificação do modelo de sistema digital para implantação de Sistemas de Registro de Imóveis Eletrônico – S- REI);

d) Recomendação n. 22/2009 (recomenda aos tribunais que priorizem e monitorem permanentemente demandas jurídicas envolvendo conflitos fundiários);

e) Recomendação n. 28/2018 (recomenda aos tribunais de justiça dos Estados e do Distrito Federal a celebração de convênios com notários e registradores do Brasil para a instalação de centros judiciários de solução de conflitos e cidadania – CEJUSCs);

f) Recomendação n. 40/2019 (dispõe sobre os prazos e informações a serem prestadas ao Sistema Nacional de Informações de Registro Civil – SIRC pelas serventias extrajudiciais de registro de pessoas naturais);

g) Recomendação n. 46/2020 (dispõe sobre medidas preventivas para que se evitem atos de violência patrimonial ou financeira contra pessoa idosa, especialmente vulnerável no período de Emergência em Saúde Pública de Importância Nacional (ESPIN), no âmbito das serventias extrajudiciais e da execução dos serviços notariais);

h) Recomendação n. 47/2021 (dispõe sobre medidas preventivas para que se evitem atos de violência patrimonial ou financeira contra pessoa idosa, especialmente vulnerável, no âmbito das serventias extrajudiciais e da execução dos serviços notariais);

i) Recomendação n. 6/2012 (dispõe sobre o uso de papel de segurança unificado para a emissão de certidões pelos Ofícios de Registro Civil das Pessoas Naturais);

j) Recomendação n. 8/2012 (dispõe sobre a colocação de criança e adolescente em família substituta por meio de guarda);

k) Recomendação n. 18/2015 (dispõe sobre a expedição de certidão de óbito no estabelecimento de saúde em que ocorra o falecimento);

l) Recomendação n. 19/2015 (dispõe sobre a instituição de Banco de Dados de óbitos de pessoas não identificadas, nos Estados e no Distrito Federal);

m) Recomendação n. 23/2016 (recomenda aos Oficiais de Registro Civis das Pessoas Naturais que registrem a profissão dos pais a serviço do seu país nos assentos e certidões de nascimento dos seus filhos nascidos no Brasil);

n) Recomendação n. 43/2019 (dispõe sobre o procedimento prévio a ser observado por todos os registradores civis do País para a lavratura de registros de nascimento e passaportes);

o) Orientação n. 5/2013 (orienta sobre o procedimento de averbação de descrição georreferenciada de Gleba Pública Federal na Amazônia Legal previsto nos arts. 3º e 4º do Provimento nº 33/2013 da Corregedoria Nacional de Justiça);

p) Recomendação n. 41/2019 (dispõe sobre a dispensa dos Cartórios de Registro de Imóveis da anuência dos confrontantes na forma dos §§ 3º e 4º do art. 176 da Lei n. 6.015, de 31 de dezembro de 1973, alterada pela Lei n. 13.838, de 4 de junho de 2019);

q) Recomendação n. 3/2012 (dispõe sobre a cientificação prévia das partes, nos atos notariais que especifica, quanto à possibilidade de obterem Certidão Negativa de Débitos Trabalhistas – CNDT);

Em quinto lugar, alguns provimentos não foram total ou parcialmente incorporados ao presente Código Nacional de Normas por motivos diversos. Entretanto, foram inseridos dispositivos neste Código fazendo remissão àqueles provimentos que não perderam o seu objeto. Por exemplo, o Provimento n. 124/2021 previu o prazo para ingresso das serventias no SREI, prazo este que já se exauriu, razão por que não há motivos para ele ser referenciado no presente Código.

Os motivos de alguns provimentos não terem sido tratados neste Código de Nacional Normas variam. Esses provimentos são especificados, conforme explicação a seguir.

De início, alguns foram conservados, ainda que parcialmente, por conterem anexos cuja transposição para este Código Nacional de Normas seria inconveniente. É o que ocorre com o Provimento n. 62/2017 (que regulamenta Convenção da Apostila); o Provimento n. 50/2015 (Tabela de Temporalidade de Documentos); o Provimento n. 74/2018 (padrões mínimos de tecnologia da informação); o Provimento n. 122, de 13 de agosto de 2021 (registro de nascimento de pessoa com sexo ignorado); o Provimento n. 73, de 28 de junho de 2018 (alteração de prenome e de gênero de pessoa transgênero); o Provimento n. 16, de 17 de fevereiro de 2012 (investigação oficiosa de paternidade envolvendo pessoas já registradas); e o Provimento n. 63, de 14 de novembro de 2017 (modelos de peças do Registro Civil das Pessoas Naturais).

Outros provimentos foram preservados incólumes total ou parcialmente por envolverem a necessidade de debates sobre a sua eventual reformulação ou a sua revogação por conta da superveniência de novas leis ou de seu exaurimento por conta de sua destinação limitada a uma ação pontual. O exame de eventual aproveitamento desses atos deverá ser feito posteriormente, após o nascimento do presente Código Nacional de Normas. É o caso, por exemplo, dos seguintes atos: Provimento n. 44, de 18 de março de 2015 (registro de regularização fundiária urbana); Provimento n. 82, de 3 de julho de 2019 (lançamento no assento do filho de mudanças de nome do genitor); Provimento n. 89, de 18 de dezembro de 2019 (Sistema de Registro Eletrônico de Imóveis – SREI); Provimento n. 109, de 14 de outubro de 2020 (a atuação da Corregedoria Nacional de Justiça como Agente Regulador do Operador Nacional do Sistema de Registro Eletrônico de Imóveis); Provimento n. 115, de 24 de março de 2021 (custeio do SREI); Provimento n. 124/2021 (prazo para ingresso das serventias no SREI). Provimento n. 107/2020 (vedação de cobrança de valores para custeio das centrais das especialidades); Provimento n. 14, de 29 de abril de 2011 (obtenção de papéis de segurança unificado pelos registradores civis das pessoas naturais na Casa da Moeda); art. 7º, § 3º, do Provimento n. 62, de 14 de novembro de 2017 (fornecimento, pela Casa da Moeda, de papéis de segurança para apostilamento); Provimento n. 12, de 6 de agosto de 2010 (remessa de dados de alunos sem paternidade estabelecida); Provimento n. 26, de 12 de dezembro de 2012 (projeto pai presente – 2012); Provimento n. 140, de 22 de fevereiro de 2023 (programa de enfrentamento ao sub-registro).

Existem outros provimentos que foram conservados em sua totalidade por terem assumido uma referência para além dos serviços notariais e registrais e por se endereçarem a outros setores. É o que ocorre com o Provimento n. 39, de 25 de julho de 2014 (Central Nacional de Indisponibilidade de Bens – CNIB) – com as alterações do Provimento n. 142, de 23 de março de 2023 –; o Provimento n. 81, de 6 de dezembro de 2018 (renda mínima do registrador civil da pessoas naturais); o Provimento n. 79/2018 (política institucional de Metas Nacional do Serviço Extrajudicial); o Provimento n. 56, de 1 de julho de 2016 (consulta de testamentos na CENSEC no caso de inventários judiciais e extrajudiciais); o Provimento n. 25/2012 (Malote Digital pelas serventias extrajudiciais); o Provimento n. 103, de 4 de junho de 2020 (Autorização Eletrônica de Viagem para crianças adolescentes); e o Provimento n. 144, de 25 de abril de 2023 (Programa Permanente de Regularização Fundiária na Amazônia Legal).

Há, ainda, casos de provimentos já revogados mediante o reconhecimento de decisão do Plenário do CNJ, mas que, no site do CNJ, não estão rasurados pelo fato de a revogação não ter sido formalizada por outro provimento. Explicita-se, nesse contexto, o Provimento n. 19, de 29 de agosto de 2012, que previa gratuidade apenas à pessoa reconhecidamente pobre para a averbação do reconhecimento de paternidade no assento de nascimento. O Plenário do CNJ, todavia, reconheceu que essa gratuidade abrange qualquer pessoa, ao contrário do exposto no Provimento (CNJ, Pedido de Providência, n. 0004451052017200000, Pleno, Rel. Conselheiro João Otávio de Noronha, Data de Julgamento: 20/04/2018). Em casos assim, foi prevista expressamente a revogação no presente ato para afastar qualquer hesitação.

Enfim, o objetivo do presente Código Nacional de Normas é colaborar para a adequada sistematização das normas envolvendo os serviços notariais e registrais, tudo em proveito do cidadãos e dos profissionais do Direito que precisam realizar consultas mais objetivas seguras.

Brasília, agosto de 2023.

PARTE GERAL
LIVRO I
DO REGIME JURÍDICO ADMINISTRATIVO

TÍTULO I
DAS ATRIBUIÇÕES
CAPÍTULO I
DO APOSTILAMENTO

SEÇÃO I
DAS DISPOSIÇÕES GERAIS

Art. 1º A legalização de documentos públicos produzidos em território nacional e destinados a produzir efeitos em países partes da Convenção sobre a Eliminação da Exigência de Legalização de Documentos Públicos Estrangeiros (Convenção da Apostila) é realizada exclusivamente por meio da aposição de apostila, emitida nos termos da Resolução CNJ n. 228, de 22 de junho de 2016, e deste Código Nacional de Normas.

§ 1º Para os fins desta norma, entende-se como legalização, ou chancela consular, a formalidade pela qual se atesta a autenticidade da assinatura, da função ou do cargo exercido pelo signatário do documento e, quando cabível, a autenticidade do selo ou do carimbo nele aposto;

§ 2º Equiparam-se a documento público produzido no território nacional os históricos escolares, as declarações de conclusão de série e os diplomas ou os certificados de conclusão de cursos registrados no Brasil;

§ 3º O descumprimento das disposições contidas na mencionada resolução e no presente Código Nacional de Normas pelas autoridades apostilantes ensejará a instauração de procedimento administrativo disciplinar, sem prejuízo de responsabilização cível e criminal.

Art. 2º A apostila emitida em meio físico será afixada no documento pela autoridade apostilante, não sendo permitida a entrega da apostila de forma avulsa ao solicitante do serviço.

Art. 3º Serão obrigatórios o cadastramento e a prestação do serviço de apostilamento por todos os serviços de notas e de registro das capitais dos estados e do Distrito Federal.

§ 1º Os serviços de notas e de registro da capital dos estados e do Distrito Federal que expuserem motivos justificados às corregedorias- gerais de Justiça locais poderão ser dispensados da prestação dos serviços de apostilamento, devendo o ato de dispensa ser comunicado formalmente à Corregedoria Nacional de Justiça;

§ 2º O cadastramento e a prestação do serviço de apostilamento pelos serviços de notas e de registro do interior de cada Estado serão facultativos, mas recomendáveis para conferir melhor capilaridade ao serviço;

§ 3º O ato de credenciamento das autoridades apostilantes será realizado pelas Corregedorias-Gerais de Justiça dos estados e do Distrito Federal, às quais compete enviar à Corregedoria Nacional de Justiça listagem com a identificação das autoridades aptas à prestação do serviço de apostilamento, devidamente capacitadas nos termos do art. 4º, § 1º e § 2º, deste Código Nacional de Normas, e com os dados necessários ao cadastro, conforme Anexo do Provimento n. 62, de 14 de novembro de 2017.

Art. 4º O serviço notarial e de registro exercerá o apostilamento por delegação do Conselho Nacional de Justiça (CNJ).

§ 1º O apostilamento poderá ser executado por qualquer notário ou registrador cadastrado, mediante capacitação oferecida por suas entidades de classe, sob supervisão da Corregedoria Nacional de Justiça, independentemente de especialização do serviço ou de circunscrição territorial;

§ 2º O responsável pela serventia e os escreventes autorizados já cadastrados deverão participar e obter aprovação no curso de capacitação a que se refere o § 1º deste artigo;

§ 3º Ao apostilar documentos emitidos por serviço notarial ou registral, a autoridade apostilante deverá verificar a função e a autenticidade da assinatura do subscritor mediante consulta às centrais de sinais públicos das respectivas especialidades, cujo acesso deverá ser franqueado às autoridades apostilantes para este fim;

§ 4º Será mantida, no sistema eletrônico de apostilamento, ferramenta relacionada a banco de dados de sinais públicos de autoridades brasileiras, para fins de coleta de seus padrões de sinais públicos, assim como identificação civil e documentação comprobatória do cargo ou função exercida, cumprindo-se as formalidades constantes do art. 3º da Convenção sobre a Eliminação da Exigência de Legalização de Documentos Públicos Estrangeiros, firmada pela República Federativa do Brasil, em Haia, em 5 de outubro de 1961, para consulta e conferência pelas autoridades apostilantes;

§ 5º No caso de vacância ou afastamento do titular do serviço notarial e de registro, o serviço será prestado pelo designado responsável do serviço extrajudicial.

Art. 5º A aposição de apostila em documento público brasileiro somente será admitida por autoridade apostilante devidamente cadastrada no sistema eletrônico de apostilamento disponibilizado gratuitamente pelo Conselho Nacional de Justiça (CNJ), para a confecção, consulta e aposição de apostila.

§ 1º As apostilas serão assinadas com certificado digital e registradas pelo emissor;

§ 2º A gestão, administração e manutenção do sistema poderá ser delegada pela Corregedoria Nacional de Justiça à Associação de Notários e Registradores do Brasil (Anoreg/BR) ou outra entidade de representação nacional de todas as especialidades notariais e registrais que venha a substituí-la, mediante a celebração de Termo de Cooperação Técnica com os seus institutos membros, no qual serão definidos deveres, responsabilidades, critérios de rateio dos custos, prazo para transição, condições em caso de extinção da delegação prevista neste parágrafo, entre outras disposições pertinentes;

§ 3º A delegação a que se refere o § 2º deste artigo ocorrerá sem ônus para o CNJ e será fiscalizada por Comitê Técnico instituído pela Corregedoria Nacional de Justiça, cujas competências serão definidas no ato normativo que o instituir.

Art. 6º As Corregedorias-Gerais de Justiça e os juízes diretores do foro das unidades judiciárias são autoridades competentes para o ato de aposição de apostila somente quanto aos documentos de interesse do Poder Judiciário.

Parágrafo único. Consideram-se documentos de interesse do Poder Judiciário aqueles oriundos de seus respectivos órgãos em países signatários da Convenção da Apostila, bem como aqueles necessários à adoção internacional.

Art. 7º Para fins de apostilamento, a critério do solicitante do serviço, os documentos eletrônicos poderão ser impressos para aposição de apostila.

§ 1º O papel de segurança padronizado, conforme requisitos de segurança submetidos pela Anoreg/BR e aprovados pela Corregedoria Nacional de Justiça, será numerado sequencialmente e vinculado ao Cadastro Nacional de Serventia de cada unidade (CNS);

§ 2º O papel de segurança não pode ser alienado ou cedido entre as autoridades apostilantes, sob pena de responsabilidade civil, penal e administrativa.

Art. 8º As autoridades apostilantes deverão, para fins de controle das Corregedorias-Gerais de Justiça dos estados e do Distrito Federal, afixar no documento, previamente ao ato de digitalização do documento apostilando, o selo físico, a etiqueta e/ou a estampa de selo eletrônico, conforme regras locais.

Art. 9º A apostila será emitida mediante solicitação do portador do documento, sendo dispensado requerimento escrito. As autoridades apostilantes darão recibo de protocolo no momento do requerimento, estipulando prazo para entrega, que não poderá ultrapassar cinco dias.

§ 1º As autoridades apostilantes deverão prestar ao solicitante do serviço todos os esclarecimentos necessários antes da prática do ato de apostilamento;

§ 2º Para a emissão da apostila, a autoridade apostilante deverá realizar a análise formal do documento apresentado, aferindo a autenticidade de todas as assinaturas apostas, do cargo ou da função exercida pelo signatário e, quando cabível, a autenticidade do selo ou do carimbo aposto;

§ 3º O apostilamento de reconhecimento de firma ou de cópia autenticada é ato excepcional, caso em que a assinatura, a função ou o cargo exercido a serem lançados na apostila serão do tabelião ou do seu preposto que após a fé pública no documento;

§ 4º O apostilamento de certidão de registro de documento e de reconhecimento de firma somente será permitido em documentos de natureza privada.

Art. 10. Em caso de dúvida quanto à autenticidade do documento público produzido em território brasileiro, a autoridade apostilante deverá realizar procedimento específico prévio, conforme previsto no art. 3º, § 2º, da Resolução CNJ n. 228/2016.

§ 1º Persistindo a existência de dúvida após a finalização do procedimento específico prévio, a autoridade apostilante poderá recusar a aposição de apostila mediante ato fundamentado, que deverá ser entregue ao solicitante do serviço;

§ 2º O ato de instauração do procedimento prévio e o de recusa de aposição da apostila poderão ser impugnados pelo solicitante do serviço no prazo de cinco dias, perante a autoridade apostilante, que, não reconsiderando o ato, no mesmo prazo, remeterá o pedido à Corregedoria-Geral de Justiça (CGJ) do Estado ou do Distrito Federal para decisão sobre a questão duvidosa em 30 dias.

Art. 11. A apostila será emitida por documento, não importando a quantidade de páginas que possuir. Será de forma diversa se o solicitante do serviço assim o requerer.

Art. 12. Ao realizar o ato de apostilamento, a autoridade apostilante deverá proceder à inserção da imagem do documento no banco de dados unificado do registro eletrônico das apostilas.

§ 1º No ato de digitalização do documento, a autoridade apostilante deverá utilizar-se de software que minimize o tamanho do arquivo;

§ 2º A autoridade apostilante deverá conferir a correspondência entre a imagem eletrônica e o documento.

Art. 13. Encerrado o procedimento de aposição de apostila e constatado erro, a autoridade apostilante deverá refazer o procedimento para a aposição de outra apostila, inutilizando o primeiro ato.

§ 1º Constatado que o erro ocorreu devido à falha do serviço da autoridade apostilante, o novo apostilamento deverá ser realizado sem custo para o solicitante do serviço;

§ 2º Constatado que o erro ocorreu devido à falha de informações por parte do solicitante do serviço, o novo apostilamento será por ele custeado.

Art. 14. O documento eletrônico apresentado à autoridade apostilante ou por ela expedido poderá ser apostilado independentemente de impressão em papel, desde que esteja emitido em formato compatível para upload no sistema do CNJ e assinado eletronicamente.

§ 1º A apostila eletrônica será salva em arquivo único, na sequência do documento, assinada pela autoridade apostilante, entregue em mídia ou enviada no endereço eletrônico fornecido pelo solicitante;

§ 2º Para os fins estabelecidos no caput deste artigo, considera-se assinado eletronicamente:

I – o arquivo eletrônico assinado na forma do art. 10, § 1º¹, da Medida Provisória n. 2.200-2, de 24 de agosto de 2001, ou legislação superveniente; ou

II – o documento que contém declaração de ter sido assinado na forma do art. 10, § 1º, da Medida Provisória n. 2.200-2, de 24 de agosto de 2001; do art. 1º, § 2º, III², da Lei n. 11.419,

1. Art. 10. Consideram-se documentos públicos ou particulares, para todos os fins legais, os documentos eletrônicos de que trata esta Medida Provisória.
   § 1º As declarações constantes dos documentos em forma eletrônica produzidos com a utilização de processo de certificação disponibilizado pela ICP-Brasil presumem-se verdadeiros em relação aos signatários, na forma do art. 131 da Lei nº 3.071/1916 – Código Civil.
2. Art. 1º O uso de meio eletrônico na tramitação de processos judiciais, comunicação de atos e transmissão de peças processuais será admitido nos termos desta Lei.
   § 2º Para o disposto nesta Lei, considera-se:
   III – assinatura eletrônica as seguintes formas de identificação inequívoca do signatário:
   a) assinatura digital baseada em certificado digital emitido por Autoridade Certificadora credenciada, na forma de lei específica;

de 19 de dezembro de 2006; ou do art. 4º³ da Lei n. 14.063, de 23 de setembro de 2020, cujo conteúdo pode ser conferido na rede mundial de computadores, em site governamental.

§ 3º Nas hipóteses do § 2º, II, deste artigo, em caso de dúvida sobre a veracidade do documento ou do sítio eletrônico de verificação, a autoridade apostilante contatará o órgão responsável pela emissão do documento e, permanecendo a dúvida, o apostilamento será negado.

Art. 15. A aposição de apostila em tradução de documento público produzido no território nacional somente será admitida em tradução realizada por tradutor público ou nomeado ad hoc pela junta comercial.

§ 1º O procedimento deverá ser realizado em duas apostilas distintas: apostila-se primeiro o documento público original e, posteriormente, o traduzido;

§ 2º Para fins de aposição da apostila, o documento de procedência interna bilíngue, contendo versão em língua estrangeira, não dispensa a apresentação da tradução juramentada.

Art. 16. Em caso de extravio ou de inutilização do papel de segurança utilizado para o ato de aposição da apostila, as autoridades apostilantes deverão inserir a informação diretamente no sistema eletrônico de apostilamento.

Parágrafo único. Em caso de inutilização do papel de segurança, a autoridade apostilante deverá destruí-lo mediante incineração ou procedimento semelhante, registrando o incidente na forma do caput.

Art. 17. Os emolumentos serão cobrados por apostila, nos termos do art. 18 da Resolução CNJ n. 228/2016, enquanto não for editada le-

b) mediante cadastro de usuário no Poder Judiciário, conforme disciplinado pelos órgãos respectivos.

3. Art. 4º Para efeitos desta Lei, as assinaturas eletrônicas são classificadas em:
   I – assinatura eletrônica simples:
   a) a que permite identificar o seu signatário;
   b) a que anexa ou associa dados a outros dados em formato eletrônico do signatário;
   II – assinatura eletrônica avançada: a que utiliza certificados não emitidos pela ICP-Brasil ou outro meio de comprovação da autoria e da integridade de documentos em forma eletrônica, desde que admitido pelas partes como válido ou aceito pela pessoa a quem for oposto o documento, com as seguintes características:
   a) está associada ao signatário de maneira unívoca;
   b) utiliza dados para a criação de assinatura eletrônica cujo signatário pode, com elevado nível de confiança, operar sob o seu controle exclusivo;
   c) está relacionada aos dados a ela associados de tal modo que qualquer modificação posterior é detectável;
   III – assinatura eletrônica qualificada: a que utiliza certificado digital, nos termos do § 1º do art. 10 da Medida Provisória nº 2.200-2, de 24 de agosto de 2001.
   § 1º Os 3 (três) tipos de assinatura referidos nos incisos I, II e III do caput deste artigo caracterizam o nível de confiança sobre a identidade e a manifestação de vontade de seu titular, e a assinatura eletrônica qualificada é a que possui nível mais elevado de confiabilidade a partir de suas normas, de seus padrões e de seus procedimentos específicos;
   § 2º Devem ser asseguradas formas de revogação ou de cancelamento definitivo do meio utilizado para as assinaturas previstas nesta Lei, sobretudo em casos de comprometimento de sua segurança ou de vazamento de dados.

gislação específica no âmbito dos estados e do Distrito Federal.

§ 1º É dispensada a cobrança de emolumentos para emissão de apostila em documentos requeridos por órgãos da Administração Direta do Poder Executivo Federal, Estadual ou Municipal para utilização no exterior, no interesse do serviço público;

§ 2º Os órgãos da Administração Direta do Poder Executivo Federal, Estadual ou Municipal solicitarão o apostilamento do documento público produzido no território nacional mediante ofício endereçado ao serviço de notas ou de registro;

§ 3º O Poder Judiciário dos estados e do Distrito Federal, no âmbito de sua competência, estabelecerá forma de compensação para a emissão de apostila em documentos requeridos por órgãos da Administração Direta do Poder Executivo Federal, Estadual ou Municipal;

§ 4º É vedada a prática de cobrança parcial ou de não cobrança de emolumentos, ressalvadas as hipóteses de isenção, não incidência ou diferimento previstas na legislação específica.

CAPÍTULO II
DA CONCILIAÇÃO E MEDIAÇÃO

SEÇÃO I
DAS DISPOSIÇÕES GERAIS

Art. 18. Os procedimentos de conciliação e de mediação nos serviços notariais e de registro serão facultativos e deverão observar os requisitos previstos neste Código, sem prejuízo do disposto na Lei n. 13.140/2015.

Art. 19. As Corregedorias-Gerais de Justiça dos estados e do Distrito Federal e dos Territórios manterão em seu site listagem pública dos serviços notariais e de registro autorizados para os procedimentos de conciliação e de mediação, indicando os nomes dos conciliadores e dos mediadores, de livre escolha das partes.

Art. 20. O processo de autorização dos serviços notariais e de registro para a realização de conciliação e de mediação deverá ser regulamentado pelos Núcleos Permanentes de Métodos Consensuais de Solução de Conflitos (Nupemec) e pelas Corregedorias-Gerais de Justiça dos estados e do Distrito Federal e dos Territórios.

Parágrafo único. Os serviços notariais e de registro poderão solicitar autorização específica para que o serviço seja prestado, sob supervisão do delegatário, por no máximo cinco escreventes habilitados.

Art. 21. Os procedimentos de conciliação e de mediação serão fiscalizados pela Corregedoria-Geral de Justiça (CGJ) e pelo juiz coordenador do Centro Judiciário de Solução de Conflitos e Cidadania (Cejusc) da jurisdição a que estejam vinculados os serviços notariais e de registro.

§ 1º O Nupemec manterá cadastro de conciliadores e mediadores habilitados, do qual deverão constar dados relevantes de atuação, tais como o número de causas de que participou, o sucesso ou insucesso da atividade, a matéria sobre a qual versou a controvérsia, além de outras informações que julgar relevantes;

§ 2º Os dados colhidos na forma do parágrafo anterior serão classificados sistematicamente pelo Nupemec, que os publicará, ao meno anualmente, para conhecimento da população e para fins estatísticos e de avaliação da conciliação e da mediação pelos serviços notariais e de registro e de seus conciliadores e mediadores.

Art. 22. Somente poderão atuar como conciliadores ou mediadores aqueles que forem formados em curso para o desempenho das funções, observadas as diretrizes curriculares estabelecidas no Anexo I da Resolução CNJ n. 125/2010, com a redação dada pela Emenda n. 2, de 8 de março de 2016.

§ 1º O curso de formação mencionado no caput deste artigo será custeado pelos serviços notariais e de registro e será ofertado pelas escolas judiciais ou por instituição formadora de mediadores judiciais, nos termos do art. 11[4] da Lei n. 13.140/2015, regulamentada pela Resolução Enfam n. 6 de 21 de novembro de 2016;

§ 2º Os tribunais de Justiça dos estados e do Distrito Federal e dos Territórios poderão credenciar associações, escolas e institutos vinculados aos serviços notariais e de registro não integrantes do Poder Judiciário para que realizem, sob supervisão, o curso de formação mencionado no caput deste artigo, desde que respeitados os parâmetros estabelecidos pela Resolução Enfam n. 6/2016;

§ 3º Os conciliadores e mediadores autorizados a prestar o serviço deverão, a cada dois anos, contados da autorização, comprovar à CGJ e ao Nupemec a que estão vinculados a realização de curso de aperfeiçoamento em conciliação e em mediação;

§ 4º A admissão, como conciliadores ou mediadores, daqueles que comprovarem a realização do curso de formação mencionado no caput deste artigo promovido por entidade não integrante do Poder Judiciário e anterior à edição do Provimento n. 67, de 26 de março de 2018, será condicionada a prévio treinamento e aperfeiçoamento (art. 12, § 1º[6], da Resolução CNJ n. 125/2010).

Art. 23. O conciliador e o mediador observarão os princípios e as regras previstas na Lei n. 13.140/2015, no art. 166[6] da Lei n. 13.105, de 16 de março de 2015 (Código de Processo Civil) e no Código de Ética de Conciliadores e Mediadores (Anexo III da Resolução CNJ n. 125/2010).

Art. 24. Toda e qualquer informação revelada na sessão de conciliação ou mediação será confidencial, salvo as hipóteses do art. 30[7] da Lei n. 13.140/2015.

§ 1º O dever de confidencialidade aplica-se ao conciliador, ao mediador, às partes, aos seus prepostos, advogados, assessores técnicos e a outras pessoas que tenham, direta ou indiretamente, participado dos procedimentos;

§ 2º Não será protegida pela regra de confidencialidade a informação relativa à ocorrência de crime de ação pública;

§ 3º A confidencialidade não afastará o dever de prestar informações à administração tributária;

§ 4º Serão vedados para fim diverso daquele expressamente deliberado pelas partes o registro, a divulgação e a utilização das informações apresentadas no curso do procedimento.

---

§ 1º A confidencialidade estende-se a todas as informações produzidas no curso do procedimento, cujo teor não poderá ser utilizado para fim diverso daquele previsto por expressa deliberação das partes;

§ 2º Em razão do dever de sigilo, inerente às suas funções, o conciliador e o mediador, assim como os membros de suas equipes, não poderão divulgar ou depor acerca de fatos ou elementos oriundos da conciliação ou da mediação;

§ 3º Admite-se a aplicação de técnicas negociais, com o objetivo de proporcionar ambiente favorável à autocomposição;

§ 4º A mediação e a conciliação serão regidas conforme a livre autonomia dos interessados, inclusive no que diz respeito à definição das regras procedimentais.

7. Art. 30. Toda e qualquer informação relativa ao procedimento de mediação será confidencial em relação a terceiros, não podendo ser revelada sequer em processo arbitral ou judicial salvo se as partes expressamente decidirem de forma diversa ou quando sua divulgação for exigida por lei ou necessária para cumprimento de acordo obtido pela mediação.

§ 1º O dever de confidencialidade aplica-se ao mediador, às partes, a seus prepostos, advogados, assessores técnicos e a outras pessoas de sua confiança que tenham, direta ou indiretamente, participado do procedimento de mediação, alcançando:

I – declaração, opinião, sugestão, promessa ou proposta formulada por uma parte à outra na busca de entendimento para o conflito;

II – reconhecimento de fato por qualquer das partes no curso do procedimento de mediação;

III – manifestação de aceitação de proposta de acordo apresentada pelo mediador;

IV – documento preparado unicamente para os fins do procedimento de mediação.

§ 2º A prova apresentada em desacordo com o disposto neste artigo não será admitida em processo arbitral ou judicial;

§ 3º Não está abrigada pela regra de confidencialidade a informação relativa à ocorrência de crime de ação pública;

§ 4º A regra da confidencialidade não afasta o dever de as pessoas discriminadas no caput prestarem informações à administração tributária após o termo final da mediação, aplicando-se aos seus servidores a obrigação de manterem sigilo das informações compartilhadas nos termos do art. 198 da Lei nº 5.172, de 25 de outubro de 1966 – Código Tributário Nacional.

Art. 25. Aos que atuarem como conciliadores e mediadores aplicar-se-ão as regras de impedimento e suspeição, nos termos do disposto no art. 148, II[8], 167, § 5º[9], art. 172[10] e art. 173[11] do CPC e art. 5º[12] ao art. 8º[13] da Lei n. 11.340/2016, devendo, quando constatadas essas circunstâncias, ser informadas aos envolvidos, interrompendo-se a sessão.

Parágrafo único. Notários e registradores poderão prestar serviços profissionais relacionados com suas atribuições às partes envolvidas em sessão de conciliação ou de mediação de sua responsabilidade.

SEÇÃO II
DAS PARTES

Art. 26. Podem participar da conciliação e da mediação como requerente ou requerido a pessoa natural absolutamente capaz, a pessoa jurídica e os entes despersonalizados a que a lei confere capacidade postulatória.

§ 1º A pessoa natural poderá ser representada por procurador devidamente constituído, mediante instrumento público ou particular com poderes para transigir e com firma reconhecida;

§ 2º A pessoa jurídica e o empresário individual poderão ser representados por preposto, munido de carta de preposição com poderes para

---

8. Art. 148. Aplicam-se os motivos de impedimento e de suspeição:
   II – aos auxiliares da justiça;
9. Art. 167. Os conciliadores, os mediadores e as câmaras privadas de conciliação e mediação serão inscritos em cadastro nacional e em cadastro de tribunal de justiça ou de tribunal regional federal, que manterá registro de profissionais habilitados, com indicação de sua área profissional.
   § 5º Os conciliadores e mediadores judiciais cadastrados na forma do caput, se advogados, estarão impedidos de exercer a advocacia nos juízos em que desempenhem suas funções.
10. Art. 172. O conciliador e o mediador ficam impedidos, pelo prazo de 1 (um) ano, contado do término da última audiência em que atuaram, de assessorar, representar ou patrocinar qualquer das partes.
11. Art. 173. Será excluído do cadastro de conciliadores e mediadores aquele que:
    I – agir com dolo ou culpa na condução da conciliação ou da mediação sob sua responsabilidade ou violar qualquer dos deveres decorrentes do art. 166, §§ 1º e 2º;
    II – atuar em procedimento de mediação ou de conciliação, apesar de impedido ou suspeito.
    § 1º Os casos previstos neste artigo serão apurados em processo administrativo.
    § 2º O juiz do processo ou o juiz coordenador do centro de conciliação e mediação, se houver, verificando atuação inadequada do mediador ou conciliador, poderá afastá-lo de suas atividades por até 180 (cento e oitenta) dias, por decisão fundamentada, informando o fato imediatamente ao tribunal para instauração do respectivo processo administrativo.
12. Art. 5º Aplicam-se ao mediador as mesmas hipóteses legais de impedimento e suspeição do juiz.
    Parágrafo único. A pessoa designada para atuar como mediador tem o dever de revelar às partes, antes da aceitação da função, qualquer fato ou circunstância que possa suscitar dúvida justificada em relação à sua imparcialidade para mediar o conflito, oportunidade em que poderá ser recusado por qualquer delas.
13. Art. 8º O mediador e todos aqueles que o assessoram no procedimento de mediação, quando no exercício de suas funções ou em razão delas, são equiparados a servidor público, para os efeitos da legislação penal.

---

4. Art. 11. Poderá atuar como mediador judicial a pessoa capaz, graduada há pelo menos dois anos em curso de ensino superior de instituição reconhecida pelo Ministério da Educação e que tenha obtido capacitação em escola ou instituição de formação de mediadores, reconhecida pela Escola Nacional de Formação e Aperfeiçoamento de Magistrados – ENFAM ou pelos tribunais, observados os requisitos mínimos estabelecidos pelo Conselho Nacional de Justiça em conjunto com o Ministério da Justiça.
5. Art. 12. Nos Centros, bem como em todos os demais órgãos judiciários nos quais se realizem sessões de conciliação e mediação, somente serão admitidos mediadores e conciliadores capacitados na forma deste ato (Anexo I), cabendo aos Tribunais, antes de sua instalação, realizar o curso de capacitação, podendo fazê-lo por meio de parcerias.
§ 1º Os tribunais que já realizaram a capacitação referida no caput poderão dispensar os atuais mediadores e conciliadores da exigência do certificado de conclusão do curso de capacitação, mas deverão disponibilizar cursos de treinamento e aperfeiçoamento, na forma do Anexo I, como condição prévia de atuação nos Centros.
6. Art. 166. A conciliação e a mediação são informadas pelos princípios da independência, da imparcialidade, da autonomia da vontade, da confidencialidade, da oralidade, da informalidade e da decisão informada.

transigir e com firma reconhecida, sem necessidade da existência de vínculo empregatício;

§ 3º Deverá ser exigida da pessoa jurídica a prova de representação mediante a exibição dos seus atos constitutivos;

§ 4º Os entes despersonalizados poderão ser representados conforme previsto em lei.

Art. 27. As partes poderão ser assistidas por advogados ou defensores públicos munidos de instrumento de mandato com poderes especiais para o ato.

Parágrafo único. Comparecendo uma das partes desacompanhada de advogado ou de defensor público, o conciliador ou mediador suspenderá o procedimento até que todas estejam devidamente assistidas.

SEÇÃO III
DO OBJETO

Art. 28. Os direitos disponíveis e os indisponíveis que admitam transação poderão ser objeto de conciliação e de mediação, o qual poderá versar sobre todo o conflito ou parte dele.

§ 1º A conciliação e a mediação que envolvam direitos indisponíveis, mas transigíveis, deverão ser homologadas em juízo, na forma do art. 725, VIII[14], do CPC e do art. 3º, § 2º[15], da Lei n. 13.140/2015;

§ 2º Na hipótese do parágrafo anterior, o cartório encaminhará ao juízo competente o termo de conciliação ou de mediação e os documentos que instruíram o procedimento e, posteriormente, em caso de homologação, entregará o termo homologado diretamente às partes.

SEÇÃO III[16]
DO REQUERIMENTO

Art. 29. O requerimento de conciliação ou de mediação poderá ser dirigido a qualquer serviço notarial ou de registro de acordo com as respectivas competências (art. 42[17] da Lei n. 13.140/2015).

Parágrafo único. Admitir-se-á a formulação de requerimento conjunto firmado pelos interessados.

Art. 30. São requisitos mínimos do requerimento de realização de conciliação ou de mediação:

I – qualificação do requerente, em especial, o nome ou denominação social, endereço, telefone e e-mail de contato, número da carteira de identidade e do Cadastro de Pessoa Física

---
14. Art. 725. Processar-se-á na forma estabelecida nesta Seção o pedido de:
    VIII – homologação de autocomposição extrajudicial, de qualquer natureza ou valor.
15. Art. 3º Pode ser objeto de mediação o conflito que verse sobre direitos disponíveis ou sobre direitos indisponíveis que admitam transação.
    § 2º O consenso das partes envolvendo direitos indisponíveis, mas transigíveis, deve ser homologado em juízo, exigida a oitiva do Ministério Público.
16. Redação original repete "Seção III".
17. Art. 42. Aplica-se esta Lei, no que couber, às outras formas consensuais de resolução de conflitos, tais como mediações comunitárias e escolares, e àquelas levadas a efeito nas serventias extrajudiciais, desde que no âmbito de suas competências.
    Parágrafo único. A mediação nas relações de trabalho será regulada por lei própria.

(CPF) ou do Cadastro Nacional de Pessoa Jurídica (CNPJ) na Secretaria da Receita Federal, conforme o caso;

II – dados suficientes da outra parte para que seja possível sua identificação e convite;

III – indicação de meio idôneo de notificação da outra parte;

IV – narrativa sucinta do conflito e, se houver, proposta de acordo; e

V – outras informações relevantes, a critério do requerente.

§ 1º Para os fins do caput deste artigo, os serviços notariais e de registro poderão disponibilizar aos usuários, por intermédio da rede mundial de computadores ou presencialmente, um formulário-padrão;

§ 2º Caberá ao requerente oferecer tantas cópias do requerimento quantas forem as partes interessadas, caso não opte pelo meio eletrônico como forma de notificação;

§ 3º Serão de inteira responsabilidade do requerente a veracidade e correção dos dados fornecidos relacionados nos incisos I a V deste artigo.

Art. 31. Após o recebimento e protocolo do requerimento, se, em exame formal, for considerado não preenchido algum dos requisitos previstos no art. 30 deste Código de Normas, o requerente será notificado, preferencialmente por meio eletrônico, para sanar o vício no prazo de dez dias, marcando-se nova data para audiência, se necessário.

§ 1º Persistindo o não cumprimento de qualquer dos requisitos, o conciliador ou o mediador rejeitará o pedido;

§ 2º A inércia do requerente acarretará o arquivamento do pedido por ausência de interesse.

Art. 32. No ato do requerimento, o requerente pagará emolumentos referentes a uma sessão de mediação de até 60 minutos.

Art. 33. A distribuição do requerimento será anotada no livro de protocolo de conciliação e de mediação conforme a ordem cronológica de apresentação.

Art. 34. Ao receber o requerimento, o serviço notarial ou de registro designará, de imediato, data e hora para a realização da sessão de conciliação ou de mediação e dará ciência dessas informações ao apresentante do pedido, dispensando-se a notificação do requerente.

§ 1º A ciência a que se refere o caput deste artigo recairá na pessoa do apresentante do requerimento, ainda que não seja ele o requerente;

§ 2º Ao apresentante do requerimento será dado recibo do protocolo e de todos os valores recebidos a título de depósito prévio.

Art. 35. A notificação da parte requerida será realizada por qualquer meio idôneo de comunicação, devendo ocorrer preferencialmente por meio eletrônico, por carta com Aviso de Recebimento (AR) ou notificação por oficial de registro de títulos e documentos do domicílio de quem deva recebê-la.

§ 1º O serviço notarial ou de registro informará ao requerente os meios idôneos de comunicação permitidos e respectivos custos;

§ 2º O requerente arcará com o custo da notificação; no entanto, se for feita por meio eletrônico não será cobrada;

§ 3º O custo do envio da carta com AR não poderá ser superior ao praticado pela Empresa Brasileira de Correios e Telégrafos e o custo da notificação por oficial de registro de títulos e documentos será o previsto na tabela de emolumentos.

Art. 36. O serviço notarial ou de registro remeterá, com notificação, cópia do requerimento à parte requerida, esclarecendo, desde logo, que sua participação na sessão de conciliação ou de mediação será facultativa e concederá prazo de dez dias para que, querendo, indique, por escrito, nova data e novo horário, caso não possa comparecer à sessão designada.

Parágrafo único. Para a conveniência dos trabalhos, o serviço notarial ou de registro poderá manter contato com as partes no intuito de designar data de comum acordo para a sessão de conciliação ou de mediação.

SEÇÃO IV
DAS SESSÕES

Art. 37. Os serviços notariais e de registro manterão espaço reservado em suas dependências para a realização das sessões de conciliação e de mediação durante o horário de atendimento ao público.

§ 1º Na data e hora designadas para a realização da sessão de conciliação ou de mediação, realizado o chamamento nominal das partes e constatado o não comparecimento de qualquer delas, o requerimento será arquivado;

§ 2º Não se aplicará o disposto no parágrafo anterior se estiverem preenchidos, cumulativamente, os seguintes requisitos:

I — pluralidade de requerentes ou de requeridos;

II — comparecimento de ao menos duas partes contrárias com o intuito de transigir; e

III — identificação formal da viabilidade de eventual acordo.

§ 3º A sessão de conciliação ou de mediação terá eficácia apenas entre as partes presentes.

Art. 38. Obtido o acordo, será lavrado termo de conciliação ou de mediação e as partes presentes assinarão a última folha do termo, rubricando as demais. Finalizado o procedimento, o termo será arquivado no livro de conciliação e de mediação.

Parágrafo único. Será fornecida via do termo de conciliação ou de mediação a cada uma das partes presentes à sessão, que será considerado documento público com força de título executivo extrajudicial, nos termos do art. 784, IV[18], do CPC.

Art. 39. A não obtenção de acordo não impedirá a realização de novas sessões de conciliação ou de mediação até que finalizadas as tratativas.

Art. 40. O pedido será arquivado, independentemente de anuência da parte contrária, se o requerente solicitar, a qualquer tempo e por escrito, a desistência do pedido.

---
18. Art. 784. São títulos executivos extrajudiciais:
    IV – o instrumento de transação referendado pelo Ministério Público, pela Defensoria Pública, pela Advocacia Pública, pelos advogados dos transatores ou por conciliador ou mediador credenciado por tribunal.

§ 1º Solicitada a desistência, o requerimento será arquivado em pasta própria, não subsistindo a obrigatoriedade de sua conservação quando for microfilmado ou gravado por processo eletrônico de imagens;

§ 2º Presumir-se-á a desistência do requerimento se o requerente, após notificado, não se manifestar no prazo de 30 dias.

Art. 41. Em caso de não obtenção do acordo ou de desistência do requerimento antes da sessão de conciliação ou de mediação, o procedimento será arquivado pelo serviço notarial ou de registro, que anotará essa circunstância no livro de conciliação e de mediação.

SEÇÃO V
DOS LIVROS

Art. 42. Os serviços notariais e de registro optantes pela prestação do serviço criarão livro de protocolo específico para recebimento de requerimentos de conciliação e de mediação.

§ 1º O livro de protocolo, com 300 folhas, será aberto, numerado, autenticado e encerrado pelo oficial do serviço notarial e de registro, podendo ser utilizado, para tal fim, processo mecânico de autenticação previamente aprovado pela autoridade judiciária competente;

§ 2º Do livro de protocolo deverão constar os seguintes dados:

– o número de ordem, que seguirá indefinidamente nos livros da mesma espécie;

– a data da apresentação do requerimento;

II – o nome do requerente; e

V – a natureza da mediação.

Art. 43. Os serviços notariais e de registro que optarem por prestar o serviço deverão instituir livro de conciliação e de mediação, cuja abertura atenderá às normas estabelecidas pelas Corregedorias-Gerais de Justiça dos estados e do Distrito Federal e dos Territórios.

§ 1º Os termos de audiência de conciliação ou de mediação serão lavrados em livro exclusivo, vedada sua utilização para outros fins;

§ 2º Os livros obedecerão aos modelos de uso corrente, aprovados pelo juízo da vara de registros públicos;

§ 3º Os números de ordem dos termos de conciliação e de mediação não serão interrompidos ao final de cada livro, mas continuarão indefinidamente nos seguintes da mesma espécie;

§ 4º Poderá ser adotado simultaneamente mais de um livro de conciliação e de mediação para lavratura de audiências por meio eletrônico;

§ 5º Deverá ser adotado pelos serviços notariais e de registro livro de carga físico, no qual serão correlacionados os escreventes e os livros quando o serviço utilizar, concomitantemente, mais de um livro de conciliação e de mediação;

§ 6º O livro sob a responsabilidade de um escrevente é de seu uso exclusivo, permitida a utilização por outro escrevente apenas com autorização prévia do notário e do registrador, lançada e atada no livro de carga.

Art. 44. O livro de conciliação e de mediação será 300 folhas, permitido o acréscimo apenas para evitar a inconveniência de cisão do ato.

§ 1º Além do timbre do serviço notarial e de registro, todas as folhas conterão o número do livro e do termo de conciliação ou de mediação correspondentes, numeradas em ordem crescente por sistema mecânico ou eletrônico;

§ 2º Eventual erro material na numeração das folhas poderá ser corrigido pelo notário ou registrador, devendo constar do termo de encerramento;

§ 3º O livro eletrônico somente poderá ser adotado por sistema que garanta a verificação da existência e do conteúdo do ato, subordinando-se às mesmas regras de lavratura atinentes ao livro físico.

Art. 45. Nos termos de audiências de conciliação e de mediação lavradas em livro de folhas soltas, as partes lançarão a assinatura no final da última, rubricando as demais.

Parágrafo único. Se os declarantes ou os participantes não puderem, por alguma circunstância, assinar, far-se-á declaração no termo, assinando a rogo outra pessoa e apondo-se à margem do ato a impressão datiloscópica da que não assinar.

Art. 46. As folhas soltas utilizadas serão acondicionadas em pasta própria, correspondente ao livro a que pertençam, até a encadernação, que ocorrerá no período de até 60 dias subsequentes à data do encerramento.

Parágrafo único. O encerramento será feito imediatamente após a lavratura do último termo de audiência, ainda que pendente o decurso do prazo previsto no caput deste artigo para ultimação do ato previamente praticado e não subscrito.

Art. 47. O livro de conciliação e de mediação conterá índice alfabético com a indicação dos nomes das partes interessadas presentes à sessão, devendo constar o número do CPF/CNPJ – ou, na sua falta, o número de documento de identidade – e a referência ao livro e à folha em que foi lavrado o termo de conciliação ou de mediação.

Parágrafo único. Os índices poderão ser elaborados pelo sistema de fichas, microfichas ou eletrônico, em que serão anotados os dados das partes envolvidas nos procedimentos de mediação ou de conciliação.

Art. 48. O livro e qualquer documento oriundo de conciliação ou de mediação extrajudicial deverão permanecer no ofício e quaisquer diligências judiciais ou extrajudiciais que exigirem sua apresentação serão realizadas, sempre que possível, no próprio ofício, salvo por determinação judicial, caso em que o documento ou o livro poderá deixar o serviço extrajudicial.

Art. 49. Os serviços notariais e de registro deverão manter em segurança permanente os livros e os documentos de conciliação e de mediação, respondendo pela ordem, guarda e conservação.

Parágrafo único. O livro de conciliação e de mediação poderá ser escriturado em meio eletrônico e o traslado do termo respectivo poderá ser disponibilizado na rede mundial de computadores para acesso restrito, mediante a utilização de código específico fornecido às partes.

Art. 50. Os documentos eventualmente apresentados pelas partes para a instrução da conciliação ou da mediação serão examinados e devolvidos a seus titulares durante a sessão, devendo os serviços notariais e de registro manter em arquivo próprio, além do requerimento firmado pelas partes, todos os documentos que julgar pertinentes.

Art. 51. Os serviços notariais e de registro observarão o prazo mínimo de cinco anos para arquivamento dos documentos relativos à conciliação e à mediação.

Parágrafo único. Não subsistirá a obrigatoriedade de conservação dos documentos microfilmados ou gravados por processo eletrônico de imagens.

SEÇÃO VI
DOS EMOLUMENTOS

Art. 52. Enquanto não editadas, no âmbito dos estados e do Distrito Federal, normas específicas relativas aos emolumentos, observadas as diretrizes previstas pela Lei n. 10.169, de 29 de dezembro de 2000, aplicar-se-á às conciliações e às mediações extrajudiciais a tabela referente ao menor valor cobrado na lavratura de escritura pública sem valor econômico.

§ 1º Os emolumentos previstos no caput deste artigo referem-se a uma sessão de até 60 minutos e neles será incluído o valor de uma via do termo de conciliação e de mediação para cada uma das partes;

§ 2º Se excedidos os 60 minutos mencionados no parágrafo anterior ou se forem necessárias sessões extraordinárias para a obtenção de acordo, serão cobrados emolumentos proporcionais ao tempo excedido, na primeira hipótese, e relativos a cada nova sessão de conciliação ou de mediação, na segunda hipótese, mas, em todo caso, poderá o custo ser repartido pro rata entre as partes, salvo se transigirem de forma diversa;

§ 3º Será considerada sessão extraordinária aquela não prevista no agendamento.

Art. 53. É vedado aos serviços notariais e de registro receber das partes qualquer vantagem referente à sessão de conciliação ou de mediação, exceto os valores relativos aos emolumentos e às despesas de notificação.

Art. 54. Na hipótese de o arquivamento do requerimento ocorrer antes da sessão de conciliação ou de mediação, 75% do valor recebido a título emolumentos será restituído ao requerente.

Parágrafo único. As despesas de notificação não serão restituídas, salvo se ocorrer desistência do pedido antes da realização do ato.

Art. 55. Com base no art. 169, § 2º[19], do CPC, os serviços notariais e de registro realizarão sessões não remuneradas de conciliação e de mediação para atender demandas de gratuidade, como contrapartida da autorização para prestar o serviço.

Parágrafo único. Os tribunais determinarão o percentual de audiências não remuneradas, que não poderá ser inferior a 10% da média semestral das sessões realizadas pelo serviço extraju-

---

19. Art. 169. Ressalvada a hipótese do art. 167, § 6º, o conciliador e o mediador receberão pelo seu trabalho remuneração prevista em tabela fixada pelo tribunal, conforme parâmetros estabelecidos pelo Conselho Nacional de Justiça.

§ 2º Os tribunais determinarão o percentual de audiências não remuneradas que deverão ser suportadas pelas câmaras privadas de conciliação e mediação, com o fim de atender aos processos em que deferida gratuidade da justiça, como contrapartida de seu credenciamento.

dicial nem inferior ao percentual fixado para as câmaras privadas.

SEÇÃO VII
DAS DISPOSIÇÕES FINAIS

Art. 56. Será vedado aos serviços notariais e de registro estabelecer, em documentos por eles expedidos, cláusula compromissória de conciliação ou de mediação extrajudicial.

Art. 57. Aplica-se o disposto no art. 132, caput e § 1º[20], do Código Civil brasileiro à contagem dos prazos.

TÍTULO II
DA ORGANIZAÇÃO NA PRESTAÇÃO DOS SERVIÇOS
CAPÍTULO I
DO TELETRABALHO

SEÇÃO I
DAS DISPOSIÇÕES GERAIS

Art. 58. A adoção do teletrabalho é facultativa aos escreventes, prepostos e colaboradores do serviço notarial e de registro.

Parágrafo único. É vedada a realização de teletrabalho pelos titulares delegatários, bem como pelos interinos e interventores nomeados para responder pelo serviço notarial e de registro.

Art. 59. Os escreventes, prepostos e colaboradores do serviço notarial e de registro, quando autorizados pelos titulares delegatários, interinos e interventores, podem executar suas tarefas fora das dependências da serventia extrajudicial, de forma remota, com a utilização de recursos tecnológicos, sob a denominação de teletrabalho.

§ 1º Não se enquadram no conceito de teletrabalho as atividades notariais e de registro executadas externamente em razão da natureza do ato a ser praticado;

§ 2º O teletrabalho não implica a criação de sucursais e não autoriza ao notário e ao registrador a prática de atos de seu ofício fora do âmbito de sua delegação;

§ 3º Os afastamentos justificados do titular delegatário do serviço notarial e de registro não são considerados teletrabalho e sempre devem ser comunicados à corregedoria local.

Art. 60. A prestação do serviço notarial e de registro em regime de teletrabalho é auxiliar da prestação do serviço presencial e será realizada sem prejuízo da eficiência e da qualidade do serviço, assim como da continuidade do atendimento presencial aos usuários do serviço.

Art. 61. A atividade notarial e de registro na modalidade teletrabalho está limitada a 30% da força de trabalho da serventia extrajudicial, desde que seja mantida a capacidade plena de funcionamento dos setores de atendimento ao público externo.

§ 1º A capacidade de funcionamento dos setores de atendimento ao público externo deverá ser avaliada constantemente pelos juízes corregedores permanentes e/ou pelas corregedorias de Justiça dos estados e do Distrito Federal e, em caso de constatação de prejuízo para a prestação do serviço, o teletrabalho deve ser adequado ou suspenso;

§ 2º Os titulares delegatários definirão, no âmbito do seu poder de gestão das serventias extrajudiciais, as atividades que poderão ser realizadas de forma remota;

§ 3º É vedada a prestação de serviço notarial e de registro na modalidade teletrabalho em relação aos atos para os quais a lei exija a prática exclusiva pelo titular delegatário da serventia extrajudicial.

Art. 62. O titular do serviço notarial e de registro que decidir implementar ou alterar o regime de teletrabalho na serventia extrajudicial deverá comunicar ao órgão correcional local:

I – o nome, CPF, e-mail e telefone dos escreventes, prepostos e colaboradores do serviço notarial e de registro incluídos no sistema de teletrabalho; e

II – os meios de controle das atividades dos escreventes, prepostos e colaboradores do serviço notarial e de registro incluídos no sistema de teletrabalho.

Parágrafo único. A adoção e a alteração previstas no caput deste artigo deverão ser comunicadas à corregedoria local com antecedência mínima de 15 dias.

Art. 63. Os escreventes, prepostos e colaboradores do serviço notarial e de registro incluídos no sistema de teletrabalho deverão estar presentes às correições ordinárias realizadas pelas corregedorias locais e pela Corregedoria Nacional de Justiça.

Art. 64. Aplicam-se ao teletrabalho dos escreventes, prepostos e colaboradores do serviço notarial e de registro, no que couber, as disposições contidas na Resolução CNJ n. 227/2016.

TÍTULO III
DOS INTERINOS E DOS PREPOSTOS
CAPÍTULO I
DAS RESTRIÇÕES

SEÇÃO I
DOS FAMILIARES DE JUÍZES CORREGEDORES

Art. 65. A contratação, por delegados extrajudiciais, de familiares de magistrado incumbido da corregedoria do respectivo serviço de notas ou de registro deverá observar a Resolução n. 20, de agosto de 2006, sem prejuízo de outras normas compatíveis.

CAPÍTULO II
DA DESIGNAÇÃO DE INTERINOS

SEÇÃO I
DAS DISPOSIÇÕES GERAIS

Art. 66. Declarada a vacância de serventia extrajudicial, as corregedorias de Justiça dos estados e do Distrito Federal designarão o substituto mais antigo para responder interinamente pelo expediente.

§ 1º A designação deverá recair no substituto mais antigo que exerça a substituição no momento da declaração da vacância;

§ 2º A designação de substituto para responder interinamente pelo expediente não poderá recair sobre cônjuge, companheiro ou parente em linha reta, colateral ou por afinidade, até o terceiro grau do antigo delegatário ou de magistrados do tribunal local.

Art. 67. A designação de substituto para responder interinamente pelo expediente não poderá recair sobre pessoa condenada em decisão com trânsito em julgado ou proferida por órgão jurisdicional colegiado, nas seguintes hipóteses:

I – atos de improbidade administrativa; e

II – crimes:

a) contra a administração pública;

b) contra a incolumidade pública;

c) contra a fé pública;

d) hediondos;

e) praticados por organização criminosa, quadrilha ou bando;

f) de redução de pessoa à condição análoga à de escravo;

g) eleitorais, para os quais a lei comine pena privativa de liberdade; e

h) de lavagem ou ocultação de bens, direitos e valores.

§ 1º Na mesma proibição dos incisos I e II deste artigo, incide aquele que:

a) praticou ato que acarretou a perda do cargo ou emprego público;

b) foi excluído do exercício da profissão por decisão judicial ou administrativa do órgão profissional competente;

c) teve suas contas relativas ao exercício de cargos ou funções públicas rejeitadas por irregularidade insanável que configure ato doloso de improbidade administrativa, por decisão irrecorrível do órgão competente; e

d) perdeu a delegação por decisão judicial ou administrativa.

Art. 68. Não se aplicam as vedações do art. 66, II, ao crime culposo ou considerado de menor potencial ofensivo.

Art. 69. Não havendo substituto que atenda aos requisitos previstos neste Código de Normas, a Corregedoria de Justiça designará interinamente, como responsável pelo expediente, delegatário em exercício no mesmo município ou no município contíguo que detenha uma das atribuições do serviço vago.

§ 1º Não havendo delegatário no mesmo município ou no município contíguo que detenha uma das atribuições do serviço vago, a Corregedoria de Justiça designará interinamente como responsável pelo expediente, substituto de outra serventia bacharel em direito com no mínimo dez anos de exercício em serviço notarial ou registral;

§ 2º A designação de substituto para responder interinamente pelo expediente será precedida de consulta ao juiz corregedor permanente competente pela fiscalização da serventia extrajudicial vaga.

Art. 70. A designação do substituto para responder interinamente pelo expediente deverá ser revogada se for constatado, em procedimento administrativo, o não repasse ao Tribunal de Justiça do excedente a 90,25% dos subs-

---

20. Art. 132. Salvo disposição legal ou convencional em contrário, computam-se os prazos, excluído o dia do começo, e incluído o do vencimento.

§ 1º Se o dia do vencimento cair em feriado, considerar--se-á prorrogado o prazo até o seguinte dia útil.

dios de ministro do Supremo Tribunal Federal (STF).

Art. 71. Os casos omissos serão decididos pela Corregedoria de Justiça local e deverão ser comunicados à Corregedoria Nacional de Justiça no prazo de 30 dias.

TÍTULO IV
DO DELEGATÁRIO
CAPÍTULO I
DAS INCOMPATIBILIDADES E IMPEDIMENTOS
SEÇÃO I
DE MANDATOS ELETIVOS

Art. 72. O notário e/ou registrador que desejarem exercer mandato eletivo deverão se afastar do exercício do serviço público delegado desde a sua diplomação.

§ 1º (Revogado);

→ Provimento nº 161/2024;

§ 2º Quando do afastamento do delegatário para o exercício do mandato eletivo, a atividade será conduzida pelo escrevente substituto com a designação contemplada pelo art. 20, § 5º[21], da Lei Federal nº 8.935/1994;

§ 3º O notário e/ou o registrador que exercerem mandato eletivo terão o direito à percepção integral dos emolumentos gerados em decorrência da atividade notarial e/ou registral que lhe foi delegada.

TÍTULO V
DA OUTORGA DE DELEGAÇÃO
CAPÍTULO I
DO CONCURSO PÚBLICO
SEÇÃO I
DAS DISPOSIÇÕES GERAIS

Art. 73. Os concursos públicos de provas e títulos para a outorga das Delegações de Notas e de Registro deverão observar a Resolução CNJ n. 81, de 9 de junho de 2009, sem prejuízo de outras normas compatíveis.

SEÇÃO II
DO PAINEL NACIONAL DOS CONCURSOS PÚBLICOS DE PROVAS E TÍTULOS PARA OUTORGA DE DELEGAÇÕES DE SERVIÇOS DE NOTAS E DE REGISTRO

Art. 74. Os tribunais de Justiça dos estados e do Distrito Federal devem enviar ao Conselho Nacional de Justiça (CNJ) os dados e as informações relativas aos Concursos Públicos de Provas e Títulos para Outorga de Delegações de Serviços de Notas e de Registro, conforme seus respectivos normativos.

§ 1º O envio dar-se-á mediante alimentação do Painel Nacional dos Concursos Públicos de Provas e Títulos para Outorga de Delegações de Serviços de Notas e de Registro, gerido pela Corregedoria Nacional de Justiça;

§ 2º O preenchimento dos dados será efetuado eletronicamente, de maneira obrigatória e continuada, sempre que houver qualquer alteração no status do concurso.

Art. 75. O cadastro e a alimentação do painel pelos órgãos do Poder Judiciário, pela web, ocorrerão por meio do Sistema de Controle de Acesso (SCA) do CNJ.

§ 1º Os tribunais deverão manter administradores locais do SCA, que se encarregarão do cadastramento de usuários e das demais informações necessárias ao funcionamento do painel;

§ 2º Cada administrador regional poderá cadastrar e conceder acesso aos integrantes das comissões dos concursos;

§ 3º Os responsáveis pela alimentação do painel deverão observar as diretrizes fixadas pela Resolução CNJ n. 269/2018 quando do cumprimento das disposições desta Seção.

Art. 76. Os editais, documentos e links a serem inseridos no painel deverão indicar:

I – lista de vacâncias, em obediência à Resolução CNJ n. 80, de 09/06/2009;

II – comissão de concurso;

III – instituição organizadora do concurso;

IV – data de publicação e links de abertura do concurso;

V – relação final de candidatos inscritos;

VI – fase do concurso em andamento;

VII – relação final de inscrições indeferidas;

VIII – relação dos candidatos que compareceram ao exame psicotécnico;

IX – relação dos candidatos que entregaram a documentação a ser avaliada referente ao laudo neurológico e ao laudo psiquiátrico;

X – convocação para a entrevista pessoal e para a análise de vida pregressa;

XI – publicação dos resultados das provas escritas e práticas;

XII – resultados de prova oral;

XIII – resultados de avaliação de Títulos;

XIV – proclamação do resultado final do concurso, com indicação da ordem de classificação;

XV – data e horário da sessão de escolha; e

XVI – demais editais e comunicados relacionados ao concurso.

Art. 77. Os dados enviados estarão permanentemente atualizados e disponíveis na forma de painel na página da Corregedoria Nacional de Justiça, no portal do CNJ.

Parágrafo único. Compete à Corregedoria Nacional de Justiça, com o apoio da Coordenadoria de Gestão de Serviços Notariais e de Registro, identificar possíveis inconsistências e/ou ausências de dados no sistema.

CAPÍTULO II
DAS DELEGAÇÕES IRREGULARES
SEÇÃO I
DAS DISPOSIÇÕES GERAIS

Art. 78. A declaração de vacância dos serviços notariais e de registro ocupados em desacordo com as normas constitucionais pertinentes à matéria deverá observar o disposto na Resolução n. 80, de 9 de junho de 2009, sem prejuízo de outras normas compatíveis.

TÍTULO VI
DA PROTEÇÃO DE DADOS PESSOAIS
CAPÍTULO I
DA ORGANIZAÇÃO DAS SERVENTIAS
SEÇÃO I
DAS DISPOSIÇÕES GERAIS

Art. 79. Os responsáveis pelas serventias extrajudiciais deverão atender às disposições da Lei Geral de Proteção de Dados Pessoais (LGPD) (Lei n. 13.709/2018), independentemente do meio ou do país onde os dados estão localizados, obedecendo a seus fundamentos, seus princípios e suas obrigações concernentes à governança do tratamento de dados pessoais.

§ 1º Deverão ser cumpridas as disposições previstas na LGPD e nas diretrizes, nos regulamentos, nas normas, nas orientações e nos procedimentos expedidos pela Autoridade Nacional de Proteção de Dados Pessoais, com base nas competências previstas no artigo 55-J[22] da LGPD;

---

1. Art. 20. Os notários e os oficiais de registro poderão, para o desempenho de suas funções, contratar escreventes, dentre eles escolhendo os substitutos, e auxiliares como empregados, com remuneração livremente ajustada e sob o regime da legislação do trabalho.

§ 5º Dentre os substitutos, um deles será designado pelo notário ou oficial de registro para responder pelo respectivo serviço nas ausências e nos impedimentos do titular.

22. Art. 55-J. Compete à ANPD:

I – zelar pela proteção dos dados pessoais, nos termos da legislação;

II – zelar pela observância dos segredos comercial e industrial, observada a proteção de dados pessoais e do sigilo das informações quando protegido por lei ou quando a quebra do sigilo violar os fundamentos do art. 2º desta Lei;

III – elaborar diretrizes para a Política Nacional de Proteção de Dados Pessoais e da Privacidade;

IV – fiscalizar e aplicar sanções em caso de tratamento de dados realizado em descumprimento à legislação, mediante processo administrativo que assegure o contraditório, a ampla defesa e o direito de recurso;

V – apreciar petições de titular contra controlador após comprovada pelo titular a apresentação de reclamação ao controlador não solucionada no prazo estabelecido em regulamentação;

VI – promover na população o conhecimento das normas e das políticas públicas sobre proteção de dados pessoais e das medidas de segurança;

VII – promover e elaborar estudos sobre as práticas nacionais e internacionais de proteção de dados pessoais e privacidade;

VIII – estimular a adoção de padrões para serviços e produtos que facilitem o exercício de controle dos titulares sobre seus dados pessoais, os quais deverão levar em consideração as especificidades das atividades e o porte dos responsáveis;

IX – promover ações de cooperação com autoridades de proteção de dados pessoais de outros países, de natureza internacional ou transnacional;

X – dispor sobre as formas de publicidade das operações de tratamento de dados pessoais, respeitados os segredos comercial e industrial;

XI – solicitar, a qualquer momento, às entidades do poder público que realizem operações de tratamento de dados pessoais informe específico sobre o âmbito, a natureza dos dados e os demais detalhes do tratamento realizado, com a possibilidade de emitir parecer técnico complementar para garantir o cumprimento desta Lei;

§ 2º O cumprimento às disposições especiais do Capítulo I (Da Prevenção à Lavagem de Dinheiro e ao Financiamento do Terrorismo e da Proliferação de Armas de Destruição em Massa) do Título II do Livro II deste Código não será prejudicado pelo disposto na LGPD.

XII – elaborar relatórios de gestão anuais acerca de suas atividades;

XIII – editar regulamentos e procedimentos sobre proteção de dados pessoais e privacidade, bem como sobre relatórios de impacto à proteção de dados pessoais para os casos em que o tratamento representar alto risco à garantia dos princípios gerais de proteção de dados pessoais previstos nesta Lei;

XIV – ouvir os agentes de tratamento e a sociedade em matérias de interesse relevante e prestar contas sobre suas atividades e planejamento;

XV – arrecadar e aplicar suas receitas e publicar, no relatório de gestão a que se refere o inciso XII do caput deste artigo, o detalhamento de suas receitas e despesas;

XVI – realizar auditorias, ou determinar sua realização, no âmbito da atividade de fiscalização de que trata o inciso IV e com a devida observância do disposto no inciso II do caput deste artigo, sobre o tratamento de dados pessoais efetuado pelos agentes de tratamento, incluído o poder público;

XVII – celebrar, a qualquer momento, compromisso com agentes de tratamento para eliminar irregularidades, incerteza jurídica ou situação contenciosa no âmbito de processos administrativos, de acordo com o previsto no Decreto-Lei nº 4.657, de 4 de setembro de 1942;

XVIII – editar normas, orientações e procedimentos simplificados e diferenciados, inclusive quanto aos prazos, para que microempresas e empresas de pequeno porte, bem como iniciativas empresariais de caráter incremental ou disruptivo que se autodeclarem startups ou empresas de inovação, possam adequar-se a esta Lei;

XIX – garantir que o tratamento de dados de idosos seja efetuado de maneira simples, clara, acessível e adequada ao seu entendimento, nos termos desta Lei e da Lei nº 10.741, de 1º de outubro de 2003 (Estatuto do Idoso);

XX – deliberar, na esfera administrativa, em caráter terminativo, sobre a interpretação desta Lei, as suas competências e os casos omissos;

XXI – comunicar às autoridades competentes as infrações penais das quais tiver conhecimento;

XXII – comunicar aos órgãos de controle interno o descumprimento do disposto nesta Lei por órgãos e entidades da administração pública federal;

XXIII – articular-se com as autoridades reguladoras públicas para exercer suas competências em setores específicos de atividades econômicas e governamentais sujeitas à regulação; e

XXIV – implementar mecanismos simplificados, inclusive por meio eletrônico, para o registro de reclamações sobre o tratamento de dados pessoais em desconformidade com esta Lei.

§ 1º Ao impor condicionantes administrativas ao tratamento de dados pessoais por agente de tratamento privado, sejam eles limites, encargos ou sujeições, a ANPD deve observar a exigência de mínima intervenção, assegurados os fundamentos, os princípios e os direitos dos titulares previstos no art. 170 da Constituição Federal e nesta Lei;

§ 2º Os regulamentos e as normas editados pela ANPD devem ser precedidos de consulta e audiência públicas, bem como de análises de impacto regulatório;

§ 3º A ANPD e os órgãos e entidades públicos responsáveis pela regulação de setores específicos da atividade econômica e governamental devem coordenar suas atividades, nas correspondentes esferas de atuação, com vistas a assegurar o cumprimento de suas atribuições com a maior eficiência e promover o adequado funcionamento dos setores regulados, conforme legislação específica, e o tratamento de dados pessoais, na forma desta Lei;

§ 4º A ANPD manterá fórum permanente de comunicação, inclusive por meio de cooperação técnica, com órgãos e entidades da administração pública responsáveis pela regulação de setores específicos da atividade econômica e governamental, a fim de facilitar as competências regulatória, fiscalizatória e punitiva da ANPD;

§ 5º No exercício das competências de que trata o caput deste artigo, a autoridade competente deverá zelar pela preservação do segredo empresarial e do sigilo das informações, nos termos da lei;

§ 6º As reclamações colhidas conforme o disposto no inciso V do caput deste artigo poderão ser analisadas de forma agregada, e as eventuais providências delas decorrentes poderão ser adotadas de forma padronizada.

23. Art. 5º Para os fins desta Lei, considera-se:

I – dado pessoal: informação relacionada a pessoa natural identificada ou identificável;

II – dado pessoal sensível: dado pessoal sobre origem racial ou étnica, convicção religiosa, opinião política, filiação a sindicato ou a organização de caráter religioso, filosófico ou político, dado referente à saúde ou à vida sexual, dado genético ou biométrico, quando vinculado a uma pessoa natural;

III – dado anonimizado: dado relativo a titular que não possa ser identificado, considerando a utilização de meios técnicos razoáveis e disponíveis na ocasião de seu tratamento;

IV – banco de dados: conjunto estruturado de dados pessoais, estabelecido em um ou em vários locais, em suporte eletrônico ou físico;

V – titular: pessoa natural a quem se referem os dados pessoais que são objeto de tratamento;

VI – controlador: pessoa natural ou jurídica, de direito público ou privado, a quem competem as decisões referentes ao tratamento de dados pessoais;

VII – operador: pessoa natural ou jurídica, de direito público ou privado, que realiza o tratamento de dados pessoais em nome do controlador;

Art. 80. O tratamento de dados pessoais destinado à prática dos atos inerentes ao exercício dos respectivos ofícios, consistentes no exercício de competências previstas em legislação específica, será promovido de forma a atender à finalidade da prestação do serviço, na persecução do interesse público, e com os objetivos de executar as competências legais e desempenhar atribuições legais e normativas dos serviços públicos delegados.

Art. 81. Ratifica-se a criação, pelo Provimento n. 134, de 24 de agosto de 2022, no âmbito da Corregedoria Nacional de Justiça do Conselho Nacional de Justiça (CNJ), da Comissão de Proteção de Dados (CPD/CN), de caráter consultivo, responsável por propor, independentemente de provocação, diretrizes com critérios sobre a aplicação, interpretação e adequação das Serventias à LGPD, espontaneamente ou mediante provocação pelas Associações.

Art. 82. Os responsáveis pelas delegações dos serviços extrajudiciais de notas e de registro, na qualidade de titulares das serventias, interventores ou interinos, são controladores no exercício da atividade típica registral ou notarial, a quem compete as decisões referentes ao tratamento de dados pessoais.

Parágrafo único. Os administradores dos operadores nacionais de registros públicos e de centrais de serviços compartilhados são controladores para fins da legislação de proteção de dados pessoais.

Art. 83. O operador, a que se refere o art. 5º[023] da LGPD, é a pessoa natural ou jurídica, de direito público ou privado, externa ao quadro funcional da serventia, contratada para serviço que envolva o tratamento de dados pessoais em nome e por ordem do controlador.

SEÇÃO II
DA GOVERNANÇA DO TRATAMENTO DE DADOS PESSOAIS NAS SERVENTIAS

Art. 84. Na implementação dos procedimentos de tratamento de dados, o responsável pela serventia extrajudicial deverá verificar o porte da sua serventia e classificá-la, de acordo com o Capítulo I do Título I do Livro IV da Parte Geral deste Código Nacional de Normas, da Corregedoria Nacional de Justiça (Classe I, II ou III), e observadas as regulamentações da Autoridade Nacional de Proteção de Dados (ANPD), fazer a adequação à legislação de proteção de dados conforme o volume e a natureza dos dados tratados, de forma proporcional à sua capacidade econômica e financeira para aporte e custeio de medidas técnicas e organizacionais, adotar ao menos as seguintes providências:

VIII – encarregado: pessoa indicada pelo controlador e operador para atuar como canal de comunicação entre o controlador, os titulares dos dados e a Autoridade Nacional de Proteção de Dados (ANPD);

IX – agentes de tratamento: o controlador e o operador;

X – tratamento: toda operação realizada com dados pessoais, como as que se referem a coleta, produção, recepção, classificação, utilização, acesso, reprodução, transmissão, distribuição, processamento, arquivamento, armazenamento, eliminação, avaliação ou controle da informação, modificação, comunicação, transferência, difusão ou extração;

XI – anonimização: utilização de meios técnicos razoáveis e disponíveis no momento do tratamento, por meio dos quais um dado perde a possibilidade de associação, direta ou indireta, a um indivíduo;

XII – consentimento: manifestação livre, informada e inequívoca pela qual o titular concorda com o tratamento de seus dados pessoais para uma finalidade determinada;

XIII – bloqueio: suspensão temporária de qualquer operação de tratamento, mediante guarda do dado pessoal ou do banco de dados;

XIV – eliminação: exclusão de dado ou de conjunto de dados armazenados em banco de dados, independentemente do procedimento empregado;

XV – transferência internacional de dados: transferência de dados pessoais para país estrangeiro ou organismo internacional do qual o país seja membro;

XVI – uso compartilhado de dados: comunicação, difusão, transferência internacional, interconexão de dados pessoais ou tratamento compartilhado de bancos de dados pessoais por órgãos e entidades públicos no cumprimento de suas competências legais, ou entre esses e entes privados, reciprocamente, com autorização específica, para uma ou mais modalidades de tratamento permitidas por esses entes públicos, ou entre entes privados;

XVII – relatório de impacto à proteção de dados pessoais: documentação do controlador que contém a descrição dos processos de tratamento de dados pessoais que podem gerar riscos às liberdades civis e aos direitos fundamentais, bem como medidas, salvaguardas e mecanismos de mitigação de risco;

XVIII – órgão de pesquisa: órgão ou entidade da administração pública direta ou indireta ou pessoa jurídica de direito privado sem fins lucrativos legalmente constituída sob as leis brasileiras, com sede e foro no País, que inclua em sua missão institucional ou em seu objetivo social ou estatutário a pesquisa básica ou aplicada de caráter histórico, científico, tecnológico ou estatístico;

XIX – autoridade nacional: órgão da administração pública responsável por zelar, implementar e fiscalizar o cumprimento desta Lei em todo o território nacional.

I – nomear encarregado pela proteção de dados;

II – mapear as atividades de tratamento e realizar seu registro;

III – elaborar relatório de impacto sobre suas atividades, na medida em que o risco das atividades o faça necessário;

IV – adotar medidas de transparência aos usuários sobre o tratamento de dados pessoais;

V – definir e implementar Política de Segurança da Informação;

VI – definir e implementar Política Interna de Privacidade e Proteção de Dados;

VII – criar procedimentos internos eficazes, gratuitos e de fácil acesso para atendimento aos direitos dos titulares;

VIII – zelar para que terceiros contratados estejam em conformidade com a LGPD, questionando-os sobre sua adequação e revisando cláusulas de contratação para que incluam previsões sobre proteção de dados pessoais; e

IX – treinar e capacitar os prepostos.

SEÇÃO III
DO MAPEAMENTO DAS ATIVIDADES DE TRATAMENTO

Art. 85. O mapeamento de dados consiste na atividade de identificar o banco de dados da serventia, os dados pessoais objeto de tratamento e o seu ciclo de vida, incluindo todas as operações de tratamento a que estão sujeitos, como a coleta, o armazenamento, o compartilhamento, o descarte e quaisquer outras operações às quais os dados pessoais estejam sujeitos.

§ 1º O produto final da atividade de mapeamento será denominado "Inventário de Dados Pessoais", devendo o responsável pela serventia:

I – garantir que o inventário de dados pessoais contenha os registros e fluxos de tratamento dos dados com base na consolidação do mapeamento e das decisões tomadas a respeito de eventuais vulnerabilidades encontradas, que conterão informações sobre:

a) finalidade do tratamento;

b) categorias de dados pessoais e descrição dos dados utilizados nas respectivas atividades;

c) identificação das formas de obtenção/coleta dos dados pessoais;

d) base legal;

e) descrição da categoria dos titulares;

f) se há compartilhamento de dados com terceiros, identificando eventual transferência internacional;

g) categorias de destinatários, se houver;

h) prazo de conservação dos dados; e

i) medidas de segurança organizacionais e técnicas adotadas.

[4] – elaborar plano de ação para a implementação dos novos processos, dos procedimentos, dos controles e das demais medidas internas, incluindo a revisão e criação de documentos, bem como as formas de comunicação com os titulares e a Autoridade Nacional de Proteção de Dados (ANPD), quando necessária;

II – conduzir a avaliação das vulnerabilidades (gap assessment) para análise de lacunas em relação à proteção de dados pessoais no que se refere às atividades desenvolvidas na serventia;

III – tomar decisões diante das vulnerabilidades encontradas e implementar as adequações necessárias e compatíveis com a tomada de decisões;

V[25] – atualizar, sempre que necessário, não podendo ultrapassar um ano, o inventário de dados; e

VI – arquivar o inventário de dados pessoais na serventia e disponibilizá-lo em caso de solicitação da Corregedoria-Geral da Justiça (CGJ), da Autoridade Nacional de Proteção de Dados Pessoais ou de outro órgão de controle.

§ 2º O responsável pela serventia extrajudicial poderá utilizar formulários e programas de informática adaptados para cada especialidade de serventia para o registro do fluxo dos dados pessoais, abrangendo todas as fases do seu ciclo de vida durante o tratamento, tais como coleta, armazenamento e compartilhamento, eventualmente disponibilizados por associações de classe dos notários e dos registradores.

SEÇÃO IV
DA REVISÃO DOS CONTRATOS

Art. 86. A serventia deverá revisar e adequar todos os contratos que envolvam as atividades de tratamento de dados pessoais às normas de privacidade e proteção de dados pessoais, considerando a responsabilização dos agentes de tratamento prevista na lei, observando os seguintes procedimentos:

I – revisar todos os contratos celebrados com os seus empregados, incluindo a obrigatoriedade de respeito às normas de privacidade e proteção de dados nos contratos ou em regulamentos internos;

II – revisar os modelos existentes de minutas de contratos e convênios externos, que envolvam atividades de tratamento de dados pessoais, incluindo compartilhamento de dados;

III – elaborar "Termos de Tratamento de Dados Pessoais" para assinatura com os operadores, sempre que possível, incluindo as informações sobre quais dados pessoais são tratados, quem são os titulares dos dados tratados, para quais finalidades e quais são os limites do tratamento;

IV – incluir cláusulas de descarte de dados pessoais nos contratos, convênios e instrumentos congêneres, conforme os parâmetros da finalidade (pública) e as necessidades acima indicadas;

V – elaborar orientações e procedimentos para as contratações futuras, no intuito de deixá-los em conformidade com a lei de regência; e

VI – criar procedimentos de auditoria regulares para realizar a gestão de terceiros com quem houver o compartilhamento de dados pessoais.

Art. 87. Os responsáveis pelas serventias extrajudiciais deverão exigir de seus fornecedores de tecnologia, de automação e de armazenamento a adequação às exigências da LGPD quanto aos sistemas e programas de gestão de dados internos utilizados.

SEÇÃO V
DO ENCARREGADO

Art. 88. Deverá ser designado o encarregado pelo tratamento de dados pessoais, conforme o disposto no art. 41[26] da LGPD, consideradas as seguintes particularidades:

I – os responsáveis pelas serventias extrajudiciais poderão terceirizar o exercício da função de encarregado mediante a contratação de prestador de serviços, pessoa física ou pessoa jurídica, desde que apto ao exercício da função;

II – a função do encarregado não se confunde com a do responsável pela delegação dos serviços extrajudiciais de notas e de registro;

III – a nomeação do encarregado será promovida mediante contrato escrito, a ser arquivado em classificador próprio, de que participarão o controlador, na qualidade de responsável pela nomeação, e o encarregado; e

IV – a nomeação de encarregado não afasta o dever de atendimento pelo responsável pela delegação dos serviços extrajudiciais de notas e de registro, quando for solicitado pelo titular dos dados pessoais.

§ 1º Serventias classificadas como "Classe I" e "Classe II" pelo Capítulo I do Título I do Livro IV da Parte Geral deste Código Nacional de Normas, da Corregedoria Nacional de Justiça, poderão designar encarregado de maneira conjunta;

§ 2º A nomeação e contratação do encarregado de Proteção de Dados Pessoais pelas serventias será de livre escolha do titular das serventias, podendo, eventualmente, ser realizada de forma conjunta, ou ser subsidiado ou custeado pelas entidades de classe;

§ 3º Não há óbice para a contratação independente de um mesmo encarregado por serventias de qualquer classe, desde que demonstrável a inexistência de conflito na cumulação de funções e a manutenção da qualidade dos serviços prestados.

SEÇÃO VI
DO RELATÓRIO DE IMPACTO

Art. 89. Ao responsável pela serventia incumbe cuidar para que seja realizado relatório de impacto à proteção de dados pessoais referente aos atos em que o tratamento de dados pessoais possa gerar risco às liberdades civis e aos

---

26. Art. 41. O controlador deverá indicar encarregado pelo tratamento de dados pessoais.

§ 1º A identidade e as informações de contato do encarregado deverão ser divulgadas publicamente, de forma clara e objetiva, preferencialmente no sítio eletrônico do controlador.

§ 2º As atividades do encarregado consistem em:

I – aceitar reclamações e comunicações dos titulares, prestar esclarecimentos e adotar providências;

II – receber comunicações da autoridade nacional e adotar providências;

III – orientar os funcionários e os contratados da entidade a respeito das práticas a serem tomadas em relação à proteção de dados pessoais; e

IV – executar as demais atribuições determinadas pelo controlador ou estabelecidas em normas complementares.

§ 3º A autoridade nacional poderá estabelecer normas complementares sobre a definição e as atribuições do encarregado, inclusive hipóteses de dispensa da necessidade de sua indicação, conforme a natureza e o porte da entidade ou o volume de operações de tratamento de dados.

---

4. Redação original repete o inciso "I".

25. Redação original não possui inciso "IV".

direitos fundamentais do titular, de acordo com as orientações expedidas pela ANPD. A elaboração do Relatório deverá se atentar às seguintes instruções:

I – adotar metodologia que resulte na indicação de medidas, salvaguardas e mecanismos de mitigação de risco;

II – elaborar o documento previamente ao contrato ou convênio que seja objeto da avaliação feita por meio do Relatório;

III – franquear, a título de transparência, aos afetados a possibilidade de se manifestarem a respeito do conteúdo; e

IV – elaborar o documento previamente à adoção de novos procedimentos ou novas tecnologias.

§ 1º Para o cumprimento das providências de que trata o caput do artigo, poderão ser fornecidos, pelas entidades representativas de classe, modelos, formulários e programas de informática adaptados para cada especialidade de serventia para elaboração de Relatório de Impacto;

§ 2º Serventias Classe I e II poderão adotar modelo simplificado de Relatório de Impacto conforme orientações da CPD/CN/CNJ para a simplificação do documento. Na ausência de metodologia simplificada, adotar-se-á o Relatório completo;

§ 3º Serventias Classe III adotarão o modelo completo de Relatório de Impacto, conforme instruções metodológicas da CPD/CN/CNJ.

SEÇÃO VII
DAS MEDIDAS DE SEGURANÇA, TÉCNICAS E ADMINISTRATIVAS

Art. 90. Cabe ao responsável pelas serventias implementar medidas de segurança, técnicas e administrativas aptas a proteger os dados pessoais de acessos não autorizados e de situações acidentais ou ilícitas de destruição, perda, alteração, comunicação ou qualquer forma de tratamento inadequado ou ilícito, nos termos do art. 46[27] e dos seguintes da LGPD, por meio de:

I – elaboração de política de segurança da informação que contenha:

a) medidas de segurança técnicas e organizacionais;

b) previsão de adoção de mecanismos de segurança, desde a concepção de novos produtos ou serviços (security by design) (art. 46, § 1º, da LGPD); e

c) plano de resposta a incidentes (art. 48[28] da LGPD).

---

27. Art. 46. Os agentes de tratamento devem adotar medidas de segurança, técnicas e administrativas aptas a proteger os dados pessoais de acessos não autorizados e de situações acidentais ou ilícitas de destruição, perda, alteração, comunicação ou qualquer forma de tratamento inadequado ou ilícito.
§ 1º A autoridade nacional poderá dispor sobre padrões técnicos mínimos para tornar aplicável o disposto no caput deste artigo, considerados a natureza das informações tratadas, as características específicas do tratamento e o estado atual da tecnologia, especialmente no caso de dados pessoais sensíveis, assim como os princípios previstos no caput do art. 6º desta Lei.
28. Art. 48. O controlador deverá comunicar à autoridade nacional e ao titular a ocorrência de incidente de segurança que possa acarretar risco ou dano relevante aos titulares.

II – avaliação dos sistemas e dos bancos de dados em que houver tratamento de dados pessoais e/ou tratamento de dados sensíveis, submetendo tais resultados à ciência do encarregado pelo tratamento de dados pessoais da serventia;

III – avaliação da segurança de integrações de sistemas;

IV – análise da segurança das hipóteses de compartilhamento de dados pessoais com terceiros; e

V – realização de treinamentos.

Art. 91. O plano de resposta a incidentes de segurança envolvendo dados pessoais deverá prever a comunicação, pelos responsáveis por serventias extrajudiciais, ao titular, à Autoridade Nacional de Proteção de Dados (ANPD), ao juiz corregedor permanente e à Corregedoria-Geral da Justiça (CGJ), no prazo máximo de 48 horas úteis, contados a partir do seu conhecimento, de incidente que possa acarretar risco ou dano relevante aos titulares, com esclarecimento da natureza do incidente e das medidas adotadas para a apuração das suas causas e a mitigação de novos riscos e dos impactos causados aos titulares dos dados.

Art. 92. A inutilização e a eliminação de documentos em conformidade com a Tabela de Temporalidade de Documentos prevista na Seção I do Capítulo I do Título II do Livro III da Parte Geral deste Código Nacional de Normas, da Corregedoria-Nacional de Justiça, serão promovidas de forma a impedir a identificação dos dados pessoais neles contidos.

Parágrafo único. A inutilização e a eliminação de documentos não afastam os deveres previstos na Lei n. 13.709, de 14 de agosto de 2018, em relação aos dados pessoais que remanescerem em índices, classificadores, indicadores, banco de dados, arquivos de segurança ou qualquer outro modo de conservação adotado na unidade dos serviços extrajudiciais de notas e de registro.

§ 1º A comunicação será feita em prazo razoável, conforme definido pela autoridade nacional, e deverá mencionar, no mínimo:

I – a descrição da natureza dos dados pessoais afetados;
II – as informações sobre os titulares envolvidos;
III – a indicação das medidas técnicas e de segurança utilizadas para a proteção dos dados, observados os segredos comercial e industrial;
IV – os riscos relacionados ao incidente;
V – os motivos da demora, no caso de a comunicação não ter sido imediata; e
VI – as medidas que foram ou que serão adotadas para reverter ou mitigar os efeitos do prejuízo.

§ 2º A autoridade nacional verificará a gravidade do incidente e poderá, caso necessário para a salvaguarda dos direitos dos titulares, determinar ao controlador a adoção de providências, tais como:

I – ampla divulgação do fato em meios de comunicação; e
II – medidas para reverter ou mitigar os efeitos do incidente.

§ 3º No juízo de gravidade do incidente, será avaliada eventual comprovação de que foram adotadas medidas técnicas adequadas que tornem os dados pessoais afetados ininteligíveis, no âmbito e nos limites técnicos de seus serviços, para terceiros não autorizados a acessá-los.

Art. 93. O responsável pela serventia extrajudicial, sempre que possível:

I – digitalizará os documentos físicos ainda utilizados; e

II – armazenará os documentos físicos que contenham dados pessoais e dados pessoais sensíveis em salas ou compartimentos com controle de acesso.

Parágrafo único. Após a digitalização, o documento físico poderá ser eliminado, respeitadas as disposições e os prazos definidos na Seção I do Capítulo I do Título II do Livro III da Parte Geral deste Código de Normas, da Corregedoria Nacional de Justiça.

SEÇÃO VIII
DO TREINAMENTO

Art. 94. As serventias deverão realizar treinamentos para implementação da cultura de privacidade e proteção de dados pessoais, bem como para a capacitação de todos os envolvidos no tratamento dos dados pessoais sobre os novos controles, processos e procedimentos, observando o seguinte:

I – capacitar todos os trabalhadores da serventia a respeito dos

procedimentos de tratamento de dados pessoais;

II – realizar treinamentos com todos os novos trabalhadores;

III – manter treinamentos regulares, de forma a reciclar o conhecimento sobre o assunto e atualizar os procedimentos adotados, sempre que necessário;

IV – organizar, por meio do encarregado e eventual equipe de apoio, programa de conscientização a respeito dos procedimentos de tratamento de dados, que deverá atingir todos os trabalhadores; e

V – manter os comprovantes da participação em cursos, conferências, seminários ou qualquer modo de treinamento proporcionado pelo controlador aos operadores e ao encarregado, com indicação do conteúdo das orientações transmitidas.

Parágrafo único. O responsável pela serventia extrajudicial poderá solicitar apoio à entidade de classe para capacitação de seus prepostos.

SEÇÃO IX
DAS MEDIDAS DE TRANSPARÊNCIA E ATENDIMENTO A DIREITOS DE TITULARES

Art. 95. Como medida de transparência e prezando pelos direitos dos titulares de dados, deverá o responsável pela serventia elaborar, por meio do canal do próprio encarregado, se terceirizado, e/ou em parceria com as respectivas entidades de classe:

I – canal eletrônico específico para atendimento das requisições e/ou reclamações apresentadas pelos titulares dos dados pessoais; e

II – fluxo para atendimento aos direitos dos titulares de dados pessoais, requisições e/ou reclamações apresentadas, desde o seu ingresso até o fornecimento da resposta.

Art. 96. Deverão ser divulgadas em local de fácil visualização e consulta pelo público as informações básicas a respeito dos dados pessoais e dos procedimentos de tratamento, os direitos dos titulares dos dados, o canal de atendimento disponibilizado aos titulares de dados para que exerçam seus direitos e os dados de qualificação do encarregado, com nome, endereço e meios de contato.

Art. 97. Deverão ser disponibilizadas pelos responsáveis pelas serventias informações adequadas a respeito dos procedimentos de tratamento de dados pessoais, nos termos do art. 9º[029] da LGPD, por meio de:

I – aviso de privacidade e proteção de dados;

I – avisos de cookies no portal de cada serventia, se houver; e

II – aviso de privacidade para navegação no website da serventia, se houver.

Art. 98. A gratuidade do livre acesso dos titulares de dados (art. 6º, IV[30], da LGPD) será restrita aos dados pessoais constantes nos sistemas administrativos da serventia, não abrangendo os dados próprios do acervo registral e não podendo, em qualquer hipótese, alcançar ou implicar a prática de atos inerentes à prestação dos serviços notariais e registrais dotados de fé-pública.

§ 1º Todo documento obtido por força do exercício do direito de acesso deverá conter em seu cabeçalho os seguintes dizeres: "Este não é um documento dotado de fé pública, não se confunde com atos inerentes à prestação do serviço notarial e registral nem substitui quaisquer certidões, destinando-se exclusivamente a atender aos direitos do titular solicitante quanto ao acesso a seus dados pessoais.";

9. Art. 9º O titular tem direito ao acesso facilitado às informações sobre o tratamento de seus dados, que deverão ser disponibilizadas de forma clara, adequada e ostensiva acerca de, entre outras características previstas em regulamentação para o atendimento do princípio do livre acesso:

I – finalidade específica do tratamento;
II – forma e duração do tratamento, observados os segredos comercial e industrial;
III – identificação do controlador;
IV – informações de contato do controlador;
V – informações acerca do uso compartilhado de dados pelo controlador e a finalidade;
VI – responsabilidades dos agentes que realizarão o tratamento; e
VII – direitos do titular, com menção explícita aos direitos contidos no art. 18 desta Lei.

§ 1º Na hipótese em que o consentimento é requerido, esse será considerado nulo caso as informações fornecidas ao titular tenham conteúdo enganoso ou abusivo ou não tenham sido apresentadas previamente com transparência, de forma clara e inequívoca.

§ 2º Na hipótese em que o consentimento é requerido, se houver mudanças da finalidade para o tratamento de dados pessoais não compatíveis com o consentimento original, o controlador deverá informar previamente o titular sobre as mudanças de finalidade, podendo o titular revogar o consentimento, caso discorde das alterações.

§ 3º Quando o tratamento de dados pessoais for condição para o fornecimento de produto ou de serviço ou para o exercício de direito, o titular será informado com destaque sobre esse fato e sobre os meios pelos quais poderá exercer os direitos do titular elencados no art. 18 desta Lei.

0. Art. 6º As atividades de tratamento de dados pessoais deverão observar a boa-fé e os seguintes princípios:

IV – livre acesso: garantia, aos titulares, de consulta facilitada e gratuita sobre a forma e a duração do tratamento, bem como sobre a integralidade de seus dados pessoais.

§ 2º A expedição de certidões deverá ser exercida conforme a legislação específica registral e notarial e as taxas e os emolumentos cobrados conforme regulamentação própria;

§ 3º Mantém-se o disposto quanto aos titulares beneficiários da isenção de emolumentos, na forma da lei específica;

§ 4º O notário e/ou registrador coletarão as informações necessárias para identificação segura do solicitante, com o objetivo de garantir a confidencialidade.

SEÇÃO X
DAS CERTIDÕES E COMPARTILHAMENTO DE DADOS COM CENTRAIS E ÓRGÃOS PÚBLICOS

Art. 99. Na emissão de certidão o notário ou o registrador deverá observar o conteúdo obrigatório estabelecido em legislação específica, adequado e proporcional à finalidade de comprovação de fato, ato ou relação jurídica.

Parágrafo único. Cabe ao registrador ou notário, na emissão de certidões, apurar a adequação, necessidade e proporcionalidade de particular conteúdo em relação à finalidade da certidão, quando este não for explicitamente exigido ou quando for apenas autorizado pela legislação específica.

Art. 100. Em caso de requerimento de certidões por meio da telemática, havendo necessidade de justificação do interesse na certidão, o solicitante será identificado por meio idôneo, reconhecido pela entidade responsável pela tramitação do serviço eletrônico compartilhado da respectiva especialidade cartorial.

Art. 101. O compartilhamento de dados com centrais de serviços eletrônicos compartilhados é compatível com a proteção de dados pessoais, devendo as centrais observar a adequação, necessidade e persecução da finalidade dos dados a serem compartilhados, bem como a maior eficiência e conveniência dos serviços registrais ou notariais ao cidadão.

Parágrafo único. Deverá ser dada preferência e envidados esforços no sentido de adotar a modalidade de descentralização das bases de dados entre a central de serviços eletrônicos compartilhados e as serventias, por meio de acesso pelas centrais às informações necessárias para a finalidade perseguida, evitando-se a transferência de bases de dados, a não ser quando necessária para atingir a finalidade das centrais ou quando o volume de requisições ou outro aspecto técnico prejudicar a eficiência da prestação do serviço.

Art. 102. O compartilhamento de dados com órgãos públicos pressupõe lei ou ato normativo do órgão solicitante, ou convênio ou outro instrumento formal com objeto compatível com as atribuições e competências legais da atividade notarial e registral.

§ 1º O compartilhamento deverá ser oferecido na modalidade de fornecimento de acesso a informações específicas adequadas, necessárias e proporcionais ao atendimento das finalidades presentes na política pública perseguida pelo órgão, observando-se os protocolos de segurança da informação e evitando-se a transferência de bancos de dados, a não ser quando estritamente necessária para a persecução do interesse público;

§ 2º Caso o registrador ou o notário entenda haver desproporcionalidade na solicitação de compartilhamento de dados pelo órgão público, deverá consultar a Corregedoria Nacional de Justiça, no prazo de 24 horas, oferecendo suas razões, à luz do disposto neste artigo.

Art. 103. O responsável pela serventia extrajudicial efetuará, sempre que possível, aplicável e compatível com a finalidade perseguida e o tipo de tratamento, a criptografia ou a pseudonimização de dados pessoais para o acesso a informações ou transferência dos dados para terceiros, inclusive centrais de serviços eletrônicos compartilhados e órgãos públicos.

Art. 104. Os registradores e os notários remeterão dados com a finalidade da formação de indicadores estatísticos às entidades previstas em lei ou regulamento, garantindo que sejam anonimizados na origem, nos termos da Lei Geral de Proteção de Dados Pessoais (LGPD).

Art. 105. Na correição anual será verificada pelo corregedor permanente a adaptação de suas práticas de tratamento de dados pessoais à Lei Geral de Proteção de Dados Pessoais (LGPD) e a este Código de Normas.

SEÇÃO XI
DO TABELIONATO DE NOTAS E A PROTEÇÃO DE DADOS

Art. 106. A emissão e o fornecimento de certidão de ficha de firma e dos documentos depositados por ocasião de sua abertura somente poderão ser realizados a pedido do titular referido nos documentos, seus representantes legais e mandatários com poderes especiais ou mediante decisão judicial.

Art. 107. O fornecimento de certidões para os solicitantes legitimados pode ocorrer por meio de cópia reprográfica.

Art. 108. O pedido de lavratura de ata notarial, realizado por um dos pais, ou pelo responsável legal, envolvendo dados pessoais de sujeito menor de 12 anos de idade, será considerado como consentimento específico e em destaque para o tratamento dos dados da criança.

Art. 109. Nos atos protocolares e nas escrituras públicas, não haverá necessidade de inserção da condição de pessoa exposta politicamente.

Art. 110. A certidão de testamento somente poderá ser fornecida ao próprio testador ou mediante ordem judicial.

Parágrafo único. Após o falecimento, a certidão de testamento poderá ser fornecida ao solicitante que apresentar a certidão de óbito.

Art. 111. No ato notarial, serão inseridos na qualificação dos sujeitos: o nome completo de todas as partes; o documento de identificação, ou, na sua falta, a filiação; o número de CPF; a nacionalidade; o estado civil; a existência de união estável; a profissão; e o domicílio, sendo dispensada a inserção de endereço eletrônico e de número de telefone.

SEÇÃO XII
DO REGISTRO DE TÍTULOS E DOCUMENTOS E CIVIL DE PESSOAS JURÍDICAS E A PROTEÇÃO DE DADOS

Art. 112. As notificações que contenham dados pessoais tratados devem ser feitas preferencialmente pelo Registro de Títulos e Documentos da circunscrição do destinatário. Quando assim não ocorrer, a notificação deverá ser enviada junto à folha adicional informativa com os dados tratados do notificado.

SEÇÃO XIII
DO REGISTRO CIVIL DE PESSOAS NATURAIS E A PROTEÇÃO DE DADOS

Art. 113. É livre o acesso às informações constantes nos livros de Registro Civil das Pessoas Naturais, por meio de certidões de breve relato, com as informações regulamentadas em lei, neste Código de Normas e em outras normas compatíveis, independentemente de requerimento ou de identificação do requerente.

Art. 114. As certidões de registro civil em geral, inclusive as de inteiro teor, requeridas pelos próprios interessados, seus representantes legais, mandatários com poderes especiais, serão expedidas independentemente de autorização do juiz corregedor permanente.

§ 1º Nas hipóteses em que a emissão da certidão for requerida por terceiros e a certidão contiver dados sensíveis, somente será feita a expedição mediante a autorização do juízo competente;

§ 2º Após o falecimento do titular do dado sensível, as certidões de que trata o caput deste artigo poderão ser fornecidas aos parentes em linha reta, independentemente de autorização judicial.

Art. 115. Nas certidões de breve relato deverão constar somente as informações previstas em lei ou ato normativo, sendo que qualquer outra informação solicitada pela parte constante do registro ou das anotações e das averbações posteriores somente poderá ser fornecida por meio de certidão por quesitos ou por inteiro teor, de acordo com as disposições previstas neste Código de Normas.

Parágrafo único. Sempre deverão constar do campo destinado às observações a existência de adoção simples realizada por meio de escritura pública; as alterações de nome indígena; a declaração do registrado como indígena; a etnia ou a inclusão de etnia; e a alteração de nome em razão da cultura ou do costume indígena.

Art. 116. As solicitações de certidões por quesitos, ou informações solicitadas independentemente da expedição de certidões, receberão o mesmo tratamento destinado às certidões solicitadas em inteiro teor quando os dados solicitados forem restritos, sensíveis ou sigilosos.

§ 1º São considerados elementos sensíveis os elencados no inciso II[31] do art. 5º da Lei n. 13.709/2018, ou outros, desde que previstos em legislação específica;

§ 2º São considerados elementos restritos os previstos no art. 45[32] e art. 95[33] da Lei n. 6.015/1973, no art. 6º[34] e seus parágrafos da Lei n. 8.560/1992, nas normas de alteração de nome ou sexo no caso de pessoa transgênero, ou outros, desde que previstos em legislação específica;

§ 3º São considerados elementos sigilosos os previstos no parágrafo 7º[35] do artigo 57 da Lei n. 6.015/1973, ou outros, desde que previstos em legislação específica.

Art. 117. A emissão de certidão em inteiro teor sempre depende de requerimento escrito com firma reconhecida do requerente ou com assinatura digital nos padrões ICP-Brasil, no padrão do sistema gov.br ou com assinatura confrontada com o documento de identidade original.

§ 1º O reconhecimento de firma será dispensado quando o requerimento for firmado na presença do oficial ou de preposto;

§ 2º Os requerimentos poderão ser recepcionados por e-mail ou por meio da Central de Informações do Registro Civil (CRC), desde que assinados digitalmente, nos padrões da ICP-Brasil, cuja autenticidade e integridade serão conferidas no verificador de conformidade do Instituto Nacional de Tecnologia da Informação (ITI), por meio do sistema de assinatura gov.br ou com assinatura confrontada com o documento de identidade original;

§ 3º O requerimento de certidão em inteiro teor deverá conter a identificação do requerente, o motivo em virtude do qual se requer a certidão sob a forma de inteiro teor e o grau de parentesco com o registrado, caso exista, bem como o fato de ser este falecido ou não;

§ 4º A certidão com referência à circunstância de ser legítima a filiação poderá ser fornecida,

---

os nomes dos pais adotivos como pais legítimos e os dos ascendentes dos mesmos se já falecidos, ou sendo vivos, se houverem, em qualquer tempo, manifestada por escrito sua adesão ao ato (Lei nº 4.655, de 2 de junho de 1965, art. 6º).

Parágrafo único. O mandado será arquivado, dele não podendo o oficial fornecer certidão, a não ser por determinação judicial e em segredo de justiça, para salvaguarda de direitos (Lei nº 4.655, de 2-6-65, art. 8º, parágrafo único).

34. Art. 6º Das certidões de nascimento não constarão indícios de a concepção haver sido decorrente de relação extraconjugal.
§ 1º Não deverá constar, em qualquer caso, o estado civil dos pais e a natureza da filiação, bem como o lugar e cartório do casamento, proibida referência à presente lei;
§ 2º São ressalvadas autorizações ou requisições judiciais de certidões de inteiro teor, mediante decisão fundamentada, assegurados os direitos, as garantias e interesses relevantes do registrado.

35. Art. 57. A alteração posterior de sobrenomes poderá ser requerida pessoalmente perante o oficial de registro civil, com a apresentação de certidões e de documentos necessários, e será averbada nos assentos de nascimento e casamento, independentemente de autorização judicial, a fim de:
§ 7º Quando a alteração de nome for concedida em razão de fundada coação ou ameaça decorrente de colaboração com a apuração de crime, o juiz competente determinará que haja a averbação no registro de origem de menção da existência de sentença concessiva da alteração, sem a averbação do nome alterado, que somente poderá ser procedida mediante determinação posterior, que levará em consideração a cessação da coação ou ameaça que deu causa à alteração.

---

inclusive a terceiros, independentemente de autorização judicial.

Art. 118. Não é necessário requerimento ou autorização judicial para emissão de certidão de óbito em nenhuma de suas modalidades.

Art. 119. As restrições relativas aos dados sensíveis elencados pelo inciso II[36] do art. 5º da Lei n. 13.709/2018 não se aplicam ao caso de pessoa falecida.

Art. 120. A emissão e o fornecimento de certidão sobre procedimentos preparatórios ou documentos apresentados para a realização de atos no Registro Civil das Pessoas Naturais somente poderão ser realizados a pedido do próprio interessado ou do titular do documento seus representantes legais e mandatários com poderes especiais ou mediante autorização judicial ou, ainda, quando o documento solicitado for público com publicidade geral e irrestrita.

Parágrafo único. Após o falecimento do titular a certidão de que trata o caput deste artigo poderá ser fornecida ao solicitante que apresenta a certidão de óbito.

Art. 121. É facultado a qualquer interessado independentemente de justificação ou de requerimento, realizar buscas nos índices dos Registros Civis das Pessoas Naturais, respeitados os emolumentos estabelecidos pelas legislações estaduais.

Parágrafo único. A realização de buscas com base em outras fontes, além dos índices de registros dos livros do cartório, somente será autorizada mediante requerimento escrito fundamentado, sujeito à análise de finalidade pelo oficial do registro civil das pessoas naturais, de cuja decisão, em caso de indeferimento, caberá revisão pelo juiz competente.

Art. 122. O edital de proclamas conterá tão somente o nome, o estado civil, a filiação, a cidade e a circunscrição do domicílio dos noivos.

Parágrafo único. Quando os nubentes residirem em circunscrições diferentes, constará do edital o endereço dos nubentes para a comprovação deste fato, nos termos do art. 67, § 4º[03] da Lei n. 6.015/1973.

SEÇÃO XIV
DO REGISTRO DE IMÓVEIS E A PROTEÇÃO DE DADOS

Art. 123. Dependem de identificação do requerente e independem de indicação da finalidade os pedidos de certidão de registros em sentido estrito, averbações, matrículas, transcrições ou inscrições específicas, expedidas em qualquer modalidade.

§ 1º Também dependem de identificação do requerente e independem de indicação da finalidade os pedidos de certidão de documentos arquivados no cartório, desde que haja previsão legal ou normativa específica de seu arquivamento no registro;

---

31. Art. 5º Para os fins desta Lei, considera-se:
II – dado pessoal sensível: dado pessoal sobre origem racial ou étnica, convicção religiosa, opinião política, filiação a sindicato ou a organização de caráter religioso, filosófico ou político, dado referente à saúde ou à vida sexual, dado genético ou biométrico, quando vinculado a uma pessoa natural.

32. Art. 45. A certidão relativa ao nascimento de filho legitimado por subsequente matrimônio deverá ser fornecida sem o teor da declaração ou averbação a esse respeito, como se fosse legítimo; na certidão de casamento também será omitida a referência àquele filho, salvo havendo em qualquer dos casos, determinação judicial, deferida em favor de quem demonstre legítimo interesse em obtê-la.

33. Art. 95. Serão registradas no registro de nascimentos as sentenças de legitimação adotiva, consignando-se nele

36. Art. 5º Para os fins desta Lei, considera-se:
II – dado pessoal sensível: dado pessoal sobre origem racial ou étnica, convicção religiosa, opinião política, filiação a sindicato ou a organização de caráter religioso, filosófico ou político, dado referente à saúde ou à vida sexual, dado genético ou biométrico, quando vinculado a uma pessoa natural.

37. Dispositivo revogado pela Lei nº 14.382/2022.

§ 2º Pedidos de certidão de documentos arquivados em cartório para a qual não haja previsão legal específica de expedição dependem de identificação do requerente e indicação da finalidade, aplicando-se a regra do § 4º deste artigo;

§ 3º Pedidos de certidão, de busca e de informações apresentados em bloco, ainda que instruídos com a numeração dos atos a serem certificados, dependem de identificação do requerente e indicação da finalidade;

§ 4º Na hipótese do parágrafo anterior, caracterizada tentativa de tratamento de dados em desacordo com as finalidades do Registro de Imóveis e com os princípios da Lei Geral de Proteção de Dados Pessoais (LGPD), poderá o oficial recusar o fornecimento em nota fundamentada do que caberá revisão pelo juízo competente.

Art. 124. Ressalvadas as hipóteses que tenham previsão legal ou normativa expressa, como as certidões de filiação de imóveis, ou de propriedade com negativa de ônus e alienações, ou outras compatíveis com as finalidades dos registros de imóveis e com os princípios da Lei Geral de Proteção de Dados (LGPD) não serão expedidas certidões cujo conteúdo envolva informações sobre dados pessoais extraídos de mais de uma matrícula, assentamento do registro auxiliar, transcrição ou inscrição.

Art. 125. As certidões dos imóveis que já foram objeto de matrícula eletrônica, após a "primeira qualificação eletrônica", serão expedidas, independentemente de indicação de finalidade, em formato nato-digital estruturado, contendo a situação jurídica atual do imóvel, ou seja, a sua descrição, a titularidade e os ônus reais não cancelados.

Parágrafo único. A expedição de certidão de atos anteriores da cadeia filiatória do imóvel depende de identificação segura do requerente e de indicação da finalidade.

Art. 126. O atendimento a requisições de buscas fundadas exclusivamente no indicador pessoal ou real pressupõe a identificação segura do solicitante, bem como a indicação da finalidade, de tudo mantendo-se o registro em meio físico ou virtual.

Art. 127. O fornecimento, pelo registrador, por qualquer meio, de informações sobre o registro não veiculadas por certidão dependerá da segura identificação do solicitante e da indicação da sua finalidade, exceto nos casos em que o solicitante figure no registro em questão.

Art. 128. Serão formados prontuários físicos ou digitais contendo os dados de identificação e indicação de finalidade em todas as hipóteses em que estas tenham sido exigidas.

Parágrafo único. O titular dos dados pessoais solicitados terá direito a requisitar as informações contidas nos prontuários formados em virtude de buscas ou pedidos de informações ou certidões para os quais foi exigida a identificação do solicitante e a indicação de finalidade.

SEÇÃO XV
DO PROTESTO DE TÍTULOS E OUTROS DOCUMENTOS DE DÍVIDA E A PROTEÇÃO DE DADOS

Art. 129. Das certidões individuais de protesto deverão constar, sempre que disponíveis, os dados enumerados no art. 259, parágrafo único, deste Código de Normas, excetuados endereço completo, endereço eletrônico e telefone do devedor.

Art. 130. As certidões em forma de relação sobre inadimplementos por pessoas naturais serão elaboradas pelo nome e CPF dos devedores, devidamente identificados, devendo abranger protestos por falta de pagamento, de aceite ou de devolução, vedada exclusão ou omissão, espécie do título ou documento de dívida, data do vencimento da dívida, data do protesto da dívida e valor protestado.

Art. 131. Nas informações complementares requeridas em lote ou em grande volume poderão constar CPF dos devedores, espécie do título ou documento de dívida, número do título ou documento de dívida, data da emissão e data do vencimento da dívida, valor protestado, protocolo e data do protocolo, livro e folha do registro de protesto, data do protesto, nome e endereço do cartório.

Art. 132. O fornecimento de cópias ou certidões de documentos arquivados na serventia se limita ao documento protestado propriamente dito, nos termos do art. 22[38] da Lei n. 9.492/1997, enquanto perdurar o protesto, e dentro do prazo máximo de 10 anos, nos termos do art. 30[39] Lei n. 9.492/1997, não devendo ser fornecidas cópias dos demais documentos, salvo para as partes ou com autorização judicial.

Parágrafo único. Tratando-se de documento de identificação pessoal, a cópia arquivada somente deve ser fornecida ao próprio titular.

Art. 133. O tabelião de protesto poderá devolver ou eliminar documentos apresentados para protesto ou para cancelamento que forem considerados desnecessários à prática do ato almejado, após adequada qualificação.

§ 1º O documento cujo original não precise ser guardado por imposição legal deve ser eliminado de maneira segura quando for digitalizado,

---
38. Art. 22. O registro do protesto e seu instrumento deverão conter:
   I – data e número de protocolização;
   II – nome do apresentante e endereço;
   III – reprodução ou transcrição do documento ou das indicações feitas pelo apresentante e declarações nele inseridas;
   IV – certidão das intimações feitas e das respostas eventualmente oferecidas;
   V – indicação dos intervenientes voluntários e das firmas por eles honradas;
   VI – a aquiescência do portador ao aceite por honra;
   VII – nome, número do documento de identificação do devedor e endereço;
   VIII – data e assinatura do Tabelião de Protesto, de seus substitutos ou de Escrevente autorizado.
   Parágrafo único. Quando o Tabelião de Protesto conservar em seus arquivos gravação eletrônica da imagem, cópia reprográfica ou micrográfica do título ou documento de dívida, dispensa-se, no registro e no instrumento, a sua transcrição literal, bem como das demais declarações nele inseridas.
39. Art. 30. As certidões, informações e relações serão elaboradas pelo nome dos devedores, conforme previstos no § 4º do art. 21 desta Lei, devidamente identificados, e abrangerão os protestos lavrados e registrados por falta de pagamento, de aceite ou de devolução, vedada a exclusão ou omissão de nomes e de protestos, ainda que provisória ou parcial.

---

evitando-se a duplicidade (art. 35, § 2º[40], Lei n. 9.492/1997);

§ 2º Fica o tabelião de protesto autorizado a eliminar o documento após o término do prazo de temporalidade prevista no Provimento 50, da Corregedoria Nacional de Justiça, ou superada a necessidade de sua guarda por outras circunstâncias, tais como prescrição civil, tributária e penal.

Art. 134. Antes da expedição do edital para intimação do devedor, o tabelião poderá buscar outros endereços em sua base de dados, nos endereços em que outros tabeliães realizaram a intimação, desde que na mesma base da sua competência territorial, ou nos endereços eletrônicos, a serem compartilhados por meio da CENPROT, bem como nos endereços constantes de bases de natureza jurídica pública e de acesso livre e disponível ao tabelião.

Parágrafo único. A CENPROT deverá compartilhar entre os tabeliães os endereços em que foi possível a realização da intimação de devedores, acompanhado do CNPJ ou CPF do intimado, bem como da data de efetivação.

Art. 135. A declaração eletrônica de anuência para fins de cancelamento de protesto, recebida na forma de modo eletrônico, poderá ser comunicada ao interessado por meio dos Correios, das empresas especializadas, do portador do próprio tabelião ou de correspondência eletrônica, pela internet ou por qualquer outro aplicativo de mensagem, ficando autorizado o encaminhamento de boleto bancário, outro meio de pagamento ou instruções para pagamento dos emolumentos e das despesas relativas ao cancelamento do protesto.

TÍTULO VII
DO REGIME DISCIPLINAR

CAPÍTULO I
TERMO DE AJUSTAMENTO DE CONDUTA COM O CNJ

Art. 135-A. Aplica-se aos delegatários de serviços notariais e de registro o disposto no Provimento n. 162, de 11 de março de 2024, que trata da celebração de Termo de Ajustamento de Conduta (TAC).

LIVRO II
DA INTERAÇÃO INTERINSTITUCIONAL

TÍTULO I
DO FORNECIMENTO DE INFORMAÇÕES

CAPÍTULO I
DA ALIMENTAÇÃO DOS DADOS NO SISTEMA "JUSTIÇA ABERTA"

SEÇÃO I
DAS DISPOSIÇÕES GERAIS

Art. 136. Os notários e os registradores devem prestar as informações necessárias ao sistema "Justiça Aberta" na forma do art. 2º do Provi-

---
40. Art. 35. O Tabelião de Protestos arquivará ainda:
   § 2º Para os livros e documentos microfilmados ou gravados por processo eletrônico de imagens não subsiste a obrigatoriedade de sua conservação.

mento n. 24, de 23 de outubro de 2012, sem prejuízo da observância de outras normas compatíveis.

TÍTULO II
DA PREVENÇÃO DE CRIMES

CAPÍTULO I
DA PREVENÇÃO À LAVAGEM DE DINHEIRO E AO FINANCIAMENTO DO TERRORISMO E DA PROLIFERAÇÃO DE ARMAS DE DESTRUIÇÃO EM MASSA

SEÇÃO I
DAS DISPOSIÇÕES GERAIS

Art. 137. Este Capítulo dispõe sobre o cumprimento dos deveres de prevenção à lavagem de dinheiro e ao financiamento do terrorismo e da proliferação de armas de destruição em massa (PLD/FTP) legalmente atribuídos a serviços notariais e de registro pelos arts. 9º a 11[41] da Lei n. 9.613, de 1998, pelos arts. 9º a 12[42] da Lei n.

---

[41]. Art. 9º Sujeitam-se às obrigações referidas nos arts. 10 e 11 as pessoas físicas e jurídicas que tenham, em caráter permanente ou eventual, como atividade principal ou acessória, cumulativamente ou não:
I – a captação, intermediação e aplicação de recursos financeiros de terceiros, em moeda nacional ou estrangeira;
II – a compra e venda de moeda estrangeira ou ouro como ativo financeiro ou instrumento cambial;
III – a custódia, emissão, distribuição, liquidação, negociação, intermediação ou administração de títulos ou valores mobiliários.
Parágrafo único. Sujeitam-se às mesmas obrigações:
I – as bolsas de valores, as bolsas de mercadorias ou futuros e os sistemas de negociação do mercado de balcão organizado;
II – as seguradoras, as corretoras de seguros e as entidades de previdência complementar ou de capitalização;
III – as administradoras de cartões de credenciamento ou cartões de crédito, bem como as administradoras de consórcios para aquisição de bens ou serviços;
IV – as administradoras ou empresas que se utilizem de cartão ou qualquer outro meio eletrônico, magnético ou equivalente, que permita a transferência de fundos;
V – as empresas de arrendamento mercantil (leasing) e as empresas de fomento comercial (factoring) e as Empresas Simples de Crédito (ESC);
VI – as sociedades que, mediante sorteio, método assemelhado, exploração de loterias, inclusive de apostas de quota fixa, ou outras sistemáticas de captação de apostas com pagamento de prêmios, realizem distribuição de dinheiro, de bens móveis, de bens imóveis e de outras mercadorias ou serviços, bem como concedam descontos na sua aquisição ou contratação;
VII – as filiais ou representações de entes estrangeiros que exerçam no Brasil qualquer das atividades listadas neste artigo, ainda que de forma eventual;
VIII – as demais entidades cujo funcionamento dependa de autorização de órgão regulador dos mercados financeiro, de câmbio, de capitais e de seguros;
IX – as pessoas físicas ou jurídicas, nacionais ou estrangeiras, que operem no Brasil como agentes, dirigentes, procuradoras, comissionárias ou por qualquer forma representem interesses de ente estrangeiro que exerça qualquer das atividades referidas neste artigo;
X – as pessoas físicas ou jurídicas que exerçam atividades de promoção imobiliária ou compra e venda de imóveis;
XI – as pessoas físicas ou jurídicas que comercializem joias, pedras e metais preciosos, objetos de arte e antiguidades.
XII – as pessoas físicas ou jurídicas que comercializem bens de luxo ou de alto valor, intermedeiem a sua comercialização ou exerçam atividades que envolvam grande volume de recursos em espécie;
XIII – as juntas comerciais e os registros públicos;
XIV – as pessoas físicas ou jurídicas que prestem, mesmo que eventualmente, serviços de assessoria, consultoria, contadoria, auditoria, aconselhamento ou assistência, de qualquer natureza, em operações:
a) de compra e venda de imóveis, estabelecimentos comerciais ou industriais ou participações societárias de qualquer natureza;
b) de gestão de fundos, valores mobiliários ou outros ativos;
c) de abertura ou gestão de contas bancárias, de poupança, investimento ou de valores mobiliários;
d) de criação, exploração ou gestão de sociedades de qualquer natureza, fundações, fundos fiduciários ou estruturas análogas;
e) financeiras, societárias ou imobiliárias; e
f) de alienação ou aquisição de direitos sobre contratos relacionados a atividades desportivas ou artísticas profissionais;
XV – pessoas físicas ou jurídicas que atuem na promoção, intermediação, comercialização, agenciamento ou negociação de direitos de transferência de atletas, artistas ou feiras, exposições ou eventos similares;
XVI – as empresas de transporte e guarda de valores;
XVII – as pessoas físicas ou jurídicas que comercializem bens de alto valor de origem rural ou animal ou intermedeiem a sua comercialização; e
XVIII – as dependências no exterior das entidades mencionadas neste artigo, por meio de sua matriz no Brasil, relativamente a residentes no País;
XIX – as prestadoras de serviços de ativos virtuais.
Art. 10. As pessoas referidas no art. 9º:
I – identificarão seus clientes e manterão cadastro atualizado, nos termos de instruções emanadas das autoridades competentes;
II – manterão registro de toda transação em moeda nacional ou estrangeira, títulos e valores mobiliários, títulos de crédito, metais, ativos virtuais, ou qualquer ativo passível de ser convertido em dinheiro, que ultrapassar limite fixado pela autoridade competente e nos termos de instruções por esta expedidas;
III – deverão adotar políticas, procedimentos e controles internos, compatíveis com seu porte e volume de operações, que lhes permitam atender ao disposto neste artigo e no art. 11, na forma disciplinada pelos órgãos competentes;
IV – deverão cadastrar-se e manter seu cadastro atualizado no órgão regulador ou fiscalizador e, na falta deste, no Conselho de Controle de Atividades Financeiras (Coaf), na forma e condições por eles estabelecidas;
V – deverão atender às requisições formuladas pelo Coaf na periodicidade, forma e condições por ele estabelecidas, cabendo-lhe preservar, nos termos da lei, o sigilo das informações prestadas.
§ 1º Na hipótese de o cliente constituir-se em pessoa jurídica, a identificação referida no inciso I deste artigo deverá abranger as pessoas físicas autorizadas a representá-la, bem como seus proprietários;
§ 2º Os cadastros e registros referidos nos incisos I e II deste artigo deverão ser conservados durante o período mínimo de cinco anos a partir do encerramento da conta ou da conclusão da transação, prazo este que poderá ser ampliado pela autoridade competente;
§ 3º O registro referido no inciso II deste artigo será efetuado também quando a pessoa física ou jurídica, seus entes ligados, houver realizado, em um mesmo mês-calendário, operações com uma mesma pessoa, conglomerado ou grupo que, em seu conjunto, ultrapassem o limite fixado pela autoridade competente.
Art. 11. As pessoas referidas no art. 9º:
I – dispensarão especial atenção às operações que, nos termos de instruções emanadas das autoridades competentes, possam constituir-se em sérios indícios dos crimes previstos nesta Lei, ou com eles relacionar-se;
II – deverão comunicar ao Coaf, abstendo-se de dar ciência de tal ato a qualquer pessoa, inclusive àquela à qual se refira a informação, no prazo de 24 (vinte e quatro) horas, a proposta ou realização:
a) de todas as transações referidas no inciso II do art. 10, acompanhadas da identificação de que trata o inciso I do mencionado artigo; e
b) das operações referidas no inciso I;
III – deverão comunicar ao órgão regulador ou fiscalizador da sua atividade ou, na sua falta, ao Coaf, na periodicidade, forma e condições por eles estabelecidas, a não ocorrência de propostas, transações ou operações passíveis de serem comunicadas nos termos do inciso II.
§ 1º As autoridades competentes, nas instruções referidas no inciso I deste artigo, elaborarão relação de operações que, por suas características, no que se refere às partes envolvidas, valores, forma de realização, instrumentos utilizados, ou pela falta de fundamento econômico ou legal, possam configurar a hipótese nele prevista;
§ 2º As comunicações de boa-fé, feitas na forma prevista neste artigo, não acarretarão responsabilidade civil ou administrativa;
§ 3º O Coaf disponibilizará as comunicações recebidas com base no inciso II do caput aos respectivos órgãos responsáveis pela regulação ou fiscalização das pessoas a que se refere o art. 9º.

[42]. Art. 9º As pessoas naturais e jurídicas de que trata o art. 9º da Lei nº 9.613, de 3 de março de 1998, cumprirão, sem demora e sem prévio aviso aos sancionados, as resoluções do Conselho de Segurança das Nações Unidas ou as designações de seus comitês de sanções que determinem a indisponibilidade de ativos de titularidade, direta ou indireta, de pessoas físicas, de pessoas jurídicas ou de entidades submetidas a sanções decorrentes de tais resoluções, na forma e nas condições definidas por seu órgão regulador ou fiscalizador.
Art. 10. Sem prejuízo da obrigação de cumprimento imediato, o Ministério da Justiça e Segurança Pública comunicará, sem demora, as sanções de:
I – indisponibilidade de ativos aos órgãos reguladores ou fiscalizadores, para que comuniquem imediatamente às pessoas naturais ou jurídicas de que trata o art. 9º da Lei nº 9.613, de 3 março de 1998.
II – restrições à entrada de pessoas no território nacional, ou à saída dele, à Polícia Federal, para que adote providências imediatas de comunicação às empresas de transporte internacional; e
III – restrições à importação ou à exportação de bens à Secretaria Especial da Receita Federal do Ministério da Economia, à Polícia Federal e às Capitanias dos Portos para que adotem providências imediatas de comunicação às administrações aeroportuárias, às empresas aéreas e às autoridades e operadores portuários.
§ 1º A comunicação a que se refere o inciso I do caput deste artigo será dirigida pelo Ministério da Justiça e Segurança Pública, também, para cumprimento sem demora:
I – às corregedorias de justiça dos Estados e do Distrito Federal;
II – à Agência Nacional de Aviação Civil;
III – ao Departamento Nacional de Trânsito do Ministério do Desenvolvimento Regional;
IV – às Capitanias dos Portos;
V – à Agência Nacional de Telecomunicações; e
VI – aos outros órgãos de registro público competentes.
§ 2º As comunicações de que trata este artigo poderão ser feitas por via eletrônica, com confirmação de recebimento.
Art. 11. A indisponibilidade de ativos e as tentativas de sua transferência relacionadas às pessoas naturais, às pessoas jurídicas ou às entidades sancionadas por resolução do Conselho de Segurança das Nações Unidas ou por designações de seus comitês de sanções serão comunicadas ao Ministério da Justiça e Segurança Pú

13.810, de 8 de março de 2019, e por normas correlatas.

Este Capítulo estabelece normas gerais sobre as obrigações previstas no art. 10 e art. 11 da Lei n. 9.613, de 3 de março de 1998, relativas à prevenção de atividades de lavagem de dinheiro — ou a ela relacionadas — e financiamento do terrorismo.

Art. 138. Este Capítulo aplica-se a:

I – tabeliães de notas;

II – tabeliães e oficiais de registro de contratos marítimos;

III – tabeliães de protesto de títulos;

IV – oficiais de registro de imóveis; e

V – oficiais de registro de títulos e documentos e civis das pessoas jurídicas.

§ 1º Ficam sujeitos a este Capítulo titulares, interventores e interinos dos serviços notariais e registrais;

§ 2º Para os fins deste Capítulo, qualquer referência a notários e a registradores considera-se estendida a autoridades consulares com atribuição notarial e registral.

Art. 139. Notários e registradores devem observar as disposições deste Capítulo na prestação de serviços e no atendimento a clientes ou usuários, inclusive quando envolverem interpostas pessoas, compreendendo todos os negócios e todas as operações que lhes sejam submetidas, observadas as seguintes particularidades:.

I – as informações que para tanto possam razoavelmente obter; e

II – a especificidade dos diversos tipos de serviços notariais e de registro.

§ 1º A adoção de política, procedimentos e controles internos em cumprimento a disposições deste Capítulo dar-se-á de forma:

I – compatível com o porte da serventia extrajudicial de que se trate e com o volume de suas operações ou atividades;

I – orientada por abordagem baseada em risco, de modo proporcional aos riscos de PLD/FTP relacionados às atividades de cada notário ou registrador, que deve identificar e avaliar tais riscos, visando à sua efetiva mitigação; e

II – considerando o nível e o tipo de contato com informações documentais e com partes e outros envolvidos, proporcionado pelas características específicas de cada tipo de serviço notarial ou de registro, inclusive no que se refere à peculiar limitação desse contato no desempenho do serviço de protesto de títulos.

§ 2º A orientação por abordagem baseada em risco de que trata o inciso II do § 1º deste artigo não afasta nem condiciona o dever de notários e registradores em, a teor dos arts. 9º a 12⁴³ da Lei n. 13.810, de 2019:

---

43. Art. 9º As pessoas naturais e jurídicas de que trata o art. 9º da Lei nº 9.613, de 3 de março de 1998, cumprirão, sem demora e sem prévio aviso aos sancionados, as resoluções do Conselho de Segurança das Nações Unidas ou as designações de seus comitês de sanções que determinem a indisponibilidade de ativos de titularidade, direta ou indireta, de pessoas físicas, de pessoas jurídicas ou de entidades submetidas a sanções decorrentes de tais resoluções, na forma e nas condições definidas por seu órgão regulador ou fiscalizador.

Art. 10. Sem prejuízo da obrigação de cumprimento imediato, o Ministério da Justiça e Segurança Pública comunicará, sem demora, as sanções de:

I – indisponibilidade de ativos aos órgãos reguladores ou fiscalizadores, para que comuniquem imediatamente às pessoas naturais ou jurídicas de que trata o art. 9º da Lei nº 9.613, de 3 março de 1998.

II – restrições à entrada de pessoas no território nacional, ou à saída dele, à Polícia Federal, para que adote providências imediatas de comunicação às empresas de transporte internacional; e

III – restrições à importação ou à exportação de bens à Secretaria Especial da Receita Federal do Ministério da Economia, à Polícia Federal e às Capitanias dos Portos, para que adotem providências imediatas de comunicação às administrações aeroportuárias, às empresas aéreas e às autoridades e operadores portuários.

§ 1º A comunicação a que se refere o inciso I do caput deste artigo será dirigida pelo Ministério da Justiça e Segurança Pública, também, para cumprimento sem demora:

I – às corregedorias de justiça dos Estados e do Distrito Federal;

II – à Agência Nacional de Aviação Civil;

III – ao Departamento Nacional de Trânsito do Ministério do Desenvolvimento Regional;

IV – às Capitanias dos Portos;

V – à Agência Nacional de Telecomunicações; e

VI – aos outros órgãos de registro público competentes.

§ 2º As comunicações de que trata este artigo poderão ser feitas por via eletrônica, com confirmação de recebimento.

Art. 11. A indisponibilidade de ativos e as tentativas de sua transferência relacionadas às pessoas naturais, às pessoas jurídicas ou às entidades sancionadas por resolução do Conselho de Segurança das Nações Unidas ou por designações de seus comitês de sanções serão comunicadas ao Ministério da Justiça e Segurança Pública, aos órgãos reguladores ou fiscalizadores das pessoas naturais ou das pessoas jurídicas de que trata o art. 9º da Lei nº 9.613, de 3 de março de 1998, e ao Conselho de Controle de Atividades Financeiras.

Art. 12. Na hipótese de haver informações sobre a existência de ativos sujeitos à indisponibilidade ou de pessoas e bens sujeitos a outra espécie de sanção determinada em resoluções do Conselho de Segurança das Nações Unidas ou em designações de seus comitês de sanções, sem que tenha ocorrido seu cumprimento na forma da Seção I deste Capítulo, a União ingressará, sem demora, com auxílio direto judicial para obtê-la. Parágrafo único. As pessoas naturais e as pessoas jurídicas de que trata o art. 9º da Lei nº 9.613, de 3 de março de 1998, na forma e nas condições definidas por seu órgão regulador ou fiscalizador, e os órgãos e as entidades referidos no art. 10 desta Lei informarão, sem demora, ao Ministério da Justiça e Segurança Pública, a existência

---

I – dar cumprimento pleno e sem demora a sanções impostas por resoluções do Conselho de Segurança das Nações Unidas (CSNU) ou por designações de seus comitês de sanções relacionadas a terrorismo, proliferação de armas de destruição em massa ou seu financiamento; e

II – proceder às comunicações previstas no art. 11 e no parágrafo único do art. 12 da Lei n. 13.810, de 2019.

Art. 139-A. Para identificar e avaliar riscos de LD/FTP relacionados a suas atividades, notários e registradores devem considerar, entre outras fontes confiáveis de informação, avaliações nacionais ou setoriais de risco conduzidas pelo Poder Público, assim como avaliações setoriais ou subsetoriais realizadas por suas entidades de representação.

Art. 140. Para os fins deste Capítulo, considera-se:

I – cliente ou usuário do serviço notarial: todo o usuário que comparecer perante um notário como parte direta ou indiretamente interessada em um ato notarial, ainda que por meio de representantes, independentemente de ter sido o notário escolhido pela parte outorgante, outorgada ou por terceiro;

II – cliente ou usuário do registro imobiliário: o titular de direitos sujeitos a registro;

III – cliente ou usuário do registro de títulos e documentos e do registro civil da pessoa jurídica: todos que forem qualificados nos instrumentos sujeitos a registro;

IV – cliente ou usuário cliente do serviço de protesto de títulos: toda pessoa natural ou jurídica que for identificada no título apresentado, bem como seu apresentante;

V – beneficiário final: a pessoa natural em nome da qual uma transação é conduzida ou que, em última instância, de forma direta ou indireta, possui, controla ou influencia significativamente uma pessoa jurídica, ainda que sem qualificação formal como sócio ou administrador;

VI – Unidade de Inteligência Financeira (UIF): o Conselho de Controle de Atividades Financeiras (Coaf), que constitui a UIF do Brasil, tendo sido criado pelo art. 14⁴⁴ da Lei n. 9.613, de 3 de março de 1998, e reestruturado na forma da Lei n. 13.974, de 7 de janeiro de 2020; e

VII – em espécie: meio de pagamento consistente em moeda manual, ou seja, em cédulas

---

de pessoas e ativos sujeitos à sanção e as razões pelas quais deixaram de cumpri-la.

44. Art. 14. É criado, no âmbito do Ministério da Fazenda, o Conselho de Controle de Atividades Financeiras – COAF, com a finalidade de disciplinar, aplicar penas administrativas, receber, examinar e identificar as ocorrências suspeitas de atividades ilícitas previstas nesta lei, sem prejuízo da competência de outros órgãos e entidades.

§ 1º As instruções referidas no art. 10 destinadas às pessoas mencionadas no art. 9º, para as quais não exista órgão próprio fiscalizador ou regulador, serão expedidas pelo COAF, competindo-lhe, para esses casos, a definição das pessoas abrangidas e a aplicação das sanções enumeradas no art. 12;

§ 2º O COAF deverá, ainda, coordenar e propor mecanismos de cooperação e de troca de informações que viabilizem ações rápidas e eficientes no combate à ocultação ou dissimulação de bens, direitos e valores;

§ 3º O COAF poderá requerer aos órgãos da Administração Pública as informações cadastrais bancárias e financeiras de pessoas envolvidas em atividades suspeitas.

de papel-moeda ou moedas metálicas fracionárias, também designado por expressões como "dinheiro vivo", numerário ou meio circulante, que não se confundem com expressões como "moeda corrente" ou "moeda de curso legal", referentes apenas à unidade do sistema monetário nacional, que é o Real, conforme art. 1º da Lei n. 9.069, de 29 de junho de 1995, ou à unidade do sistema monetário de outros países, independentemente do meio de pagamento pelo qual seja essa unidade veiculada (a exemplo de transferência bancária, transferência eletrônica entre contas de pagamento, PIX, cheque ou dinheiro em espécie).

Art. 141. Notários e registradores devem implementar procedimentos de monitoramento, seleção e análise de operações, propostas de operação ou situações com o objetivo de identificar aquelas que possam configurar indício de prática de LD/FTP ou de infração correlacionada.

§ 1º Os procedimentos de monitoramento e seleção devem permitir a identificação de operações, propostas de operação ou situações que, considerando suas características, especialmente partes, demais envolvidos, valores, modo de realização, meios e formas de pagamento, falta de fundamento econômico ou legal ou, ainda, incompatibilidade com práticas de mercado, sinalizem, inclusive por seu caráter não usual ou atípico, possível indício de prática de LD/FTP ou de infração correlacionada, devendo, por isso, ser objeto de análise com especial atenção na forma do § 2º;

§ 2º Os procedimentos de análise das operações, propostas de operação ou situações selecionadas conforme o disposto no § 1º devem reunir os elementos objetivos com base nos quais se conclua pela configuração, ou não, de possível indício de prática de LD/FTP ou de infração correlacionada;

§ 3º A análise e a conclusão referidas no § 2º devem ser documentadas e estarem disponíveis para efeito de demonstração à Corregedoria Nacional de Justiça ou às Corregedorias-Gerais de Justiça estaduais ou do Distrito Federal, independentemente de terem resultado, ou não, no encaminhamento de comunicação à UIF na forma do art. 142;

§ 4º Nos procedimentos de monitoramento, seleção e análise de que trata este artigo, será dedicada especial atenção a operações, propostas de operação ou situações que envolvam pessoas expostas politicamente, nos termos da norma da UIF, bem como seus familiares, estreitos colaboradores e pessoas jurídicas de que participem ou nas quais se caracterizem como administrador ou beneficiário final.

Art. 142. Notários e registradores comunicarão à UIF, pelo Sistema de Controle de Atividades Financeiras (Siscoaf), quaisquer operações, propostas de operação ou situações quanto às quais concluam, após análise na forma do art. 141, § 3º, que, por suas características, conforme o indicado no § 1º do mesmo artigo, possam configurar indício de prática de LD/FTP ou de infração correlacionada.

Parágrafo único. Sem prejuízo do disposto no caput, notários e registradores também comunicarão à UIF o que for definido neste Capítulo como hipótese em que devam fazê-lo independentemente de análise, devendo implementar procedimentos de monitoramento e seleção do que assim houver de ser comunicado.

SEÇÃO II
DA POLÍTICA DE PLD/FTP

Art. 143. Notários e registradores, sob a supervisão da Corregedoria Nacional de Justiça e das Corregedorias dos Tribunais de Justiça dos Estados e do Distrito Federal, devem estabelecer e implementar, no âmbito das serventias extrajudiciais a seu cargo, política de LD/FTP compatível com seu porte e volume de operações ou atividades, a qual deve abranger, no mínimo, diretrizes a adoção de procedimentos e controles internos destinados à:

I – realização de diligência razoável para a qualificação dos clientes, beneficiários finais e demais envolvidos nas operações que realizarem;

II – obtenção de informações sobre o propósito e a natureza da relação de negócios;

III – identificação de operações ou propostas de operações suspeitas ou de comunicação obrigatória;

IV – mitigação dos riscos de que novos produtos, serviços e novas tecnologias possam ser utilizadas para a lavagem de dinheiro e para o financiamento do terrorismo; e

V – verificação periódica da eficácia da política e dos procedimentos e controles internos adotados.

§ 1º A política tratada neste artigo deve ser formalizada expressamente por notários e registradores, abrangendo, também, procedimentos para:

I – treinamento dos notários, dos registradores, dos oficiais de cumprimento e dos empregados contratados;

II – disseminação do seu conteúdo ao quadro de pessoal por processos institucionalizados de caráter contínuo;

III – monitoramento das atividades desenvolvidas pelos empregados; e

IV – prevenção de conflitos entre os interesses comerciais/empresariais e os mecanismos de prevenção à lavagem de dinheiro e ao financiamento do terrorismo.

§ 2º Os tabeliães de protesto de títulos cumprirão o disposto nos incisos I e II do caput deste artigo, por meio dos dados e das informações constantes do título ou documento de dívida apresentado, ou de sua indicação, bem como dos dados fornecidos pelo apresentante, não podendo obstar a realização do ato ou exigir elementos não previstos nas leis que regulam a emissão e circulação dos títulos ou documentos em questão.

Art. 144. Os notários e os registradores são os responsáveis pela implantação das políticas, procedimentos e controles internos de prevenção à lavagem de dinheiro e ao financiamento do terrorismo no âmbito da serventia, podendo indicar, entre seus prepostos, oficiais de cumprimento.

§ 1º Em caso de não nomeação de oficial de cumprimento, será considerado como tal o notário ou o registrador responsável pela serventia.

§ 2º São atribuições do oficial de cumprimento, do notário ou do registrador, entre outras previstas em instruções complementares:

I – informar à Unidade de Inteligência Financeira (UIF) qualquer operação ou tentativa de operação que, pelos seus aspectos objetivos e subjetivos, possam estar relacionadas às operações de lavagem de dinheiro ou financiamento do terrorismo;

II – prestar, gratuitamente, no prazo estabelecido, as informações e os documentos requisitados pelos órgãos de segurança pública, do Ministério Público e do Poder Judiciário para o adequado exercício das suas funções institucionais, vedada a recusa na sua prestação sob a alegação de justificativa insuficiente ou inadequada;

III – promover treinamentos para os colaboradores da serventia; e

IV – elaborar manuais e rotinas internas sobre regras de condutas e sinais de alertas.

§ 3º Os notários e os registradores, inclusive interinos e interventores, são solidariamente responsáveis com os oficiais de cumprimento na execução dos seus deveres;

§ 4º Os notários e os registradores deverão indicar, no Justiça Aberta, o oficial de cumprimento à Corregedoria Nacional de Justiça, no Cadastro Nacional de Serventias, disponibilizando a informação à Unidade de Inteligência Financeira (UIF) para fins de habilitação no Siscoaf.

SEÇÃO III
DO CADASTRO DE CLIENTES E DEMAIS ENVOLVIDOS

Art. 145. Notários e registradores identificarão e manterão cadastro dos envolvidos, inclusive representantes e procuradores, nos atos notariais protocolares e de registro com conteúdo econômico;

§ 1º No cadastro das pessoas físicas constarão os seguintes dados:

I – nome completo;

II – número de inscrição no Cadastro de Pessoas Físicas (CPF); e

III – sempre que possível, desde que compatível com o ato a ser praticado pela serventia:

a) número do documento de identificação e nome do órgão expedidor ou, se estrangeiro, dados do passaporte ou carteira civil;

b) data de nascimento;

c) nacionalidade;

d) profissão;

e) estado civil e qualificação do cônjuge, em qualquer hipótese;

f) endereço residencial e profissional completo, inclusive eletrônico;

g) telefones, inclusive celular;

h) dados biométricos, especialmente impressões digitais e fotografia, em padrões a serem estabelecidos pelas instruções complementares;

i) imagens dos documentos de identificação e dos cartões de autógrafo;

j) eventual enquadramento em lista de pessoas naturais alcançadas pelas sanções de que trata a Lei n. 13.810, de 2019, relacionadas a práticas de terrorismo, proliferação de armas de destruição em massa ou seus financiamentos e impostas por resolução do Conselho de Segurança das Nações Unidas (CSNU) ou por designação de algum de seus comitês de sanções; e

k) eventual enquadramento na condição de pessoa exposta politicamente, bem como na condição de familiar ou estreito colaborador de pessoa do gênero, nos termos da norma editada a respeito pela UIF.

§ 2º No cadastro das pessoas jurídicas constarão os seguintes dados:

I – razão social e nome de fantasia, este quando constar do contrato social ou do Cadastro Nacional de Pessoa Jurídica (CNPJ);

II – número de inscrição no Cadastro Nacional da Pessoa Jurídica (CNPJ);

III – endereço completo, inclusive eletrônico;

IV – sempre que possível, desde que compatível com o ato a ser praticado pela serventia, elementos indicados no § 1º em relação a:

a) proprietários, sócios e beneficiários finais; e

b) representantes legais, prepostos e demais envolvidos que compareçam ao ato.

V – número telefônico; e

VI – eventual enquadramento em lista de pessoas jurídicas ou entidades alcançadas pelas sanções de que trata a Lei n. 13.810, de 2019, relacionadas a práticas de terrorismo, proliferação de armas de destruição em massa ou seus financiamentos e impostas por resolução do CSNU ou por designação de algum de seus comitês de sanções.

§ 3º Constarão do registro a data do cadastro e a de suas atualizações;

§ 4º Os cadastros, as imagens dos documentos e os cartões de autógrafos poderão ser mantidos exclusivamente em sistema informatizado, observando-se os padrões mínimos da tecnologia da informação para a segurança, integridade e disponibilidade de dados previstos neste Código Nacional de Normas;

§ 5º Os tabeliães de protesto de títulos poderão cumprir o disposto no § 1º e § 2º deste artigo pela manutenção de cadastro com base no nome da pessoa física ou na razão social ou nome fantasia da pessoa jurídica que seja informado pelo credor ou apresentante, acompanhados do respectivo CPF ou CNPJ informado e do endereço fornecido pelo apresentante, salvo quando, pelas circunstâncias da apresentação do título ou documento de dívida apresentado, não houver as referidas informações ou ainda quando for do desconhecimento do apresentante;

§ 6º Para os fins de enquadramento do cliente como pessoa exposta politicamente, o notário e o registrador deverá consultar o cadastro eletrônico de Pessoas Expostas Politicamente, por intermédio do Siscoaf, ou colher a declaração das próprias partes sobre essa condição, ressalvados os casos em que seja expressamente prevista uma destas formas de identificação como obrigatória;

§ 7º Aplicam-se ao conceito de beneficiários finais, para os fins deste Capítulo, os critérios definidos por ato normativo da Secretaria da Receita Federal do Brasil (RFB) relativo ao CNPJ.

§ 8º Para os fins de identificação do beneficiário final da operação, o titular da serventia deverá consultar a base de dados do Cadastro Único de Beneficiários Finais (CBF), complementando as informações por meio de consulta aos cadastros mencionados e com outras informações que puder extrair dos documentos disponíveis;

§ 9º Quando não for possível identificar o beneficiário final, os notários e os registradores devem dispensar atenção especial à operação e colher dos interessados a declaração sobre quem o é, não sendo vedada a prática do ato sem a indicação do beneficiário final.

§ 10. Os tabeliães de protesto de títulos cumprirão o disposto no § 6º, § 8º e § 9º deste artigo por meio de consulta aos cadastros mencionados, de informações constantes do título ou do documento de dívida apresentado, ou de sua indicação, bem como por meio dos dados fornecidos pelo apresentante, não podendo obstar a realização do ato ou exigir elementos não previstos em lei que regulam a emissão e circulação do título ou do documento em questão;

§ 11. Na definição da política de prevenção à lavagem de dinheiro e ao financiamento do terrorismo, a Corregedoria Nacional de Justiça poderá ampliar, por ato próprio, os requisitos dos registros das operações para fins de aplicação da identificação com base em risco e incluir requisitos mais estritos nos casos de operações que destoam em relação à média;

§ 12. O notário deverá manter cópia do documento de identificação apresentado, bem como dos contratos sociais, dos estatutos, das atas de assembleia ou da reunião, das procurações e de quaisquer outros instrumentos de representação ou dos alvarás que tenham sido utilizados para a prática do ato notarial;

§ 13. A obrigação de que trata o parágrafo anterior aplica-se aos registradores imobiliários em relação ao registro de instrumento particular.

Art. 146. Para a prestação dos serviços de que trata este Código de Normas, os notários e os registradores e/ou os oficiais de cumprimento deverão assegurar-se de que as informações cadastrais estejam atualizadas no momento da prestação do serviço.

Parágrafo único. A identificação das partes e de seus representantes e procuradores para fins de atualização do cadastro prevista no artigo anterior será promovida quando da prática do respectivo ato notarial ou de registro.

SEÇÃO IV
DO CADASTRO ÚNICO DE BENEFICIÁRIOS FINAIS

Art. 147. Os notários e os registradores poderão utilizar o Cadastro Único de Beneficiários Finais (CBF), criado e mantido por suas entidades associativas representativas, que, necessariamente, deverá conter os dados previstos no art. 145, sujeito à fiscalização da Corregedoria Nacional de Justiça.

§ 1º O Cadastro Único de Beneficiários Finais (CBF) conterá o índice único das pessoas naturais que, em última instância, de forma direta ou indireta, possuem controle ou influência significativa nas entidades que pratiquem ou possam praticar atos ou negócios jurídicos nos quais intervenham os notários e os registradores;

§ 2º Os dados para a formação e atualização do CBF podem ser obtidos a partir de:

I – outros cadastros da mesma natureza;

II – informações prestadas por outras instituições;

III – declaração das próprias partes;

IV – exame da documentação apresentada; e

V – outras fontes julgadas confiáveis pelo notário ou registrador.

Art. 148. As entidades representativas dos notários e dos registradores poderão firmar convênio com a RFB, as Juntas Comerciais dos estados, o Departamento de Registro Empresarial e Integração (DREI), a Comissão de Valores Mobiliários (CVM) e quaisquer outros órgãos, organismos internacionais ou outras instituições que detenham dados sobre atos constitutivos, modificativos, extintivos ou que informem participações societárias em pessoas jurídicas, com o objetivo de manter atualizado o cadastro de que trata esta seção.

SEÇÃO V
DO REGISTRO SOBRE OPERAÇÕES, PROPOSTAS DE OPERAÇÃO E SITUAÇÕES PARA FINS DE PLD/FTP

Art. 149. Notários e registradores devem manter registro eletrônico, para fins de PLD/FTP, de todos os atos notariais protocolares e registrais de conteúdo econômico que lavrarem ou cuja lavratura lhes seja proposta, bem como sobre situações correlatas.

Parágrafo único. No registro eletrônico a que se refere o caput constarão as seguintes informações em relação ao ato cartorário realizado ou proposto, ou a situação correlata, sempre que cabível, em razão da especialidade da serventia e do ato de que se trate:

I – identificação de clientes ou proponentes e demais envolvidos;

II – descrição pormenorizada do ato ou da situação;

III – valores envolvidos, quando houver, notadamente valores que tenham sido declarados, indicados por avaliadores ou adotados para fins de incidência tributária ou para fins patrimoniais em contexto sucessório ou de integralização de capital societário, por exemplo;

IV – datas relevantes envolvidas, notadamente do ato cartorário ou da proposta de sua lavratura, de negócios aos quais se refira ou de situações correlatas;

V – formas de pagamento de valores envolvidos, quando houver;

VI – meios de pagamento de valores envolvidos, quando houver;

VII – fontes em que obtidas as informações relativas a cada um dos demais incisos deste artigo incluídas no registro, a exemplo de declaração ou documento apresentado pelas partes, outros documentos disponíveis, registros públicos, bases de dados ou cadastros a que se tenha acesso, fontes abertas disponíveis pela rede mundial de computadores (internet) ou veículos jornalísticos; e

VIII – outras informações nos termos de regulamentos especiais e instruções complementares.

§ 2º As informações de que tratam os incisos III, VI e VII do parágrafo anterior serão as declaradas pelas partes envolvidas, sem prejuízo de o notário ou registrador acrescentar outras que entender pertinentes a partir dos documentos disponíveis;

§ 3º Os notários e os registradores cumprirão o disposto nos incisos II a VII do § 1º deste artigo, por meio dos dados e das informações constantes do título ou documento de dívida apresentado, ou de sua indicação, bem como dos dados fornecidos pelo apresentante.

Art. 150. Os notários deverão, antes da lavratura de ato notarial, verificar a atualidade dos poderes de uma procuração, abstendo-se de sua prática caso tenham conhecimento de que tenham eles sido revogados ou modificados.

Art. 150-A. O registro de que trata o art. 149:

I – deve ser mantido de modo a viabilizar a implementação dos procedimentos de monitoramento, seleção, análise e comunicação de que tratam os arts. 141 e 142, bem como o atendimento a requisições de autoridades competentes, como as referidas no art. 178; e

II – não se confunde com o ato-fim da própria serventia, ainda que suas informações possam eventualmente constar em um mesmo ambiente ou suporte documental, desde que isso não comprometa a restrição do acesso a informações sensíveis, para fins de PLD/FTP, em conformidade com o disposto no art. 154.

SEÇÃO VI
DAS COMUNICAÇÕES À UNIDADE DE INTELIGÊNCIA FINANCEIRA (UIF)

Art. 151. Art. 151. Notários e registradores, ou seu oficial de cumprimento, devem comunicar à UIF operações, propostas de operação ou situações nestas hipóteses:

I – constatação, após análise na forma do art. 141, § 2º, de indício de prática de LD/FTP ou de infração correlacionada; e

II – hipótese de comunicação à UIF independentemente de análise, conforme o definido neste Capítulo.

§ 1º O monitoramento e a seleção de operações, propostas de operação ou situações cuja comunicação à UIF independa de análise serão concluídos em até 30 (trinta) dias, contados da operação, proposta de operação ou situação, após os quais a comunicação deve ser efetuada em 24 (vinte e quatro) horas;

§ 2º O monitoramento, a seleção e a análise de operações, propostas de operação ou situações cuja comunicação à UIF dependa de análise serão concluídos em até 60 (sessenta) dias, contados da operação ou proposta de operação, após os quais a comunicação deve ser efetuada em 24 (vinte e quatro) horas;

§ 3º A comunicação de que trata o caput será efetuada por meio do Siscoaf, disponibilizado pela página da UIF na internet, resguardando-se o sigilo de que trata o art. 154..

Art. 152. Na hipótese do art. 151, I, será dedicada especial atenção, conforme o art. 141, § 4º, no caso de operações, propostas de operação ou situações que envolvam pessoa exposta politicamente, bem como seus familiares, estreitos colaboradores e pessoas jurídicas de que participem ou nas quais se caracterizem como administrador ou beneficiário final.

Parágrafo único. (Revogado).
→ Provimento nº 161/2024.

Art. 153. Notários e registradores, ou seu oficial de cumprimento, quando não identificarem ao longo de um ano civil nenhuma operação, proposta de operação ou situação que devessem comunicar à UIF na forma do art. 151, apresentarão à Corregedoria-Geral de Justiça estadual ou do Distrito Federal comunicação de não ocorrência nesse sentido até 31 de janeiro do ano seguinte.

Parágrafo único. A Corregedoria-Geral de Justiça (CGJ) instaurará procedimento administrativo para apurar a responsabilidade de notário ou registrador que deixar de prestar, no prazo estipulado, a informação prevista no caput deste artigo.

Art. 154. Notários, registradores e oficiais de cumprimento devem guardar sigilo acerca das comunicações previstas nesta Seção, inclusive em relação a pessoas a que elas possam fazer referência, sendo vedado o compartilhamento de informação com as partes envolvidas ou terceiros, com exceção da Corregedoria Nacional de Justiça ou, na forma por ela autorizada, de órgãos ou integrantes da Corregedoria-Geral de Justiça estadual ou do Distrito Federal.

Art. 154-A. As comunicações na forma do art. 151, I, devem ser devidamente fundamentadas, incluindo:

I – manifestação circunstanciada dos motivos que levaram a concluir pela configuração de possível indício de prática de LD/FTP ou de infração correlacionada;

II – todos os dados relevantes da operação, proposta de operação ou situação comunicada, a exemplo dos que se refiram à descrição de bens ou direitos e formas de pagamento, assim como à identificação e qualificação das pessoas envolvidas; e

III – indicação das fontes das informações veiculadas ou consideradas na comunicação, tais como documentos em que constem, declarações prestadas, observação direta, correspondências, mensagens de e-mail ou telefonemas, matérias jornalísticas, resultados de pesquisa por mecanismos de busca na internet, redes sociais em seu âmbito mantidas ou mesmo, quando for o caso, suspeitas informalmente compartilhadas em determinado âmbito local, regional, familiar, comunitário ou de praça comercial, por exemplo.

Parágrafo único. Os elementos fornecidos para fundamentar as comunicações de que trata o caput devem ser:

I – claros, precisos e suficientes para apoiar conclusão razoável de que a comunicação contém indício de prática de LD/FTP ou de infração correlacionada, de modo a facilitar sua compreensão por autoridades competentes; e

II – inseridos, conforme instruções disponibilizadas pelo site da UIF, no campo "Informações adicionais", em campos específicos ou em outros equivalentes que eventualmente os sucedam ou substituam no formulário eletrônico de comunicação do Siscoaf.

Art. 155. (Revogado).
→ Provimento nº 161/2024.

Art. 155-A. Na hipótese do art. 151, I, envolvendo dever de análise com especial atenção (art. 141, §§ 1º e 3º), o notário e o registrador atentarão para operações, propostas de operação ou situações que, a partir dos documentos que lhes forem submetidos para a prática do ato:

I – aparentem não decorrer de atividades ou negócios usuais do cliente, de outros envolvidos ou do seu ramo de atuação;

II – tenham origem ou fundamentação econômica ou legal não claramente aferíveis;

III – se mostrem incompatíveis com o patrimônio ou com a capacidade econômico-financeira do cliente ou de outros envolvidos;

IV – envolvam difícil ou inviável identificação de beneficiário(s) final(is);

V – se relacionem a pessoa jurídica domiciliada em jurisdição listada pelo Grupo de Ação Financeira (Gafi) como de alto risco ou com deficiências estratégicas em matéria de PLD/FTP;

VI – envolvam países ou dependências listados pela RFB como de tributação favorecida e/ou regime fiscal privilegiado;

VII – se relacionem a pessoa jurídica cujos sócios, administradores, beneficiários finais, procuradores ou representantes legais mantenham domicílio em jurisdições consideradas pelo Gafi de alto risco ou com deficiências estratégicas em matéria de PLD/FTP;

VIII – apresentem, por parte de cliente ou demais envolvidos, resistência ao fornecimento de informação ou documentação solicitada para fins relacionados ao disposto neste Capítulo;

IX – envolvam a prestação, por parte de cliente ou demais envolvidos, de informação ou documentação falsa ou de difícil ou onerosa verificação;

X – se mostrem injustificadamente mais complexas ou onerosas que de ordinário, mormente se isso puder dificultar o rastreamento de recursos ou a identificação de real propósito;

XI – apresentem sinais de caráter fictício ou de relação com valores incompatíveis com os de mercado;

XII – envolvam cláusulas que estabeleçam condições incompatíveis com as praticadas no mercado;

XIII – aparentem tentativa de burlar controles e registros exigidos pela legislação de PLD/FTP, inclusive mediante fracionamento ou pagamento em espécie, com título emitido ao portador ou por outros meios que dificultem a rastreabilidade;

XIV – envolvam o registro de documento de procedência estrangeira, nos termos do art. 129, 6º,[45] combinado com o art. 148[46] da Lei nº 6.015, de 31 de dezembro de 1973, que ofereçam dificuldade significativa para a compreensão do seu sentido jurídico no contexto da atividade notarial ou registral de que se trate;

---

45. Art. 129. Estão sujeitos a registro, no Registro de Títulos e Documentos, para surtir efeitos em relação a terceiros
   6º) todos os documentos de procedência estrangeira, acompanhados das respectivas traduções, para produzirem efeitos em repartições da União, dos Estados, do Distrito Federal, dos Territórios e dos Municípios ou em qualquer instância, juízo ou tribunal
46. Art. 148. Os títulos, documentos e papéis escritos em língua estrangeira, uma vez adotados os caracteres comuns, poderão ser registrados no original, para o efeito da sua conservação ou perpetuidade. Para produzirem efeitos legais no País e para valerem contra terceiros, deverão, entretanto, ser vertidos em vernáculo e registrada a tradução, o que, também, se observará em relação às procurações lavradas em língua estrangeira.

Parágrafo único. Para o registro resumido, os títulos, documentos ou papéis em língua estrangeira, deverão ser sempre traduzidos.

XV – revelem substancial ganho de capital em curto período;

XVI – envolvam lavratura ou utilização de instrumento de procuração que outorgue amplos poderes de administração de pessoa jurídica ou de gestão empresarial, de gerência de negócios ou de movimentação de conta bancária, de pagamento ou de natureza semelhante, especialmente quando conferidos em caráter irrevogável ou irretratável ou isento de prestação de contas, independentemente de se tratar, ou não, de procuração em causa própria ou por prazo indeterminado;

XVII – revelem operações de aumento de capital social que pareçam destoar dos efetivos atributos de valor, patrimônio ou outros aspectos relacionados às condições econômico-financeiras da sociedade, diante de circunstâncias como, por exemplo, partes envolvidas no ato ou características do empreendimento; e

XVIII – quaisquer outras operações, propostas de operação ou situações que, considerando suas características, especialmente partes, demais envolvidos, valores, modo de realização, meios e formas de pagamento, falta de fundamento econômico ou legal ou, ainda, incompatibilidade com práticas de mercado, possam configurar sérios indícios de práticas de LD/FTP ou de infrações que com elas se relacionem.

Parágrafo único. Na hipótese do caput deste artigo, o notário e o registrador também atentarão para operações, propostas de operação ou situações que:

I – revelem emprego não usual de meio ou forma de pagamento que possa viabilizar anonimato ou dificultar a rastreabilidade de movimentação de valores ou a identificação de quem a tenha realizado, como o uso de valores anormalmente elevados em espécie ou na forma de título emitido ao portador ou, ainda, de ativo virtual não vinculado nominalmente a quem o movimente; e

II – apresentem algum sinal de possível relação, direta ou indireta, com práticas de terrorismo ou proliferação de armas de destruição em massa ou com seus financiamentos, inclusive em hipóteses correlatas eventualmente contempladas em atos normativos da UIF.

Art. 156. (Revogado).

→ Provimento nº 161/2024.

Art. 156-A. A Corregedoria Nacional de Justiça poderá dispor ou emitir orientações sobre outras hipóteses, além das contempladas neste Capítulo, de:

– operações, propostas de operação ou situações que devam ser analisadas com especial atenção para efeito de eventual comunicação à UIF; e

– comunicação à UIF independentemente de análise.

SEÇÃO VII
DAS NORMAS APLICÁVEIS AOS TABELIÃES E OFICIAIS DE REGISTRO DE CONTRATOS MARÍTIMOS

Art. 157. Aplicam-se ao Registro de Contrato Marítimo as disposições referentes ao Registro de Títulos e Documentos.

Art. 158. Aplicam-se ao tabelionato de contrato marítimo as disposições referentes aos tabeliães de notas.

SEÇÃO VIII
DAS NORMAS APLICÁVEIS AOS TABELIÃES DE PROTESTO

Art. 159. O tabelião de protesto, ou seu oficial de cumprimento, comunicará à UIF, na forma do art. 151, II, qualquer operação que envolva pagamento ou recebimento em espécie, ou por título ao portador, de valor igual ou superior a R$ 100.000,00 (cem mil reais) ou ao equivalente em outra moeda, desde que perante o tabelião ou seu preposto:

I – (Revogado);

II – (Revogado).

→ Provimento nº 161/2024.

Art. 160. O tabelião de protesto, ou seu oficial de cumprimento, deve analisar com especial atenção, para fins de eventual comunicação à UIF na forma do art. 151, I, operações, propostas de operação ou situações relacionadas a pagamentos ou cancelamentos de títulos protestados:

I – em valor igual ou superior a R$ 100.000,00 (cem mil reais), quando o devedor for pessoa física;

II – em valor igual ou superior a R$ 500.000,00 (quinhentos mil reais), quando o devedor for pessoa jurídica, salvo quando se tratar de instituição do mercado financeiro, do mercado de capitais ou de órgãos e entes públicos.

Parágrafo único. Ocorrendo qualquer das hipóteses previstas no *caput* deste artigo, o tabelião de protesto, ou oficial de cumprimento, comunicará a operação à Unidade de Inteligência Financeira (UIF), caso a considere suspeita, no prazo previsto no art. 151.

SEÇÃO IX
DAS NORMAS APLICÁVEIS AOS REGISTRADORES DE IMÓVEIS

Art. 161. O oficial de registro de imóveis, ou seu oficial de cumprimento, comunicará à UIF, na forma do art. 151, II, registro de documento ou título em que conste declaração das partes de que foi realizado pagamento em espécie, ou por título ao portador, de valor igual ou superior a R$ 100.000,00 (cem mil reais) ou ao equivalente em outra moeda.:

Art. 162. O oficial de registro de imóveis, ou seu oficial de cumprimento, deve analisar com especial atenção, para fins de eventual comunicação à UIF na forma do art. 151, I, operações, propostas de operação ou situações relacionadas a:

I – doações de bens imóveis ou direitos reais sobre bens imóveis para terceiros sem vínculo familiar aparente com o doador, referente a bem imóvel que tenha valor venal atribuído pelo município igual ou superior a R$ 100.000,00 (cem mil reais);

II – concessão de empréstimos hipotecários ou com alienação fiduciária entre particulares;

III – registro de negócios celebrados por sociedades que tenham sido dissolvidas e tenham regressado à atividade;

IV – registro de aquisição de imóveis por fundações e associações, quando as características do negócio não se coadunem com suas finalidades;

V – registro de transmissões sucessivas do mesmo bem em período e com diferença de valor anormais; e

VI – registro de título no qual conste valor declarado de bem com diferença anormal em relação a outros valores a ele associados, como o de sua avaliação fiscal ou o valor patrimonial pelo qual tenha sido considerado para fins sucessórios ou de integralização de capital de sociedade, por exemplo.

Parágrafo único. Ocorrendo qualquer das hipóteses previstas neste artigo, o registrador de imóveis, ou oficial de cumprimento, comunicará a operação à Unidade de Inteligência Financeira (UIF), caso a considere suspeita, no prazo previsto no art. 151.

SEÇÃO X
DAS NORMAS APLICÁVEIS AOS OFICIAIS DE REGISTRO DE TÍTULOS E DOCUMENTOS E CIVIS DAS PESSOAS JURÍDICAS

Art. 163. O oficial de registro de títulos e documentos e de registro civil das pessoas jurídicas, ou seu oficial de cumprimento, comunicará à UIF, na forma do art. 151, II, qualquer operação que envolva pagamento ou recebimento em espécie, ou por título ao portador, de valor igual ou superior a R$ 100.000,00 (cem mil reais) ou ao equivalente em outra moeda, inclusive quando se relacionar à compra ou venda de bens móveis ou imóveis.

Art. 164. O oficial de registro de títulos e documentos e de registro civil das pessoas jurídicas, ou seu oficial de cumprimento, deve analisar com especial atenção, para fins de eventual comunicação à UIF na forma do art. 151, I, operações, propostas de operação ou situações relacionadas ao registro de títulos ou documentos que se refiram, ainda que indiretamente, a:

I – transferências de bens imóveis de qualquer valor, de cotas ou participações societárias ou de bens móveis de valor superior a R$ 100.000,00 (cem mil reais);

II – mútuos concedidos ou contraídos ou doações concedidas ou recebidas de valor superior ao equivalente a R$ 100.000,00 (cem mil reais);

III – participações, investimentos ou representações de pessoas naturais ou jurídicas brasileiras em entidades estrangeiras, especialmente *trusts*, arranjos semelhantes ou fundações; e

IV – cessão de direito de títulos de créditos ou de títulos públicos de valor igual ou superior a R$ 500.000,00 (quinhentos mil reais).

Parágrafo único. (Revogado).

→ Provimento nº 161/2024.

SEÇÃO XI
DAS NORMAS APLICÁVEIS AOS NOTÁRIOS

SUBSEÇÃO I
DAS DISPOSIÇÕES GERAIS

Art. 165. Nas matérias tratadas nesta Seção, a Corregedoria Nacional de Justiça e as Corregedorias locais contarão, como órgão de supervisão auxiliar, na organização e orientação dos notários, com o Colégio Notarial do Brasil – Conselho Federal (CNB/CF), que divulgará instruções técnicas complementares para o devido cumprimento das disposições deste Capítulo.

Art. 165-A. Toda escritura pública de constituição, alienação ou oneração de direitos reais sobre imóveis deve indicar, de forma precisa, meios e formas de pagamento que tenham sido utilizados no contexto de sua realização, bem como a eventual condição de pessoa politicamente exposta de cliente ou usuário ou de outros envolvidos nesse mesmo contexto.

§ 1º Para efeito da indicação de meios e formas de pagamento de que trata o caput, deve-se, com base em fonte documental ou declaração das partes, observar o seguinte:

I – o uso de recursos em espécie deve ser expressamente mencionado juntamente com local e data correspondentes;

II – na menção a transferências bancárias, devem ser especificados dados bancários que permitam identificação inequívoca das contas envolvidas, tanto de origem quanto de destino dos recursos transferidos, bem como dos seus titulares e das datas e dos valores das transferências;

III – na referência a cheques, devem ser especificados os seus elementos de identificação, as informações da conta bancária de origem e de eventual conta de destino dos recursos correspondentes e dos seus titulares, bem como a data e os valores envolvidos;

IV – o emprego de outros meios de pagamento que não os indicados nos incisos I, II e III, tais como participações societárias na forma de cotas ou ações, cessões de direitos, títulos e valores mobiliários, ativos virtuais, dações em pagamento, permutas ou prestações de serviço, deve ser expressamente mencionado juntamente com local e data correspondentes e com a especificação de dados destinados a viabilizar a identificação da origem e do destino dos valores pagos; e

V – em relação a pagamentos de forma parcelada, devem ser discriminados os meios de pagamento correspondentes a cada parcela, incluindo os dados apontados nos incisos I, II, III e IV, conforme o meio de pagamento de que se trate.

§ 2º No caso de pagamento que envolva contas ou recursos de terceiros, estes devem ser qualificados na escritura pública;

§ 3º A recusa de partes em fornecer informações para viabilizar as indicações de que trata este artigo deve ser mencionada na escritura, sem prejuízo do disposto no art. 155, VIII.

SUBSEÇÃO II
DO CADASTRO ÚNICO DE CLIENTES DO NOTARIADO (CCN)

Art. 166. O CNB/CF criará e manterá o Cadastro Único de Clientes do Notariado (CCN), que reunirá as informações previstas no art. 145 deste Código, além de outros dados que entender necessários, de todas as pessoas cadastradas e qualificadas pelos notários, sejam ou não partes em ato notarial.

§ 1º Os dados para a formação e atualização da base nacional do CCN serão fornecidos pelos próprios notários de forma sincronizada ou com periodicidade, no máximo, quinzenal e contarão:

I – com dados relativos aos atos notariais protocolares praticados; e

II – com dados relacionados aos integrantes do seu cadastro de firmas abertas, contendo, no mínimo, todos os elementos do art. 145, § 1º, deste Código, inclusive imagens das documentações, dos cartões de autógrafo e dos dados biométricos.

§ 2º Nos atos notariais que praticar, o notário deverá qualificar a parte comparecente nos exatos termos do CCN ou, havendo insuficiência ou divergência nos dados, segundo o verificado nos documentos que lhe forem apresentados, encarregando-se de providenciar a atualização da base nacional;

§ 3º Para a criação, manutenção ou validação dos dados do CCN, e visando à correta individualização de que trata o art. 149 deste Código os notários e o CNB/CF poderão, mediante convênio, se servir também dos dados do Sistema Nacional de Informações de Segurança Pública (Sinesp), INFOSEG, dos dados das secretarias estaduais e do Distrito Federal de segurança pública, de outras bases de dados confiáveis e de bases biométricas públicas, inclusive as constituídas nos termos da Lei n. 13.444, de 11 de maio de 2017, além de criar e manter base de dados biométricos próprios;

§ 4º O acesso aos bancos de dados referidos nos parágrafos anteriores restringir-se-á à conferência dos documentos de identificação apresentados;

§ 5º O CCN disponibilizará eletronicamente listagem de fraudes efetivas e tentativas de fraude de identificação que tenham sido comunicadas pelos notários.

SUBSEÇÃO III
DO CADASTRO ÚNICO DE BENEFICIÁRIOS FINAIS

Art. 167. O CNB/CF criará e manterá o Cadastro Único de Beneficiários Finais (CBF), que conterá o índice único das pessoas naturais que, em última instância, de forma direta ou indireta, possuem controle ou influência significativa nas entidades que pratiquem ou possam praticar atos ou negócios jurídicos em que intervenham os notários.

§ 1º Aplicam-se ao conceito de beneficiários finais, para os fins deste Capítulo, os critérios definidos por ato normativo da Secretaria da Receita Federal do Brasil (RFB) relativo ao CNPJ.

§ 2º Os dados para a formação e atualização do CBF podem ser obtidos a partir de:

I – outros cadastros da mesma natureza;

II – informações prestadas por outras instituições;

III – declaração das próprias partes;

IV – exame da documentação apresentada; e

V – outras fontes confiáveis.

§ 3º Para os fins de identificação do beneficiário final da operação, o notário deverá consultar a base de dados do Cadastro Único de Beneficiários Finais (CBF), complementando as informações com outras que puder extrair dos documentos disponíveis;

§ 4º Quando não for possível identificar o beneficiário final, os notários devem dispensar especial atenção à operação e colher dos interessados a declaração sobre quem o é.

Art. 168. O CNB/CF poderá firmar convênio com a RFB, as Juntas Comerciais dos estados, o Departamento de Registro Empresarial e Integração (DREI), a Comissão de Valores Mobiliários (CVM), instituições representativas dos registradores civis de pessoas jurídicas e quaisquer outros órgãos, organismos internacionais ou instituições que detenham dados sobre atos constitutivos, modificativos, extintivos ou que informem participações societárias em pessoas jurídicas, com o objetivo de manter atualizado o cadastro de que trata esta subseção.

SUBSEÇÃO IV
DO REGISTRO DE OPERAÇÕES E DO ÍNDICE ÚNICO DE ATOS NOTARIAIS

Art. 169. Além do definido em regulamentos especiais, os notários devem manter o registro eletrônico de todos os atos notariais protocolares que lavrarem, independentemente da sua natureza ou objeto, e remeter seus dados essenciais ao CNB/CF por meio eletrônico, de forma sincronizada ou com periodicidade, no máximo, quinzenal.

§ 1º São dados essenciais:

I – a identificação do cliente;

II – a descrição pormenorizada da operação realizada;

III – o valor da operação realizada;

IV – o valor de avaliação para fins de incidência tributária;

V – a data da operação;

VI – a forma de pagamento;

VII – o meio de pagamento; e

VIII – outros dados, nos termos de regulamentos especiais e das instruções complementares.

§ 2º As informações de que tratam os incisos III, VI e VII serão as declaradas pelas partes outorgantes e outorgadas, sem prejuízo de o notário fornecer outras de que tenha tido conhecimento a partir dos documentos disponíveis.

Art. 170. O CNB/CF criará e manterá um Índice Único de Atos Notariais, que será composto:

I – pela importação dos dados integrantes da Central Notarial de Serviços Eletrônicos Compartilhados (CENSEC) e, por meio de permanente sincronização, dos dados que a ela forem sendo remetidos pelos notários;

II – pela importação dos dados integrantes das centrais estaduais ou regionais de atos notariais e, por meio de permanente sincronização, dos dados que a elas forem sendo remetidos pelos notários;

III – pelos dados remetidos pelos notários na forma deste Capítulo; e

IV – por outros dados relevantes.

Parágrafo único. Os notários ficam obrigados a remeter ao CNB/CF as informações que compõem o Índice Único simultaneamente à prática do ato ou em periodicidade não superior a 15 dias, nos termos das instruções complementares.

SUBSEÇÃO V
DAS COMUNICAÇÕES DOS TABELIÃES DE NOTAS À UIF

Art. 171. O tabelião de notas, ou seu oficial de cumprimento, comunicará à UIF, na forma do art. 151, II, qualquer operação que envolva pagamento ou recebimento em espécie, ou por título ao portador, de valor igual ou superior a R$ 100.000,00 (cem mil reais) ou ao equivalente em outra moeda, inclusive quando se relacionar a compra ou venda de bens móveis ou imóveis.

Art. 172. O tabelião de notas, ou seu oficial de cumprimento, deve analisar com especial atenção, para fins de eventual comunicação à UIF na forma do art. 151, I, operações, propostas de operação ou situações relacionadas a quaisquer das hipóteses listadas no art. 162, quando envolverem escritura pública.

SEÇÃO XII
DA GUARDA E CONSERVAÇÃO DE REGISTROS E DOCUMENTOS

Art. 173. Notários e registradores conservarão os cadastros e os registros de que trata este Capítulo, bem como a documentação correlata, pelo prazo mínimo de cinco anos, contados da prática do ato, sem prejuízo de deveres de conservação por tempo superior decorrentes de legislação diversa.

Parágrafo único. A conservação de que trata o caput poderá ser realizada em meio eletrônico, respeitado o correspondente regramento de regência.

SEÇÃO XIII
DAS DISPOSIÇÕES FINAIS

Art. 174. As Corregedorias-Gerais de Justiça dos Estados e do Distrito Federal deverão enviar os dados estatísticos das fiscalizações realizadas nos cartórios extrajudiciais quanto ao cumprimento dos deveres estabelecidos neste Capítulo, bem como de correlatas sanções com base nele aplicadas, na forma do Provimento n. 108, de 3 de julho de 2020..

Art. 175. A utilização de informações existentes em bancos de dados de entidades públicas ou privadas não substitui nem supre as exigências previstas nos arts. 145, 147, 166 e 167 deste Código, admitindo-se seu uso para complementar ou confirmar dados e informações a serem obtidos também por outras fontes..

Art. 176. As comunicações de boa-fé, feitas na forma prevista no art. 11[47] da Lei n. 9.613, de 3 de março de 1998, não acarretarão responsabilidade civil, administrativa ou penal.

Art. 177. O notário ou o registrador, inclusive na condição de interventor ou interino, que deixar de cumprir os deveres previstos neste Capítulo, sujeita-se às sanções previstas no art. 12[48] da Lei n. 9.613, de 1998.

§ 1º As sanções serão aplicadas pela Corregedoria Nacional de Justiça ou pelas Corregedorias-Gerais de Justiça dos Estados e do Distrito Federal, cabendo recurso para o Conselho de Recursos do Sistema Financeiro Nacional (CRSFN), na forma do Decreto n. 9.889, de 27 de junho de 2019;

§ 2º (Revogado).

→ Provimento nº 161/2024.

Art. 178. Notários e registradores devem atender às requisições formuladas pela UIF e pelo CNJ na forma e nas condições por eles estabelecidas, cabendo-lhes preservar, nos termos da lei, o sigilo das informações prestadas.

Art. 179. Notários e registradores não recusarão a prática de ato a seu cargo tão somente por motivo de falta de informação ou documento cuja obtenção seja determinada exclusivamente em razão do disposto neste Capítulo.

Art. 180. Para fins de cumprimento dos deveres previstos neste Capítulo, as entidades representativas de notários e registradores poderão, por intermédio de convênios e/ou acordos de cooperação, ter acesso aos bancos de dados estatais de identificação da RFB e do Tribunal Superior Eleitoral (TSE), bem como de outras bases confiáveis, limitando-se a consulta aos dados necessários à confirmação da autenticidade de documentos de identificação apresentados.

Art. 181. Os valores especificados neste Capítulo como parâmetros para comunicação à UIF poderão ser atualizados periodicamente pela Corregedoria Nacional de Justiça.

TÍTULO III
DA INTERAÇÃO COM ÓRGÃOS E ENTES PÚBLICOS

CAPÍTULO I
DO ENVIO DE DADOS PELO REGISTRO CIVIL DAS PESSOAS NATURAIS

SEÇÃO I
DO ENVIO DE DADOS REGISTRAIS DE PESSOAS EM ESTADO DE VULNERABILIDADE ECONÔMICA

Art. 182. Os cartórios de registro civil de pessoas naturais, diretamente ou por intermédio da Central de Informações de Registro Civil de Pessoas Naturais (CRC), enviarão aos Institutos de

---

[47]. Art. 9º Sujeitam-se às obrigações referidas nos arts. 10 e 11 as pessoas físicas e jurídicas que tenham, em caráter permanente ou eventual, como atividade principal ou acessória, cumulativamente ou não:

I – a captação, intermediação e aplicação de recursos financeiros de terceiros, em moeda nacional ou estrangeira;

II – a compra e venda de moeda estrangeira ou ouro como ativo financeiro ou instrumento cambial;

III – a custódia, emissão, distribuição, liquidação, negociação, intermediação ou administração de títulos ou valores mobiliários.

Art. 11. As pessoas referidas no art. 9º:

I – dispensarão especial atenção às operações que, nos termos de instruções emanadas das autoridades competentes, possam constituir-se em sérios indícios dos crimes previstos nesta Lei, ou com eles relacionar-se;

II – deverão comunicar ao Coaf, abstendo-se de dar ciência de tal ato a qualquer pessoa, inclusive àquela à qual se refira a informação, no prazo de 24 (vinte e quatro) horas, a proposta ou realização:

a) de todas as transações referidas no inciso II do art. 10, acompanhadas da identificação de que trata o inciso I do mencionado artigo; e

b) das operações referidas no inciso I;

III – deverão comunicar ao órgão regulador ou fiscalizador da sua atividade ou, na sua falta, ao Coaf, na periodicidade, forma e condições por eles estabelecidas, a não ocorrência de propostas, transações ou operações passíveis de serem comunicadas nos termos do inciso II.

§ 1º As autoridades competentes, nas instruções referidas no inciso I deste artigo, elaborarão relação de operações que, por suas características, no que se refere às partes envolvidas, valores, forma de realização, instrumentos utilizados, ou pela falta de fundamento econômico ou legal, possam configurar a hipótese nele prevista;

§ 2º As comunicações de boa-fé, feitas na forma prevista neste artigo, não acarretarão responsabilidade civil ou administrativa;

§ 3º O Coaf disponibilizará as comunicações recebidas com base no inciso II do caput aos respectivos órgãos responsáveis pela regulação ou fiscalização das pessoas a que se refere o art. 9º.

48. Art. 10. As pessoas referidas no art. 9º:

I – identificarão seus clientes e manterão cadastro atualizado, nos termos de instruções emanadas das autoridades competentes;

II – manterão registro de toda transação em moeda nacional ou estrangeira, títulos e valores mobiliários, títulos de crédito, metais, ativos virtuais, ou qualquer ativo passível de ser convertido em dinheiro, que ultrapassar limite fixado pela autoridade competente e nos termos de instruções por esta expedidas;

III – deverão adotar políticas, procedimentos e controles internos, compatíveis com porte e volume de operações, que lhes permitam atender ao disposto neste artigo e no art. 11, na forma disciplinada pelos órgãos competentes;

IV – deverão cadastrar-se e manter seu cadastro atualizado no órgão regulador ou fiscalizador e, na falta deste, no Conselho de Controle de Atividades Financeiras (Coaf), na forma e condições por eles estabelecidas;

V – deverão atender às requisições formuladas pelo Coaf na periodicidade, forma e condições por ele estabelecidas, cabendo-lhe preservar, nos termos da lei, o sigilo das informações prestadas.

§ 1º Na hipótese de o cliente constituir-se em pessoa jurídica, a identificação referida no inciso I deste artigo deverá abranger as pessoas físicas autorizadas a representá-la, bem como seus proprietários.

§ 2º Os cadastros e registros referidos nos incisos I e II deste artigo deverão ser conservados durante o período mínimo de cinco anos a partir do encerramento da conta ou da conclusão da transação, prazo este que poderá ser ampliado pela autoridade competente;

§ 3º O registro referido no inciso II deste artigo será efetuado também quando a pessoa física ou jurídica, seus entes ligados, houver realizado, em um mesmo mês-calendário, operações com uma mesma pessoa, conglomerado ou grupo que, em seu conjunto, ultrapassem o limite fixado pela autoridade competente.

Art. 12. As pessoas referidas no art. 9º, bem como aos administradores das pessoas jurídicas, que deixem de cumprir as obrigações previstas nos arts. 10 e 11 serão aplicadas, cumulativamente ou não, pelas autoridades competentes, as seguintes sanções:

I – advertência;

II – multa pecuniária variável não superior:

a) ao dobro do valor da operação;

b) ao dobro do lucro real obtido ou que presumivelmente seria obtido pela realização da operação; ou

c) ao valor de R$ 20.000.000,00 (vinte milhões de reais);

III – inabilitação temporária, pelo prazo de até dez anos, para o exercício do cargo de administrador das pessoas jurídicas referidas no art. 9º;

IV – cassação ou suspensão da autorização para o exercício de atividade, operação ou funcionamento.

§ 1º A pena de advertência será aplicada por irregularidade no cumprimento das instruções referidas nos incisos I e II do art. 10;

§ 2º A multa será aplicada sempre que as pessoas referidas no art. 9º, por culpa ou dolo:

I – deixarem de sanar as irregularidades objeto de advertência, no prazo assinalado pela autoridade competente;

II – não cumprirem o disposto nos incisos I a IV do art. 10;

III – deixarem de atender, no prazo estabelecido, a requisição formulada nos termos do inciso V do art. 10;

IV – descumprirem a vedação ou deixarem de fazer a comunicação a que se refere o art. 11.

§ 3º A inabilitação temporária será aplicada quando forem verificadas infrações graves quanto ao cumprimento das obrigações constantes desta Lei ou quando ocorrer reincidência específica, devidamente caracterizada em transgressões anteriormente punidas com multa;

§ 4º A cassação da autorização será aplicada nos casos de reincidência específica de infrações anteriormente punidas com a pena prevista no inciso III do caput deste artigo;

Identificação dos estados e do Distrito Federal, gratuitamente, os dados registrais das pessoas em estado de vulnerabilidade socioeconômica, para fins exclusivos de emissão de registro geral de identidade.

Parágrafo único. Os cartórios de registro civil ou a Central de Informações de Registro Civil de Pessoas Naturais (CRC) deverão enviar, eletronicamente, os dados registrais das pessoas em estado de vulnerabilidade socioeconômica, em até 48 horas, a contar do recebimento da solicitação Institutos de Identificação dos estados e do Distrito Federal.

Art. 183. Considera-se em estado de vulnerabilidade socioeconômica:

I – população em situação de rua, definida no Decreto n. 7.053/2009;

II – povos e comunidades tradicionais, hipossuficientes, definidos no Decreto n. 6.040/2007;

III – pessoa beneficiada por programas sociais do governo federal;

IV – pessoa com deficiência ou idosa incapaz de prover sua manutenção, cuja renda familiar, per capta, seja igual ou inferior a ¼ do salário mínimo; e

V – migrantes, imigrantes e refugiados sem qualquer identidade civil nacional.

§ 1º A comprovação de quaisquer das hipóteses previstas neste artigo será efetuada pelos órgãos públicos, inclusive de assistência social dos estados e dos municípios, no momento em que formularem a solicitação aos institutos de identificação;

§ 2º Incorrerá em crime, o agente público que, falsamente, atestar a existência de estado de vulnerabilidade socioeconômica inexistente.

SEÇÃO I[49]
DO ENVIO DE DADOS AO TRIBUNAL SUPERIOR ELEITORAL

Art. 184. Os cartórios de registro civil das pessoas naturais, ao realizarem a comunicação a que se refere o art. 56, § 3º[50], da Lei n. 6.015/1973, com a redação dada pela Lei n. 14.382/2022, ao Tribunal Superior Eleitoral (TSE), deverão:

I – prestar as informações suficientes para individualizar a pessoa requerente (nome anterior, nome atualizado, nome dos pais, data de nascimento, documento de identidade e CPF), em documento cuja autenticidade possa ser verificada; e

II – informar à pessoa interessada que a retificação do seu prenome no Cadastro Eleitoral deverá ser por ela requerida à Justiça Eleitoral, mediante operação de revisão, o que é indispensável para possibilitar que as certidões eleitorais e o caderno de votação contemplem o nome atual.

---
49. Redação original repete "Seção I".
50. Art. 56. A pessoa registrada poderá, após ter atingido a maioridade civil, requerer pessoalmente e imotivadamente a alteração de seu prenome, independentemente de decisão judicial, e a alteração será averbada e publicada em meio eletrônico.

§ 3º Finalizado o procedimento de alteração no assento, o ofício de registro civil de pessoas naturais no qual se processou a alteração, a expensas do requerente, comunicará o ato oficialmente aos órgãos expedidores do documento de identidade, do CPF e do passaporte, bem como ao Tribunal Superior Eleitoral, preferencialmente por meio eletrônico.

Parágrafo único. A comunicação a que se refere o inciso I deverá ser encaminhada ao Tribunal de Justiça Eleitoral (TSE), preferencialmente, por Malote Digital, nos termos deste Código de Normas.

LIVRO III
DO ACERVO DAS SERVENTIAS

TÍTULO I
DOS LIVROS

CAPÍTULO I
DA ESCRITURAÇÃO CONTÁBIL E CORRECIONAL

SEÇÃO I
DAS DISPOSIÇÕES GERAIS

Art. 185. Os serviços notariais e de registros públicos prestados mediante delegação do Poder Público possuirão os seguintes livros administrativos, salvo aqueles previstos em lei especial:

I – Visitas e Correições;

II – Diário Auxiliar da Receita e da Despesa; e

III – Controle de Depósito Prévio, nos termos do que este Código de Normas dispõe sobre o depósito prévio de emolumentos.

Art. 186. Os livros previstos neste Capítulo serão abertos, numerados, autenticados e encerrados pelo delegatário, podendo utilizar-se, para esse fim, de processo mecânico de autenticação previamente aprovado pela autoridade judiciária competente na esfera estadual ou distrital.

Parágrafo único. O termo de abertura deverá conter o número do livro, o fim a que se destina, o número de folhas que contém, a declaração de que todas as suas folhas estão rubricadas e o fecho, com data, nome do delegatário e assinatura.

Art. 187. Com exceção do Livro de Visitas e Correições, a responsabilidade pela escrituração dos livros referidos neste Código de Normas é do delegatário, ainda quando escriturado pelo seu preposto.

Parágrafo único. O Livro de Visitas e Correições será escriturado pelas competentes autoridades judiciárias fiscalizadoras e conterá 100 páginas, respondendo o delegatário pela guarda e integridade do conjunto de atos nele praticados.

Art. 188. Os delegatários de unidades cujos serviços admitam o depósito prévio de emolumentos manterão livro próprio, especialmente aberto para o controle das importâncias recebidas a esse título, livro em que deverão indicar-se o número do protocolo, a data do depósito e o valor depositado, além da data da sua conversão em emolumentos resultante da prática do ato solicitado, ou, conforme o caso, da data da devolução do valor depositado, quando o ato não for praticado.

Parágrafo único. Considerando a natureza dinâmica do Livro de Controle de Depósito Prévio, poderá este ser escriturado apenas eletronicamente, a critério do delegatário, livro esse que será impresso sempre que a autoridade judiciária competente assim o determinar, sem prejuízo da manutenção de cópia atualizada em sistema de backup ou outro método hábil para sua preservação.

Art. 189. O Livro Diário Auxiliar observará o modelo usual para a forma contábil e terá suas folhas divididas em colunas para anotação da data, da discriminação da receita e da despesa, além do valor respectivo, devendo, quando impresso em folhas soltas, encadernar-se tão logo encerrado.

Art. 190. A receita será lançada no Livro Diário Auxiliar separadamente, por especialidade, de forma individualizada, no dia da prática do ato, ainda que o delegatário não tenha recebido os emolumentos, devendo discriminar-se sucintamente, de modo a possibilitar-lhe identificação com a indicação, quando existente, do número do ato, ou do livro e da folha em que praticado, ou ainda o do protocolo.

§ 1º Para a finalidade prevista no caput deste artigo, considera-se como dia da prática do ato o da lavratura e do encerramento do ato notarial, para o serviço de notas; o do registro, para os serviços de registros de imóveis, títulos e documentos e civil de pessoa jurídica; o do registro, para os atos não compensáveis do Registro Civil das Pessoas Naturais; e para seus atos gratuitos, o do momento do recebimento do pagamento efetuado por fundo de reembolso de atos gratuitos e fundo de renda mínima;

§ 2º Nos estados em que o pagamento dos emolumentos para o serviço de protesto de título for diferido em virtude de previsão legal, será considerado como dia da prática do ato o da lavratura do termo de cancelamento, o do acatamento do pedido de desistência e o do pagamento do título, ou outra data não decorrer de norma estadual específica.

§ 3º Os lançamentos relativos a receitas compreenderão os emolumentos previstos no regimento de custas estadual ou distrital exclusivamente na parte percebida como receita do próprio delegatário, em razão dos atos efetivamente praticados, excluídas as quantias recebidas em depósito para a prática futura de atos, os tributos recebidos a título de substituição tributária ou outro valor que constitua receita diretamente ao Estado, ao Distrito Federal, ao Tribunal de Justiça, a outras entidades de direito e aos fundos de renda mínima e de custeio de atos gratuitos, conforme previsão legal específica.

Art. 191. É vedada a prática de cobrança parcial ou de não cobrança de emolumentos, ressalvadas as hipóteses de isenção, não incidência ou diferimento previstas na legislação específica.

Art. 192. Ao final de cada mês serão somadas, em separado, as receitas e as despesas da unidade de serviço extrajudicial, com a apuração do saldo líquido positivo ou negativo do período.

Art. 193. Ao final de cada exercício será feito o balanço anual da unidade de serviço extrajudicial, com a indicação da receita, da despesa e do líquido mês a mês, se entender conveniente.

Parágrafo único. O requerimento de reexame da decisão que determina exclusão de lançamento de despesa deverá ser formulado no prazo de recurso administrativo previsto na Lei de Organização Judiciária local ou, caso inexista, no prazo de 15 dias contados de sua ciência pelo delegatário.

Art. 194. As normas impostas por este Capítulo aos delegatários de serviços notariais e registrais aplicam-se aos designados para res ponder interinamente por serventias vagas, observadas as seguintes peculiaridades:

I – os responsáveis interinamente por delegações vagas de notas e de registro lançarão, no Livro Diário Auxiliar, o valor da renda líquida excedente a 90,25% dos subsídios de ministro do Supremo Tribunal Federal (STF) que depositarem à disposição do Tribunal de Justiça correspondente, indicando a data do depósito e a conta em que foi realizado, observadas as normas editadas para esse depósito pelo respectivo Tribunal;

II – ao responsável interinamente por delegação vaga é defeso contratar novos prepostos, aumentar salários dos prepostos já existentes na unidade, ou contratar novas locações de bens móveis ou imóveis, de equipamentos ou de serviços, que possam onerar a renda da unidade vaga de modo continuado, sem a prévia autorização do Tribunal a que estiver afeta a unidade do serviço;

III – todos os investimentos que comprometam a renda da unidade vaga deverão ser objeto de projeto a ser encaminhado para a aprovação do Tribunal de Justiça competente;

IV – respeitado o disposto no inciso anterior, para apuração do valor excedente a 90,25% dos subsídios de ministro do Supremo Tribunal Federal (STF), deve abater-se, como despesas do responsável interinamente pela unidade vaga, as previstas em disposição legal ou infralegal;

V – nos prazos previstos no art. 2º do Provimento n. 24/2012 desta Corregedoria Nacional de Justiça, os responsáveis interinamente pelas unidades vagas lançarão no sistema "Justiça Aberta", em campos específicos criados para essa finalidade, os valores que, nos termos do inciso anterior, depositarem na conta indicada pelo respectivo Tribunal de Justiça; e

VI – a periodicidade de recolhimento do valor da renda líquida excedente a 90,25% dos subsídios de ministro do Supremo Tribunal Federal (STF) é trimestral, considerando-se as receitas e as despesas do trimestre, não havendo lei estadual que estabeleça periodicidade diversa.

Art. 195. Será disciplinado por norma editada pela competente Corregedoria-Geral da Justiça local:

– o controle dos recolhimentos relativos à taxa de fiscalização, ao selo ou a outro valor que constituir receita devida ao Estado, ao Distrito Federal, ao Tribunal de Justiça, ao Município, e outras entidades de direito e aos fundos de renda mínima e de custeio de atos gratuitos; e

– o dia da prática do ato notarial ou registral, quanto aos serviços de Registro de Distribuição e de Registro de Contratos Marítimos, eventualmente existentes.

TÍTULO II
DA CONSERVAÇÃO DE DOCUMENTOS

CAPÍTULO I
DO PRAZO

SEÇÃO I
DA TABELA DE TEMPORALIDADE

Art. 196. Os cartórios de notas, protestos de letras e títulos, registros de imóveis, registros civis de pessoas naturais, registros civis de pessoas jurídicas e registros de títulos e documentos adotarão a Tabela de Temporalidade de Documentos na forma indicada no Provimento n. 50, de 28 de setembro de 2015.

TÍTULO III
DO EXTRAVIO OU DANIFICAÇÃO DO ACERVO

CAPÍTULO I
DO PROCEDIMENTO

SEÇÃO I
DAS DISPOSIÇÕES GERAIS

Art. 197. O extravio, ou danificação que impeça a leitura e o uso, no todo ou em parte, de qualquer livro do serviço extrajudicial de notas e de registro deverá ser imediatamente comunicado ao juiz corregedor, assim considerado aquele definido na órbita estadual e do Distrito Federal como competente para a fiscalização judiciária dos atos notariais e de registro, e à Corregedoria-Geral da Justiça (CGJ).

Art. 198. É vedada a abertura de nova matrícula para imóvel tendo como base apenas certidão de matrícula, de transcrição, ou de inscrição expedida pela mesma unidade do serviço extrajudicial de registro de imóveis em que a nova matrícula será aberta, sem que se promova a prévia conferência da existência e do inteiro teor da precedente matrícula, transcrição ou inscrição contida no livro próprio.

Parágrafo único. Em se tratando de registro anterior de imóvel efetuado em outra circunscrição, aplicar-se-á para a abertura de matrícula o disposto no art. 229[51] e art. 230[52] da Lei n. 6.015/1973, com arquivamento da respectiva certidão atualizada daquele registro.

Art. 199. É vedada a abertura pelo oficial de registro de imóveis, no Livro n. 2 – Registro Geral, de matrículas para imóveis distintos com uso do mesmo número de ordem, ainda que seguido da aposição de letra do alfabeto (ex. matrícula 1, matrícula 1-A, matrícula 1-B etc.). É vedada a prática no Livro n. 3 – Registro Auxiliar, do Serviço de Registro de Imóveis, de ato que não lhe for atribuído por lei.

Parágrafo único. O oficial de registro de imóveis que mantiver em sua serventia matrículas para imóveis com o mesmo número de ordem, ainda que seguido da aposição de letra do alfabeto, observará o disposto no art. 338 deste Código.

Art. 200. É vedada a expedição de nova certidão de inteiro teor ou de parte de registro de imóvel (transcrição, inscrição, matrícula e averbação) tendo como única fonte de consulta anterior certidão expedida por unidade do serviço extrajudicial.

Art. 201. Sendo impossível a verificação da correspondência entre o teor da certidão já expedida e a respectiva matrícula, transcrição ou inscrição mediante consulta do livro em que contido o ato de que essa certidão foi extraída, por encontrar-se o livro (encadernado ou escriturado por meio de fichas), no todo ou em parte, extraviado ou deteriorado de forma a impedir sua leitura, deverá o oficial da unidade do Registro de Imóveis em que expedida a certidão, para a realização de novos registros e novas averbações e para a expedição de novas certidões, promover a prévia restauração da matrícula, transcrição ou inscrição mediante autorização do juiz corregedor competente.

Art. 202. A autorização para restauração de livro do serviço extrajudicial de notas e de registro, extraviado ou danificado, deverá ser solicitada ao juiz corregedor, a quem se comunicou o extravio ou a danificação, pelo oficial de registro ou tabelião competente para a restauração, e poderá ser requerida pelos demais interessados.

Parágrafo único. A restauração poderá ter por objeto o todo ou parte do livro que se encontrar extraviado ou deteriorado, ou registro ou ato notarial específico.

Art. 203. Uma vez autorizada pelo juiz corregedor competente, se for possível à vista dos elementos constantes dos índices, dos arquivos das unidades do serviço extrajudicial de notas e de registro e dos traslados, das certidões e de outros documentos apresentados pelo oficial de registro, ou pelo tabelião, e pelos demais interessados, a restauração do livro extraviado ou danificado, ou de registro ou ato notarial, será efetuada desde logo pelo oficial de registro ou pelo tabelião.

Art. 204. Para a instrução do procedimento de autorização de restauração poderá o juiz corregedor competente requisitar, de oficial de registro e de tabelião de notas, novas certidões e cópias de livros, assim como cópias de outros documentos arquivados na serventia.

Art. 205. A restauração do assentamento no Registro Civil a que se refere o artigo 109[53], e seus parágrafos, da Lei n. 6.015/73 poderá ser

---
51. Art. 229. Se o registro anterior foi efetuado em outra circunscrição, a matrícula será aberta com os elementos constantes do título apresentado e da certidão atualizada daquele registro, a qual ficará arquivada em cartório.
52. Art. 230. Se na certidão constar ônus, o oficial fará matrícula, e, logo em seguida ao registro, averbará a existência do ônus, sua natureza e valor, certificando o fato no título que devolver à parte, o que correrá, também, quando o ônus estiver lançado no próprio cartório.
53. Art. 109. Quem pretender que se restaure, supra ou retifique assentamento no Registro Civil, requererá, em petição fundamentada e instruída com documentos ou com indicação de testemunhas, que o Juiz o ordene, ouvido o órgão do Ministério Público e os interessados, no prazo de cinco dias, que correrá em cartório.

§ 1º Se qualquer interessado ou o órgão do Ministério Público impugnar o pedido, o Juiz determinará a produção da prova, dentro do prazo de dez dias e ouvidos, sucessivamente, em três dias, os interessados e o órgão do Ministério Público, decidirá em cinco dias;

§ 2º Se não houver impugnação ou necessidade de mais provas, o Juiz decidirá no prazo de cinco dias;

§ 3º Da decisão do Juiz, caberá o recurso de apelação com ambos os efeitos;

§ 4º Julgado procedente o pedido, o Juiz ordenará que se expeça mandado para que seja lavrado, restaurado e retificado o assentamento, indicando, com precisão, os fatos ou circunstâncias que devam ser retificados, e em que sentido, ou os que devam ser objeto do novo assentamento;

§ 5º Se houver de ser cumprido em jurisdição diversa, o mandado será remetido, por ofício, ao Juiz sob cuja jurisdição estiver o cartório do Registro Civil e, com o seu "cumpra-se", executar-se-á;

§ 6º As retificações serão feitas à margem do registro, com as indicações necessárias, ou, quando for o caso, com a trasladação do mandado, que ficará arquivado.

requerida perante o Juízo do foro do domicílio da pessoa legitimada para pleiteá-la e será processada na forma prevista na referida lei e nas normas editadas pela Corregedoria-Geral da Justiça do Estado em que formulado e processado o requerimento. Quando proveniente de jurisdição diversa, o mandado autorizando a restauração deverá receber o "cumpra-se" do juiz corregedor a que estiver subordinado o Registro Civil das Pessoas Naturais em que lavrado o assento a ser restaurado.

LIVRO IV
DA ORGANIZAÇÃO DIGITAL DOS SERVIÇOS

TÍTULO I
DAS NORMAS GERAIS

CAPÍTULO I
DOS PADRÕES DE TECNOLOGIA DA INFORMAÇÃO

SEÇÃO I
DAS DISPOSIÇÕES GERAIS

Art. 206. Os serviços notariais e de registro deverão observar os padrões mínimos de tecnologia da informação para a segurança, integridade e disponibilidade de dados na forma do Provimento n. 74, de 31 de julho de 2018

TÍTULO II
DOS SISTEMAS DIGITAIS DOS SERVIÇOS

CAPÍTULO I
DAS NORMAS COMUNS

SEÇÃO I
DAS COMUNICAÇÕES ENTRE AS SERVENTIAS E DESTAS COM O PODER JUDICIÁRIO

Art. 207. As comunicações entre as serventias extrajudiciais de notas e de registro e entre estas e os órgãos do Poder Judiciário serão realizadas com a utilização do Sistema Hermes – Malote Digital na forma do Provimento n. 25, de 12 de novembro de 2012, sem prejuízo de outros meios disciplinados em lei ou em outro ato infralegal.

SEÇÃO II
DA RECEPÇÃO DE TÍTULOS E DOCUMENTOS POR VIA ELETRÔNICA

Art. 208. Os oficiais de registro e os tabeliães, a seu prudente critério, e sob sua responsabilidade, poderão recepcionar diretamente títulos e documentos em forma eletrônica, por outros meios que comprovem a autoria e integridade do arquivo (consoante o disposto no art. 10, § 2⁰⁶⁴, da Medida Provisória 2.200-2/2001).

Art. 209. Todos os oficiais de registro e os tabeliães poderão recepcionar os títulos nato-digitais

---

Se não houver espaço, far-se-á o transporte do assento, com as remissões à margem do registro original.
54. Art. 10. Consideram-se documentos públicos ou particulares, para todos os fins legais, os documentos eletrônicos de que trata esta Medida Provisória.
§ 2º O disposto nesta Medida Provisória não obsta a utilização de outro meio de comprovação da autoria e integridade de documentos em forma eletrônica, inclusive os que utilizarem certificados não emitidos pela ICP-Brasil, desde que admitido pelas partes como válido ou aceito pela pessoa a quem for oposto o documento.

---

e digitalizados com padrões técnicos, que forem encaminhados eletronicamente para a unidade do serviço de notas e registro a seu cargo e processá-los para os fins legais.

§ 1º Considera-se título nativamente digital, para todas as atividades, sem prejuízo daqueles já referidos na Seção II do Capítulo VII do Título II do Livro IV da Parte Geral deste Código Nacional de Normas, e na legislação em vigor, os seguintes:

I – o documento público ou particular gerado eletronicamente em PDF/A e assinado com Certificado Digital ICP-Brasil por todos os signatários e todas as testemunhas;

II – a certidão ou o traslado notarial gerado eletronicamente em PDF/A ou XML e assinado por tabelião de notas, seu substituto ou preposto;

III – os documentos desmaterializados por qualquer notário ou registrador, gerado em PDF/A e assinado por ele, seus substitutos ou prepostos com Certificado Digital ICP-Brasil; e

IV – as cartas de sentença das decisões judiciais, entre as quais, os formais de partilha, as cartas de adjudicação e de arrematação, os mandados de registro, de averbação e de retificação, por meio de acesso direto do oficial do registro ao processo judicial eletrônico, mediante requerimento do interessado.

§ 2º Consideram-se títulos digitalizados com padrões técnicos, aqueles que forem digitalizados em conformidade com os critérios estabelecidos no art. 5⁰⁵⁵ do Decreto n. 10.278, de 18 de março de 2020.

Art. 210. Os oficiais de registro ou notários, quando suspeitarem da falsidade do título ou documento que lhes forem apresentados, poderá exigir a apresentação do original e, em caso de dúvida, poderá requerer ao juiz, na forma da lei, as providências que forem cabíveis para esclarecimento do fato.

CAPÍTULO II
DO SISTEMA ELETRÔNICO DOS REGISTROS PÚBLICOS (SERP)

SEÇÃO I
DAS DIRETRIZES PARA ORGANIZAÇÃO DO SISTEMA ELETRÔNICO DE REGISTROS PÚBLICOS (SERP)

Art. 211. O Sistema Eletrônico de Registros Público (Serp), previsto na Lei n. 14.382, de 27 de junho de 2022, será integrado tecnologicamente e de forma obrigatória pelos oficiais de registros públicos de que trata a Lei n. 6.015, de 31 de dezembro de 1973, responsáveis interinos ou interventores, que disponibilizarão, nos termos estabelecidos pela Corregedoria Nacional de Justiça, as informações necessárias para a sua adequada implantação e funcionamento.

Parágrafo único. O Serp reger-se-á pelos princípios que disciplinam a Administração Pública em geral e os serviços notariais e registrais, em

---

55. Art. 5º O documento digitalizado destinado a se equiparar a documento físico para todos os efeitos legais e para a comprovação de qualquer ato perante pessoa jurídica de direito público interno deverá:
I – ser assinado digitalmente com certificação digital no padrão da Infraestrutura de Chaves Públicas Brasileira – ICP-Brasil, de modo a garantir a autoria da digitalização e a integridade do documento e de seus metadados;
II – seguir os padrões técnicos mínimos previstos no Anexo I; e
III – conter, no mínimo, os metadados especificados no Anexo II.

---

especial, os princípios da legalidade, integridade, impessoalidade, moralidade, razoabilidade, finalidade, motivação, interesse público, eficiência, segurança, adequação, regularidade, continuidade, atualidade, generalidade, publicidade, autenticidade e cortesia na prestação dos serviços.

Art. 212. Para promover a implantação, a manutenção e o funcionamento do Sistema Eletrônico de Registros Públicos (Serp), será constituído o Operador Nacional do Sistema Eletrônico dos Registros Públicos (ONSERP), sob a forma de pessoa jurídica de direito privado, prevista nos incisos I e III⁵⁶ do art. 44 da Lei n. 10.406, de 10 de janeiro de 2002 (Código Civil), na modalidade de entidade civil sem fins lucrativos, de forma a viabilizar os objetivos constantes no art. 3⁰⁵⁷ da Lei n. 14.382, de 2022.

---

56. Art. 44. São pessoas jurídicas de direito privado:
I – as associações;
III – as fundações.
57. Art. 3º O Serp tem o objetivo de viabilizar:
I – o registro público eletrônico dos atos e negócios jurídicos;
II – a interconexão das serventias dos registros públicos
III – a interoperabilidade das bases de dados entre as serventias dos registros públicos e entre as serventias dos registros públicos e o Serp;
IV – o atendimento remoto aos usuários de todas as serventias dos registros públicos, por meio da internet;
V – a recepção e o envio de documentos e títulos, a expedição de certidões e a prestação de informações, em formato eletrônico, inclusive de forma centralizada, para distribuição posterior às serventias dos registros públicos competentes;
VI – a visualização eletrônica dos atos transcritos, registrados ou averbados nas serventias dos registros públicos;
VII – o intercâmbio de documentos eletrônicos e de informações entre as serventias dos registros públicos e:
a) os entes públicos, inclusive por meio do Sistema Integrado de Recuperação de Ativos (Sira), de que trata o Capítulo V da Lei nº 14.195, de 26 de agosto de 2021;
b) os usuários em geral, inclusive as instituições financeiras e as demais instituições autorizadas a funcionar pelo Banco Central do Brasil e os tabeliães;
VIII – o armazenamento de documentos eletrônicos para dar suporte aos atos registrais;
IX – a divulgação de índices e de indicadores estatísticos apurados a partir de dados fornecidos pelos oficiais dos registros públicos, observado o disposto no inciso VII do caput do art. 7º desta Lei;
X – a consulta:
a) às indisponibilidades de bens decretadas pelo Poder Judiciário ou por entes públicos;
b) às restrições e aos gravames de origem legal, convencional ou processual incidentes sobre bens móveis ou imóveis registrados ou averbados nos registros públicos e
c) aos atos em que a pessoa pesquisada conste como:
1. devedora de título protestado e não pago;
2. garantidora real;
3. cedente convencional de crédito; ou
4. titular de direito sobre bem objeto de constrição processual ou administrativa; e
XI – outros serviços, nos termos estabelecidos pela Corregedoria Nacional de Justiça do Conselho Nacional de Justiça.
§ 1º Os oficiais dos registros públicos de que trata a Lei nº 6.015, de 31 de dezembro de 1973 (Lei de Registros Públicos), integram o Serp.
§ 2º A consulta a que se refere o inciso X do caput deste artigo será realizada com base em indicador pessoal ou quando compreender bem especificamente identificável, mediante critérios relativos ao bem objeto de busca;

§ 1º Integrarão o ONSERP o Operador Nacional do Sistema de Registro Eletrônico de Imóveis (ONR) e os operadores nacionais de registros públicos mencionados neste Capítulo;

§ 2º A gestão do ONSERP ficará a cargo do Comitê Executivo de Gestão, composto pelos presidentes dos operadores nacionais de registros públicos, que funcionará sob a orientação e a fiscalização da Corregedoria Nacional de Justiça;

§ 3º O ONSERP terá sede e foro em Brasília, Distrito Federal;

§ 4º São atribuições do ONSERP:

I – a implantação e coordenação do Serp, visando ao seu funcionamento uniforme, apoiando os demais operadores nacionais de registros e atuando em cooperação com a Corregedoria Nacional de Justiça e as Corregedorias-Gerais da Justiça;

II – a operação do Sistema Eletrônico de Registros Públicos (Serp) em consonância com norma específica da Corregedoria Nacional de Justiça, organizando e desenvolvendo as suas atividades estatutárias sob permanente supervisão do agente regulador;

III – a apresentação de sugestões à Corregedoria Nacional de Justiça para edição de instruções técnicas de normatização aplicáveis ao Serp, de modo a propiciar a operação segura do sistema, a interoperabilidade de dados e documentos e a longevidade de arquivos eletrônicos, como também a adaptação eletrônica dos requisitos jurídico-formais implicados nos serviços, visando garantir a autenticidade e a segurança das operações realizadas com documentos digitais; e

V – a formulação de indicadores de eficiência e a implementação de sistemas em apoio às atividades das Corregedorias-Gerais da Justiça e do CNJ, que permitam a inspeção remota.

§ 5º O ONSERP observará:

– o cumprimento das leis, dos regulamentos, das normas externas e internas, dos convênios e dos contratos, notadamente as normas editadas pela Corregedoria Nacional de Justiça, conforme se extrai dos dispositivos da Lei n. 14.382, de 2022;

– as normas que regem o segredo de justiça, os sigilos profissional, bancário e fiscal, a autonomia do registrador e sua independência no exercício de suas atribuições, nos termos da Lei n. 8.935, de 18 de novembro de 1994; e

I – as normas gerais e específicas aplicáveis à proteção de dados pessoais, conforme dispõe a Lei Geral de Proteção de Dados (Lei n. 13.709/2018) e este Código Nacional de Normas.

§ 6º Como órgão técnico do ONSERP, deverá ser instituído, dentro de sua estrutura, o Comitê de Normas Técnicas (CNT/Serp), que elaborará Instruções Técnicas de Normalização (ITN) aplicáveis ao Serp, a serem homologadas pela Corregedoria Nacional de Justiça, para propiciar a operação segura do sistema, a interoperabilidade de dados e documentos e a longevidade de arquivos eletrônicos, como também a adaptação eletrônica dos requisitos jurídico-formais implicados nos serviços, visando garantir a autenticidade e a segurança das operações realizadas com documentos informáticos, inclusive tratando das diretrizes técnicas para uso de assinaturas eletrônicas perante os registros públicos.

SEÇÃO II
DOS OPERADORES NACIONAL DE REGISTROS PÚBLICOS

Art. 213. O Operador Nacional do Sistema Eletrônico dos Registros Públicos (ONSERP) será integrado pelo Operador Nacional do Registro Civil das Pessoas Naturais (ON-RCPN), pelo Operador Nacional do Registro de Títulos e Documentos e Civil das Pessoas Jurídicas (ON-RTDPJ) e pelo ONR.

Parágrafo único. As unidades do serviço de Registro Civil das Pessoas Naturais e de Registro de Títulos e Documentos e Civil das Pessoas Jurídicas dos Estados e do Distrito Federal integram o Serp, na forma disposta no art. 211 deste Código, e ficam vinculadas ao ON-RCPN e ao ON-RTDPJ, respectivamente.

Art. 214. Os registradores civis das pessoas naturais e os registradores de títulos e documentos e civis das pessoas jurídicas do Brasil, por meio de suas entidades representativas de caráter nacional já instituídas em 1º de fevereiro de 2023, ficam autorizados a constituir formalmente e organizar, respectivamente, o ON-RCPN e o ON-RTDPJ, na forma de pessoas jurídicas de direito privado, sem fins lucrativos.

§ 1º Os registradores civis das pessoas naturais e os registradores de títulos e documentos e civis das pessoas jurídicas do Brasil, por meio de suas entidades representativas de caráter nacional já instituídas em 1º de fevereiro de 2023, respectivamente, apresentarão propostas de estatuto do ON-RCPN e do ON-RTDPJ;

§ 2º Os estatutos do ON-RCPN e do ON-RTDPJ deverão ser aprovados pelos oficiais de registros das respectivas especialidades de todo o território nacional, reunidos em assembleia geral;

§ 3º Os registradores civis das pessoas naturais e os registradores de títulos e documentos e civis das pessoas jurídicas vinculados ao ON-RCPN e ao ON-RTDPJ, respectivamente, serão convocados para as assembleias gerais nos demais casos previstos em seus estatutos;

§ 4º A assembleia geral de que trata o § 3º deste artigo será convocada pelas entidades representativas dos oficiais dos respectivos registros, de caráter nacional e já instituídas em 1º de fevereiro de 2023, alcançando os filiados e não filiados, sob supervisão da Corregedoria Nacional de Justiça.

Art. 215. A Corregedoria Nacional de Justiça atuará como agente regulador do ONSERP, ON-RCPN e do ON-RTDPJ, conforme regulamento a ser editado nos moldes da regulamentação do ONR.

§ 1º O estatuto aprovado pela assembleia geral e suas alterações deverão ser submetidos à Corregedoria Nacional de Justiça para homologação, no exercício de sua função de agente regulador;

§ 2º As pessoas jurídicas do ON-RCPN e do ON-RTDPJ, mantidas e administradas conforme deliberação da assembleia geral, somente poderão ter em seu quadro diretivo delegatários que estejam em pleno exercício da atividade;

§ 3º Após aprovação, os estatutos serão registrados no 1º Ofício de Registro Civil das Pessoas Jurídicas de Brasília/DF.

Art. 216. Os operadores nacionais de registros públicos manterão registros contábeis, financeiros e administrativos, de acordo com as correspondentes arrecadações, deduzidas eventuais despesas a título de ressarcimentos.

SEÇÃO III
DA SUSTENTAÇÃO FINANCEIRA DO ONSERP, ONR, ON-RCPN E ON-RTDPJ

Art. 217. Os recursos financeiros para desenvolvimento, implantação, sustentação e evolução do Sistema Eletrônico de Registros Públicos (Serp) advirão do Fundo para a Implementação e Custeio do Sistema Eletrônico dos Registros Públicos (FIC-ONSERP), criado pelo art. 5º[58] da Lei 14.382, de 2022.

Parágrafo único. O FIC-ONSERP será subvencionado indiretamente pelos oficiais dos registros públicos, responsáveis interinos ou interventores, dos estados e do Distrito Federal, mediante repasses de percentual das rendas do FIC-RCPN, FIC-RTDPJ e FIC/SREI, em montante a ser definido em processo administrativo análogo ao destinado à definição da cota de participação desses fundos setoriais.

Art. 218. Constituem rendas do ON-RCPN e do ON-RTDPJ:

I – o Fundo para a Implementação e Custeio do Sistema Eletrônico do Registro Civil de Pessoas Naturais (FIC-RCPN) e o Fundo para a Implementação e Custeio do Sistema Eletrônico do Registro de Títulos e Documentos e Civil de Pessoas Jurídicas (FIC-RTDPJ), subvencionados pelos oficiais dos registros públicos, ou responsáveis interinos ou interventores, respectivos dos estados e do Distrito Federal, na forma do art. 5º[59] da Lei n. 14.382 de 2022;

---

58. Art. 5º Fica criado o Fundo para a Implementação e Custeio do Sistema Eletrônico dos Registros Públicos (Fics), subvencionado pelos oficiais dos registros públicos, respeitado o disposto no § 9º do art. 76 da Lei nº 13.465, de 11 de julho de 2017.

§ 1º Caberá à Corregedoria Nacional de Justiça do Conselho Nacional de Justiça:

I – disciplinar a instituição da receita do Fics;

II – estabelecer as cotas de participação dos oficiais dos registros públicos;

III – fiscalizar o recolhimento das cotas de participação dos oficiais dos registros públicos; e

IV – supervisionar a aplicação dos recursos e as despesas incorridas.

§ 2º Os oficiais dos registros públicos ficam dispensados de participar da subvenção do Fics na hipótese de desenvolverem e utilizarem sistemas e plataformas interoperáveis necessários para a integração plena dos serviços de suas delegações ao Serp, nos termos estabelecidos pela Corregedoria Nacional de Justiça do Conselho Nacional de Justiça.

59. Art. 5º Fica criado o Fundo para a Implementação e Custeio do Sistema Eletrônico dos Registros Públicos (Fics), subvencionado pelos oficiais dos registros públicos, respeitado o disposto no § 9º do art. 76 da Lei nº 13.465, de 11 de julho de 2017.

II – os valores recebidos em atos de liberalidade, como doações e legados;

III – as rendas oriundas de prestação de serviços facultativos, nos termos do art. 42-A[60] da Lei n. 8.935, de 18 de novembro de 1994, e da alienação ou locação de seus bens; e

IV – as rendas eventuais.

§ 1º A cota da subvenção a que se refere o inciso I deste artigo será definida em processo administrativo instaurado pela Corregedoria Nacional de Justiça, no qual serão realizados estudos sobre o volume de arrecadação dos emolumentos brutos pelos atos praticados nos respectivos registros públicos e colhidas informações sobre os montantes estimados necessários para implementação, sustentação e evolução do Serp por cada operador de registros públicos;

§ 2º O recolhimento da cota de participação será efetuado até o último dia útil de cada mês, com base nos emolumentos percebidos no mês imediatamente anterior.

Art. 219. O FIC/SREI é gerido pelo ONR, cujas regras estão previstas no Capítulo VII do Título II do Livro IV da Parte Geral deste Código de Normas.

Art. 219-B. OFIC-ONSERP, o FIC-RCPN e o FIC-RTDPJ são geridos pelos respectivos operadores nacionais setoriais (ONSERP, ON-RCPN e ON-RTDPJ), e as regras relativas ao seu custeio, com inclusão dos percentuais de cota de participação devida pelos contribuintes, observará o disposto no Provimento nº 159, de 18 de dezembro de 2023.

Art. 220. Ao Operador Nacional do Sistema Eletrônico de Registros Públicos (ONSERP), ao ONR, ao ON-RCPN e ao ON-RTDPJ, bem como aos tabeliães e aos registradores, é vedado cobrar dos usuários do serviço público delegado valores, a qualquer título e sob qualquer pretexto, pela prestação de serviços eletrônicos relacionados com a atividade dos registradores públicos, inclusive pela intermediação dos próprios serviços, conforme disposto no art. 25, caput[61], da Lei n. 8.935 de 1994, sob pena de ficar configurada a infração administrativa prevista no artigo 31, I, II, III e V[62], da referida Lei.

SEÇÃO III-A
DO AGENTE REGULADOR

SUBSEÇÃO I
DAS DISPOSIÇÕES GERAIS

Art. 220-A. O Agente Regulador dos Operadores Nacionais dos Registros Públicos (ONSERP, ONR, ON-RCPN e ON-RTDPJ), é o órgão da Corregedoria Nacional de Justiça encarregado de exercer a competência reguladora, conforme se extrai dos seguintes dispositivos da Lei n. 14.382/2002: inciso XI[63] do art. 3º; § 3º[64], I, do art. 3º; parte final do § 4º[65] do art. 3º; parte final do caput do art. 4º[66]; § 2º[67], do art. 4º; §§ 1º e 2º[68] do art. 5º; art. 7º[66] e art. 8º[67].

---

62. Art. 31. São infrações disciplinares que sujeitam os notários e os oficiais de registro às penalidades previstas nesta lei:
    I – a inobservância das prescrições legais ou normativas;
    II – a conduta atentatória às instituições notariais e de registro;
    III – a cobrança indevida ou excessiva de emolumentos, ainda que sob a alegação de urgência;
    V – o descumprimento de quaisquer dos deveres descritos no art. 30.

63. Art. 3º O Serp tem o objetivo de viabilizar:
    XI – outros serviços, nos termos estabelecidos pela Corregedoria Nacional de Justiça do Conselho Nacional de Justiça.

64. § 3º O Serp deverá:
    I – observar os padrões e os requisitos de documentos, de conexão e de funcionamento estabelecidos pela Corregedoria Nacional de Justiça do Conselho Nacional de Justiça;

65. § 4º O Serp terá operador nacional, sob a forma de pessoa jurídica de direito privado, na forma prevista nos incisos I ou III do caput do art. 44 da Lei nº 10.406, de 10 de janeiro de 2002 (Código Civil), na modalidade de entidade civil sem fins lucrativos, nos termos estabelecidos pela Corregedoria Nacional de Justiça do Conselho Nacional de Justiça.

66. Art. 4º Compete aos oficiais dos registros públicos promover a implantação e o funcionamento adequado do Serp, com a disponibilização das informações necessárias, nos termos estabelecidos pela Corregedoria Nacional de Justiça do Conselho Nacional de Justiça, especialmente das informações relativas:

67. § 2º O descumprimento do disposto neste artigo ensejará a aplicação das penas previstas no art. 32 da Lei nº 8.935, de 18 de novembro de 1994, nos termos estabelecidos pela Corregedoria Nacional de Justiça do Conselho Nacional de Justiça.

68. Art. 5º Fica criado o Fundo para a Implementação e Custeio do Sistema Eletrônico dos Registros Públicos (Fics), subvencionado pelos oficiais dos registros públicos, respeitado o disposto no § 9º do art. 76 da Lei nº 13.465, de 11 de julho de 2017.
    § 1º Caberá à Corregedoria Nacional de Justiça do Conselho Nacional de Justiça:
    I – disciplinar a instituição da receita do Fics;
    II – estabelecer as cotas de participação dos oficiais dos registros públicos;
    III – fiscalizar o recolhimento das cotas de participação dos oficiais dos registros públicos; e
    IV – supervisionar a aplicação dos recursos e as despesas incorridas.
    § 2º Os oficiais dos registros públicos ficam dispensados de participar da subvenção do Fics na hipótese de desenvolverem e utilizarem sistemas e plataformas interoperáveis necessários para a integração plena dos serviços de suas delegações ao Serp, nos termos estabelecidos pela Corregedoria Nacional de Justiça do Conselho Nacional de Justiça.

Art. 220-B. O Agente Regulador funcionará por meio dos seguintes órgãos internos:

I – Secretaria Executiva;

II – Câmara de Regulação; e

III – Conselho Consultivo.

SUBSEÇÃO II
DAS ATIVIDADES DE REGULAÇÃO DO AGENTE REGULADOR

Art. 220-C. Competem ao Agente Regulador, observados os princípios regentes do Sistema Eletrônico dos Registros Públicos, as seguintes atribuições de regulação:

I – regular as atividades relacionadas à implementação e à operação do Serp por meio de diretrizes direcionadas ao ONSERP;

II – propor diretrizes para o funcionamento do ONSERP;

III – formular propostas ao planejamento estratégico do ONSERP, ONR, ON-RCPN e ON-RTDPJ, sempre visando atingir os seus fins estatutários;

IV – aprovar as diretrizes nacionais e monitorar a execução do planejamento estratégico do ONSERP, ONR, ON-RCPN e ON-RTDPJ;

V – zelar pelo cumprimento do estatuto do ONSERP, ONR, ON-RCPN e ON-RTDPJ, e pelo alcance de suas finalidades para as quais foram instituídos;

---

69. Art. 7º Caberá à Corregedoria Nacional de Justiça do Conselho Nacional de Justiça disciplinar o disposto nos arts. 37 a 41 e 45 da Lei nº 11.977, de 7 de julho de 2009, e o disposto nesta Lei, em especial os seguintes aspectos:
    I – os sistemas eletrônicos integrados ao Serp, por tipo de registro público ou de serviço prestado;
    II – o cronograma de implantação do Serp e do registro público eletrônico dos atos jurídicos em todo o País, que poderá considerar as diferenças regionais e as características de cada registro público;
    III – os padrões tecnológicos de escrituração, indexação, publicidade, segurança, redundância e conservação de atos registrais, de recepção e comprovação da autoria e da integridade de documentos em formato eletrônico, a serem atendidos pelo Serp e pelas serventias dos registros públicos, observada a legislação;
    IV – a forma de certificação eletrônica da data e da hora do protocolo dos títulos para assegurar a integridade da informação e a ordem de prioridade das garantias sobre bens móveis e imóveis constituídas nos registros públicos;
    V – a forma de integração do Sistema de Registro Eletrônico de Imóveis (SREI), de que trata o art. 76 da Lei nº 13.465, de 11 de julho de 2017, ao Serp;
    VI – a forma de integração da Central Nacional de Registro de Títulos e Documentos, prevista no § 2º do art. 3º da Lei nº 13.775, de 20 de dezembro de 2018, ao Serp;
    VII – os índices e os indicadores estatísticos que serão produzidos por meio do Serp, nos termos do inciso II do caput do art. 4º desta Lei, a forma de sua divulgação e o cronograma de implantação da obrigatoriedade de fornecimento de dados ao Serp;
    VIII – a definição do extrato eletrônico previsto no art. 6 desta Lei e os tipos de documentos que poderão ser recepcionados dessa forma;
    IX – o formato eletrônico de que trata a alínea b do inciso I do § 1º do art. 6º desta Lei; e
    X – outros serviços a serem prestados por meio do Serp, nos termos do inciso XI do caput do art. 3º desta Lei.

70. Art. 8º A Corregedoria Nacional de Justiça do Conselho Nacional de Justiça poderá definir, em relação aos atos e negócios jurídicos relativos a bens móveis, os tipos de documentos que serão, prioritariamente, recepcionados por extrato eletrônico.

VI – homologar as Instruções Técnicas de Normalização (ITN) aplicáveis ao ONSERP, ONR, ON-RCPN e ON-RTDPJ, propostas pela direção de cada operador, bem como revisá-las ou revogá-las a qualquer tempo, conforme regulamentação própria;

VII – participar da elaboração dos indicadores estatísticos pertinentes à atividade registral, zelando sempre pela aplicação da Lei Geral de Proteção de Dados Pessoais e regras do Título VI do Livro I do presente Código de Normas.

VIII – regular as atividades do ONSERP, ONR, ON-RCPN e ON-RTDPJ, quando necessário, por meio de diretrizes propostas pela Câmara de Regulação, após audiência com os representantes do Operadores, sempre com o objetivo de zelar pelo cumprimento dos seus fins estatutários e para o estrito cumprimento das finalidades legais dos referidos Operadores Nacionais dos Registros Públicos;

IX – zelar pela implantação do Serp e pelo contínuo aperfeiçoamento de seu funcionamento;

X – aprovar as alterações estatutárias do ONSERP, ONR, ON-RCPN e ON-RTDPJ;

XI – elaborar e aprovar o Regimento Interno do Agente Regulador; e

XII – responder consultas concernentes à adequada interpretação do Estatuto do ONSERP, ONR, ON-RCPN e ON-RTDPJ.

§ 1º Das decisões do Agente Regulador, não caberá recurso administrativo;

§ 2º Os órgãos internos do Agente Regulador poderão, a qualquer tempo, solicitar informes aos operadores nacionais ou convidar seus dirigentes a participar de reuniões ordinárias ou extraordinárias.

SUBSEÇÃO III
DA FISCALIZAÇÃO DO ONSERP, ONR, ON-RCPN E ON-RTDPJ

Art. 220-D. A fiscalização do ONSERP, ONR, ON-RCPN e ON-RTDPJ será exercida diretamente pela Corregedoria Nacional de Justiça, Agente Regulador dos referidos Operadores Nacionais dos Registros Públicos, a qual caberá:

– fiscalizar a gestão administrativa e financeira, buscando sempre assegurar a sua sustentabilidade e o cumprimento de seus fins estatutários;

I – exercer a atividade correcional, por meio de visitas, inspeções, correições ordinárias e extraordinárias, inclusive intervenções previstas na Lei Federal n. 8.935/1994, com vistas a assegurar o estrito respeito às finalidades do ONSERP, ONR, ON-RCPN e ON-RTDPJ.

Art. 220-E. No exercício de funções de planejamento, fiscalização e controle, o Agente Regulador poderá atuar de ofício.

SUBSEÇÃO IV
DOS ÓRGÃOS INTERNOS DO AGENTE REGULADOR

SUBSEÇÃO IV.1
DA SECRETARIA EXECUTIVA

Art. 220-F. São atribuições da Secretaria Executiva do Agente Regulador do ONSERP, ONR, ON-RCPN e ON-RTDPJ:

– receber e processar os procedimentos administrativos de competência do Agente Regulador;

II – elaborar a pauta das reuniões e secretariar os trabalhos de competência da Câmara de Regulação e do Conselho Consultivo, formalizando a convocação, a pedido dos respectivos coordenadores desses órgãos internos, e lavrando as atas das reuniões;

III – secretariar os trabalhos de fiscalização do Agente Regulador do ONSERP, ONR, ON-RCPN e ON-RTDPJ, de competência da Corregedoria Nacional de Justiça, quando for o caso, lavrando as respectivas atas;

IV – outras atividades que lhe sejam atribuídas pela Câmara de Regulação, pelo Conselho Consultivo, ou pelo Regimento Interno do Agente Regulador.

Parágrafo único. A Coordenadoria de Gestão de Serviços Notariais e de Registro da Corregedoria Nacional de Justiça – CONR funcionará como Secretaria Executiva do Agente Regulador.

SUBSEÇÃO IV.2
DA CÂMARA DE REGULAÇÃO

Art. 220-G. A Câmara de Regulação do Agente Regulador será integrada por 7 (sete) membros, designados pelo Corregedor Nacional de Justiça.

§ 1º A coordenação da Câmara de Regulação competirá a um Juiz Auxiliar da Corregedoria designado pelo Corregedor Nacional de Justiça;

§ 2º Serão designados dois suplentes que se revezarão, quando possível, para atuar nos impedimentos dos membros titulares, inclusive naqueles ocasionados por necessidade de serviço.

Art. 220-H. Compete à Câmara de Regulação deliberar sobre todas as atividades do Agente Regulador, especialmente aquelas do elenco dos artigos 220-D e 220-E deste Código, assim como propor soluções e ações para promover os objetivos do Serp, ONSERP, ONR, ON-RCPN e ON-RTDPJ.

§ 1º As deliberações, propostas de portarias, ordens de serviço, ofícios circulares e decisões administrativas com caráter normativo da Câmara de Regulação serão submetidas ao Corregedor Nacional de Justiça para homologação;

§ 2º O Corregedor Nacional de Justiça poderá delegar a Juiz Auxiliar da Corregedoria Nacional a homologação dos atos deliberativos e a assinatura dos atos correspondentes, no todo ou em parte.

Art. 220-I. Os atos e decisões propostos pela Câmara de Regulação, uma vez homologados, serão publicados no Diário da Justiça Eletrônico – DJe para que se dê publicidade e tenham vigência.

SUBSEÇÃO IV.3
DO CONSELHO CONSULTIVO

Art. 220-J. O Conselho Consultivo do Agente Regulador será integrado por 11 (onze) membros designados pelo Corregedor Nacional de Justiça.

§ 1º A coordenação do Conselho Consultivo competirá a um Juiz Auxiliar da Corregedoria designado pelo Corregedor Nacional de Justiça;

§ 2º As designações recairão, preferencialmente, sobre nomes com notório saber nas áreas do direito registral imobiliário, civil das pessoas naturais, de título e documentos e civil das pessoas jurídicas, notas e protestos, da administração pública, da gestão estratégica, da tecnologia da informação e da proteção de dados;

§ 3º Na forma do Regimento Interno do Agente Regulador, a função do Conselho será planejar e propor diretrizes para o funcionamento do SERP, ONSERP, ONR, ON-RCPN e ON-RTDPJ, além de promover estudos, sugerir estratégias e formular propostas em geral, a fim de que sejam apreciadas pela Câmara de Regulação, sempre visando aos fins estatutários.

SUBSEÇÃO V
DAS DISPOSIÇÕES FINAIS

Art. 220-K. Não são remunerados quaisquer dos serviços prestados pelos integrantes da Câmara de Regulação e do Conselho Consultivo do Agente Regulador, constituindo suas atividades serviço público voluntário e de relevante interesse público.

SEÇÃO IV
DAS DISPOSIÇÕES GERAIS

Art. 221. O ONSERP, o ONR, o ON-RCPN e o ON-RTDPJ observarão as disposições estatutárias e as orientações gerais editadas pela Corregedoria Nacional de Justiça para composição de receitas e execução de despesas, bem como prestarão contas anuais aos respectivos órgãos internos e ao agente regulador, acompanhadas de pareceres produzidos por auditoria independente.

Parágrafo único. A prestação de contas e os pareceres também deverão ser apresentados sempre que solicitado pelo agente regulador.

Art. 222. O ONSERP, ONR, ON-RCPN e ON-RTDPJ apresentarão ao agente regulador relatórios semestrais de gestão, sem prejuízo dos demais deveres tratados neste Capítulo e nos atos próprios da Câmara de Regulação.

Art. 223. Ao ONSERP, ONR, ON-RCPN e ON-RTDPJ são aplicáveis, no que couber, as disposições do art. 37[71] e art. 38[72], ambos da Lei n. 8.935 de 1994.

Art. 224. O Operador Nacional do Sistema de Registro Eletrônico de Imóveis (ONR) manterá sua organização e governança na forma estabelecida no art. 76[73] da Lei n. 13.465, de 11 de

---

71. Art. 37. A fiscalização judiciária dos atos notariais e de registro, mencionados nos artes. 6º a 13, será exercida pelo juízo competente, assim definido na órbita estadual e do Distrito Federal, sempre que necessário, ou mediante representação de qualquer interessado, quando da inobservância de obrigação legal por parte do notário ou de oficial de registro, ou de seus prepostos.

    Parágrafo único. Quando, em autos ou papéis de que conhecer, o Juiz verificar a existência de crime de ação pública, remeterá ao Ministério Público as cópias e os documentos necessários ao oferecimento da denúncia.

72. Art. 38. O juízo competente zelará para que os serviços notariais e de registro sejam prestados com rapidez, qualidade satisfatória e de modo eficiente, podendo sugerir à autoridade competente a elaboração de planos de adequada e melhor prestação desses serviços, observados, também, critérios populacionais e socioeconômicos, publicados regularmente pela Fundação Instituto Brasileiro de Geografia e Estatística.

73. Art. 76. O Sistema de Registro Eletrônico de Imóveis (SREI) será implementado e operado, em âmbito nacional, pelo Operador Nacional do Sistema de Registro Eletrônico de Imóveis (ONR).

    § 1º O procedimento administrativo e os atos de registro decorrentes da Reurb serão feitos por meio eletrônico,

julho de 2017, e nos atos normativos expedidos pela Corregedoria Nacional de Justiça.

Art. 225. Para viabilizar a consulta referida no art. 3º, X, "c", "1"[74], da Lei n. 14.382, de 2022, diretamente no Serp, a Central Nacional de Serviços Eletrônicos Compartilhados dos Tabeliães de Protesto (CENPROT), prevista no art. 41-A[75]

nos termos dos arts. 37 a 41 da Lei nº 11.977, de 7 de julho de 2009;

§ 2º O ONR será organizado como pessoa jurídica de direito privado, sem fins lucrativos;

§ 3º (Vetado);

§ 4º Caberá à Corregedoria Nacional de Justiça do Conselho Nacional de Justiça exercer a função de agente regulador do ONR e zelar pelo cumprimento de seu estatuto;

§ 5º As unidades do serviço de registro de imóveis dos Estados e do Distrito Federal integram o SREI e ficam vinculadas ao ONR;

§ 6º Os serviços eletrônicos serão disponibilizados, sem ônus, ao Poder Judiciário, ao Poder Executivo federal, ao Ministério Público, aos entes públicos previstos nos regimentos de custas e emolumentos dos Estados e do Distrito Federal, e aos órgãos encarregados de investigações criminais, fiscalização tributária e recuperação de ativos;

§ 7º A administração pública federal acessará as informações do SREI por meio do Sistema Nacional de Gestão de Informações Territoriais (Sinter), na forma do regulamento;

§ 8º (Vetado);

§ 9º Fica criado o fundo para a implementação e custeio do SREI, que será gerido pelo ONR e subvencionado pelas unidades do serviço de registro de imóveis dos Estados e do Distrito Federal referidas no § 5º deste artigo;

§ 10. Caberá ao agente regulador do ONR disciplinar a instituição da receita do fundo para a implementação e custeio do registro eletrônico de imóveis, estabelecer as cotas de participação das unidades de registro de imóveis do País, fiscalizar o recolhimento e supervisionar a aplicação dos recursos e as despesas do gestor, sem prejuízo da fiscalização ordinária e própria para prevista nos estatutos.

74. Art. 3º O Serp tem o objetivo de viabilizar:
X – a consulta:
c) aos atos em que a pessoa pesquisada conste como:
1. devedora de título protestado e não pago;

75. Art. 41-A. Os tabeliães de protesto manterão, em âmbito nacional, uma central nacional de serviços eletrônicos compartilhados que prestará, ao menos, os seguintes serviços:

I – escrituração e emissão de duplicata sob a forma escritural, observado o disposto na legislação específica, inclusive quanto ao requisito de autorização prévia para o exercício da atividade de escrituração pelo órgão supervisor e aos demais requisitos previstos na regulamentação por ele editada;

II – recepção e distribuição de títulos e documentos de dívida para protesto, desde que escriturais;

III – consulta gratuita quanto a devedores inadimplentes e aos protestos realizados, aos dados desses protestos e dos tabelionatos aos quais foram distribuídos, ainda que os respectivos títulos e documentos de dívida não sejam escriturais;

IV – confirmação da autenticidade dos instrumentos de protesto em meio eletrônico; e

V – anuência eletrônica para o cancelamento de protestos.

§ 1º A partir da implementação da central de que trata o caput deste artigo, os tabelionatos de protesto disponibilizarão ao poder público, por meio eletrônico e sem ônus, o acesso às informações constantes dos seus bancos de dados;

§ 2º É obrigatória a adesão imediata de todos os tabeliães de protesto do País e responsáveis pelo expediente

da Lei n. 9.492, de 10 de setembro de 1997, será integrada por meio de Interface de Programação de Aplicação (API).

Art. 226. O intercâmbio de documentos eletrônicos e de informações entre as serventias de registros públicos e os tabeliães de notas, nos termos do art. 3º, VII, "b"[76], da Lei n. 14.382, de 2022, será feito por meio de Interface de Programação de Aplicação (API).

Art. 227. As entidades representativas de caráter nacional já constituídas em 1º de fevereiro de 2023 deverão, até o dia 2 de maio de 2023, instituir os pertinentes operadores nacionais na forma deste Código de Norma.

Art. 228. No prazo de 15 dias da composição do ON-RCPN e do ON-RTDPJ, aqueles que integrarão o Comitê Executivo de Gestão do ON-SERP apresentarão proposta para estatuto para homologação pela Corregedoria Nacional de Justiça.

Parágrafo único. Após a homologação, o Comitê Executivo de Gestão realizará a constituição jurídica do ONSERP, na forma disciplinada neste Código de Normas.

SEÇÃO V
DA AUTENTICAÇÃO DE USUÁRIOS, ASSINATURA ELETRÔNICA E LISTA DE SERVIÇOS ELETRÔNICOS CONFIÁVEIS DO ON-RCPN

SUBSEÇÃO I
DAS DISPOSIÇÕES GERAIS

Art. 228-A. Ficam instituídos os seguintes módulos nos sistemas eletrônicos do ON-RCPN:

I – Sistema de Autenticação Eletrônica do Registro Civil – IdRC;

II – Infraestrutura de Chaves Públicas do Registro Civil – ICP-RC;

III – Lista de Serviços Eletrônicos Confiáveis do Registro Civil do Brasil – LSEC-RCPN.

§ 1º A documentação técnica referente ao IdRC e à ICP-RC será apresentada à Corregedoria Nacional de Justiça, onde ficará arquivada, e será publicada na página eletrônica do ON-RCPN (https://onrcpn.org.br/icp);

§ 2º A utilização do IdRC e da ICP-RC, para o acesso ao sistema eletrônico do ON-RCPN e para a prática dos atos de Registro Civil das Pessoas Naturais, não gerará custos para o usuário.

SUBSEÇÃO II
DO SISTEMA DE AUTENTICAÇÃO ELETRÔNICA DO REGISTRO CIVIL – IDRC

Art. 228-B. O IdRC é destinado à autenticação e ao controle de acesso de usuários internos e

à central nacional de serviços eletrônicos compartilhados de que trata o caput deste artigo, sob pena de responsabilização disciplinar nos termos do inciso I do caput do art. 31 da Lei nº 8.935, de 18 de novembro de 1994.

76. Art. 3º O Serp tem o objetivo de viabilizar:
VII – o intercâmbio de documentos eletrônicos e de informações entre as serventias dos registros públicos e:
b) os usuários em geral, inclusive as instituições financeiras e as demais instituições autorizadas a funcionar pelo Banco Central do Brasil e os tabeliães.

externos e utilizará o acesso às bases de dados biográficos do Registro Civil das Pessoas Naturais e dados biométricos, na forma do art. 9[077] da Lei n. 14.382, de 27 de junho de 2022, para validação da identificação do titular.

Parágrafo único. Se o batimento dos dados biométricos não permitir a identificação do titular, o oficial de Registro Civil poderá fazê-lo presencialmente, à vista de documento de identificação oficial e válido, equiparada a esta a manifestação eletrônica na forma do § 8[078] do art. 67 da Lei n. 6.015, de 31 de dezembro de 1973.

Art. 228-C. O IdRC será considerado válido para identificação e autenticação de usuários em todas as plataformas e serviços do Serp, inclusive pelas demais especialidades de registro, sem prejuízo da possibilidade ou obrigatoriedade legal de utilização de certificados qualificados da Infraestrutura de Chaves Públicas Brasileira – ICP-Brasil, ou de outras formas de identificação previstas em Instrução Técnica de Normalização (ITN) homologada pela Corregedoria Nacional de Justiça.

Art. 228-D. O IdRC poderá ser utilizado para a indexação e correlação dos atos de registro e averbação praticados pelos oficiais do Registro Civil.

SUBSEÇÃO III
DA INFRAESTRUTURA DE CHAVES PÚBLICAS DO REGISTRO CIVIL (ICP-RC)

Art. 228-E. A ICP-RC será utilizada para a gestão do ciclo de vida de chaves públicas de assinaturas eletrônicas avançadas, em conformidade com o disposto no art. 38[79] da Lei n.

77. Art. 9º Para verificação da identidade dos usuários dos registros públicos, as bases de dados de identificação civil, inclusive de identificação biométrica, dos institutos de identificação civil, das bases cadastrais da União, inclusive do Cadastro de Pessoas Físicas da Secretaria Especial da Receita Federal do Brasil do Ministério da Economia e da Justiça Eleitoral, poderão ser acessadas, a critério dos responsáveis pelas referidas bases de dados, desde que previamente pactuado, por tabeliães e oficiais dos registros públicos, observado o disposto nas Leis ns. 13.709, de 14 de agosto de 2018 (Lei Geral de Proteção de Dados Pessoais), e 13.444, de 11 de maio de 2017.

78. Art. 67. Na habilitação para o casamento, os interessados, apresentando os documentos exigidos pela lei civil requererão ao oficial do registro do distrito de residência de um dos nubentes, que lhes expeça certidão de que se acham habilitados para se casarem.

§ 8º A celebração do casamento poderá ser realizada, a requerimento dos nubentes, em meio eletrônico, por sistema de videoconferência em que se possa verificar a livre manifestação da vontade dos contraentes.

79. Art. 38. Os documentos eletrônicos apresentados aos serviços de registros públicos ou por eles expedidos deverão atender aos requisitos estabelecidos pela Corregedoria Nacional de Justiça do Conselho Nacional de Justiça, com a utilização de assinatura eletrônica avançada ou qualificada, conforme definido no art. 4º da Lei nº 14.063, de 23 de setembro de 2020.

§ 1º Os serviços de registros públicos disponibilizarão serviços de recepção de títulos e de fornecimento de informações e certidões em meio eletrônico;

§ 2º Ato da Corregedoria Nacional de Justiça do Conselho Nacional de Justiça poderá estabelecer hipóteses de admissão de assinatura avançada em atos que envolvam imóveis.

11.977, de 7 de julho de 2009, e art. 4º, II⁸⁰, da Lei n. 14.063, de 23 de setembro de 2020.

§ 1º A ICP-RC não integra a cadeia hierárquica da ICP-Brasil;

§ 2º Serão regulamentadas, mediante edição de ITNs e homologação da Corregedoria Nacional, modalidades de assinatura eletrônica avançada não compreendidas na hierarquia da ICP-RC, de menor nível de exigência de requisitos de segurança, destinadas à prática de atos de menor criticidade, nos limites da Lei n. 14.063/2020.

SUBSEÇÃO IV
DA LISTA DE SERVIÇOS ELETRÔNICOS CONFIÁVEIS DO REGISTRO CIVIL DO BRASIL (LSEC-RCPN)

Art. 228-F. A LSEC-RCPN conterá dados que descrevem os serviços aceitos como confiáveis pelo ON-RCPN.

§ 1º A LSEC-RCPN será mantida, atualizada e publicada pelo ON-RCPN;

§ 2º Serão regulamentadas, mediante edição de ITNs e homologação da Corregedoria Nacional de Justiça, as alterações, inclusões e exclusões da LSEC-RCPN;

§ 3º A ICP-RC integra a LSEC-RCPN;

§ 4º É válida a utilização de assinaturas eletrônicas cuja raiz estiver registrada na LSEC-RCPN para os atos descritos nos art. 38⁸¹ da Lei n. 11.977, de 7 de julho de 2009, art. 17⁸² da Lei n. 6.015, de 31 de dezembro de 1973, e no art. 17-A⁸³ da Lei n. 14.063, de 14 de julho de 2023.

Art. 228-G. Os demais Operadores Nacionais dos Registros Públicos (ONSERP, ONR e ON-RTDPJ) poderão adotar a LSEC-RCPN.

Art. 228-H. A regulamentação das disposições desta Seção ocorrerá mediante edição de ITNs do ON-RCPN, quando necessário.

CAPÍTULO III
DO REGISTRO CIVIL DAS PESSOAS NATURAIS

SEÇÃO I
DA CENTRAL DE INFORMAÇÕES DE REGISTRO CIVIL DAS PESSOAS NATURAIS (CRC)

Art. 229. Instituir a Central de Informações de Registro Civil das Pessoas Naturais (CRC) que será operada por meio de sistema interligado, disponibilizado na rede mundial de computadores, com os objetivos de:

I – interligar os oficiais de registro civil das pessoas naturais, permitindo o intercâmbio de documentos eletrônicos e o tráfego de informações e dados;

II – aprimorar tecnologias para viabilizar os serviços de registro civil das pessoas naturais em meio eletrônico;

III – implantar, em âmbito nacional, sistema de localização de registros e solicitação de certidões;

IV – possibilitar o acesso direto de órgãos do Poder Público, mediante ofício ou requisição eletrônica direcionada ao Oficial competente, às informações do registro civil das pessoas naturais; e

V – possibilitar a interligação com o Ministério das Relações Exteriores (MRE), mediante prévia autorização deste, a fim de obter os dados e documentos referentes a atos da vida civil de brasileiros ocorridos no exterior, bem como possibilitar às repartições consulares do Brasil a participação no sistema de localização de registros e solicitação de certidões do registro civil das pessoas naturais.

Parágrafo único. Os oficiais de registro civil das pessoas naturais, pessoalmente, ou por meio das Centrais de Informações do Registro Civil (CRC), devem fornecer meios tecnológicos para o acesso das informações exclusivamente estatísticas à Administração Pública Direta, sendo-lhes vedado o envio e repasse de dados de forma genérica, que não justifiquem seu fim, devendo respeitar-se o princípio e a garantia previstos no inciso X⁸⁴ do art. 5º da Constituição Federal de 1988.

---

de uso de assinatura avançada em atos que envolvam imóveis.

83. Art. 17-A. As instituições financeiras que atuem com crédito imobiliário autorizadas a celebrar instrumentos particulares com caráter de escritura pública e os partícipes dos contratos correspondentes poderão fazer uso das assinaturas eletrônicas nas modalidades avançada e qualificada de que trata esta Lei.

84. Art. 5º Todos são iguais perante a lei, sem distinção de qualquer natureza, garantindo-se aos brasileiros e aos estrangeiros residentes no País a inviolabilidade do direito à vida, à liberdade, à igualdade, à segurança e à propriedade, nos termos seguintes:

X – são invioláveis a intimidade, a vida privada, a honra e a imagem das pessoas, assegurado o direito a inde-

Art. 230. A Central de Informações de Registro Civil das Pessoas Naturais (CRC) será organizada pela Associação Nacional dos Registradores das Pessoas Naturais (Arpen-Brasil), que se apresenta como titular dos direitos autorais e de propriedade intelectual do sistema, do qual detém o conhecimento tecnológico, o código-fonte e o banco de dados, sem ônus ou despesas para o Conselho Nacional de Justiça (CNJ) e os demais órgãos do Poder Público.

§ 1º As representações estaduais da Arpen-Brasil poderão realizar o acesso ao sistema interligado utilizando infraestrutura própria, ou utilizando infraestrutura de entidade de representação da Arpen-Brasil de outro Estado, mediante prévio acordo, desde que observem os requisitos de interoperabilidade estabelecidos pela Arpen-Brasil e garantam a consulta e comunicação em tempo real.

§ 2º Todo acesso ao sistema interligado será feito exclusivamente pelo oficial de registro civil ou prepostos que autorizar, os quais serão obrigatoriamente identificados mediante uso de certificado digital emitido conforme a Infraestrutura de Chaves Públicas Brasileira (ICP-Brasil);

§ 3º O Ministério das Relações Exteriores (MRE) poderá ter acesso à Central de Informações de Registro Civil das Pessoas Naturais (CRC), a ser realizado de forma segura por meio de certificado digital emitido conforme a Infraestrutura de Chaves Públicas Brasileira (ICP-Brasil) ou outro sistema acordado com a Arpen-Brasil.

Art. 231. A Central de Informações de Registro Civil das Pessoas Naturais (CRC) disponibilizará as seguintes funcionalidades:

I – CRC – Buscas: ferramenta destinada a localizar os atos de registro civil das pessoas naturais;

II – CRC – Comunicações: ferramenta destinada a cumprir as comunicações obrigatórias previstas no art. 106⁸⁵ e art. 107⁸⁶ da Lei n. 6.015, de 31 de dezembro de 1973;

III – CRC – Certidões: ferramenta destinada à solicitação de certidões;

IV – CRC – e-Protocolo: ferramenta destinada ao envio de documentos eletrônicos representativos de atos que devem ser cumpridos por outras serventias; e

---

nização pelo dano material ou moral decorrente de sua violação.

85. Art. 106. Sempre que o oficial fizer algum registro ou averbação, deverá, no prazo de cinco dias, anotá-lo nos atos anteriores, com remissões recíprocas, se lançados em seu cartório, ou, fará comunicação, com resumo do assento, ao oficial em cujo cartório estiverem os registros primitivos, obedecendo-se sempre à forma prescrita no artigo 98.

Parágrafo único. As comunicações serão feitas mediante cartas relacionadas em protocolo, anotando-se à margem ou sob o ato comunicado, o número de protocolo e ficarão arquivadas no cartório que as receber.

86. Art. 107. O óbito deverá ser anotado, com as remissões recíprocas, nos assentos de casamento e nascimento, e o casamento no deste.

§ 1º A emancipação, a interdição e a ausência serão anotadas pela mesma forma, nos assentos de nascimento e casamento, bem como a mudança do nome da mulher, em virtude de casamento, ou sua dissolução, anulação ou desquite;

§ 2º A dissolução e a anulação do casamento e o restabelecimento da sociedade conjugal serão, também, anotadas nos assentos de nascimento dos cônjuges.

V – CRC – Interoperabilidade: ferramenta destinada a interligar os serviços prestados por meio de convênios com os programas necessários para o seu desenvolvimento.

Parágrafo único. Mediante iniciativa do Ministério das Relações Exteriores (MRE), poderá promover-se a integração entre a Central de Informações de Registro Civil das Pessoas Naturais (CRC) e o Sistema Consular Integrado do Ministério das Relações Exteriores (SCI/MRE), a fim de possibilitar a consulta à CRC pelas repartições consulares do Brasil no exterior e a consulta, pelos oficiais de registro civil das pessoas naturais, aos índices de atos relativos ao registro civil das pessoas naturais praticados nas repartições consulares.

Art. 231-A. No caso de a utilização do módulo e-Protocolo da Central de Informações de Registro Civil das Pessoas Naturais – CRC decorrer de procedimento iniciado pelo requerente perante serventia diversa da competente para o ato, caber-lhe-á o pagamento dos emolumentos respectivos a todos os registradores envolvidos no procedimento, a exemplo da hipótese do § 2º do art. 517, observadas as gratuidades legais.

Art. 232. A Central de Informações de Registro Civil das Pessoas Naturais (CRC) será integrada por todos os oficiais de registro civil das pessoas naturais do Brasil que deverão acessá-la para incluir os dados específicos, nos termos desta Seção, observados os requisitos técnicos fixados pela Arpen-Brasil.

§ 1º A adesão às funcionalidades da Central de Informações de Registro Civil das Pessoas Naturais (CRC) será feita pelas serventias de todos os estados da Federação no prazo máximo de um ano a contar da vigência desta Seção, sendo as informações dessas adesões repassadas pela Arpen-Brasil à Corregedoria Nacional de Justiça, com uso do sistema Justiça Aberta quando disponível;

§ 2º O acesso por oficial de registro civil das pessoas naturais será efetuado mediante estrutura disponibilizada diretamente pela Arpen-Brasil ou por sua respectiva representação estadual, independentemente de filiação associativa e de qualquer pagamento ou remuneração a título de uso do sistema.

Art. 233. A Central de Informações de Registro Civil das Pessoas Naturais (CRC) permitirá aos oficiais de registro civil das pessoas naturais a consulta em tempo real para a localização dos atos de registro.

Art. 234. Os oficiais de registro civil das pessoas naturais deverão disponibilizar para a Central de Informações de Registro Civil das Pessoas Naturais (CRC) as informações definidas pela Arpen-Brasil, observada a legislação em vigor no que se refere a dados estatísticos, no prazo de 10 dias, corridos, contados da lavratura dos atos, respeitadas as peculiaridades locais.

Parágrafo único. Qualquer alteração nos registros informados à CRC deverá ser atualizada no mesmo prazo e na forma do parágrafo anterior.

Art. 235. Em relação aos assentos lavrados anteriormente à vigência do Provimento 46/2015, serão comunicados à Central de Informações de Registro Civil das Pessoas Naturais (CRC) os elementos necessários à identificação do registro, observadas as definições feitas pela Arpen-Brasil, considerando-se a necessidade de afastar, o mais possível, o risco relativo à existência de homônimos.

§ 1º As informações serão prestadas progressivamente, começando pelos registros mais recentes;

§ 2º O prazo para o fornecimento das informações previstas neste artigo será de seis meses para cada cinco anos de registros lavrados, iniciando-se a contagem desse prazo a partir de um ano da vigência do Provimento 46/2015;

§ 3º O prazo do parágrafo anterior poderá ser reduzido ou prorrogado uma vez, mediante ato da competente Corregedoria-Geral da Justiça (CGJ), fundamentado nas peculiares condições das serventias locais, comunicando-se à Corregedoria Nacional de Justiça e à Arpen-Brasil.

Art. 236. As comunicações previstas no art. 106[87] e art. 107[88] da Lei n. 6.015/73 deverão ser enviadas obrigatoriamente pela Central de Informações de Registro Civil das Pessoas Naturais (CRC).

Parágrafo único. O envio de informações entre as serventias feitas pela Central de Informações de Registro Civil das Pessoas Naturais (CRC) dispensa o uso do Sistema Hermes – Malote Digital de que trata este Código de Normas.

Art. 237. A utilização da CRC – Comunicações não impede a realização da anotação por outros meios, como a apresentação diretamente ao oficial de registro civil das pessoas naturais do original ou da cópia autenticada da certidão do ato, ou a informação obtida na CRC – Buscas.

Art. 238. A emissão de certidão negativa pelos oficiais de registro civil das pessoas naturais deverá ser precedida de consulta à Central de Informações de Registro Civil das Pessoas Naturais (CRC), devendo ser consignado na certidão o código da consulta gerado (hash).

Parágrafo único. Para a emissão de certidão negativa deverá promover-se consulta prévia ao SCI/MRE quando estiver disponível a integração com o Ministério das Relações Exteriores.

Art. 239. Caso seja encontrado o registro pesquisado, poderá o consulente, no mesmo ato, solicitar a expedição da respectiva certidão que, pagos os emolumentos, as custas e os encargos administrativos devidos, será disponibilizada na Central de Informações de Registro Civil das Pessoas Naturais (CRC), em formato eletrônico, em prazo não superior a cinco dias úteis.

§ 1º Para a emissão das certidões eletrônicas deverão ser utilizados formatos de documentos eletrônicos de longa duração, compreendidos nessa categoria os formatos PDF/A e os produzidos em linguagem de marcação XML, com certificado digital ICP-Brasil, tipo A3 ou superior, assinatura digital em formato PKCS#7, com disponibilização do código de rastreamento;

§ 2º As certidões eletrônicas ficarão disponíveis na Central Nacional de Informações do Registro Civil (CRC) pelo prazo de 30 dias corridos, vedado o envio por intermédio de correio eletrônico convencional (e-mail);

§ 3º Havendo CRC estadual, e nas hipóteses em que o cartório solicitante da certidão eletrônica e o cartório acervo pertençam à mesma unidade da Federação, poderá a certidão permanecer disponível na CRC do mesmo estado pelo prazo previsto no parágrafo anterior;

§ 4º O interessado poderá solicitar a qualquer oficial de registro civil das pessoas naturais integrante da Central de Informações de Registro Civil das Pessoas Naturais (CRC), ou a qualquer repartição consular do Brasil no exterior após operacionalização da integração entre CRC e SCI/MRE, que a certidão expedida em formato eletrônico seja materializada em papel e assinada fisicamente, observados os emolumentos devidos;

§ 5º Ressalvados os casos de gratuidade prevista em lei, os encargos administrativos referidos no caput deste artigo serão reembolsados pelo solicitante da certidão na forma e conforme os valores que forem fixados em norma de cada Corregedoria-Geral da Justiça (CGJ). Serão compreendidas como encargos administrativos as despesas com compensação de boleto bancário, a operação de cartão de crédito, as transferências bancárias, a certificação digital (SDK framework, certificado de atributo e de carimbo de tempo) e outras que forem previstas em normas estaduais, desde que indispensáveis para a prestação do serviço solicitado por meio de central informatizada.

Art. 240. Os oficiais de registro civil deverão obrigatoriamente, atender às solicitações de certidões efetuadas por via postal, telefônica, eletrônica, ou pela Central de Informações de Registro Civil das Pessoas Naturais (CRC) desde que satisfeitos os emolumentos previstos em lei e, se existentes, pagas as despesas de remessa.

Art. 241. A Central de Informações de Registro Civil das Pessoas Naturais (CRC) poderá ser utilizada para consulta por entes públicos que estarão isentos do pagamento de custas e emolumentos, ou somente de custas, conforme as hipóteses contempladas na legislação, e pessoas naturais ou jurídicas privadas que estarão sujeitas ao pagamento de custas e emolumentos.

Parágrafo único. A Arpen-Brasil poderá firmar convênios com Instituições Públicas e entidades privadas para melhor atender aos serviços disponibilizados pelo CRC, submetendo-se a aprovação prévia pela Corregedoria Nacional de Justiça.

Art. 242. O sistema deverá contar com módulo de geração de relatórios (correição on-line) para efeito de contínuo acompanhamento, controle

---

87. Art. 106. Sempre que o oficial fizer algum registro ou averbação, deverá, no prazo de cinco dias, anotá-lo nos atos anteriores, com remissões recíprocas, se lançados em seu cartório, ou fará comunicação, com resumo do assento, ao oficial em cujo cartório estiverem os registros primitivos, obedecendo-se sempre à forma prescrita no artigo 98.
Parágrafo único. As comunicações serão feitas mediante cartas relacionadas em protocolo, anotando-se à margem ou sob o ato comunicado, o número de protocolo e ficarão arquivadas no cartório que as receber.

88. Art. 107. O óbito deverá ser anotado, com as remissões recíprocas, nos assentos de casamento e nascimento, e o casamento no deste.
§ 1º A emancipação, a interdição e a ausência serão anotadas pela mesma forma, nos assentos de nascimento e casamento, bem como a mudança do nome da mulher, em virtude de casamento, ou sua dissolução, anulação ou desquite.
§ 2º A dissolução e a anulação do casamento e o restabelecimento da sociedade conjugal serão, também, anotados nos assentos de nascimento dos cônjuges.

fiscalização pelas Corregedorias-Gerais da Justiça e pelo Conselho Nacional de Justiça (CNJ).

Art. 243. Este Código de Normas define o conjunto mínimo de especificações técnicas e funcionalidades da Central de Informações de Registro Civil das Pessoas Naturais (CRC), de forma que, independentemente de novo ato normativo, as tecnologias utilizadas possam ser aprimoradas com outras que venham a ser adotadas no futuro, a partir de novas funcionalidades incorporadas à CRC.

Art. 244. Ocorrendo a extinção da Arpen-Brasil, ou a paralisação da prestação, por ela, do serviço objeto deste da Seção deste Código de Normas, sem substituição por associação ou entidade de classe que a assuma em idênticas condições mediante autorização do Conselho Nacional de Justiça (CNJ), será o banco de dados, em sua totalidade, transmitido ao CNJ ou à entidade que o CNJ indicar, com o código-fonte e as informações técnicas necessárias para o acesso e a utilização de todos os seus dados, bem como para a continuação de seu funcionamento na forma prevista neste Código de Normas, sem ônus, custos ou despesas para o Poder Público e, notadamente, sem qualquer remuneração por direitos autorais e de propriedade intelectual, a fim de que a Central de Informações de Registro Civil das Pessoas Naturais (CRC) permaneça em integral funcionamento.

Art. 245. A Associação Nacional dos Registradores das Pessoas Naturais (Arpen-Brasil), ou quem a substituir na forma da Seção deste Código de Normas, se obriga a manter sigilo relativo à identificação dos órgãos públicos e dos respectivos servidores que acessarem a Central de Informações de Registro Civil das Pessoas Naturais (CRC), ressalvada requisição judicial e fiscalização pela Corregedoria Nacional de Justiça.

CAPÍTULO IV
DO REGISTRO CIVIL DE TÍTULOS E DOCUMENTOS E DO REGISTRO CIVIL DAS PESSOAS JURÍDICAS

SEÇÃO I
DO SISTEMA DE REGISTRO ELETRÔNICO DE TÍTULOS E DOCUMENTOS E CIVIL DE PESSOAS JURÍDICAS

Art. 246. O sistema de registro eletrônico de títulos e documentos e civil de pessoas jurídicas (SRTDPJ), sem prejuízo de outras normas aplicáveis, observará o disposto, especialmente:

– no art. 37 a art. 41[89] da Lei n. 11.977, de 7 de julho de 2009;

---

9. Art. 37. Os serviços de registros públicos de que trata a Lei nº 6.015, de 31 de dezembro de 1973 (Lei de Registros Públicos) promoverão a implantação e o funcionamento adequado do Sistema Eletrônico dos Registros Públicos (Serp), nos termos da Medida Provisória nº 1.085, de 27 de dezembro de 2021.
Art. 38. Os documentos eletrônicos apresentados aos serviços de registros públicos ou por eles expedidos deverão atender aos requisitos estabelecidos pela Corregedoria Nacional de Justiça do Conselho Nacional de Justiça, com a utilização de assinatura eletrônica avançada ou qualificada, conforme definido no art. 4º da Lei nº 14.063, de 23 de setembro de 2020.

II – no art. 16[90] da Lei n. 11.419, de 19 de dezembro de 2006;

III – no § 6º[91] do art. 659 da Lei n. 5.869, de 11 de janeiro de 1973 – Código de Processo Civil;

IV – no art. 185-A[92] da Lei n. 5.172, de 25 de outubro de 1966 – Código Tributário Nacional;

V – no parágrafo único[93] do art. 17 da Lei 6.015, de 31 de dezembro de 1973;

---

§ 1º Os serviços de registros públicos disponibilizarão serviços de recepção de títulos e de fornecimento de informações e certidões em meio eletrônico;
§ 2º Ato da Corregedoria Nacional de Justiça do Conselho Nacional de Justiça poderá estabelecer hipóteses de admissão de assinatura avançada em atos que envolvam imóveis;
Art. 39. Os atos registrais praticados a partir da vigência da Lei nº 6.015, de 31 de dezembro de 1973, serão inseridos no sistema de registro eletrônico, no prazo de até 5 (cinco) anos a contar da publicação desta Lei.
Parágrafo único. Os atos praticados e os documentos arquivados anteriormente à vigência da Lei nº 6.015, de 31 de dezembro de 1973, deverão ser inseridos no sistema eletrônico.
Art. 40. Serão definidos em regulamento os requisitos quanto a cópias de segurança de documentos e de livros escriturados de forma eletrônica.
Art. 41. A partir da implementação do sistema de registro eletrônico de que trata o art. 37, os serviços de registros públicos disponibilizarão ao Poder Judiciário e ao Poder Executivo federal, por meio eletrônico e sem ônus, o acesso às informações constantes de seus bancos de dados, conforme regulamento.
Parágrafo único. O descumprimento do disposto no caput ensejará a aplicação das penas previstas nos incisos II a IV do caput do art. 32 da Lei nº 8.935, de 18 de novembro de 1994.

90. Art. 16. Os livros cartorários e demais repositórios dos órgãos do Poder Judiciário poderão ser gerados e armazenados em meio totalmente eletrônico.

91. Dispositivo revogado pela Lei nº 13.105/2015. Corresponde aos artigos 831 e 837 do NCPC.
Art. 831. A penhora deverá recair sobre tantos bens quantos bastem para o pagamento do principal atualizado, dos juros, das custas e dos honorários advocatícios.
Art. 837. Obedecidas as normas de segurança instituídas sob critérios uniformes pelo Conselho Nacional de Justiça, a penhora de dinheiro e as averbações de penhoras de bens imóveis e móveis podem ser realizadas por meio eletrônico.

92. Art. 185-A. Na hipótese de o devedor tributário, devidamente citado, não pagar nem apresentar bens à penhora no prazo legal e não forem encontrados bens penhoráveis, o juiz determinará a indisponibilidade de seus bens e direitos, comunicando a decisão, preferencialmente por meio eletrônico, aos órgãos e entidades que promovem registros de transferência de bens, especialmente ao registro público de imóveis e às autoridades supervisoras do mercado bancário e do mercado de capitais, a fim de que, no âmbito de suas atribuições, façam cumprir a ordem judicial.
§ 1º A indisponibilidade de que trata o caput deste artigo limitar-se-á ao valor total exigível, devendo o juiz determinar o imediato levantamento da indisponibilidade dos bens ou valores que excederem esse limite;
§ 2º Os órgãos e entidades aos quais se fizer a comunicação de que trata o caput deste artigo enviarão imediatamente ao juízo a relação discriminada dos bens e direitos cuja indisponibilidade houverem promovido.

93. Dispositivo alterado pela Lei nº 14.382/2022.
Art. 17. Qualquer pessoa pode requerer certidão do registro sem informar ao oficial ou ao funcionário o motivo ou interesse do pedido.
§ 1º O acesso e o envio de informações aos registros públicos, quando realizados por meio da internet, deve-

---

VI – na Lei n. 8.159, de 8 de janeiro de 1991 e seus regulamentos;

VII – nos incisos II e III[94] do art. 3º e no art. 11[95] da Lei n. 12.965, de 23 de abril de 2014; e

VIII – neste Código Nacional de Normas, complementado pelas Corregedorias-Gerais da Justiça de cada um dos estados e do Distrito Federal e dos Territórios, observadas as peculiaridades locais.

Art. 247. O sistema de registro eletrônico de títulos e documentos e civil de pessoas jurídicas deverá ser implantado e integrado por todos os oficiais de registro de títulos e documentos e civil de pessoas jurídicas de cada Estado e do Distrito Federal e dos Territórios, e compreende:

I – o intercâmbio de documentos eletrônicos e de informações entre os ofícios de registro de títulos e documentos e civil de pessoas jurídicas, o Poder Judiciário, a Administração Pública e o público em geral;

II – a recepção e o envio de títulos em formato eletrônico;

III – a expedição de certidões e a prestação de informações em formato eletrônico;

IV – a formação, nos cartórios competentes, de repositórios registrais eletrônicos para o acolhimento de dados e o armazenamento de documentos eletrônicos; e

V – a recepção de títulos em formato físico (papel) para fins de inserção no próprio sistema, objetivando enviá-los para o registro em cartório de outra comarca.

---

rão ser assinados com o uso de assinatura avançada ou qualificada de que trata o art. 4º da Lei nº 14.063, de 23 de setembro de 2020, nos termos estabelecidos pela Corregedoria Nacional de Justiça do Conselho Nacional de Justiça;

§ 2º Ato da Corregedoria Nacional de Justiça do Conselho Nacional de Justiça poderá estabelecer hipóteses de uso de assinatura avançada em atos que envolvam imóveis.

94. Art. 3º A disciplina do uso da internet no Brasil tem os seguintes princípios:
II – proteção da privacidade;
III – proteção dos dados pessoais, na forma da lei.

95. Art. 11. Em qualquer operação de coleta, armazenamento, guarda e tratamento de registros, de dados pessoais ou de comunicações por provedores de conexão e de aplicações de internet em que pelo menos um desses atos ocorra em território nacional, deverão ser obrigatoriamente respeitados a legislação brasileira e os direitos à privacidade, à proteção dos dados pessoais e ao sigilo das comunicações privadas e dos registros.
§ 1º O disposto no caput aplica-se aos dados coletados em território nacional e ao conteúdo das comunicações, desde que pelo menos um dos terminais esteja localizado no Brasil.
§ 2º O disposto no caput aplica-se mesmo que as atividades sejam realizadas por pessoa jurídica sediada no exterior, desde que oferte serviço ao público brasileiro ou pelo menos uma integrante do mesmo grupo econômico possua estabelecimento no Brasil.
§ 3º Os provedores de conexão e de aplicações de internet deverão prestar, na forma da regulamentação, informações que permitam a verificação quanto ao cumprimento da legislação brasileira referente à coleta, à guarda, ao armazenamento ou ao tratamento de dados, bem como quanto ao respeito à privacidade e ao sigilo de comunicações;
§ 4º Decreto regulamentará o procedimento para apuração de infrações ao disposto neste artigo.

Art. 248. O intercâmbio de documentos eletrônicos e de informações entre os ofícios de registro de títulos e documentos e civil de pessoas jurídicas, o Poder Judiciário, a Administração Pública e o público em geral estará a cargo de centrais de serviços eletrônicos compartilhados que se criarão em cada um dos estados e no Distrito Federal.

§ 1º As centrais de serviços eletrônicos compartilhadas serão criadas pelos oficiais de registro de títulos e documentos e civil de pessoas jurídicas competentes, mediante ato normativo da Corregedoria-Geral da Justiça (CGJ) local;

§ 2º Haverá uma única central de serviços eletrônicos compartilhados em cada um dos estados e no Distrito Federal;

§ 3º Onde não seja possível ou conveniente a criação e manutenção de serviços próprios, o tráfego eletrônico far-se-á mediante central de serviço eletrônico compartilhado que já esteja a funcionar em outro Estado ou no Distrito Federal;

§ 4º As centrais de serviços eletrônicos compartilhados conterão indicadores somente para os ofícios de registro de títulos e documentos e civil de pessoas jurídicas que as integrem;

§ 5º As centrais de serviços eletrônicos compartilhados coordenar-se-ão entre si para que se universalize o acesso ao tráfego eletrônico e se prestem os mesmos serviços em todo o país;

§ 6º Em todas as operações das centrais de serviços eletrônicos compartilhados, serão obrigatoriamente respeitados os direitos à privacidade, à proteção dos dados pessoais e ao sigilo das comunicações privadas e, se houver, dos registros;

§ 7º As centrais de serviços eletrônicos compartilhadas deverão observar os padrões e requisitos de documentos, de conexão e de funcionamento, da Infraestrutura de Chaves Públicas Brasileira (ICP) e da arquitetura dos Padrões de Interoperabilidade de Governo Eletrônico (e-Ping).

Art. 249. Todas as solicitações feitas por meio das centrais de serviços eletrônicos compartilhados serão enviadas ao ofício de registro de títulos e documentos e civil de pessoas jurídicas competente, que será o único responsável pelo processamento e atendimento.

Parágrafo único. Os oficiais de registro de títulos e documentos e civil de pessoas jurídicas deverão manter, em segurança e sob seu exclusivo controle, indefinida e permanentemente, os livros, classificadores, documentos e dados eletrônicos e responderão por sua guarda e conservação.

Art. 250. Respeitada disposição legal ou infralegal diversa admitindo outras formas de assinaturas eletrônicas, os documentos eletrônicos apresentados aos ofícios de registro de títulos e documentos e civil de pessoas jurídicas, ou por eles expedidos, serão assinados com uso de certificado digital, segundo a Infraestrutura de Chaves Públicas Brasileira (ICP), e observarão a arquitetura dos Padrões de Interoperabilidade de Governo Eletrônico (e-Ping).

Art. 251. Os livros do registro de títulos e documentos e civil de pessoas jurídicas serão escriturados e mantidos segundo a Lei n. 6.015, de 31 de dezembro de 1973, podendo, para este fim, ser adotados os sistemas de computação, microfilmagem, disco óptico e outros meios de reprodução, nos termos do art. 41[96] da Lei n. 8.935, de 18 de novembro de 1994, e conforme as normas editadas pelas Corregedorias-Gerais de Justiça dos estados e do Distrito Federal, sem prejuízo da escrituração eletrônica em repositórios registrais eletrônicos.

Art. 252. Os repositórios registrais eletrônicos receberão os dados relativos a todos os atos de registro e aos títulos e documentos que lhes serviram de base.

Parágrafo único. Para a criação, atualização, manutenção e guarda permanente dos repositórios registrais eletrônicos deverão ser observados:

I – a especificação técnica do modelo de sistema digital para implantação de sistemas de registro de títulos e documentos e civil de pessoas jurídicas eletrônico, segundo Recomendações da Corregedoria Nacional da Justiça;

II – as Recomendações para Digitalização de Documentos Arquivísticos Permanentes de 2010, baixadas pelo Conselho Nacional de Arquivos – Conarq; e

III – os atos normativos baixados pelas Corregedorias-Gerais de Justiça dos estados e do Distrito Federal e dos Territórios.

Art. 253. Aos ofícios de registro de títulos e documentos e civil de pessoas jurídicas é vedado:

I – recepcionar ou expedir documentos eletrônicos por e-mail ou serviços postais ou de entrega;

II – postar ou baixar (download) documentos eletrônicos e informações em sites que não sejam os das respectivas centrais de serviços eletrônicos compartilhados; e

III – prestar os serviços eletrônicos referidos neste Capítulo, diretamente ou por terceiros, em concorrência com as centrais de serviços eletrônicos compartilhados, ou fora delas.

Art. 254. Os títulos e documentos eletrônicos, devidamente assinados com o uso de certificado digital, segundo a Infraestrutura de Chaves Públicas Brasileira (ICP), e observada a arquitetura dos Padrões de Interoperabilidade de Governo Eletrônico (e-Ping), podem ser recepcionados diretamente no cartório, caso o usuário assim requeira e compareça na serventia com a devida mídia eletrônica.

Parágrafo único. Nos casos em que o oficial recepcionar quaisquer títulos e documentos diretamente no cartório, ele deverá, no mesmo dia da prática do ato registral, enviar esses títulos e documentos para a central de serviços eletrônicos compartilhados para armazenamento dos indicadores, sob pena de infração administrativa.

Art. 255. Os serviços eletrônicos compartilhados passarão a ser prestados dentro do prazo de 360 dias.

Art. 256. Sempre que solicitado, documentos físicos (papel) poderão ser recepcionados por serventia de registro de títulos e documentos para envio a comarca diversa, o que se dará em meio magnético e mediante utilização de assinatura eletrônica.

§ 1º Para o fim referido no caput, os oficiais de RTDPJ recepcionarão o título em meio físico, farão seu lançamento no livro de protocolo e, em seguida, providenciarão a digitalização e inserção no sistema criado pelo presente provimento, o que se dará mediante envio de arquivo assinado digitalmente que contenha certidão relativa a todo o procedimento e imagem eletrônica do documento;

§ 2º Ao apresentar seu documento e declarar a finalidade de remessa para registro em outra serventia, o interessado preencherá requerimento em que indicará, além de seus dados pessoais e endereço eletrônico (e-mail), a comarca competente para o registro;

§ 3º Após o procedimento previsto nos parágrafos anteriores, a cada envio realizado, a serventia devolverá ao interessado o documento físico apresentado e lhe entregará recibo com os valores cobrados e a indicação do sítio eletrônico em que deverá acompanhar a tramitação do pedido, no qual também poderá visualizar o arquivo com a certidão enviada;

§ 4º O cartório destinatário, por meio do sistema de que trata este Capítulo, informará aos usuários eventuais exigências, valores devidos de emolumentos e taxas e, por fim, lhe facultará o download do título registrado em meio eletrônico.

CAPÍTULO V
DO TABELIONATO DE PROTESTO

SEÇÃO I
DOS SERVIÇOS ELETRÔNICOS DOS TABELIÃES DE PROTESTO DE TÍTULOS – CENPROT

Art. 257. Os tabeliães de protesto de títulos de todo território nacional instituirão, no prazo de 30 dias, a – Central Nacional de Serviços Eletrônicos dos Tabeliães de Protesto (CENPROT), para prestação de serviços eletrônicos.

Parágrafo único. É obrigatória a adesão de todos os tabeliães de protesto do país ou responsáveis interinos pelo expediente à CENPROT de que trata o caput deste artigo, à qual ficarão vinculados, sob pena de responsabilização disciplinar nos termos do inciso I[97] do caput do art 31 da Lei n. 8.935, de 18 de novembro de 1994.

Art. 258. A CENPROT será operada, mantida e administrada conforme deliberação da assembleia geral dos tabeliães de protesto de títulos podendo ser delegada à entidade nacional representativa da categoria.

§ 1º Poderão ser instituídas CENPROT seccionais na forma e locais definidos pela assembleia geral dos tabeliães de protesto de títulos;

§ 2º A CENPROT e as seccionais instaladas se subordinam às normas, à auditagem e à fiscalização da Corregedoria Nacional de Justiça e da Corregedoria-Geral de Justiça (CGJ) respectiva

---

96. Art. 41. Incumbe aos notários e aos oficiais de registro praticar, independentemente de autorização, todos os atos previstos em lei necessários à organização e execução dos serviços, podendo, ainda, adotar sistemas de computação, microfilmagem, disco ótico e outros meios de reprodução.

97. Art. 31. São infrações disciplinares que sujeitam os notários e os oficiais de registro às penalidades prevista nesta lei:
I – a inobservância das prescrições legais ou normativas

Art. 259. A CENPROT deve disponibilizar, por meio da rede mundial de computadores (internet) pelo menos, os seguintes serviços:

I – acesso a informações sobre quaisquer protestos válidos lavrados pelos tabeliães de protesto de títulos dos estados ou do Distrito Federal;

II – consulta gratuita às informações indicativas da existência ou inexistência de protesto, respectivos tabelionatos e valor;

III – fornecimento de informação complementar acerca da existência de protesto e sobre dados ou elementos do registro, quando o interessado dispensar a certidão;

IV – fornecimento de instrumentos de protesto em meio eletrônico;

V – recepção de declaração eletrônica de anuência para fins de cancelamento de protesto;

VI – recepção de requerimento eletrônico de cancelamento de protesto;

VII – recepção de títulos e documentos de dívida, em meio eletrônico, para fins de protesto, encaminhados por órgãos do Poder Judiciário, das procuradorias, dos advogados e dos apresentantes cadastrados; e

VIII – recepção de pedidos de certidão de protesto e de cancelamento e disponibilização da certidão eletrônica expedida pelas serventias do Estado ou do Distrito Federal em atendimento a tais solicitações.

Parágrafo único. Na informação complementar requerida pelo interessado, acerca da existência de protesto, poderão constar os seguintes dados:

I – nome do devedor, e quando constar do registro, endereço completo, endereço eletrônico e telefone;

II – se pessoa física, número de inscrição no Cadastro de Pessoas Físicas (CPF) — se pessoa jurídica, número de inscrição no Cadastro Nacional de Pessoas Jurídicas (CNPJ);

III – tipo, número e folha do livro de protesto, ou número do registro sequencial do protesto;

IV – tipo de ocorrência e respectiva data;

V – nome do apresentante do título ou documento de dívida, nome do endossatário (cedente), e tipo do endosso;

VI – nome, número do CPF ou CNPJ do credor (sacador), e quando constar do registro, endereço completo, endereço eletrônico e telefone; e

VII – data e número do protocolo, espécie, número do título ou documento de dívida, data de emissão, data de vencimento, valor original, valor protestado, valor das intimações e, quando houver, valor do edital, com indicação de motivo.

Art. 260. As informações enviadas pelos tabeliães de protesto de títulos à CENPROT, na forma e no prazo estabelecido pela Central, não geram o pagamento aos tabelionatos de protesto de emolumentos ou de quaisquer outras despesas decorrentes do envio.

Parágrafo único. Será de responsabilidade exclusiva do tabelião de protesto de títulos as consequências pela eventual omissão de informação que deveria ter sido enviada à CENPROT.

Art. 261. Os tabeliães de protesto, ainda que representados por sua entidade escolhida, poderão realizar auditoria, com monitoramento automático do descumprimento de prazos, horários e procedimentos incumbidos aos tabeliães de protesto, atividade denominada "Autogestão on-line" com a geração de relatórios a serem encaminhados ao juízo competente e, quando for o caso, à Corregedoria Nacional de Justiça e à respectiva Corregedoria-Geral de Justiça (CGJ).

Parágrafo único. A atuação prevista no caput será preventiva, com o propósito de autogestão da atividade, notificando os tabeliães que incorram em excesso de prazo ou não observância de procedimentos legais e normativos, antes do envio de relatórios aos órgãos correcionais.

Art. 262. As Corregedorias-Gerais de Justiça dos estados fiscalizarão a efetiva vinculação dos tabeliães de protesto à CENPROT, observados os limites, a temporalidade e o escopo do uso da central, bem como a extensão da responsabilidade dos tabeliães de protesto.

Art. 263. A prestação de serviços a terceiros com a utilização de dados existentes na CENPROT se dará mediante convênio/termo de adesão que deverá conter cláusulas de responsabilidade recíprocas, contendo forma, prazo e taxas administrativas livremente ajustadas entre as partes.

CAPÍTULO VI
DO TABELIONATO DE NOTAS

SEÇÃO I
DA CENTRAL NOTARIAL DE SERVIÇOS ELETRÔNICOS COMPARTILHADOS (CENSEC)

SUBSEÇÃO I
DAS DISPOSIÇÕES GERAIS

Art. 264. Fica corroborada a instituição da Central Notarial de Serviços Eletrônicos Compartilhados (CENSEC), disponível por meio do Sistema de Informações e Gerenciamento Notarial (SIGNO) e publicada sob o domínio www.censec.org.br, desenvolvida, mantida e operada pelo Colégio Notarial do Brasil Conselho Federal (CNB/CF), sem nenhum ônus para o Conselho Nacional de Justiça (CNJ) ou qualquer outro órgão governamental, com objetivo de:

I – interligar as serventias extrajudiciais brasileiras que praticam atos notariais, permitido o intercâmbio de documentos eletrônicos e o tráfego de informações e dados;

II – aprimorar tecnologias com a finalidade de viabilizar os serviços notariais em meio eletrônico;

III – implantar em âmbito nacional um sistema de gerenciamento de banco de dados, para pesquisa;

IV – incentivar o desenvolvimento tecnológico do sistema notarial brasileiro, facilitando o acesso às informações, ressalvadas as hipóteses de acesso restrito nos casos de sigilo; e

V – possibilitar o acesso direto de órgãos do Poder Público a informações e dados correspondentes ao serviço notarial.

Art. 265. A CENSEC funcionará por meio de portal na rede mundial de computadores e será composta dos seguintes módulos operacionais:

I – Registro Central de Testamentos On-Line (RCTO): destinado à pesquisa de testamentos públicos e de instrumentos de aprovação de testamentos cerrados, lavrados no país, no mínimo, desde 1º de janeiro de 2000;

II – Central de Escrituras de Separações, Divórcios e Inventários (CESDI): destinada à pesquisa de escrituras a que alude a Lei n. 11.441, de 4 de janeiro de 2007, lavradas no país, no mínimo, desde 1º de janeiro de 2007;

III – Central de Escrituras e Procurações (CEP): destinada à pesquisa de procurações e atos notariais diversos, lavrados no país, no mínimo, desde 1º de janeiro de 2006; e

IV – Central Nacional de Sinal Público (CNSIP): destinada ao arquivamento digital de sinal público de notários e registradores e respectiva pesquisa.

Art. 266. A CENSEC será integrada, obrigatoriamente, por todos os tabeliães de notas e oficiais de registro que pratiquem atos notariais, os quais deverão acessar o Portal do CENSEC na internet para incluir dados específicos e emitir informações para cada um dos módulos acima citados, com observância dos procedimentos descritos neste Código de Normas.

SUBSEÇÃO II
DO REGISTRO CENTRAL DE TESTAMENTOS "ON-LINE" (RCTO)

Art. 267. Os tabeliães de notas, com atribuição pura ou cumulativa dessa especialidade, e os oficiais de registro que detenham atribuição notarial para lavratura de testamentos remeterão ao Colégio Notarial do Brasil – Conselho Federal quinzenalmente, por meio da CENSEC, relação dos nomes constantes dos testamentos lavrados em seus livros e respectivas revogações, bem como dos instrumentos de aprovação de testamentos cerrados, ou informação negativa da prática de qualquer desses atos, nos seguintes termos:

I – até o dia 5 de cada mês subsequente, quanto a atos praticados na segunda quinzena do mês anterior; e

II – até o dia 20, quanto a atos praticados na primeira quinzena do próprio mês.

§ 1º Nos meses em que os dias 5 e 20 não forem dias úteis, a informação deverá ser enviada no dia útil subsequente;

§ 2º Constarão da informação:

a) nome por extenso do testador, número do documento de identidade (RG ou documento equivalente) e CPF;

b) espécie e data do ato; e

c) livro e folhas em que o ato foi lavrado.

§ 3º As informações positivas ou negativas serão enviadas, por meio da internet, ao Colégio Notarial do Brasil – Conselho Federal, arquivando-se digitalmente o comprovante do envio;

§ 4º No prazo para envio da informação, os tabeliães de notas, com atribuição pura ou cumulativa dessa especialidade, e os oficiais de registro que detenham atribuição notarial para lavratura de testamentos remeterão ao Colégio Notarial do Brasil – Conselho Federal, na qualidade de operador do CENSEC, para cada ato comunicado, o valor previsto na legislação estadual, em que houver esta previsão.

Art. 268. A informação sobre a existência ou não de testamento somente será fornecida pelo CNB/CF nos seguintes casos:

I – mediante requisição judicial ou do Ministério Público, gratuitamente;

II – de pessoa viva, a pedido do próprio testador, mediante apresentação da cópia do documento de identidade, observado o parágrafo único deste artigo; e

III – de pessoa falecida, a pedido de interessado, mediante apresentação da certidão de óbito expedida pelo Registro Civil de Pessoas Naturais, observado o parágrafo único deste artigo.

Parágrafo único. O recolhimento de quantia correspondente ao fornecimento da informação será devido na forma e pelo valor que for previsto na legislação da unidade da federação em que tenha ocorrido o óbito, se existir tal previsão.

Art. 269. As informações citadas no 5º[098] artigo anterior serão remetidas, no prazo de até 48 horas, por documento eletrônico assinado digitalmente, com base no padrão ICP-BRASIL, pelo Presidente do Conselho Federal do Colégio Notarial do Brasil, ou por pessoa por ele designada, sob sua responsabilidade.

SUBSEÇÃO III
DA CENTRAL DE ESCRITURAS DE SEPARAÇÕES, DIVÓRCIOS E INVENTÁRIOS (CESDI)

Art. 270. Os tabeliães de notas, com atribuição pura ou cumulativa dessa especialidade, e os oficiais de registro que detenham atribuição notarial remeterão ao Colégio Notarial do Brasil – Conselho Federal, quinzenalmente, por meio da CENSEC, informação sobre a lavratura de escrituras decorrentes da Lei n. 11.441/07 contendo os dados abaixo relacionados ou, na hipótese de ausência, informação negativa da prática desses atos no período, arquivando-se digitalmente o comprovante de remessa, nos seguintes termos:

I – até o dia 5 de cada mês subsequente, aos atos praticados na segunda quinzena do mês anterior; e

II – até o dia 20, os atos praticados na primeira quinzena do mesmo mês.

§ 1º Nos meses em que os dias 5 e 20 não forem dias úteis, a informação deverá ser enviada no dia útil subsequente.

§ 2º Constarão da informação:

a) tipo de escritura;

b) data da lavratura do ato;

c) livro e folhas em que o ato foi lavrado; e

d) nome por extenso das partes: separandos, divorciandos, "de cujus", cônjuge supérstite e herdeiros, bem como seus respectivos números de documento de identidade (RG ou equivalente) e CPF, e do advogado oficiante.

§ 3º As informações positivas ou negativas serão enviadas, por meio da internet, ao Colégio Notarial do Brasil – Conselho Federal, arquivando-se digitalmente o comprovante do envio.

Art. 271. Poderá qualquer interessado acessar o sítio eletrônico para obter informação sobre a eventual existência dos atos referidos no artigo anterior e o sistema indicará, em caso positivo, o tipo de escritura, a serventia que a lavrou, a data do ato, o respectivo número do livro e das folhas, os nomes dos separandos, divorciandos, "de cujus", cônjuges supérstites e herdeiros, bem como seus respectivos números de documento de identidade (RG ou equivalente) e CPF e o advogado assistente.

SUBSEÇÃO IV
DA CENTRAL DE ESCRITURAS E PROCURAÇÕES (CEP)

Art. 272. Os tabeliães de notas, com atribuição pura ou cumulativa dessa especialidade, e os oficiais de registro que detenham atribuição notarial remeterão ao Colégio Notarial do Brasil – Conselho Federal, quinzenalmente, por meio da CENSEC, informações constantes das escrituras públicas e procurações públicas ou informação negativa da prática destes atos, exceto quanto às escrituras de separação, divórcio e inventário (que deverão ser informadas à CESDI) e às de testamento (que deverão ser informadas ao RCTO), nos seguintes termos:

I – até o dia 5 do mês subsequente, os atos praticados na segunda quinzena do mês anterior; e

II – até o dia 20, os atos praticados na primeira quinzena do mesmo mês.

§ 1º Nos meses em que os dias 5 e 20 não forem dias úteis, a informação deverá ser enviada no dia útil subsequente;

§ 2º Constarão da informação:

a) nomes por extenso das partes;

b) número do documento de identidade (RG ou equivalente);

c) CPF;

d) valor do negócio jurídico (quando existente); e

e) número do livro e folhas.

§ 3º As informações positivas ou negativas serão enviadas, por meio da internet, ao Colégio Notarial do Brasil – Conselho Federal, arquivando-se digitalmente o comprovante do envio;

§ 4º Independentemente da prestação de informações à Central de Escrituras e Procurações – CEP, será obrigatória a comunicação da lavratura de escritura pública de revogação de procuração e de escritura pública de rerratificação, pelo notário que as lavrar, ao notário que houver lavrado a escritura de procuração revogada, e a escritura pública do negócio jurídico objeto da rerratificação, com a realização das anotações remissivas correspondentes, em todas as escrituras, pelo remetente e pelo destinatário.

Art. 273. As informações constantes da CEP poderão ser acessadas, diretamente, por meio de certificado digital, pelos Tabeliães de Notas e Oficiais de Registro que detenham atribuição notarial e serão disponibilizadas, mediante solicitação, aos órgãos públicos, autoridades e outras pessoas indicadas neste Código de Normas ou em outro ato normativo.

SUBSEÇÃO V
DA CENTRAL NACIONAL DE SINAL PÚBLICO (CNSIP)

Art. 274. Os tabeliães de notas e oficiais de registro que detenham atribuição notarial remeterão ao Colégio Notarial do Brasil – Conselho Federal, por meio do CENSEC, cartões com seus autógrafos e os dos seus prepostos, autorizados a subscrever traslados e certidões, reconhecimentos de firmas e autenticações de documentos, para fim de confronto com as assinaturas lançadas nos instrumentos que forem apresentados.

Art. 275. A consulta à CNSIP poderá ser feita gratuitamente pelos tabeliães de notas e oficiais de registro que detenham atribuição notarial.

SUBSEÇÃO VI
DA FISCALIZAÇÃO DA CENSEC

Art. 276. O Conselho Nacional de Justiça (CNJ) terá acesso à CENSEC, para utilização de todos os dados em sua esfera de competência, sem qualquer ônus ou despesa.

Art. 277. A Corregedoria Nacional de Justiça poderá verificar, diretamente pela CENSEC, o cumprimento dos prazos de carga das informações previstas nesta Seção pelos tabeliães de notas e oficiais de registro que detenham atribuição notarial.

Parágrafo único. O Colégio Notarial do Brasil – Conselho Federal deverá informar à Corregedoria Nacional de Justiça, mensalmente, os casos de descumprimento dos prazos de carga das informações previstas nesta Seção e indicar as serventias omissas em aviso dirigido a todos os usuários do sistema, inclusive nos informes específicos solicitados por particulares e órgãos públicos.

SUBSEÇÃO VII
DO ACESSO À CENSEC

Art. 278. A Presidência do Conselho Nacional de Justiça (CNJ) e a Corregedoria Nacional de Justiça, que detém o poder de fiscalização, terão acesso livre, integral e gratuito às informações referentes a RCTO, CESDI, CEP e CNSIP, independentemente da utilização de certificado digital, mediante informação do número do processo ou procedimento do qual originada a determinação.

Art. 279. Para transparência e segurança, todos os demais acessos às informações constantes da CENSEC somente serão feitos após prévia identificação, por meio de certificado digital emitido conforme a Infraestrutura de Chaves Públicas Brasileira (ICP-Brasil), devendo o sistema manter registros de "log" destes acessos.

§ 1º Os conselheiros do Conselho Nacional de Justiça (CNJ), para o exercício de suas atribuições, terão acesso livre, integral e gratuito às informações referentes à RCTO, CESDI, CEP e CNSIP, mediante informação do número do processo ou procedimento do qual originada a solicitação;

§ 2º Os demais órgãos do Poder Judiciário, do Ministério Público e os órgãos públicos indicados pela Presidência do Conselho Nacional de Justiça (CNJ) e pela Corregedoria Nacional de Justiça terão acesso livre, integral e gratuito às informações referentes à CESDI e CEP, mediante informação do número do processo ou procedimento do qual originada a solicitação;

§ 3º Os tabeliães de notas e oficiais de registro que detenham atribuição notarial terão acesso livre, integral e gratuito às informações referentes à CESDI, CEP e CNSIP, para o exercício de suas atribuições.

Art. 280. Poderão se habilitar para o acesso às informações referentes à CESDI e CEP todos os órgãos do Poder Judiciário e do Ministério Público, bem como os órgãos públicos da União, dos estados, do Distrito Federal e dos municí-

---

98. Redação original não possui este dispositivo no artigo indicado.

pios que delas necessitem para a prestação do serviço público de que incumbidos.

§ 1º Os órgãos do Poder Judiciário, de qualquer instância, se habilitarão diretamente na Central Notarial de Serviços Eletrônicos Compartilhados (CENSEC), mediante atendimento dos requisitos técnicos pertinentes;

§ 2º A habilitação dos órgãos públicos de que trata o caput deste artigo será solicitada diretamente ao Colégio Notarial do Brasil – Conselho Federal, em campo a ser disponibilizado no sítio www.censec.org.br, no qual será informado o nome, cargo, matrícula e número do CPF das pessoas autorizadas para acesso ao sistema;

§ 3º O Colégio Notarial do Brasil – Conselho Federal consultará a Corregedoria Nacional de Justiça, antes de efetivar o acesso, sobre a solicitação de habilitação dos órgãos públicos, sempre que estiver ausente qualquer dos requisitos estabelecidos no caput deste artigo.

SUBSEÇÃO VIII
DAS DEFINIÇÕES TÉCNICAS

Art. 281. A definição de padrões tecnológicos e o aprimoramento contínuo da prestação de informações dos serviços notariais por meio eletrônico ficarão a cargo do Colégio Notarial do Brasil – Conselho Federal, sob suas expensas, sem nenhum ônus para o Conselho Nacional de Justiça (CNJ) ou qualquer outro órgão governamental.

Art. 282. A CENSEC, sistema de informações homologado pelo LEA/ICP – Brasil (Laboratório de Ensaios e Auditorias), estará disponível 24 horas por dia, em todos os dias da semana, observadas as seguintes peculiaridades e características técnicas:

§ 1º Ocorrendo a extinção da CNB-CF, que se apresenta como titular dos direitos autorais e de propriedade intelectual do sistema, do qual detém o conhecimento tecnológico, o código-fonte e o banco de dados, ou a paralisação pela citada entidade da prestação do serviço objeto desta Seção, sem substituição por associação ou entidade de classe que o assuma em idênticas condições mediante autorização do Conselho Nacional de Justiça (CNJ), será o banco de dados, em sua totalidade, transmitido ao CNJ, ou a ente ou órgão público que o CNJ indicar, com o código-fonte e as informações técnicas necessárias para o acesso e utilização de todos os seus dados, bem como para a continuação de seu funcionamento na forma prevista nesta Seção, sem ônus, custos ou despesas para o Poder Público e, notadamente, sem qualquer remuneração por direitos autorais e de propriedade intelectual, a fim de que a Central Notarial de Serviços Eletrônicos Compartilhados – CENSEC permaneça em integral funcionamento;

§ 2º O sistema foi desenvolvido em plataforma WEB, com sua base de dados em SQL Server, em conformidade com a arquitetura e-Ping;

§ 3º O acesso ao sistema, bem como as assinaturas de informações ou outros documentos emitidos por meio deste, deve ser feito mediante uso de certificado digital nos padrões da Infraestrutura de Chaves Públicas Brasileira (ICP Brasil), ressalvado o disposto neste Código de Normas.

Art. 283. O Colégio Notarial do Brasil – Conselho Federal, ou quem o substituir na forma deste Código de Normas, se obriga a manter sigilo relativo à identificação dos órgãos públicos e dos respectivos servidores que acessarem a Central Notarial de Serviços Eletrônicos Compartilhados (CENSEC), ressalvada requisição judicial e fiscalização pela Corregedoria Nacional de Justiça.

SEÇÃO II
DOS ATOS NOTARIAIS ELETRÔNICOS POR MEIO DO E-NOTARIADO

SUBSEÇÃO I
DAS DISPOSIÇÕES GERAIS

Art. 284. Esta Seção estabelece normas gerais sobre a prática de atos notariais eletrônicos em todos os tabelionatos de notas do País.

Art. 285. Para fins desta Seção, considera-se:

I – assinatura eletrônica notarizada: qualquer forma de verificação de autoria, integridade e autenticidade de um documento eletrônico realizada por um notário, atribuindo fé pública;

II – certificado digital notarizado: identidade digital de uma pessoa física ou jurídica, identificada presencialmente por um notário a quem se atribui fé pública;

III – assinatura digital: resumo matemático computacionalmente calculado a partir do uso de chave privada e que pode ser verificado com o uso de chave pública, cujo certificado seja conforme a Medida Provisória n. 2.200-2/2001 ou qualquer outra tecnologia autorizada pela lei;

IV – biometria: dado ou conjunto de informações biológicas de uma pessoa, que possibilita ao tabelião confirmar a identidade e a sua presença, em ato notarial ou autenticação em ato particular;

V – videoconferência notarial: ato realizado pelo notário para verificação da livre manifestação da vontade das partes em relação ao ato notarial lavrado eletronicamente;

VI – ato notarial eletrônico: conjunto de metadados, gravações de declarações de anuência das partes por videoconferência notarial e documento eletrônico, correspondentes a um ato notarial;

VII – documento físico: qualquer peça escrita ou impressa em qualquer suporte que ofereça prova ou informação sobre um ato, fato ou negócio, assinada ou não, e emitida na forma que lhe for própria;

VIII – digitalização ou desmaterialização: processo de reprodução ou conversão de fato, ato, documento, negócio ou coisa, produzidos ou representados originalmente em meio não digital, para o formato digital;

IX – papelização ou materialização: processo de reprodução ou conversão de fato, ato, documento, negócio ou coisa, produzidos ou representados originalmente em meio digital, para o formato em papel;

X – documento eletrônico: qualquer arquivo em formato digital que ofereça prova ou informação sobre um ato, fato ou negócio, emitido na forma que lhe for própria, inclusive aquele cuja autoria seja verificável pela internet.

XI – documento digitalizado: reprodução digital de documento originalmente em papel ou outro meio físico;

XII – documento digital: documento originalmente produzido em meio digital;

XIII – meio eletrônico: ambiente de armazenamento ou tráfego de informações digitais;

XIV – transmissão eletrônica: toda forma de comunicação a distância com a utilização de redes de comunicação, tal como os serviços de internet;

XV – usuários internos: tabeliães de notas, substitutos, interinos, interventores, escreventes e auxiliares com acesso às funcionalidades internas do sistema de processamento em meio eletrônico;

XVI – usuários externos: todos os demais usuários, incluídas partes, membros do Poder Judiciário, autoridades, órgãos governamentais e empresariais;

XVII – CENAD: Central Notarial de Autenticação Digital, que consiste em uma ferramenta para os notários autenticarem os documentos digitais, com base em seus originais, que podem ser em papel ou natos-digitais; e

XVIII – cliente do serviço notarial: todo o usuário que comparecer perante um notário como parte direta ou indiretamente interessada em um ato notarial, ainda que por meio de representantes, independentemente de ter sido o notário escolhido pela parte outorgante, outorgada ou por um terceiro.

Art. 286. São requisitos da prática do ato notarial eletrônico:

I – videoconferência notarial para captação do consentimento das partes sobre os termos do ato jurídico;

II – concordância expressada pelas partes com os termos do ato notarial eletrônico;

III – assinatura digital pelas partes, exclusivamente por meio do e-Notariado;

IV – assinatura do tabelião de notas com a utilização de certificado digital ICP-Brasil; e

V – uso de formatos de documentos de longa duração com assinatura digital.

Parágrafo único. A gravação da videoconferência notarial deverá conter, no mínimo:

a) a identificação, a demonstração da capacidade e a livre manifestação das partes atestadas pelo tabelião de notas;

b) o consentimento das partes e a concordância com a escritura pública;

c) o objeto e o preço do negócio pactuado;

d) a declaração da data e horário da prática do ato notarial; e

e) a declaração acerca da indicação do livro, da página e do tabelionato em que será lavrado o ato notarial.

Art. 287. Para a lavratura do ato notarial eletrônico, o notário utilizará a plataforma e-Notariado, por meio do link www.e-notariado.org.br, com a realização da videoconferência notarial para captação da vontade das partes e coleta das assinaturas digitais.

Art. 288. O Colégio Notarial do Brasil – Conselho Federal manterá um registro nacional único dos Certificados Digitais Notarizados e de biometria.

Art. 289. A competência para a prática dos atos regulados nesta Seção é absoluta e observará a circunscrição territorial em que o tabelião recebeu sua delegação, nos termos do art. 9º[99] da Lei n. 8.935/1994.

SUBSEÇÃO II
DO SISTEMA DE ATOS NOTARIAIS ELETRÔNICOS E-NOTARIADO

Art. 290. Fica instituído o Sistema de Atos Notariais Eletrônicos, e-Notariado, disponibilizado na internet pelo Colégio Notarial do Brasil – Conselho Federal, dotado de infraestrutura tecnológica necessária à atuação notarial eletrônica, com o objetivo de:

I – interligar os notários, permitindo a prática de atos notariais eletrônicos, o intercâmbio de documentos e o tráfego de informações e dados;

II – aprimorar tecnologias e processos para viabilizar o serviço notarial em meio eletrônico;

III – implantar, em âmbito nacional, um sistema padronizado de elaboração de atos notariais eletrônicos, possibilitando a solicitação de atos, certidões e a realização de convênios com interessados; e

IV – implantar a Matrícula Notarial Eletrônica (MNE).

§ 1º O e-Notariado deve oferecer acesso aos dados e às informações constantes de sua base de dados para o juízo competente responsável pela fiscalização da atividade extrajudicial, para as corregedorias dos estados e do Distrito Federal e para a Corregedoria Nacional de Justiça.

§ 2º Os notários, pessoalmente ou por intermédio do e-Notariado, devem fornecer meios tecnológicos para o acesso das informações exclusivamente estatísticas e genéricas à Administração Pública Direta, sendo-lhes vedado o envio e o repasse de dados, salvo disposição legal ou judicial específica.

Art. 291. O Sistema de Atos Notariais Eletrônicos, e-Notariado, será implementado e mantido pelo Colégio Notarial do Brasil – Conselho Federal, CNB-CF, sem ônus ou despesas para o Conselho Nacional de Justiça (CNJ) e os demais órgãos ou entidades do Poder Público.

§ 1º Para a implementação e gestão do sistema e-Notariado, o Colégio Notarial do Brasil – Conselho Federal deverá:

I – adotar as medidas operacionais necessárias, coordenando a implantação e o funcionamento dos atos notariais eletrônicos, emitindo certificados eletrônicos;

II – estabelecer critérios e normas técnicas para a seleção dos tabelionatos de notas autorizados a emitir certificados eletrônicos para a lavratura de atos notariais eletrônicos; e

III – estabelecer normas, padrões, critérios e procedimentos de segurança referentes a assinaturas eletrônicas, certificados digitais e emissão de atos notariais eletrônicos e outros aspectos tecnológicos atinentes ao seu bom funcionamento.

§ 2º As seccionais do Colégio Notarial do Brasil atuarão para capacitar os notários credenciados para a emissão de certificados eletrônicos, segundo diretrizes do Colégio Notarial do Brasil – Conselho Federal;

§ 3º Para manutenção, gestão e aprimoramento contínuo do e-Notariado, o CNB-CF poderá ser ressarcido dos custos pelos delegatários, interinos e interventores aderentes à plataforma eletrônica na proporção dos serviços utilizados.

Art. 292. O acesso ao e-Notariado será feito com assinatura digital, por certificado digital notarizado, nos termos da MP n. 2.200-2/2001 ou, quando possível, por biometria.

§ 1º As autoridades judiciárias e os usuários internos terão acesso às funcionalidades do e-Notariado de acordo com o perfil que lhes for atribuído no sistema;

§ 2º Os usuários externos poderão acessar o e-Notariado mediante cadastro prévio, sem assinatura eletrônica, para conferir a autenticidade de ato em que tenham interesse;

§ 3º Para a assinatura de atos notariais eletrônicos é imprescindível a realização de videoconferência notarial para captação do consentimento das partes sobre os termos do ato jurídico, a concordância com o ato notarial, a utilização da assinatura digital e a assinatura do tabelião de notas com o uso de certificado digital, segundo a Infraestrutura de Chaves Públicas Brasileira (ICP);

§ 4º O notário fornecerá, gratuitamente, aos clientes do serviço notarial certificado digital notarizado, para uso exclusivo e por tempo determinado, na plataforma e-Notariado e nas demais plataformas autorizadas pelo Colégio Notarial Brasil-CF;

§ 5º Os notários poderão operar na Infraestrutura de Chaves Públicas Brasileira (ICP) Brasil ou utilizar e oferecer outros meios de comprovação da autoria e integridade de documentos em forma eletrônica, sob sua fé pública, desde que operados e regulados pelo Colégio Notarial do Brasil – Conselho Federal.

Art. 293. O e-Notariado disponibilizará as seguintes funcionalidades:

I – matrícula notarial eletrônica;

II – portal de apresentação dos notários;

III – fornecimento de certificados digitais notarizados e assinaturas eletrônicas notarizadas;

IV – sistemas para realização de videoconferências notariais para gravação do consentimento das partes e da aceitação do ato notarial;

V – sistemas de identificação e de validação biométrica;

VI – assinador digital e plataforma de gestão de assinaturas;

VII – interconexão dos notários;

VIII – ferramentas operacionais para os serviços notariais eletrônicos;

IX – Central Notarial de Autenticação Digital (CENAD);

X – Cadastro Único de Clientes do Notariado (CCN);

XI – Cadastro Único de Beneficiários Finais (CBF); e

XII – Índice Único de Atos Notariais (IU).

Art. 294. O sistema e-Notariado contará com módulo de fiscalização e geração de relatórios (correição on-line), para efeito de contínuo acompanhamento, controle e fiscalização pelos juízes responsáveis pela atividade extrajudicial, pelas corregedorias de Justiça dos estados e do Distrito Federal e pela Corregedoria Nacional de Justiça.

Parágrafo único. A habilitação dos responsáveis pela fiscalização deverá ser realizada diretamente no link www.e-notariado.org.br, acessando o campo "correição on-line", permitindo o acesso ao sistema em até 24 horas (vinte e quatro horas)

SUBSEÇÃO III
DA MATRÍCULA NOTARIAL ELETRÔNICA – MNE

Art. 295. Fica instituída a Matrícula Notarial Eletrônica (MNE), que servirá como chave de identificação individualizada, facilitando a unicidade e rastreabilidade da operação eletrônica praticada.

§ 1º A Matrícula Notarial Eletrônica será constituída de 24 dígitos, organizados em seis campos, observada a estrutura CCCCCC.AAAA MM.DD. NNNNNNNN-DD, assim distribuídos:

I – o primeiro campo (CCCCCC) será constituído de seis dígitos, identificará o Código Nacional de Serventia (CNS), atribuído pelo Conselho Nacional de Justiça (CNJ), e determinará o tabelionato de notas em que foi lavrado o ato notarial eletrônico;

II – o segundo campo (AAAA), separado do primeiro por um ponto, será constituído de quatro dígitos e indicará o ano em que foi lavrado o ato notarial;

III – o terceiro campo (MM), separado do segundo por um ponto, será constituído de dois dígitos e indicará o mês em que foi lavrado o ato notarial;

IV – o quarto campo (DD), separado do terceiro por um ponto, será constituído de dois dígitos e indicará o dia em que foi lavrado o ato notarial;

V – o quinto campo (NNNNNNNN), separado do quarto por um ponto, será constituído de oito dígitos e conterá o número sequencial do ato notarial de forma crescente ao infinito; e

VI – o sexto e último campo (DD), separado do quinto por um hífen, será constituído de dois dígitos e conterá os dígitos verificadores, gerados pela aplicação do algoritmo Módulo 97 Base 10 conforme Norma ISO 7064:2003.

§ 2º O número da Matrícula Notarial Eletrônica integra o ato notarial eletrônico, devendo ser indicado em todas as cópias expedidas;

§ 3º Os traslados e certidões conterão, obrigatoriamente, a expressão "Consulte a validade do ato notarial em www.docautentico.com.br valida".

SUBSEÇÃO IV
DO ACESSO AO SISTEMA

Art. 296. O sistema e-Notariado estará disponível 24 horas por dia, ininterruptamente, ressalvados os períodos de manutenção do sistema.

Parágrafo único. As manutenções programadas do sistema serão sempre informadas com antecedência mínima de 24 horas e realizadas preferencialmente, entre 0h de sábado e 22h de domingo, ou entre 0h e 6h, dos demais dias da semana.

Art. 297. A consulta aos dados e documentos do sistema e-Notariado estará disponív

---

99. Art. 9º O tabelião de notas não poderá praticar atos de seu ofício fora do Município para o qual recebeu delegação.

por meio do link http://www.e-notariado.org.br/consulta.

§ 1º Para a consulta de que trata o caput deste artigo será exigido o cadastro no sistema por meio do link http://www.e-notariado.org.br/cadastro.

§ 2º O usuário externo que for parte em ato notarial eletrônico ou que necessitar da conferência da autenticidade de um ato notarial será autorizado a acessar o sistema sempre que necessário;

§ 3º O sítio eletrônico do sistema e-Notariado deverá ser acessível somente por meio de conexão segura HTTPS, e os servidores de rede deverão possuir certificados digitais adequados para essa finalidade.

Art. 298. A impressão do ato notarial eletrônico conterá, em destaque, a chave de acesso e QR Code para consulta e verificação da autenticidade do ato notarial na Internet.

SUBSEÇÃO V
DOS ATOS NOTARIAIS ELETRÔNICOS

Art. 299. Os atos notariais eletrônicos reputam-se autênticos e detentores de fé pública, como previsto na legislação processual.

Parágrafo único. O CNB-CF poderá padronizar campos codificados no ato notarial eletrônico ou em seu traslado, para que a informação estruturada seja tratável eletronicamente.

Art. 300. Os atos notariais celebrados por meio eletrônico produzirão os efeitos previstos no ordenamento jurídico quando observarem os requisitos necessários para a sua validade, estabelecidos em lei e nesta Seção.

Parágrafo único. As partes comparecentes ao ato notarial eletrônico aceitam a utilização da videoconferência notarial, das assinaturas eletrônicas notariais, da assinatura do tabelião de notas e, se aplicável, biometria recíprocas.

Art. 301. A identificação, o reconhecimento e a qualificação das partes, de forma remota, será feita pela apresentação da via original de identidade eletrônica e pelo conjunto de informações a que o tabelião teve acesso, podendo utilizar-se, em especial, do sistema de identificação do e-Notariado, de documentos digitalizados, cartões de assinatura abertos por outros notários, bases biométricas públicas ou próprias, bem como, a seu critério, de outros instrumentos de segurança.

§ 1º O tabelião de notas poderá consultar o titular da serventia onde a firma da parte interessada esteja depositada, devendo o pedido ser atendido de pronto, por meio do envio de cópia digitalizada do cartão de assinatura e dos documentos via correio eletrônico;

§ 2º O Colégio Notarial do Brasil – Conselho Federal poderá implantar funcionalidade eletrônica para o compartilhamento obrigatório de cartões de firmas entre todos os usuários do e-Notariado;

§ 3º O armazenamento da captura da imagem facial no cadastro das partes dispensa a coleta a respectiva impressão digital quando exigida.

Art. 302. Ao tabelião de notas da circunscrição do imóvel ou do domicílio do adquirente compete, de forma remota e com exclusividade, lavrar as escrituras eletronicamente, por meio do e-Notariado, com a realização de videoconferência e assinaturas digitais das partes.

§ 1º Quando houver um ou mais imóveis de diferentes circunscrições no mesmo ato notarial, será competente para a prática de atos remotos o tabelião de quaisquer delas;

§ 2º Estando o imóvel localizado no mesmo estado da federação do domicílio do adquirente, este poderá escolher qualquer tabelionato de notas da unidade federativa para a lavratura do ato;

§ 3º Para os fins desta Seção, entende-se por adquirente, nesta ordem, o comprador, a parte que está adquirindo direito real ou a parte em relação à qual é reconhecido crédito.

Art. 303. Ao tabelião de notas da circunscrição do fato constatado ou, quando inaplicável este critério, ao tabelião do domicílio do requerente compete lavrar as atas notariais eletrônicas, de forma remota e com exclusividade por meio do e-Notariado, com a realização de videoconferência e assinaturas digitais das partes.

Parágrafo único. A lavratura de procuração pública eletrônica caberá ao tabelião do domicílio do outorgante ou do local do imóvel, se for o caso.

Art. 304. A comprovação do domicílio, em qualquer das hipóteses desta Seção do Código Nacional de Normas, será realizada:

I – em se tratando de pessoa jurídica ou ente equiparado: pela verificação da sede da matriz, ou da filial em relação a negócios praticados no local desta, conforme registrado nos órgãos de registro competentes; e

II – em se tratando de pessoa física: pela verificação do título de eleitor, ou outro domicílio comprovado.

Parágrafo único. Na falta de comprovação do domicílio da pessoa física, será observado apenas o local do imóvel, podendo ser estabelecidos convênios com órgãos fiscais para que os notários identifiquem, de forma mais célere e segura, o domicílio das partes.

Art. 305. A desmaterialização será realizada por meio da CENAD nos seguintes documentos:

I – na cópia de um documento físico digitalizado, mediante a conferência com o documento original ou eletrônico; e

II – em documento híbrido.

§ 1º Após a conferência do documento físico, o notário poderá expedir cópias autenticadas em papel ou em meio digital;

§ 2º As cópias eletrônicas oriundas da digitalização de documentos físicos serão conferidas na CENAD;

§ 3º A autenticação notarial gerará um registro na CENAD, que conterá os dados do notário ou preposto que o tenha assinado, a data e hora da assinatura e um código de verificação (hash), que será arquivado;

§ 4º O interessado poderá conferir o documento eletrônico autenticado pelo envio desse mesmo documento à CENAD, que confirmará a autenticidade por até cinco anos.

Art. 306. Compete, exclusivamente, ao tabelião de notas:

I – a materialização, a desmaterialização, a autenticação e a verificação da autoria de documento eletrônico;

II – autenticar a cópia em papel de documento original digitalizado e autenticado eletronicamente perante outro notário;

III – reconhecer as assinaturas eletrônicas apostas em documentos digitais; e

IV – realizar o reconhecimento da firma como autêntica no documento físico, devendo ser confirmadas, por videoconferência, a identidade. a capacidade daquele que assinou e a autoria da assinatura a ser reconhecida.

§ 1º Tratando-se de documento atinente a veículo automotor, será competente para o reconhecimento de firma, de forma remota, o tabelião de notas do município de emplacamento do veículo ou do domicílio do adquirente indicados no Certificado de Registro de Veículo (CRV) ou na Autorização para Transferência de Propriedade de Veículo (ATPV);

§ 2º O tabelião arquivará o trecho da videoconferência em que constar a ratificação da assinatura pelo signatário com expressa menção ao documento assinado, observados os requisitos previstos para o conteúdo da gravação da videoconferência notarial na forma desta Seção do Código Nacional de Normas;

§ 3º A identidade das partes será atestada remotamente nos termos desta Seção do Código de Normas.

Art. 307. Em todas as escrituras e procurações em que haja substabelecimento ou revogação de outro ato deverá ser devidamente informado o notário, o livro e as folhas, o número de protocolo e a data do ato substabelecido ou revogado.

Art. 308. Deverá ser consignado em todo ato notarial eletrônico de reconhecimento de firma por autenticidade que a assinatura foi aposta no documento, perante o tabelião, seu substituto ou escrevente, em procedimento de videoconferência.

Art. 309. Outros atos eletrônicos poderão ser praticados com a utilização do sistema e-Notariado, observando-se as disposições gerais deste Código de Normas.

SUBSEÇÃO VI
DOS CADASTROS

Art. 310. O Colégio Notarial do Brasil – Conselho Federal manterá o cadastro de todos os tabeliães de notas e pessoas com atribuição notarial em todo o território nacional, ainda que conferida em caráter temporário.

§ 1º O cadastro incluirá dados dos prepostos, especificando quais poderes lhes foram conferidos pelo titular, e conterá as datas de início e término da delegação notarial ou preposição, bem como os seus eventuais períodos de interrupção;

§ 2º Os tribunais de Justiça deverão, em até 60 dias, verificar se os dados cadastrais dos notários efetivos, interinos e interventores bem como dos seus respectivos prepostos estão atualizados no Sistema Justiça Aberta, instaurando o respectivo procedimento administrativo em desfavor daqueles que não observarem a determinação, comunicando o cumprimento da presente determinação à Corregedoria Nacional de Justiça;

§ 3º As decisões de suspensão ou perda de delegação de pessoa com atribuição notarial, ainda que sujeitas a recursos, as nomeações de interinos, interventores e prepostos e a outorga e renúncia de delegação deverão ser comunicadas, no prazo de 48 horas, à Corregedoria Nacional de Justiça para fins de atualização no sistema Justiça Aberta.

Art. 311. O Colégio Notarial do Brasil – Conselho Federal manterá o Cadastro Único de Clientes do Notariado (CCN), o Cadastro Único de Beneficiários Finais (CBF) e o Índice Único de Atos Notariais, nos termos do Capítulo I do Título II deste Código da Corregedoria Nacional de Justiça.

§ 1º Os dados para a formação e atualização da base nacional do CCN serão fornecidos pelos próprios notários de forma sincronizada ou com periodicidade, no máximo, quinzenal, com:

I – dados relativos aos atos notariais protocolares praticados; e

II – dados relacionados aos integrantes do seu cadastro de firmas abertas:

a) para as pessoas físicas: indicação do CPF; nome completo; filiação; profissão; data de nascimento; estado civil e qualificação do cônjuge; cidade; nacionalidade; naturalidade; endereços residencial e profissional completos, com indicação da cidade e CEP; endereço eletrônico; telefones, inclusive celular; documento de identidade com órgão emissor e data de emissão; dados do passaporte ou carteira civil, se estrangeiro; imagem do documento; data da ficha; número da ficha; imagem da ficha; imagem da foto; dados biométricos, especialmente impressões digitais e fotografia; enquadramento na condição de pessoa exposta politicamente, nos termos da Resolução Coaf n. 29, de 7 de dezembro de 2017; e enquadramento em qualquer das condições previstas no art. 1º[100] da Resolução Coaf n. 31, de 7 de junho de 2019; e

b) para as pessoas jurídicas: indicação do CNPJ; razão social e nome de fantasia, este quando constar do contrato social ou do Cadastro Nacional de Pessoa Jurídica (CNPJ); número do telefone; endereço completo, inclusive eletrônico; nome completo, número de inscrição no Cadastro de Pessoas Físicas (CPF), número do documento de identificação e nome do órgão expedidor ou, se estrangeiro, dados do passaporte ou carteira civil dos seus proprietários, sócios e beneficiários finais; nome completo, número de inscrição no Cadastro de Pessoas Físicas (CPF), número do documento de identificação e nome do órgão expedidor ou, se estrangeiro, dados do passaporte ou carteira civil dos representantes legais, prepostos e dos demais envolvidos que compareçam ao ato, nome dos representantes legais, prepostos e dos demais envolvidos que compareçam ao ato.

§ 2º Os notários ficam obrigados a remeter ao CNB-CF, por sua Central Notarial de Serviços Eletrônicos Compartilhados (CENSEC), os dados essenciais dos atos praticados que compõem o Índice Único, em periodicidade não superior a 15 dias, nos termos das instruções complementares;

§ 3º São dados essenciais:

I – a identificação do cliente;

II – a descrição pormenorizada da operação realizada;

III – o valor da operação realizada;

IV – o valor de avaliação para fins de incidência tributária;

V – a data da operação;

VI – a forma de pagamento;

VII – o meio de pagamento; e

VIII – outros dados, nos termos de regulamentos especiais, de instruções complementares ou orientações institucionais do CNB-CF.

SUBSEÇÃO VII
DAS DISPOSIÇÕES FINAIS

Art. 312. Os atos notariais eletrônicos, cuja autenticidade seja conferida pela internet por meio do e-Notariado, constituem instrumentos públicos para todos os efeitos legais e são eficazes para os registros públicos, as instituições financeiras, as juntas comerciais, o Detran e para a produção de efeitos jurídicos perante a administração pública e entre os particulares.

Art. 313. Fica autorizada a realização de ato notarial híbrido, com uma das partes assinando fisicamente o ato notarial e a outra, a distância, nos termos deste Código de Normas.

Art. 314. É permitido o arquivamento exclusivamente digital de documentos e papéis apresentados aos notários, seguindo as mesmas regras de organização dos documentos físicos.

Art. 315. A comunicação adotada para atendimento a distância deve incluir os números dos telefones da serventia, endereços eletrônicos de e-mail, o uso de plataformas eletrônicas de comunicação e de mensagens instantâneas como WhatsApp, Skype e outras disponíveis para atendimento ao público, devendo ser dada ampla divulgação.

Art. 316. Os dados das partes poderão ser compartilhados somente entre notários e, exclusivamente, para a prática de atos notariais, em estrito cumprimento à Lei n. 13.709/2018 (LGPD).

Art. 317. Os códigos-fontes do Sistema e-Notariado e respectiva documentação técnica serão mantidos e são de titularidade e propriedade do Colégio Notarial do Brasil – Conselho Federal.

Parágrafo único. Ocorrendo a extinção do Colégio Notarial do Brasil – Conselho Federal, ou a paralisação da prestação dos serviços objeto desta Seção do Código de Normas, sem substituição por associação ou entidade de classe que o assuma em idênticas condições mediante autorização da Corregedoria Nacional de Justiça – CNJ, o sistema e-Notariado e as suas funcionalidades, em sua totalidade, serão transmitidos ao Conselho Nacional de Justiça (CNJ) ou à entidade por ele indicada, com o código-fonte e as informações técnicas necessárias para o acesso e a utilização, bem como para a continuação de seu funcionamento na forma prevista neste Código de Normas, sem ônus, custos ou despesas para o Poder Público, sem qualquer remuneração por direitos autorais e de propriedade intelectual, a fim de que os atos notariais eletrônicos permaneçam em integral funcionamento.

Art. 318. É vedada a prática de atos notariais eletrônicos ou remotos com recepção de assinaturas eletrônicas a distância sem a utilização do e-Notariado.

Art. 319. Nos tribunais de Justiça em que são exigidos selos de fiscalização, o ato notarial eletrônico deverá ser lavrado com a indicação do selo eletrônico ou físico exigido pelas normas estaduais ou distrital.

Parágrafo único. São considerados nulos os atos eletrônicos lavrados em desconformidade com o disposto no caput deste artigo.

CAPÍTULO VII
DO REGISTRO DE IMÓVEIS

SEÇÃO I
DA CENTRAL NACIONAL DE INDISPONIBILIDADE DE BENS

Art. 320. A Central Nacional de Indisponibilidade de Bens (CNIB) observará o disposto no Provimento n. 39, de 25 de julho de 2014.

SEÇÃO II
DA PRESTAÇÃO DOS SERVIÇOS ELETRÔNICOS PELOS REGISTROS DE IMÓVEIS

Art. 321. O Sistema de Registro Eletrônico de Imóveis (SREI), previsto no art. 76[101] da Lei

---

100. Art. 1º Esta Resolução estabelece orientações a serem observadas pelas pessoas físicas e jurídicas que exercem as atividades listadas no artigo 9º da Lei nº 9.613, de 3 de março de 1998, e que são sujeitas à regulação do Coaf, no cumprimento da Lei nº 13.810, de 8 de março de 2019, que dispõe sobre a aplicação imediata de sanções, incluída a indisponibilidade de ativos, impostas por resoluções do Conselho de Segurança das Nações Unidas (CSNU), ou por designações de seus comitês de sanções, por requerimento de autoridade central estrangeira, e por eventuais designações nacionais de pessoas investigadas ou acusadas de terrorismo, de seu financiamento ou de atos a ele correlacionados.

§ 1º As orientações estabelecidas nesta Resolução são complementares às demais normas do Coaf;

§ 2º É vedado às pessoas de que trata o caput descumprir, por ação ou omissão, sanções impostas por resoluções do CSNU ou por designações de seus comitês de sanções, em benefício de pessoas naturais, pessoas jurídicas, ou entidades sancionadas, inclusive para disponibilizar ativos, direta ou indiretamente, em favor dessas pessoas ou entidades.

101. Art. 76. O Sistema de Registro Eletrônico de Imóveis (SREI) será implementado e operado, em âmbito nacional, pelo Operador Nacional do Sistema de Registro Eletrônico de Imóveis (ONR).

§ 1º O procedimento administrativo e os atos de registro decorrentes da Reurb serão feitos por meio eletrônico nos termos dos arts. 37 a 41 da Lei nº 11.977, de 7 de julho de 2009;

§ 2º O ONR será organizado como pessoa jurídica de direito privado, sem fins lucrativos;

§ 3º (Vetado);

§ 4º Caberá à Corregedoria Nacional de Justiça do Conselho Nacional de Justiça exercer a função de agente regulador do ONR e zelar pelo cumprimento de seu estatuto;

§ 5º As unidades do serviço de registro de imóveis dos Estados e do Distrito Federal integram o SREI e ficarão vinculadas ao ONR;

§ 6º Os serviços eletrônicos serão disponibilizados, sem ônus, ao Poder Judiciário, ao Poder Executivo federal, ao Ministério Público, aos entes públicos previstos nos regimentos de custas e emolumentos dos Estados e do Distrito Federal, e aos órgãos encarregados de investigações criminais, fiscalização tributária e recuperação de ativos;

§ 7º A administração pública federal acessará as informações do SREI por meio do Sistema Nacional de Gestão de Informações Territoriais (Sinter), na forma do regulamento;

n. 13.465/2017, o Serviço de Atendimento Eletrônico Compartilhado (SAEC), o acesso da Administração Pública Federal às informações do Sistema de Registro Eletrônico de Imóveis (SREI), o estatuto do Operador Nacional do Sistema de Registro Eletrônico (ONR), a atuação da Corregedoria Nacional de Justiça como agente regulador do ONR, o custeio do SREI observará o disposto no Provimento n. 89, de 18 de dezembro de 2019, no Provimento n. 109, de 14 de outubro de 2020, e no Provimento n. 115, de 24 de março de 2021, sem prejuízo do disposto neste Código de Normas.

Art. 322. Poderão os oficiais de registro de imóveis, ou as centrais de serviços eletrônicos compartilhados, oferecer serviço de localização de números de matrículas, a partir de consulta do endereço do imóvel no Indicador Real – Livro 4 (redação dada pelo Provimento n. 136, de 30.9.2022).

Art. 323. Os oficiais de registro de imóveis, a seu prudente critério, e sob sua responsabilidade, poderão recepcionar documentos em forma eletrônica por outros meios que comprovem a autoria e integridade do arquivo (na forma do art. 10, § 2º[102], da Medida Provisória 2.200-2/2001).

Art. 324. Todos os oficiais dos Registros de Imóveis deverão recepcionar os títulos nato-digitais e digitalizados com padrões técnicos, que forem encaminhados eletronicamente para a unidade a seu cargo, por meio das centrais de serviços eletrônicos compartilhados ou do Operador Nacional do Sistema de Registro Eletrônico de Imóveis (ONR), e processá-los para os fins do art. 182[103] e §§ da Lei n. 6.015, de 31 de dezembro de 1973.

§ 1º Considera-se um título nativamente digital:

I – o documento público ou particular gerado eletronicamente em PDF/A e assinado com Certificado Digital ICP-Brasil por todos os signatários e testemunhas:

I – a certidão ou traslado notarial gerado eletronicamente em PDF/A ou XML e assinado por tabelião de notas, seu substituto ou preposto;

II – o resumo de instrumento particular com força de escritura pública, celebrado por agentes financeiros autorizados a funcionar no âmbito do SFH/SFI, pelo Banco Central do Brasil, referido no art. 61, "caput" e parágrafo 4º[104] da Lei n. 4.380, de 21 de agosto de 1.964, assinado pelo representante legal do agente financeiro

IV – as cédulas de crédito emitidas sob a forma escritural, na forma da lei;

V – o documento desmaterializado por qualquer notário ou registrador, gerado em PDF/A e assinado por ele, seus substitutos ou prepostos com Certificado Digital ICP-Brasil.

VI – as cartas de sentença das decisões judiciais, dentre as quais, os formais de partilha, as cartas de adjudicação e de arrematação, os mandados de registro, de averbação e de retificação, mediante acesso direto do oficial do Registro de Imóveis ao processo judicial eletrônico, mediante requerimento do interessado.

§ 2º Consideram-se títulos digitalizados com padrões técnicos aqueles que forem digitalizados de conformidade com os critérios estabelecidos no art. 5º do Decreto n. 10.278, de 18 de março de 2020.

Art. 325. Os Oficiais de Registro de Imóveis verificarão, obrigatoriamente, na abertura e no encerramento do expediente de plantão, bem como, pelo menos, a cada intervalo máximo de uma hora, se existe comunicação de remessa de título para prenotação e de pedidos de certidões.

Art. 326. Os títulos recepcionados serão prenotados observada a ordem rigorosa de remessa eletrônica, devendo ser estabelecido o controle de direitos contraditórios, para fins de emissão de certidões e de tramitação simultânea de títulos contraditórios, ou excludentes de direitos sobre o mesmo imóvel.

Art. 327. A certidão de inteiro teor digital solicitada durante o horário de expediente, com indicação do número da matrícula ou do registro no Livro 3, será emitida e disponibilizada dentro de no máximo 2 horas, salvo no caso de atos manuscritos, cuja emissão não poderá ser retardada por mais de cinco dias, e ficará disponível para download pelo requerente pelo prazo mínimo de 30 dias.

Art. 328. O oficial do registro de imóveis, se suspeitar da falsidade do título, poderá exigir a apresentação do original e, em caso de dúvida, poderá requerer ao juiz, na forma da lei, as providências que forem cabíveis para esclarecimento do fato.

Art. 329. O valor do serviço de protocolo eletrônico de títulos é definido pelo valor da prenotação constante da Tabela de Custas e Emolumentos de cada unidade da Federação, que será pago no ato da remessa do título.

§ 1º Após a prenotação o oficial do Registro de Imóveis promoverá a qualificação da documentação e procederá da seguinte forma:

---

104. Art. 4º Terão prioridade na aplicação dos recursos:

I – a construção de conjuntos habitacionais destinados à eliminação de favelas, mocambos e outras aglomerações em condições sub-humanas de habitação;

II – os projetos municipais ou estaduais que com as ofertas de terrenos já urbanizados e dotados dos necessários melhoramentos, permitirem o início imediato da construção de habitações;

III – os projetos de cooperativas e outras formas associativas de construção da casa própria;

IV – os projetos da iniciativa privada que contribuam para a solução de problemas habitacionais ...(Vetado);

V – a construção de moradia à população rural.

I – quando o título estiver apto para registro e/ou averbação os emolumentos serão calculados e informados ao apresentante, para fins de depósito prévio. Efetuado o depósito os procedimentos registrais serão finalizados, com realização dos registros/averbações solicitados e a remessa da respectiva certidão contendo os atos registrais efetivados;

II – quando o título não estiver apto para registro e/ou averbação será expedida a Nota de Devolução contendo as exigências formuladas pelo oficial do Registro de Imóveis, que será encaminhada ao apresentante, vedadas exigências que versem sobre assentamentos da serventia ou certidões que são expedidas gratuitamente pela Internet; e

III – cumpridas as exigências de forma satisfatória proceder-se-á de conformidade com o inciso anterior. Não se conformando o apresentante com as exigências ou não as podendo satisfazer, poderá encaminhar, na mesma plataforma, pedido de suscitação de dúvida, para os fins do art. 198[105] e dos seguintes da Lei de Registros Públicos.

§ 2º Os atos registrais serão lavrados após a qualificação positiva e dependerão de depósito prévio, que será efetuado diretamente ao oficial do Registro de Imóveis a quem incumbe a prática do ato registral;

§ 3º Fica autorizada a devolução do título sem a prática dos atos requeridos, caso o depósito prévio não seja efetuado durante a vigência da prenotação.

SEÇÃO III
DO CÓDIGO NACIONAL DE MATRÍCULA

SUBSEÇÃO I
DA INSERÇÃO GRÁFICA DO CÓDIGO NACIONAL DE MATRÍCULA

Art. 330. O Código Nacional de Matrícula (CNM), de que trata o art. 235-A da Lei n. 6.015/1973, corresponderá a uma numeração

---

105. Art. 198. Se houver exigência a ser satisfeita, ela será indicada pelo oficial por escrito, dentro do prazo previsto no art. 188 desta Lei e de uma só vez, articuladamente, de forma clara e objetiva, com data, identificação e assinatura do oficial ou preposto responsável, para que:

I e IV – (Revogado pela Lei nº 14.382/2022);

V – o interessado possa satisfazê-la; ou

VI – caso não se conforme ou não seja possível cumprir a exigência, o interessado requeira que o título e a declaração de dúvida sejam remetidos ao juízo competente para dirimi-la.

§ 1º O procedimento da dúvida observará o seguinte:

I – no Protocolo, o oficial anotará, à margem da prenotação, a ocorrência da dúvida;

II – após certificar a prenotação e a suscitação da dúvida no título, o oficial rubricará todas as suas folhas;

III – em seguida, o oficial dará ciência dos termos da dúvida ao apresentante, fornecendo-lhe cópia da suscitação e notificando-o para impugná-la perante o juízo competente, no prazo de 15 (quinze) dias; e

IV – certificado o cumprimento do disposto no inciso III deste parágrafo, serão remetidos eletronicamente ao juízo competente as razões da dúvida e o título.

§ 2º A inobservância do disposto neste artigo ensejará a aplicação das penas previstas no art. 32 da Lei nº 8.935, de 18 de novembro de 1994, nos termos estabelecidos pela Corregedoria Nacional de Justiça do Conselho Nacional de Justiça.

única para as matrículas do registro de imóveis, em âmbito nacional, e será constituído de 16 (dezesseis) dígitos, em quatro campos obrigatórios, observada a estrutura CCCCCC.L.NNNNNNN-DD, na forma seguinte:

I – o primeiro campo (CCCCCC) será constituído de seis dígitos e indicará o Código Nacional da Serventia (CNS), atribuído pelo Conselho Nacional de Justiça (CNJ), determinando o ofício de registro de imóveis onde o imóvel está matriculado;

II – o segundo campo (L), separado do primeiro por um ponto, será constituído de um dígito e indicará tratar-se de matrícula no Livro 2 — Registro Geral, mediante o algarismo 2, ou de matrícula no Livro n. 3 — Registro Auxiliar, mediante o algarismo 3;

III – o terceiro campo (NNNNNNN), separado do segundo por um ponto, será constituído de sete dígitos e determinará o número de ordem da matrícula no Livro n. 2 ou no Livro n. 3, na forma do item 1[106] do inciso II do § 1º do art. 176 da Lei n. 6.015, de 31 de dezembro de 1973; e

IV – o quarto campo (DD), separado do terceiro por um hífen, será constituído de dois dígitos verificadores, gerados pela aplicação de algoritmo próprio.

§ 1º Se o número de ordem da matrícula tratado no item 1 do inciso II do § 1º do art. 176 da Lei n. 6.015, de 31 de dezembro de 1973,) estiver constituído por menos de sete dígitos, serão atribuídos zeros à esquerda até que se completem os algarismos necessários para o terceiro campo.

§ 2º Para a constituição do quarto campo, será aplicado o algoritmo Módulo 97 Base 10, conforme Norma ISO 7064:2003, ou outro que vier a ser definido mediante portaria da Corregedoria Nacional de Justiça.

SUBSEÇÃO II
DA REUTILIZAÇÃO DO CÓDIGO NACIONAL DE MATRÍCULA

Art. 331. O Código Nacional de Matrícula será inserido à direita, no alto da face do anverso e do verso de cada ficha solta, por meio de impressão, datilografia, aposição de etiqueta, inserção manuscrita ou outro método seguro, a critério do oficial de registro de imóveis.

Parágrafo único. Os oficiais de registro de imóveis, facultativamente, poderão averbar a renumeração das matrículas existentes, ato pelo qual não serão devidos emolumentos.

SUBSEÇÃO III
DA REUTILIZAÇÃO DO CÓDIGO NACIONAL DE MATRÍCULA[107]

Art. 332. Não poderá ser reutilizado Código Nacional de Matrícula referente à matrícula encerrada, cancelada, anulada ou inexistente, e essa circunstância constará nas informações do Programa Gerador e Validador, em campo próprio.

SUBSEÇÃO IV
DO PROGRAMA GERADOR E VALIDADOR

Art. 333. O Operador Nacional do Registro Eletrônico de Imóveis (ONR) disponibilizará, aos oficiais de registro de imóveis, Programa Gerador e Validador do Código Nacional de Matrícula (PGV-CNM).

§ 1º O Programa Gerador e Validador:

I – conterá mecanismos para que os oficiais de registro de imóveis possam gerar o Código Nacional de Matrícula;

II – será publicado na rede mundial de computadores no endereço https://cnm.onr.org.br;

III – informará se o Código Nacional de Matrícula é autêntico e válido, bem como se a relativa matrícula está ativa, encerrada, cancelada ou anulada, ou se não existe;

IV – fornecerá um código hash da consulta;

V – permitirá a emissão de relatório de validação; e

VI – gerará relatórios gerenciais sobre a sua utilização, os quais ficarão disponíveis no módulo de correição on-line.

§ 2º A matrícula será dada como inexistente quando houver salto na numeração sequencial.

SUBSEÇÃO V
DO ACESSO AO PROGRAMA GERADOR E VALIDADOR PELOS OFICIAIS DE REGISTRO DE IMÓVEIS

Art. 334. O acesso dos oficiais de registro de imóveis ao Programa Gerador e Validador será feito mediante certificado digital ICP-Brasil ou comunicação por Application Programming Interface (API).

Parágrafo único. Os oficiais de registro de imóveis terão acesso ao PGV-CNM diretamente ou por prepostos designados para esse fim.

SUBSEÇÃO VI
DA CONSULTA DO PROGRAMA GERADOR E VALIDADOR PELOS USUÁRIOS

Art. 335. O Programa Gerador e Validador poderá ser consultado por qualquer pessoa, sem custos e independentemente de requisição ou cadastramento prévio, para verificação da:

I – validade e autenticidade dos Códigos Nacionais de Matrícula; e

II – situação atual da matrícula, nos termos do § 1º do art. 333 deste Código.

§ 1º O operador nacional do registro eletrônico de imóveis adotará todas as medidas necessárias à garantia do desempenho, disponibilidade, uso regular dos sistemas, controle, segurança e proteção de dados;

§ 2º O Programa Gerador e Validador poderá ser configurado para evitar buscas massivas, baseadas em robôs, e para bloquear o acesso de usuários específicos.

SUBSEÇÃO VII
DA ESCRITURAÇÃO DA MATRÍCULA EM FICHAS SOLTAS

Art. 336. Os oficiais de registro de imóveis transportarão todas as matrículas escrituradas de forma manuscrita em livros encadernados e todas as matrículas escrituradas mecanicamente em livros desdobrados (art. 6º[108] da Lei n. 6.015, de 31 de dezembro de 1973) para o sistema de fichas soltas (parágrafo único[109] do art. 173 da Lei n. 6.015, de 31 de dezembro de 1973), as quais conterão os atos registrais lançados, por rigorosa ordem sequencial, conservando-se as mesmas numerações, com remissão na relativa matrícula originária e respeitados os prazos postos neste Código.

SUBSEÇÃO VIII
DA UNICIDADE DA MATRÍCULA

Art. 337. Cada imóvel deverá corresponder a uma única matrícula (o imóvel não pode ser matriculado mais de uma vez), e cada matrícula a um único imóvel (não é possível que a matrícula se refira a mais de um imóvel), na forma do inciso I[110] do § 1º do art. 176 da Lei n. 6.015, de 31 de dezembro de 1973.

§ 1º Se o mesmo imóvel for objeto de mais de uma matrícula, o oficial de registro de imóveis representará ao juiz competente com proposta de bloqueio administrativo de todas (§ 3º e § 4º[111] do art. 214 da Lei n. 6.015, de 31 de dezembro de 1973), e a abertura de nova matrícula dependerá de retificação;

---

106. Art. 6º Findando-se um livro, o imediato tomará o número seguinte, acrescido à respectiva letra, salvo no registro de imóveis, em que o número será conservado, com a adição sucessiva de letras, na ordem alfabética simples, e, depois, repetidas em combinação com a primeira, com a segunda, e assim indefinidamente. Exemplos: 2-A a 2-Z; 2-AA a 2-AZ; 2-BA a 2-BZ etc.
109. Art. 173. Haverá, no Registro de Imóveis, os seguintes livros:
I – Livro nº 1 – Protocolo;
II – Livro nº 2 – Registro Geral;
III – Livro nº 3 – Registro Auxiliar;
IV – Livro nº 4 – Indicador Real;
V – Livro nº 5 – Indicador Pessoal.
Parágrafo único. Observado o disposto no § 2º do art. 3º, desta Lei, os livros ns. 2, 3, 4 e 5 poderão ser substituídos por fichas.
110. Art. 176. O Livro nº 2 – Registro Geral – será destinado à matrícula dos imóveis e ao registro ou averbação dos atos relacionados no art. 167 e não atribuídos ao Livro nº 3.
§ 1º A escrituração do Livro nº 2 obedecerá às seguintes normas:
I – cada imóvel terá matrícula própria, que será aberta por ocasião do primeiro ato de registro ou de averbação caso a transcrição possua todos os requisitos elencados para a abertura de matrícula.
111. Art. 214. As nulidades de pleno direito do registro, uma vez provadas, invalidam-no, independentemente de ação direta.
§ 3º Se o juiz entender que a superveniência de novos registros poderá causar danos de difícil reparação poderá determinar de ofício, a qualquer momento, ainda que sem oitiva das partes, o bloqueio da matrícula do imóvel;
§ 4º Bloqueada a matrícula, o oficial não poderá mais nela praticar qualquer ato, salvo com autorização judicial, permitindo-se, todavia, aos interessados a prenotação de seus títulos, que ficarão com o prazo prorrogado até a solução do bloqueio.

106. Art. 176. O Livro nº 2 – Registro Geral – será destinado à matrícula dos imóveis e ao registro ou averbação dos atos relacionados no art. 167 e não atribuídos ao Livro nº 3.
§ 1º A escrituração do Livro nº 2 obedecerá às seguintes normas:
II – são requisitos da matrícula:
1) o número de ordem, que seguirá ao infinito.
107. Redação original repete a nomenclatura da Subseção II.

§ 2º Se o imóvel estiver descrito por partes, em matrículas ou transcrições diversas, nova descrição unificada deverá ser obtida, se necessário, por meio de retificação, ressalvadas as hipóteses em que há regulamentação de tais situações pelas Corregedorias-Gerais de Justiça;

§ 3º Se houver mais de um imóvel na mesma matrícula, serão abertas matrículas próprias para cada um deles, ainda que a relativa descrição, de um ou de todos, não atenda por inteiro aos requisitos de especialidade objetiva ou subjetiva, caso em que o oficial de registro de imóveis também representará ao juízo competente com proposta de bloqueio administrativo daquelas que estiverem deficientes.

SUBSEÇÃO IX
DO NÚMERO DE ORDEM

Art. 338. Não poderão ser abertas matrículas, para imóveis distintos, com uso do mesmo número de ordem, ainda que seguido da aposição de letra ou número (por exemplo: matrícula 1, matrícula 1-A, matrícula 1-B; matrícula 1-1, matrícula 1-2, matrícula 1-3 etc.).

Parágrafo único. Se houver matrículas com o mesmo número de ordem, ainda que seguido da aposição de letra ou de número, as matrículas mais recentes deverão ser encerradas ex officio, e para cada imóvel será aberta uma nova, com a data atual, numeração corrente e com remissões recíprocas.

SUBSEÇÃO X
DA RIGOROSA SEQUÊNCIA DO NÚMERO DE ORDEM

Art. 339. Havendo salto na numeração sequencial das matrículas, será inserida ficha de matrícula com uma averbação, a qual consignará que deixou de ser aberta matrícula com esse número e que não existe imóvel matriculado.

§ 1º Se o salto corresponder a vários números sequenciais, também será inserida única ficha de matrícula, caso em que a relativa averbação indicará todos os números omitidos;

§ 2º Os saltos na numeração sequencial e ininterrupta das matrículas ficarão documentados no cartório, em arquivo físico ou eletrônico, que conterá o relatório do caso e a decisão do oficial de registro de imóveis.

SUBSEÇÃO XI
DO NÚMERO DE ORDEM E ANEXAÇÃO DE ACERVO DE CARTÓRIO EXTINTO

Art. 340. Havendo extinção de cartório, com a anexação de acervo a um outro, as matrículas do ofício anexado serão renumeradas, seguindo a ordem sequencial de numeração do cartório receptor.

Parágrafo único. O oficial de registro de imóveis manterá controle de correlação entre o número anterior, no cartório extinto, e o número da nova matrícula, mediante remissões recíprocas, que será lançado no Indicador Real e no Indicador Pessoal.

SUBSEÇÃO XII
DAS DISPOSIÇÕES SOBRE A ABERTURA DE NOVA MATRÍCULA

Art. 341. Nos casos do art. 339 (transposição para o sistema de fichas soltas), do § 3º do art. 340 (abertura de matrícula própria para distintos imóveis matriculados numa única) e do parágrafo único do art. 341 (salto de número de ordem), por ocasião da abertura de nova matrícula, o oficial de registro de imóveis:

I – poderá transportar todos os atos constantes da matrícula encerrada, ou somente aqueles que estejam válidos e eficazes na data da transposição, mantendo-se rigorosa ordem sequencial dos atos, com remissões recíprocas;

II – os ônus não serão transportados quando forem anteriores ao registro de arrematação ou adjudicação, bem como quando decorrer desse registro, de forma inequívoca, o cancelamento direto ou indireto;

III – na nova matrícula, deverá ser consignado, como registro anterior, o seguinte: "Matrícula atualizada com base nos atos vigentes na matrícula n. ...., originariamente aberta em .... de .... de ...., que fica saneada nesta data."

SUBSEÇÃO XIII
DAS DISPOSIÇÕES FINAIS E TRANSITÓRIAS

Art. 342. Os oficiais de registro de imóveis, em relação ao disposto nesta Seção, deverão observar os prazos e os deveres estabelecidos no art. 13 ao art. 16[112] do Provimento CNJ n. 143, de 25 de abril de 2023.

Art. 343. Os casos omissos na aplicação desta Seção serão submetidos à Corregedoria-Geral de Justiça (CGJ) competente, que comunicará a respectiva decisão à Corregedoria Nacional de Justiça no prazo de 30 dias.

---

[112] Art. 13. Os oficiais de registro de imóveis implantarão o Código Nacional de Matrícula – CNM:
I – imediatamente, para as matrículas que forem abertas a partir do funcionamento do Programa Gerador e Verificador;
II – sempre que for feito registro ou averbação em matrícula já existente, desde que já esteja em funcionamento o Programa Gerador e Verificador;
III – em todas as matrículas, no prazo máximo de 1 (um) ano, contado do início do funcionamento do Programa Gerador e Verificador.
Art. 14. A transposição integral de todas as matrículas para fichas soltas será feita:
I – a qualquer tempo, facultativamente;
II – por ocasião de qualquer registro ou averbação, obrigatoriamente; e
III – em qualquer hipótese, no prazo máximo de 1 (um) ano, contado da vigência deste Provimento.
Art. 15. Para fins de pesquisas para localização de bens, no prazo de 1 (um) ano, contado da vigência deste Provimento, os oficiais de registro de imóveis disponibilizarão os dados estruturados do Livro n. 4 – Indicador Real e do Livro n. 5 – Indicador Pessoal, para acesso remoto por intermédio do Serviço de Atendimento Eletrônico Compartilhado – SAEC (art. 8º, § 3º, inciso III, art. 9º, parágrafo único, inciso II, e arts. 15 a 23 do Provimento n. 89, de 18 de dezembro de 2019, da Corregedoria Nacional de Justiça).
Parágrafo único. Os oficiais de registro de imóveis que já tenham os indicadores real e pessoal (Livros n. 4 e 5) em formato digital com dados estruturados deverão disponibilizar acesso para consulta, nos moldes do caput deste artigo, no prazo de 15 (quinze) dias, contados da entrada em vigor deste Provimento.
Art. 16. Os arquivos dos dados estruturados, não estruturados e semiestruturados, obtidos por ocasião da digitação de texto de matrícula, serão mantidos na serventia para futuro aproveitamento na implantação da matrícula escriturada em forma digital.

LIVRO V
DOS EMOLUMENTOS NOS SERVIÇOS NOTARIAIS E REGISTRAIS

TÍTULO I
DAS NORMAS GERAIS

CAPÍTULO I
DA COBRANÇA

SEÇÃO I
DAS DISPOSIÇÕES GERAIS

Art. 344. É proibida a cobrança de qualquer valor do consumidor final relativamente aos serviços prestados pelas centrais registrais e notariais, de todo o território nacional, ainda que travestidas da denominação de contribuições ou taxas, sem a devida previsão legal, observado o disposto no Provimento n. 107, de 24 de junho de 2020.

SEÇÃO II
DAS DIRETRIZES PARA CONTRATOS DE EXPLORAÇÃO DE ENERGIA EÓLICA

Art. 345. Estabelecer diretrizes gerais para a cobrança de emolumentos sobre os contratos de exploração de energia eólica enquanto não editadas normas específicas relativas à fixação de emolumentos no âmbito dos estados e do Distrito Federal, observados os procedimentos previstos na Lei n. 10.169 de 29 de dezembro de 2000.

Art. 346. Os emolumentos sobre os contratos celebrados para a exploração de energia eólica terão como parâmetro o valor total bruto descrito no contrato.

Art. 347. O valor total bruto corresponde à remuneração percebida pelos contratantes durante a vigência do contrato.

§ 1º Nos contratos com previsão de remuneração para a etapa de estudo e para a fase operacional, o parâmetro de cobrança dos emolumentos deverá ser o valor total bruto presente no contrato, somadas as duas etapas;

§ 2º Nos contratos com previsão de remuneração apenas para a etapa de estudo, o parâmetro de cobrança dos emolumentos deverá ser o valor total bruto da referida etapa;

§ 3º Nos contratos com previsão de remuneração apenas para a etapa operacional, o parâmetro de cobrança deverá ser o valor total bruto da referida etapa.

Art. 348. Incidindo a remuneração em percentual da receita operacional, deverá a parte estimar o valor bruto para a cobrança dos emolumentos.

Art. 349. Nos contratos que não tenham valor expresso, deverão os emolumentos incidir sobre o valor estimado pelas partes, observado o estabelecido nas tabelas de emolumentos das respectivas unidades da Federação.

Art. 350. Inexistindo prazo de vigência do contrato, mas subsistindo remuneração correspondente a determinado período, entender-se-á que a vigência corresponde a esse período.

§ 1º Se o período contratual ultrapassar o disposto no caput deste artigo, deverá ser averbado o aditivo do contrato a fim de que sejam resguardados os direitos dos contratantes;

§ 2º Se não constarem do contrato o prazo de vigência e o prazo de remuneração, entender-se-á que a vigência é anual.

Art. 351. Havendo a prorrogação do contrato ou futura fixação de remuneração para a fase operacional, deverá ser averbado o respectivo termo aditivo no registro de imóvel, incidindo os respectivos emolumentos sobre o valor total bruto do contrato averbado.

Art. 352. O valor declarado em contrato como parâmetro de cobrança de emolumentos é de inteira responsabilidade das partes contratantes, estando sujeitas às consequências advindas de eventual má-fé.

TÍTULO II
DAS NORMAS ESPECÍFICAS
CAPÍTULO I
DO REGISTRO CIVIL DAS PESSOAS NATURAIS

SEÇÃO I
DA RENDA MÍNIMA

Art. 353. A renda mínima para os registradores civis das pessoas naturais observará o Provimento n. 81, de 6 de dezembro de 2018.

PARTE ESPECIAL
LIVRO I
DO TABELIONATO DE PROTESTO

TÍTULO I
DAS DISPOSIÇÕES GERAIS
CAPÍTULO I
DO PROCEDIMENTO PARA PROTESTO

SEÇÃO I
DAS DISPOSIÇÕES GERAIS

Art. 354. Esta Seção estabelece procedimentos administrativos a serem observados pelos tabeliães de protesto de títulos e outros documentos de dívida de que trata a Lei 9.492, de 10 de setembro de 1997, pelos responsáveis interinos pelo expediente dos tabelionatos de protesto declarados vagos e, quando for o caso, pelos oficiais de distribuição de protesto, com funções específicas de distribuição, criado e instalado até a entrada em vigor da Lei n. 9.492, de 10 de setembro de 1997.

Parágrafo único. Para efeitos desta Seção, considera-se assinatura eletrônica aquela efetivada com uso de certificado digital que atende aos requisitos da "Infraestrutura de Chaves Públicas Brasileira (ICP Brasil)" ou outro meio seguro, disponibilizado pelo tabelionato, previamente autorizado pela respectiva Corregedoria-Geral de Justiça (CGJ).

Art. 355. O juízo competente, assim definido na Lei de Organização Judiciária do Estado e do Distrito Federal, resolverá as dúvidas apresentadas pelo tabelião de protesto.

§ 1º Os títulos e outros documentos de dívida podem ser apresentados, mediante simples indicação do apresentante, desde que realizados exclusivamente por meio eletrônico, segundo os requisitos da "Infraestrutura de Chaves Públicas Brasileira (ICP Brasil)" ou outro meio seguro disponibilizado pelo tabelionato, autorizado pela respectiva Corregedoria-Geral de Justiça (CGJ), e com a declaração do apresentante, feita sob as penas da lei, de que a dívida foi regularmente constituída e que os documentos originais ou suas cópias autenticadas, comprobatórios da causa que enseja a apresentação para protesto, são mantidos em seu poder, comprometendo-se a exibi-los sempre que exigidos no lugar onde for determinado, especialmente se sobrevier sustação judicial do protesto;

§ 2º Os tabeliães de protesto, os responsáveis interinos pelo expediente e, quando for o caso, os oficiais de distribuição de protesto estão autorizados a negar seguimento a títulos ou outros documentos de dívida, bem como às suas respectivas indicações eletrônicas sobre os quais recaia, segundo sua prudente avaliação, fundado receio de utilização do instrumento com intuito emulatório do devedor ou como meio de perpetração de fraude ou de enriquecimento ilícito do apresentante.

Art. 356. Somente podem ser protestados os títulos e os documentos de dívidas pagáveis ou indicados para aceite ou devolução nas praças localizadas no território de competência do tabelionato de protesto.

§ 1º Para fins de protesto, a praça de pagamento será o domicílio do devedor, segundo a regra geral do § 1º[113] do art. 75 e do art. 327[114] da Lei n. 10.406, de 10 de janeiro de 2002 (Código Civil), aplicando-se, subsidiariamente, somente quando couber, a legislação especial em cada caso;

§ 2º Respeitada a praça de pagamento do título ou do documento de dívida para a realização do protesto, segundo a regra do § 1º, a remessa da intimação poderá ser feita por qualquer meio e sempre dentro do limite da competência territorial do tabelionato, desde que seu recebimento fique assegurado e comprovado por protocolo, Aviso de Recebimento (AR), ou documento equivalente, podendo ser efetivada por portador do próprio tabelião;

§ 3º A intimação deverá conter ao menos o nome, CPF ou CNPJ e endereço do devedor, os nomes do credor e do apresentante, com respectivos CPF e/ou CNPJ, elementos de identificação do título ou documento de dívida e o prazo limite para cumprimento da obrigação no tabelionato, bem como o número do protocolo e o valor a ser pago, exceção à intimação por edital que se limitará a conter o nome e a identificação do devedor;

---
113. Art. 75. Quanto às pessoas jurídicas, o domicílio é:

§ 1º Tendo a pessoa jurídica diversos estabelecimentos em lugares diferentes, cada um deles será considerado domicílio para os atos nele praticados.

114. Art. 327. Efetuar-se-á o pagamento no domicílio do devedor, salvo se as partes convencionarem diversamente, ou se o contrário resultar da lei, da natureza da obrigação ou das circunstâncias.

Parágrafo único. Designados dois ou mais lugares, cabe ao credor escolher entre eles.

§ 4º O tabelião de protesto poderá utilizar meio eletrônico para a intimação quando autorizado pelo devedor e assim declarado pelo apresentante;

§ 5º No caso excepcional do intimando domiciliado fora da competência territorial do tabelionato, o tabelião de protesto providenciará a expedição de uma comunicação ou recibo equivalente no endereço fornecido pelo apresentante, noticiando-lhe os elementos identificadores do título ou do documento de dívida, bem como as providências possíveis para o pagamento de tal título ou documento, além da data da publicação da intimação por edital, que deverá ser fixada no prazo de dez dias úteis contados da data de protocolização, observando-se, neste caso, o prazo para a lavratura do protesto consignado no art. 13[115] da Lei n. 9.492, de 10 de setembro de 1997.

Art. 357. A desistência do protesto poderá ser formalizada por meio eletrônico, com a utilização de certificado digital no âmbito da ICP Brasil ou de outro meio seguro disponibilizado pelo tabelionato ao apresentante, autorizado pela respectiva Corregedoria-Geral de Justiça (CGJ).

Art. 358. É admitido o pedido de cancelamento do protesto pela internet, mediante anuência do credor ou apresentante do título assinada eletronicamente.

Art. 359. O cancelamento do protesto poderá ser requerido diretamente ao tabelião mediante apresentação, pelo interessado, dos documentos que comprovem a extinção da obrigação.

Art. 360. Os tabeliães de protesto podem fornecer, por solicitação dos interessados, certidão da situação do apontamento do título, dos protestos lavrados e não cancelados, individuais ou em forma de relação.

Art. 361. Os tabeliães de protesto podem prestar a qualquer pessoa que requeira informações e fornecer cópias de documentos arquivados relativas a protestos não cancelados.

Art. 362. Os pedidos de informações simples ou complementares, de certidões e de cópia podem ser realizados pela internet, bem como atendidos e expedidos pelos tabelionatos por meio eletrônico, mediante assinatura eletrônica.

Art. 363. Das certidões não constarão os protestos cancelados, salvo por requerimento escrito do próprio devedor ou por ordem judicial.

Art. 364. Sempre que a homonímia puder ser verificada com segurança a partir de elementos de identificação que constem dos assentamentos, o tabelião de protesto expedirá certidão negativa.

Art. 365. As certidões individuais serão fornecidas pelo tabelião de protesto de títulos, no prazo máximo de cinco dias úteis, mediante pedido escrito ou verbal de qualquer pessoa interessada, abrangendo período mínimo de cinco anos anteriores ao pedido, salvo quando solicitado período maior ou referente a protesto específico.

---
115. Art. 13. Quando a intimação for efetivada excepcionalmente no último dia do prazo ou além dele, por motivo de força maior, o protesto será tirado no primeiro dia subsequente.

Art. 366. Decorridos 30 dias, contados da expedição, os tabeliães de protesto ficam autorizados a inutilizar as certidões caso o interessado não compareça para retirá-las no tabelionato ou, onde houver, no serviço de distribuição, circunstância que deverá ser informada ao interessado no ato do pedido.

Art. 367. Na localidade onde houver mais de um tabelionato de protesto de títulos deverá ser organizado, instalado e mantido, a cargo deles, um serviço centralizado para prestação de informações e fornecimento de certidões.

§ 1º Esse serviço será custeado pelos próprios tabeliães, preferencialmente no mesmo local onde também funcionar o serviço de distribuição, ressalvado o repasse das tarifas bancárias e dos correios para os usuários que optarem pela prestação por essa via de atendimento, além do pagamento dos emolumentos, custas e contribuições e das despesas previstos em lei;

§ 2º Os tribunais de Justiça dos estados e do Distrito Federal deverão propor a extinção dos ofícios de distribuição de títulos e outros documentos de dívida para protesto que foram criados antes da promulgação da Lei Federal n. 9.492, de 10 de setembro de 1997 e que estejam vagos e que vierem a vagar.

SEÇÃO II
DAS INTIMAÇÕES

Art. 368. O tabelião de protesto de títulos ou o responsável interino pelo expediente com a competência territorial para o ato poderá utilizar meio eletrônico ou aplicativo multiplataforma de mensagens instantâneas e chamadas de voz para enviar as intimações, quando disponível os respectivos dados ou o endereço eletrônico do devedor, caso em que a intimação será considerada cumprida quando comprovada por esse mesmo meio a entrega no referido endereço.

§ 1º Após três dias úteis sem que haja resposta do devedor à intimação feita na forma do caput, deverá ser providenciada a intimação nos termos do art. 14, parágrafos 1º e 2º[116], da Lei n. 9.492, de 10 de setembro de 1997;

§ 2º Na hipótese de o Aviso de Recepção (AR) não retornar à serventia dentro do prazo de dez dias úteis, deverá ser providenciada a intimação por edital no sítio eletrônico da Central Nacional de Serviços Eletrônicos dos Tabeliães de Protesto (CENPROT) ou de suas seccionais, observando-se, em todos os casos, o prazo para a lavratura do protesto consignado no art.

---

16. Art. 14. Protocolizado o título ou documento de dívida, o Tabelião de Protesto expedirá a intimação ao devedor, no endereço fornecido pelo apresentante do título ou documento, considerando-se cumprida quando comprovada a sua entrega no mesmo endereço.

§ 1º A remessa da intimação poderá ser feita por portador do próprio tabelião, ou por qualquer outro meio, desde que o recebimento fique assegurado e comprovado através de protocolo, aviso de recepção (AR) ou documento equivalente;

§ 2º A intimação deverá conter nome e endereço do devedor, elementos de identificação do título ou documento de dívida, e prazo limite para cumprimento da obrigação no Tabelionato, bem como número do protocolo e valor a ser pago.

13[117] da Lei n. 9.492, de 10 de setembro de 1997;

§ 3º Considera-se dia útil para o fim da contagem do prazo para o registro do protesto, aquele em que o expediente bancário para o público, na localidade, esteja sendo prestado de acordo com o horário de atendimento fixado pela Federação Brasileira de Bancos (FEBRABAN).

TÍTULO II
DOS EMOLUMENTOS DO PROCEDIMENTO DE PROTESTO
CAPÍTULO I
DO MOMENTO DO PAGAMENTO
SEÇÃO I
DAS DISPOSIÇÕES GERAIS

Art. 369. Pelos atos que praticarem os tabeliães de protesto de títulos ou os responsáveis interinos pelo expediente perceberão diretamente das partes, a título de remuneração, os emolumentos integrais a eles destinados, fixados pela lei da respectiva unidade da Federação, além do reembolso dos tributos, das tarifas, das demais despesas e dos acréscimos instituídos por lei, a título de taxa de fiscalização do serviço extrajudicial, das custas, das contribuições, do custeio de atos gratuitos, a entidade previdenciária ou assistencial, facultada a exigência do depósito prévio.

Art. 370. A apresentação, a distribuição e todos os atos procedimentais pertinentes às duplicatas escriturais (eletrônicas) e aos demais títulos e outros documentos de dívidas encaminhados a protesto por Banco, Financeira ou pessoa jurídica fiscalizada por órgãos do Sistema Financeiro Nacional, na qualidade de credor ou apresentante, independem de depósito ou pagamento prévio dos emolumentos e dos demais acréscimos legais e das despesas que estão contemplados no caput, cujos valores devidos serão exigidos dos interessados, de acordo com a tabela de emolumentos e das despesas reembolsáveis vigentes na data:

I – da protocolização, quando da desistência do pedido do protesto, do pagamento elisivo do protesto ou do aceite ou devolução de devedor; e

II – do pedido de cancelamento do registro de protesto ou da recepção de ordem judicial para a sustação ou cancelamento definitivo do protesto ou de seus efeitos.

§ 1º As disposições do caput deste artigo aplicam-se:

I – às pessoas jurídicas fiscalizadas por agências que regulam as atividades de serviços públicos que são executados por empresas privadas sob concessão, permissão ou autorização, na qualidade de credoras, bem como aos credores ou apresentantes de decisões judiciais transitadas em julgado oriundas da Justiça Estadual, da Justiça Federal ou da Justiça do Trabalho e à União Federal, aos estados, ao Distrito Federal, aos municípios e às suas respectivas autarquias

---

117. Art. 13. Quando a intimação for efetivada excepcionalmente no último dia do prazo ou além dele, por motivo de força maior, o protesto será tirado no primeiro dia útil subsequente.

e fundações públicas no que concerne às suas certidões da dívida ativa; e

II – a qualquer pessoa física ou jurídica desde que o vencimento do título ou do documento de dívida não ultrapasse o prazo de um ano no momento da apresentação para protesto.

§ 2º Os valores destinados aos ofícios de distribuição ou outros serviços extrajudiciais, aos entes públicos ou às entidades, a título de emolumentos, custas, taxa de fiscalização, contribuições, custeio de atos gratuitos, tributos, ou de caráter assistencial, serão devidos na forma prevista no caput deste artigo, e repassados somente após o efetivo recebimento pelo tabelião de protesto.

Art. 371. Nenhum valor será devido pelo exame do título ou documento de dívida devolvido ao apresentante por motivo de irregularidade formal.

Art. 372. Os emolumentos devidos pela protocolização dos títulos e documentos de dívida que foram protestados nas hipóteses definidas no art. 373 e seu § 1º são de propriedade do tabelião de protesto ou do oficial de distribuição, quando for o caso, que à época praticou o respectivo ato.

Parágrafo único. Na hipótese do caput deste artigo, caberá ao novo tabelião de protesto ou ao responsável interino pelo expediente perceber apenas os emolumentos devidos pelo cancelamento do registro do protesto e, também, transferir os emolumentos devidos pela protocolização para o tabelião de protesto ou o oficial de distribuição, quando for o caso, que à época o praticou, ou, ainda, para o seu respectivo espólio ou herdeiros, sob pena de responsabilidade funcional, além de outras sanções cíveis e criminais cabíveis.

Art. 373. Ficam os tabeliães de protesto ou os responsáveis interinos pelo expediente da serventia autorizados a conceder parcelamento de emolumentos e demais acréscimos legais aos interessados, por meio de[118] cartão de débito ou de crédito, desde que sejam cobrados na primeira parcela os acréscimos legais que estão contemplados no art. 373.

Art. 374. Os estados e o Distrito Federal poderão estabelecer, no âmbito de sua competência, metodologia que preserve o equilíbrio econômico-financeiro do serviço público delegado, sem ônus para o Poder Público.

TÍTULO III
DAS ATRIBUIÇÕES DOS TABELIONATOS DE PROTESTOS.
CAPÍTULO
DAS MEDIDAS DE INCENTIVO À QUITAÇÃO OU À RENEGOCIAÇÃO DE DÍVIDAS PROTESTADAS
SEÇÃO I
DAS DISPOSIÇÕES GERAIS

Art. 375. As medidas de incentivo à quitação ou à renegociação de dívidas protestadas nos tabelionatos de protesto serão medidas prévias e facultativas aos procedimentos de conciliação e mediação e deverão observar os requisitos previstos nesta Seção.

---

118. Alterado e corrigido. Redação original consta "meiode".

Art. 376. As Corregedorias-Gerais de Justiça dos estados e do Distrito Federal e dos Territórios manterão em seu site listagem pública dos tabelionatos de protesto autorizados a realizar as medidas de incentivo à quitação ou à renegociação de dívidas protestadas e os procedimentos de conciliação e mediação, indicando os nomes dos conciliadores e mediadores, de livre escolha das partes.

§ 1º O processo de autorização dos tabelionatos de protesto deverá ser submetido ao Núcleo Permanente de Métodos Consensuais de Solução de Conflitos (NUPEMEC) dos tribunais e às Corregedorias-Gerais de Justiça dos estados e do Distrito Federal e dos Territórios.

§ 2º O processo de autorização mencionado no parágrafo anterior deverá ser instruído com os seguintes documentos:

I – plano de trabalho, indicando a estrutura existente para a prestação de serviço de conciliação e mediação;

II – proposta de fluxograma do procedimento para a quitação ou a renegociação de dívidas protestadas; e

III – cópia dos certificados de capacitação dos conciliadores e mediadores, nos termos da Resolução CNJ n. 125/2010.

Art. 377. As medidas de incentivo à quitação ou à renegociação de dívidas protestadas nos tabelionatos de protesto serão consideradas fase antecedente à possível instauração de procedimento de conciliação ou de mediação.

Parágrafo único. As mencionadas medidas serão adotadas pelos delegatários ou por seus escreventes autorizados, e as sessões de conciliação e de mediação deverão observar as regras dispostas neste Código de Normas para os serviços notariais e de registro.

Art. 378. O procedimento de incentivo à quitação ou à renegociação de dívidas protestadas terá início mediante requerimento do credor ou do devedor, pessoalmente no tabelionato onde foi lavrado o protesto; por meio eletrônico; ou por intermédio da central eletrônica mantida pelas entidades representativas de classe.

Parágrafo único. O procedimento não poderá ser adotado se o protesto tiver sido sustado ou cancelado.

Art. 379. São requisitos mínimos para requerer medidas de incentivo à quitação ou à renegociação de dívidas protestadas e procedimentos de conciliação e de mediação:

I – qualificação do requerente, em especial, o nome ou a denominação social, o endereço, o telefone e o e-mail de contato, o número da carteira de identidade e do cadastro de pessoas físicas (CPF) ou do Cadastro Nacional de Pessoa Jurídica (CNPJ) na Secretaria da Receita Federal, conforme o caso;

II – dados suficientes da outra parte para que seja possível sua identificação e convite;

III – a indicação de meio idôneo de notificação da outra parte;

IV – a proposta de renegociação; e

V – outras informações relevantes, a critério do requerente.

Art. 380. Após o recebimento e protocolo do requerimento, se, em exame formal, for considerado não preenchido algum dos requisitos previstos no artigo anterior, o requerente será notificado, preferencialmente por meio eletrônico, para sanar o vício no prazo de dez dias.

§ 1º Se persistir o não cumprimento de qualquer dos requisitos, o pedido será rejeitado;

§ 2º A inércia do requerente acarretará o arquivamento do pedido por ausência de interesse.

Art. 381. No requerimento de medidas de incentivo à quitação ou à renegociação de dívidas protestadas, o credor poderá conceder autorização ao tabelião de protesto para:

I – expedir aviso ao devedor sobre a existência do protesto e a possibilidade de quitação da dívida diretamente no tabelionato, indicando o valor atualizado do débito, as eventuais condições especiais de pagamento e o prazo estipulado;

II – receber o valor do título ou documento de dívida protestado, atualizado monetariamente e acrescido de encargos moratórios, emolumentos, despesas do protesto e encargos administrativos;

III – receber o pagamento, mediante condições especiais, como abatimento parcial do valor ou parcelamento, observando-se as instruções contidas no ato de autorização do credor; e

IV – dar quitação ao devedor e promover o cancelamento do protesto.

§ 1º O valor recebido será creditado na conta bancária indicada pelo credor ou será colocado à sua disposição no primeiro dia útil subsequente ao do recebimento.

§ 2º Os encargos administrativos referidos no inciso II do caput deste artigo incidirão somente na hipótese de quitação on-line da dívida ou de pedido de cancelamento por intermédio da central eletrônica mantida pelas entidades representativas de classe, em âmbito nacional ou regional, e serão reembolsados pelo devedor na forma e conforme os valores que forem fixados pela entidade e informados à Corregedoria-Geral de Justiça (CGJ) local;

§ 3º Serão compreendidas como encargos administrativos as despesas com compensação de boleto bancário, operação de cartão de crédito, transferências bancárias, certificação digital (SDK, framework, certificado de atributo e de carimbo de tempo) e outras que forem previstas em normas estaduais, desde que indispensáveis para a prestação do serviço por meio da central informatizada;

§ 4º A autorização deverá ter prazo de vigência especificado, e o credor deverá atualizar os dados cadastrais fornecidos, especialmente os bancários;

§ 5º Se ajustado parcelamento da dívida, o protesto poderá ser cancelado após o pagamento da primeira parcela, salvo existência de estipulação em contrário no termo de renegociação da dívida.

Art. 382. A qualquer tempo, o devedor poderá formular proposta de pagamento ao credor, caso em que será expedido aviso ao credor acerca das condições da proposta, arcando o interessado com eventual despesa respectiva.

Art. 383. O credor ou o devedor poderão requerer a designação de sessão de conciliação ou de mediação, aplicando-se as disposições previstas neste Código de Normas para conciliação e mediação nos serviços notariais e de registro.

Art. 384. Os tabelionatos de protesto do Brasil poderão firmar convênio com a União, os estados, o Distrito Federal e os municípios para adoção das medidas de incentivo à quitação ou à renegociação de dívidas protestadas.

§ 1º O convênio, em âmbito nacional, dependerá da homologação da Corregedoria Nacional de Justiça;

§ 2º O Instituto de Estudos de Protesto de Títulos do Brasil (IEPTB/BR) formulará pedido de homologação à Corregedoria Nacional de Justiça via PJe.

Art. 385. O convênio dos tabelionatos de protestos com os entes públicos para a adoção das medidas de incentivo à quitação ou à renegociação de dívidas protestadas, em âmbito local, dependerá da homologação das corregedorias de Justiça dos estados ou do Distrito Federal, às quais competirá:

I – realizar estudo prévio acerca da viabilidade jurídica, técnica e financeira do serviço; e

II – enviar à Corregedoria Nacional de Justiça cópia do termo celebrado em caso de homologação, para disseminação de boas práticas entre os demais entes da Federação.

Art. 386. Enquanto não editadas, no âmbito dos estados e do Distrito Federal, normas específicas relativas aos emolumentos, observadas as diretrizes previstas pela Lei n. 10.169, de 29 de dezembro de 2000, aplicar-se-á às medidas de incentivo à quitação ou à renegociação de dívidas protestadas a tabela referente ao menor valor de uma certidão individual de protesto; às conciliações e às mediações extrajudiciais, a tabela referente ao menor valor cobrado na lavratura de escritura pública sem valor econômico, incidindo as disposições previstas neste Código de Normas para conciliação e mediação nos serviços notariais e de registro.

§ 1º O pagamento dos emolumentos pelas medidas de incentivo à quitação ou à renegociação de dívidas e pelas conciliações e mediações extrajudiciais não dispensará o pagamento de emolumentos devidos pelo eventual cancelamento do protesto;

§ 2º Será vedado aos tabelionatos de protesto receber das partes qualquer vantagem referente às medidas de incentivo à quitação ou à renegociação de dívidas protestadas e às sessões de conciliação e de mediação, exceto os valores previstos no art. 381, II, deste Código de Normas, os emolumentos previstos no caput deste artigo e as despesas de notificação.

Art. 387. Será vedado aos tabelionatos de protesto estabelecer, em documentos por eles expedidos, cláusula compromissória de conciliação ou de mediação extrajudicial.

Art. 388. Aplica-se o disposto no art. 132, caput e § 1º[119], do Código Civil brasileiro à contagem dos prazos, bem como as disposições deste Código de Normas para conciliação e mediação nos serviços notariais e de registro.

---

[119]. Art. 132. Salvo disposição legal ou convencional em contrário, computam-se os prazos, excluído o dia do começo, e incluído o do vencimento.

§ 1º Se o dia do vencimento cair em feriado, considerar-se-á prorrogado o prazo até o seguinte dia útil.

TÍTULO III
DOS TÍTULOS E DOCUMENTOS DE DÍVIDA EM ESPÉCIE
CAPÍTULO I
DO CHEQUE

SEÇÃO I
DAS DISPOSIÇÕES GERAIS

Art. 389. O cheque poderá ser protestado no lugar do pagamento, ou no domicílio do emitente, e deverá conter a prova da apresentação ao banco sacado e o motivo da recusa de pagamento, salvo se o protesto tiver por finalidade instruir medidas contra o estabelecimento de crédito.

Art. 390. É vedado o protesto de cheques devolvidos pelo banco sacado por motivo de furto, roubo ou extravio de folhas ou talonários, ou por fraude, nos casos dos motivos números 20, 25, 28, 30 e 35[120], da Resolução n. 1.682, de 31.01.1990, da Circular 2.313, de 26.05.1993, da Circular 3.050, de 02.08.2001, e da Circular 3.535, de 16 de maio de 2011, do Banco Central do Brasil, desde que os títulos não tenham circulado por meio de endosso, nem estejam garantidos por aval.

§ 1º A pessoa que figurar como emitente de cheque referido no caput deste artigo, já protestado, poderá solicitar diretamente ao tabelião, sem ônus, o cancelamento do protesto tirado por falta de pagamento, instruindo o requerimento com prova do motivo da devolução do cheque pelo Banco sacado. O tabelião, sendo suficiente a prova apresentada, promoverá, em até 30 dias, o cancelamento do protesto e a comunicação dessa medida ao apresentante, pelo Correio ou outro meio hábil;

§ 2º Existindo nos cheques referidos no caput deste artigo endosso ou aval, não constarão nos assentamentos de serviços de protesto os nomes e os números do CPF dos titulares da respectiva conta corrente bancária, anotando-se nos campos próprios que o emitente é desconhecido e elaborando-se, em separado, índice pelo nome do apresentante.

Art. 391. Quando o cheque for apresentado para protesto mais de um ano após sua emissão será obrigatória a comprovação, pelo apresentante, do endereço do emitente.

§ 1º Igual comprovação poderá ser exigida pelo tabelião quando o lugar de pagamento do cheque for diverso da comarca em que apresentado ou do município em que sediado o tabelião), ou houver razão para suspeitar da veracidade do endereço fornecido;

§ 2º A comprovação do endereço do emitente, quando a devolução do cheque decorrer dos motivos correspondentes aos números 11, 12, 13, 14, 21, 22 e 31[121], previstos nos diplomas mencionados no art. 393, será realizada mediante apresentação de declaração do Banco sacado, em papel timbrado e com identificação do signatário, fornecida nos termos do artigo 6º[122] da Resolução n. 3.972, de 28 de abril de 2011, do Banco Central do Brasil. Certificando o Banco sacado que não pode fornecer a declaração, poderá o apresentante comprovar o endereço do emitente por outro meio hábil;

§ 3º Devolvido o cheque por outro motivo, a comprovação do endereço poderá ser feita por meio da declaração do apresentante, ou outras provas documentais idôneas.

Art. 392. Na hipótese prevista de apresentação, para protesto, de cheque emitido há mais de um ano, o apresentante de título para protesto preencherá formulário de apresentação, a ser arquivado na serventia, em que informará, sob sua responsabilidade, as características essenciais do título e os dados do devedor.

---

121. 11 – Cheque sem fundos – 1ª apresentação; 12 – Cheque sem fundos – 2ª apresentação; 13 – Conta encerrada; 14 – Prática espúria; 21 – Cheque sustado ou revogado; 22 – Divergência ou insuficiência de assinatura; 31 – Erro formal (sem data de emissão, com o mês grafado numericamente, ausência de assinatura ou não registro do valor por extenso).

122. Art. 6º A instituição financeira sacada é obrigada a fornecer, mediante solicitação formal do interessado, as informações adiante especificadas, conforme os casos indicados:

I – nome completo e endereços residencial e comercial do emitente, no caso de cheque devolvido por:
a) insuficiência de fundos;
b) motivos que ensejam registro de ocorrência no CCF;
c) sustação ou revogação devidamente confirmada, não motivada por furto, roubo ou extravio;
d) divergência, insuficiência ou ausência de assinatura; ou
e) erro formal de preenchimento;

II – além das informações estabelecidas no inciso I:
a) cópia da solicitação formal de sustação ou revogação, ou reprodução impressa dos respectivos termos, na hipótese de ter sido solicitada e confirmada por meio de transação eletrônica, contendo a razão alegada pelo emitente ou pelo beneficiário, no caso de cheque devolvido por sustação ou revogação não motivada por furto, roubo ou extravio; e
b) nome completo, endereços residencial e comercial, número do documento de identidade e número de inscrição no CPF, do emitente, no caso de cheque devolvido por qualquer dos casos incluídos no inciso I, emitido por titular de conta conjunta cujos dados de identificação não constem do cheque;
III – declaração sobre a autenticidade ou não da assinatura do emitente, mediante exame equivalente ao que seria realizado em procedimento de pagamento de cheque apresentado ao caixa, em se tratando de cheque devolvido por sustação ou revogação motivada por furto, roubo ou extravio de folha de cheque em branco.

Parágrafo único. As informações referidas neste artigo:
I – devem ser prestadas em documento timbrado da instituição financeira, firmado por seu preposto; e
II – somente podem ser fornecidas:
a) ao beneficiário, caso esteja indicado no cheque, ou a mandatário legalmente constituído; ou
b) ao portador, em se tratando de cheque em relação ao qual a legislação em vigor não exija a identificação do beneficiário e que não contenha a referida identificação.

---

§ 1º O formulário será assinado pelo apresentante ou seu representante legal, se for pessoa jurídica, ou, se não comparecer, pela pessoa que exibir o título ou o documento de dívida para ser protocolizado, devendo constar os nomes completos de ambos, os números de suas cédulas de identidade, de seus endereços e telefones;

§ 2º Para a recepção do título será conferida a cédula de identidade do apresentante, visando a apuração de sua correspondência com os dados lançados no formulário de apresentação;

§ 3º Sendo o título exibido para recepção por pessoa distinta do apresentante ou de seu representante legal, além de conferida sua cédula de identidade será o formulário de apresentação instruído com cópia da cédula de identidade do apresentante, ou de seu representante legal se for pessoa jurídica, a ser arquivada na serventia;

§ 4º Onde houver mais de um tabelião de protesto, o formulário de apresentação será entregue ao distribuidor de títulos, ou ao serviço de distribuição de títulos;

§ 5º O formulário poderá ser preenchido em duas vias, uma para arquivamento e outra para servir como recibo a ser entregue ao apresentante, e poderá conter outras informações conforme dispuser norma da Corregedoria-Geral da Justiça (CGJ), ou do juiz corregedor permanente ou juiz competente na forma da organização local.

Art. 393. O tabelião recusará o protesto de cheque quando tiver fundada suspeita de que o endereço indicado como sendo do devedor é incorreto.

Parágrafo único. O tabelião de protesto comunicará o fato à autoridade policial quando constatar que o apresentante, agindo de má-fé, declarou endereço incorreto do devedor.

Art. 394. Nos estados em que o recolhimento dos emolumentos for diferido para data posterior à da apresentação e protesto, o protesto facultativo será recusado pelo tabelião quando as circunstâncias da apresentação indicarem exercício abusivo de direito. Entre outras, para tal finalidade, o tabelião verificará as seguintes hipóteses:

I – cheques com datas antigas e valores irrisórios, apresentados, isoladamente ou em lote, por terceiros que não sejam seus beneficiários originais ou emitidos sem indicação do favorecido; e

II – indicação de endereço onde o emitente não residir, feita de modo a inviabilizar a intimação pessoal.

Parágrafo único. Para apuração da legitimidade da pretensão, o tabelião poderá exigir, de forma escrita e fundamentada, que o apresentante preste esclarecimentos sobre os motivos que justificam o protesto, assim como apresente provas complementares do endereço do emitente, arquivando na serventia a declaração e os documentos comprobatórios que lhe forem apresentados.

Art. 395. A recusa da lavratura do protesto deverá ser manifestada em nota devolutiva, por escrito, com exposição de seus fundamentos.

Parágrafo único. Não se conformando com a recusa, o apresentante poderá requerer, em procedimento administrativo, sua revisão pelo juiz Corregedor permanente, ou pelo juiz competente na forma da organização local, que poderá mantê-la ou determinar a lavratura do instrumento de protesto.

Art. 396. As declarações e documentos comprobatórios de endereço poderão ser arquivados em mídia eletrônica ou digital, inclusive com extração de imagem mediante uso de "scanner", fotografia ou outro meio hábil.

LIVRO II
DO REGISTRO DE TÍTULOS E DOCUMENTOS E DO REGISTRO CIVIL DAS PESSOAS JURÍDICAS

TÍTULO I
DO REGISTRO DE TÍTULOS E DOCUMENTOS

CAPÍTULO I
DOS TÍTULOS RELATIVOS A VEÍCULOS AUTOMOTORES

SEÇÃO I
DAS DISPOSIÇÕES GERAIS

Art. 397. É facultativo o registro de contrato de alienação fiduciária e de arrendamento mercantil de veículo por oficial de registro de títulos e documentos.

LIVRO III
DO REGISTRO DE IMÓVEIS

TÍTULO ÚNICO
DAS DISPOSIÇÕES ESPECÍFICAS

CAPÍTULO I
DO PROCEDIMENTO DE USUCAPIÃO

SEÇÃO I
DAS DISPOSIÇÕES GERAIS

Art. 398. Esta Seção estabelece diretrizes para o procedimento da usucapião extrajudicial no âmbito dos serviços notariais e de registro de imóveis, nos termos do art. 216-A da LRP.

Art. 399. Sem prejuízo da via jurisdicional, é admitido o pedido de reconhecimento extrajudicial da usucapião formulado pelo requerente – representado por advogado ou por defensor público, nos termos do disposto no art. 216-A[123] da LRP –, que será processado diretamente no ofício de registro de imóveis da circunscrição em

_____

tempo da posse, tais como o pagamento dos impostos e das taxas que incidirem sobre o imóvel;

§ 1º O pedido será autuado pelo registrador, prorrogando-se o prazo da prenotação até o acolhimento ou a rejeição do pedido;

§ 2º Se a planta não contiver a assinatura de qualquer um dos titulares de direitos registrados ou averbados na matrícula do imóvel usucapiendo ou na matrícula dos imóveis confinantes, o titular será notificado pelo registrador competente, pessoalmente ou pelo correio com aviso de recebimento, para manifestar consentimento expresso em 15 (quinze) dias, interpretado o silêncio como concordância;

§ 3º O Oficial de Registro de Imóveis dará ciência à União, ao Estado, ao Distrito Federal e ao Município, pessoalmente, por intermédio do Oficial de Registro de Títulos e Documentos, ou pelo correio com aviso de recebimento, para que se manifestem, em 15 (quinze) dias, sobre o pedido;

§ 4º O Oficial de Registro de Imóveis promoverá a publicação de edital em jornal de grande circulação, onde houver, para a ciência de terceiros eventualmente interessados, que poderão se manifestar em 15 (quinze) dias;

§ 5º Para a elucidação de qualquer ponto de dúvida, poderão ser solicitadas ou realizadas diligências pelo Oficial de Registro de Imóveis;

§ 6º Transcorrido o prazo de que trata o § 4º deste artigo, sem pendência de diligências na forma do § 5º deste artigo e achando-se em ordem a documentação, o Oficial de Registro de Imóveis registrará a aquisição do imóvel com as descrições apresentadas, sendo permitida a abertura de matrícula, se for o caso;

§ 7º Em qualquer caso, é lícito ao interessado suscitar o procedimento de dúvida, nos termos desta Lei;

§ 8º Ao final das diligências, se a documentação não estiver em ordem, o Oficial de Registro de Imóveis rejeitará o pedido;

§ 9º A rejeição do pedido extrajudicial não impede o ajuizamento de ação de usucapião;

§ 10. Em caso de impugnação justificada do pedido de reconhecimento extrajudicial de usucapião, o oficial de registro de imóveis remeterá os autos ao juízo competente da comarca da situação do imóvel, cabendo ao requerente emendar a petição inicial para adequá-la ao procedimento comum, porém, em caso de impugnação injustificada, esta não será admitida pelo registrador, cabendo ao interessado o manejo da suscitação de dúvida nos moldes do art. 198 desta Lei;

§ 11. No caso de o imóvel usucapiendo ser unidade autônoma de condomínio edilício, fica dispensado consentimento dos titulares de direitos reais e outros direitos registrados ou averbados na matrícula dos imóveis confinantes e bastará a notificação do síndico para se manifestar na forma do § 2º deste artigo;

§ 12. Se o imóvel confinante contiver um condomínio edilício, bastará a notificação do síndico para o efeito do § 2º deste artigo, dispensada a notificação de todos os condôminos;

§ 13. Para efeito do § 2º deste artigo, caso não seja encontrado o notificando ou caso ele esteja em lugar incerto ou não sabido, tal fato será certificado pelo registrador, que deverá promover a sua notificação por edital mediante publicação, por 02 (duas) vezes, em jornal local de grande circulação, pelo prazo de 15 (quinze) dias cada um, interpretado o silêncio do notificando como concordância;

§ 14. Regulamento do órgão jurisdicional competente para a correição das serventias poderá autorizar a publicação do edital em meio eletrônico, caso em que ficará dispensada a publicação em jornais de grande circulação;

§ 15. No caso de ausência ou insuficiência dos documentos de que trata o inciso IV do caput deste artigo, a posse e os demais dados necessários poderão ser comprovados em procedimento de justificação adminis-

que estiver localizado o imóvel usucapiendo ou a maior parte dele.

§ 1º O procedimento de que trata o caput poderá abranger a propriedade e os demais direitos reais passíveis da usucapião;

§ 2º Será facultada aos interessados a opção pela via judicial ou pela extrajudicial; podendo ser solicitada, a qualquer momento, a suspensão do procedimento pelo prazo de 30 dias ou a desistência da via judicial para promoção da via extrajudicial;

§ 3º Homologada a desistência ou deferida a suspensão poderão ser utilizadas as provas produzidas na via judicial;

§ 4º Não se admitirá o reconhecimento extrajudicial da usucapião de bens públicos, nos termos da lei.

Art. 400. O requerimento de reconhecimento extrajudicial da usucapião atenderá, no que couber, aos requisitos da petição inicial, estabelecidos pelo art. 319[124] do Código de Processo Civil (CPC), bem como indicará:

I – a modalidade de usucapião requerida e sua base legal ou constitucional;

II – a origem e as características da posse, a existência de edificação, de benfeitoria ou de qualquer acessão no imóvel usucapiendo, com a referência às respectivas datas de ocorrência;

III – o nome e estado civil de todos os possuidores anteriores cujo tempo de posse foi somado ao do requerente para completar o período aquisitivo;

IV – o número da matrícula ou a transcrição da área em que se encontra inserido o imóvel usucapiendo ou a informação de que não se encontra matriculado ou transcrito; e

V – o valor atribuído ao imóvel usucapiendo.

Art. 401. O requerimento será assinado por advogado ou por defensor público constituído pelo requerente e instruído com os seguintes documentos:

_____

trativa perante a serventia extrajudicial, que obedecerá, no que couber, ao disposto no § 5º do art. 381 e ao rito previsto nos arts. 382 e 383 da Lei nº 13.105/2015 (Código de Processo Civil).

124. Art. 319. A petição inicial indicará:

I – o juízo a que é dirigida;

II – os nomes, os prenomes, o estado civil, a existência de união estável, a profissão, o número de inscrição no Cadastro de Pessoas Físicas ou no Cadastro Nacional da Pessoa Jurídica, o endereço eletrônico, o domicílio e a residência do autor e do réu;

III – o fato e os fundamentos jurídicos do pedido;

IV – o pedido com as suas especificações;

V – o valor da causa;

VI – as provas com que o autor pretende demonstrar a verdade dos fatos alegados;

VII – a opção do autor pela realização ou não de audiência de conciliação ou de mediação.

§ 1º Caso não disponha das informações previstas no inciso II, poderá o autor, na petição inicial, requerer ao juiz diligências necessárias a sua obtenção;

§ 2º A petição inicial não será indeferida se, a despeito da falta de informações a que se refere o inciso II, for possível a citação do réu;

§ 3º A petição inicial não será indeferida pelo não atendimento ao disposto no inciso II deste artigo se a obtenção de tais informações tornar impossível ou excessivamente oneroso o acesso à justiça.

_____

123. Art. 216-A. Sem prejuízo da via jurisdicional, é admitido o pedido de reconhecimento extrajudicial de usucapião, que será processado diretamente perante o Cartório do Registro de Imóveis da comarca em que estiver situado o imóvel usucapiendo, a requerimento do interessado, representado por advogado, instruído com:

I – ata notarial lavrada pelo Tabelião, atestando o tempo de posse do requerente e de seus antecessores, conforme o caso e suas circunstâncias, aplicando-se o disposto no art. 384 da Lei nº 13.105/2015 (Código de Processo Civil);

II – planta e memorial descritivo assinado por profissional legalmente habilitado, com prova de anotação de responsabilidade técnica no respectivo conselho de fiscalização profissional, e pelos titulares de direitos registrados ou averbados na matrícula do imóvel usucapiendo ou na matrícula dos imóveis confinantes;

III – certidões negativas dos distribuidores da comarca da situação do imóvel e do domicílio do requerente;

IV – justo título ou quaisquer outros documentos que demonstrem a origem, a continuidade, a natureza e o

I – ata notarial com a qualificação, o endereço eletrônico, o domicílio e a residência do requerente e o respectivo cônjuge ou companheiro, se houver, e do titular do imóvel lançado na matrícula objeto da usucapião que ateste:

a) a descrição do imóvel conforme consta na matrícula do registro em caso de bem individualizado ou a descrição da área em caso de não individualização, devendo ainda constar as características do imóvel, tais como a existência de edificação, de benfeitoria ou de qualquer acesso no imóvel usucapiendo;

b) o tempo e as características da posse do requerente e de seus antecessores;

c) a forma de aquisição da posse do imóvel usucapiendo pela parte requerente;

d) a modalidade de usucapião pretendida e sua base legal ou constitucional;

e) o número de imóveis atingidos pela pretensão aquisitiva e a localização: se estão situados em uma ou em mais circunscrições;

f) o valor do imóvel; e

g) outras informações que o tabelião de notas considere necessárias à instrução do procedimento, tais como depoimentos de testemunhas ou partes confrontantes.

II – planta e memorial descritivo assinados por profissional legalmente habilitado e com prova da Anotação da Responsabilidade Técnica (ART) ou do Registro de Responsabilidade Técnica (RTT) no respectivo conselho de fiscalização profissional e pelos titulares dos direitos registrados ou averbados na matrícula do imóvel usucapiendo ou na matrícula dos imóveis confinantes ou pelos ocupantes a qualquer título;

III – justo título ou quaisquer outros documentos que demonstrem a origem, a continuidade, a cadeia possessória e o tempo de posse;

IV – certidões negativas dos distribuidores da Justiça Estadual e da Justiça Federal do local da situação do imóvel usucapiendo expedidas nos últimos 30 dias, demonstrando a inexistência de ações que caracterizem oposição à posse do imóvel, em nome das seguintes pessoas:

a) do requerente e respectivo cônjuge ou companheiro, se houver;

b) do proprietário do imóvel usucapiendo e respectivo cônjuge ou companheiro, se houver;

c) de todos os demais possuidores e respectivos cônjuges ou companheiros, se houver, em caso de sucessão de posse, que é somada a do requerente para completar o período aquisitivo da usucapião.

V – descrição georreferenciada nas hipóteses previstas na Lei n. 10.267, de 28 de agosto de 2001, e nos decretos regulamentadores;

VI — instrumento de mandato, público ou particular, com poderes especiais, outorgado ao advogado pelo requerente e por seu cônjuge ou companheiro;

VII — declaração do requerente, do seu cônjuge ou companheiro que outorgue ao defensor público a capacidade postulatória da usucapião;

VIII – certidão dos órgãos municipais e/ou federais que demonstre a natureza urbana ou rural do imóvel usucapiendo, nos termos da Instrução Normativa Incra n. 82/2015 e da Nota Técnica Incra/DF/DFC n. 2/2016, expedida até 30 dias antes do requerimento.

§ 1º Os documentos a que se refere o caput deste artigo serão apresentados no original;

§ 2º O requerimento será instruído com tantas cópias quantas forem os titulares de direitos reais ou de outros direitos registrados sobre o imóvel usucapiendo e os proprietários confinantes ou ocupantes cujas assinaturas não constem da planta nem do memorial descritivo referidos no inciso II deste artigo;

§ 3º O documento oferecido em cópia poderá, no requerimento, ser declarado autêntico pelo advogado ou pelo defensor público, sob sua responsabilidade pessoal, sendo dispensada a apresentação de cópias autenticadas;

§ 4º Será dispensado o consentimento do cônjuge do requerente se estiverem casados sob o regime de separação absoluta de bens;

§ 5º Será dispensada a apresentação de planta e memorial descritivo se o imóvel usucapiendo for unidade autônoma de condomínio edilício ou loteamento regularmente instituído, bastando que o requerimento faça menção à descrição constante da respectiva matrícula;

§ 6º Será exigido o reconhecimento de firma, por semelhança ou autenticidade, das assinaturas lançadas na planta e no memorial mencionados no inciso II do caput deste artigo;

§ 7º O requerimento poderá ser instruído com mais de uma ata notarial, por ata notarial complementar ou por escrituras declaratórias lavradas pelo mesmo ou por diversos notários, ainda que de diferentes municípios, as quais descreverão os fatos conforme sucederem no tempo;

§ 8º O valor do imóvel declarado pelo requerente será seu valor venal relativo ao último lançamento do imposto predial e territorial urbano ou do imposto territorial rural incidente ou, quando não estipulado, o valor de mercado aproximado;

§ 9º Na hipótese de já existir procedimento de reconhecimento extrajudicial da usucapião acerca do mesmo imóvel, a prenotação do procedimento permanecerá sobrestada até o acolhimento ou rejeição do procedimento anterior;

§ 10. Existindo procedimento de reconhecimento extrajudicial da usucapião referente à parcela do imóvel usucapiendo, o procedimento prosseguirá em relação à parte incontroversa do imóvel, permanecendo sobrestada a prenotação quanto à parcela controversa;

§ 11. Se o pedido da usucapião extrajudicial abranger mais de um imóvel, ainda que de titularidade diversa, o procedimento poderá ser realizado por meio de único requerimento e de ata notarial, se contíguas as áreas.

Art. 402. A ata notarial de que trata esta Seção será lavrada pelo tabelião de notas do município em que estiver localizado o imóvel usucapiendo ou a maior parte dele, a quem caberá alertar o requerente e as testemunhas de que a prestação de declaração falsa no referido instrumento configurará crime de falsidade, sujeito às penas da lei.

§ 1º O tabelião de notas poderá comparecer ao imóvel usucapiendo para realizar diligências necessárias à lavratura da ata notarial;

§ 2º Podem constar da ata notarial imagens, documentos, sons gravados em arquivos eletrônicos, além do depoimento de testemunhas, não podendo basear-se apenas em declarações do requerente;

§ 3º Finalizada a lavratura da ata notarial, o tabelião deve cientificar o requerente e consignar no ato que a ata notarial não tem valor como confirmação ou estabelecimento de propriedade, servindo apenas para a instrução de requerimento extrajudicial de usucapião para processamento perante o registrador de imóveis.

Art. 403. Para o reconhecimento extrajudicial da usucapião de unidade autônoma integrante de condomínio edilício regularmente constituído e com construção averbada, bastará a anuência do síndico do condomínio.

Art. 404. Na hipótese de a unidade usucapienda localizar-se em condomínio edilício constituído de fato, ou seja, sem o respectivo registro do ato de incorporação ou sem a devida averbação de construção, será exigida a anuência de todos os titulares de direito constantes da matrícula.

Art. 405. O reconhecimento extrajudicial da usucapião pleiteado por mais de um requerente será admitido nos casos de exercício comum da posse.

Art. 406. O requerimento, com todos os documentos que o instruírem, será autuado pelo oficial do registro de imóveis competente, prorrogando-se os efeitos da prenotação até o acolhimento ou rejeição do pedido.

§ 1º Todas as notificações destinadas ao requerente serão efetivadas na pessoa do seu advogado ou do defensor público, por e-mail;

§ 2º A desídia do requerente poderá acarretar o arquivamento do pedido com base no art. 205[125] da LRP, bem como o cancelamento da prenotação.

Art. 407. Se a planta não estiver assinada pelos titulares dos direitos registrados ou averbados na matrícula do imóvel usucapiendo ou na matrícula dos imóveis confinantes ou ocupantes a qualquer título e não for apresentado documento autônomo de anuência expressa, eles serão notificados pelo oficial de registro de imóveis ou por intermédio do oficial de registro de títulos e documentos para que manifestem consentimento no prazo de 15 dias, considerando-se sua inércia como concordância.

§ 1º A notificação poderá ser feita pessoalmente pelo oficial de registro de imóveis ou por escrevente habilitado se a parte notificanda comparecer em cartório;

§ 2º Se o notificando residir em outra comarca ou circunscrição, a notificação deverá ser realizada pelo oficial de registro de títulos e documentos da outra comarca ou circunscrição, adiantando o requerente as despesas;

§ 3º A notificação poderá ser realizada por carta com aviso de recebimento, devendo vir acompanhada de cópia do requerimento inicial e da ata notarial, bem como de cópia da planta e do memorial descritivo e dos demais documentos que a instruíram;

---

[125]. Art. 205. Cessarão automaticamente os efeitos da prenotação se, decorridos 20 (vinte) dias da data do seu lançamento no Protocolo, o título não tiver sido registrado por omissão do interessado em atender às exigências legais.

Parágrafo único. Nos procedimentos de regularização fundiária de interesse social, os efeitos da prenotação cessarão decorridos 40 (quarenta) dias de seu lançamento no Protocolo.

§ 4º Se os notificandos forem casados ou conviverem em união estável, também serão notificados, em ato separado, os respectivos cônjuges ou companheiros;

§ 5º Deverá constar expressamente na notificação a informação de que o transcurso do prazo previsto no caput sem manifestação do titular do direito sobre o imóvel consistirá em anuência ao pedido de reconhecimento extrajudicial da usucapião do bem imóvel;

§ 6º Se a planta não estiver assinada por algum confrontante, este será notificado pelo oficial de registro de imóveis mediante carta com aviso de recebimento, para manifestar-se no prazo de 15 dias, aplicando-se ao que couber o disposto no § 2º[126] e nos seguintes do art. 213 e dos seguintes da LRP;

§ 7º O consentimento expresso poderá ser manifestado pelos confrontantes e titulares de direitos reais a qualquer momento, por documento particular com firma reconhecida ou por instrumento público, sendo prescindível a assistência de advogado ou defensor público;

§ 8º A concordância poderá ser manifestada ao escrevente encarregado da intimação mediante assinatura de certidão específica de concordância lavrada no ato pelo preposto;

§ 9º Tratando-se de pessoa jurídica, a notificação deverá ser entregue a pessoa com poderes de representação legal;

§ 10. Se o imóvel usucapiendo for matriculado com descrição precisa e houver perfeita identidade entre a descrição tabular e a área objeto do requerimento da usucapião extrajudicial, fica dispensada a intimação dos confrontantes do imóvel, devendo o registro da aquisição originária ser realizado na matrícula existente.

Art. 408. Infrutíferas as notificações mencionadas neste Capítulo, estando o notificando em lugar incerto, não sabido ou inacessível, o oficial de registro de imóveis certificará o ocorrido e promoverá a notificação por edital publicado, por duas vezes, em jornal local de grande circulação, pelo prazo de 15 dias cada um, interpretando o silêncio do notificando como concordância.

Parágrafo único. A notificação por edital poderá ser publicada em meio eletrônico, desde que o procedimento esteja regulamentado pelo Tribunal.

Art. 409. Na hipótese de algum titular de direitos reais e de outros direitos registrados na matrícula do imóvel usucapiendo e na matrícula do imóvel confinante ter falecido, poderão assinar a planta e memorial descritivo os herdeiros legais, desde que apresentem escritura pública declaratória de únicos herdeiros com nomeação do inventariante.

Art. 410. Considera-se outorgado o consentimento exigido nesta Seção, dispensada a notificação, quando for apresentado pelo requerente justo título ou instrumento que demonstre a existência de relação jurídica com o titular registral, acompanhado de prova da quitação das obrigações e de certidão do distribuidor cível expedida até 30 dias antes do requerimento que demonstre a inexistência de ação judicial contra o requerente ou contra seus cessionários envolvendo o imóvel usucapiendo.

§ 1º São exemplos de títulos ou instrumentos a que se refere o caput:

I – compromisso ou recibo de compra e venda;

II – cessão de direitos e promessa de cessão;

III – pré-contrato;

IV – proposta de compra;

V – reserva de lote ou outro instrumento no qual conste a manifestação de vontade das partes, contendo a indicação da fração ideal, do lote ou unidade, o preço, o modo de pagamento e a promessa de contratar;

VI – procuração pública com poderes de alienação para si ou para outrem, especificando o imóvel;

VII – escritura de cessão de direitos hereditários, especificando o imóvel; e

VIII – documentos judiciais de partilha, arrematação ou adjudicação.

§ 2º Em qualquer dos casos, deverá ser justificado o óbice à correta escrituração das transações para evitar o uso da usucapião como meio de burla dos requisitos legais do sistema notarial e registral e da tributação dos impostos de transmissão incidentes sobre os negócios imobiliários, devendo registrador alertar o requerente e as testemunhas de que a prestação de declaração falsa na referida justificação configurará crime de falsidade, sujeito às penas da lei;

§ 3º A prova de quitação será feita por meio de declaração escrita ou da apresentação da quitação da última parcela do preço avençado ou de recibo assinado pelo proprietário com firma reconhecida.

§ 4º A análise dos documentos citados neste artigo e em seus parágrafos será realizada pelo oficial de registro de imóveis, que proferirá nota fundamentada, conforme seu livre convencimento, acerca da veracidade e idoneidade do conteúdo e da inexistência de lide relativa ao negócio objeto de regularização pela usucapião.

Art. 411. A existência de ônus real ou de gravame na matrícula do imóvel usucapiendo não impedirá o reconhecimento extrajudicial da usucapião.

Parágrafo único. A impugnação do titular do direito previsto no caput poderá ser objeto de conciliação ou mediação pelo registrador. Não sendo frutífera, a impugnação impedirá o reconhecimento da usucapião pela via extrajudicial.

Art. 412. Estando o requerimento regularmente instruído com todos os documentos exigidos, o oficial de registro de imóveis dará ciência à União, ao Estado, ao Distrito Federal ou ao Município pessoalmente, por intermédio do oficial de registro de títulos e documentos ou pelo correio com aviso de recebimento, para manifestação sobre o pedido no prazo de 15 dias.

§ 1º A inércia dos órgãos públicos diante da notificação de que trata este artigo não impedirá o regular andamento do procedimento nem o eventual reconhecimento extrajudicial da usucapião;

§ 2º Será admitida a manifestação do Poder Público em qualquer fase do procedimento;

§ 3º Apresentada qualquer ressalva, óbice ou oposição dos entes públicos mencionados, o procedimento extrajudicial deverá ser encerrado e enviado ao juízo competente para o rito judicial da usucapião.

Art. 413. Após a notificação prevista no caput do artigo anterior, o oficial de registro de imóveis expedirá edital, que será publicado pelo requerente e às expensas dele, na forma do art. 257, III[127], do CPC, para ciência de terceiros eventualmente interessados, que poderão manifestar-se nos quinze dias subsequentes ao da publicação.

§ 1º O edital de que trata o caput conterá:

I – o nome e a qualificação completa do requerente;

II – a identificação do imóvel usucapiendo com o número da matrícula, quando houver, sua área superficial e eventuais acessões ou benfeitorias nele existentes;

III – os nomes dos titulares de direitos reais e de outros direitos registrados e averbados na matrícula do imóvel usucapiendo e na matrícula dos imóveis confinantes ou confrontantes de fato com expectativa de domínio;

IV – a modalidade de usucapião e o tempo de posse alegado pelo requerente; e

V – a advertência de que a não apresentação de impugnação no prazo previsto neste artigo implicará anuência ao pedido de reconhecimento extrajudicial da usucapião.

§ 2º Os terceiros eventualmente interessados poderão manifestar-se no prazo de 15 dias após o decurso do prazo do edital publicado;

§ 3º Estando o imóvel usucapiendo localizado em duas ou mais circunscrições ou em circunscrição que abranja mais de um município, o edital de que trata o caput deste artigo deverá ser publicado em jornal de todas as localidades;

§ 4º O edital poderá ser publicado em meio eletrônico, desde que o procedimento esteja regulamentado pelo órgão jurisdicional local, dispensada a publicação em jornais de grande circulação.

Art. 414. Para a elucidação de quaisquer dúvidas, imprecisões ou incertezas, poderão ser solicitadas ou realizadas diligências pelo oficial de registro de imóveis ou por escrevente habilitado.

§ 1º No caso de ausência ou insuficiência de documentos de que trata o inciso IV[128] do caput do art. 216-A da LRP, a posse e os demais da

---

126. Art. 213. O oficial retificará o registro ou a averbação:

§ 2º Se a planta não contiver a assinatura de algum confrontante, este será notificado pelo Oficial de Registro de Imóveis competente, a requerimento do interessado, para se manifestar em quinze dias, promovendo-se a notificação pessoalmente pelo correio, com aviso de recebimento, ou, ainda, por solicitação do Oficial de Registro de Imóveis, pelo Oficial de Registro de Títulos e Documentos da comarca da situação do imóvel ou do domicílio de quem deva recebê-la.

127. Art. 257. São requisitos da citação por edital:

III – a determinação, pelo juiz, do prazo, que variará entre 20 (vinte) e 60 (sessenta) dias, fluindo da data da publicação única ou, havendo mais de uma, da primeira.

128. Art. 216-A. Sem prejuízo da via jurisdicional, é admitido o pedido de reconhecimento extrajudicial de usucapião, que será processado diretamente perante o cartório de registro de imóveis da comarca em que estiver situado o imóvel usucapiendo, a requerimento do interessado, representado por advogado, instruído com:

IV – justo título ou quaisquer outros documentos que demonstrem a origem, a continuidade, a natureza e o tempo da posse, tais como o pagamento dos impostos das taxas que incidirem sobre o imóvel.

dos necessários poderão ser comprovados em procedimento de justificação administrativa perante o oficial de registro do imóvel, que obedecerá, no que couber, ao disposto no § 5º[129] do art. 381 e ao rito previsto no art. 382[130] e art. 383[131], todos do CPC;

§ 2º Se, ao final das diligências, ainda persistirem dúvidas, imprecisões ou incertezas, bem como a ausência ou insuficiência de documentos, o oficial de registro de imóveis rejeitará o pedido mediante nota de devolução fundamentada;

§ 3º A rejeição do pedido extrajudicial não impedirá o ajuizamento de ação de usucapião no foro competente;

§ 4º Com a rejeição do pedido extrajudicial e a devolução de nota fundamentada, cessarão os efeitos da prenotação e da preferência dos direitos reais determinada pela prioridade, salvo suscitação de dúvida;

§ 5º A rejeição do requerimento poderá ser impugnada pelo requerente no prazo de quinze dias, perante o oficial de registro de imóveis, que poderá reanalisar o pedido e reconsiderar a nota de rejeição no mesmo prazo ou suscitará dúvida registral nos moldes do art. 198[132] e dos seguintes da LRP.

---

129. Art. 381. A produção antecipada da prova será admitida nos casos em que:

    § 5º Aplica-se o disposto nesta Seção àquele que pretender justificar a existência de algum fato ou relação jurídica para a simples documento e sem caráter contencioso, que exporá, em petição circunstanciada, a sua intenção.

130. Art. 382. Na petição, o requerente apresentará as razões que justificam a necessidade de antecipação da prova e mencionará com precisão os fatos sobre os quais a prova há de recair.

    § 1º O juiz determinará, de ofício ou a requerimento da parte, a citação de interessados na produção da prova ou no fato a ser provado, salvo se inexistente caráter contencioso;

    § 2º O juiz não se pronunciará sobre a ocorrência ou a inocorrência do fato, nem sobre as respectivas consequências jurídicas;

    § 3º Os interessados poderão requerer a produção de qualquer prova no mesmo procedimento, desde que relacionada ao mesmo fato, salvo se a sua produção em conjunta acarretar excessiva demora;

    § 4º Neste procedimento, não se admitirá defesa ou recurso, salvo contra decisão que indeferir totalmente a produção da prova pleiteada pelo requerente originário.

31. Art. 383. Os autos permanecerão em cartório durante 1 (um) mês para extração de cópias e certidões pelos interessados.

    Parágrafo único. Findo o prazo, os autos serão entregues ao promovente da medida.

32. Art. 198. Se houver exigência a ser satisfeita, ela será indicada pelo oficial por escrito, dentro do prazo previsto no art. 188 desta Lei e de uma só vez, articuladamente, de forma clara e objetiva, com data, identificação e assinatura do oficial ou seu preposto responsável, para que:

    I a IV – (Revogado pela Lei nº 14.382/2022);

    V – o interessado possa satisfazê-la; ou

    VI – caso não se conforme ou não seja possível cumprir a exigência, o interessado requeira que o título e a declaração de dúvida sejam remetidos ao juízo competente para dirimi-la.

    § 1º O procedimento da dúvida observará o seguinte:

    I – no Protocolo, o oficial anotará, à margem da prenotação, a ocorrência da dúvida;

    II – após certificar a prenotação e a suscitação da dúvida no título, o oficial rubricará todas as suas folhas;

    III – em seguida, o oficial dará ciência dos termos da dúvida ao apresentante, fornecendo-lhe cópia da susci-

---

Art. 415. Em caso de impugnação do pedido de reconhecimento extrajudicial da usucapião apresentada por qualquer dos titulares de direitos reais e de outros direitos registrados ou averbados na matrícula do imóvel usucapiendo ou na matrícula dos imóveis confinantes, por ente público ou por terceiro interessado, o oficial de registro de imóveis tentará promover a conciliação ou a mediação entre as partes interessadas.

§ 1º Sendo infrutífera a conciliação ou a mediação mencionada no caput deste artigo, persistindo a impugnação, o oficial de registro de imóveis lavrará relatório circunstanciado de todo o processamento da usucapião;

§ 2º O oficial de registro de imóveis entregará os autos do pedido da usucapião ao requerente, acompanhado do relatório circunstanciado, mediante recibo;

§ 3º A parte requerente poderá emendar a petição inicial, adequando-a ao procedimento judicial e apresentá-la ao juízo competente da comarca de localização do imóvel usucapiendo.

Art. 416. O registro do reconhecimento extrajudicial da usucapião de imóvel rural somente será realizado após a apresentação:

I – do recibo de inscrição do imóvel rural no Cadastro Ambiental Rural (CAR), de que trata o art. 29[133] da Lei n. 12.651, de 25 de maio de 2012,

---

tação e notificando-o para impugná-la perante o juízo competente, no prazo de 15 (quinze) dias; e

IV – certificado o cumprimento do disposto no inciso III deste parágrafo, serão remetidos eletronicamente ao juízo competente as razões da dúvida e o título.

§ 2º A inobservância do disposto neste artigo ensejará a aplicação das penas previstas no art. 32 da Lei nº 8.935/1994, nos termos estabelecidos pela Corregedoria Nacional de Justiça do Conselho Nacional de Justiça.

133. Art. 29. É criado o Cadastro Ambiental Rural – CAR, no âmbito do Sistema Nacional de Informação sobre Meio Ambiente – SINIMA, registro público eletrônico de âmbito nacional, obrigatório para todos os imóveis rurais, com a finalidade de integrar as informações ambientais das propriedades e posses rurais, compondo base de dados para controle, monitoramento, planejamento ambiental e econômico e combate ao desmatamento.

§ 1º A inscrição do imóvel rural no CAR deverá ser feita, preferencialmente, no órgão ambiental municipal ou estadual, que, nos termos do regulamento, exigirá do proprietário ou possuidor rural:

I – identificação do proprietário ou possuidor rural;

II – comprovação da propriedade ou posse;

III – identificação do imóvel por meio de planta e memorial descritivo, contendo a indicação das coordenadas geográficas com pelo menos um ponto de amarração do perímetro do imóvel, informando a localização dos remanescentes de vegetação nativa, das Áreas de Preservação Permanente, das Áreas de Uso Restrito, das áreas consolidadas e, caso existente, também da localização da Reserva Legal.

§ 2º O cadastramento não será considerado título para fins de reconhecimento do direito de propriedade ou posse, tampouco elimina a necessidade de cumprimento do disposto no art. 2º da Lei nº 10.267, de 28 de agosto de 2001;

§ 3º A inscrição no CAR é obrigatória e por prazo indeterminado para todas as propriedades e posses rurais;

§ 4º Terão direito à adesão ao PRA, de que trata o art. 59 desta Lei, os proprietários e possuidores dos imóveis rurais com área acima de 4 (quatro) módulos fiscais que os inscreverem no CAR até o dia 31 de dezembro de 2023, bem como os proprietários e possuidores dos imóveis rurais com área de até 4 (quatro) módulos fiscais ou que atendam ao disposto no art. 3º da Lei nº

---

emitido por órgão ambiental competente, esteja ou não a reserva legal averbada na matrícula imobiliária, fazendo-se expressa referência, na matrícula, ao número de registro e à data de cadastro constantes daquele documento;

II – do Certificado de Cadastro de Imóvel Rural (CCIR) mais recente, emitido pelo Instituto Nacional de Colonização e Reforma Agrária (Incra), devidamente quitado; e

III – de certificação do Incra que ateste que o poligonal objeto do memorial descritivo não se sobrepõe a nenhum outro constante do seu cadastro georreferenciado e que o memorial atende às exigências técnicas, conforme as áreas e os prazos previstos na Lei n. 10.267/2001 e nos decretos regulamentares.

Art. 417. O registro do reconhecimento extrajudicial da usucapião de imóvel implica abertura de nova matrícula.

§ 1º Na hipótese de o imóvel usucapiendo encontrar-se matriculado e o pedido referir-se à totalidade do bem, o registro do reconhecimento extrajudicial de usucapião será averbado na própria matrícula existente;

§ 2º Caso o reconhecimento extrajudicial da usucapião atinja fração de imóvel matriculado ou imóveis referentes, total ou parcialmente, a duas ou mais matrículas, será aberta nova matrícula para o imóvel usucapiendo, devendo as matrículas atingidas, conforme o caso, ser encerradas ou receber as averbações dos respectivos desfalques, com destaques, dispensada, para esse fim, a apuração da área remanescente;

§ 3º A abertura de matrícula de imóvel edificado independerá da apresentação de habite-se;

§ 4º Tratando-se de usucapião de unidade autônoma localizada em condomínio edilício objeto de incorporação, mas ainda não instituído ou sem a devida averbação de construção, a matrícula será aberta para a respectiva fração ideal, mencionando-se a unidade a que se refere;

§ 5º O ato de abertura de matrícula decorrente de usucapião conterá, sempre que possível, para fins de coordenação e histórico, a indicação do registro anterior desfalcado e, no campo destinado à indicação dos proprietários, a expressão "adquirido por usucapião".

Art. 418. O reconhecimento extrajudicial da usucapião de imóvel matriculado não extinguirá eventuais restrições administrativas nem gravames judiciais regularmente inscritos.

§ 1º A parte requerente deverá formular pedido de cancelamento dos gravames e restrições diretamente à autoridade que emitiu a ordem;

§ 2º Os entes públicos ou credores podem anuir expressamente à extinção dos gravames no procedimento da usucapião.

Art. 419. Estando em ordem a documentação e não havendo impugnação, o oficial de registro de imóveis emitirá nota fundamentada de deferimento e efetuará o registro da usucapião.

Art. 420. Em qualquer caso, o legítimo interessado poderá suscitar o procedimento de dúvida, observado o disposto no art. 198[134] e nos seguintes da LRP.

11.326, de 24 de julho de 2006, que os inscreverem no CAR até o dia 31 de dezembro de 2025.

134. Art. 198. Se houver exigência a ser satisfeita, ela será indicada pelo oficial por escrito, dentro do prazo previsto

Art. 421. O oficial do registro de imóveis não exigirá, para o ato de registro da usucapião, o pagamento do Imposto de Transmissão de Bens Imóveis (ITBI), pois trata-se de aquisição originária de domínio.

Art. 422. Em virtude da consolidação temporal da posse e do caráter originário da aquisição da propriedade, o registro declaratório da usucapião não se confunde com as condutas previstas no Capítulo IX da Lei n. 6.766, de 19 de dezembro de 1979, nem delas deriva.

Art. 423. Enquanto não for editada, no âmbito dos estados e do Distrito Federal, legislação específica acerca da fixação de emolumentos para o procedimento da usucapião extrajudicial, serão adotadas as seguintes regras:

I – no tabelionato de notas, a ata notarial será considerada ato de conteúdo econômico, devendo-se tomar por base para a cobrança de emolumentos o valor venal do imóvel relativo ao último lançamento do imposto predial e territorial urbano ou ao imposto territorial rural ou, quando não estipulado, o valor de mercado aproximado; e

II – no registro de imóveis, pelo processamento da usucapião, serão devidos emolumentos equivalentes a 50% do valor previsto na tabela de emolumentos para o registro e, caso o pedido seja deferido, também serão devidos emolumentos pela aquisição da propriedade equivalentes a 50% do valor previsto na tabela de emolumentos para o registro, tomando-se por base o valor venal do imóvel relativo ao último lançamento do imposto predial e territorial urbano ou ao imposto territorial rural ou, quando não estipulado, o valor de mercado aproximado.

Parágrafo único. Diligências, reconhecimento de firmas, escrituras declaratórias, notificações e atos preparatórios e instrutórios para a lavratura da ata notarial, certidões, buscas, averbações, notificações e editais relacionados ao processamento do pedido da usucapião serão considerados atos autônomos para efeito de cobrança de emolumentos nos termos da legislação local, devendo as despesas ser adiantadas pelo requerente.

---

no art. 188 desta Lei e de uma só vez, articuladamente, de forma clara e objetiva, com data, identificação e assinatura do oficial ou preposto responsável, para que:

I a IV – (Revogado pela Lei nº 14.382/2022);

V – o interessado possa satisfazê-la; ou

VI – caso não se conforme ou não seja possível cumprir a exigência, o interessado requeira que o título e a declaração de dúvida sejam remetidos ao juízo competente para dirimi-la.

§ 1º O procedimento da dúvida observará o seguinte:

I – no Protocolo, o oficial anotará, à margem da prenotação, a ocorrência da dúvida;

II – após certificar a prenotação e a suscitação da dúvida no título, o oficial rubricará todas as suas folhas;

III – em seguida, o oficial dará ciência dos termos da dúvida ao apresentante, fornecendo-lhe cópia da suscitação e notificando-o para impugná-la perante o juízo competente, no prazo de 15 (quinze) dias; e

IV – certificado o cumprimento do disposto no inciso III deste parágrafo, serão remetidos eletronicamente ao juízo competente as razões da dúvida e o título.

§ 2º A inobservância do disposto neste artigo ensejará a aplicação das penas previstas no art. 32 da Lei nº 8.935/1994, nos termos estabelecidos pela Corregedoria Nacional de Justiça do Conselho Nacional de Justiça.

CAPÍTULO II
DOS ATOS RELATIVOS A TERRAS INDÍGENAS

SEÇÃO I
DAS DISPOSIÇÕES GERAIS

Art. 424. Este Capítulo dispõe sobre a abertura de matrícula e registro de terra indígena com demarcação homologada e averbação da existência de demarcação de área indígena homologada e registrada em matrículas de domínio privado incidentes em seus limites.

§ 1º Todos os atos registrais de terra indígena com demarcação homologada serão promovidos em nome da União;

§ 2º Todos os procedimentos administrativos de demarcação de terras tradicionalmente ocupadas pelos índios em caráter permanente, inclusive o resumo do estudo antropológico eventualmente realizado, deverão ser averbados nas matrículas dos imóveis.

Art. 425. O requerimento de abertura de matrícula, quando inexistente registro anterior, ou de averbação de demarcação de terra indígena, quando existente matrícula ou transcrição, em ambos casos com demarcação homologada, formulado pelo órgão federal de assistência ao índio (art. 6º[135] do Decreto n. 1.775/96) deverá ser instruído com as seguintes informações e os documentos:

I – decreto homologatório da demarcação da terra indígena;

II – declaração de inexistência de registro anterior do imóvel;

III – certidão de inexistência de registro para o imóvel expedida pelo oficial de registro de imóveis da circunscrição anterior quando ocorrida alteração da competência;

IV – número da matrícula e/ou transcrição da respectiva unidade de registro imobiliário no caso de terra indígena com demarcação homologada;

V – certidões imobiliárias expedidas pelo oficial de registro de imóveis da circunscrição anterior quando ocorrer alteração da competência, no caso de averbação de demarcação de terra indígena;

VI – certidão de conclusão de processo administrativo expedida pelo órgão competente da União;

VII – número-código de cadastro da terra indígena no Sistema Nacional de Cadastro Rural (SNCR);

VIII – planta e memorial descritivo do perímetro da terra indígena demarcada e homologada, com anotação de responsabilidade técnica (ART) do profissional responsável, contendo as coordenadas dos vértices definidores dos limites da gleba, georreferenciadas ao Sistema Geodésico Brasileiro e com precisão posicional conforme fixado pelo Instituto Nacional de Colonização e Reforma Agrária (INCRA), dispensadas a respectiva certificação e a inscrição no Cadastro Ambiental Rural (CAR);

---

135. Art. 6º Em até trinta dias após a publicação do decreto de homologação, o órgão federal de assistência ao índio promoverá o respectivo registro em cartório imobiliário da comarca correspondente e na Secretaria do Patrimônio da União do Ministério da Fazenda.

IX – número do assentimento do Conselho de Defesa Nacional (CDN) quando se tratar de gleba inserida em faixa de fronteira, se houver, para efeito de averbação na matrícula; e

X – requerimento de encerramento de matrículas totalmente incidentes sobre a área.

Art. 426. Para instrução do requerimento, o oficial de registro de imóveis competente para o ato deverá consultar diretamente os assentamentos que mantiver, inclusive para efeito de verificação da inexistência de registro anterior para o imóvel, sendo vedada a exigência de apresentação de certidões dos assentos existentes em sua própria serventia.

Art. 427. Os atos registrais deverão ser requeridos em todas as circunscrições do registro de imóveis em que a terra indígena com demarcação homologada estiver localizada.

§ 1º No caso de registro de terra indígena sem título ou registro anterior localizada em mais de uma circunscrição imobiliária, o órgão federal de assistência ao índio poderá requerê-lo separadamente em cada uma das circunscrições envolvidas, instruindo o requerimento também com os memoriais descritivos e a planta da parcela do imóvel que se localizar em cada uma das circunscrições do registro imobiliário;

§ 2º O oficial de registro de imóveis averbará a demarcação da terra indígena e promoverá o encerramento da respectiva matrícula quando constatar que a demarcação atinge a totalidade do imóvel objeto da matrícula preexistente e, no caso de o imóvel atingido ser objeto de transcrição, será averbada a ocorrência com remissão à nova matrícula aberta;

§ 3º Se os limites da terra indígena registrada incidirem parcialmente sobre outro imóvel, o oficial de registro de imóveis averbará a circunstância na respectiva matrícula ou transcrição;

§ 4.º Após a averbação da demarcação da terra indígena, o oficial de registro de imóveis abrirá matrícula em nome da União de acordo com a descrição do memorial descritivo apresentado.

Art. 428. O requerimento será recepcionado e lançado no Livro 1 — Protocolo, submetendo-se ao regime de prioridade aplicável aos títulos em geral.

§ 1º A qualificação negativa do requerimento mediante formulação de exigência, deverá ser manifestada por meio de nota de devolução fundamentada, em até 15 dias contados da data do protocolo;

§ 2º Decorrido o prazo previsto no parágrafo anterior:

I – havendo discordância expressa com a formulação de exigência em nota de devolução para a abertura de matrícula, registro ou averbação de que trata este Capítulo pelo órgão federal de assistência ao índio, o oficial de registro de imóveis remeterá o procedimento ao juiz competente (art. 198[136] da Lei de Registros Públicos); e

---

136. Art. 198. Se houver exigência a ser satisfeita, ela será indicada pelo oficial por escrito, dentro do prazo previsto no art. 188 desta Lei e de uma só vez, articuladamente, de forma clara e objetiva, com data, identificação e assinatura do oficial ou preposto responsável, para que:

I a IV – (Revogado pela Lei nº 14.382/2022);

V – o interessado possa satisfazê-la; ou

VI – caso não se conforme ou não seja possível cumprir a exigência, o interessado requeira que o título e a de

II – não havendo manifestação do órgão competente da União, a prenotação será cancelada após o decurso de 30 dias contados da data do protocolo.

Art. 429. Havendo identificação do nome e do cargo do subscritor dos requerimentos e dos demais documentos oriundos dos órgãos da União, para os fins previstos neste Capítulo, é dispensado o reconhecimento da firma.

Art. 430. Os atos registrais relativos aos trabalhos de identificação e delimitação de terras indígenas realizados anteriormente poderão ser praticados pelos mesmos procedimentos acima elencados.

Art. 431. Poderão ainda ser realizadas averbações da existência de processos demarcatórios de terras indígenas em matrículas de domínio privado existentes nos seus limites, caso em que o requerimento deverá ser instruído com os seguintes documentos:

I – portaria inaugural do processo administrativo;

II – indicação do número das matrículas e/ou transcrições sobre os quais a averbação deverá ser praticada, sob responsabilidade do órgão federal;

III – número-código de cadastro da terra indígena no Sistema Nacional de Cadastro Rural (SNCR); e

IV – relatório circunstanciado de identificação e delimitação quando já realizado e decisão administrativa declaratória dos limites da terra indígena a demarcar (artigo 2º, § 10, I[137], do Decreto Federal n. 1.775/96).

Art. 432. Inexistindo exigências formuladas pelo registrador, as providências para a abertura, o registro e a averbação deverão ser efetivadas pelo cartório no prazo de 30 dias contado da prenotação do título, sob pena de aplicação de multa diária no valor de R$ 1.000,00, sem prejuízo da responsabilidade civil e penal do oficial de registro, ressalvada a necessidade de dilação do prazo em virtude de diligências, pesquisas e outras circunstâncias que deverão ser enunciadas e justificadas fundamentadamente pelo registrador em nota que será arquivada, microfilmada ou digitalizada junto ao título.

CAPÍTULO III
DO ARRENDAMENTO DE IMÓVEL RURAL POR ESTRANGEIRO

SEÇÃO I
DAS DISPOSIÇÕES GERAIS

Art. 433. Os contratos de arrendamento de imóvel rural serão necessariamente formalizados por escritura pública, quando celebrados por:

I – pessoa física estrangeira residente no Brasil;

II – pessoa jurídica estrangeira autorizada a funcionar no Brasil; e

III – pessoa jurídica brasileira da qual participe, a qualquer título, pessoa estrangeira física ou jurídica que resida ou tenha sede no exterior e possua a maioria do capital social.

Parágrafo único. Os tabeliães responsáveis pela lavratura de escritura pública relativa a arrendamento de imóvel rural, por pessoa constante do caput deste artigo, observarão o disposto no art. 23[138] da Lei n. 8.629/1993, bem como os requisitos formais previstos no art. 92[139] e nos seguintes da Lei n. 4.504/1964, regulamentada pelo Decreto n. 59.566/1966, e o art. 215[140] do Código Civil de 2002.

Art. 434. Será exigida a autorização do Instituto Nacional de Colonização e Reforma Agrária (INCRA), mediante requerimento do interessado em arrendar imóvel rural, nas hipóteses previstas no Decreto n. 74.965, de 26 de novembro de 1974, ao dispor sobre a aquisição de imóvel rural por estrangeiro.

Parágrafo único. O prazo de validade da autorização do INCRA é de 30 dias, período em que deverá ser lavrada a escritura pública, seguindo-se o registro obrigatório na Circunscrição da situação do imóvel, no prazo de 15 dias, contados da data da lavratura do instrumento público.

Art. 435. Os cartórios de registro de imóveis inscreverão os contratos de arrendamento de imóvel rural celebrados por pessoas indicadas no artigo 375 deste Código no Livro de Registro de Aquisição de Imóveis Rurais por Estrangeiros, na forma prevista no art. 15[141] do Decreto n. 74.965/1974.

---

claração de dúvida sejam remetidos ao juízo competente para dirimi-la.

§ 1º O procedimento da dúvida observará o seguinte:

I – no Protocolo, o oficial anotará, à margem da prenotação, a ocorrência da dúvida;

II – após certificar a prenotação e a suscitação da dúvida no título, o oficial rubricará todas as suas folhas;

III – em seguida, o oficial dará ciência dos termos da dúvida ao apresentante, fornecendo-lhe cópia da suscitação e notificando-o para impugná-la perante o juízo competente, no prazo de 15 (quinze) dias; e

IV – certificado o cumprimento do disposto no inciso III deste parágrafo, serão remetidos eletronicamente ao juízo competente as razões da dúvida e o título.

§ 2º A inobservância do disposto neste artigo ensejará a aplicação das penas previstas no art. 32 da Lei nº 8.935/1994, nos termos estabelecidos pela Corregedoria Nacional da Justiça do Conselho Nacional de Justiça.

137. Art. 2º A demarcação das terras tradicionalmente ocupadas pelos índios será fundamentada em trabalhos desenvolvidos por antropólogo de qualificação reconhecida, que elaborará, em prazo fixado na portaria de nomeação baixada pelo titular do órgão federal de assistência ao índio, estudo antropológico de identificação.

§ 10. Em até trinta dias após o recebimento do procedimento, o Ministro de Estado da Justiça decidirá:

I – declarando, mediante portaria, os limites da terra indígena e determinando a sua demarcação.

138. Art. 23. O estrangeiro residente no País e a pessoa jurídica autorizada a funcionar no Brasil só poderão arrendar imóvel rural na forma da Lei nº 5.709, de 7 de outubro de 1971.

§ 1º Aplicam-se ao arrendamento todos os limites, restrições e condições aplicáveis à aquisição de imóveis rurais por estrangeiro, constantes da lei referida no caput deste artigo;

§ 2º Compete ao Congresso Nacional autorizar tanto a aquisição ou o arrendamento além dos limites de área e percentual fixados na Lei nº 5.709, de 7 de outubro de 1971, como a aquisição ou arrendamento, por pessoa jurídica estrangeira, de área superior a 100 (cem) módulos de exploração indefinida.

139. Art. 92. A posse ou uso temporário da terra serão exercidos em virtude de contrato expresso ou tácito, estabelecido entre o proprietário e os que nela exercem atividade agrícola ou pecuária, sob forma de arrendamento rural, de parceria agrícola, pecuária, agroindustrial e extrativa, nos termos desta Lei.

§ 1º O proprietário garantirá ao arrendatário ou parceiro o uso e gozo do imóvel arrendado ou cedido em parceria;

§ 2º Os preços de arrendamento e de parceria fixados em contrato ...(Vetado)... serão reajustados periodicamente, de acordo com os índices aprovados pelo Conselho Nacional de Economia. Nos casos em que houver exploração de produtos com preço oficialmente fixado, a relação entre os preços reajustados e os iniciais não pode ultrapassar a relação entre o novo preço fixado para os produtos e o respectivo preço na época do contrato, obedecidas as normas do Regulamento desta Lei;

§ 3º No caso de alienação do imóvel arrendado, o arrendatário terá preferência para adquiri-lo em igualdade de condições, devendo o proprietário dar-lhe conhecimento da venda, a fim de que possa exercitar o direito de perempção dentro de trinta dias, a contar da notificação judicial ou do comprovadamente efetuada, mediante recibo;

§ 4º O arrendatário a quem não se notificar a venda poderá, depositando o preço, haver para si o imóvel arrendado, se o requerer no prazo de seis meses, a contar da transcrição do ato de alienação no Registro de Imóveis;

§ 5º A alienação ou a imposição de ônus real ao imóvel não interrompe a vigência dos contratos de arrendamento ou de parceria ficando o adquirente sub-rogado nos direitos e obrigações do alienante;

§ 6º O inadimplemento das obrigações assumidas por qualquer das partes dará lugar, facultativamente, à rescisão do contrato de arrendamento ou de parceria, observado o disposto em lei;

§ 7º Qualquer simulação ou fraude do proprietário nos contratos de arrendamento ou de parceria, em que o preço seja satisfeito em produtos agrícolas, dará ao arrendatário ou ao parceiro o direito de pagar pelas taxas mínimas vigorantes na região para cada tipo de contrato;

§ 8º Para prova dos contratos previstos neste artigo, será permitida a produção de testemunhas. A ausência de contrato não poderá elidir a aplicação dos princípios estabelecidos neste Capítulo e nas normas regulamentares;

§ 9º Para solução dos casos omissos na presente Lei, prevalecerá o disposto no Código Civil.

140. Art. 215. A escritura pública, lavrada em notas de tabelião, é documento dotado de fé pública, fazendo prova plena.

§ 1º Salvo quando exigidos por lei outros requisitos, a escritura pública deve conter:

I – data e local de sua realização;

II – reconhecimento da identidade e capacidade das partes e de quantos hajam comparecido ao ato, por si, como representantes, intervenientes ou testemunhas;

III – nome, nacionalidade, estado civil, profissão, domicílio e residência das partes e demais comparecentes, com a indicação, quando necessário, do regime de bens do casamento, nome do outro cônjuge e filiação;

IV – manifestação clara da vontade das partes e dos intervenientes;

V – referência ao cumprimento das exigências legais e fiscais inerentes à legitimidade do ato;

VI – declaração de ter sido lida na presença das partes e demais comparecentes, ou de que todos a leram;

VII – assinatura das partes e dos demais comparecentes, bem como a do tabelião ou seu substituto legal, encerrando o ato.

§ 2º Se algum comparecente não puder ou não souber escrever, outra pessoa capaz assinará por ele, a seu rogo;

§ 3º A escritura será redigida na língua nacional;

§ 4º Se qualquer dos comparecentes não souber a língua nacional e o tabelião não entender o idioma em que se expressa, deverá comparecer tradutor público para servir de intérprete, ou, não o havendo na localidade, outra pessoa capaz que, a juízo do tabelião, tenha idoneidade e conhecimento bastantes.

§ 5º Se algum dos comparecentes não for conhecido do tabelião, nem puder identificar-se por documento, deverão participar do ato pelo menos duas testemunhas que o conheçam e atestem sua identidade.

141. Art. 15. Os Cartórios de Registro de Imóveis manterão cadastro especial em livro auxiliar das aquisições de ter-

Parágrafo único. Os registros relativos a imóveis situados em comarcas ou circunscrições limítrofes serão feitos em todas elas, devendo constar dos registros esta circunstância.

Art. 436. Trimestralmente, os oficiais de registro de imóveis deverão remeter às Corregedorias-Gerais da Justiça a que estiverem subordinados, e à repartição estadual do INCRA, informações sobre os atos praticados relativos ao arrendamento de imóvel rural por pessoa de que trata este Capítulo.

Parágrafo único. Quando se tratar de imóvel situado em área indispensável à segurança nacional, será necessário o assentimento prévio da Secretaria Geral do Conselho de Segurança Nacional.

CAPÍTULO IV
DA DESCRIÇÃO DE IMÓVEIS PÚBLICOS FEDERAIS NA AMAZÔNIA LEGAL

SEÇÃO I
DAS DISPOSIÇÕES GERAIS

Art. 437. O requerimento de abertura de matrícula de Gleba Pública Federal na Amazônia Legal, quando inexistente registro anterior, formulado pelo Instituto Nacional de Colonização e Reforma Agrária (INCRA) ou pelo Ministério do Desenvolvimento Agrário (MDA), deverá ser instruído com os seguintes documentos:

a) declaração de inexistência de registro anterior do imóvel, instruída com a portaria de arrecadação da gleba expedida pelo órgão competente da União;

b) número-código de cadastro da Gleba Pública Federal no Sistema Nacional de Cadastro Rural (SNCR);

c) planta e memorial descritivo do perímetro da Gleba Pública Federal, contendo as coordenadas dos vértices definidores dos limites da gleba, georreferenciadas ao Sistema Geodésico Brasileiro e com precisão posicional conforme fixado pelo INCRA; e

d) certidão de inexistência de registro para o imóvel expedida pelo oficial de registro de imóveis da circunscrição anterior, quando ocorrida alteração da competência.

§ 1º Para instrução do requerimento, o oficial de registro de imóveis competente para o registro deverá consultar diretamente os assentamentos que mantiver, inclusive para efeito de verificação da inexistência de registro anterior para o imóvel, sendo vedada a exigência de apresentação de certidões dos assentamentos existentes em sua própria serventia;

§ 2º A abertura de matrícula deverá ser requerida em todas as circunscrições do registro de imóveis em que a Gleba estiver localizada.

Art. 438. O registro de demarcação judicial de Gleba situada na Amazônia Legal e de titularidade da União, quando inexistente registro anterior, será promovido conforme o procedimento previsto na legislação específica.

Art. 439. O requerimento de averbação de descrição georreferenciada de Gleba Pública Federal na Amazônia Legal, formulado pelo Instituto Nacional de Colonização e Reforma Agrária (INCRA) ou pelo Ministério do Desenvolvimento Agrário (MDA), deverá ser instruído com as seguintes informações e os documentos:

a) indicação do número de matrícula da Gleba Pública Federal;

b) planta e memorial descritivo do perímetro da Gleba Pública Federal, com anotação de Responsabilidade Técnica (ART) do profissional responsável, contendo as coordenadas dos vértices definidores dos limites dos imóveis rurais, georreferenciadas ao Sistema Geodésico Brasileiro e com precisão posicional conforme fixado pelo INCRA;

c) certificação ou declaração expedida pelo Instituto Nacional de Colonização e Reforma Agrária (INCRA) ou pelo Ministério do Desenvolvimento Agrário (MDA), de que o memorial descritivo da Gleba Pública Federal é referente apenas ao seu perímetro originário;

d) número-código de cadastro da Gleba Pública Federal no Sistema Nacional de Cadastro Rural (SNCR);

e) o número do assentimento do Conselho de Defesa Nacional (CDN) quando se tratar de Gleba inserida em faixa de fronteira, se houver, para efeito de averbação na matrícula.

§ 1º Sendo necessário, o oficial de registro de imóveis competente para a averbação deverá consultar diretamente os assentamentos que mantiver, sendo vedada a exigência de apresentação de certidões dos assentamentos contidos em sua própria serventia;

§ 2º Mediante requerimento do órgão fundiário federal, a averbação da descrição georreferenciada do imóvel poderá ser promovida na matrícula já aberta para a Gleba Pública Federal, sendo, nessa hipótese, dispensada a abertura de nova matrícula;

§ 3º A averbação deverá ser requerida em todas as circunscrições do registro de imóveis em que a Gleba estiver localizada;

§ 4º Atendidos os requisitos legais, na hipótese do § 3º deste artigo, o Instituto Nacional de Colonização e Reforma Agrária (INCRA) ou o Ministério do Desenvolvimento Agrário (MDA), poderão requerer o desmembramento do registro da Gleba localizada em mais de uma circunscrição, instruindo o requerimento também com o memorial descritivo e a planta da parcela do imóvel que se localizar em cada uma das circunscrições do registro imobiliário.

Art. 440. O requerimento de abertura de matrícula para Gleba Pública Federal na Amazônia Legal ainda não matriculada, de que figure como titular a União, ou de averbação de descrição georreferenciada de Gleba Pública Federal já registrada como de propriedade da União, tratados nesta Seção, será formulado diretamente ao oficial de registro de imóveis competente para a circunscrição em que situado o imóvel.

§ 1º O requerimento será recepcionado e lançado no Livro 1 – Protocolo observada a rigorosa ordem de cronológica de apresentação dos títulos;

§ 2º A qualificação negativa do requerimento de abertura de matrícula para Gleba Pública Federal que ainda não for objeto de registro em Registro de Imóveis, mediante formulação de exigência, deverá ser manifestada por meio de nota de devolução fundamentada em até 15 dias contados da data do protocolo, aplicando-se, se for requerida a suscitação de dúvida, o disposto no art. 198[142] e nos seguintes da Lei 6.015/73;

§ 3º A qualificação negativa do requerimento de averbação de descrição georreferenciada de Gleba Pública Federal, mediante formulação de exigência, deverá ser manifestada por meio de nota de devolução fundamentada, em até 15 dias contados da data do protocolo;

§ 4º Decorrido o prazo previsto no § 3º deste artigo:

I – sendo apresentada manifestação de discordância com a recusa de averbação da área georreferenciada, pelo órgão público federal, o oficial de registro de imóveis remeterá o procedimento ao juiz competente que decidirá sobre a averbação de plano ou após instrução sumária; e

II – não havendo manifestação do órgão público federal, a prenotação será cancelada após o decurso de 30 dias contados da data do protocolo.

CAPÍTULO V
DA ADJUDICAÇÃO COMPULSÓRIA PELA VIA EXTRAJUDICIAL

SEÇÃO I
DAS DISPOSIÇÕES GERAIS

Art. 440-A. Este Capítulo estabelece regras para o processo de adjudicação compulsória

---

[142] Art. 198. Se houver exigência a ser satisfeita, ela será indicada pelo oficial por escrito, dentro do prazo previsto no art. 188 desta Lei e de uma só vez, articuladamente de forma clara e objetiva, com data, identificação e assinatura do oficial ou preposto responsável, para que:

I a IV – (Revogado pela Lei nº 14.382/2022);

V – o interessado possa satisfazê-la; ou

VI – caso não se conforme ou não seja possível cumprir a exigência, o interessado requeira que o título e a declaração de dúvida sejam remetidos ao juízo competente para dirimi-la.

§ 1º O procedimento da dúvida observará o seguinte:

I – no Protocolo, o oficial anotará, à margem da prenotação, a ocorrência da dúvida;

II – após certificar a prenotação e a suscitação da dúvida no título, o oficial rubricará todas as suas folhas;

III – em seguida, o oficial dará ciência dos termos da dúvida ao apresentante, fornecendo-lhe cópia da suscitação e notificando-o para impugná-la perante o juízo competente, no prazo de 15 (quinze) dias; e

IV – certificado o cumprimento do disposto no inciso III deste parágrafo, serão remetidos eletronicamente ao juízo competente as razões da dúvida e o título.

§ 2º A inobservância do disposto neste artigo ensejará a aplicação das penas previstas no art. 32 da Lei nº 8.935/1994, nos termos estabelecidos pela Corregedoria Nacional de Justiça do Conselho Nacional de Justiça.

---

ras rurais por pessoas estrangeiras, físicas e jurídicas, no qual se mencionarão:

I – o documento de identidade das partes contratantes ou dos respectivos atos de constituição, se pessoas jurídicas;

II – memorial descritivo do imóvel, com área, características, limites e confrontações;

III – a autorização do órgão competente, quando for o caso;

IV – as circunstâncias mencionadas no § 2º, do artigo 5º.

Parágrafo único. O livro (modelo anexo) terá páginas duplas, divididas em 5 colunas, com 3,5cm 9,5cm, 14cm, 12cm e 15cm, encimadas com os dizeres "nº" "Adquirente e Transmitente", "Descrição do Imóvel", "Certidões e Autorizações" e "Averbações" respectivamente, e nele registrar-se-ão as aquisições referidas neste regulamento, na data da transcrição do título.

pela via extrajudicial, nos termos do art. 216-B[143] da Lei n. 6.015, de 31 de dezembro de 1973.

Art. 440-B. Podem dar fundamento à adjudicação compulsória quaisquer atos ou negócios jurídicos que impliquem promessa de compra e venda ou promessa de permuta, bem como as relativas cessões ou promessas de cessão, contanto que não haja direito de arrependimento exercitável.

Parágrafo único. O direito de arrependimento exercitável não impedirá a adjudicação compulsória, se o imóvel houver sido objeto de parcelamento do solo urbano (art. 2º[144] da Lei n. 6.766, de 19 de dezembro de 1979) ou de incorpora-

---

[143]. Art. 216-B. Sem prejuízo da via jurisdicional, a adjudicação compulsória de imóvel objeto de promessa de venda ou de cessão poderá ser efetivada extrajudicialmente no serviço de registro de imóveis da situação do imóvel, nos termos deste artigo.
§ 1º São legitimados a requerer a adjudicação o promitente comprador ou qualquer dos seus cessionários ou promitentes cessionários, ou seus sucessores, bem como o promitente vendedor, representados por advogado, e o pedido deverá ser instruído com os seguintes documentos:
I – instrumento de promessa de compra e venda ou de cessão ou de sucessão, quando for o caso;
II – prova do inadimplemento, caracterizado pela não celebração do título de transmissão da propriedade plena no prazo de 15 (quinze) dias, contado da entrega de notificação extrajudicial pelo oficial do registro de imóveis da situação do imóvel, que poderá delegar a diligência ao oficial do registro de títulos e documentos;
III – ata notarial lavrada por tabelião de notas da qual constem a identificação do imóvel, o nome e a qualificação do promitente comprador ou de seus sucessores constantes do contrato de promessa, a prova do pagamento do respectivo preço e a caracterização do inadimplemento da obrigação de outorgar ou receber o título de propriedade;
IV – certidões dos distribuidores forenses da comarca da situação do imóvel e do domicílio do requerente que demonstrem a inexistência de litígio envolvendo o contrato de promessa de compra e venda do imóvel objeto da adjudicação;
V – comprovante de pagamento do respectivo Imposto sobre a Transmissão de Bens Imóveis (ITBI);
VI – procuração com poderes específicos.
§ 2º O deferimento da adjudicação independe de prévio registro dos instrumentos de promessa de compra e venda ou de cessão e da comprovação da regularidade fiscal do promitente vendedor;
§ 3º À vista dos documentos a que se refere o § 1º deste artigo, o oficial do registro de imóveis da circunscrição onde se situa o imóvel procederá ao registro do domínio em nome do promitente comprador, servindo de título a respectiva promessa de compra e venda ou de cessão ou o instrumento que comprove a sucessão.

144. Art. 2º O parcelamento do solo urbano poderá ser feito mediante loteamento ou desmembramento, observadas as disposições desta Lei e as das legislações estaduais e municipais pertinentes.
§ 1º Considera-se loteamento a subdivisão de gleba em lotes destinados a edificação, com abertura de novas vias de circulação, de logradouros públicos ou prolongamento, modificação ou ampliação das vias existentes;
§ 2º Considera-se desmembramento a subdivisão de gleba em lotes destinados a edificação, com aproveitamento do sistema viário existente, desde que não implique na abertura de novas vias e logradouros públicos, nem no prolongamento, modificação ou ampliação dos já existentes;
§ 3º (Vetado);
§ 4º Considera-se lote o terreno servido de infraestrutura básica cujas dimensões atendam aos índices urbanísti-

---

ção imobiliária, com o prazo de carência já decorrido (art. 34[145] da Lei n. 4.591, de 16 de dezembro de 1964).

Art. 440-C. Possui legitimidade para a adjudicação compulsória qualquer adquirente ou transmitente nos atos e negócios jurídicos referidos no art. 440-B, bem como quaisquer cedentes, cessionários ou sucessores.

Parágrafo único. O requerente deverá estar assistido por advogado ou defensor público, constituídos mediante procuração específica.

Art. 440-D. O requerente poderá cumular pedidos referentes a imóveis diversos, contanto que, cumulativamente:

I – todos os imóveis estejam na circunscrição do mesmo ofício de registro de imóveis;

II – haja coincidência de interessados ou legitimados, ativa e passivamente; e

III – da cumulação não resulte prejuízo ou dificuldade para o bom andamento do processo.

Art. 440-E. A atribuição para o processo e para a qualificação e registro da adjudicação compulsória extrajudicial será do ofício de registro de imóveis da atual situação do imóvel.

---

cos definidos pelo plano diretor ou lei municipal para a zona em que se situe;
§ 5º A infraestrutura básica dos parcelamentos é constituída pelos equipamentos urbanos de escoamento das águas pluviais, iluminação pública, esgotamento sanitário, abastecimento de água potável, energia elétrica pública e domiciliar e vias de circulação;
§ 6º A infraestrutura básica dos parcelamentos situados nas zonas habitacionais declaradas por lei como de interesse social (ZHIS) consistirá, no mínimo, de:
I – vias de circulação;
II – escoamento das águas pluviais;
III – rede para o abastecimento de água potável; e
IV – soluções para o esgotamento sanitário e para a energia elétrica domiciliar.
§ 7º O lote poderá ser constituído sob a forma de imóvel autônomo ou de unidade imobiliária integrante de condomínio de lotes;
§ 8º Constitui loteamento de acesso controlado a modalidade de loteamento, definida nos termos do § 1º deste artigo, cujo controle de acesso será regulamentado por ato do poder público Municipal, sendo vedado o impedimento de acesso a pedestres ou a condutores de veículos, não residentes, devidamente identificados ou cadastrados.

145. Art. 34. O incorporador poderá fixar, para efetivação da incorporação, prazo de carência, dentro do qual lhe é lícito desistir do empreendimento.
§ 1º A fixação do prazo de carência será feita pela declaração a que se refere a alínea "n", do art. 32 onde se fixem as condições que autorizarão o incorporador a desistir do empreendimento;
§ 2º Em caso algum poderá o prazo de carência ultrapassar o termo final do prazo da validade do registro ou, se for o caso, de sua revalidação;
§ 3º Os documentos preliminares de ajuste, se houver, mencionarão, obrigatoriamente, o prazo de carência, inclusive para efeitos do art. 45;
§ 4º A desistência da incorporação será denunciada, por escrito, ao Registro de Imóveis ...(Vetado)... e comunicada, por escrito, a cada um dos adquirentes ou candidatos à aquisição, sob pena de responsabilidade civil e criminal do incorporador;
§ 5º Será averbada no registro da incorporação a desistência de que trata o parágrafo anterior arquivando-se em cartório o respectivo documento;
§ 6º O prazo de carência é improrrogável.

---

§ 1º Se o registro do imóvel ainda estiver na circunscrição de ofício de registro de imóveis anterior, o requerente apresentará a respectiva certidão;

§ 2º Será admitido o processo de adjudicação compulsória ainda que estejam ausentes alguns dos elementos de especialidade objetiva ou subjetiva, se, a despeito disso, houver segurança quanto à identificação do imóvel e dos proprietários descritos no registro.

Art. 440-F. A ata notarial (inciso III[146] do § 1º do art. 216-B da Lei n. 6.015, de 31 de dezembro de 1973) será lavrada por tabelião de notas de escolha do requerente, salvo se envolver diligências no local do imóvel, respeitados os critérios postos nos arts. 8º[147] e 9º[148] da Lei n. 8.935, de 18 de novembro de 1994, e observadas, no caso de ata notarial eletrônica, as regras de competência territorial de que trata este Código Nacional de Normas.

Art. 440-G. Além de seus demais requisitos, para fins de adjudicação compulsória, a ata notarial conterá:

I – a referência à matrícula ou à transcrição, e a descrição do imóvel com seus ônus e gravames;

II – a identificação dos atos e negócios jurídicos que dão fundamento à adjudicação compulsória, incluído o histórico de todas as cessões e sucessões, bem como a relação de todos os que figurem nos respectivos instrumentos contratuais;

III – as provas do adimplemento integral do preço ou do cumprimento da contraprestação à transferência do imóvel adjudicando;

IV – a identificação das providências que deveriam ter sido adotadas pelo requerido para a transmissão de propriedade e a verificação de seu inadimplemento;

V – o valor venal atribuído ao imóvel adjudicando, na data do requerimento inicial, segundo a legislação local.

§ 1º O tabelião de notas orientará o requerente acerca de eventual inviabilidade da adjudicação compulsória pela via extrajudicial;

§ 2º O tabelião de notas fará constar que a ata não tem valor de título de propriedade, que se

---

146. Art. 216-B. Sem prejuízo da via jurisdicional, a adjudicação compulsória de imóvel objeto de promessa de venda ou de cessão poderá ser efetivada extrajudicialmente no serviço de registro de imóveis da situação do imóvel, nos termos deste artigo.
§ 1º São legitimados a requerer a adjudicação o promitente comprador ou qualquer dos seus cessionários ou promitentes cessionários, ou seus sucessores, bem como o promitente vendedor, representados por advogado, e o pedido deverá ser instruído com os seguintes documentos:
III – ata notarial lavrada por tabelião de notas da qual constem a identificação do imóvel, o nome e a qualificação do promitente comprador ou de seus sucessores constantes do contrato de promessa, a prova do pagamento do respectivo preço e a caracterização do inadimplemento da obrigação de outorgar ou receber o título de propriedade.
147. Art. 8º É livre a escolha do tabelião de notas, qualquer que seja o domicílio das partes ou o lugar de situação dos bens objeto do ato ou negócio.
148. Art. 9º O tabelião de notas não poderá praticar atos de seu ofício fora do Município para o qual recebeu delegação.

presta à instrução de pedido de adjudicação compulsória perante o cartório de registro de imóveis, e que poderá ser aproveitada em processo judicial;

§ 3º A descrição do imóvel urbano matriculado poderá limitar-se à identificação ou denominação do bem e seu endereço;

§ 4º Caberá ao tabelião de notas fazer constar informações que se prestem a aperfeiçoar ou a complementar a especialidade do imóvel, se houver;

§ 5º Poderão constar da ata notarial imagens, documentos, gravações de sons, depoimentos de testemunhas e declarações do requerente. As testemunhas deverão ser alertadas de que a falsa afirmação configura crime;

§ 6º Para fins de prova de quitação, na ata notarial, poderão ser objeto de constatação, além de outros fatos ou documentos:

I – ação de consignação em pagamento com valores depositados;

II – mensagens, inclusive eletrônicas, em que se declare quitação ou se reconheça que o pagamento foi efetuado;

III – comprovantes de operações bancárias;

IV – informações prestadas em declaração de imposto de renda;

V – recibos cuja autoria seja passível de confirmação;

VI – averbação ou apresentação do termo de quitação de que trata a alínea 32[149] do inciso II do art. 167 da Lei n. 6.015, de 31 de dezembro de 1973; ou

VII – notificação extrajudicial destinada à constituição em mora.

§ 7º O tabelião de notas poderá dar fé às assinaturas, com base nos cadastros nacionais dos notários (art. 301 deste Código Nacional de Normas), se assim for viável à vista do estado da documentação examinada;

§ 8º O tabelião de notas poderá instaurar a conciliação ou a mediação dos interessados, desde que haja concordância do requerente, nos termos do Capítulo II do Título I do Livro I deste Código Nacional de Normas.

Art. 440-H. A pendência de processo judicial de adjudicação compulsória não impedirá a via extrajudicial, caso se demonstre suspensão daquele por, no mínimo, 90 (noventa) dias úteis.

Art. 440-I. A qualificação notarial ou registral será negativa sempre que se verificar, em qual-

---
149. Art. 167. No Registro de Imóveis, além da matrícula, serão feitos.
II – a averbação:
32. do termo de quitação de contrato de compromisso de compra e venda registrado e do termo de quitação dos instrumentos públicos ou privados oriundos da implantação de empreendimentos de processo de regularização fundiária, firmado pelo empreendedor proprietário de imóvel ou pelo promotor do empreendimento ou da regularização fundiária objeto de loteamento, desmembramento, condomínio de qualquer modalidade ou de regularização fundiária, exclusivamente para fins de exoneração da sua responsabilidade sobre tributos municipais incidentes sobre o imóvel perante o Município, não implicando transferência de domínio ao compromissário comprador ou ao beneficiário da regularização.

quer tempo do processo, ilicitude, fraude à lei ou simulação.

Art. 440-J. A inércia do requerente, em qualquer ato ou termo, depois de decorrido prazo fixado pelo oficial de registro de imóveis, levará à extinção do processo extrajudicial.

SEÇÃO II
DO PROCEDIMENTO

SUBSEÇÃO I
DO REQUERIMENTO INICIAL

Art. 440-K. O interessado apresentará, para protocolo, ao oficial de registro de imóveis, requerimento de instauração do processo de adjudicação compulsória.

Parágrafo único. Os efeitos da prenotação prorrogar-se-ão até o deferimento ou rejeição do pedido.

Art. 440-L. O requerimento inicial atenderá, no que couber, os requisitos do art. 319[150] da Lei Federal n. 13.105, de 16 de março de 2015 – Código de Processo Civil, trazendo, em especial:

I – identificação e endereço do requerente e do requerido, com a indicação, no mínimo, de nome e número de Cadastro de Pessoas Físicas – CPF ou de Cadastro Nacional de Pessoas Jurídicas – CNPJ (art. 2º[151] do Provimento n. 61, de 17 de outubro de 2017, da Corregedoria Nacional de Justiça);

II – a descrição do imóvel, sendo suficiente a menção ao número da matrícula ou transcrição e, se necessário, a quaisquer outras características que o identifiquem;

---
150. Art. 319. A petição inicial indicará:
I – o juízo a que é dirigida;
II – os nomes, os prenomes, o estado civil, a existência de união estável, a profissão, o número de inscrição no Cadastro de Pessoas Físicas ou no Cadastro Nacional da Pessoa Jurídica, o endereço eletrônico, o domicílio e a residência do autor e do réu;
III – o fato e os fundamentos jurídicos do pedido;
IV – o pedido com as suas especificações;
V – o valor da causa;
VI – as provas com que o autor pretende demonstrar a verdade dos fatos alegados;
VII – a opção do autor pela realização ou não de audiência de conciliação ou de mediação.
§ 1º Caso não disponha das informações previstas no inciso II, poderá o autor, na petição inicial, requerer ao juiz diligências necessárias a sua obtenção;
§ 2º A petição inicial não será indeferida se, a despeito da falta de informações a que se refere o inciso II, for possível a citação do réu;
§ 3º A petição inicial não será indeferida pelo não atendimento ao disposto no inciso II deste artigo se a obtenção de tais informações tornar impossível ou excessivamente oneroso o acesso à justiça.
151. Art. 2º No pedido inicial formulado ao Poder Judiciário e no requerimento para a prática de atos aos serviços extrajudiciais deverão constar obrigatoriamente, sem prejuízo das exigências legais, as seguintes informações:
I – nome completo de todas as partes, vedada a utilização de abreviaturas;
II – número do CPF ou número do CNPJ;
III – nacionalidade;
IV – estado civil, existência de união estável e filiação;
V – profissão;
VI – domicílio e residência;
VII – endereço eletrônico.

III – se for o caso, o histórico de atos e negócios jurídicos que levaram à cessão ou à sucessão de titularidades, com menção circunstanciada dos instrumentos, valores, natureza das estipulações, existência ou não de direito de arrependimento e indicação específica de quem haverá de constar como requerido;

IV – a declaração do requerente, sob as penas da lei, de que não pende processo judicial que possa impedir o registro da adjudicação compulsória, ou prova de que tenha sido extinto ou suspenso por mais de 90 (noventa) dias úteis;

V – o pedido de que o requerido seja notificado a se manifestar, no prazo de 15 (quinze) dias úteis; e

VI – o pedido de deferimento da adjudicação compulsória e de lavratura do registro necessário para a transferência da propriedade.

Art. 440-M. O requerimento inicial será instruído, necessariamente, pela ata notarial de que trata este Capítulo deste Código Nacional de Normas e pelo instrumento do ato ou negócio jurídico em que se funda a adjudicação compulsória.

§ 1º O requerimento inicial será apresentado ao ofício de registro de imóveis, diretamente ou por meio do Sistema Eletrônico dos Registros Públicos – Serp;

§ 2º O requerimento inicial e os documentos que o instruírem serão autuados;

§ 3º O oficial de registro de imóveis, a seu critério, poderá digitalizar o requerimento inicial e os documentos que o acompanhem, para que o processo tramite em meio exclusivamente eletrônico;

§ 4º A pedido do requerente, o requerimento inicial do processo extrajudicial, a ata notarial e o demais documentos poderão ser encaminhados ao oficial de registro de imóveis pelo tabelião de notas, preferencialmente por meio do Sistema Eletrônico dos Registros Públicos – Serp.

Art. 440-N. Se apresentados para protocolo em meio físico, o requerimento inicial e documentos que o acompanham deverão ser oferecidos em tantas vias quantos forem os requeridos a serem notificados.

Art. 440-O. Caso seja incerto ou desconhecido o endereço de algum requerido, a sua notificação por edital será solicitada pelo requerente mediante demonstração de que tenha esgotado todos os meios ordinários de localização.

Art. 440-P. Também se consideram requeridos e deverão ser notificados o cônjuge e o companheiro, nos casos em que a lei exija o seu consentimento para a validade ou eficácia do ato o negócio jurídico que dá fundamento à adjudicação compulsória.

Art. 440-Q. Caso o requerimento inicial não preencha os seus requisitos de que trata esta Subseção[152] deste Código Nacional de Normas, o requerente será notificado, por escrito e fundamentadamente, para que o emende no prazo de 10 (dez) dias úteis.

Parágrafo único. Decorrido esse prazo sem as providências, o processo será extinto, com o cancelamento da prenotação.

---
152. Alterado e corrigido. Redação original consta "Subção".

SUBSEÇÃO II
DA NOTIFICAÇÃO

Art. 440-R. Se o requerimento inicial preencher seus requisitos, o oficial de registro de imóveis notificará o requerido.

Art. 440-S. A notificação conterá:

I – a identificação do imóvel;

II – o nome e a qualificação do requerente e do requerido;

III – a determinação para que o requerido, no prazo de 15 (quinze) dias úteis, contados a partir do primeiro dia útil posterior ao dia do recebimento da notificação:

a) anua à transmissão da propriedade; ou

b) impugne o pedido, com as razões e documentos que entender pertinentes.

IV – a advertência de que o silêncio do requerido poderá implicar a presunção de que é verdadeira a alegação de inadimplemento;

V – instruções sobre a forma de apresentação da impugnação.

Art. 440-T. O instrumento da notificação será elaborado pelo oficial do registro de imóveis, que o encaminhará pelo correio, com aviso de recebimento, facultado o encaminhamento por oficial de registro de títulos e documentos.

§ 1º Sem prejuízo dessas providências, deverá ser enviada mensagem eletrônica de notificação, se houver prova de endereço eletrônico do requerido;

§ 2º As despesas de notificação, em qualquer modalidade, serão pagas pelo requerente.

Art. 440-U. Se o requerido for pessoa jurídica, será eficaz a entrega da notificação a pessoa com poderes de gerência geral ou de administração ou, ainda, a funcionário responsável pelo recebimento de correspondências.

§ 1º Em caso de pessoa jurídica extinta, a notificação será enviada ao liquidante ou ao último administrador conhecido;

§ 2º Sendo desconhecidos o liquidante ou o último administrador, ou se estiverem em lugar incerto ou desconhecido, a notificação será feita por edital.

Art. 440-V. Nos condomínios edilícios ou outras espécies de conjuntos imobiliários com controle de acesso, a notificação será válida quando entregue a funcionário responsável pelo recebimento de correspondência.

Art. 440-W. Se o requerido for falecido, poderão ser notificados os seus herdeiros legais, contanto que estejam comprovados a qualidade destes, o óbito e a inexistência de inventário judicial ou extrajudicial.

Parágrafo único. Havendo inventário, bastará a notificação do inventariante.

Art. 440-X. Infrutíferas as tentativas de notificação pessoal, e não sendo possível a localização do requerido, o oficial de registro de imóveis procederá à notificação por edital, na forma seguinte:

– o oficial de registro de imóveis, a expensas do requerente, promoverá a notificação mediante a publicação do edital, por duas vezes, com intervalo de 15 (quinze) dias úteis, em jornal impresso ou eletrônico; e

II – o edital repetirá o conteúdo previsto para a notificação de que trata esta Subseção deste Código Nacional de Normas.

§ 1º Será considerado em lugar desconhecido, para fins de notificação por edital, o requerido cujo endereço não conste no registro de imóveis nem no instrumento do ato ou negócio jurídico em que se fundar a adjudicação compulsória, contanto que o requerente declare e comprove que esgotou os meios ordinários para sua localização;

§ 2º Também se procederá à notificação por edital quando ficar provado que o requerido reside fora do país e não tem procurador munido de poderes para a outorga do título de transmissão.

SUBSEÇÃO III
DA ANUÊNCIA E DA IMPUGNAÇÃO

Art. 440-Y. A anuência do requerido poderá ser declarada a qualquer momento por instrumento particular, com firma reconhecida, por instrumento público ou por meio eletrônico idôneo, na forma da lei.

§ 1º A anuência também poderá ser declarada perante o oficial de registro de imóveis, em cartório, ou perante o preposto encarregado da notificação, que lavrará certidão no ato da notificação;

§ 2º A mera anuência, desacompanhada de providências para a efetiva celebração do negócio translativo de propriedade, implicará o prosseguimento do processo extrajudicial.

Art. 440-Z. O requerido poderá apresentar impugnação por escrito, no prazo de 15 (quinze) dias úteis.

Art. 440-AA. O oficial de registro de imóveis notificará o requerente para que se manifeste sobre a impugnação em 15 (quinze) dias úteis e, com ou sem a manifestação, proferirá decisão, no prazo de 10 (dez) dias úteis.

Parágrafo único. Se entender viável, antes de proferir decisão, o oficial de registro de imóveis poderá instaurar a conciliação ou a mediação dos interessados, nos termos do Capítulo II do Título I do Livro I da Parte Geral deste Código de Normas.

Art. 440-AB. O oficial de registro de imóveis indeferirá a impugnação, indicando as razões que o levaram a tanto, dentre outras hipóteses, quando:

I – a matéria já houver sido examinada e refutada em casos semelhantes pelo juízo competente;

II – não contiver a exposição, ainda que sumária, das razões da discordância;

III – versar matéria estranha à adjudicação compulsória;

IV – for de caráter manifestamente protelatório.

Art. 440-AC. Rejeitada a impugnação, o requerido poderá recorrer, no prazo de 10 (dez) dias úteis, e o oficial de registro de imóveis notificará o requerente para se manifestar, em igual prazo sobre o recurso.

Art. 440-AD. Acolhida a impugnação, o oficial de registro de imóveis notificará o requerente para que se manifeste em 10 (dez) dias úteis.

Parágrafo único. Se não houver insurgência do requerente contra o acolhimento da impugnação, o processo será extinto e cancelada a prenotação.

Art. 440-AE. Com ou sem manifestação sobre o recurso ou havendo manifestação de insurgência do requerente contra o acolhimento, os autos serão encaminhados ao juízo que, de plano ou após instrução sumária, examinará apenas a procedência da impugnação.

§ 1º Acolhida a impugnação, o juiz determinará ao oficial de registro de imóveis a extinção do processo e o cancelamento da prenotação;

§ 2º Rejeitada a impugnação, o juiz determinará a retomada do processo perante o oficial de registro de imóveis;

§ 3º Em qualquer das hipóteses, a decisão do juízo esgotará a instância administrativa acerca da impugnação.

SUBSEÇÃO IV
DA QUALIFICAÇÃO E DO REGISTRO

Art. 440-AF. Não havendo impugnação, afastada a que houver sido apresentada, ou anuindo o requerido ao pedido, o oficial de registro de imóveis, em 10 (dez) dias úteis:

I – expedirá nota devolutiva para que se supram as exigências que ainda existirem; ou

II – deferirá ou rejeitará o pedido, em nota fundamentada.

§ 1º Os elementos de especialidade objetiva ou subjetiva que não alterarem elementos essenciais do ato ou negócio jurídico, se não constarem dos autos do processo de adjudicação compulsória ou dos assentos e arquivos do ofício de registro de imóveis, poderão ser complementados por documentos ou, quando se tratar de manifestação de vontade, por declarações dos proprietários ou dos interessados, sob sua responsabilidade;

§ 2º Em caso de exigência ou de rejeição do pedido, caberá dúvida (art. 198[153] da Lei n. 6.015, de 31 de dezembro de 1973).

---

153. Art. 198. Se houver exigência a ser satisfeita, ela será indicada pelo oficial por escrito, dentro do prazo previsto no art. 188 desta Lei e de uma só vez, articuladamente, de forma clara e objetiva, com data, identificação e assinatura do oficial ou do preposto responsável, para que:

I a IV – (Revogado pela Lei nº 14.382/2022);

V – o interessado possa satisfazê-la; ou

VI – caso não se conforme ou não seja possível cumprir a exigência, o interessado requeira que o título e a declaração de dúvida sejam remetidos ao juízo competente para dirimi-la.

§ 1º O procedimento da dúvida observará o seguinte:

I – no Protocolo, o oficial anotará, à margem da prenotação, a ocorrência da dúvida;

II – após certificar a prenotação e a suscitação da dúvida no título, o oficial rubricará todas as suas folhas;

III – em seguida, o oficial dará ciência dos termos da dúvida ao apresentante, fornecendo-lhe cópia da suscitação e notificando-o para impugná-la perante o juízo competente, no prazo de 15 (quinze) dias; e

IV – certificado o cumprimento do disposto no inciso III deste parágrafo, serão remetidos eletronicamente ao juízo competente as razões da dúvida e o título.

§ 2º A inobservância do disposto neste artigo ensejará a aplicação das penas previstas no art. 32 da Lei nº

Art. 440-AG. Os direitos reais, ônus e gravames que não impeçam atos de disposição voluntária da propriedade não obstarão a adjudicação compulsória.

Art. 440-AH. A indisponibilidade não impede o processo de adjudicação compulsória, mas o pedido será indeferido, caso não seja cancelada até o momento da decisão final do oficial de registro de imóveis.

Art. 440-AI. Não é condição para o deferimento e registro da adjudicação compulsória extrajudicial a comprovação da regularidade fiscal do transmitente, a qualquer título.

Art. 440-AJ. Para as unidades autônomas em condomínios edilícios não é necessária a prévia prova de pagamento das cotas de despesas comuns.

Art. 440-AK. É passível de adjudicação compulsória o bem da massa falida, contanto que o relativo ato ou negócio jurídico seja anterior ao reconhecimento judicial da falência, ressalvado o disposto nos arts. 129[154] e 130[155] da Lei n. 11.101, de 9 de fevereiro de 2005.

Parágrafo único. A mesma regra aplicar-se-á em caso de recuperação judicial.

Art. 440-AL. O pagamento do imposto de transmissão será comprovado pelo requerente antes da lavratura do registro, dentro de 5 (cinco) dias úteis, contados da notificação que para esse fim lhe enviar o oficial de registro de imóveis.

§ 1º Esse prazo poderá ser sobrestado, se comprovado justo impedimento.

§ 2º Não havendo pagamento do imposto, o processo será extinto, nos termos do art. 440-J deste Código Nacional de Normas.

SEÇÃO III
DAS DISPOSIÇÕES FINAIS

Art. 440-AM. Enquanto não for editada, no âmbito dos Estados e do Distrito Federal, legislação acerca de emolumentos para o processo de adjudicação compulsória extrajudicial, a elaboração da ata notarial com valor econômico e o processamento do pedido pelo oficial de registro de imóveis serão feitos na forma de cobrança da usucapião pela via extrajudicial, ressalvados os atos de notificação e de registro.

LIVRO IV
DO TABELIONATO DE NOTAS

TÍTULO ÚNICO
DAS DISPOSIÇÕES ESPECÍFICAS

CAPÍTULO I
DA SEPARAÇÃO, DIVÓRCIO, INVENTÁRIO E PARTILHA EXTRAJUDICIAIS

SEÇÃO I
DAS DISPOSIÇÕES GERAIS

Art. 441. Em se tratando da lavratura dos atos notariais relacionados a inventário, partilha, separação consensual, divórcio consensual e extinção consensual de união estável por via administrativa, observar-se-á, sem prejuízo de outros atos normativos vigentes:

I – a Resolução n. 35, de 24 de abril de 2007; e

II – a obrigatoriedade de consulta ao Registro Central de Testamentos On-Line (RCTO), módulo de informação da Central Notarial de Serviços Compartilhados (CENSEC) na forma do Provimento n. 56, de 14 de julho de 2016.

SEÇÃO II
DA OBRIGATORIEDADE DE CONSULTA AO REGISTRO CENTRAL DE TESTAMENTOS ON-LINE (RCTO) NO CASO DE INVENTÁRIOS E PARTILHAS

Art. 442. Em se tratando da lavratura dos atos notariais relacionados a inventário, partilha, separação consensual, divórcio consensual e extinção consensual de união estável por via administrativa, observar-se-á a Resolução n. 35, de 24 de abril de 2007.

CAPÍTULO II
DO ARRENDAMENTO DE IMÓVEL RURAL POR ESTRANGEIRO

SEÇÃO I
DAS DISPOSIÇÕES GERAIS

Art. 443. No caso de escrituras públicas de contratos de arrendamento de imóvel rural celebrados por estrangeiros, os tabeliães deverão observar o disposto neste Código de Normas no Livro III da Parte Especial.

CAPÍTULO III
DA AUTORIZAÇÃO ELETRÔNICA DE VIAGEM DE CRIANÇAS E ADOLESCENTES

SEÇÃO I
DAS DISPOSIÇÕES GERAIS

Art. 444. A Autorização Eletrônica de Viagem (AEV), nacional e internacional, de crianças e adolescentes até 16 anos desacompanhados de ambos ou um de seus pais, é emitida, exclusivamente, por intermédio do Sistema de Atos Notariais Eletrônicos (e-Notariado) nos termos do Provimento n. 103, de 4 de junho de 2020.

CAPÍTULO IV
DA AUTORIZAÇÃO ELETRÔNICA DE DOAÇÃO DE ÓRGÃOS, TECIDOS E PARTES DO CORPO HUMANO

SEÇÃO I
DAS DISPOSIÇÕES GERAIS

Art. 444-A. Fica instituída a Autorização Eletrônica de Doação de Órgãos, Tecidos e Partes do Corpo Humano – AEDO, a qual tem validade e efeito perante toda sociedade como declaração de vontade da parte.

§ 1º A emissão da AEDO, ou a revogação de uma já existente, é feita perante tabelião de notas por meio de módulo específico do e-Notariado, no qual as AEDOs deverão ser armazenadas de forma segura;

§ 2º O serviço de emissão da AEDO e de sua revogação é gratuito por força de interesse público específico da colaboração dos notários com o sistema de saúde, gratuidade essa que, salvo disposição em contrário, não se estende a outros modos de formalização da vontade de doar órgãos, tecidos e partes do corpo humano;

§ 3º O serviço de emissão da AEDO consiste na conferência, pelo tabelião de notas, da autenticidade das assinaturas dos cidadãos brasileiros maiores de 18 (dezoito) anos, nas declarações de vontade de doar órgãos, tecidos e partes do corpo humano para fins de transplante ou outra finalidade terapêutica post mortem;

§ 4º A AEDO é facultativa, permanecendo válidas as autorizações de doação de órgãos, tecidos e partes do corpo humano emitidas em meio físico;

§ 5º A existência da AEDO, realizada pelo sistema eletrônico indicado no caput, autoriza a retirada de tecidos, órgãos e partes do corpo prevalecendo sobre qualquer outra exigência ou declaração em sentido contrário. O disposto no art. 4º[156] da Lei 9.434, de 4 de fevereiro de 1997 só se aplica em caso de ausência da AEDO.

Art. 444-B. A Autorização Eletrônica de Doação de Órgãos, Tecidos e Partes do Corpo Humano obedecerá a todas as formalidades exigidas para a prática do ato eletrônico, conforme estabelecido neste Código de Normas, e na legislação vigente.

8.935/1994, nos termos estabelecidos pela Corregedoria Nacional de Justiça do Conselho Nacional de Justiça.

154. Art. 129. São ineficazes em relação à massa falida, tenha ou não o contratante conhecimento do estado de crise econômico-financeira do devedor, seja ou não intenção deste fraudar credores:

I – o pagamento de dívidas não vencidas realizado pelo devedor dentro do termo legal, por qualquer meio extintivo do direito de crédito, ainda que pelo desconto do próprio título;

II – o pagamento de dívidas vencidas e exigíveis realizado dentro do termo legal, por qualquer forma que não seja a prevista pelo contrato;

III – a constituição de direito real de garantia, inclusive a retenção, dentro do termo legal, tratando-se de dívida contraída anteriormente; se os bens dados em hipoteca forem objeto de outras posteriores, a massa falida receberá a parte que devia caber ao credor da hipoteca revogada;

IV – a prática de atos a título gratuito, desde 2 (dois) anos antes da decretação da falência;

V – a renúncia à herança ou a legado, até 2 (dois) anos antes da decretação da falência;

VI – a venda ou transferência de estabelecimento feita sem o consentimento expresso ou o pagamento de todos os credores, a esse tempo existentes, não tendo restado ao devedor bens suficientes para solver o seu passivo, salvo se, no prazo de 30 (trinta) dias, não houver oposição dos credores, após serem devidamente notificados, judicialmente ou pelo oficial do registro de títulos e documentos;

VII – os registros de direitos reais e de transferência de propriedade entre vivos, por título oneroso ou gratuito, ou a averbação relativa a imóveis realizados após a decretação da falência, salvo se tiver havido prenotação anterior.

Parágrafo único. A ineficácia poderá ser declarada de ofício pelo juiz, alegada em defesa ou pleiteada mediante ação própria ou incidentalmente no curso do processo.

155. Art. 130. São revogáveis os atos praticados com a intenção de prejudicar credores, provando-se o conluio fraudulento entre o devedor e o terceiro que com ele contratar e o efetivo prejuízo sofrido pela massa falida.

156. Art. 4º A retirada de tecidos, órgãos e partes do corpo de pessoas falecidas para transplantes ou outra finalidade terapêutica, dependerá da autorização do cônjuge ou parente, maior de idade, obedecida a linha sucessória, reta ou colateral, até o segundo grau inclusive, firmada em documento subscrito por duas testemunhas presentes à verificação da morte

Parágrafo único. A autorização eletrônica emitida com a inobservância dos requisitos estabelecidos nos atos normativos previstos no caput deste artigo é nula de pleno direito, independentemente de declaração judicial.

Art. 444-C. Em caso de falecimento por morte encefálica prevista no art. 13[157] da Lei n. 9.434/1997, a Coordenação Geral do Sistema Nacional de Transplantes ou as Centrais Estaduais de Transplantes poderão consultar as AEDOs para identificar a existência de declaração de vontade de doação.

§ 1º Em caso de falecimento por qualquer outra causa, a Coordenação Geral do Sistema Nacional de Transplantes ou as Centrais Estaduais de Transplantes ou os serviços por ela autorizados poderão consultar as AEDOs para identificar a existência de declaração de vontade de doação;

§ 2º O Colégio Notarial do Brasil – Conselho Federal promoverá o cadastramento de órgãos públicos e privados ou profissionais que atuem ou tenham por objeto o atendimento médico, devidamente filiados ao Conselho Nacional ou Regional de Medicina, para a consulta das AEDOs;

§ 3º Anualmente, o Colégio Notarial do Brasil – Conselho Federal providenciará a atualização do cadastro a que se refere o parágrafo anterior, mediante solicitação, ao Ministério da Saúde, dos dados dos estabelecimentos e profissionais autorizados a consultarem as AEDOs.

SEÇÃO II
DO PROCEDIMENTO

Art. 444-D. O interessado declarará a sua vontade de doar órgãos, tecidos e partes do corpo humano por meio da AEDO, ou de revogar uma AEDO anterior, por instrumento particular eletrônico e submeterá esse instrumento ao tabelião de notas.

§ 1º É competente para a emissão da AEDO, ou a sua revogação, o tabelião de notas do domicílio do declarante;

§ 2º O instrumento particular eletrônico seguirá o modelo dos Anexos II e III deste Código de Normas, os quais deverão estar disponíveis na plataforma eletrônica do e-Notariado de modo a permitir ao interessado fácil e gratuito acesso para download;

§ 3º O instrumento particular eletrônico deverá ser assinado eletronicamente apenas por meio de:

– certificado digital notarizado, de emissão gratuita (arts. 285, II, e 292, § 4º, deste Código);

– certificado digital no âmbito da Infraestrutura de Chaves Públicas Brasileiras – ICP-Brasil.

§ 4º O tabelião de notas emitirá a AEDO, ou revogará a já existente, após a prática dos seguintes atos:

– reconhecimento da assinatura eletrônica posta no instrumento particular eletrônico por meio do módulo AEDO-TCP do e-Notariado (art. 106, III, deste Código); e

II – realização de videoconferência notarial para confirmação da identidade e da autoria daquele que assina.

Art. 444-E. A AEDO conterá, em destaque, a chave de acesso e QR Code para consulta e verificação da autenticidade na internet.

§ 1º O QR Code constante da AEDO poderá ser validado sem a necessidade de conexão com a internet;

§ 2º A versão impressa da AEDO poderá ser apresentada pelo interessado, desde que observados os requisitos do caput;

§ 3º A Autorização Eletrônica de Doação de Órgãos, Tecidos e Partes do Corpo Humano poderá ser apresentada em aplicativo desenvolvido pelo CNB/CF.

Art. 444-F. A AEDO poderá ser expedida pelo prazo ou evento a ser indicado pelo declarante e, em caso de omissão, a autorização é válida por prazo indeterminado.

LIVRO V
DO REGISTRO CIVIL DAS PESSOAS NATURAIS

TÍTULO I
DAS DISPOSIÇÕES GERAIS

CAPÍTULO I
DAS UNIDADES INTERLIGADAS NOS ESTABELECIMENTOS DE SAÚDE

SEÇÃO I
DAS DISPOSIÇÕES GERAIS

Art. 445. A emissão de certidão de nascimento nos estabelecimentos de saúde que realizam partos será feita por meio da utilização de sistema informatizado que, pela rede mundial de computadores, os interligue às serventias de registro civil existentes nas Unidades Federativas e que aderiram ao Sistema Interligado, a fim de que a mãe e/ou a criança receba alta hospitalar já com a certidão de nascimento.

§ 1º O posto de remessa, recepção de dados e impressão de certidão de nascimento que funciona em estabelecimentos de saúde que realizam partos e que está conectado pela rede mundial de computadores às serventias de registro civil das pessoas naturais é denominado "Unidade Interligada";

§ 2º A Unidade Interligada que conecta estabelecimento de saúde aos serviços de registro civil não é considerada sucursal, pois relaciona-se com diversos cartórios;

§ 3º Todo processo de comunicação de dados entre a Unidade Interligada e os cartórios de registro civil das pessoas naturais, via rede mundial de computadores, deverá ser feito com o uso de certificação digital, desde que atenda aos requisitos da Infraestrutura de Chaves Públicas Brasileira (ICP).

Art. 446. A implantação das unidades interligadas dar-se-á mediante convênio firmado entre o estabelecimento de saúde e o registrador da cidade ou distrito onde estiver localizado o estabelecimento, com a supervisão e a fiscalização das Corregedorias-Gerais de Justiça dos estados e Distrito Federal, bem como da Corregedoria Nacional de Justiça.

§ 1º A Unidade Interligada deverá ser cadastrada no Sistema Justiça Aberta mediante solicitação à Corregedoria Nacional de Justiça, formulada por qualquer dos registradores conveniados. A solicitação deverá ser conter certificação digital e ser encaminhada para o endereço: abertaextrajudicial@cnj.jus.br;

§ 2º Da solicitação de cadastro da Unidade Interligada no Sistema Justiça Aberta, ou de adesão à unidade, obrigatoriamente deve constar o nome completo e o CPF do registrador e dos substitutos ou escreventes autorizados a nela praticar atos pertinentes ao registro civil e que possuam a certificação digital exigida, inclusive daqueles contratados na forma do art. 385 e art. 386 deste Código.

§ 3º A instalação de Unidade Interligada deverá ser comunicada pelo registrador conveniado à Corregedoria-Geral de Justiça do Estado ou Distrito Federal responsável pela fiscalização;

§ 4º Mediante prévia comunicação ao juízo competente pela sua fiscalização e devido cadastramento no Sistema Justiça Aberta por meio do endereço eletrônico www.cnj.jus.br/corregedoria/seguranca/, qualquer registrador civil do País poderá aderir ou se desvincular do Sistema Interligado, ainda que não esteja conveniado a uma Unidade Interligada. Da adesão do registrador ao Sistema Interligado obrigatoriamente deve constar o nome completo e o CPF do registrador e dos substitutos ou escreventes autorizados praticar atos pertinentes ao registro civil e que possuam a certificação digital exigida;

§ 5º Todos os cartórios de registro civil do país deverão manter atualizado, no Sistema Justiça Aberta:

a) informação sobre a sua participação ou não no Sistema Interligado que permite o registro de nascimento e a expedição das respectivas certidões na forma deste Capítulo;

b) o nome e o CPF do oficial registrador (titular ou responsável pelo expediente);

c) o nome dos substitutos e dos escreventes autorizados a praticar atos relativos ao registro civil (art. 20[158] e §§ da Lei n. 8.935/1994); e

d) o endereço completo de sua sede, inclusive com identificação de bairro e CEP quando existentes.

Art. 447. O profissional da Unidade Interligada que operar, nos estabelecimentos de saúde, os sistemas informatizados para transmissão dos dados necessários à lavratura do registro de

---

[157]. Art. 13. É obrigatório, para todos os estabelecimentos de saúde, notificar, às centrais de notificação, captação e distribuição de órgãos da unidade federada onde ocorrer, o diagnóstico de morte encefálica feito em pacientes por eles atendidos.

[158]. Art. 20. Os notários e os oficiais de registro poderão, para o desempenho de suas funções, contratar escreventes, dentre eles escolhendo os substitutos, e auxiliares como empregados, com remuneração livremente ajustada e sob o regime da legislação do trabalho.

§ 1º Em cada serviço notarial ou de registro haverá tantos substitutos, escreventes e auxiliares quantos forem necessários, a critério de cada notário ou oficial de registro;

§ 2º Os notários e os oficiais de registro encaminharão ao juízo competente os nomes dos substitutos;

§ 3º Os escreventes poderão praticar somente os atos que o notário ou o oficial de registro autorizar;

§ 4º Os substitutos poderão, simultaneamente com o notário ou oficial de registro, praticar todos os atos que lhe sejam próprios exceto, nos tabelionatos de notas, lavrar testamentos;

§ 5º Dentre os substitutos, um deles será designado pelo notário ou oficial de registro para responder pelo respectivo serviço nas ausências e nos impedimentos do titular.

nascimento e à emissão da respectiva certidão será escrevente preposto do registrador, contratado nos termos do art. 20[159] da Lei n. 8.935, de 18 de novembro de 1994. Caso os registradores interessados entendam possível a aplicação analógica do disposto no art. 25-A[160] da Lei n. 8.212, de 24 de julho de 1991, o escrevente preposto poderá ser contratado por consórcio simplificado, formado pelos registradores civis interessados.

Parágrafo único. Na hipótese de o estabelecimento de saúde estar localizado em cidade ou distrito que possua mais de um registrador civil, e inexistindo consenso para que preposto de apenas um deles, ou preposto contratado por meio de consórcio, atue na unidade interligada, faculta-se a execução do serviço pelo sistema de rodízio entre substitutos ou escreventes prepostos, no formato estabelecido pelos próprios registradores e comunicado à Corregedoria-Geral de Justiça (CGJ) da respectiva unidade da federação.

Art. 448. Não ocorrendo a designação de preposto na forma do art. 452, poderão ser indicados empregados pelos estabelecimentos de saúde, o qual deverá ser credenciado pelo menos por um registrador civil da cidade ou do distrito no qual funcione a unidade interligada.

§ 1º No caso da indicação prevista no caput deste artigo, e sem prejuízo do disposto no art. 22[161] e nos seguintes da Lei 8.935, de 1994, em

---

159. Art. 20. Os notários e os oficiais de registro poderão, para o desempenho de suas funções, contratar escreventes, dentre eles escolhendo os substitutos, e auxiliares como empregados, com remuneração livremente ajustada e sob o regime da legislação do trabalho.
  § 1º Em cada serviço notarial ou de registro haverá tantos substitutos, escreventes e auxiliares quantos forem necessários, a critério de cada notário ou oficial de registro;
  § 2º Os notários e os oficiais de registro encaminharão ao juízo competente os nomes dos substitutos;
  § 3º Os escreventes poderão praticar somente os atos que o notário ou o oficial de registro autorizar;
  § 4º Os substitutos poderão, simultaneamente com o notário ou o oficial de registro, praticar todos os atos que lhe sejam próprios exceto, nos tabelionatos de notas, lavrar testamentos;
  § 5º Dentre os substitutos, um deles será designado pelo notário ou oficial de registro para responder pelo respectivo serviço nas ausências e nos impedimentos do titular.
160. Art. 25-A. Equipara-se ao empregador rural pessoa física o consórcio simplificado de produtores rurais, formado pela união de produtores rurais pessoas físicas, que outorgar a um deles poderes para contratar, gerir e demitir trabalhadores para prestação de serviços, exclusivamente, aos seus integrantes, mediante documento registrado em cartório de títulos e documentos.
  § 1º O documento de que trata o caput deverá conter a identificação de cada produtor, seu endereço pessoal e o de sua propriedade rural, bem como o respectivo registro no Instituto Nacional de Colonização e Reforma Agrária – INCRA ou informações relativas a parceria, arrendamento ou equivalente e a matrícula no Instituto Nacional do Seguro Social – INSS de cada um dos produtores rurais;
  § 2º O consórcio deverá ser matriculado no INSS em nome do empregador a quem hajam sido outorgados os poderes, na forma do regulamento;
  § 3º Os produtores rurais integrantes do consórcio de que trata o caput serão responsáveis solidários em relação às obrigações previdenciárias.
161. Art. 22. Os notários e oficiais de registro são civilmente responsáveis por todos os prejuízos que causarem a terceiros, por culpa ou dolo, pessoalmente, pelos substitutos que designarem ou escreventes que autorizarem, assegurado o direito de regresso.

---

relação aos credenciadores, o estabelecimento de saúde encaminhará termo de compromisso para a Corregedoria-Geral de Justiça (CGJ) de sua unidade da federação, pelo qual se obriga a:

I – responder civilmente pelos erros cometidos por seus funcionários;

II – noticiar à autoridade competente a ocorrência de irregularidades quando houver indícios de dolo; e

III – aceitar a supervisão pela Corregedoria-Geral de Justiça (CGJ) e pela Corregedoria Nacional de Justiça sobre os empregados que mantiver na Unidade Interligada.

§ 2º Cópia da comunicação do estabelecimento de saúde à Corregedoria-Geral de Justiça (CGJ), com o respectivo comprovante da entrega, permanecerá arquivada na unidade interligada.

§ 3º O Juízo competente para a fiscalização do serviço solicitará, de ofício ou a requerimento de registrador civil, a substituição de tais empregados quando houver indícios de desídia ou insuficiência técnica na operação da unidade interligada.

Art. 449. Os custos de manutenção do equipamento destinado ao processamento dos registros de nascimento, bem como os custos da transmissão dos dados físicos ou eletrônicos para as serventias de Registro Civil, quando necessário serão financiados:

I – com recursos de convênio, nas localidades onde houver sido firmado entre a unidade federada e a Secretaria de Direitos Humanos da Presidência da República;

II – com recursos da maternidade, nas localidades não abrangidas pelo inciso anterior; e

III – com recursos de convênios firmados entre os registradores e suas entidades e a União, os estados, o Distrito Federal ou os municípios.

Art. 450. Todos os profissionais das unidades interligadas que forem operar os sistemas informatizados, inclusive os empregados dos estabelecimentos de saúde credenciados na forma deste Código Nacional de Normas, devem ser previamente credenciados junto a registrador civil conveniado da unidade e capacitados de acordo com as orientações fornecidas pelo registrador conveniados à unidade ou por suas entidades representativas, sem prejuízo de parcerias com a Secretaria de Direitos Humanos da Presidência da República e supervisão pelas corregedorias locais e pela Corregedoria Nacional de Justiça.

Parágrafo único. A capacitação necessariamente contará com módulo específico sobre a identificação da autenticidade das certificações digitais.

Art. 451. Aos profissionais que atuarão nas Unidades Interligadas incumbe:

I – receber os documentos comprobatórios da declaração de nascimento, por quem de direito, na forma deste Código de Normas;

II – acessar o sistema informatizado de registro civil e efetuar a transmissão dos dados preliminares do registro de nascimento;

III – receber o arquivo de retorno do cartório contendo os dados do registro de nascimento;

Parágrafo único. Prescreve em três anos a pretensão de reparação civil, contado o prazo da data de lavratura do ato registral ou notarial.

IV – imprimir o termo de declaração de nascimento, colhendo a assinatura do declarante e das testemunhas, se for o caso, na forma do art. 37[162] e dos seguintes da Lei n. 6.015, de 1973;

V – transmitir o Termo de Declaração para o registrador competente;

VI – imprimir a primeira via da certidão de nascimento, já assinada eletronicamente pelo oficial de registro civil competente com o uso de certificação digital;

VII – apor o respectivo selo, na forma das respectivas normas locais, se atuante nas unidades federativas onde haja sistema de selo de fiscalização; e

VIII – zelar pela guarda do papel de segurança, quando obrigatória sua utilização.

§ 1º Em registro de nascimento de criança apenas com a maternidade estabelecida, o profissional da Unidade Interligada facultará à respectiva mãe a possibilidade de declarar o nome e o prenome, a profissão, a identidade e a residência do suposto pai, reduzindo a termo a declaração positiva ou negativa. O oficial do registro remeterá ao juiz competente de sua Comarca certidão integral do registro, a fim de ser averiguada a procedência da declaração positiva (Lei n. 8.560/1992);

§ 2º As assinaturas apostas no termo de declaração de nascimento de que trata o inciso IV deste artigo supõem aquelas previstas no caput do art. 37 da Lei n. 6.015, de 1973;

§ 3º As unidades federativas, quando empreguem o sistema de selos de fiscalização, fornecerão os documentos às unidades interligadas, na forma de seus regulamentos, sob critérios que evitem a interrupção do serviço registral.

Art. 452. O profissional da Unidade Interligada que operar o sistema recolherá do declarante do nascimento a documentação necessária para que se proceda ao respectivo registro.

§ 1º Podem declarar o nascimento perante as unidades interligadas:

I – o pai maior de 16 anos de idade, desde que não seja absolutamente incapaz, ou pessoa por ele autorizada mediante instrumento público; e

II – a mãe maior de 16 anos, desde que não seja absolutamente incapaz.

§ 2º Caso a mãe seja menor de 16 anos de idade, ou absolutamente incapaz, ou esteja impedida de declarar o nascimento, seus representantes legais podem fazê-lo;

§ 3º A paternidade somente poderá reconhecida voluntariamente:

I – por declaração do pai, desde que maior de 16 anos de idade e não seja absolutamente incapaz;

II – por autorização ou procuração do pai, desde que formalizada por instrumento público; e

---

162. Art. 37. As partes, ou seus procuradores, bem como as testemunhas, assinarão os assentos, inserindo-se neles as declarações feitas de acordo com a lei ou ordenada por sentença. As procurações serão arquivadas, declarando-se no termo a data, o livro, a folha e o ofício em que foram lavradas, quando constarem de instrumento público.
  § 1º Se os declarantes, ou as testemunhas não puderem por qualquer circunstância assinar, far-se-á declaração no assento, assinando a rogo outra pessoa e tomando-se a impressão dactiloscópica da que não assinar, à margem do assento;
  § 2º As custas com o arquivamento das procurações ficarão a cargo dos interessados.

III – por incidência da presunção do art. 1.597[163] do Código Civil, caso os pais sejam casados.

Art. 453. O registro de nascimento por intermédio da Unidade Interligada depende, em caráter obrigatório, da apresentação de:

I – Declaração de Nascido Vivo (DNV), com a data e local do nascimento;

II – documento oficial de identificação do declarante;

III – documento oficial que identifique o pai e a mãe do registrando, quando participem do ato;

IV – certidão de casamento dos pais, na hipótese de serem estes casados e incidir a presunção do art. 1.597[164] do Código Civil; e

V – termo negativo ou positivo da indicação da suposta paternidade firmado pela mãe, nos termos do § 1º do art. 389 deste Código, quando ocorrente a hipótese.

§ 1º O registro de nascimento solicitado pela Unidade Interligada será feito em cartório da cidade ou distrito de residência dos pais, se este for interligado, ou, mediante expressa opção escrita do declarante e arquivada na unidade interligada, em cartório da cidade ou distrito em que houver ocorrido o parto;

§ 2º Caso o cartório da cidade ou distrito de residência dos pais não faça parte do sistema interligado, e não haja opção do declarante por cartório do lugar em que houver ocorrido o parto, deve-se informar ao declarante quanto à necessidade de fazer o registro diretamente no cartório competente.

Art. 454. Não poderá ser obstada a adesão à Unidade Interligada de qualquer registrador civil do município ou distrito no qual se localiza o estabelecimento de saúde que realiza partos, desde que possua os equipamentos e certificados digitais necessários ao processo de registros de nascimento e emissão da respectiva certidão pela rede mundial de computadores.

§ 1º A adesão do registrador civil a uma Unidade Interligada será feita mediante convênio, cujo instrumento será remetido à Corregedoria Nacional de Justiça nos moldes deste Capítulo do Código Nacional de Normas;

163. Art. 1.597. Presumem-se concebidos na constância do casamento os filhos:
I – nascidos cento e oitenta dias, pelo menos, depois de estabelecida a convivência conjugal;
II – nascidos nos trezentos dias subsequentes à dissolução da sociedade conjugal, por morte, separação judicial, nulidade e anulação do casamento;
III – havidos por fecundação artificial homóloga, mesmo que falecido o marido;
IV – havidos, a qualquer tempo, quando se tratar de embriões excedentários, decorrentes de concepção artificial homóloga;
V – havidos por inseminação artificial heteróloga, desde que tenha prévia autorização do marido.

164. Art. 1.597. Presumem-se concebidos na constância do casamento os filhos:
I – nascidos cento e oitenta dias, pelo menos, depois de estabelecida a convivência conjugal;
II – nascidos nos trezentos dias subsequentes à dissolução da sociedade conjugal, por morte, separação judicial, nulidade e anulação do casamento;
III – havidos por fecundação artificial homóloga, mesmo que falecido o marido;
IV – havidos, a qualquer tempo, quando se tratar de embriões excedentários, decorrentes de concepção artificial homóloga;
V – havidos por inseminação artificial heteróloga, desde que tenha prévia autorização do marido.

§ 2º No caso de o cartório responsável pelo assento ser diverso daquele que remunera o preposto atuante na unidade interligada, o ato será cindido em duas partes. A primeira será praticada na unidade integrada e formada pela qualificação, recebimento das declarações e entrega das certidões; a segunda será praticada pelo cartório interligado responsável pelo assento e formada pela conferência dos dados e a lavratura do próprio assento;

§ 3º O ressarcimento pelo registro de nascimento, no caso do parágrafo anterior, deve ser igualmente dividido, na proporção de metade para o registrador ou consórcio responsável pela remuneração do preposto que atua na unidade interligada, e metade para o registrador que efetivar o assento;

§ 4º Caso o operador da unidade interligada seja remunerado por pessoa diversa dos registradores ou de seus consórcios, o ressarcimento será feito na proporção de metade para o registrador responsável pelo credenciamento do preposto que atua na unidade interligada, e metade para o registrador que efetivar o assento.

Art. 455. Os documentos listados no art. 456, V, e no art. 458, serão digitalizados pelo profissional da Unidade Interligada e remetidos ao cartório de registro civil das pessoas naturais, por meio eletrônico, com observância dos requisitos da Infraestrutura de Chaves Públicas Brasileira (ICP).

Parágrafo único. O oficial do registro civil, recebendo os dados na forma descrita no caput, deverá conferir a adequação dos documentos digitalizados para a lavratura do registro de nascimento e posterior transmissão do termo de declaração para a unidade interligada.

Art. 456. O oficial do registro civil responsável pela lavratura do assento, frente à inconsistência ou dúvida em relação à documentação ou declaração, devolverá ao profissional da Unidade Interligada, por meio do sistema informatizado, o requerimento de registro, apontando as correções ou diligências necessárias à lavratura do registro de nascimento.

Art. 457. A certidão do assento de nascimento conterá a identificação da respectiva assinatura eletrônica, propiciando sua conferência na rede mundial de computadores pelo preposto da unidade interligada, que nela aporá a sua assinatura, ao lado da identificação do responsável pelo registro, antes da entrega aos interessados.

Parágrafo único. A certidão somente poderá ser emitida depois de assentado o nascimento no livro próprio de registro, ficando o descumprimento deste dispositivo sujeito às responsabilidades previstas no art. 22/24[165] e art. 31[166] e nos seguintes da Lei 8.935, de 1994, e art. 47[167] da Lei 6.015, de 1973.

Art. 458. A certidão de nascimento deverá ser entregue, pelo profissional da Unidade Interligada, ao declarante ou interessado, nos moldes padronizados, sempre antes da alta da mãe e/ou da criança registrada.

Art. 459. O profissional da Unidade Interligada, após a expedição da certidão, enviará em meio físico, ao registrador que lavrou o respectivo assento, a DNV e o Termo de Declaração referidos no art. 451, V, e art. 453, I, deste Código de Normas.

Parágrafo único. Os cartórios de registro civil das pessoas naturais que participem do Sistema Interligado deverão manter sistemática própria para armazenamento dos documentos digitais referidos no art. 451, V, e art. 453 deste Código de Normas. E arquivo físico para o armazenamento dos termos de declaração de nascimento e respectivas DNVs.

Art. 460. Sem prejuízo dos poderes conferidos à Corregedoria Nacional de Justiça e às corregedorias dos tribunais de Justiça, a fiscalização judiciária dos atos de registro e emissão das respectivas certidões, decorrentes da aplicação deste Código de Normas, é exercida pelo juízo competente, assim definido na órbita estadual e do Distrito Federal (art. 48[168] da Lei n. 6.015/1973), sempre que necessário, ou mediante representação de qualquer interessado, em face de atos praticados pelo oficial de registro seus prepostos ou credenciados.

CAPÍTULO II
DA OBTENÇÃO DE PAPÉIS DE SEGURANÇA

SEÇÃO I
DAS DISPOSIÇÕES GERAIS

Art. 461. Sempre que for o caso, a obtenção de papéis de segurança unificado pelos registradores civis das pessoas naturais deverá observar os procedimentos indicados em lei ou em atos infralegais.

165. Art. 22. Os notários e oficiais de registro são civilmente responsáveis por todos os prejuízos que causarem a terceiros, por culpa ou dolo, pessoalmente, pelos substitutos que designarem ou escreventes que autorizarem, assegurado o direito de regresso.
Parágrafo único. Prescreve em três anos a pretensão de reparação civil, contado o prazo da data de lavratura do ato registral ou notarial.
Art. 23. A responsabilidade civil independe da criminal.
Art. 24. A responsabilidade criminal será individualizada, aplicando-se, no que couber, a legislação relativa aos crimes contra a administração pública.
Parágrafo único. A individualização prevista no caput não exime os notários e os oficiais de registro de sua responsabilidade civil.
166. Art. 31. São infrações disciplinares que sujeitam os notários e os oficiais de registro às penalidades previstas nesta lei:

I – a inobservância das prescrições legais ou normativas;
II – a conduta atentatória às instituições notariais e de registro;
III – a cobrança indevida ou excessiva de emolumentos, ainda que sob a alegação de urgência;
IV – a violação do sigilo profissional;
V – o descumprimento de quaisquer dos deveres descritos no art. 30.
167. Art. 47. Se o oficial do registro civil recusar fazer ou retardar qualquer registro, averbação ou anotação, bem como o fornecimento de certidão, as partes prejudicadas poderão queixar-se à autoridade judiciária, a qual, ouvindo o acusado, decidirá dentro de cinco (5) dias.
§ 1º Se for injusta a recusa ou injustificada a demora, o Juiz que tomar conhecimento do fato poderá impor ao oficial multa de um a dez salários mínimos da região, ordenando que, no prazo improrrogável de vinte e quatro (24) horas, seja feito o registro, a averbação, a anotação ou fornecida certidão, sob pena de prisão de cinco (5) a vinte (20) dias;
§ 2º Os pedidos de certidão feitos por via postal, telegráfica ou bancária serão obrigatoriamente atendidos pelo oficial do registro civil, satisfeitos os emolumentos devidos, sob as penas previstas no parágrafo anterior.
168. Art. 48. Os Juízes farão correição e fiscalização nos livros de registro, conforme as normas da organização Judiciária.

CAPÍTULO III
DAS SITUAÇÕES JURÍDICO-TRANSNACIONAIS

SEÇÃO I
DO TRASLADO DE ASSENTOS ESTRANGEIROS

Art. 462. O traslado de assentos de nascimento, casamento e óbito de brasileiros em país estrangeiro, tomados por autoridade consular brasileira, nos termos do regulamento consular, ou por autoridade estrangeira competente, a que se refere o caput do art. 32[169] da Lei n. 6.015, de 31 de dezembro de 1973, observará a Resolução n. 155, de 16 de julho de 2012, e o disposto neste Código de Normas.

SEÇÃO II
DOS TÍTULOS ESTRANGEIROS PARA INGRESSO EM ASSENTO BRASILEIRO

Art. 463. Os cartórios de registros civis de pessoas naturais são autorizados a promover a averbação de Carta de Sentença de Divórcio ou Separação Judicial, oriunda de homologação de sentença estrangeira pelo Superior Tribunal de Justiça, independentemente de seu cumprimento ou execução em Juízo Federal.

Art. 464. A averbação direta no assento de casamento da sentença estrangeira de divórcio consensual simples ou puro, bem como da decisão não judicial de divórcio, que pela lei brasileira tem natureza jurisdicional, deverá ser realizada perante o oficial de registro civil das pessoas naturais a partir de 18 de março de 2016.

§ 1º A averbação direta de que trata o caput desse artigo independe de prévia homologação da sentença estrangeira pelo Superior Tribunal de Justiça e/ ou de prévia manifestação de qualquer outra autoridade judicial brasileira;

---

[169] Art. 32. Os assentos de nascimento, óbito e de casamento de brasileiros em país estrangeiro serão considerados autênticos, nos termos da lei do lugar em que forem feitos, legalizadas as certidões pelos cônsules ou quando por estes tomados, nos termos do regulamento consular.

§ 1º Os assentos de que trata este artigo serão, porém, transladados nos cartórios de 1º Ofício do domicílio do registrado ou no 1º Ofício do Distrito Federal, em falta de domicílio conhecido, quando tiverem de produzir efeito no País, ou, antes, por meio de segunda via que os cônsules serão obrigados a remeter por intermédio do Ministério das Relações Exteriores;

§ 2º O filho de brasileiro ou brasileira, nascido no estrangeiro, e cujos pais não estejam ali a serviço do Brasil, desde que registrado em consulado brasileiro ou não registrado, venha a residir no território nacional antes de atingir a maioridade, poderá requerer, no juízo de seu domicílio, se registre, no livro "E" do 1º Ofício do Registro Civil, o termo de nascimento;

§ 3º Do termo e das respectivas certidões do nascimento registrado na forma do parágrafo antecedente constará que só valerão como prova de nacionalidade brasileira, até quatro (4) anos depois de atingida a maioridade;

§ 4º Dentro do prazo de quatro anos, depois de atingida a maioridade pelo interessado referido no § 2º deverá ele manifestar a sua opção pela nacionalidade brasileira perante o juízo federal. Deferido o pedido, proceder-se-á ao registro no livro "E" do Cartório do 1º Ofício do domicílio do optante;

§ 5º Não se verificando a hipótese prevista no parágrafo anterior, o oficial cancelará, de ofício, o registro provisório efetuado na forma do § 2º.

§ 2º A averbação direta dispensa a assistência de advogado ou defensor público;

§ 3º A averbação da sentença estrangeira de divórcio consensual, que, além da dissolução do matrimônio, envolva disposição sobre guarda de filhos, alimentos e/ou partilha de bens — aqui denominado divórcio consensual qualificado – dependerá de prévia homologação pelo Superior Tribunal de Justiça.

Art. 465. Para averbação direta, o interessado deverá apresentar, no Registro Civil de Pessoas Naturais junto ao assento de seu casamento, cópia integral da sentença estrangeira, bem como comprovação do trânsito em julgado, acompanhada de tradução oficial juramentada e de chancela consular ou apostilamento.

Art. 466. Havendo interesse em retomar o nome de solteiro, o interessado na averbação direta deverá demonstrar a existência de disposição expressa na sentença estrangeira, exceto quando a legislação estrangeira permitir a retomada, ou quando o interessado comprovar, por documento do registro civil estrangeiro a alteração do nome.

Art. 467. Serão arquivados pelo oficial de registro civil de pessoas naturais, em meio físico ou mídia digital segura, os documentos apresentados para a averbação da sentença estrangeira de divórcio, com referência do arquivamento à margem do respectivo assento.

CAPÍTULO IV
DAS ATRIBUIÇÕES POR CONVÊNIOS

SEÇÃO I
DAS DISPOSIÇÕES GERAIS

Art. 468. As serventias de registro civil das pessoas naturais do Brasil poderão, mediante convênio, credenciamento ou matrícula com órgãos públicos, prestar serviços públicos relacionados à identificação dos cidadãos, visando auxiliar na emissão de documentos pelos órgãos responsáveis.

Parágrafo único. Os serviços públicos referentes à identificação dos cidadãos são aqueles inerentes à atividade registral que tenham por objetivo a identificação do conjunto de atributos de uma pessoa, tais como biometria, fotografia, Cadastro de Pessoa Física (CPF) e passaporte.

Art. 469. O convênio, o credenciamento e a matrícula com órgãos públicos para prestação de serviços de registro civil das pessoas naturais em âmbito nacional dependerão da homologação da Corregedoria Nacional de Justiça.

Parágrafo único. A ANOREG-BR ou a ARPEN-BRASIL formularão pedido de homologação à Corregedoria Nacional de Justiça por meio de PJe.

Art. 470. O convênio, o credenciamento e a matrícula com órgãos públicos para prestação de serviços de registro civil das pessoas naturais em âmbito local dependerão da homologação das corregedorias de Justiça dos estados ou do Distrito Federal, às quais competirá:

I – realizar estudo prévio acerca da viabilidade jurídica, técnica e financeira do serviço; e

II – enviar à Corregedoria Nacional de Justiça cópia do termo celebrado em caso de homologação, para disseminação de boas práticas entre os demais entes da Federação.

Art. 471. As corregedorias de Justiça dos estados e do Distrito Federal manterão em seu site listagem pública dos serviços prestados pelos registros civis das pessoas naturais mediante convênio, credenciamento ou matrícula.

TÍTULO II
DAS DISPOSIÇÕES ESPECÍFICAS

CAPÍTULO I
DOS MODELOS DE ATOS

SEÇÃO I
DAS DISPOSIÇÕES GERAIS

Art. 472. Os modelos únicos de certidão de nascimento, de casamento e de óbito, a serem adotados pelos ofícios de registro civil das pessoas naturais em todo o país, ficam instituídos na forma dos Anexos I, II e III do Provimento n. 63, de 14 de novembro de 2017.

Art. 473. As certidões de casamento, nascimento e óbito, sem exceção, devem consignar a matrícula que identifica o código nacional da serventia, o código do acervo, o tipo de serviço prestado, o tipo de livro, o número do livro, o número da folha, o número do termo e o dígito verificador, observados os códigos previstos no Anexo IV do Provimento n. 63, de 14 de novembro de 2017.

§ 1º A certidão de inteiro teor requerida pelo adotado deverá dispor sobre todo o conteúdo registral, mas dela não deverá constar a origem biológica, salvo por determinação judicial (art. 19, § 3º[170], c/c o art. 95, parágrafo único[171], da Lei de Registros Públicos);

§ 2º A certidão de inteiro teor, de natimorto e as relativas aos atos registrados ou transcritos no Livro E deverão ser emitidas de acordo com modelo do Anexo V do Provimento n. 63, de 14 de novembro de 2017.

Art. 474. O oficial de registro civil das pessoas naturais incluirá no assento de nascimento, em campo próprio, a naturalidade do recém-nascido ou a do adotado na hipótese de adoção iniciada antes do registro de nascimento.

§ 1º O registrando poderá ser cidadão do município em que ocorreu o nascimento ou do município de residência da mãe na data do nascimento, desde que localizado em território nacional, cabendo ao declarante optar no ato de registro de nascimento;

§ 2º Os modelos de certidão de nascimento continuarão a consignar, em campo próprio, local de nascimento do registrando, que corresponderá ao local do parto.

---

[170] Art. 19. A certidão será lavrada em inteiro teor, em resumo ou em relatório, conforme quesitos, e devidamente autenticada pelo oficial ou seus substitutos legais, não podendo ser retardada por mais de 5 (cinco) dias.

§ 3º Nas certidões de registro civil, não se mencionará a circunstância de ser legítima, ou não, a filiação, salvo a requerimento do próprio interessado, ou em virtude de determinação judicial.

[171] Art. 95. Serão registradas no registro de nascimentos as sentenças de legitimação adotiva, consignando-se nelas os nomes dos pais adotivos como pais legítimos e os dos ascendentes dos mesmos se já falecidos, ou sendo vivos, se houverem, em qualquer tempo, manifestado por escrito sua adesão ao ato (Lei nº 4.655, de 2 de junho de 1965, art. 6º).

Parágrafo único. O mandado será arquivado, dele não podendo o oficial fornecer certidão, a não ser por determinação judicial e em segredo de justiça, para salvaguarda de direitos (Lei nº 4.655, de 2-6-65, art. 8º, parágrafo único).

Art. 475. As certidões de nascimento deverão conter, no campo filiação, as informações referentes à naturalidade, ao domicílio ou à residência atual dos pais do registrando.

Art. 476. O número da declaração do nascido vivo, quando houver, será obrigatoriamente lançado em campo próprio da certidão de nascimento.

Art. 477. O CPF será obrigatoriamente incluído nas certidões de nascimento, casamento e óbito.

§ 1º Se o sistema para a emissão do CPF estiver indisponível, o registro não será obstado, devendo o oficial averbar, sem ônus, o número do CPF quando do reestabelecimento do sistema;

§ 2º Nos assentos de nascimento, casamento e óbito lavrados em data anterior à vigência do Provimento n. 63/2017, poderá ser averbado o número de CPF, de forma gratuita, bem como anotados o número do DNI ou RG, título de eleitor e outros dados cadastrais públicos relativos à pessoa natural, mediante conferência;

§ 3º A emissão de segunda via de certidão de nascimento, casamento e óbito dependerá, quando possível, da prévia averbação cadastral do número de CPF no respectivo assento, de forma gratuita;

§ 4º A inclusão de dados cadastrais nos assentos e certidões por meio de averbação ou anotação não dispensará a parte interessada de apresentar o documento original quando exigido pelo órgão solicitante ou quando necessário à identificação do portador;

§ 5º As certidões não necessitarão de quadros predefinidos, sendo suficiente que os dados sejam preenchidos conforme a disposição prevista nos Anexos I, II, III e IV do Provimento n. 63, de 14 de novembro de 2017, e os sistemas para emissão das certidões de que tratam referidos anexos deverão possuir quadros capazes de adaptar-se ao texto a ser inserido.

Art. 478. Será incluída no assento de casamento a naturalidade dos cônjuges (art. 70[172] da Lei de Registros Públicos).

Art. 479. O oficial de registro civil das pessoas naturais não poderá exigir a identificação do doador de material genético como condição para a lavratura do registro de nascimento de criança gerada mediante técnica de reprodução assistida.

CAPÍTULO I-A
DO REGISTRO DE NATIMORTO

Art. 479-A. É direito dos pais atribuir, se quiserem, nome ao natimorto, devendo o registro ser realizado no Livro "C-Auxiliar", com índice elaborado a partir dos nomes dos pais.

§ 1º Não será gerado Cadastro de Pessoa Física (CPF) ao natimorto;

§ 2º É assegurado aos pais o direito à averbação do nome no caso de registros de natimorto anteriormente lavrado sem essa informação;

§ 3º As regras para composição do nome do natimorto são as mesmas a serem observadas quando do registro de nascimento.

Art. 479-B. Se a criança, embora tenha nascido viva, morre por ocasião do parto, serão feitos, necessariamente na mesma serventia, dois assentos, o de nascimento e o de óbito, com os elementos cabíveis e remissões recíprocas.

CAPÍTULO II
DO REGISTRO TARDIO

SEÇÃO I
DAS DISPOSIÇÕES GERAIS

Art. 480. As declarações de nascimento feitas após o decurso do prazo previsto no art. 50[173] da Lei n. 6.015/73 serão registradas nos termos deste Capítulo.

Parágrafo único. O procedimento de registro tardio previsto neste Capítulo não se aplica para a lavratura de assento de nascimento de indígena no Registro Civil das Pessoas Naturais, regulamentado pela Resolução Conjunta n. 03, de 19 de abril de 2012, do Conselho Nacional de Justiça (CNJ) e do Conselho Nacional do Ministério Público, e não afasta a aplicação do previsto no art. 102[174] da Lei n. 8.069/90.

Art. 481. O requerimento de registro será direcionado ao oficial de registro civil das pessoas naturais do lugar de residência do interessado e será assinado por duas testemunhas, sob as penas da lei.

Parágrafo único. Não tendo o interessado moradia ou residência fixa, será considerado competente o oficial de registro civil das pessoas naturais do local onde se encontrar.

Art. 482. Do requerimento constará:

a) o dia, o mês, o ano e o lugar do nascimento e a hora certa, sempre que possível determiná-la;

b) o sexo do registrando;

c) seu prenome e seu sobrenome;

d) o fato de ser gêmeo, quando assim tiver acontecido;

e) os prenomes e os sobrenomes, a naturalidade, a profissão dos pais e sua residência atual, inclusive para apuração de acordo com este Capítulo;

f) indicação dos prenomes e dos sobrenomes dos avós paternos e maternos que somente serão lançados no registro se o parentesco decorrer da paternidade e da maternidade reconhecidas;

g) a atestação por duas testemunhas entrevistadas pelo oficial de registro, ou preposto expressamente autorizado, devidamente qualificadas (nome completo, data de nascimento, nacionalidade, estado civil, profissão, residência, números de documento de identidade e, se houver, número de inscrição no CPF), sob responsabilidade civil e criminal, da identidade do registrando, bem como do conhecimento de quaisquer dos outros fatos relatados pelo mesmo; e

h) fotografia do registrando e, quando possível, sua impressão datiloscópica, obtidas por meio material ou informatizado, que ficarão arquivadas na serventia, para futura identificação se surgir dúvida sobre a identidade do registrando.

§ 1º O requerimento poderá ser realizado mediante preenchimento de formulário, que deverá ser fornecido pelo oficial;

§ 2º O oficial certificará a autenticidade das firmas do interessado ou do seu representante legal, bem como das testemunhas, que forem lançadas em sua presença ou na presença de preposto autorizado;

§ 3º Caso se trate de interessado analfabeto sem representação, será exigida a aposição

---

[72.] Art. 70 Do matrimônio, logo depois de celebrado, será lavrado assento, assinado pelo presidente do ato, os cônjuges, as testemunhas e o oficial, sendo exarados:
1º) os nomes, prenomes, nacionalidade, naturalidade, data de nascimento, profissão, domicílio e residência atual dos cônjuges;
2º) os nomes, prenomes, nacionalidade, data de nascimento ou de morte, domicílio e residência atual dos pais;
3º) os nomes e prenomes do cônjuge precedente e a data da dissolução do casamento anterior, quando for o caso;
4º) a data da publicação dos proclamas e da celebração do casamento;
5º) a relação dos documentos apresentados ao oficial do registro;
6º) os nomes, prenomes, nacionalidade, profissão, domicílio e residência atual das testemunhas;
7º) o regime de casamento, com declaração da data e do cartório em cujas notas foi tomada a escritura antenupcial, quando o regime não for o da comunhão ou o legal que sendo conhecido, será declarado expressamente;
8º) o nome, que passa a ter a mulher, em virtude do casamento;
9º) os nomes e as idades dos filhos havidos de matrimônio anterior ou legitimados pelo casamento;
10º) à margem do termo, a impressão digital do contraente que não souber assinar o nome.

Parágrafo único. As testemunhas serão, pelo menos, duas, não dispondo a lei de modo diverso.

[173.] Art. 50. Todo nascimento que ocorrer no território nacional deverá ser dado a registro, no lugar em que tiver ocorrido o parto ou no lugar da residência dos pais, dentro do prazo de quinze dias, que será ampliado em até três meses para os lugares distantes mais de trinta quilômetros da sede do cartório.

§ 1º Quando for diverso o lugar da residência dos pais, observar-se-á a ordem contida nos itens 1º e 2º do art. 52;

§ 2º Os índios, enquanto não integrados, não estão obrigados a inscrição do nascimento. Este poderá ser feito em livro próprio do órgão federal de assistência aos índios;

§ 3º Os menores de vinte e um (21) anos e maiores de dezoito (18) anos poderão, pessoalmente e isentos de multa, requerer o registro de seu nascimento;

§ 4º É facultado aos nascidos anteriormente à obrigatoriedade do registro civil requerer, isentos de multa, a inscrição de seu nascimento;

§ 5º Aos brasileiros nascidos no estrangeiro se aplicará o disposto neste artigo, ressalvadas as prescrições legais relativas aos consulados.

[174.] Art. 102. As medidas de proteção de que trata este Capítulo serão acompanhadas da regularização do registro civil.

§ 1º Verificada a inexistência de registro anterior, o assento de nascimento da criança ou adolescente será feito à vista dos elementos disponíveis, mediante requisição da autoridade judiciária;

§ 2º Os registros e certidões necessários à regularização de que trata este artigo são isentos de multas, custas e emolumentos, gozando de absoluta prioridade;

§ 3º Caso ainda não definida a paternidade, será deflagrado procedimento específico destinado à sua averiguação, conforme previsto pela Lei nº 8.560, de 29 de dezembro de 1992;

§ 4º Nas hipóteses previstas no § 3º deste artigo, é dispensável o ajuizamento de ação de investigação de paternidade pelo Ministério Público se, após o não comparecimento ou a recusa do suposto pai em assumir a paternidade a ele atribuída, a criança for encaminhada para adoção;

§ 5º Os registros e certidões necessários à inclusão, a qualquer tempo, do nome do pai no assento de nascimento são isentos de multas, custas e emolumentos, gozando de absoluta prioridade;

§ 6º São gratuitas, a qualquer tempo, a averbação requerida do reconhecimento de paternidade no assento de nascimento e a certidão correspondente.

de sua impressão digital no requerimento, assinado, a rogo, na presença do oficial;

§ 4º A ausência das informações previstas nas alíneas d, e, f e h deste artigo não impede o registro, desde que fundamentada a impossibilidade de sua prestação;

§ 5º Ausente a identificação dos genitores, será adotado o sobrenome indicado pelo registrando, se puder se manifestar, ou, em caso negativo, pelo requerente do registro tardio.

Art. 483. Se a declaração de nascimento se referir à pessoa que já tenha completado 12 anos de idade, as duas testemunhas deverão assinar o requerimento na presença do oficial, ou de preposto expressamente autorizado, que examinará seus documentos pessoais e certificará a autenticidade de suas firmas, entrevistando-as, assim como entrevistará o registrando e, sendo o caso, seu representante legal, para verificar, ao menos:

a) se o registrando consegue se expressar no idioma nacional, como brasileiro;

b) se o registrando conhece razoavelmente a localidade declarada como de sua residência (ruas principais, prédios públicos, bairros, peculiaridades etc.);

c) quais as explicações de seu representante legal, se for caso de comparecimento deste, a respeito da não realização do registro no prazo devido;

d) se as testemunhas realmente conhecem o registrando, se dispõem de informações concretas e se têm idade compatível com a efetiva ciência dos fatos declarados no requerimento, preferindo-se as mais idosas do que ele;

e) quais escolas o registrando já frequentou; em que unidades de saúde busca atendimento médico quando precisa;

f) se o registrando tem irmãos e, se positivo, em que cartório eles estão registrados; se o registrando já se casou e, se positivo, em que cartório; se o registrando tem filhos e, se positivo, em que cartório estão registrados; e

g) se o registrando já teve algum documento, como carteira de trabalho, título de eleitor, documento de identidade, certificado de batismo, solicitando, se possível, a apresentação desses documentos.

Parágrafo único. A ausência de alguma das informações previstas neste artigo não impede o registro, desde que justificada a impossibilidade de sua prestação.

Art. 484. Cada entrevista será feita em separado e o oficial, ou preposto que expressamente autorizar, reduzirá a termo as declarações colhidas, assinando-o junto ao entrevistado.

Art. 485. Das entrevistas realizadas o oficial, ou preposto expressamente autorizado, lavrará minuciosa certidão acerca dos elementos colhidos, decidindo fundamentadamente pelo registro ou pela suspeita, nos termos deste Capítulo.

Parágrafo único. O requerente poderá apresentar ao oficial de registro documentos que confirmem a identidade do registrando, se os tiver, os quais serão arquivados na serventia, em seus originais ou suas cópias, em conjunto com o requerimento apresentado, os termos das entrevistas das testemunhas e as outras provas existentes.

Art. 486. Sendo o registrando menor de 12 anos de idade, ficará dispensado o requerimento escrito e o comparecimento das testemunhas mencionadas neste Capítulo se for apresentada pelo declarante a Declaração de Nascido Vivo (DNV) instituída pela Lei n. 12.662, de 5 de junho de 2012, devidamente preenchida por profissional da saúde ou parteira tradicional.

Parágrafo único. No registro de nascimento de criança com menos de três anos de idade, nascida de parto sem assistência de profissional da saúde ou parteira tradicional, a Declaração de Nascido Vivo será preenchida pelo oficial de registro civil que lavrar o assento de nascimento e será assinada também pelo declarante, o qual se declarará ciente de que o ato será comunicado ao Ministério Público.

Art. 487. O oficial, nos cinco dias após o registro do nascimento ocorrido fora de maternidade ou estabelecimento hospitalar, fornecerá ao Ministério Público da Comarca os dados da criança, dos pais e o endereço onde ocorreu o nascimento.

Art. 488. A maternidade será lançada no registro de nascimento por força da Declaração de Nascido Vivo (DNV), quando for apresentada.

§ 1º O estabelecimento da filiação poderá ser feito por meio de reconhecimento espontâneo dos genitores, nos termos do artigo 1.609, I do Código Civil Brasileiro, independentemente do estado civil dos pais;

§ 2º O Capítulo III do Título II do Livro V da Parte Especial deste Código de Normas aplica-se aos registros de nascimento lavrados de forma tardia tanto para o reconhecimento da paternidade como para o da maternidade.

§ 3º A paternidade ou a maternidade também poderá ser lançada no registro de nascimento por força da presunção estabelecida no art. 1.597[175] do Código Civil, mediante apresentação de certidão do casamento com data de expedição posterior ao nascimento;

§ 4º Se o genitor que comparecer para o registro afirmar que estava separado de fato de seu cônjuge ao tempo da concepção, não se aplica a presunção prevista no parágrafo anterior;

§ 5º Se não houver elementos nos termos do presente artigo para se estabelecer ao menos um dos genitores, o registro deverá ser lavrado sem a indicação de filiação.

Art. 489. Admitem-se como testemunhas, além das demais pessoas habilitadas, os parentes em qualquer grau do registrando (art. 42[176]

---

175. Art. 1.597. Presumem-se concebidos na constância do casamento dos filhos:
I – nascidos cento e oitenta dias, pelo menos, depois de estabelecida a convivência conjugal;
II – nascidos nos trezentos dias subsequentes à dissolução da sociedade conjugal, por morte, separação judicial, nulidade e anulação do casamento;
III – havidos por fecundação artificial homóloga, mesmo que falecido o marido;
IV – havidos, a qualquer tempo, quando se tratar de embriões excedentários, decorrentes de concepção artificial homóloga;
V – havidos por inseminação artificial heteróloga, desde que tenha prévia autorização do marido.

176. Art. 42. A testemunha para os assentos de registro deve satisfazer às condições exigidas pela lei civil, sendo admitido o parente, em qualquer grau, do registrado.
Parágrafo único. Quando a testemunha não for conhecida do oficial do registro, deverá apresentar documento hábil da sua identidade, do qual se fará, no assento, expressa menção.

---

da Lei 6.015/73), bem como a parteira tradicional ou profissional da saúde que assistiu o parto.

Parágrafo único. Nos casos em que os declarantes e as testemunhas já firmaram o requerimento de registro, fica dispensada nova colheita de assinaturas no livro de registro de nascimentos.

Art. 490. Em qualquer caso, se o oficial suspeitar da falsidade da declaração, poderá exigir provas suficientes.

§ 1º A suspeita poderá ser relativa à identidade do registrando, à sua nacionalidade, à sua idade, à veracidade da declaração de residência, ao fato de ser realmente conhecido pelas testemunhas, à identidade ou sinceridade destas, à existência de registro de nascimento já lavrado, ou a quaisquer outros aspectos concernentes à pretensão formulada ou à pessoa do interessado.

§ 2º As provas exigidas serão especificadas em certidão própria, da qual constará se foram, ou não, apresentadas;

§ 3º As provas documentais, ou redutíveis a termos, ficarão anexadas ao requerimento.

Art. 491. Persistindo a suspeita, o oficial encaminhará os autos ao juiz corregedor permanente, ou ao juiz competente na forma da organização local.

Parágrafo único. Sendo infundada a dúvida, o juiz ordenará a realização do registro; caso contrário, exigirá justificação ou outra prova idônea, sem prejuízo de ordenar, conforme o caso, as providências penais cabíveis.

Art. 492. Nos casos em que o registrando for pessoa incapaz internada em hospital psiquiátrico, Hospital de Custódia e Tratamento Psiquiátrico (HCTP), Instituição de Longa Permanência (ILPI), hospital de retaguarda ou instituições afins, poderá o Ministério Público requerer o registro diretamente ao oficial de registro civil competente, fornecendo os elementos previstos neste Capítulo para o requerimento de registro tardio, no que couber.

§ 1º O Ministério Público instruirá o requerimento com cópias dos documentos que possam auxiliar a qualificação do registrando, tais como prontuário médico, indicação de testemunhas, documentos de pais, irmãos ou familiares;

§ 2º Quando ignorada a data de nascimento do registrando, poderá ser atestada por médico a sua idade aparente;

§ 3º O registro de nascimento será lavrado com a anotação, à margem do assento, de que se trata de registro tardio realizado na forma deste artigo, sem, contudo, constar referência ao fato nas certidões de nascimento que forem expedidas, exceto nas de inteiro teor.

Art. 493. O Ministério Público poderá solicitar o registro tardio de nascimento atuando como assistente, ou substituto, em favor de pessoa tutelada pelo Estatuto da Pessoa Idosa, ou em favor de incapaz sob interdição provisória ou definitiva, sendo omisso o Curador, aplicando-se, no que couber, o disposto neste Capítulo.

Art. 494. Lavrado o assento no respectivo livro haverá anotação, com indicação de livro, folha, número de registro e data, no requerimento que será arquivado em pasta própria, junto aos termos de declarações colhidas e às demais provas apresentadas.

§ 1º O oficial fornecerá ao Ministério Público, ao Instituto Nacional do Seguro Social (INSS) e à autoridade policial informações sobre os documentos apresentados para o registro e sobre os dados de qualificação das testemunhas, quando for solicitado em decorrência da suspeita de fraude ou de duplicidade de registros, sem prejuízo de fornecimento de certidão nos demais casos previstos em lei;

§ 2º O oficial, suspeitando de fraude ou constatando a duplicidade de registros depois da lavratura do registro tardio de nascimento, comunicará o fato ao juiz corregedor permanente, ou ao juiz competente na forma da organização local, que, após ouvir o Ministério Público, adotará as providências que forem cabíveis.

Art. 495. Constatada a duplicidade de assentos de nascimento para a mesma pessoa, decorrente do registro tardio, será cancelado o assento de nascimento lavrado em segundo lugar, com transposição, para o assento anterior, das anotações e averbações que não forem incompatíveis.

§ 1º O cancelamento do registro tardio por duplicidade de assentos poderá ser promovido de ofício pelo juiz corregedor, assim considerado aquele definido na órbita estadual e do Distrito Federal como competente para a fiscalização judiciária dos atos notariais e de registro, ou a requerimento do Ministério Público ou de qualquer interessado, dando-se ciência ao atingido.

§ 2º Havendo cancelamento de registro tardio por duplicidade de assentos de nascimento, será promovida a retificação de eventuais outros assentos do registro civil das pessoas naturais abertos com fundamento no registro cancelado, para que passem a identificar corretamente a pessoa a que se referem.

CAPÍTULO II-A
DO PROCEDIMENTO DE PROMOÇÃO DO REGISTRO DE NASCIMENTO NO CASO DE OMISSÃO

Art. 495-A. Identificada ação ou omissão do Estado ou sociedade, falta, omissão ou abuso dos pais ou responsável quanto à ausência de registro da criança ou adolescente, o juízo da Infância e da Juventude determinará a expedição de mandado para o registro de nascimento como forma de assegurar sua proteção integral por meio da garantia de seu direito da personalidade, observado o disposto neste Capítulo.

§ 1º Para se certificar da inexistência de registro de nascimento da criança ou adolescente, o juízo da Infância e da Juventude, antes da providência prevista no caput, deverá proceder à consulta na Central de Informações de Registro Civil das Pessoas Naturais – CRC;

§ 2º Os mandados judiciais que determinarem o registro de nascimento deverão ser remetidos eletronicamente aos oficiais de registro civil das pessoas naturais, preferencialmente por meio da Central de Informações de Registro Civil das Pessoas Naturais -CRC, ou outro meio que também permita a comprovação de sua recepção pela serventia.

Art. 495-B. Quando não for possível precisar a qualificação pessoal de criança ou adolescente, a determinação da lavratura do seu registro de nascimento será precedida da confecção de termo circunstanciado sobre o fato, acompanhado das seguintes declarações:

– hora, dia, mês e ano do nascimento;

II – lugar do nascimento;

III – idade aparente;

IV – sinais característicos;

V – objetos encontrados com a criança ou adolescente.

Art. 495-C. Na instrução do feito relativo ao registro de nascimento de que trata este Capítulo, em não sendo possível indicar o nome atribuído à criança ou ao adolescente pelos genitores, devem ser adotadas as seguintes providências, no que couber:

I – determinar as provas e diligências necessárias à instrução do feito visando à identificação de dados qualificativos da criança ou do adolescente bem como de seus familiares, a fim de permitir atribuir a ela nome que seja significativo à sua história de vida e ao seu direito à identidade;

II – sendo conhecido o nome de familiares, verificar se não há registro civil da criança ou adolescente em outra localidade;

III – verificar se a criança ou o adolescente não é desaparecido, consultando os bancos de dados da polícia, inclusive genéticos;

IV – em se tratando de criança ou adolescente com capacidade de se comunicar, verbalmente ou por outro meio, tem o direito de ser ouvido para que informe qual o nome pelo qual se identifica.

Art. 495-D. Na atribuição do nome completo da criança ou adolescente na forma deste Capítulo, o juiz observará os seguintes critérios:

a) onomástica comum e mais usual brasileira;

b) para o sobrenome, as circunstâncias locais, históricas e pessoais com o fato, respeitado, se possível, o art. 55, § 2º[177], da Lei n. 6.015, de 31 de dezembro de 1973;

c) a diretriz de evitar homonímias;

d) a prevalência, se for o caso, do nome pelo qual a criança ou o adolescente declara identificar-se.

e) a vedação de atribuir nomes que:

I – sejam suscetíveis de exposição ao ridículo;

II – possibilitem o pronto reconhecimento do motivo do registro;

III – se relacionem a pessoas de projeção social, política, religiosa ou qualquer outra de fácil identificação, ainda que somente em âmbito local; ou

IV – de qualquer forma tenham a aptidão de ensejar constrangimento.

Art. 495-E. Feito o registro, deverá o oficial de registro civil, no prazo de cinco dias úteis e, sob pena de incorrer em infração disciplinar, remeter eletronicamente a certidão de nascimento ao Juízo mandante para juntada aos autos.

---

177. Art. 55. Toda pessoa tem direito ao nome, nele compreendidos o prenome e o sobrenome, observado que ao prenome serão acrescidos os sobrenomes dos genitores ou de seus ascendentes, em qualquer ordem e, na hipótese de acréscimo de sobrenome de ascendente que não conste das certidões apresentadas, deverão ser apresentadas as certidões necessárias para comprovar a linha ascendente.

§ 2º Quando o declarante não indicar o nome completo, o oficial de registro lançará adiante do prenome escolhido ao menos um sobrenome de cada um dos genitores, na ordem que julgar mais conveniente para evitar homonímias.

Parágrafo único. A inobservância do dever estabelecido nesse artigo não caracterizará infração disciplinar se decorrer de motivo justificável, devidamente informado ao Juízo mandante dentro do mesmo prazo conferido para o atendimento da obrigação.

CAPÍTULO III
DO RECONHECIMENTO DE PATERNIDADE

SEÇÃO I
DAS DISPOSIÇÕES GERAIS

Art. 496. Em caso de menor que tenha sido registrado apenas com a maternidade estabelecida, sem obtenção, à época, do reconhecimento de paternidade pelo procedimento descrito no art. 2º[178], caput, da Lei n. 8.560/92, este deverá ser observado, a qualquer tempo, sempre que, durante a menoridade do filho, a mãe comparecer perante oficial de registro de pessoas naturais e apontar o suposto pai.

Art. 497. Poderá se valer de igual faculdade o filho maior, comparecendo perante oficial de registro de pessoas naturais.

Art. 498. O oficial providenciará o preenchimento de termo, conforme modelo anexo ao Provimento n. 16, de 17 de fevereiro de 2012, do qual constarão os dados fornecidos pela mãe ou, se for o caso, pelo filho maior, e colherá sua assinatura, firmando-o também e zelando pela obtenção do maior número possível de elementos para identificação do genitor, especialmente nome, profissão (se conhecida) e endereço.

§ 1º Para indicar o suposto pai, com preenchimento e assinatura do termo, a pessoa interessada poderá, facultativamente, comparecer a ofício de registro de pessoas naturais diverso daquele em que realizado o registro de nascimento;

§ 2º No caso do parágrafo anterior, deverá ser apresentada obrigatoriamente ao oficial, que conferirá sua autenticidade, a certidão de nascimento do filho a ser reconhecido, anexando-se cópia ao termo;

§ 3º Se o registro de nascimento houver sido realizado na própria serventia, o registrador expedirá nova certidão e a anexará ao termo.

Art. 499. O oficial perante o qual houver comparecido a pessoa interessada remeterá ao seu juiz corregedor permanente, ou ao magistrado da respectiva comarca definido como competente pelas normas locais de organização judiciária ou pelo Tribunal de Justiça do Estado, o termo de indicação do suposto pai, acompanhado da certidão de nascimento, em original ou cópia.

§ 1º O juiz, sempre que possível, ouvirá a mãe sobre a paternidade alegada e mandará, em qualquer caso, notificar o suposto pai, independentemente de seu estado civil, para que se manifeste sobre a paternidade que lhe é atribuída;

§ 2º O juiz, quando entender necessário, determinará que a diligência seja realizada em segredo de justiça e, se considerar conveniente,

---

178. Art. 2º Em registro de nascimento de menor apenas com a maternidade estabelecida, o oficial remeterá ao juiz certidão integral do registro e o nome e prenome, profissão, identidade e residência do suposto pai, a fim de ser averiguada oficiosamente a procedência da alegação.

requisitará do oficial perante o qual realizado o registro de nascimento certidão integral;

§ 3º No caso de o suposto pai confirmar expressamente a paternidade, será lavrado termo de reconhecimento e remetida certidão ao Oficial da serventia em que originalmente feito o registro de nascimento, para a devida averbação;

§ 4º Se o suposto pai não atender, no prazo de 30 dias, a notificação judicial, ou negar a alegada paternidade, o juiz remeterá os autos ao representante do Ministério Público ou da Defensoria Pública para que intente, havendo elementos suficientes, a ação de investigação de paternidade;

§ 5º Nas hipóteses previstas no § 4º deste artigo, é dispensável o ajuizamento de ação de investigação de paternidade pelo Ministério Público se, após o não comparecimento ou a recusa do suposto pai em assumir a paternidade a ele atribuída, a criança for encaminhada para adoção;

§ 6º A iniciativa conferida ao Ministério Público ou Defensoria Pública não impede a quem tenha legítimo interesse de intentar investigação, visando a obter o pretendido reconhecimento da paternidade.

Art. 500. A sistemática estabelecida no presente Capítulo não poderá ser utilizada se já pleiteado em juízo o reconhecimento da paternidade, razão pela qual constará, ao final do termo referido nos artigos precedentes, conforme modelo, declaração da pessoa interessada, sob as penas da lei, de que isto não ocorreu.

Art. 501. Sem prejuízo das demais modalidades legalmente previstas, o reconhecimento espontâneo de filho poderá ser feito perante oficial de registro de pessoas naturais, a qualquer tempo, por escrito particular, que será arquivado em cartório.

§ 1º Para tal finalidade, a pessoa interessada poderá optar pela utilização de termo, cujo preenchimento será providenciado pelo oficial, conforme modelo anexo ao Provimento n. 16, de 17 de fevereiro de 2012, o qual será assinado por ambos.

§ 2º A fim de efetuar o reconhecimento, o interessado poderá, facultativamente, comparecer a oficio de registro de pessoas naturais diverso daquele em que lavrado o assento natalício do filho, apresentando cópia da certidão de nascimento deste, ou informando em qual serventia foi realizado o respectivo registro e fornecendo dados para induvidosa identificação do registrado;

§ 3º No caso do parágrafo precedente, o oficial perante o qual houver comparecido o interessado remeterá, ao registrador da serventia em que realizado o registro natalício do reconhecido, o documento escrito e assinado em que consubstanciado o reconhecimento, com a qualificação completa da pessoa que reconheceu o filho e com a cópia, se apresentada, da certidão de nascimento;

§ 4º O reconhecimento de filho por pessoa relativamente incapaz independerá de assistência de seus pais, tutor ou curador.

Art. 502. A averbação do reconhecimento de filho realizado sob a égide deste Capítulo será concretizada diretamente pelo oficial da serventia em que lavrado o assento de nascimento, independentemente de manifestação do Ministério Público ou decisão judicial, mas dependerá de anuência escrita do filho maior, ou, se menor, da mãe.

§ 1º A colheita dessa anuência poderá ser efetuada não só pelo oficial do local do registro, como por aquele, se diverso, perante o qual comparecer o reconhecedor;

§ 2º Na falta da mãe do menor, ou impossibilidade de manifestação válida desta ou do filho maior, o caso será apresentado ao juiz competente;

§ 3º Sempre que qualquer oficial de registro de pessoas naturais, ao atuar nos termos deste Capítulo, suspeitar de fraude, falsidade ou má-fé, não praticará o ato pretendido e submeterá o caso ao magistrado, comunicando, por escrito, os motivos da suspeita.

Art. 503. Nas hipóteses de indicação do suposto pai e de reconhecimento voluntário de filho, competirá ao oficial a minuciosa verificação da identidade de pessoa interessada que, para os fins deste Capítulo, perante ele comparecer, mediante colheita, no termo próprio, de sua qualificação e assinatura, além de rigorosa conferência de seus documentos pessoais.

§ 1º Em qualquer caso, o oficial perante o qual houver o comparecimento, após conferir o original, manterá em arquivo cópia de documento oficial de identificação do interessado, junto à cópia do termo, ou ao documento escrito, por este assinado;

§ 2º Na hipótese de comparecimento do interessado perante serventia diversa daquela em que foi lavrado o assento de nascimento, deste Capítulo, o oficial perante o qual o interessado comparecer, sem prejuízo da observância do procedimento já descrito, remeterá ao registrador da serventia em que lavrado o assento de nascimento, também, cópia do documento oficial de identificação do declarante.

Art. 504. Haverá observância, no que couber, das normas legais referentes à gratuidade de atos.

CAPÍTULO IV
DA PARENTALIDADE SOCIOAFETIVA

SEÇÃO I
DAS DISPOSIÇÕES GERAIS

Art. 505. O reconhecimento voluntário da paternidade ou da maternidade socioafetiva de pessoas acima de 12 anos de idade será autorizado perante os oficiais de registro civil das pessoas naturais.

§ 1º O reconhecimento voluntário da paternidade ou da maternidade será irrevogável, somente podendo ser desconstituído pela via judicial, nas hipóteses de vício de vontade, fraude ou simulação;

§ 2º Poderão requerer o reconhecimento da paternidade ou da maternidade socioafetiva de filho os maiores de 18 anos de idade, independentemente do estado civil;

§ 3º Não poderão reconhecer a paternidade ou a maternidade socioafetiva os irmãos entre si nem os ascendentes;

§ 4º O pretenso pai ou mãe será pelo menos 16 anos mais velho que o filho a ser reconhecido.

Art. 506. A paternidade ou a maternidade socioafetiva deve ser estável e deve estar exteriorizada socialmente.

§ 1º O registrador deverá atestar a existência do vínculo afetivo da paternidade ou da maternidade socioafetiva mediante apuração objetiva por intermédio da verificação de elementos concretos;

§ 2º O requerente demonstrará a afetividade por todos os meios em direito admitidos, bem como por documentos, tais como: apontamento escolar como responsável ou representante do aluno; inscrição do pretenso filho em plano de saúde ou em órgão de previdência; registro oficial de que residem na mesma unidade domiciliar; vínculo de conjugalidade – casamento ou união estável – com o ascendente biológico; inscrição como dependente do requerente em entidades associativas; fotografias em celebrações relevantes; declaração de testemunhas com firma reconhecida;

§ 3º A ausência destes documentos não impede o registro, desde que justificada a impossibilidade, no entanto, o registrador deverá atestar como apurou o vínculo socioafetivo;

§ 4º Os documentos colhidos na apuração do vínculo socioafetivo deverão ser arquivados pelo registrador (originais ou cópias) junto ao requerimento.

Art. 507. O reconhecimento da paternidade ou da maternidade socioafetiva será processado perante o oficial de registro civil das pessoas naturais, ainda que diverso daquele em que foi lavrado o assento, mediante a exibição de documento oficial de identificação com foto do requerente e da certidão de nascimento do filho, ambos em original e cópia, sem constar do traslado menção à origem da filiação.

§ 1º O registrador deverá proceder à minuciosa verificação da identidade do requerente, mediante coleta, em termo próprio, por escrito particular, conforme modelo constante do Anexo VI do Provimento n. 63, de 14 de novembro de 2017, de sua qualificação e assinatura, além de proceder à rigorosa conferência dos documentos pessoais;

§ 2º O registrador, ao conferir o original, manterá em arquivo cópia de documento de identificação do requerente, junto ao termo assinado;

§ 3º Constarão do termo, além dos dados do requerente, os dados do campo FILIAÇÃO e do filho que constam no registro, devendo o registrador colher a assinatura do pai e da mãe do reconhecido, caso este seja menor;

§ 4º Se o filho for menor de 18 anos de idade, o reconhecimento da paternidade ou da maternidade socioafetiva exigirá o seu consentimento;

§ 5º A coleta da anuência tanto do pai quanto da mãe e do filho maior de 12 anos de idade deverá ser feita pessoalmente perante o oficial de registro civil das pessoas naturais ou escrevente autorizado;

§ 6º Na falta da mãe ou do pai do menor, na impossibilidade de manifestação válida destes ou do filho, quando exigido, o caso será apresentado ao juiz competente nos termos da legislação local;

§ 7º Serão observadas as regras da tomada de decisão apoiada quando o procedimento envolver a participação de pessoa com deficiência (Capítulo III do Título IV do Livro IV do Código Civil);

§ 8º O reconhecimento da paternidade ou da maternidade socioafetiva poderá ocorrer por meio de documento público ou particular de disposição de última vontade, desde que se guidos os demais trâmites previstos neste Capítulo;

§ 9º Atendidos os requisitos para o reconhecimento da paternidade ou da maternidade socioafetiva, o registrador encaminhará o expediente ao representante do Ministério Público para parecer:

I – o registro da paternidade ou da maternidade socioafetiva será realizado pelo registrador após o parecer favorável do Ministério Público;

II – se o parecer for desfavorável, o registrador não procederá o registro da paternidade ou maternidade socioafetiva e comunicará o ocorrido ao requerente, arquivando-se o expediente; e

III – eventual dúvida referente ao registro deverá ser remetida ao juízo competente para dirimi-la.

Art. 508. Suspeitando de fraude, falsidade, má-fé, vício de vontade, simulação ou dúvida sobre a configuração do estado de posse de filho, o registrador fundamentará a recusa, não praticará o ato e encaminhará o pedido ao juiz competente nos termos da legislação local.

Art. 509. A discussão judicial sobre o reconhecimento da paternidade ou de procedimento de adoção obstará o reconhecimento da filiação pela sistemática estabelecida neste Capítulo.

Parágrafo único. O requerente deverá declarar o desconhecimento da existência de processo judicial em que se discuta a filiação do reconhecendo, sob pena de incorrer em ilícito civil e penal.

Art. 510. O reconhecimento da paternidade ou da maternidade socioafetiva somente poderá ser realizado de forma unilateral e não implicará no registro de mais de dois pais e de duas mães no campo FILIAÇÃO no assento de nascimento.

§ 1º Somente é permitida a inclusão de um ascendente socioafetivo, seja do lado paterno ou do materno;

§ 2º A inclusão de mais de um ascendente socioafetivo deverá tramitar pela via judicial.

Art. 511. O reconhecimento espontâneo da paternidade ou da maternidade socioafetiva não obstaculizará a discussão judicial sobre a verdade biológica.

CAPÍTULO V
DA REPRODUÇÃO ASSISTIDA

SEÇÃO I
DAS DISPOSIÇÕES GERAIS

Art. 512. O assento de nascimento de filho havido por técnicas de reprodução assistida será inscrito no Livro A, independentemente de prévia autorização judicial e observada a legislação em vigor no que for pertinente, mediante o comparecimento de ambos os pais, munidos de documentação exigida por este Capítulo.

§ 1º Se os pais forem casados ou conviverem em união estável, poderá somente um deles comparecer ao ato de registro, desde que apresente a documentação exigida neste Capítulo;

§ 2º No caso de filhos de casais homoafetivos, o assento de nascimento deverá ser adequado para que constem os nomes dos ascendentes, sem referência a distinção quanto à ascendência paterna ou materna.

Art. 513. Será indispensável, para fins de registro e de emissão da certidão de nascimento, a apresentação dos seguintes documentos:

– declaração de nascido vivo (DNV);

II – declaração, com firma reconhecida, do diretor técnico da clínica, centro ou serviço de reprodução humana em que foi realizada a reprodução assistida, indicando que a criança foi gerada por reprodução assistida heteróloga, assim como o nome dos beneficiários;

III – certidão de casamento, certidão de conversão de união estável em casamento, escritura pública de união estável ou sentença em que foi reconhecida a união estável do casal.

§ 1º Na hipótese de gestação por substituição, não constará do registro o nome da parturiente, informado na declaração de nascido vivo, devendo ser apresentado termo de compromisso firmado pela doadora temporária do útero, esclarecendo a questão da filiação;

§ 2º Nas hipóteses de reprodução assistida post mortem, além dos documentos elencados nos incisos do caput deste artigo, conforme o caso, deverá ser apresentado termo de autorização prévia específica do falecido ou falecida para uso do material biológico preservado, lavrado por instrumento público ou particular com firma reconhecida;

§ 3º O conhecimento da ascendência biológica não importará no reconhecimento do vínculo de parentesco e dos respectivos efeitos jurídicos entre o doador ou a doadora e o filho gerado por meio da reprodução assistida.

Art. 514. Será vedada aos oficiais registradores a recusa ao registro de nascimento e à emissão da respectiva certidão de filhos havidos por técnica de reprodução assistida, nos termos deste Capítulo.

§ 1º A recusa prevista no caput deverá ser comunicada ao juiz competente nos termos da legislação local, para as providências disciplinares cabíveis;

§ 2º Todos os documentos apresentados na forma deste Capítulo deverão permanecer arquivados no ofício em que foi lavrado o registro civil.

Art. 515. Os registradores, para os fins do presente Capítulo, deverão observar as normas legais referentes à gratuidade de atos.

CAPÍTULO V-A
DA ALTERAÇÃO EXTRAJUDICIAL DO NOME

SEÇÃO I
DAS DISPOSIÇÕES GERAIS

Art. 515-A. A alteração extrajudicial do nome civil da pessoa natural será regulada por este Capítulo.

Parágrafo único. Em se tratando de alteração de prenome e/ou gênero de pessoa transgênero, aplicam-se as disposições do Capítulo VI do Título II do Livro V da Parte Especial deste Código.

SEÇÃO II
DA COMPOSIÇÃO DO NOME

Art. 515-B. Toda pessoa tem direito ao nome, nele compreendidos o prenome, de livre escolha dos pais, e o sobrenome, que indicará a ascendência do registrado.

§ 1º A pedido do declarante, no momento da lavratura do registro de nascimento, serão acrescidos, ao prenome escolhido, os sobrenomes dos pais e/ou de seus ascendentes, em qualquer ordem, sendo obrigatório que o nome contenha o sobrenome de, ao menos, um ascendente de qualquer grau, de qualquer uma das linhas de ascendência, devendo ser apresentadas certidões que comprovem a linha ascendente sempre que o sobrenome escolhido não constar no nome dos pais;

§ 2º O oficial de registro civil não registrará nascimento que contenha prenome suscetível de expor ao ridículo o seu portador, observado que, quando o declarante não se conformar com a recusa do oficial, este submeterá por escrito o caso à decisão do juiz competente nos termos da legislação local, independentemente da cobrança de quaisquer emolumentos.

§ 3º Na hipótese de recusa tratada no parágrafo anterior, o oficial deve informar ao juiz competente as justificativas do declarante para a escolha do prenome, se houver;

§ 4º Havendo escolha de nome comum, o oficial orientará o declarante acerca da conveniência de acrescer prenomes e/ou sobrenomes a fim de evitar prejuízos ao registrado em razão de homonímia;

§ 5º Caso o declarante indique apenas o prenome do registrado, o oficial completará o nome incluindo ao menos um sobrenome de cada um dos pais, se houver, em qualquer ordem, sempre tendo em vista o afastamento de homonímia;

§ 6º Para a composição do nome, é permitido o acréscimo ou supressão de partícula entre os elementos do nome, a critério do declarante;

§ 7º Se o nome escolhido for idêntico ao de outra pessoa da família, é obrigatório o acréscimo de agnome ao final do nome a fim de distingui-los.

Art. 515-C. Em até 15 (quinze) dias após o registro de nascimento, qualquer dos pais poderá apresentar, perante o registro civil em que foi lavrado o assento de nascimento, oposição fundamentada ao prenome e/ou sobrenomes indicados pelo declarante, indicando o nome substituto e os motivos dessa opção, hipótese em que se observará a necessidade ou não de submissão do procedimento de retificação ao juiz na forma do § 4º[179] do art. 55 da Lei n. 6.015, de 31 de dezembro de 1973.

Parágrafo único. Por não se tratar de erro imputável ao oficial, em qualquer hipótese, serão devidos emolumentos pela retificação realizada.

SEÇÃO III
DA ALTERAÇÃO DE PRENOME

Art. 515-D. Toda pessoa maior de dezoito anos completos poderá, pessoalmente e de

---

179. Art. 55. Toda pessoa tem direito ao nome, nele compreendidos o prenome e o sobrenome, observado que ao prenome serão acrescidos os sobrenomes dos genitores ou de seus ascendentes, em qualquer ordem e, na hipótese de acréscimo de sobrenome de ascendente que não conste das certidões apresentadas, deverão ser apresentadas as certidões necessárias para comprovar a linha ascendente.

§ 4º Em até 15 (quinze) dias após o registro, qualquer dos genitores poderá apresentar, perante o registro civil onde foi lavrado o assento de nascimento, oposição fundamentada ao prenome e sobrenomes indicados pelo declarante, observado que, se houver manifestação consensual dos genitores, será realizado o procedimento de retificação administrativa do registro, mas, se não houver consenso, a oposição será encaminhada ao juiz competente para decisão.

forma imotivada, requerer diretamente ao oficial de registro civil das pessoas naturais a alteração de seu prenome, independentemente de decisão judicial, observado o disposto no art. 56[180] da Lei n. 6.015, de 31 de dezembro de 1973.

§ 1º A alteração prevista no caput compreende a substituição, total ou parcial, do prenome, permitido o acréscimo, supressão ou inversão;

§ 2º Para efeito do § 1º do art. 56 da Lei n. 6.015, de 31 de dezembro de 1973, é vedada nova alteração extrajudicial do prenome mesmo na hipótese de a anterior alteração ter ocorrido nas hipóteses de pessoas transgênero.

Art. 515-E. O requerimento de alteração de prenome será assinado pelo requerente na presença do oficial de registro civil das pessoas naturais, indicando a alteração pretendida.

§ 1º O registrador deverá identificar o requerente mediante coleta, em termo próprio, conforme modelo constante do Anexo 1 deste Código, de sua qualificação e assinatura, além de conferir os documentos pessoais originais apresentados;

§ 2º O requerente deverá declarar a inexistência de processo judicial em andamento que tenha por objeto a alteração pretendida, sendo que, em caso de existência, deverá comprovar o arquivamento do feito judicial como condição ao prosseguimento do pedido administrativo;

§ 3º Aplica-se a este procedimento as regras de apresentação de documentos na forma dos §§ 6º a 9º do art. 518 deste Código.

Art. 515-F. A alteração de prenome de que trata este Capítulo não tem natureza sigilosa, razão pela qual a averbação respectiva deve trazer, obrigatória e expressamente, o prenome anterior e o atual, o nome completo que passou a adotar, além dos números de documento de identidade, de inscrição no Cadastro de Pessoas Físicas (CPF) da Secretaria Especial da Receita Federal do Brasil, de título de eleitor do registrado e de passaporte, dados esses que deverão constar expressamente de todas as certidões solicitadas, inclusive as de breve relato.

§ 1º Dispensa-se a indicação na averbação dos números cadastrais previstos no caput se o registro de nascimento já contiver tais informações;

---

180. Art. 56. A pessoa registrada poderá, após ter atingido a maioridade civil, requerer pessoalmente e imotivadamente a alteração de seu prenome, independentemente de decisão judicial, e a alteração será averbada e publicada em meio eletrônico.

§ 1º A alteração imotivada de prenome poderá ser feita na via extrajudicial apenas 1 (uma) vez, e sua desconstituição dependerá de sentença judicial;

§ 2º A averbação de alteração de prenome conterá, obrigatoriamente, o prenome anterior, os números de documento de identidade, de inscrição no Cadastro de Pessoas Físicas (CPF) da Secretaria Especial da Receita Federal do Brasil, de passaporte e de título de eleitor do registrado, dados esses que deverão constar expressamente de todas as certidões solicitadas;

§ 3º Finalizado o procedimento de alteração no assento, o ofício de registro civil de pessoas naturais no qual se processou a alteração, a expensas do requerente, comunicará o ato oficialmente aos órgãos expedidores do documento de identidade, do CPF e do passaporte, bem como ao Tribunal Superior Eleitoral, preferencialmente por meio eletrônico;

§ 4º Se suspeitar de fraude, falsidade, má-fé, vício de vontade ou simulação quanto à real intenção da pessoa requerente, o oficial de registro civil fundamentalmente recusará a retificação.

§ 2º No caso de o requerente declarar que não possui passaporte, o registrador deverá consignar essa informação no requerimento de alteração a fim de afastar a exigência de apresentação do referido documento;

§ 3º Se o pedido do requerente envolver alteração concomitante de prenome e sobrenome, a averbação respectiva deverá trazer todas as informações previstas no caput;

§ 4º Uma vez realizada a averbação, a alteração deverá ser publicada, a expensas do requerente, em meio eletrônico, na plataforma da Central de Informações de Registro Civil das Pessoas Naturais – CRC.

Art. 515-G. Finalizado o procedimento de alteração do prenome, o registrador que realizou a alteração comunicará eletronicamente, por meio da Central de Informações de Registro Civil das Pessoas Naturais – CRC, sem qualquer custo, o ato aos órgãos expedidores do RG, CPF, título de eleitor e passaporte.

Parágrafo único. A comunicação de que trata o caput, a critério e a expensas do requerente, poderá se dar por outro meio de transmissão, desde que oficial.

Art. 515-H. Suspeitando de fraude, falsidade, má-fé, vício de vontade ou simulação quanto à real intenção do requerente, o oficial de registro civil, fundamentadamente, recusará a alteração e, caso o requerente não se conforme, poderá, desde que solicitado, encaminhar o pedido ao juiz corregedor competente para decisão.

SEÇÃO IV
DA ALTERAÇÃO DE SOBRENOME

Art. 515-I. A alteração de sobrenomes, em momento posterior ao registro de nascimento, poderá ser requerida diretamente perante o oficial de registro civil das pessoas naturais, com a apresentação de certidões atualizadas do registro civil e de documentos pessoais, e será averbada no assento de nascimento e casamento, se for o caso, independentemente de autorização judicial, a fim de:

I – inclusão de sobrenomes familiares;

II – inclusão ou exclusão de sobrenome do cônjuge, na constância do casamento;

III – exclusão de sobrenome do ex-cônjuge, após a dissolução da sociedade conjugal, por qualquer de suas causas;

IV – inclusão e exclusão de sobrenomes em razão de alteração das relações de filiação, inclusive para os descendentes, cônjuge ou companheiro da pessoa que teve seu estado alterado.

§ 1º A alteração de sobrenome fora das hipóteses acima descritas poderá ser requerida diretamente perante o oficial de registro civil das pessoas naturais, mas dependerá de decisão do juiz corregedor competente, que avaliará a existência de justa causa.

§ 2º A alteração de sobrenome permite a supressão ou acréscimo de partícula (de, da, do, das, dos etc.), a critério da pessoa requerente.

§ 3º Para fins do caput, considera-se atualizada a certidão do registro civil expedida há, no máximo, 90 (noventa) dias.

Art. 515-J. Se aquele cujo sobrenome se pretenda alterar for pessoa incapaz, a alteração dependerá de:

I – no caso de incapacidade por menoridade, requerimento escrito formalizado por ambos os pais na forma do art. 515-P, admitida a representação de qualquer deles mediante procura-

ção por escritura pública ou instrumento particular com firma reconhecida, cumulativamente com o consentimento da pessoa se esta for maior de dezesseis anos;

II – nos demais casos, decisão do juiz corregedor competente.

Art. 515-K. A averbação decorrente de alteração de sobrenome independe de publicação em meio eletrônico ou qualquer outra providência complementar.

Parágrafo único. A certidão emitida com a alteração do sobrenome deve indicar, expressamente, na averbação correspondente, o nome completo anterior e o atual, inclusive nas de breve relato.

Art. 515-L. A inclusão ou exclusão de sobrenome do outro cônjuge na forma do inciso II[181] do art. 57 da Lei n. 6.015, de 31 de dezembro de 1973, independe da anuência deste.

§ 1º A inclusão de sobrenome do outro cônjuge na forma do inciso II do art. 57 da Lei n. 6.015, de 31 de dezembro de 1973, autoriza a supressão de sobrenomes originários, desde que remanesça, ao menos, um vinculando a pessoa a uma das suas linhas de ascendência;

§ 2º A exclusão do sobrenome do cônjuge autoriza o retorno ao nome de solteiro pela pessoa requerente, com resgate de sobrenomes originários eventualmente suprimidos;

§ 3º Aplicam-se aos conviventes em união estável, devidamente registrada em ofício de RCPN todas as regras de inclusão e exclusão de sobrenome previstas para as pessoas casadas (art. 57, § 2º[182], da Lei n. 6.015, de 31 de dezembro de 1973).

Art. 515-M. A inclusão do sobrenome do padrasto ou da madrasta na forma do § 8º[183] de

---

181. Art. 57. A alteração posterior de sobrenomes poderá ser requerida pessoalmente perante o oficial de registro civil, com a apresentação de certidões e de documentos necessários, e será averbada nos assentos de nascimento e casamento, independentemente de autorização judicial, a fim de:

II – inclusão ou exclusão de sobrenome do cônjuge, na constância do casamento;

182. § 2º Os conviventes em união estável devidamente registrada no registro civil de pessoas naturais poderão requerer a inclusão de sobrenome do convivente, a qualquer tempo, bem como alterar seus sobrenomes nas mesmas hipóteses previstas para as pessoas casadas.

183. Indicação de dispositivo equivocada. O artigo correto é 57.

Art. 57. A alteração posterior de sobrenomes poderá ser requerida pessoalmente perante o oficial de registro civil, com a apresentação de certidões e de documentos necessários, e será averbada nos assentos de nascimento e casamento, independentemente de autorização judicial, a fim de:

I – inclusão de sobrenomes familiares;

II – inclusão ou exclusão de sobrenome do cônjuge, constância do casamento;

III – exclusão de sobrenome do ex-cônjuge, após a dissolução da sociedade conjugal, por qualquer de suas causas;

IV – inclusão e exclusão de sobrenomes em razão alteração das relações de filiação, inclusive para os descendentes, cônjuge ou companheiro da pessoa que teve seu estado alterado.

§ 8º O enteado ou a enteada, se houver motivo justificável, poderá requerer ao oficial de registro civil que, nos registros de nascimento e de casamento, seja averbado o nome de família do padrasto ou da sua madrasta, desde que haja expressa concordância destes, sem prejuízo de seus sobrenomes de família.

art. 55 da Lei n. 6.015, de 31 de dezembro de 1973, depende de:

I – motivo justificável, o qual será presumido com a declaração de relação de afetividade decorrente do padrastio ou madrastio, o que, entretanto, não importa em reconhecimento de filiação socioafetiva, embora possa servir de prova desta;

II – consentimento, por escrito, de ambos os pais registrais e do padrasto ou madrasta; e

III – comprovação da relação de padrastio ou madrastio mediante apresentação de certidão de casamento ou sentença judicial, escritura pública ou termo declaratório que comprove relação de união estável entre um dos pais registrais e o padrasto/madrasta.

SEÇÃO V
DAS REGRAS COMUNS AOS PROCEDIMENTOS DE ALTERAÇÃO DE PRENOME E DE SOBRENOME

Art. 515-N. Nas alterações de prenome ou de sobrenome, se o nome escolhido for idêntico ao de outra pessoa da família, é obrigatório o acréscimo de agnome ao final do nome a fim de distingui-los.

Art. 515-O. O requerente da alteração do prenome e sobrenome deverá se apresentar pessoalmente perante o oficial de registro civil das pessoas naturais, admitida, porém, sua representação no caso de alteração exclusiva de sobrenome, mediante mandatário constituído por escritura pública lavrada há menos de noventa dias e especificando a alteração a ser realizada, assim como o nome completo a ser adotado.

Art. 515-P. A manifestação escrita da vontade do requerente ou de terceiros intervenientes, como os declarantes nas hipóteses dos incisos I e II do art. 515-M deste Código, deverá ser feita presencialmente perante o RCPN, equiparada a esta a manifestação eletrônica na forma do §º[184] do art. 67 da Lei n. 6.015, de 31 de dezembro de 1973.

Art. 515-Q. O registrador incumbido do ato de averbação da alteração do prenome ou do sobrenome deverá comunicar as serventias dos atos anteriores na forma do art. 236 deste Código para anotação.

§ 1º Se o requerente se casou mais que uma vez, basta a comunicação para anotação no assento do seu último casamento.

§ 2º A comunicação de que tratam este artigo e o art. 515-G deste Código não desobriga o requerente de providenciar a atualização em outros registros ou cadastros mantidos por instituições públicas ou privadas e que digam respeito, direta ou indiretamente, à sua identificação.

Art. 515-R. Os procedimentos de alteração de prenome e/ou sobrenome poderão ser realizados perante o ofício de RCPN em que se lavrou o assento de nascimento ou diverso, a escolha do requerente, observado o disposto o disposto no art. 517 deste Código.

---
[34]. Art. 67. Na habilitação para o casamento, os interessados, apresentando os documentos exigidos pela lei civil, requererão ao oficial do registro do distrito de residência de um dos nubentes, que lhes expeça certidão de que se acham habilitados para se casarem.

§ 8º A celebração do casamento poderá ser realizada, a requerimento dos nubentes, em meio eletrônico, por sistema de videoconferência em que se possa verificar a livre manifestação da vontade dos contraentes.

Art. 515-S. Os procedimentos e respectivos documentos previstos neste Capítulo deverão permanecer arquivados tanto no ofício do RCPN em que foi lavrado originalmente o registro civil quanto naquele em que foi recepcionada a alteração, se for o caso, pelo prazo indicado na tabela de temporalidade constante no Provimento CNJ n. 50/2015, para os processos de retificação, permitida a eliminação antes do prazo de inutilização, se previamente digitalizados.

Art. 515-T. Enquanto não for editada legislação específica no âmbito dos Estados e do Distrito Federal, o valor dos emolumentos para o procedimento de alteração de prenome e/ou sobrenome será o correspondente ao procedimento de retificação administrativa, ou, em caso de inexistência desta previsão específica em legislação estadual, de 50% (cinquenta por cento) do valor previsto para o procedimento de habilitação de casamento.

SEÇÃO VI
DA SITUAÇÃO TRANSNACIONAL

Art. 515-U. No caso de brasileiro naturalizado, observar-se-á o disposto no § 7º-A do art. 518 deste Código.

Art. 515-V. O procedimento de alteração do prenome e/ou sobrenome realizado perante autoridade consular brasileira observará o disposto no art. 518-A deste Código.

CAPÍTULO VI
DOS DADOS RELATIVOS À PESSOA TRANSGÊNERO

SEÇÃO I
DA ALTERAÇÃO DO PRENOME E DO GÊNERO

Art. 516. Toda pessoa maior de 18 anos de idade completos habilitada à prática de todos os atos da vida civil poderá requerer ao ofício do registro civil das pessoas naturais (RCPN) a alteração e a averbação do prenome e do gênero, a fim de adequá-los à identidade autopercebida.

§ 1º A alteração referida no caput deste artigo poderá abranger a inclusão ou a exclusão de agnomes indicativos de gênero ou de descendência;

§ 2º A alteração referida no caput não compreende a alteração dos nomes de família e não pode ensejar a identidade de prenome com outro membro da família;

§ 3º A alteração referida no caput poderá ser desconstituída na via administrativa, mediante autorização do juiz corregedor permanente, ou na via judicial.

Art. 517. Os procedimentos de alteração do prenome e/ou do gênero poderão ser realizados perante o ofício de RCPN em que se lavrou o assento de nascimento ou diverso, a escolha do requerente.

§ 1º No caso de o pedido ser formulado perante ofício de RCPN diverso daquele em que se lavrou o assento de nascimento, deverá o registrador, após qualificação do pedido, encaminhar o procedimento ao oficial competente para qualificação e, se for o caso, a prática dos atos pertinentes no assento de nascimento;

§ 2º O encaminhamento de que trata o § 1º será feito por meio do módulo e-Protocolo da Central de Informações de Registro Civil das Pessoas Naturais – CRC.

Art. 518. O procedimento será realizado com base na autonomia da pessoa requerente, que deverá declarar, perante o registrador do RCPN, a vontade de proceder à adequação da identidade mediante a averbação do prenome, do gênero ou de ambos.

§ 1º O atendimento do pedido apresentado ao registrador independe de prévia autorização judicial ou da comprovação de realização de cirurgia de redesignação sexual e/ou de tratamento hormonal ou patologizante, assim como de apresentação de laudo médico ou psicológico;

§ 2º O registrador deverá identificar a pessoa requerente mediante coleta, em termo próprio, conforme modelo constante do anexo do Provimento n. 73, de 28 de junho de 2018, de sua qualificação e assinatura, além de conferir os documentos pessoais originais;

§ 3º O requerimento será assinado pela pessoa requerente na presença do registrador do RCPN, indicando a alteração pretendida;

§ 4º A pessoa requerente deverá declarar a inexistência de processo judicial que tenha por objeto a alteração pretendida;

§ 4º-A. Para efeito deste artigo, equipara-se a atos presenciais os realizados eletronicamente perante o RCPN na forma do § 8º[185] do art. 67 da Lei n. 6.015, de 31 de dezembro de 1973;

§ 5º A opção pela via administrativa na hipótese de tramitação anterior de processo judicial cujo objeto tenha sido a alteração pretendida será condicionada à comprovação de arquivamento do feito judicial;

§ 6º A pessoa requerente deverá apresentar ao ofício do RCPN, no ato do requerimento, os seguintes documentos:

I – certidão de nascimento atualizada;

II – certidão de casamento atualizada, se for o caso;

III – cópia do registro geral de identidade (RG);

IV – cópia da identificação civil nacional (ICN), se for o caso;

V – cópia do passaporte brasileiro, se for o caso;

VI – cópia do Cadastro de Pessoa Física (CPF) no Ministério da Fazenda;

VII – cópia do título de eleitor;

IX[186] – cópia de carteira de identidade social, se for o caso;

X – comprovante de endereço;

XI – certidão do distribuidor cível do local de residência dos últimos cinco anos (estadual/federal);

XII – certidão do distribuidor criminal do local de residência dos últimos cinco anos (estadual/federal);

XIII – certidão de execução criminal do local de residência dos últimos cinco anos (estadual/federal);

XIV – certidão dos tabelionatos de protestos do local de residência dos últimos cinco anos;

XV – certidão da Justiça Eleitoral do local de residência dos últimos cinco anos;

XVI – certidão da Justiça do Trabalho do local de residência dos últimos cinco anos;

---
[185]. Art. 67. Na habilitação para o casamento, os interessados, apresentando os documentos exigidos pela lei civil, requererão ao oficial do registro do distrito de residência de um dos nubentes, que lhes expeça certidão de que se acham habilitados para se casarem.

§ 8º A celebração do casamento poderá ser realizada, a requerimento dos nubentes, em meio eletrônico, por sistema de videoconferência em que se possa verificar a livre manifestação da vontade dos contraentes.

[186]. Redação original não possui inciso "VIII".

XVII – certidão da Justiça Militar, se for o caso.

§ 7º (Revogado);

→ Provimento nº 152/2023.

§ 7º-A No caso de brasileiro naturalizado:

I – a certidão de nascimento exigida pelo inciso I do § 6º deste artigo será substituída pela certidão do registro, no Livro E do Registro Civil das Pessoas Naturais, do certificado de naturalização ou da portaria de naturalização publicada no Diário Oficial da União ou outro documento oficial que venha a substituí-los; e

II – a alteração do prenome e/ou do gênero deve ser averbada à margem do registro indicado no inciso I deste parágrafo.

§ 8º A falta de documento listado no § 6º impede a alteração indicada no requerimento apresentado ao ofício do RCPN.

§ 9º Ações em andamento ou débitos pendentes, nas hipóteses dos incisos XI, XII, XIII, XIV, XV, XVI e XVII do § 6º, não impedem a averbação da alteração pretendida, que deverá ser comunicada aos juízos e órgãos competentes, a expensas do requerente, preferencialmente por meio eletrônico, pelo ofício do RCPN onde a averbação foi realizada.

Art. 518-A. O procedimento de alteração do prenome e/ou do gênero da pessoa transgênero realizado perante autoridade consular brasileira deverá observar os requisitos exigidos neste Código.

§ 1º Em se tratando de brasileiro nascido no exterior, a certidão de que trata o art. 518, § 6º, I, deste Código será substituída pela certidão do registro do traslado de nascimento, observada a Resolução CNJ n. 155/2012;

§ 2º As certidões de que tratam os incisos XI a XVI do § 6º do art. 518 deste Código poderão ser substituídas por declaração que indique residência no exterior há mais de cinco anos, acompanhada de prova documental do alegado;

§ 3º O envio do procedimento ao ofício do RCPN competente para a realização da averbação deverá ser realizado eletronicamente por meio da Central de Informações de Registro Civil das Pessoas Naturais – CRC;

§ 4º O recolhimento dos emolumentos devidos se dará diretamente perante o ofício de registro civil competente, por meio de plataforma disponibilizada pela Central de Informações de Registro Civil das Pessoas Naturais – CRC, devendo o respectivo comprovante ser apresentado à autoridade consular;

§ 5º As representações consulares brasileiras no exterior que não reúnam condições tecnológicas para acesso à plataforma da Central de Informações de Registro Civil das Pessoas Naturais – CRC poderão enviar o procedimento ao ofício do RCPN competente por meio do Ministério das Relações Exteriores, mantida a forma de pagamento dos emolumentos pelo requerente descrita no parágrafo anterior.

Art. 519. A alteração de que trata o presente Capítulo tem natureza sigilosa, razão pela qual a informação a seu respeito não pode constar das certidões dos assentos, salvo por solicitação da pessoa requerente ou por determinação judicial, hipóteses em que a certidão deverá dispor sobre todo o conteúdo registral.

Art. 520. Suspeitando de fraude, falsidade, má-fé, vício de vontade ou simulação quanto ao desejo real da pessoa requerente, o registrador do RCPN fundamentará a recusa e encaminhará o pedido ao juiz corregedor permanente.

Art. 521. Todos os documentos apresentados pela pessoa requerente no ato do requerimento deverão permanecer arquivados indefinidamente, de forma física ou eletrônica tanto no ofício do RCPN em que foi lavrado originalmente o registro civil quanto naquele em que foi lavrada a alteração, se diverso do ofício do assento original.

Parágrafo único. O ofício do RCPN deverá manter índice em papel e/ou eletrônico de forma que permita a localização do registro tanto pelo nome original quanto pelo nome alterado.

Art. 522. Finalizado o procedimento de alteração do prenome, o registrador que realizou a alteração comunicará eletronicamente, por meio da Central de Informações de Registro Civil das Pessoas Naturais – CRC, sem qualquer custo, o ato aos órgãos expedidores do RG, CPF, título de eleitor e passaporte.

§ 1º A pessoa requerente deverá providenciar a alteração nos demais registros que digam respeito, direta ou indiretamente, a sua identificação e nos documentos pessoais;

§ 2º A subsequente averbação da alteração do prenome e/ou do gênero no registro de nascimento dos descendentes do requerente dependerá da anuência deles quando relativamente capazes ou maiores, bem como da autorização de ambos os pais, no caso de serem menores;

§ 3º A subsequente averbação da alteração do prenome e do gênero no registro de casamento ou de união estável do requerente dependerá da anuência do cônjuge ou o companheiro;

§ 4º Havendo discordância dos pais, do cônjuge ou do companheiro quanto à averbação mencionada nos parágrafos anteriores, o consentimento deverá ser suprido judicialmente;

§ 5º A comunicação de que trata o caput, a critério e a expensas do requerente, poderá se dar por outro meio de transmissão, desde que oficial.

Art. 523. Enquanto não for editada legislação específica no âmbito dos Estados e do Distrito Federal, o valor dos emolumentos para o procedimento de alteração do prenome e/ou do gênero da pessoa transgênero será correspondente ao procedimento de retificação administrativa ou, em caso de inexistência dessa previsão específica em legislação estadual, de 50% (cinquenta por cento) do valor previsto para o procedimento de habilitação de casamento.

Parágrafo único. O registrador do RCPN, para os fins do presente provimento, deverá observar as normas legais referentes à gratuidade de atos.

CAPÍTULO VII
DA PESSOA COM SEXO IGNORADO

SEÇÃO I
DAS DISPOSIÇÕES GERAIS

Art. 524. O assento de nascimento no Registro Civil das Pessoas Naturais nos casos em que o campo sexo da Declaração de Nascido Vivo (DNV), ou da Declaração de Óbito (DO) fetal, tenha sido preenchido "ignorado", será feito na forma deste Capítulo.

Art. 525. Verificado que, na Declaração de Nascido Vivo (DNV), o campo sexo foi preenchido "ignorado", o assento de nascimento será lavrado registrando o sexo "ignorado".

§ 1º O oficial recomendará ao declarante a escolha de prenome comum aos dois sexos;

§ 2º Recusada a sugestão, o registro deve ser feito com o prenome indicado pelo declarante;

§ 3º Verificado que, na Declaração de Óbito (DO) fetal, o campo sexo foi preenchido "ignorado", o assento de óbito será lavrado registrando o sexo "ignorado".

Art. 526. No caso do caput do artigo anterior, a designação de sexo será feita por opção, a ser realizada a qualquer tempo e averbada no registro civil de pessoas naturais, independentemente de autorização judicial ou de comprovação de realização de cirurgia de designação sexual ou de tratamento hormonal, ou de apresentação de laudo médico ou psicológico.

§ 1º É facultada a mudança do prenome junto à opção pela designação de sexo;

§ 2º A pessoa optante sob poder familiar poderá ser representada ou assistida apenas pela mãe ou pelo pai;

§ 3º Tratando-se de maior de 12 anos de idade, será necessário o consentimento da pessoa optante;

§ 4º A opção realizada após a morte da pessoa será feita pela mãe ou pelo pai.

Art. 527. A opção será documentada por termo, conforme modelo constante do Anexo do Provimento n. 122, de 13 de agosto de 2021, lavrado em qualquer ofício do registro civil de pessoas naturais.

Parágrafo único. O oficial ou preposto identificará os presentes, na forma da lei, e colherá as assinaturas em sua presença.

Art. 528. O ofício do registro civil de pessoas naturais do registro do nascimento averbará a opção.

Parágrafo único. Caso a opção tenha sido realizada em ofício do registro civil de pessoas naturais diverso, será encaminhada, às expensas da pessoa requerente, para a averbação, via Central de Informações do Registro Civil (CRC).

Art. 529. Averbada a opção, nenhuma observação sobre sexo ou nome constantes inicialmente do assento, sobre a opção ou sobre sua averbação constarão nas certidões do registro.

§ 1º Por solicitação da pessoa registrada ou por determinação judicial poderá ser expedida certidão sobre inteiro teor do conteúdo registral;

§ 2º O ofício do registro civil de pessoas naturais deverá manter índice em papel e/ou eletrônico de forma que permita a localização do registro tanto pelo nome original quanto pelo nome alterado.

Art. 530. A designação do sexo é parte do assento de nascimento e a lavratura do termo de opção, sua averbação e a expedição da primeira certidão subsequente são gratuitas, na forma do art. 30[187] da Lei n. 6.015, de 31 de dezembro de 1973.

---

[187] Art. 30. Não serão cobrados emolumentos pelo registro civil de nascimento e pelo assento de óbito, bem como pela primeira certidão respectiva.

§ 1º Os reconhecidamente pobres estão isentos de pagamento de emolumentos pelas demais certidões extraídas pelo cartório de registro civil;

§ 2º O estado de pobreza será comprovado por declaração do próprio interessado ou, a rogo, tratando-se de analfabeto, neste caso, acompanhada da assinatura de duas testemunhas;

§ 3º A falsidade da declaração ensejará a responsabilidade civil e criminal do interessado;

§ 3º-A. Comprovado o descumprimento, pelos oficiais dos Cartórios de Registro Civil, do disposto no caput deste

CAPÍTULO VIII
DAS AÇÕES DE CARÁTER INFORMATIVO PARA MELHOR PREPARAÇÃO DO CASAMENTO

SEÇÃO I
DAS DISPOSIÇÕES GERAIS

Art. 531. Os oficiais de registro civil das pessoas naturais devem observar a obrigatoriedade de disponibilização aos nubentes, no momento da habilitação para o matrimônio, de material informativo para melhor preparação para o casamento civil na forma da Resolução n. 402, de 28 de junho de 2021, e deste Código de Normas.

Parágrafo único. O material informativo será também disponibilizado a qualquer interessado que comparecer a uma unidade do Serviço de Registro Civil das Pessoas Naturais para obter informações sobre o casamento.

Art. 532. O acesso ao material informativo pelos pretendentes ao casamento é facultativo, de modo que não constitui requisito ou condição para a habilitação para o matrimônio.

Art. 533. O material informativo consistirá de manuais, cartilhas, guias rápidos, cartazes a serem afixados nas unidades do Registro Civil e vídeos, acessíveis por meio eletrônico, por intermédio de link a ser fornecido aos interessados pelo registrador.

Parágrafo único. Os vídeos informativos serão disponibilizados nos sítios eletrônicos das unidades do Serviço de Registro Civil de Pessoas Naturais, após sua aprovação pela Presidência do CNJ e pela Corregedoria Nacional de Justiça.

Art. 534. O material informativo de preparação para o casamento civil tem por objetivos:

– prestar aos interessados em se casar as informações jurídicas necessárias à compreensão do casamento, de suas formalidades, de seus efeitos jurídicos, do regime de bens entre os cônjuges, dos direitos e deveres conjugais, do poder familiar sobre os filhos e das formas de sua dissolução;

– conscientizar os nubentes sobre a relevância e o significado do casamento, sobre a importância do diálogo como forma de superação de conflitos familiares e de se evitar o divórcio irrefletido e sobre o interesse da sociedade e dos próprios contraentes na estabilidade e permanência das relações matrimoniais;

I – possibilitar aos nubentes a antevisão de seus direitos e deveres e a previsão das consequências jurídicas de suas condutas;

V – conscientizar os nubentes sobre o exercício adequado da parentalidade, como forma de se assegurar o sadio desenvolvimento de crianças e adolescentes, e de prevenção de maus tratos e abusos; e

V – esclarecer os pretendentes ao matrimônio sobre o fenômeno da violência doméstica e familiar contra a mulher e as formas de sua prevenção e enfrentamento.

§ 1º O material informativo deverá ser produzido em linguagem acessível ao grande público;

§ 2º Os conteúdos informativos poderão ser desdobrados por temas, no formato de minicursos, de modo a possibilitar maior verticalização de conhecimentos.

Art. 535. O material informativo, além de observar estritamente os parâmetros descritos neste Capítulo, não poderá se revestir de caráter religioso ou ideológico, haja vista a laicidade do Estado e o princípio fundamental do pluralismo político em que se assenta a República Federativa do Brasil (art. 1º, V[188], da Constituição Federal).

Art. 536. O material informativo será produzido em conformidade com o disposto nesta Resolução e no Termo de Cooperação Técnica firmado entre o Conselho Nacional de Justiça (CNJ), o Ministério da Mulher, da Família e dos Direitos Humanos, a Confederação Nacional dos Notários e dos Registradores (CNR) e a Associação Nacional dos Registradores de Pessoas Naturais (Arpen- Brasil).

CAPÍTULO IX
DA UNIÃO ESTÁVEL

SEÇÃO I
DO REGISTRO DA UNIÃO ESTÁVEL

Art. 537. É facultativo o registro da união estável prevista no art. 1.723 a 1.727[189] do Código Civil, mantida entre o homem e a mulher, ou entre duas pessoas do mesmo sexo.

§ 1º O registro de que trata o caput confere efeitos jurídicos à união estável perante terceiros;

§ 2º Os oficiais deverão manter atualizada a Central de Informações de Registro Civil das Pessoas Naturais (CRC), para fins de busca nacional unificada;

§ 3º Os títulos admitidos para registro ou averbação na forma deste Capítulo podem ser:

I – sentenças declaratórias do reconhecimento e de dissolução da união estável;

II – escrituras públicas declaratórias de reconhecimento da união estável;

III – escrituras públicas declaratórias de dissolução da união estável nos termos do art. 733[190] da Lei n. 13.105, de 16 de março de 2015 (Código de Processo Civil); e

IV – termos declaratórios de reconhecimento e de dissolução de união estável formalizados perante o oficial de registro civil das pessoas naturais, exigida a assistência de advogado ou de defensor público no caso de dissolução da união estável nos termos da aplicação analógica do art. 733 da Lei n. 13.105, de 2015 (Código de Processo Civil) e da Resolução n. 35, de 24 de abril de 2007, do Conselho Nacional de Justiça (CNJ).

§ 4º O registro de reconhecimento ou de dissolução da união estável somente poderá indicar as datas de início ou de fim da união estável se estas constarem de um dos seguintes meios:

I – decisão judicial, respeitado, inclusive, o disposto no § 2º do art. 544 deste Código de Normas;

II – procedimento de certificação eletrônica de união estável realizado perante oficial de registro civil na forma deste Capítulo; ou

III – escrituras públicas ou termos declaratórios de reconhecimento ou de dissolução de união estável, desde que:

a) a data de início ou, se for o caso, do fim da união estável corresponda à data da lavratura do instrumento; e

b) os companheiros declarem expressamente esse fato no próprio instrumento ou em declaração escrita feita perante o oficial de registro civil das pessoas naturais quando do requerimento do registro.

§ 5º Fora das hipóteses do § 4.º deste artigo, o campo das datas de início ou, se for o caso, de fim da união estável no registro constará como "não informado";

§ 6º Havendo nascituro ou filhos incapazes, a dissolução da união estável somente será possível por meio de sentença judicial;

§ 7º É vedada a representação de qualquer dos companheiros por curador ou tutor, salvo autorização judicial.

Art. 538. O termo declaratório de reconhecimento e de dissolução da união estável consistirá em declaração, por escrito, de ambos os companheiros perante o ofício de registro civil das pessoas naturais de sua livre escolha, com a indicação de todas as cláusulas admitidas nos demais itens, inclusive a escolha do regime de bens na forma do art. 1.725[191] da Lei n. 10.406, de 2002 (Código Civil), e de inexistência de lavratura de termo declaratório anterior.

---

tigo, aplicar-se-ão as penalidades previstas nos arts. 32 e 33 da Lei nº 8.935, de 18 de novembro de 1994;

§ 3º-B. Esgotadas as penalidades a que se refere o parágrafo anterior e verificando-se novo descumprimento, aplicar-se-á o disposto no art. 39 da Lei nº 8.935, de 18 de novembro de 1994;

§ 3º-C. Os cartórios de registros públicos deverão afixar, em local de grande visibilidade, que permita fácil leitura e acesso ao público, quadros contendo tabelas atualizadas das custas e emolumentos, além de informações claras sobre a gratuidade prevista no caput deste artigo;

§ 4º É proibida a inserção nas certidões de que trata o § 1º deste artigo de expressões que indiquem condição de pobreza ou semelhantes.

188. Art. 1º A República Federativa do Brasil, formada pela união indissolúvel dos Estados e Municípios e do Distrito Federal, constitui-se em Estado Democrático de Direito e tem como fundamentos:
V – o pluralismo político.

189. Art. 1.723. É reconhecida como entidade familiar a união estável entre o homem e a mulher, configurada na convivência pública, contínua e duradoura e estabelecida com o objetivo de constituição de família.
§ 1º A união estável não se constituirá se ocorrerem os impedimentos do art. 1.521; não se aplicando a incidência do inciso VI no caso de a pessoa casada se achar separada de fato ou judicialmente;
§ 2º As causas suspensivas do art. 1.523 não impedirão a caracterização da união estável.
Art. 1.724. As relações pessoais entre os companheiros obedecerão aos deveres de lealdade, respeito e assistência, e de guarda, sustento e educação dos filhos.
Art. 1.725. Na união estável, salvo contrato escrito entre os companheiros, aplica-se às relações patrimoniais, no que couber, o regime da comunhão parcial de bens.
Art. 1.726. A união estável poderá converter-se em casamento, mediante pedido dos companheiros ao juiz e assento no Registro Civil.
Art. 1.727. As relações não eventuais entre o homem e a mulher, impedidos de casar, constituem concubinato.

190. Art. 733. O divórcio consensual, a separação consensual e a extinção consensual de união estável, não havendo nascituro ou filhos incapazes e observados os requisitos legais, poderão ser realizados por escritura pública, da qual constarão as disposições de que trata o art. 731.
§ 1º A escritura não depende de homologação judicial e constitui título hábil para qualquer ato de registro, bem como para levantamento de importância depositada em instituições financeiras;
§ 2º O tabelião somente lavrará a escritura se os interessados estiverem assistidos por advogado ou por defensor público, cuja qualificação e assinatura constarão do ato notarial.

191. Art. 1.725. Na união estável, salvo contrato escrito entre os companheiros, aplica-se às relações patrimoniais, no que couber, o regime da comunhão parcial de bens.

§ 1º Lavrado o termo declaratório, o título ficará arquivado na serventia, preferencialmente de forma eletrônica, em classificador próprio, expedindo-se a certidão correspondente aos companheiros;

§ 2º As informações de identificação dos termos deverão ser inseridas em ferramenta disponibilizada pela CRC;

§ 3º Por ser facultativo, o registro do termo declaratório dependerá de requerimento conjunto dos companheiros;

§ 4º Quando requerido, o oficial que formalizou o termo declaratório deverá encaminhar o título para registro ao ofício competente, por meio da CRC;

§ 5º É vedada a lavratura de termo declaratório de união estável havendo um anterior lavrado com os mesmos companheiros, devendo o oficial consultar a CRC previamente à lavratura e consignar o resultado no termo;

§ 6º Enquanto não for editada legislação específica no âmbito dos estados e do Distrito Federal, o valor dos emolumentos para:

I – os termos declaratórios de reconhecimento ou de dissolução da união estável será de 50% do valor previsto para o procedimento de habilitação de casamento; e

II – o procedimento de certificação eletrônica da união estável será de 50% do valor previsto para o procedimento de habilitação de casamento.

§ 7º A certidão de que trata o § 1º deste artigo é título hábil à formalização da partilha de bens realizada no termo declaratório perante órgãos registrais, respeitada, porém, a obrigatoriedade de escritura pública nas hipóteses legais, como na do art. 108[192] da Lei n. 10.406, de 10 de janeiro de 2002 (Código Civil).

Art. 539. O registro dos títulos de declaração de reconhecimento ou de dissolução da união estável será feito no Livro E do registro civil de pessoas naturais em que os companheiros têm ou tiveram sua última residência, e dele deverão constar, no mínimo:

I – as informações indicadas nos incisos I a VIII[193] do art. 94-A da Lei n. 6.015, de 31 de dezembro de 1973;

---

192. Art. 108. Não dispondo a lei em contrário, a escritura pública é essencial à validade dos negócios jurídicos que visem à constituição, transferência, modificação ou renúncia de direitos reais sobre imóveis de valor superior a trinta vezes o maior salário mínimo vigente no País.

193. Art. 94-A. Os registros das sentenças declaratórias de reconhecimento e dissolução, bem como dos termos declaratórios formalizados perante o oficial de registro civil e das escrituras públicas declaratórias e dos distratos que envolvam união estável, serão feitos no Livro E do registro civil de pessoas naturais em que os companheiros têm ou tiveram sua última residência, e dele deverão constar:

I – data do registro;

II – nome, estado civil, data de nascimento, profissão, CPF e residência dos companheiros;

III – nome dos pais dos companheiros;

IV – data e cartório em que foram registrados os nascimentos das partes, seus casamentos e uniões estáveis anteriores, bem como os óbitos de seus outros cônjuges ou companheiros, quando houver;

V – data da sentença, trânsito em julgado da sentença e vara e nome do juiz que a proferiu, quando for o caso;

VI – data da escritura pública, mencionados o livro, a página e o tabelionato onde foi lavrado o ato;

VII – regime de bens dos companheiros;

II – data do termo declaratório e serventia de registro civil das pessoas naturais em que formalizado, quando for o caso;

III – caso se trate da hipótese do § 2º[194] do art. 94-A da Lei n. 6.015, de 1973:

a) a indicação do país em que foi lavrado o título estrangeiro envolvendo união estável com, ao menos, um brasileiro; e

b) a indicação do país em que os companheiros tinham domicílio ao tempo do início da união estável e, no caso de serem diferentes, a indicação do primeiro domicílio convivencial.

IV – data de início e de fim da união estável, desde que corresponda à data indicada na forma autorizada na forma deste Capítulo.

§ 1º Na hipótese do inciso III deste artigo, somente será admitido o registro de título estrangeiro, se este expressamente referir-se à união estável regida pela legislação brasileira ou se houver sentença de juízo brasileiro reconhecendo a equivalência do instituto estrangeiro.

§ 2º Havendo a inviabilidade do registro do título estrangeiro, é admitido que os companheiros registrem um título brasileiro de declaração de reconhecimento ou de dissolução de união estável, ainda que este consigne o histórico jurídico transnacional do convívio *more uxorio*.

§ 3º O disposto no § 3º[195] do art. 94-A da Lei n. 6.015, de 31 de dezembro de 1973, não afasta, conforme o caso, a exigência do registro da tradução na forma do art. 148[196] da Lei n. 6.015, de 31 de dezembro de 1973, nem a prévia homologação da sentença estrangeira.

Art. 540. Serão arquivados pelo oficial de registro civil, em meio físico ou mídia digital segura, os documentos apresentados para o registro da união estável e de sua dissolução, com referência do arquivamento à margem do respectivo assento, de forma a permitir sua localização.

Art. 541. Na hipótese de o título não mencionar o estado civil e não haver indicações acerca dos assentos de nascimento, de casamento ou de união estável das partes (art. 94-A, II e IV[197] da Lei n. 6.015, de 1973), o registrador deverá

VIII – nome que os companheiros passam a ter em virtude da união estável.

194. § 2º As sentenças estrangeiras de reconhecimento de união estável, os termos extrajudiciais, os instrumentos particulares ou escrituras públicas declaratórias de união estável, bem como os respectivos distratos, lavrados no exterior, nos quais ao menos um dos companheiros seja brasileiro, poderão ser levados a registro no Livro E do registro civil de pessoas naturais em que qualquer dos companheiros tem ou tenha tido sua última residência no território nacional.

195. § 3º Para fins de registro, as sentenças estrangeiras de reconhecimento de união estável, os termos extrajudiciais, os instrumentos particulares ou escrituras públicas declaratórias de união estável, bem como os respectivos distratos, lavrados no exterior, deverão ser devidamente legalizados ou apostilados e acompanhados de tradução juramentada.

196. Art. 148. Os títulos, documentos e papéis escritos em língua estrangeira, uma vez adotados os caracteres comuns, poderão ser registrados no original, para o efeito da sua conservação ou perpetuidade. Para produzirem efeitos legais no País e para valerem contra terceiros, deverão, entretanto, ser vertidos em vernáculo e registrada a tradução, o que, também, se observará em relação às procurações lavradas em língua estrangeira.

197. Art. 94-A. Os registros das sentenças declaratórias de reconhecimento e dissolução, bem como dos termos declaratórios formalizados perante o oficial de registro civil e das escrituras públicas declaratórias e dos distratos que envolvam união estável, serão feitos no Livro E do registro civil de pessoas naturais em que os com-

---

obter essas informações para a lavratura do registro mediante as seguintes providências:

I – exigir a apresentação, no prazo de 15 dias, das certidões atualizadas dos referidos assentos, desde que esses assentos tenham sido lavrados em outra serventia; ou

II – consultar os referidos assentos no próprio acervo, se for o caso.

Parágrafo único. Considera-se atualizada a certidão expedida há, no máximo, 90 dias.

Art. 542. O registro da sentença declaratória da união estável, ou de sua dissolução não altera os efeitos da coisa julgada, previstos no art. 506 do Código de Processo Civil.

Art. 543. O oficial deverá anotar o registro da união estável nos atos anteriores, com remissões recíprocas, se lançados em seu Registro Civil das Pessoas Naturais, ou comunicá-lo ao oficial do registro civil das pessoas naturais em que estiverem os registros primitivos dos companheiros.

§ 1º O oficial anotará, no registro da união estável, o óbito, o casamento, a constituição de nova união estável e a interdição dos companheiros, que lhe serão comunicados pelo oficial de registro que realizar esses registros, se distinto, fazendo constar o conteúdo dessas averbações em todas as certidões que forem expedidas;

§ 2º As comunicações previstas neste artigo deverão ser efetuadas por meio da CRC.

Art. 544. Não é exigível o prévio registro da união estável para que seja registrada a sua dissolução, devendo, nessa hipótese, constar do registro somente a data da escritura pública de dissolução.

§ 1º Se existente o prévio registro da união estável, a sua dissolução será averbada à margem daquele ato;

§ 2º Contendo a sentença em que declarada a dissolução da união estável a menção ao período em que foi mantida, deverá ser promovido o registro da referida união estável e, na sequência, a averbação de sua dissolução.

Art. 545. Não poderá ser promovido o registro, no Livro E, de união estável de pessoas casadas, ainda que separadas de fato, exceto se separadas judicialmente ou extrajudicialmente ou se a declaração da união estável decorrer de sentença judicial transitada em julgado.

Parágrafo único. Na hipótese de pessoas indicadas como casadas no título, a comprovação da separação judicial ou extrajudicial poderá ser feita até a data da prenotação desse título, hipótese em que o registro deverá mencionar expressamente essa circunstância e o documento comprobatório apresentado.

Art. 546. Em todas as certidões relativas ao registro da união estável no Livro "E" constará advertência expressa de que esse registro não produz os efeitos da conversão da união estável em casamento.

---

panheiros têm ou tiveram sua última residência, e deverão constar:

I – data do registro;

II – nome, estado civil, data de nascimento, profissão, CPF e residência dos companheiros;

III – nome dos pais dos companheiros;

IV – data e cartório em que foram registrados os nascimentos das partes, seus casamentos e uniões estáveis anteriores, bem como os óbitos de seus outros cônjuges ou companheiros, quando houver;

SEÇÃO II
DA ALTERAÇÃO DE REGIME DE BENS NA UNIÃO ESTÁVEL

Art. 547. É admissível o processamento do requerimento de ambos os companheiros para a alteração de regime de bens no registro de união estável diretamente perante o registro civil das pessoas naturais, desde que o requerimento tenha sido formalizado pelos companheiros pessoalmente perante o registrador ou por meio de procuração por instrumento público.

§ 1º O oficial averbará a alteração do regime de bens à vista do requerimento de que trata o caput deste artigo, consignando expressamente o seguinte: "a alteração do regime de bens não prejudicará terceiros de boa-fé, inclusive os credores dos companheiros cujos créditos já existiam antes da alteração do regime".

§ 2º Na hipótese de a certidão de interdições ser positiva, a alteração de regime de bens deverá ocorrer por meio de processo judicial;

§ 3º Quando no requerimento de alteração de regime de bens houver proposta de partilha de bens – respeitada a obrigatoriedade de escritura pública nas hipóteses legais, como na do art. 108[198] da Lei n. 10.406, de 10 de janeiro de 2002 (Código Civil) – e/ou quando as certidões dos distribuidores de feitos judiciais cíveis e de execução fiscal, da Justiça do Trabalho e dos tabelionatos de protestos forem positivas, os companheiros deverão estar assistidos por advogado ou defensor público, assinando com este o pedido;

§ 4º O novo regime de bens produzirá efeitos a contar da respectiva averbação no registro da união estável, não retroagindo aos bens adquiridos anteriormente em nenhuma hipótese, em virtude dessa alteração, observado que, se o regime escolhido for o da comunhão universal de bens, os seus efeitos atingem todos os bens existentes no momento da alteração, ressalvados os direitos de terceiros;

§ 5º A averbação de alteração de regime de bens no registro da união estável informará o regime anterior, a data de averbação, o número do procedimento administrativo, o registro civil processante e, se houver, a realização da partilha;

§ 6º O requerimento de que trata este artigo pode ser processado perante o ofício de registro civil das pessoas naturais de livre escolha dos companheiros, hipótese em que caberá ao oficial que recepcionou o pedido encaminhá-lo ao ofício competente por meio da CRC;

§ 7º Enquanto não for editada legislação específica no âmbito dos estados e do Distrito Federal, o valor dos emolumentos para o processamento do requerimento de alteração de regime de bens no registro da união estável corresponderá ao valor previsto para o procedimento de habilitação de casamento;

§ 8º Quando processado perante serventia diversa daquela em que consta o registro da união estável, deverá o procedimento ser encaminhado ao ofício competente, por meio da CRC, para que se proceda à respectiva averbação.

---
198. Art. 108. Não dispondo a lei em contrário, a escritura pública é essencial à validade dos negócios jurídicos que visem à constituição, transferência, modificação ou renúncia de direitos reais sobre imóveis de valor superior a trinta vezes o maior salário mínimo vigente no País.

Art. 548. Para instrução do procedimento de alteração de regime de bens, o oficial exigirá a apresentação dos seguintes documentos:

I – certidão do distribuidor cível e execução fiscal do local de residência dos últimos cinco anos (estadual/federal);

II – certidão dos tabelionatos de protestos do local de residência dos últimos cinco anos;

III – certidão da Justiça do Trabalho do local de residência dos últimos cinco anos;

IV – certidão de interdições perante o 1º ofício de registro civil das pessoas naturais do local da residência dos interessados dos últimos cinco anos; e

V – conforme o caso, proposta de partilha de bens – respeitada a obrigatoriedade de escritura pública nas hipóteses legais, como na do art. 108[199] da Lei n. 10.406, de 10 de janeiro de 2002 (Código Civil) –, ou declaração de que por ora não desejam realizá-la, ou, ainda, declaração de que inexistem bens a partilhar.

SEÇÃO III
DA CONVERSÃO DA UNIÃO ESTÁVEL EM CASAMENTO

Art. 549. No assento de conversão de união estável em casamento, deverá constar os requisitos do art. 70[200] e art. 70-A, § 4º[201], da Lei n. 6.015, de 31 de dezembro de 1973, além, se for o caso, destes dados:

I – registro anterior da união estável, com especificação dos seus dados de identificação (data,

---
199. Art. 108. Não dispondo a lei em contrário, a escritura pública é essencial à validade dos negócios jurídicos que visem à constituição, transferência, modificação ou renúncia de direitos reais sobre imóveis de valor superior a trinta vezes o maior salário mínimo vigente no País.
200. Art. 70 Do matrimônio, logo depois de celebrado, será lavrado assento, assinado pelo presidente do ato, os cônjuges, as testemunhas e o oficial, sendo exarados:

1º) os nomes, prenomes, nacionalidade, naturalidade, data de nascimento, profissão, domicílio e residência atual dos cônjuges;

2º) os nomes, prenomes, nacionalidade, data de nascimento ou de morte, domicílio e residência atual dos pais;

3º) os nomes e prenomes do cônjuge precedente e a data da dissolução do casamento anterior, quando for o caso;

4º) a data da publicação dos proclamas e a celebração do casamento;

5º) a relação dos documentos apresentados ao oficial do registro;

6º) os nomes, prenomes, nacionalidade, profissão, domicílio e residência atual das testemunhas;

7º) o regime de casamento, com declaração da data e do cartório em cujas notas foi tomada a escritura antenupcial, quando o regime não for o da comunhão ou o legal que sendo conhecido, será declarado expressamente;

8º) o nome, que passa a ter a mulher, em virtude do casamento;

9º) os nomes e as idades dos filhos havidos de matrimônio anterior ou legitimados pelo casamento;

10º) à margem do termo, a impressão digital do contraente que não souber assinar o nome.

Parágrafo único. As testemunhas serão, pelo menos, duas, não dispondo a lei de modo diverso.

201. Art. 70-A. A conversão da união estável em casamento deverá ser requerida pelos companheiros perante o oficial de registro civil de pessoas naturais de sua residência.

§ 4º O assento da conversão da união estável em casamento será lavrado no Livro B, sem a indicação da data e das testemunhas da celebração, do nome do presidente do ato e das assinaturas dos companheiros e das testemunhas, anotando-se no respectivo termo que se trata de conversão de união estável em casamento.

livro, folha e ofício) e a individualização do título que lhe deu origem;

II – o regime de bens que vigorava ao tempo da união estável na hipótese de ter havido alteração no momento da conversão em casamento, desde que o referido regime estivesse indicado em anterior registro de união estável ou em um dos títulos admitidos para registro ou averbação na forma deste Capítulo;

III – a data de início da união estável, desde que observado o disposto neste Capítulo; e

IV – a seguinte advertência no caso de o regime de bens vigente durante a união estável ser diferente do adotado após a conversão desta em casamento: "este ato não prejudicará terceiros de boa-fé, inclusive os credores dos companheiros cujos créditos já existiam antes da alteração do regime".

Art. 550. O regime de bens na conversão da união estável em casamento observará os preceitos da lei civil, inclusive quanto à forma exigida para a escolha de regime de bens diverso do legal, nos moldes do art. 1.640, parágrafo único[202], da Lei n. 10.406, de 2002 (Código Civil).

§ 1º A conversão da união estável em casamento implica a manutenção, para todos os efeitos, do regime de bens que existia no momento dessa conversão, salvo pacto antenupcial em sentido contrário;

§ 2º Quando na conversão for adotado novo regime, será exigida a apresentação de pacto antenupcial, salvo se o novo regime for o da comunhão parcial de bens, hipótese em que se exigirá declaração expressa e específica dos companheiros nesse sentido.

§ 3º Não se aplica o regime da separação legal de bens do art. 1.641, inciso II[203], da Lei n. 10.406, de 2002, se inexistia essa obrigatoriedade na data a ser indicada como início da união estável no assento de conversão de união estável em casamento ou se houver decisão judicial em sentido contrário;

§ 4º Não se impõe o regime de separação legal de bens, previsto no art. 1.641, inciso I[204], da Lei n. 10.406, de 2002, se superada a causa suspensiva do casamento quando da conversão;

§ 5º O regime de bens a ser indicado no assento de conversão de união estável em casamento deverá ser:

I – o mesmo do consignado:

a) em um dos títulos admitidos para registro ou averbação na forma deste Capítulo, se houver; ou

b) no pacto antenupcial ou na declaração de que trata o § 2º deste artigo[205].

II – o regime da comunhão parcial de bens nas demais hipóteses.

---
202. Art. 1.640. Não havendo convenção, ou sendo ela nula ou ineficaz, vigorará, quanto aos bens entre os cônjuges, o regime da comunhão parcial.

Parágrafo único. Poderão os nubentes, no processo de habilitação, optar por qualquer dos regimes que este código regula. Quanto à forma, reduzir-se-á a termo a opção pela comunhão parcial, fazendo-se o pacto antenupcial por escritura pública, nas demais escolhas.

203. Art. 1.641. É obrigatório o regime da separação de bens no casamento:

II – da pessoa maior de 70 (setenta) anos

204. I – das pessoas que o contraírem com inobservância das causas suspensivas da celebração do casamento;

205. Alterado e corrigido. Redação original consta "destetigo".

§ 6º Para efeito do art. 1.657[206] do Código Civil, o título a ser registrado em[207] livro especial no Registro de Imóveis do domicílio do cônjuge será o pacto antenupcial ou, se este não houver na forma do § 1º deste artigo, será um dos títulos admitidos neste Código para registro ou averbação em conjunto com a certidão da conversão da união estável em casamento.

Art. 551. A conversão extrajudicial da união estável em casamento é facultativa e não obrigatória, cabendo sempre a via judicial, por exercício da autonomia privada das partes.

Art. 552. O falecimento da parte no curso do procedimento de habilitação não impedirá a lavratura do assento de conversão de união estável em casamento, se estiver em termos o pedido (art. 70-A, § 7º[208], Lei n. 6.015, de 1973).

Parágrafo único. Para efeito deste artigo, considera-se em termos o pedido quando houver pendências não essenciais, assim entendidas aquelas que não elidam a firmeza da vontade dos companheiros quanto à conversão e que possam ser sanadas pelos herdeiros do falecido.

SEÇÃO IV
DO PROCEDIMENTO DE CERTIFICAÇÃO ELETRÔNICA DA UNIÃO ESTÁVEL

Art. 553. O procedimento de certificação eletrônica de união estável realizado perante oficial de registro civil autoriza a indicação das datas de início e, se for o caso, de fim da união estável no registro e é de natureza facultativa (art. 70-A, § 6º[209], Lei n. 6.015, de 1973).

§ 1º O procedimento inicia-se com pedido expresso dos companheiros para que conste do registro as datas de início ou de fim da união estável, pedido que poderá ser eletrônico ou não;

§ 2º Para comprovar as datas de início ou, se for o caso, de fim da união estável, os companheiros valer-se-ão de todos os meios probatórios em direito admitidos;

§ 3º O registrador entrevistará os companheiros e, se houver, as testemunhas para verificar a plausibilidade do pedido;

§ 4º A entrevista deverá ser reduzida a termo e assinada pelo registrador e pelos entrevistados;

§ 5º Havendo suspeitas de falsidade da declaração ou de fraude, o registrador poderá exigir provas adicionais;

§ 6º O registrador decidirá fundamentadamente o pedido;

§ 7º No caso de indeferimento do pedido, os companheiros poderão requerer ao registrador a suscitação de dúvida dentro do prazo de 15 dias da ciência, nos termos do art. 198[210] e art. 296[211] da Lei n. 6.015, de 1973;

§ 8º O registrador deverá arquivar os autos do procedimento;

§ 9º É dispensado o procedimento de certificação eletrônica de união estável nas hipóteses em que este Capítulo admite a indicação das datas de início e de fim da união estável no registro de reconhecimento ou de dissolução da união estável.

CAPÍTULO X
DO CASAMENTO ENTRE PESSOAS DO MESMO SEXO

SEÇÃO I
DAS DISPOSIÇÕES GERAIS

Art. 554. A recusa de habilitação, celebração de casamento civil ou de conversão de união estável em casamento entre pessoas de mesmo sexo deverá ser comunicada ao juiz corregedor para as providências cabíveis na forma da Resolução n. 175, de 14 de maio de 2013.

LIVRO COMPLEMENTAR
DISPOSIÇÕES FINAIS E TRANSITÓRIAS

Art. 555. Os serviços notariais e de registro deverão observar:

I – a política institucional de Metas Nacionais do Serviço Extrajudicial no âmbito da Corregedoria Nacional de Justiça nos termos do Provimento n. 79, de 8 de novembro de 2018; e

II – as diretrizes voltadas à acessibilidade e à inclusão de pessoas com deficiência nos termos da Resolução n. 401, de 16 de junho de 2021.

Art. 556. Revogam-se as seguintes normas:

I – Provimento n. 13, de 3 de setembro de 2010;
II – art. 1º ao art. 9º do Provimento n. 16, de 17 de fevereiro de 2012, preservado o seu Anexo;
III – Provimento n. 18, de 28 de agosto de 2012;

---

206. Art. 1.657. As convenções antenupciais não terão efeito perante terceiros senão depois de registradas, em livro especial, pelo oficial do Registro de Imóveis do domicílio dos cônjuges.
207. Alterado e corrigido. Redação original consta "registradoem".
208. Art. 70-A. A conversão da união estável em casamento deverá ser requerida pelos companheiros perante o oficial de registro civil de pessoas naturais de sua residência.
    § 7º Se estiver em termos o pedido, o falecimento da parte no curso do processo de habilitação não impedirá a lavratura do assento de conversão de união estável em casamento.
209. Art. 70-A. A conversão da união estável em casamento deverá ser requerida pelos companheiros perante o oficial de registro civil de pessoas naturais de sua residência.
    § 6º Não constará do assento de casamento convertido a partir da união estável a data do início ou o período de duração desta, salvo no caso de prévio procedimento de certificação eletrônica de união estável realizado perante oficial de registro civil.
210. Art. 198. Se houver exigência a ser satisfeita, ela será indicada pelo oficial por escrito, dentro do prazo previsto no art. 188 desta Lei e de uma só vez, articuladamente, de forma clara e objetiva, com data, identificação e assinatura do oficial ou preposto responsável, para que:
    I a IV – (Revogado pela Lei nº 14.382/2022);
    V – o interessado possa satisfazê-la; ou
    VI – caso não se conforme ou não seja possível cumprir a exigência, o interessado requeira que o título e a declaração de dúvida sejam remetidos ao juízo competente para dirimi-la.
    § 1º O procedimento da dúvida observará o seguinte:
    I – no Protocolo, o oficial anotará, à margem da prenotação, a ocorrência da dúvida;
    II – após certificar a prenotação e a suscitação da dúvida no título, o oficial rubricará todas as suas folhas;
    III – em seguida, o oficial dará ciência dos termos da dúvida ao apresentante, fornecendo-lhe cópia da suscitação e notificando-o para impugná-la perante o juízo competente, no prazo de 15 (quinze) dias; e
    IV – certificado o cumprimento do disposto no inciso III deste parágrafo, serão remetidos eletronicamente a juízo competente as razões da dúvida e o título.
    § 2º A inobservância do disposto neste artigo ensejará a aplicação das penas previstas no art. 32 da Lei nº 8.935/1994, nos termos estabelecidos pela Corregedoria Nacional de Justiça do Conselho Nacional de Justiça.
211. Art. 296. Aplicam-se aos registros referidos no art. 1º, § 1º, incisos I, II e III, desta Lei, as disposições relativas ao processo de dúvida no registro de imóveis.

IV – Provimento n. 19, de 29 de agosto de 2012;
V – Provimento n. 23, de 24 de outubro de 2012;
VI – o art. 2º e art. 3º do Provimento n. 27, de 12 de dezembro de 2012;
VII – Provimento n. 28, de 5 de fevereiro de 2013;
VIII – Provimento n. 30, de 16 de abril de 2013;
IX – Provimento n. 33, de 3 de julho de 2013;
IX-A – Provimento n. 37, de 7 de julho de 2014;
X – Provimento n. 43, de 17 de abril de 2015;
XI – art. 1º ao art. 7º, art. 9º ao art. 11 e art. 13 ao art. 14 do Provimento n. 45, de 13 de maio de 2015;
XII – Provimento n. 46, de 16 de junho de 2015;
XIII – Provimento n. 51, de 22 de setembro de 2015;
XIV – Provimento n. 48, de 16 de março de 2016;
XV – Provimento n. 53, de 16 de maio de 2016;
XVI – Provimento n. 60, de 10 de agosto de 2017;
XVII – art. 2º ao art. 6º; art. 7º, caput e § 1º e § 2º e art. 8º ao art. 17 do Provimento n. 62, de 14 de novembro de 2017;
XVIII – art. 2º ao art. 8º e art. 10 ao art. 19 do Provimento n. 63, de 14 de novembro de 2017;
XIX – Provimento n. 65, de 14 de dezembro de 2017;
XX – Provimento n. 67, de 26 de março de 2018;
XXI – Provimento n. 69, de 12 de junho de 2018;
XXII – Provimento n. 70, de 12 de junho de 2018;
XXIII – Provimento n. 72, de 27 de junho de 2018;
XXIV – art. 2º ao art. 9º do Provimento n. 73, de 28 de junho de 2018;
XXV – art. 2º ao art. 7º do Provimento n. 77, de de novembro de 2018;
XXVI – Provimento n. 78, de 7 de novembro de 2018;
XXVII – Provimento n. 86, de 29 de agosto de 2019;
XXVIII – Provimento n. 87, de 11 de setembro de 2019;
XXIX – Provimento n. 88, de 1º de outubro de 2019;
XXX – Provimento n. 93, de 26 de março de 2020;
XXXI – Provimento n. 94, de 28 de março de 2020;
XXXII – Provimento n. 95, de 1º de abril de 2020;
XXXIII – Provimento n. 97, de 27 de abril de 2020;
XXXIV – Provimento n. 100, de 26 de maio de 2020;
XXXV – Provimento n. 104, de 9 de junho de 2020;
XXXVI – art. 2º ao art. 8º do Provimento n. 122, de 13 de agosto de 2021;
XXXVII – art. 1º ao art. 4º do Provimento n. 13, de 15 de agosto de 2022;
XXXVIII – art. 1º e art. 2º bem como art. 4º ao art. 57 do Provimento n. 134, de 24 de agosto de 2022;
XXXIX – Provimento n. 137, de 6 de dezembro de 2022;
XL – Provimento n. 139, de 1.º de fevereiro de 2023; e
XLI – art. 1º ao art. 12 e art. 19 do Provimento 143, de 25 de abril de 2023.

Parágrafo único. Remissões aos atos normativos acima referidos, por outras normas, deverão ser consideradas como endereçadas a dispositivos correlatos deste Código Nacional de Normas, se houver.

DEMAIS REGRAMENTOS

PROVIMENTO Nº 162
11 DE MARÇO DE 2024

Regulamenta o art. 47-A do Regimento Interno do Conselho Nacional de Justiça (RICNJ), acerca da celebração de Termo de Ajustamento de Conduta (TAC) entre a Corregedoria Nacional de Justiça e magistrados, servidores e serventuários do Poder Judiciário ou delegatários de serventias extrajudiciais, e dá outras providências.

Art. 1º Fica instituído o Termo de Ajustamento de Conduta (TAC) como mecanismo de não persecução disciplinar e de resolução consensual de conflitos cuja apreciação se insira nas atribuições da Corregedoria Nacional de Justiça.

Art. 2º Em quaisquer procedimentos, recebidos ou instaurados de ofício pela Corregedoria Nacional, não sendo caso de arquivamento e presentes indícios relevantes de autoria e materialidade de infração disciplinar de reduzido potencial de lesividade a deveres funcionais, nos termos do art. 47-A[212] do RICNJ, o Corregedor Nacional poderá propor ao investigado a celebração de TAC, desde que a medida seja necessária e suficiente para a prevenção de novas infrações e para a promoção da cultura da moralidade e da eficiência no serviço público.

[12.] Art. 47-A No curso de qualquer processo deste Capítulo, uma vez evidenciada a prática de infração disciplinar por parte de magistrado, servidor, serventuário ou delegatário de serventia extrajudicial em que se verifique a hipótese de infração disciplinar leve, com possível aplicação de pena de advertência, censura ou disponibilidade pelo prazo de até 90 (noventa) dias, o Corregedor Nacional de Justiça poderá propor ao investigado Termo de Ajustamento de Conduta (TAC), que, uma vez aceito, será homologado pelo Corregedor Nacional de Justiça.
§ 1º Cumpridas as medidas estabelecidas pelo TAC, o respectivo procedimento será arquivado;
§ 2º Descumprido injustificadamente o TAC, o Corregedor Nacional de Justiça aplicará desde logo ao investigado a sanção administrativa de advertência ou censura correspondente à respectiva falta disciplinar, da qual decisão caberá recurso hierárquico para o Plenário. Caso a pena seja de disponibilidade até 90 (noventa) dias, caberá ao Plenário a sua aplicação;
§ 3º O investigado beneficiado com o TAC não poderá gozar de novo benefício pelo prazo de 3 (três) anos contados do cumprimento integral do TAC;
§ 4º Durante o cumprimento das medidas estabelecidas no TAC, o prazo prescricional de eventual infração disciplinar ficará suspenso;
§ 5º A Corregedoria Nacional de Justiça, através de Provimento, regulamentará o Termo de Ajustamento de Conduta (TAC);
§ 6º Caso a autoridade competente decida pela utilização da Justiça Restaurativa, as condições serão apenas as estabelecidas no plano de ação eventualmente celebrado, a partir de procedimento restaurativo conduzido em conformidade com regulamentação própria da Corregedoria Nacional de Justiça.

§ 1º Considera-se infração disciplinar de reduzido potencial de lesividade a deveres funcionais a conduta de cujas circunstâncias se anteveja a aplicação de penalidade de advertência, censura ou disponibilidade por até 90 (noventa) dias;

§ 2º Para a celebração do TAC, o magistrado deve preencher os seguintes requisitos subjetivos:

I – ser vitalício;

II – não estar respondendo a PAD já instaurado por outro fato, no CNJ ou no tribunal de origem;

III – não ter sido apenado disciplinarmente nos últimos 3 (três) anos, consideradas as datas da nova infração e do trânsito em julgado da decisão que aplicou a pena;

IV – não ter celebrado TAC ou outro instrumento congênere nos últimos 3 (três) anos, consideradas as datas da nova infração e do cumprimento integral das condições anteriormente ajustadas;

§ 3º Na análise da adequação e da necessidade da medida, o Corregedor Nacional poderá avaliar, entre outros fatores, os antecedentes funcionais, o dolo ou a má-fé do investigado, o tempo de exercício da magistratura, as consequências da infração, os motivos da conduta, o comportamento do ofendido e a natureza do conflito, se está relacionado preponderantemente à esfera privada dos envolvidos.

Art. 3º Com a aceitação do TAC, o investigado se compromete a reconhecer a inadequação da conduta a ele imputada e a cumprir as seguintes condições, que poderão ser adotadas isolada ou cumulativamente:

I – reparação do dano, salvo absoluta impossibilidade de fazê-lo;

II – retratação;

III – correção de conduta;

IV – incremento de produtividade;

V – frequência a cursos oficiais de capacitação e aperfeiçoamento;

VI – suspensão do exercício cumulativo e remunerado de funções judiciais;

VII – suspensão do exercício remunerado de funções administrativas ou de caráter singular ou especial.

§ 1º Poderão ser acordadas outras condições, desde que alinhadas ao propósito de prevenir novas infrações e de promover a cultura da moralidade e eficiência no serviço público;

§ 2º O Corregedor Nacional de Justiça poderá decidir pela utilização da Justiça Restaurativa, hipótese em que as condições serão apenas as estabelecidas no plano de ação eventualmente celebrado, a partir de procedimento restaurativo.

Art. 4º O incremento de produtividade consistirá no acréscimo de até 50% de sentenças de mérito e/ou de audiências a ser cumprido no decorrer de 6 (seis) meses a 1 (um) ano, considerada como base de cálculo a produtividade do magistrado nos últimos 12 (doze) meses.

Parágrafo único. Na definição do percentual de acréscimo a que faz referência o caput, deverá ser considerada também a produtividade média de juízos com a mesma competência ou competência similar à exercida pelo investigado.

Art. 5º A frequência a cursos oficiais de capacitação e aperfeiçoamento consistirá na aprovação em cursos oferecidos por escolas da magistratura, com carga horária mínima de 40h, a serem cumpridas no prazo máximo de 12 (doze) meses, de preferência com temática relacionada à falta disciplinar.

Art. 6º As suspensões de que tratam os incisos VI e VII do art. 3º perdurarão pelo período de 1 (um) a 3 (três) meses.

Art. 7º Havendo indicativo de cabimento de TAC em procedimentos de competência da Corregedoria Nacional, será requisitada ao tribunal a que estiver vinculado o magistrado certidão disciplinar e de todas as funções administrativas, singulares, especiais ou judiciais ocupadas nos últimos 12 (doze) meses, inclusive a título de cumulação, bem como sua produtividade individual e a produtividade média dos juízos com a mesma ou similar competência em igual período.

Art. 8º Preenchidos os requisitos do art. 2º, o investigado será intimado para que se manifeste acerca do interesse na celebração do TAC, devendo ser a ele encaminhado, desde já, o esboço das condições que figurarão no instrumento do acordo.

§ 1º O instrumento do TAC deverá conter:

I – a qualificação do magistrado;

II – os fundamentos de fato e de direito para sua celebração;

III – a descrição das obrigações assumidas;

IV – o prazo e o modo para o cumprimento das obrigações; e

V – a forma de fiscalização das obrigações assumidas.

§ 2º Havendo concordância sem reservas pelo investigado, o TAC será homologado pelo Corregedor Nacional;

§ 3º O TAC poderá ser homologado por escrito nos autos ou por audiência específica, a critério do Corregedor Nacional.

Art. 9º Não havendo concordância com os termos do acordo, o procedimento seguirá curso normal, com intimação do investigado para apresentação de defesa prévia, nos termos do art. 14, *caput*[213], da Resolução CNJ n. 135/2011 e do art. 70[214] do RICNJ.

Parágrafo único. Ocorrendo a hipótese do caput, primeira parte, o Corregedor Nacional, antes da submissão do procedimento ao Plenário, poderá convocar, a seu critério, audiência de conciliação ou mediação, observado, no que couber, o disposto no art. 166 do Código de Processo Civil.

Art. 10. O despacho a que se refere o art. 8° suspende o prazo prescricional para a responsabilização disciplinar do investigado.

Art. 11. Cumpridas todas as condições estabelecidas no TAC, será declarada extinta a punibilidade do investigado pela falta administrativa, com o arquivamento definitivo dos autos.

Parágrafo único. Durante o cumprimento do TAC, não correrá a prescrição para responsabilização disciplinar do investigado.

Art. 12. Havendo indícios de descumprimento de condições estabelecidas no TAC, o investigado será intimado para, em 5 (cinco) dias, apresentar justificativas.

§ 1º Aceitas as justificativas, o acompanhamento do acordo retomará o curso, podendo o Corregedor Nacional, a seu critério, prorrogar o prazo final para o cumprimento, ajustar com o investigado outras condições ou modificar as já existentes;

§ 2º Não apresentadas ou não aceitas as justificativas, declarar-se-á rescindido o acordo, hipótese na qual serão aplicadas ao investigado as penas de advertência ou de censura pelo Corregedor Nacional da Justiça, ou de disponibilidade por até 90 (noventa) dias pelo Plenário;

§ 3º Caberá recurso administrativo ao Plenário da decisão do Corregedor Nacional que aplicar pena de advertência ou de censura, devendo o investigado apresentar todas as teses de defesa nas razões recursais;

§ 4º Havendo indicativo de cabimento de pena de disponibilidade por até 90 (noventa) dias, antes da submissão do processo ao Plenário, o investigado será intimado para apresentar defesa;

§ 5º Em caso de rescisão do TAC por força do disposto no § 2º deste artigo, não decorrerá nenhum direito ao investigado do cumprimento parcial das condições estabelecidas no acordo, seja de que natureza for.

Art. 13. A celebração de TAC não tem caráter de pena disciplinar, tampouco constitui direito subjetivo do investigado, e somente constará dos registros funcionais do magistrado pelo período de 3 (três) anos, a contar da declaração de extinção da punibilidade pelo cumprimento, com a exclusiva finalidade de obstar o recebimento de novo benefício durante o referido prazo.

Art. 14. O Corregedor Nacional poderá delegar a juízes auxiliares atos de conciliação e de mediação entre os envolvidos, bem como as tratativas para a celebração do TAC, homologando, posteriormente, o instrumento ajustado.

Art. 15. Poderão ser delegados às corregedorias gerais e regionais os atos de celebração, homologação e acompanhamento do cumprimento do TAC ou somente os de acompanhamento de seu cumprimento, com comunicação posterior à Corregedoria Nacional de Justiça, nos termos do art. 28[215] da Resolução CNJ n. 135/2011.

Art. 16. A celebração de TAC pelo investigado e a participação dos interessados em audiência de conciliação ou mediação independem de constituição de advogado.

Art. 17. Os tribunais poderão celebrar TAC com magistrados, observadas, no que couber, as disposições deste Provimento, com comunicação à Corregedoria Nacional de Justiça, na forma do art. 28[216] da Resolução CNJ n. 135/2011.

Art. 18. Aplica-se este Provimento, no que couber, à(s) falta(s) cometida(s) por delegatários de serviços notariais e de registro, desde que se trate de infração disciplinar de reduzido potencial de lesividade aos deveres de conduta elencados no art. 31[217] da Lei n. 8.935/1994, dos quais se antevja a aplicação de penalidade de repreensão ou multa.

§ 1º O órgão julgador ou a autoridade julgadora que entender conveniente celebrar TAC com o delegatário deverá buscar solução proporcional, equânime, eficiente e compatível com os interesses gerais e com a irregularidade constatada;

§ 2º Na análise da adequação e da conveniência do TAC, a autoridade considerará, entre outros elementos, o objetivo de eliminar irregularidades, incerteza jurídica, situações potencialmente contenciosas ou atentatórias às instituições notariais e de registro, bem como de estabelecer a compensação por benefícios indevidos ou prejuízos, públicos ou privados, resultantes das condutas praticadas;

§ 3º O instrumento do TAC deverá conter:

a) as obrigações do delegatário, que podem envolver, a partir do exame ponderado da autoridade competente, à luz da infração disciplinar e circunstâncias em que cometida, da realidade local e da capacidade econômica da serventia, dentre outras possíveis soluções, melhorias na prestação dos serviços ou instalações da serventia, qualificação do celebrante, estabelecimento de participação e aproveitamento em curso que tenha utilidade para as atividades cartorárias e/ou oferecimento de curso de qualificação aos empregados;

b) o prazo e o modo para cumprimento;

c) a forma de fiscalização quanto à sua observância; e

d) os fundamentos de fato e de direito.

Art. 19. Aplicam-se, no que couber, a faltas disciplinares cometidas por magistrados e por delegatários de serviços notariais e de registro, as disposições referentes a instrumentos de solução adequada de conflitos previstas na Lei dos Juizados Especiais Cíveis e Criminais, no Código de Processo Penal, no Código de Processo Civil, na Lei de Improbidade Administrativa e na Lei da Mediação.

Art. 20. Os tribunais disciplinarão a celebração de TAC com servidores do Poder Judiciário, levando-se em consideração as normas federais aplicáveis e os respectivos regimes jurídicos.

Art. 21. O Livro I da Parte Geral do Código Nacional de Normas da Corregedoria Nacional de Justiça do Conselho Nacional de Justiça – Foro Extrajudicial (CNN/CN/CNJ-Extra), instituído pelo Provimento n. 149, de 30 de agosto de 2023, fica acrescido com o seguinte Título VII: [...]

PROVIMENTO Nº 159
18 DE DEZEMBRO DE 2023

Institui o Fundo para a Implementação e Custeio do Sistema Eletrônico dos Registros Públicos – FIC-ONSERP, o Fundo para a Implementação e Custeio do Sistema Eletrônico do Registro Civil das Pessoas Naturais – FIC-RCPN, e o Fundo para a Implementação e Custeio do Sistema Eletrônico do Registro de Títulos e Documentos e Civis das Pessoas Jurídicas – FIC-RTDPJ; dispõe sobre suas receitas; e dá outras providências.

CAPÍTULO I
DAS DISPOSIÇÕES GERAIS

Art. 1º Este Provimento institui o Fundo para a Implementação e Custeio do Sistema Eletrônico dos Registros Públicos – FIC-ONSERP, o Fundo para a Implementação e Custeio do Sistema Eletrônico do Registro Civil das Pessoas Naturais – FIC-RCPN, e o Fundo para a Implementação e Custeio do Sistema Eletrônico do Registro de Títulos e Documentos e Civis das Pessoas Jurídicas – FIC-RTDPJ; dispõe sobre suas receitas; e dá outras providências.

Art. 2º Ficam instituídos:

I – o Fundo para a Implementação e Custeio do Sistema Eletrônico dos Registros Públicos – FIC-ONSERP;

II – o Fundo para a Implementação e Custeio do Sistema Eletrônico do Registro Civil das Pessoas Naturais – FIC-RCPN; e

III – o Fundo para a Implementação e Custeio do Sistema Eletrônico do Registro de Títulos e Documentos e Civis das Pessoas Jurídicas – FIC-RTDPJ.

---

213. Art. 14. Antes da decisão sobre a instauração do processo pelo colegiado respectivo, a autoridade responsável pela acusação concederá ao magistrado prazo de quinze dias para a defesa prévia, contado da data da entrega da cópia do teor da acusação e das provas existentes.

214. Art. 70. No caso de instauração desde logo de processo administrativo disciplinar, o Corregedor Nacional de Justiça, antes de submeter o feito à apreciação do Plenário, intimará o magistrado ou servidor para oferecer defesa prévia em 15 (quinze) dias, devendo constar da intimação a descrição do fato e a sua tipificação legal, bem como cópia do teor da acusação.

215. Art. 28. Os Tribunais comunicarão à Corregedoria Nacional de Justiça as decisões de arquivamento dos procedimentos prévios de apuração, de instauração e os julgamentos dos processos administrativos disciplinares.

216. Art. 28. Os Tribunais comunicarão à Corregedoria Nacional de Justiça as decisões de arquivamento dos procedimentos prévios de apuração, de instauração e os julgamentos dos processos administrativos disciplinares.

217. Art. 31. São infrações disciplinares que sujeitam os notários e os oficiais de registro às penalidades previstas nesta lei:
I – a inobservância das prescrições legais ou normativas;
II – a conduta atentatória às instituições notariais e de registro;
III – a cobrança indevida ou excessiva de emolumentos, ainda que sob a alegação de urgência;
IV – a violação do sigilo profissional;
V – o descumprimento de quaisquer dos deveres descritos no art. 30.

Parágrafo único. Na hipótese de a serventia acumular mais de uma especialidade, a cota de participação do FIC-RCPN e FIC-RTDPJ é devida, respectivamente, apenas sobre os atos do serviço de registro civil das pessoas naturais e de títulos e documentos e civil das pessoas jurídicas, excluídos os demais atos praticados na respectiva serventia que sejam relacionados com as competências das outras especialidades.

CAPÍTULO II
DA RECEITA DO FUNDO PARA A IMPLEMENTAÇÃO E CUSTEIO DO SISTEMA ELETRÔNICO DO REGISTRO CIVIL DAS PESSOAS NATURAIS – FIC-RCPN

Art. 3º Constitui-se receita do FIC-RCPN a cota de participação dos oficiais de registro civil das pessoas naturais dos Estados e Distrito Federal, sob o regime de delegação ou oficializadas, providas ou vagas, instaladas e em funcionamento, vinculados ao ON-RCPN.

§ 1º A cota de participação é devida mensalmente;

§ 2º A cota de participação corresponde a 1,5% (um e meio por cento) da receita percebida pelos atos praticados pelo oficial de registro de civil das pessoas naturais da respectiva serventia, assim compreendidos:

a) todos os emolumentos recebidos pelo oficial de registro civil na prática de atos de atribuição do registro civil das pessoas naturais;

b) outros emolumentos ou valores recebidos por serviços autorizados mediante convênio, credenciamento e matrícula com órgãos e entidades governamentais e privadas a serem praticados pelo oficial do registro civil das pessoas naturais, no âmbito estadual ou nacional, inclusive os decorrentes de Ofício da Cidadania;

c) valores recebidos a título de complementação de renda ou ressarcimento de atos gratuitos, considerado o valor efetivamente recebido em conta e a data do recebimento, independentemente da data de competência de realização dos atos.

§ 3º Retenções ou repasses legais que não se destinarem ao oficial de registro civil das pessoas naturais não se incluem no percentual de cálculo da cota de participação do FIC-RCPN, tais como ISS, taxas de fiscalização ou outras correlatas.

Art. 4º Considerando que o FIC-RCPN também será remunerado por valores recebidos a título de complementação de renda, parte dos valores arrecadados, havendo disponibilidade, deverá ser utilizada para a modernização tecnológica das serventias deficitárias, nos termos do Provimento CNJ n. 74/2018.

CAPÍTULO III
DA RECEITA DO FUNDO PARA A IMPLEMENTAÇÃO E CUSTEIO DO SISTEMA ELETRÔNICO DO REGISTRO DE TÍTULOS E DOCUMENTOS E CIVIL DAS PESSOAS JURÍDICAS – FIC-RTDPJ

Art. 5º Constitui-se receita do FIC-RTDPJ a cota de participação dos oficiais de registro de títulos e documentos e civil das pessoas jurídicas dos Estados e do Distrito Federal, sob o regime de delegação ou oficializadas, providas ou vagas, instaladas e em funcionamento, vinculados ao ON-RTDPJ.

§ 1º A cota de participação é devida mensalmente;

§ 2º A cota de participação corresponde a 1,2% (um inteiro e dois décimos por cento) da receita percebida pelos atos praticados pelo oficial de registro de títulos e documentos e civil das pessoas jurídicas da respectiva serventia, assim compreendidos:

a) todos os emolumentos recebidos pelo oficial de registro de títulos e documentos e civil das pessoas jurídicas;

b) outros emolumentos recebidos por serviços incorporados ou autorizados a serem praticados pelo oficial de registro de títulos e documentos e civil das pessoas jurídicas;

c) valores recebidos a título de complementação de renda ou ressarcimento de atos gratuitos, considerado o valor efetivamente recebido em conta e a data do recebimento, independentemente da data de competência.

§ 3º Retenções ou repasses legais que não se destinarem ao oficial de registro de títulos e documentos e civil das pessoas jurídicas não constituem renda para fim de cálculo do percentual da cota de participação do FIC-RTDPJ, tais como ISS, taxas de fiscalização ou outras correlatas.

Art. 6º Considerando que o FIC-RTDPJ também será remunerado por valores recebidos a título de complementação de renda, parte dos valores arrecadados, havendo disponibilidade, deverá ser utilizada para a modernização tecnológica das serventias deficitárias, nos termos do Provimento CNJ n. 74/2018.

CAPÍTULO IV
DA RECEITA DO FUNDO PARA A IMPLEMENTAÇÃO E CUSTEIO DO SISTEMA ELETRÔNICO DOS REGISTROS PÚBLICOS – FIC-ONSERP

Art. 7º Constituem receita do FIC-ONSERP os valores repassados pelos FICs dos demais operadores (ONR, ON-RCPN e ON-RTDPJ) de forma proporcional à capacidade contributiva de cada um, de acordo com o percentual correspondente ao total arrecadado entre todos os operadores, no semestre anterior.

Parágrafo único. Os valores referentes à contribuição para o FIC-ONSERP serão recolhidos mensalmente, até o quinto dia útil de cada mês.

CAPÍTULO V
DA ESCRITURAÇÃO, RECOLHIMENTO E FISCALIZAÇÃO DO FIC-RCPN E FIC-RTDPJ

SEÇÃO I
DA ESCRITURAÇÃO

Art. 8º Os valores mensais recolhidos ao FIC-RCPN e ao FIC-RTDPJ serão apurados em separado, contendo a respectiva memória de cálculo em que, necessariamente, devem ser identificados:

I – os valores correspondentes aos atos praticados no serviço de registro respectivo;

II – o valor correspondente à parte dos emolumentos reservada ao oficial de registro.

§ 1º O valor da cota de participação deve ser destacado no relatório detalhado de apuração do respectivo mês de referência;

§ 2º O relatório detalhado da apuração deve ser mantido, preferencialmente, em meio eletrônico, por 5 (cinco) anos, para fins de fiscalização.

Art. 9º Os valores apurados e recolhidos ao FIC-RCPN e ao FIC-RTDPJ serão lançados como despesa obrigatória, tal como previsto em lei, no Livro Diário Auxiliar da Receita e Despesa de que trata o Capítulo I do Título I do Livro III do Código Nacional de Normas – Foro Extrajudicial (CNN/CN/CNJ-Extra), instituído pelo Provimento n. 149, de 30 de agosto de 2023.

SEÇÃO II
DO RECOLHIMENTO

Art. 10. O ON-RCPN e o ON-RTDPJ implantarão sistema informatizado para o gerenciamento do recolhimento das cotas de participação das serventias do serviço de registro a eles vinculadas.

§ 1º O recolhimento ocorrerá obrigatoriamente por meio do sistema bancário, em contas próprias do ON-RCPN e ON-RTDPJ mantidas para essa finalidade;

§ 2º O recolhimento da cota de participação será efetuado até o último dia útil de cada mês, no valor apurado com base nos valores percebidos no mês imediatamente anterior

Art. 11. Quando não recolhido no prazo, o débito relativo à cota de participação no FIC-RCPN e FIC-RTDPJ fica sujeito à incidência de multa, atualização monetária e juros de mora calculados em conformidade com as disposições contidas em portaria regulamentar após proposta do ONSERP, homologada pelo Agente Regulador.

§ 1º O ON-RCPN e o ON-RTDPJ informarão às Corregedorias-Gerais das Justiças dos Estados e do Distrito Federal, até o último dia do mês subsequente ao do recolhimento, a listagem, organizada por unidade da federação, das serventias que não efetuaram o recolhimento no mês de referência imediatamente anterior;

§ 2º As Corregedorias-Gerais das Justiças dos Estados e do Distrito Federal deverão adotar providências administrativas disciplinares junto às serventias que não tenham cumprido a obrigação de recolher a cota de participação devida ao FIC/SREI, FIC-RCPN e FIC-RTDPJ, sem prejuízo das ações de cobrança pelo Operador Nacional de cada especialidade.

SEÇÃO III
DA FISCALIZAÇÃO

Art. 12. A fiscalização do recolhimento da cota de participação do FIC-RCPN e FIC-RTDPJ caberá às Corregedorias-Gerais das Justiças dos Estados e do Distrito Federal e aos Juízos que detenham competência correcional junto aos serviços de registro civil das pessoas naturais e de títulos e documentos e civil das pessoas jurídicas de sua jurisdição, sem prejuízo da fiscalização concorrente do respectivo Operador Nacional, cabendo a atuação subsidiária da Corregedoria Nacional de Justiça.

§ 1º O recolhimento da cota de participação do FIC-RCPN e FIC-RTDPJ será, necessariamente, objeto de fiscalização ordinária por ocasião de inspeções ou correições, presenciais ou no módulo on-line, realizadas por órgãos competentes do Poder Judiciário nas serventias de serviços de registro;

§ 2º Nas atas lavradas durante as atividades de fiscalização, deverão constar os seguintes registros:

I – a verificação da regularidade dos recolhimentos da cota de participação, mediante anotações sobre a análise dos relatórios mensais de apuração do valor devido, da escrituração da despesa no Livro Diário Auxiliar da Receita e da Despesa, bem como dos comprovantes de recolhimento;

II – a ocorrência de eventuais irregularidades, especificando-as e indicando as medidas saneadoras que forem determinadas e/ou, se for o caso, a infração cometida.

CAPÍTULO VI
DAS INFRAÇÕES

Art. 13. O não recolhimento da cota de participação do FIC-RCPN e FIC-RTDPJ configura, em tese, a infração disciplinar prevista no art. 31, I[218], da Lei n. 8.935/1994.

Art. 14. A falta de apuração em separado do valor devido ao FIC-RCPN e FIC-RTDPJ configura, em tese, a infração disciplinar prevista no art. 31, V[219], combinado com o art. 30, XIV[220], da Lei n. 8.935/1994.

Art. 15. Será substituído o interino que praticar qualquer das infrações a que se referem os artigos anteriores, caso seja constatada a quebra de confiança, apurada com a observância do devido processo legal, sem prejuízo da responsabilização civil e criminal, quando for o caso.

CAPÍTULO VII
DA DISPENSA DE PAGAMENTO DO FIC/SREI, FIC-RCPN, FIC-RTDPJ E FIC-ONSERP

Art. 16. O pedido de dispensa de participação na subvenção do FIC/SREI, FIC-RCPN, FIC-RTDPJ e FIC-ONSERP pelo oficial de registro público que desenvolver plataforma eletrônica própria, na forma do § 2º[221] do art. 5º da Lei 14.382, de 27 de junho de 2022, deverá ser formalizado até o dia 31 de janeiro de cada ano e dirigido ao ONSERP.

---

218. Art. 31. São infrações disciplinares que sujeitam os notários e os oficiais de registro às penalidades previstas nesta lei:
I – a inobservância das prescrições legais ou normativas;
219. Art. 31. São infrações disciplinares que sujeitam os notários e os oficiais de registro às penalidades previstas nesta lei:
V – o descumprimento de quaisquer dos deveres descritos no art. 30.
220. Art. 30. São deveres dos notários e dos oficiais de registro:
XIV – observar as normas técnicas estabelecidas pelo juízo competente.
221. Art. 5º Fica criado o Fundo para a Implementação e Custeio do Sistema Eletrônico dos Registros Públicos (Fics), subvencionado pelos oficiais dos registros públicos, respeitado o disposto no § 9º do art. 76 da Lei nº 13.465, de 11 de julho de 2017.
§ 2º Os oficiais dos registros públicos ficam dispensados de participar da subvenção do Fics na hipótese de desenvolverem e utilizarem sistemas e plataformas interoperáveis necessários para a integração plena dos serviços de suas delegações ao Serp, nos termos estabelecidos pela Corregedoria Nacional de Justiça do Conselho Nacional de Justiça.

§ 1º O procedimento de análise do pedido de dispensa previsto no caput será objeto de Instrução Técnica de Normalização do ONSERP, a ser homologada pelo Agente Regulador.

§ 2º O ONSERP proferirá decisão fundamentada, para deferir ou indeferir o pedido de dispensa, na forma do disposto na Instrução Técnica de Normalização, e o requerente poderá dela recorrer ao Agente Regulador, no prazo de 5 (cinco) dias, deduzindo as razões do seu inconformismo;

§ 3º Instrução Técnica de Normalização definirá a parte da subvenção sobre a qual recairá a dispensa de participação de que trata este artigo.

CAPÍTULO VIII
DAS DISPOSIÇÕES FINAIS E TRANSITÓRIAS

Art. 17. A primeira cota de participação do FIC-RCPN e FIC-RTDPJ será devida no último dia útil do mês de fevereiro de 2024, e terá por base os emolumentos percebidos no período de 1º a 31 de janeiro de 2024, prosseguindo-se os recolhimentos seguintes na foram do art. 10 deste Provimento.

Art. 18. O sistema informatizado para o gerenciamento do recolhimento das cotas de participação das serventias do serviço de registro vinculadas ao respectivo Operador Nacional deverá estar disponibilizado pelo respectivo Operador ao oficial de registros públicos até o dia 31 de janeiro de 2024.

Art. 19. O Código Nacional de Normas da Corregedoria Nacional de Justiça do Conselho Nacional de Justiça – Foro Extrajudicial (CNN/CN/CNJ-Extra), instituído pelo Provimento n. 149, de 30 de agosto de 2023, passa a vigorar acrescido do seguinte artigo:

"Art. 219-B. [...]."

Art. 20. O Provimento nº 115, de 24 de março de 2021, passa a vigorar com as seguintes alterações:

"Capítulo IV [...]".

Art. 21. Este Provimento entra em vigor na data de sua publicação.

PROVIMENTO Nº 158
05 DE DEZEMBRO DE 2023

Estabelece, no âmbito do Poder Judiciário, o Programa Permanente de Regularização Fundiária Plena de Núcleos Urbanos Informais e Favelas – "Solo Seguro – Favela" – e dá outras providências.

Art. 1º Instituir, no âmbito do Poder Judiciário, o Programa Permanente de Regularização Fundiária Plena de Núcleos Urbanos Informais e Favelas – "Solo Seguro – Favela", com vigência e eficácia sobre todos os Estados da Federação, com a finalidade de fomentar ações sociais, urbanísticas, jurídicas e ambientais relativas à Regularização Fundiária Urbana – Reurb, incorporando núcleos informais ao ordenamento territorial urbano e titulando seus ocupantes com os respectivos registros imobiliários, ainda que localizados em área inicialmente considerada rural.

Art. 2º O Programa Permanente de Regularização Fundiária Plena de Núcleos Urbanos Informais e Favelas está embasado em ações voltadas aos eixos estruturantes do projeto urbano, trabalho social e regularização fundiária, a saber:

I – regularização urbanística, como definição das áreas públicas e privadas, reconhecimento e nomenclatura dos logradouros;

II – regularização das edificações, como oficialização, numeração das edificações e inclusão da edificação na descrição da matrícula do respectivo imóvel;

III – regularização fiscal, como inclusão das edificações no cadastro imobiliário fiscal;

IV – estímulo à prestação de serviços públicos, como água, luz, esgoto, drenagem, coleta de lixo, educação, esporte, lazer, cultura, saúde, geração de trabalho e renda, assistência social;

V – participação ampla da população da área envolvida e estabelecimento de fóruns de diálogo, comitês e grupos de trabalho;

VI – estímulo à permanente capacitação de todos os atores envolvidos, com destaque para servidores públicos e registradores imobiliários, inclusive mediante parcerias com universidades e outras instituições;

VII – incentivo à celebração de convênios e termos de cooperação técnica com entes públicos legalmente legitimados para iniciar os procedimentos de regularização;

VIII – garantia de que a legitimação fundiária realizada pela União, Estados, Distrito Federal e Municípios seja concedida preferencialmente em nome da mulher, nos termos do art. 9º, XI[222], da Lei 13.465, de 11 de julho de 2017;

IX – observação das diretrizes e das inovações propostas nos enunciados das Cartas do Fórum Fundiário Nacional das Corregedorias-Gerais dos Tribunais de Justiça.

Parágrafo único. O Programa Permanente de Regularização Fundiária Plena de Núcleos Urbanos Informais e Favelas é orientado, no que couber, pelas diretrizes constantes no art. 2º do Provimento CNJ n. 144/2023.

Art. 3º As Corregedorias-Gerais das Justiças dos Estados e Distrito Federal, no âmbito de suas competências, e sem prejuízo da aplicação das normas legais e administrativas vigentes implementarão o Programa Permanente de Regularização Fundiária Plena de Núcleos Urbanos Informais e Favelas, com observância das diretrizes e dos eixos estruturantes traçados no art. 2º deste Provimento e dos elementos a seguir:

I – coordenação de medidas relativas à Regularização Fundiária Urbana – Reurb, bem como a identificação de áreas públicas e daquelas destinadas à proteção ambiental, na forma prevista na legislação pertinente;

II – estabelecimento das etapas do procedimento de regularização fundiária;

III – definição das atividades integrantes de cada etapa, indicação dos responsáveis pela execução de cada etapa e prazos máximos para execução integral;

IV – estratégias, preferencialmente construídas em parcerias com a União, Estados e/ou Mu-

---

222. Indicação de dispositivo equivocada. O artigo correto é 10.
Art. 10. Constituem objetivos da Reurb, a serem observados pela União, Estados, Distrito Federal e Municípios:
XI – conceder direitos reais, preferencialmente em nome da mulher.

nicípios, voltadas à identificação de áreas públicas e de proteção ambiental, à simplificação de procedimentos, à gestão compartilhada de informações e à redução da quantidade de tempo e de recursos necessários à conclusão de processos de regularização fundiária;

V – monitoramento e fiscalização permanente dos cartórios de registro de imóveis nas questões relacionadas à regularização fundiária na metodologia estabelecida pela lei e ao combate à grilagem e corrupção na cessão dos direitos de posse, com eleição de indicadores hábeis à medição de eficiência e eficácia;

VI – realização de audiências públicas e ampla participação das comunidades e demais agentes envolvidos no programa de regularização, com garantia de que todos sejam consultados e de que o processo transcorra de forma transparente, mediante procedimentos simples, claros, acessíveis e compreensíveis para todos;

VII – desenvolvimento de estudos para propor eventual alteração da lei local de emolumentos para concessão de incentivos e reduções nos casos não abrangidos pela gratuidade;

VIII – estímulo à definição de regras e indicação de recursos para o ressarcimento dos atos gratuitos praticados no registro da Reurb-S;

IX – previsão de núcleos ou coordenadorias permanentes de regularização fundiária, bem como estímulo e monitoramento contínuo das atividades afetas à regularização fundiária.

Art. 4º Para o alcance pleno dos objetivos dispostos no art. 3º, é dever do oficial de registro de imóveis:

I – informar mensalmente ao Operador Nacional do Registro por meio eletrônico os dados sobre as regularizações fundiárias registradas, para a formação de índices e indicadores;

II – prestar informações à Corregedoria-Geral cerca de eventuais obstáculos encontrados no processo registral;

III – promover o compartilhamento de informações com os entes públicos para facilitar o ordenamento e a gestão territorial;

IV – cooperar com o fornecimento de dados, informações e documentos para a elaboração de cadastros multifinalitários, dentre outras medidas de gestão, preferencialmente por intermédio da adoção de sistemas informatizados dotados de conjunto padronizado de interfaces de conexão que permitam a interoperabilidade de dados pelo Poder Público;

V – divulgar amplamente na sua comunidade, inclusive mediante palestras e visitas, as formas de regularização registral imobiliária, bem como as regularizações implementadas.

Art. 5º As Corregedorias-Gerais das Justiças dos Estados e do Distrito Federal realizarão de forma contínua, no âmbito de suas competências, o planejamento, o desenvolvimento e o monitoramento de ações voltadas à regularização fundiária urbana previstas no Programa Permanente de Regularização Fundiária Plena de Núcleos Urbanos Informais e Favelas, inclusive mediante comunicações ao Ministério Público e ao Tribunal de Contas nos casos de eventual omissão injustificada dos gestores públicos.

Art. 6º Anualmente, será realizado evento de conscientização e mobilização junto às comunidades locais com o objetivo de denotar a importância da regularização fundiária e divulgar a importância da entrega de títulos de propriedade devidamente registrados.

§ 1º O evento será coordenado pela Corregedoria Nacional da Justiça, devendo as ações serem desenvolvidas e implementadas no âmbito local pelas Corregedorias-Gerais da Justiça;

§ 2º Durante o evento, serão realizados esforços concentrados de atos de regularização fundiária, com a apresentação de:

I – resultados dos projetos em execução e já concluídos, em favor da regularização fundiária, em período anterior;

II – propostas e projetos relativos ao período seguinte, bem como os históricos pertinentes às execuções dos respectivos planos de trabalho;

III – dados e informações quanto ao cumprimento de decisões administrativas e de metas da Corregedoria Nacional da Justiça.

§ 3º No mesmo período, serão coordenados pelas corregedorias locais, preferencialmente em meios virtuais, encontros com registradores de imóveis, magistrados encarregados do julgamento de questões fundiárias, promotores de Justiça, advogados e acadêmicos, para compartilhamento de experiências, especialmente aquelas qualificadas pela eficiência e eficácia apuradas em termos de tempo de duração de processo e em resultados sociais obtidos.

Art. 7º Compete às Corregedorias-Gerais das Justiças dos Estados e do Distrito Federal apresentar à Corregedoria Nacional de Justiça, em até 30 (trinta) dias após a realização do evento previsto no art. 6º, relatório dos resultados alcançados.

Art. 8º As Corregedorias-Gerais das Justiças dos Estados e Distrito Federal fiscalizarão a efetiva observância das regras e ações contidas neste Provimento, expedindo, no prazo de 60 (sessenta) dias, as normas locais complementares que se fizerem necessárias para a implementação e cumprimento das diretrizes e dos elementos do Programa Permanente de Regularização Fundiária Plena de Núcleos Urbanos Informais e Favelas, bem como promoverão a adequação de suas normas que contrariem as regras e diretrizes constantes do presente Provimento.

Parágrafo único. As Corregedorias-Gerais das Justiças dos Estados e Distrito Federal indicarão um magistrado responsável pela execução das ações deste Provimento.

Art. 9º Este Provimento entra em vigor na data de sua publicação.

PROVIMENTO Nº 156
04 DE NOVEMBRO DE 2023

Dispõe sobre as normas a serem observadas nas inspeções e correições de competência da Corregedoria Nacional de Justiça, nas unidades judiciais e administrativas dos tribunais e nos serviços notariais e de registro.

CAPÍTULO I
DAS DISPOSIÇÕES GERAIS

Art. 1º Este Provimento estabelece as normas a serem observadas nas inspeções e correições de competência da Corregedoria Nacional de Justiça, nas unidades judiciais e administrativas dos tribunais e nos serviços notariais e de registro, sem prejuízo das disposições constantes na Portaria n. 211/2009, alterada pela Portaria n. 121/2012 e Portaria n. 54/2022 (Regulamento Geral da Corregedoria Nacional de Justiça).

Art. 2º A inspeção destina-se à verificação in loco de fatos que interessem à instrução de processos em tramitação na Corregedoria Nacional de Justiça ou no Conselho Nacional de Justiça, bem como da situação de funcionamento dos órgãos jurisdicionais de primeiro e segundo graus, serviços auxiliares, serventias, órgãos prestadores de serviços notariais e de registro, objetivando o aprimoramento dos seus serviços, havendo ou não irregularidades.

Art. 3º A correição destina-se à verificação de fatos determinados relacionados com deficiências graves ou relevantes dos serviços judiciais e auxiliares, das serventias e dos órgãos prestadores de serviços notariais e de registro que atuem por delegação do poder público, ou que prejudiquem a prestação jurisdicional, a disciplina e o prestígio da justiça brasileira, bem como nos casos de descumprimento de resoluções e decisões do Conselho Nacional de Justiça.

Art. 4º Competem à Assessoria de Correição e Inspeção o planejamento e a execução das atividades de inspeções e correições desenvolvidas pela Corregedoria Nacional de Justiça e o monitoramento das determinações delas oriundas.

§ 1º Para o planejamento das inspeções e correições a Assessoria valer-se-á da metodologia de coleta prévia de dados;

§ 2º A coleta de dados será consolidada a partir de procedimentos já existentes no Conselho Nacional de Justiça, dados situacionais obtidos diretamente no Tribunal inspecionado ou correicionado conforme artigo 13 e seguintes, além de fontes abertas da Internet;

§ 3º Poderão ser usados, ainda, outros métodos e fontes necessários para a melhor compreensão da unidade judicial que será inspecionada ou correicionada;

§ 4º Será elaborado relatório a partir dos dados obtidos no cruzamento dos dados coletados, relatório que servirá como subsídio para a escolha das unidades a serem visitadas e/ou eventuais abordagens necessárias durante a execução da visita.

CAPÍTULO II
DA INSPEÇÃO

Art. 5º A inspeção será instaurada por portaria do Corregedor Nacional de Justiça ou por despacho deste em procedimento administrativo em andamento, de ofício ou após deliberação do Plenário do Conselho Nacional de Justiça.

Art. 6º A portaria de instauração da inspeção conterá:

I – a menção dos fatos ou dos motivos determinantes da inspeção;

II – o local, a data e a hora do início dos trabalhos;

III – a indicação dos magistrados delegatários e servidores que participarão dos trabalhos;

IV – o prazo de duração dos trabalhos.

§ 1º O Corregedor Nacional poderá delegar a magistrados vinculados a quaisquer dos tribunais do país a realização dos trabalhos de inspeção, bem como designar servidores para prestar assessoramento;

§ 2º O Corregedor Nacional poderá criar cadastro de magistrados e servidores vinculados a quaisquer tribunais do país, com experiência objetivamente reconhecida, para realização dos trabalhos de inspeção e correição, por delegação, sendo os nomes cadastrados de livre nomeação e destituição;

§ 3º Os servidores ficarão responsáveis pelo registro das situações verificadas nas visitas de inspeção e pela guarda de documentos, arquivos eletrônicos e informações destinadas à consolidação do relatório.

Art. 7º A realização da inspeção será comunicada por ofício encaminhado à autoridade responsável pelo órgão inspecionado, sempre que possível, com antecedência mínima de 24 (vinte e quatro) horas, com determinação das providências que se fizerem necessárias à realização dos trabalhos de inspeção.

§ 1º Nas inspeções envolvendo procedimentos sigilosos, os trabalhos serão conduzidos com a reserva devida, sendo garantido o acompanhamento pela autoridade responsável do órgão ou unidade judiciária, pelos procuradores habilitados em processo correlato e pelos interessados que encaminhem requerimento ao Corregedor Nacional ou a quem tenha sido delegada a coordenação dos trabalhos;

§ 2º Se o conhecimento prévio da realização da inspeção pelo magistrado ou servidor investigado puder comprometer o sucesso da diligência, notadamente quanto à colheita de provas, o Corregedor Nacional, em despacho fundamentado ou na portaria de instauração, poderá determinar que a realização dos trabalhos seja divulgada somente após iniciada a inspeção, configurando quebra do dever de sigilo a revelação prévia por qualquer magistrado envolvido no ato, conforme insculpido no artigo 27[223] da Resolução n. 60 (Código de Ética da Magistratura Nacional), de 19 de setembro de 2008.

Art. 8º Poderão ser convidados para acompanhamento dos trabalhos o Presidente, o Corregedor e demais membros do respectivo tribunal, os magistrados de primeiro grau, o Ministério Público com atuação perante os respectivos órgãos, a Ordem dos Advogados do Brasil, as defensorias públicas, associações de magistrados e representantes de outros órgãos ou segmentos da sociedade, sempre a critério do Corregedor Nacional ou de quem tenha sido designado coordenador dos trabalhos.

Art. 9º A Presidência e a Corregedoria locais, assim como demais autoridades judiciárias e administrativas locais colaborarão, materialmente e com os recursos humanos necessários, para o bom desempenho dos trabalhos da inspeção.

Parágrafo único. O Corregedor Nacional, a seu exclusivo critério, poderá requisitar de outras autoridades apoio administrativo para o planejamento e a execução dos trabalhos.

Art. 10. Os magistrados e servidores do órgão inspecionado prestarão as informações que lhes forem solicitadas pela equipe da Corregedoria Nacional de Justiça, devendo-lhe franquear o acesso a instalações, sistemas, arquivos e apresentar autos, livros e tudo o mais que for necessário à realização dos trabalhos.

Art. 11. Nos casos em que houver interesse público relevante, em momento anterior à data de início da inspeção, poderá ser convocada audiência pública ou determinado atendimento ao público, para recolhimento de informações que auxiliem o aprimoramento do serviço jurisdicional prestado pelo tribunal, de tudo lavrando-se auto circunstanciado.

§ 1º Da data, da hora e do local da realização da audiência pública ou do atendimento ao público será dado amplo conhecimento por meio de publicação do edital no diário oficial e por divulgação na imprensa local;

§ 2º Poderão ser recebidas manifestações de qualquer pessoa ou interessado devidamente identificado, em particular ou reservadas, perante magistrados ou servidores designados pelo Corregedor Nacional, as quais serão reduzidas a termo e incluídas em ata ou no auto circunstanciado da inspeção.

Art. 12. Durante a inspeção, para além das unidades previamente selecionadas, o Corregedor Nacional de Justiça ou os magistrados delegatários da inspeção poderão visitar ou determinar a visita a quaisquer outras, com a finalidade de analisar instalações e dependências, examinar os aspectos processuais e de funcionamento dos serviços prestados e ouvir explicações e solicitações, bem como obter informações e documentos sempre que julgar necessária a medida para apurar situação que tenha surgido durante os trabalhos, consignando-se toda a situação no futuro relatório.

CAPÍTULO III
DO PROCEDIMENTO PREPARATÓRIO DE INSPEÇÃO

Art. 13. Nas inspeções ordinárias, serão requisitados do tribunal inspecionado, com antecedência mínima de 10 (dez) dias da data provável de sua realização, dados relativos à situação das unidades de primeiro e segundo graus do tribunal.

§ 1º O relatório situacional das unidades de primeiro grau deverá indicar, entre outros dados solicitados pela Corregedoria Nacional de Justiça, o seguinte:

I – a denominação;

II – os processos em tramitação na unidade (incluindo suspensos, sobrestados ou arquivados provisoriamente);

III – os processos suspensos, sobrestados e arquivados provisoriamente;

IV – os processos distribuídos e redistribuídos para a unidade nos últimos doze meses;

V – os processos despachados, decididos e julgados com e sem mérito nos últimos 12 (doze) meses;

VI – os processos sem movimentação há mais de 100 (cem) dias (excluídos os suspensos, sobrestados e arquivados provisoriamente);

VII – os processos conclusos ao magistrado (excluídos os suspensos, sobrestados e arquivados provisoriamente), com discriminação do número daqueles conclusos há mais de 100 (cem) dias.

§ 2º O relatório situacional das unidades de segundo grau deverá indicar, além dos dados constantes no parágrafo anterior, o total de processos julgados nos últimos 12 (doze) meses por decisão colegiada;

§ 3º Os tribunais deverão indicar, para assessoramento da equipe de inspeção, um servidor com conhecimentos específicos sobre os sistemas utilizados e tramitação dos processos judiciais e administrativos, bem como um servidor responsável pelo recebimento das solicitações da Corregedoria Nacional de Justiça.

Art. 14. O tribunal devolverá o relatório situacional respondido, no formato e leiaute disponibilizados pela Corregedoria Nacional de Justiça em prazo previamente fixado.

Art. 15. Recebido o relatório situacional pela Corregedoria Nacional de Justiça, a equipe de inspeção analisará os dados fornecidos pelo tribunal e proporá ao Corregedor as unidades que serão inspecionadas, levando-se em consideração aspectos quantitativos e qualitativos das unidades indicadas.

Art. 16. Assim que requisitado, o tribunal inspecionado deverá garantir à Assessoria de Correição e Inspeção e à equipe designada para realização dos trabalhos acesso prévio aos sistemas judiciais e administrativos e plataformas de inteligência locais, com o perfil de maior alcance dos dados armazenados.

Art. 17. Depois de aprovada pelo Corregedor Nacional, o tribunal receberá a lista de unidades que serão inspecionadas, devendo, em relação a elas, manter o acesso da equipe da Corregedoria aos sistemas judiciais e administrativos até que o relatório final e outros procedimentos resultantes da inspeção sejam julgados pelo Plenário do CNJ.

Art. 18. Nas inspeções ordinárias, será requisitado das unidades que serão inspecionadas, com antecedência mínima de 15 (quinze) dias da data de sua realização, o preenchimento de questionário próprio contendo pontos a serem avaliados por ocasião dos trabalhos de inspeção, os quais considerarão aspectos quantitativos e qualitativos da atividade desenvolvida na unidade.

Parágrafo único. As unidades a serem inspecionadas devolverão o questionário de inspeção respondido, no formato e leiaute disponibilizados pela Corregedoria Nacional de Justiça, com antecedência de 10 (dez) dias da data de início da inspeção, ou em prazo determinado.

Art. 19. As inspeções ordinárias terão como fase preliminar e preparatória a realização de pesquisas, pela Assessoria de Correição e Inspeção, em fontes abertas na internet e sistemas de dados do Conselho Nacional de Justiça, de situações envolvendo o tribunal a ser inspecionado, seus magistrados e/ou servidores, a fim de orientar a escolha das unidades que serão inspecionadas.

CAPÍTULO IV
DA INSPEÇÃO NAS UNIDADES JUDICIAIS DE PRIMEIRO GRAU

Art. 20. Os trabalhos de inspeção nas unidades judiciais de primeiro grau, qualquer que seja sua competência, alcançarão, além da análise do cumprimento das metas nacionais estabelecidas pelo Conselho Nacional de Justiça, os seguintes elementos:

I – os dados funcionais e administrativos da unidade, tais como número de magistrados e

---

223. Art. 27. O magistrado tem o dever de guardar absoluta reserva, na vida pública e privada, sobre dados ou fatos pessoais de que haja tomado conhecimento no exercício de sua atividade.

servidores, forma de designação dos magistrados, tempo de exercício, natureza do vínculo dos servidores com o tribunal, realização de teletrabalho, horário de expediente, jornada de trabalho dos servidores, fruição de férias, licenças e folgas compensatórias, número de funções e cargos comissionados, atendimento das instalações físicas e de recursos de tecnologia às necessidades da unidade;

II – os aspectos estatísticos processuais, como os elencados no art. 12, § 1º, deste Provimento, além do número de processos encaminhados aos NUPMECs/NUVMECs/CEJUSCs, processos com prioridade legal conclusos há mais de 100 (cem) dias e total de processos baixados definitivamente nos últimos 12 (doze) meses;

III – a análise de amostra com os processos sem sentença mais antigos na unidade, excluídos os processos de execução de título extrajudicial, com exceção de embargos à execução, se houver, com datas de distribuição e do último movimento;

IV – a análise de amostra com os processos por improbidade administrativa mais antigos na unidade, relacionados a ações civis públicas (jurisdição civil e fazendária) e a crimes contra a administração pública (jurisdição criminal);

V – os processos com liminar ou medidas cautelares pendentes de exame;

VI – as pendências relacionadas à última inspeção realizada pela Corregedoria Nacional de Justiça e pela Corregedoria local, indicando as medidas adotadas para o cumprimento das determinações e recomendações, bem como aquelas não cumpridas;

VII – os sinalizadores de retenção do fluxo processual, como processos suspensos aguardando decisão de IRDR, julgamento de recurso repetitivo ou com repercussão geral, audiências marcadas, realizadas, redesignadas ou canceladas, processos aguardando audiência, petições aguardando juntada ou leitura, existência de arquivo provisório ou similar em secretaria, existência de pré-conclusão, processos com carga às partes, intervenientes ou ao Ministério Público, cartas precatórias e mandados pendentes de cumprimento e sua forma de controle, existência de autos físicos, indicação de autos físicos extraviados e marcadores processuais das prioridades legais de tramitação;

VIII – a utilização de BI – Business Intelligence – para o controle e gestão das metas nacionais do CNJ, bem como as medidas adotadas em caso de não cumprimento;

IX – as declarações de suspeição ou de impedimento pelo magistrado;

X – a existência e identificação de promotores e defensores públicos atuantes na unidade;

XI – o fluxo de processos na unidade, com descrição da metodologia de trabalho na secretaria e no gabinete, do controle do tempo médio em cada tarefa, da gestão do acervo, da produtividade da equipe e da elaboração e revisão de minutas e de documentos;

XII – o atendimento ao público, inclusive por meio virtual;

XIII – o controle de acesso por servidores, estagiários e terceirizados a sistemas sensíveis, como BNMP, SISBAJUD e SEEU;

XIV – a identificação, entre servidores e magistrados, da existência de problemas de saúde física ou mental;

XV – a necessidade de treinamento/capacitação para servidores e magistrados;

XVI – a identificação de boas práticas e projetos desenvolvidos na unidade ou no tribunal;

XVII – as eventuais disparidades de alocação de recursos humanos e administrativos entre as unidades de competência similar;

XVIII – as informações eventualmente coletadas em trabalho de inteligência pela Assessoria de Correição e Inspeção da Corregedoria Nacional de Justiça.

Art. 21. Os trabalhos de inspeção nas unidades judiciais de primeiro grau com competência criminal e Tribunal do Júri alcançarão, no que for aplicável, os aspectos listados no artigo anterior e os seguintes elementos:

I – o controle e sinalização de processos com réu preso;

II – o controle de prazo prescricional, com observância da Resolução CNJ n. 112/2010;

III – a realização de audiências de custódia, com observância da Resolução CNJ n. 213/2015;

IV – a correta alimentação do Banco Nacional de Medidas Penais e Prisões – BNMP, com observância da aposição de informações obrigatórias, dos prazos referentes a mandados de prisão, alvarás de soltura e mandados de desinternação, bem como seu cumprimento, conforme Resolução CNJ n. 417/2021;

V – a expedição de guias de recolhimento, com observância da Resolução CNJ n. 113/2010;

VI – o controle do depósito e da destinação de armas de fogo e munições apreendidas, com observância da Resolução CNJ n. 134/2011;

VII – o cumprimento da Resolução CNJ n. 369/2021, dos arts. 318[224] e 318-A[225] do Código de Processo Penal e da decisão proferida na 2ª Turma do Supremo Tribunal Federal nos HCs ns. 143.641/SP e 165.704/DF, quanto à substituição da privação de liberdade de gestantes, mães, pais e responsáveis por crianças ou pessoas com deficiência;

---

[224] Art. 318. Poderá o juiz substituir a prisão preventiva pela domiciliar quando o agente for:
I – maior de 80 (oitenta) anos;
II – extremamente debilitado por motivo de doença grave;
III – imprescindível aos cuidados especiais de pessoa menor de 6 (seis) anos de idade ou com deficiência;
IV – gestante;
V – mulher com filho de até 12 (doze) anos de idade incompletos;
VI – homem, caso seja o único responsável pelos cuidados do filho de até 12 (doze) anos de idade incompletos.
Parágrafo único. Para a substituição, o juiz exigirá prova idônea dos requisitos estabelecidos neste artigo.

[225] Art. 318-A. A prisão preventiva imposta à mulher gestante ou que for mãe ou responsável por crianças ou pessoas com deficiência será substituída por prisão domiciliar, desde que:
I – não tenha cometido crime com violência ou grave ameaça a pessoa;
II – não tenha cometido o crime contra seu filho ou dependente.

VIII – a observância da Resolução CNJ n. 287/2019, quanto ao tratamento dispensado a acusados, réus e condenados indígenas;

IX – a observância da Resolução CNJ n. 348/2020, quanto ao tratamento dispensado a acusados, réus e condenados pertencentes à população LGBTQIA+;

X – o cumprimento da Resolução CNJ n. 414/2021, conforme os parâmetros do Protocolo de Istambul, acerca das diretrizes e dos quesitos periciais para a realização dos exames de corpo de delito nos casos em que haja indícios de prática de tortura e outros tratamentos cruéis, desumanos ou degradantes;

XI – o controle de prazos de vencimento de benefícios penais;

XII – o perfil da pauta de audiências, considerando processos com réu preso e réu solto;

XIII – o controle dos prazos para a revisão de prisões preventivas (art. 316[226] do Código de Processo Penal);

XIV – as providências adotadas para movimentação de processos suspensos com fundamento no art. 366[227] do Código de Processo Penal;

XV – as sentenças de pronúncia, impronúncia e absolvição sumária, ao término da primeira fase em processos de competência do Tribunal do Júri;

XVI – as sessões plenárias do Tribunal do Júri realizadas, designadas e aguardando designação;

XVII – a existência de ações e projetos específicos de atendimento à mulher vítima de tentativa de feminicídio.

Art. 22. Os trabalhos de inspeção nas unidades judiciais de primeiro grau com competência em violência doméstica e familiar contra a mulher alcançarão, no que for aplicável, os aspectos listados nos artigos antecedentes e os seguintes elementos:

I – a existência de equipe multidisciplinar para o atendimento à unidade, com sua composição, disponibilidade e eventuais limitações;

II – a existência de Coordenadoria Estadual da Mulher em Situação de Violência Doméstica e Familiar e qual a forma de interlocução com a unidade, as formas de cooperação para a melhoria da prestação jurisdicional e capacitação de magistrados, servidores e colaboradores;

III – o cumprimento da Recomendação CNJ n. 105/2021 sobre prioridade na apreciação das hipóteses de descumprimento de medidas protetivas de urgência e atuação em rede, com o

---

[226] Art. 316. O juiz poderá, de ofício ou a pedido das partes, revogar a prisão preventiva se, no correr da investigação ou do processo, verificar a falta de motivo para que ela subsista, bem como novamente decretá-la, se sobrevierem razões que a justifiquem.
Parágrafo único. Decretada a prisão preventiva, deverá o órgão emissor da decisão revisar a necessidade de sua manutenção a cada 90 (noventa) dias, mediante decisão fundamentada, de ofício, sob pena de tornar a prisão ilegal.

[227] Art. 366. Se o acusado, citado por edital, não comparecer, nem constituir advogado, ficarão suspensos o processo e o curso do prazo prescricional, podendo o juiz determinar a produção antecipada das provas consideradas urgentes e, se for o caso, decretar prisão preventiva, nos termos do disposto no art. 312.

Ministério Público e os órgãos integrantes da Segurança Pública;

IV – a integração dos sistemas judiciais do tribunal com os das delegacias de polícia nos pedidos de medidas protetivas de urgência;

V – a forma de intimação e de realização de oitivas de vítima e agressor;

VI – o tempo médio de apreciação de pedidos de medida protetiva de urgência e do cumprimento dos mandados pelos oficiais de justiça;

VII – a existência de oficiais de justiça exclusivos para o juízo ou com capacitação em violência doméstica contra a mulher;

VIII – o uso de mecanismos de alerta disponibilizados a vítimas, como patrulha Maria da Penha, aplicativos de celular ou outros, a forma de acompanhamento dessas situações e critérios para o encaminhamento de casos;

IX – o atendimento de vítimas por delegacias especializadas, inclusive em regime de plantão;

X – o arquivamento de inquéritos nos últimos seis meses e as causas principais para a extinção;

XI – a utilização do Formulário de Avaliação de Riscos (Resolução Conjunta CNJ/CNMP n. 5/2020);

XII – a existência de políticas públicas municipais de enfrentamento da violência doméstica e familiar contra a mulher;

XIII – a atuação dos demais integrantes do sistema de justiça, como Ministério Público e Defensoria Pública;

XIV – os projetos do tribunal, da unidade ou de outros integrantes do sistema de justiça voltados para a prevenção e atendimento psicológico ou médico a mulheres vítimas de violência;

XV – a forma de abordagem da mulher em situação de violência doméstica quando ela manifesta intenção de desistir de ou renunciar a direitos processuais;

XVI – o número de ações penais e autos de medida protetiva em curso;

XVII – o número de inquéritos arquivados e de ações penais extintas por prescrição nos últimos seis meses;

XVIII – os impactos decorrentes do EAREsp n. 2.099.532/RJ, Terceira Seção, julgado em 26/10/2022, no qual se definiu que, nas comarcas em que não houver vara especializada, compete ao juizado de violência doméstica e familiar contra a mulher, onde houver, processar e julgar os casos em que são apurados crimes envolvendo violência contra crianças e adolescentes no âmbito doméstico e familiar, independentemente do gênero da vítima;

XIX – as ações e mudanças adotadas para dar cumprimento ao que se decidiu no EAREsp n. 2.099.532/RJ, Terceira Seção, julgado em 26/10/2022, caso tenha havido acréscimo significativo na distribuição de processos à unidade.

Art. 23. Os trabalhos de inspeção nas unidades judiciais de primeiro grau com competência em execução penal alcançarão, no que for aplicável, os aspectos listados nos artigos antecedentes e os seguintes elementos:

I – o número de apenados em regime fechado, semiaberto e aberto sob a jurisdição da unidade;

II – a existência de casa de albergado, colônia agrícola ou industrial e a forma como são cumpridas as penas nos regimes semiaberto e aberto;

III – a existência de dispositivos de monitoração eletrônica (tornozeleira) disponíveis ao juízo, o perfil dos presos que os utilizam, a adequação do número de equipamentos às necessidades da unidade e os possíveis aprimoramentos na logística de instalação e monitoramento do preso;

IV – o número de estabelecimentos penais sob responsabilidade do juízo, a realização de inspeções e a elaboração de relatórios (Resolução CNJ n. 47/2007);

V – as denúncias por maus-tratos e tortura e a forma de apuração;

VI – a existência de facções identificadas no sistema prisional, com suas principais lideranças;

VII – a presença de presos transferidos a presídios federais;

VIII – o número de presas, os regimes prisionais, os estabelecimentos penais específicos, a existência de berçários/creche e o fornecimento de material de higiene adequado a questões de gênero;

IX – as ações e projetos em curso relacionados ao "Programa Começar de Novo" (Resolução CNJ n. 96/2010);

X – a forma de execução de medidas de segurança e local de recolhimento em casos de medida de segurança de internação;

XI – os casos de desinternação condicional nos últimos seis meses e a forma de acompanhamento;

XII – a adequação da forma e do prazo de realização de exame criminológico;

XIII – a observância da Resolução CNJ n. 113/2010 quanto à emissão de atestado de pena a cumprir;

XIV – a existência de plantão judicial para que os beneficiados com a suspensão condicional do processo, a suspensão condicional da pena e o livramento condicional possam informar as atividades realizadas (Provimento CNJ n. 08/2010).

Art. 24. Os trabalhos de inspeção nas unidades judiciais de primeiro grau com competência em infância e juventude alcançarão, no que for aplicável, os aspectos listados nos artigos antecedentes e os seguintes elementos:

I – a existência de equipe multidisciplinar (arts. 150[228] e 151[229] do Estatuto da Criança e do Adolescente), com sua composição;

---

[228]. Art. 150. Cabe ao Poder Judiciário, na elaboração de sua proposta orçamentária, prever recursos para manutenção de equipe interprofissional, destinada a assessorar a Justiça da Infância e da Juventude.

[229]. Art. 151. Compete à equipe interprofissional dentre outras atribuições que lhe forem reservadas pela legislação local, fornecer subsídios por escrito, mediante laudos, ou verbalmente, na audiência, e bem assim desenvolver trabalhos de aconselhamento, orientação, encaminhamento, prevenção e outros, tudo sob a imediata subordinação à autoridade judiciária, assegurada a livre manifestação do ponto de vista técnico.

Parágrafo único. Na ausência ou insuficiência de servidores públicos integrantes do Poder Judiciário responsáveis pela realização dos estudos psicossociais ou de quaisquer outras espécies de avaliações técnicas exigidas por esta Lei ou por determinação judicial, a autoridade judiciária poderá proceder à nomeação de perito, nos termos do art. 156 da Lei nº 13.105, de 16 de março de 2015 (Código de Processo Civil).

II – a presença de voluntários ou agentes de proteção disponíveis à unidade (comissários), com a descrição das atividades exercidas e a indicação das normas que disciplinam a atuação no âmbito do Tribunal;

III – a forma de articulação entre a unidade judicial e os demais integrantes das redes de proteção, como Ministério Público, Defensoria Pública, Conselho Tutelar, órgãos assistenciais e de saúde e educação;

IV – a forma de fiscalização das unidades de acolhimento, os procedimentos instaurados e o registro no Conselho Municipal dos Direitos da Criança e do Adolescente, em observância dos arts. 90 a 95[230] do Estatuto da Criança e do Adolescente;

---

[230]. Art. 90. As entidades de atendimento são responsáveis pela manutenção das próprias unidades, assim como pelo planejamento e execução de programas de proteção e socioeducativos destinados a crianças e adolescentes, em regime de: (Vide)

I – orientação e apoio sociofamiliar;
II – apoio socioeducativo em meio aberto;
III – colocação familiar;
IV – acolhimento institucional;
V – prestação de serviços à comunidade;
VI – liberdade assistida;
VII – semiliberdade; e
VIII – internação.

§ 1º As entidades governamentais e não governamentais deverão proceder à inscrição de seus programas, especificando os regimes de atendimento, na forma definida neste artigo, no Conselho Municipal dos Direitos da Criança e do Adolescente, o qual manterá registro das inscrições e de suas alterações, do que fará comunicação ao Conselho Tutelar e à autoridade judiciária;

§ 2º Os recursos destinados à implementação e manutenção dos programas relacionados neste artigo serão previstos nas dotações orçamentárias dos órgãos públicos encarregados das áreas de Educação, Saúde e Assistência Social, dentre outros, observando-se o princípio da prioridade absoluta à criança e ao adolescente preconizada pelo caput do art. 227 da Constituição Federal e pelo caput e parágrafo único do art. 4º desta Lei;

§ 3º Os programas em execução serão reavaliados pelo Conselho Municipal dos Direitos da Criança e do Adolescente, no máximo, a cada 2 (dois) anos, constituindo-se critérios para renovação da autorização de funcionamento:

I – o efetivo respeito às regras e princípios desta Lei, bem como às resoluções relativas à modalidade de atendimento prestado expedidas pelos Conselhos de Direitos da Criança e do Adolescente, em todos os níveis;

II – a qualidade e eficiência do trabalho desenvolvido, atestadas pelo Conselho Tutelar, pelo Ministério Público e pela Justiça da Infância e da Juventude;

III – em se tratando de programas de acolhimento institucional ou familiar, serão considerados os índices de sucesso na reintegração familiar ou de adaptação à família substituta, conforme o caso.

Art. 91. As entidades não governamentais somente poderão funcionar depois de registradas no Conselho Municipal dos Direitos da Criança e do Adolescente, o qual comunicará o registro ao Conselho Tutelar e à autoridade judiciária da respectiva localidade.

§ 1º Será negado o registro à entidade que:

a) não ofereça instalações físicas em condições adequadas de habitabilidade, higiene, salubridade e segurança;
b) não apresente plano de trabalho compatível com os princípios desta Lei;
c) esteja irregularmente constituída;
d) tenha em seus quadros pessoas inidôneas;
e) não se adequar ou deixar de cumprir as resoluções e deliberações relativas à modalidade de atendimento pre

V – a forma e prazo de comunicação da apreensão de adolescentes (art. 107[231] do Estatuto da Criança e do Adolescente), com indicação dos processos em que há internação provisória em curso na unidade;

VI – a observância do prazo de 45 (quarenta e cinco) dias para a internação provisória (art. 183[232] do Estatuto da Criança e do Adolescente) e as providências adotadas em caso de extrapolação sem conclusão do procedimento (art. 108[233] do Estatuto da Criança e do Adolescente e art. 1º[234] da Instrução Normativa CNJ n. 2/2009);

VII – o cumprimento do prazo máximo de 3 (três) anos para a medida socioeducativa de internação ou a liberação do reeducando que tenha completado 21 (vinte e um) anos de idade, com a indicação de processos em que haja essa modalidade de medida;

VIII – a existência de sistemas digitais para o controle de medidas socioeducativas restritivas de liberdade;

IX – o acompanhamento, pela unidade, da execução de medidas socioeducativas e a forma de reavaliação periódica (art. 121, § 2º[235], do Estatuto da Criança e do Adolescente);

X – a forma e o prazo de reavaliação de acolhimento institucional e familiar (art. 19, § 1º[236], do Estatuto da Criança e do Adolescente e Provimento CNJ n. 118/2021);

XI – a forma, a periodicidade e a rotina de alimentação do Sistema Nacional de Adoção e Acolhimento (SNA);

---

tado expedidas pelos Conselhos de Direitos da Criança e do Adolescente, em todos os níveis.

§ 2º O registro terá validade máxima de 4 (quatro) anos, cabendo ao Conselho Municipal dos Direitos da Criança e do Adolescente, periodicamente, reavaliar o cabimento de sua renovação, observado o disposto no § 1º deste artigo.

Art. 92. As entidades que desenvolvam programas de acolhimento familiar ou institucional deverão adotar os seguintes princípios:

I – preservação dos vínculos familiares e promoção da reintegração familiar;
II – integração em família substituta, quando esgotados os recursos de manutenção na família natural ou extensa;
III – atendimento personalizado e em pequenos grupos;
IV – desenvolvimento de atividades em regime de coeducação;
V – não desmembramento de grupos de irmãos;
VI – evitar, sempre que possível, a transferência para outras entidades de crianças e adolescentes abrigados;
VII – participação na vida da comunidade local;
VIII – preparação gradativa para o desligamento;
IX – participação de pessoas da comunidade no processo educativo.

§ 1º O dirigente de entidade que desenvolve programa de acolhimento institucional é equiparado ao guardião, para todos os efeitos de direito;

§ 2º Os dirigentes de entidades que desenvolvem programas de acolhimento familiar ou institucional remeterão à autoridade judiciária, no máximo a cada 6 (seis) meses, relatório circunstanciado acerca da situação de cada criança ou adolescente acolhido e sua família, para fins da reavaliação prevista no § 1º do art. 19 desta Lei;

§ 3º Os entes federados, por intermédio dos Poderes Executivo e Judiciário, promoverão conjuntamente a permanente qualificação dos profissionais que atuam direta ou indiretamente em programas de acolhimento institucional e destinados à colocação familiar de crianças e adolescentes, incluindo membros do Poder Judiciário, Ministério Público e Conselho Tutelar;

§ 4º Salvo determinação em contrário da autoridade judiciária competente, as entidades que desenvolvem programas de acolhimento familiar ou institucional, se necessário com o auxílio do Conselho Tutelar e dos órgãos de assistência social, estimularão o contato da criança ou adolescente com seus pais e parentes, em cumprimento ao disposto nos incisos I e VIII do caput deste artigo;

§ 5º As entidades que desenvolvem programas de acolhimento familiar ou institucional somente poderão receber recursos públicos se comprovado o atendimento dos princípios, exigências e finalidades desta Lei;

§ 6º O descumprimento das disposições desta Lei pelo dirigente de entidade que desenvolva programas de acolhimento familiar ou institucional é causa de sua destituição, sem prejuízo da apuração de sua responsabilidade administrativa, civil e criminal.

§ 7º Quando se tratar de criança de 0 (zero) a 3 (três) anos em acolhimento institucional, dar-se-á especial atenção à atuação de educadores de referência estáveis e qualitativamente significativos, às rotinas específicas e ao atendimento das necessidades básicas, incluindo as de afeto como prioritárias.

Art. 93. As entidades que mantenham programa de acolhimento institucional poderão, em caráter excepcional e de urgência, acolher crianças e adolescentes sem prévia determinação da autoridade competente, fazendo comunicação do fato em até 24 (vinte e quatro) horas ao Juiz da Infância e da Juventude, sob pena de responsabilidade.

Parágrafo único. Recebida a comunicação, a autoridade judiciária, ouvido o Ministério Público e se necessário com o apoio do Conselho Tutelar local, tomará as medidas necessárias para promover a imediata reintegração familiar da criança ou do adolescente ou, se por qualquer razão não for isso possível ou recomendável, para seu encaminhamento a programa de acolhimento familiar, institucional ou a família substituta, observado o disposto no § 2º do art. 101 desta Lei.

Art. 94. As entidades que desenvolverem programas de internação têm as seguintes obrigações, entre outras:

I – observar os direitos e garantias de que são titulares os adolescentes;
II – não restringir nenhum direito que não tenha sido objeto de restrição na decisão de internação;
III – oferecer atendimento personalizado, em pequenas unidades e grupos reduzidos;
IV – preservar a identidade e oferecer ambiente de respeito e dignidade ao adolescente;
V – diligenciar no sentido do restabelecimento e da preservação dos vínculos familiares;
VI – comunicar à autoridade judiciária, periodicamente, os casos em que se mostre inviável ou impossível o reatamento dos vínculos familiares;
VII – oferecer instalações físicas em condições adequadas de habitabilidade, higiene, salubridade e segurança e os objetos necessários à higiene pessoal;
VIII – oferecer vestuário e alimentação suficientes e adequados à faixa etária dos adolescentes atendidos;
IX – oferecer cuidados médicos, psicológicos, odontológicos e farmacêuticos;
X – propiciar escolarização e profissionalização;
XI – propiciar atividades culturais, esportivas e de lazer;
XII – propiciar assistência religiosa àqueles que desejarem, de acordo com suas crenças;
XIII – proceder a estudo social e pessoal de cada caso;
XIV – reavaliar periodicamente cada caso, com intervalo máximo de seis meses, dando ciência dos resultados à autoridade competente;
XV – informar, periodicamente, o adolescente internado sobre sua situação processual;
XVI – comunicar às autoridades competentes todos os casos de adolescentes portadores de moléstias infectocontagiosas;
XVII – fornecer comprovante de depósito dos pertences dos adolescentes;
XVIII – manter programas destinados ao apoio e acompanhamento de egressos;
XIX – providenciar os documentos necessários ao exercício da cidadania àqueles que não os tiverem;
XX – manter arquivo de anotações onde constem data e circunstâncias do atendimento, nome do adolescente, seus pais ou responsável, parentes, endereços, sexo, idade, acompanhamento da sua formação, relação de seus pertences e demais dados que possibilitem sua identificação e a individualização do atendimento.

§ 1º Aplicam-se, no que couber, as obrigações constantes deste artigo às entidades que mantêm programas de acolhimento institucional e familiar;

§ 2º No cumprimento das obrigações a que alude este artigo as entidades utilizarão preferencialmente os recursos da comunidade.

Art. 94-A. As entidades, públicas ou privadas, que abriguem ou recepcionem crianças e adolescentes, ainda que em caráter temporário, devem ter, em seus quadros, profissionais capacitados a reconhecer e reportar ao Conselho Tutelar suspeitas ou ocorrências de maus-tratos.

Art. 95. As entidades governamentais e não governamentais referidas no art. 90 serão fiscalizadas pelo Judiciário, pelo Ministério Público e pelos Conselhos Tutelares.

231. Art. 107. A apreensão de qualquer adolescente e o local onde se encontra recolhido serão incontinenti comunicados à autoridade judiciária competente e à família do apreendido ou à pessoa por ele indicada.

Parágrafo único. Examinar-se-á, desde logo e sob pena de responsabilidade, a possibilidade de liberação imediata.

232. Art. 183. O prazo máximo e improrrogável para a conclusão do procedimento, estando o adolescente internado provisoriamente, será de quarenta e cinco dias.

233. Art. 108. A internação, antes da sentença, pode ser determinada pelo prazo máximo de quarenta e cinco dias.

Parágrafo único. A decisão deverá ser fundamentada e basear-se em indícios suficientes de autoria e materialidade, demonstrada a necessidade imperiosa da medida.

234. Art. 1º DETERMINAR às Corregedorias de Justiça e aos Juízes respectivos a adoção de medidas, que:

– Garantam e cumpram a prioridade constitucional na tramitação e julgamento dos feitos da Infância e Juventude, mesmo quando em trâmite em Juízo com competência cumulativa;

– Promovam a fiscalização e cumprimento efetivos dos prazos de internação de adolescentes, principalmente o de internação provisória (art. 108 do ECA), realizando visitas mensais às unidades ou centros de internação;

– Observem ser da competência e responsabilidade do Juiz da Jurisdição da Unidade de cumprimento de medida socioeducativa a fiscalização das internações, inclusive a provisória, independentemente do juízo que decretou a medida, salvo regulamentação estatal em sentido contrário.

235. Art. 121. A internação constitui medida privativa da liberdade, sujeita aos princípios de brevidade, excepcionalidade e respeito à condição peculiar de pessoa em desenvolvimento.

§ 2º A medida não comporta prazo determinado, devendo sua manutenção ser reavaliada, mediante decisão fundamentada, no máximo a cada seis meses.

236. Art. 19. É direito da criança e do adolescente ser criado e educado no seio de sua família e, excepcionalmente, em família substituta, assegurada a convivência familiar e comunitária, em ambiente que garanta seu desenvolvimento integral.

§ 1º Toda criança ou adolescente que estiver inserido em programa de acolhimento familiar ou institucional terá sua situação reavaliada, no máximo, a cada 3 (três) meses, devendo a autoridade judiciária competente, com base em relatório elaborado por equipe interprofissional ou multidisciplinar, decidir de forma fundamentada pela possibilidade de reintegração familiar ou pela colocação em família substituta, em quaisquer das modalidades previstas no art. 28 desta Lei.

XII – a análise do número de crianças e adolescentes acolhidos sem reavaliação, de processos de destituição do poder familiar em tramitação há mais de 120 (cento e vinte) dias e de processos de adoção em tramitação há mais de 240 (duzentos e quarenta) dias;

XIII – o correto cadastramento de CPF de crianças e adolescentes acolhidos, as habilitações à adoção expiradas, ou próximas de expirar, e as crianças e os adolescentes sem pretendentes para adoção nacional;

XIV – os pedidos de habilitação sem sentença;

XV – o serviço de acolhimento com extrapolação do número máximo de acolhidos;

XVI – os registros e o exame de autos de adoção internacional nos últimos 12 (doze) meses;

XVII – a realização de inspeções pessoais pelo magistrado nas entidades de atendimento a adolescentes em conflito com a lei, com o preenchimento de formulário eletrônico disponibilizado pelo CNJ (Cadastro Nacional de Inspeções em Unidades e Programas Socioeducativos – CNIUPS).

Art. 25. Os trabalhos de inspeção nas unidades judiciais de primeiro grau com competência em falência e recuperação judicial alcançarão, no que for aplicável, os aspectos listados no art. 19 e a análise do controle e dos cadastros de:

I – administradores e peritos nomeados pelo juízo e critérios de escolha;

II – arrematantes.

CAPÍTULO V
DA INSPEÇÃO NAS UNIDADES JUDICIAIS DE SEGUNDO GRAU

Art. 26. Os trabalhos de inspeção em unidades judiciais de segundo grau observarão, no que for aplicável, os aspectos das inspeções em unidades de primeiro grau e os seguintes elementos:

I – Nos gabinetes de desembargadores e de juízes substitutos de segundo grau:

a) os órgãos fracionários de que magistrado integra;

b) os processos originários de que seja relator em tramitação no gabinete, com indicação daqueles sem decisão de mérito;

c) os processos com pedido de vista na unidade, com indicação do tempo transcorrido (Resolução CNJ n. 202/2015);

d) os procedimentos administrativos disciplinares de que seja relator, incluindo sindicâncias e outras classes destinadas a investigação prévia;

e) a existência de ações penais e de procedimentos investigativos de natureza criminal, de relatoria do inspecionado, envolvendo magistrados, em curso, julgados ou arquivados nos últimos 12 (doze) meses;

f) a participação em plantão judicial nos últimos 12 (doze) meses, com indicação da forma de designação, critérios de substituição, decisões concessivas de liminar e escolha de servidores;

g) o tempo de exercício de juízes substitutos de segundo grau, a forma e os critérios de convocação, com indicação dos regulamentos internos aplicáveis;

h) os concursos em andamento ou os realizados nos últimos 12 (doze) meses, caso o magistrado tenha participado da organização do certame, para ingresso na magistratura e provimento de cargos de servidores, com indicação do contrato com instituições privadas, se houver.

II – Nas secretarias de órgãos julgadores:

a) os processos aguardando remessa externa à origem, a instâncias superiores ou aos gabinetes; publicação; elaboração de expedientes; voto-vista; inclusão em pauta; sessão de julgamento; baixa de instâncias superiores; e certificação de trânsito em julgado;

b) a periodicidade das sessões de julgamento, os critérios para elaboração da pauta, o número médio de processos pautados por sessão e a média de processos julgados e adiados;

c) a forma de trabalho entre a unidade e os plantões judiciários.

Art. 27. A inspeção em gabinetes de desembargador ou de juízes substitutos de segundo grau será realizada pelo Corregedor Nacional de Justiça ou, em caso de delegação, preferencialmente, por magistrado com atuação em segundo grau de jurisdição.

CAPÍTULO VI
DA INSPEÇÃO NO SETOR DE PRECATÓRIOS

Art. 28. Os trabalhos de inspeção no setor de precatórios observarão, no que for aplicável, os aspectos das inspeções em unidades judiciais de primeiro grau e os seguintes elementos:

I – a metodologia de trabalho, com descrição do fluxo de procedimentos adotados desde a entrada do precatório até seu pagamento;

II – a estrutura e quadro de pessoal do setor responsável, conforme a Recomendação do CNJ n. 39/2012 e Resolução CNJ n. 303/2019;

III – a padronização do ofício precatório, conforme arts. 6º[237] e 7º[27] da Resolução CNJ n. 303/2019;

---

[237]. Art. 6º No ofício precatório constarão os seguintes dados e informações:
   I – numeração única do processo judicial, número originário anterior, se houver, e data do respectivo ajuizamento;
   II – número do processo de execução ou cumprimento de sentença, no padrão estabelecido pelo Conselho Nacional de Justiça, caso divirja do número da ação originária;
   III – nome(s) do(s) beneficiário(s) do crédito, do seu procurador, se houver, com o respectivo número no Cadastro de Pessoas Físicas – CPF, no Cadastro Nacional de Pessoas Jurídicas – CNPJ ou no Registro Nacional de Estrangeiro – RNE, conforme o caso;
   IV – indicação da natureza comum ou alimentícia do crédito;
   V – valor total devido a cada beneficiário e o montante global da requisição, constando o principal corrigido, o índice de juros ou da taxa SELIC, quando utilizada, e o correspondente valor;
   VI – a data-base utilizada na definição do valor do crédito;
   VII – data do trânsito em julgado da sentença ou do acórdão lavrado na fase de conhecimento do processo judicial;
   VIII – data do trânsito em julgado dos embargos à execução ou da decisão que resolveu a impugnação ao cálculo no cumprimento de sentença, ou do decurso do prazo para sua apresentação;
   IX – data do trânsito em julgado da decisão que reconheceu parcela incontroversa, se for o caso;

IV – a utilização de sistema eletrônico para recebimento, o processamento e o pagamento de RPVs pelos juízos da execução, com indicação do fluxo de pagamento e medidas adotadas em caso de inadimplemento;

X – a indicação da data de nascimento do beneficiário, em se tratando de crédito de natureza alimentícia e, se for o caso, indicação de que houve deferimento da superpreferência perante o juízo da execução;

XI – a natureza da obrigação (assunto) a que se refere a requisição, de acordo com a Tabela Única de Assuntos – TUA do CNJ;

XII – número de meses – NM a que se refere a conta de liquidação e o valor das deduções da base de cálculo, caso o valor tenha sido submetido à tributação na forma de rendimentos recebidos acumuladamente RRA, conforme o art. 12-A da Lei n. 7.713/1988;

XIII – o órgão a que estiver vinculado o empregado ou servidor público, civil ou militar, da administração direta, quando se tratar de ação de natureza salarial, com a indicação da condição de ativo, inativo ou pensionista, caso conste dos autos;

XIV – quando couber, o valor:
a) das contribuições previdenciárias, bem como do órgão previdenciário com o respectivo CNPJ;
b) da contribuição para o Fundo de Garantia por Tempo de Serviço – FGTS;
c) de outras contribuições devidas, segundo legislação do ente federado.

XV – identificação do Juízo de origem da requisição de pagamento;

XVI – identificação do Juízo onde tramitou a fase de conhecimento, caso divirja daquele de origem da requisição de pagamento;

XVII – no caso de sucessão e/ou cessão, o nome do beneficiário originário, com o respectivo número de inscrição no CPF ou CNPJ, conforme o caso.

§ 1º É vedada a inclusão de sucessor, cessionário ou terceiro nos campos destinados a identificação do beneficiário principal, devendo tais dados serem incluídos em campo próprio;

§ 2º Faculta-se aos tribunais indicar em ato próprio as peças processuais que acompanharão o ofício precatório, caso não haja opção pela conferência direta das informações nos autos eletrônicos do processo judicial originário;

§ 3º Os ofícios requisitórios deverão ser expedidos somente quando verificadas as situações regular do CPF ou ativa do CNPJ, junto à Receita Federal ou ao Sistema Nacional de Informações de Registro Civil – SIRC, conforme regulamentação dos órgãos competentes;

§ 4º Norma própria dos tribunais poderá prever que os dados bancários dos credores constem do ofício precatório para fins de pagamento.

[238]. Art. 7º Os ofícios precatórios serão expedidos individualmente, por beneficiário.
§ 1º Somente se admitirá a indicação de mais de um beneficiário por precatório nas hipóteses de destaque de honorários advocatícios contratuais e cessão parcial do crédito;
§ 2º Ocorrendo a penhora antes da apresentação do ofício precatório, o juízo da execução destacará os valores correspondentes, na forma dos arts. 39 e 40 desta Resolução.
§ 3º Havendo pluralidade de exequentes, a definição de modalidade de requisição considerará o valor devido a cada litisconsorte, e a elaboração e apresentação do precatório deverão observar:
I – a preferência conferida ao crédito do beneficiário principal, decorrente do reconhecimento da condição de doente grave, idoso ou de pessoa com deficiência, nesta ordem;
II – não se tratando da hipótese do inciso anterior, a ordem crescente do valor a requisitar e, em caso de empate, a idade do beneficiário;

V – a existência de listas separadas de ordens cronológicas dos entes devedores submetidos ao Regime Especial de Pagamento (art. 53, § 3º[239], da Resolução CNJ nº 303/2019);

VI – o fluxo dos procedimentos para casos de cessão, penhora ou compensação de créditos;

VII – o prazo médio entre a disponibilização do crédito pelo ente devedor e o efetivo pagamento;

VIII – os relatórios com indicação do regime de pagamento de cada ente devedor – geral e especial;

IX – a ordem cronológica atualizada de cada ente devedor no regime especial e geral;

X – a receita corrente líquida de cada ente devedor posicionado no regime especial utilizada no cálculo do respectivo percentual de comprometimento nos 2 (dois) últimos exercícios;

XI – o relatório da dívida consolidada de cada ente público em 31 de dezembro do último exercício;

XII – o relatório com o percentual de comprometimento mínimo e suficiente da receita corrente líquida relativo ao último exercício para cada ente devedor posicionado no regime especial;

XIII – os valores dos repasses mensal e anual previstos para o exercício atual de cada ente devedor posicionado no regime especial;

XIV – os planos anuais de pagamento homologados para os 2 (dois) últimos exercícios;

§ 4º A existência de óbice à elaboração e à apresentação do precatório em favor de determinado credor não impede a expedição dos ofícios precatórios dos demais;

§ 5º Sendo o exequente titular de créditos de naturezas distintas, será expedida uma requisição para cada tipo, observando-se o disposto nos §§ 1º, 2º e 3º deste artigo;

§ 6º É vedada a apresentação pelo juízo da execução ao tribunal de requisição de pagamento sem a prévia intimação das partes quanto ao seu inteiro teor;

§ 7º No caso de devolução do ofício ao juízo da execução por fornecimento incompleto ou equivocado de dados ou documentos, e ainda por ausência da intimação prevista no parágrafo anterior, a data da apresentação será aquela do recebimento do ofício com as informações e documentação completas;

§ 8º O preenchimento do ofício com erros de digitação ou material que possam ser identificados pela mera verificação das informações existentes no processo originário é passível de retificação perante o tribunal, e não se constitui motivo para a devolução do ofício precatório.

Art. 53. A lista de ordem cronológica, cuja elaboração compete ao Tribunal de Justiça, conterá todos os precatórios devidos pela administração direta e pelas entidades da administração indireta do ente devedor, abrangendo as requisições originárias da jurisdição estadual, trabalhista, federal e militar.

§ 3º Faculta-se ao Tribunal de Justiça, de comum acordo com o Tribunal Regional do Trabalho, Tribunal Regional Federal e Tribunal de Justiça Militar, optar pela manutenção das listas de pagamento junto a cada tribunal de origem dos precatórios, devendo:

I – a lista separada observar, no que couber, o disposto no caput deste artigo; e

II – o pagamento dos precatórios a cargo de cada tribunal ficar condicionado à observância da lista separada, bem como ao repasse mensal de recursos a ser realizado pelo Tribunal de Justiça, considerando a proporcionalidade do montante do débito presente em cada tribunal.

XV – o relatório em que constem os entes devedores posicionados no regime especial optantes pelo acordo direto;

XVI – os editais de acordo direto publicados nos últimos dois anos para chamamento dos credores interessados, com o fluxo do procedimento utilizado para a formalização do acordo e o acompanhamento do seu cumprimento;

XVII – os extratos das contas judiciais abertas para a realização de depósitos pelos entes devedores, sob responsabilidade do tribunal, compreendendo o último exercício financeiro;

XVIII – os pagamentos de precatórios efetuados pelo Tribunal no período de janeiro a dezembro do último exercício, relacionando-os com os precatórios incluídos no orçamento e os precatórios expedidos;

XIX – os pagamentos preferenciais efetuados nos últimos 2 (dois) exercícios, por ente devedor;

XX – os repasses efetuados pelos entes devedores, a partir de janeiro do exercício anterior até o último efetivado;

XXI – o demonstrativo do montante pago e a quantidade de beneficiários atingidos, nos últimos 2 (dois) exercícios;

XXII – a relação dos 20 (vinte) maiores precatórios pagos nos últimos 2 (dois) exercícios, na proporção de 70% de natureza comum e de 30% de natureza alimentar, com a indicação do índice de atualização monetária aplicado e apresentação da íntegra dos autos;

XXIII – o registro dos entes devedores inadimplentes com o tribunal nos regimes especial e geral, com indicação das medidas adotadas em caso de atraso no pagamento;

XXIV – o sequestro de verbas públicas para pagamento de precatórios nos últimos 2 (dois) exercícios;

XXV – os valores repassados ao Tribunal Regional do Trabalho e ao Tribunal Regional Federal;

XXVI – os atos normativos editados pelo tribunal relacionados à matéria constitucional de precatórios, bem como os relativos à criação do setor, designação de juízes, constituição de comitês e acordos de cooperação;

XXVII – a legislação local relacionada a precatórios, inclusive as que digam respeito a cessão de créditos e compensação tributária;

XXVIII – o contrato em vigor pactuado pelo tribunal e entidade financeira responsável pela administração e remuneração das contas especiais de precatórios;

XXIX – as atas de reuniões do Comitê Gestor das Contas Especiais realizadas nos últimos 2 (dois) anos;

XXX – as providências adotadas pelo tribunal para adaptar suas rotinas, procedimentos e sistemas à Resolução CNJ n. 303/2019.

CAPÍTULO VII
DA INSPEÇÃO NAS DEMAIS UNIDADES ADMINISTRATIVAS

Art. 29. Os trabalhos de inspeção nas demais unidades administrativas dos tribunais observarão, no que for aplicável, os aspectos das inspeções em unidades judiciais de primeiro grau e os seguintes elementos:

I – Diretoria-Geral:

a) a metodologia e rotinas de coordenação e supervisão da área administrativa por delegação da Presidência;

b) a ordenação e autorização de despesas.

II – Secretaria de Auditoria Interna:

a) a metodologia e rotinas de atividades de auditoria interna e consultoria;

b) a observância das normas emanadas do CNJ que regem o setor.

III – Secretaria de Gestão de Pessoas:

a) a metodologia de capacitação e avaliação de desempenho dos servidores;

b) os registros e documentos funcionais;

c) a folha de pagamento;

d) a seleção de terceirizados, concursos para servidores e rotina de admissão de pessoal;

e) a governança.

IV – Secretaria de Orçamento e Finanças:

a) a liquidação e pagamento de despesas;

b) o planejamento orçamentário.

V – Secretaria de Planejamento Estratégico e Estatística:

a) a metodologia e rotinas de definição do planejamento estratégico do órgão;

b) o acompanhamento de metas administrativas e judiciais;

c) a estatística e parametrização de sistemas e painéis de dados administrativos e judiciais;

d) a gestão de projetos, escritório corporativo, gestão de riscos, governança ou apoio à governança.

VI – Secretaria de Administração:

a) a gestão de contratos e elaboração de editais;

b) a instrução de procedimentos de licitação, comissão permanente, governança de contratações;

c) o fornecimento de serviços (engenharia, transporte, limpeza e conservação, e outros) e de materiais ao Tribunal (administração de depósitos de material de consumo e permanente);

d) o arquivo judicial e administrativo.

CAPÍTULO VIII
DA INSPEÇÃO NOS SERVIÇOS EXTRAJUDICIAIS

Art. 30. Os trabalhos de inspeção nos serviços notariais e de registro observarão, no que for aplicável, os aspectos das inspeções em unidades judiciais de primeiro grau e os parâmetros definidos no Plano de Trabalho de Execução das Atividades da Coordenadoria de Gestão de Serviços Notariais e de Registro, aprovado pela Portaria CN n. 53, de 15 de outubro de 2020 (art. 6º[240]).

CAPÍTULO IX
DO RELATÓRIO DE INSPEÇÃO

Art. 31. Cada uma das equipes responsáveis pela inspeção nas unidades de primeiro e se-

---

240. Art. 6º O plano de trabalho de execução das atividades da CONR para o biênio 2020/2022 fica aprovado na forma do Anexo a esta Portaria.

gundo graus elaborará relatório individualizado das atividades, que deverá conter:

a) a descrição das irregularidades encontradas e esclarecimentos eventualmente prestados pelos magistrados ou servidores;

b) as determinações dirigidas à Presidência e/ou à Corregedoria para solução dos achados identificados;

c) as recomendações dirigidas à Presidência e/ou à Corregedoria preventivas de erros e/ou que visem o aperfeiçoamento do serviço judicial;

d) as reclamações recebidas contra a secretaria do órgão ou magistrado durante a inspeção ou que tramitem na Corregedoria local;

e) as boas práticas identificadas durante os trabalhos;

e) quaisquer outros registros que considerar relevantes.

§ 1º Os documentos referentes aos relatórios elaborados por cada uma das equipes que realizaram os trabalhos de inspeção serão anexados à "Equipe Teams" da inspeção respectiva (ou plataforma equivalente em uso), em campo próprio, previamente definido pela Assessoria de Correição e Inspeção;

§ 2º Os relatórios a que se refere o caput desse artigo deverão ser concluídos e anexados, na forma especificada no § 1º, no prazo de 10 (dez) dias úteis, contados a partir do dia de encerramento dos trabalhos de inspeção;

§ 3º Os relatórios a que se refere o caput deste artigo serão reunidos e consolidados pela Assessoria de Correição e Inspeção para formar o Relatório Final de Inspeção.

Art. 32. O Relatório Final de Inspeção será submetido ao Corregedor Nacional de Justiça para análise e manifestação acerca das determinações sugeridas pelas equipes que realizaram os trabalhos, na forma de Voto.

§ 1º O Voto elaborado pelo Corregedor Nacional de Justiça especificará as determinações sugeridas pela equipe de inspeção que foram aprovadas e fixará prazo para seu cumprimento;

§ 2º O Voto a que se refere o §1º, após a sua elaboração, será levado à consideração do Plenário do CNJ, juntamente com o Relatório Final de Inspeção, no prazo de 15 (quinze) dias do término dos trabalhos (art. 8º, inciso IX[241], RICNJ).

Art. 33. Se no curso dos trabalhos de inspeção forem identificadas, de plano, infrações disciplinares e, em sendo dispensável a sindicância, o Corregedor Nacional de Justiça, desde logo, poderá instaurar procedimento administrativo adequado às circunstâncias do caso concreto.

§ 1º O procedimento administrativo referido no caput deste artigo poderá ser proposto ao Corregedor pelo magistrado responsável pelos trabalhos de inspeção, caso sejam observados indícios de irregularidades graves e que demandem resposta imediata, independentemente da conclusão do relatório de inspeção da unidade respectiva;

§ 2º Instaurado procedimento referido no caput deste artigo e no § 1º, constará no Relatório Final da Inspeção a irregularidade identificada e as providências adotadas.

Art. 34. As determinações decorrentes da inspeção serão dirigidas, preferencialmente, à Presidência e à Corregedoria-Geral do tribunal inspecionado, de modo a racionalizar o acompanhamento de seu cumprimento.

Parágrafo único. Para acompanhar o cumprimento das determinações aprovadas pelo Plenário do CNJ, serão instaurados pedidos de providência. Para cada órgão do tribunal para o qual foram dirigidas determinações será instaurado um procedimento específico.

CAPÍTULO X
DA CORREIÇÃO

Art. 35. Aplicam-se à correição, no que couber, as disposições referentes à inspeção, inclusive quanto à elaboração do respectivo relatório, com os acréscimos deste capítulo.

Art. 36. Havendo necessidade de oitiva de pessoas previamente indicadas, a portaria de instauração da correição determinará à Presidência do tribunal as seguintes providências:

I – a disponibilização de sala adequada para as oitivas, com equipamento que dê acesso à internet, que disponha de captação de som e de imagem e possibilidade de transmissão e gravação do ato;

II – a intimação para que compareçam presencialmente na data e hora assinaladas, e se necessário, mediante transporte fornecido pelo órgão, cuidando da incomunicabilidade das pessoas que serão ouvidas, inclusive com recolhimento de aparelhos celulares, ou, no caso de absoluta impossibilidade de comparecimento, que sejam inquiridas por videoconferência, observadas, quando for o caso, as prerrogativas inerentes à magistratura (LOMAN, art. 33, inciso I[242]);

III – a permissão de acesso de magistrados e servidores da Corregedoria Nacional às unidades objeto de correição, no horário e data indicados, acompanhados, se for necessário, de servidor do tribunal;

IV – a indicação de servidores de outros setores para que forneçam documentos, sigilosos ou não, requisitados pela equipe de correição da Corregedoria Nacional (arts. 8º, inciso I[243], e 55[244] do RICN).

---

242. Art. 33. São prerrogativas do magistrado:
I – ser ouvido como testemunha em dia, hora e local previamente ajustados com a autoridade ou Juiz de instância igual ou inferior;

243. Art. 8º Compete ao Corregedor Nacional de Justiça, além de outras atribuições que lhe forem conferidas pelo Estatuto da Magistratura:
I – receber as reclamações e denúncias de qualquer interessado relativas aos magistrados e Tribunais e aos serviços judiciários auxiliares, serventias, órgãos prestadores de serviços notariais e de registro, determinando o arquivamento sumário das anônimas, das prescritas e daquelas que se apresentem manifestamente improcedentes ou despidas de elementos mínimos para a sua compreensão, de tudo dando ciência ao reclamante.

244. Art. 55. O Corregedor Nacional de Justiça, ou o Juiz Auxiliar por ele designado, disporá de livre ingresso nos locais onde se processem as atividades sob correição,

Parágrafo único. Caso seja conveniente à instrução processual, independentemente de nova determinação do Corregedor Nacional, poderão ser ouvidas outras pessoas referidas nas oitivas previamente designadas, a critério do magistrado coordenador da correição.

CAPÍTULO XI
DAS DISPOSIÇÕES FINAIS

Art. 37. Consideram-se sob inspeção ou correição as unidades visitadas até que o respectivo relatório ou procedimentos delas decorrentes sejam julgados pelo Plenário do CNJ.

Parágrafo único. Até a aprovação do relatório final da inspeção e respectivo voto pelo Plenário do CNJ, o tribunal inspecionado deve manter o acesso da equipe de inspeção ou correição aos seus sistemas de dados judicial e administrativo, podendo qualquer magistrado auxiliar, independentemente de despacho do Corregedor Nacional, solicitar informações, documentos, relatórios ou auditorias dos órgãos responsáveis no tribunal, que digam respeito ao objeto de investigação.

Art. 38. Os casos omissos e as dúvidas surgidas na aplicação deste provimento serão solucionados pelo Corregedor Nacional de Justiça no âmbito de sua competência, ou pelo Plenário do CNJ, nos demais casos.

Art. 39; Este Provimento entra em vigor na data de sua publicação.

PROVIMENTO Nº 147
04 DE JULHO DE 2023

Dispõe sobre a política permanente de enfrentamento a todas as formas de violência contra a mulher, no âmbito das atribuições da Corregedoria Nacional de Justiça; adota protocolo específico para o atendimento a vítimas e recebimento de denúncias de violência contra a mulher envolvendo magistrados, servidores do Poder Judiciário, notários e registradores; cria canal simplificado de acesso a vítimas de violência contra a mulher na Corregedoria Nacional de Justiça e dá outras providências.

Art. 1º Estabelecer a política permanente de enfrentamento a todas as formas de violência contra a mulher, no âmbito das atribuições da Corregedoria Nacional de Justiça, com a adoção de protocolo específico para o atendimento de vítimas e recebimento de representações por violência contra a mulher envolvendo magistrados, servidores do Poder Judiciário e prestadores de serviços notariais e de registro que atuem por delegação do poder público.

Art. 2º A política permanente de enfrentamento a todas as formas de violência contra a mulher será guiada pelos seguintes princípios:

I – respeito aos direitos fundamentais da vítima, em especial à sua privacidade, o que impõe sigilo das informações constantes em procedimentos que versem sobre violência contra a mulher;

---

podendo, se entender conveniente, requisitar e acessar documentos, livros, registros de computadores ou qualquer outro dado ou elemento de prova que repute relevante para os propósitos da correição.

II – consentimento livre e esclarecido da mulher vítima de qualquer forma de violência;

III – eliminação de todas as noções preconcebidas e estereotipadas sobre as respostas esperadas da mulher à violência sofrida e sobre o padrão de prova exigido para sustentar a ocorrência da agressão;

IV – acesso desburocratizado da vítima aos procedimentos de competência da Corregedoria Nacional de Justiça e atendimento humanizado condizente com as condições peculiares da mulher em situação de violência;

V – não revitimização da ofendida, evitando-se sucessivas inquirições sobre o mesmo fato, bem como questionamentos desnecessários sobre sua vida privada;

VI – enfrentamento da subnotificação dos casos de violência contra a mulher quando a apuração se inserir na competência da Corregedoria Nacional de Justiça, o que impõe ampla publicidade dos canais de acesso disponíveis à vítima e das diversas redes de proteção à mulher;

VII – capacitação de magistrados e servidores da Corregedoria Nacional de Justiça com vistas ao enfrentamento de todas as formas de violência contra a mulher e à atuação segundo o protocolo de julgamento com perspectiva de gênero; e

VIII – interlocução permanente com ouvidorias, fóruns, núcleos e comitês correlatos do CNJ e dos tribunais da Federação.

Art. 3º Sem prejuízo da atuação dos respectivos Tribunais e Corregedorias locais, poderão ser reportadas à Corregedoria Nacional de Justiça, na forma estabelecida por este Provimento, situações de violência contra a mulher praticadas por:

– magistrados, relacionadas ou não com o exercício do cargo;

– servidores do Poder Judiciário, quando violadoras de deveres e proibições funcionais (arts. 16[245] e 117[35] da Lei nº 8.112/1990);

---

45. Art. 116. São deveres do servidor:
I – exercer com zelo e dedicação as atribuições do cargo;
II – ser leal às instituições a que servir;
III – observar as normas legais e regulamentares;
IV – cumprir as ordens superiores, exceto quando manifestamente ilegais;
V – atender com presteza:
a) ao público em geral, prestando as informações requeridas, ressalvadas as protegidas por sigilo;
b) à expedição de certidões requeridas para defesa de direito ou esclarecimento de situações de interesse pessoal;
c) às requisições para a defesa da Fazenda Pública.
VI – levar as irregularidades de que tiver ciência em razão do cargo ao conhecimento da autoridade superior ou, quando houver suspeita de envolvimento desta, ao conhecimento de outra autoridade competente para apuração;
VII – zelar pela economia do material e a conservação do patrimônio público;
VIII – guardar sigilo sobre assunto da repartição;
IX – manter conduta compatível com a moralidade administrativa;
X – ser assíduo e pontual ao serviço;
XI – tratar com urbanidade as pessoas;
XII – representar contra ilegalidade, omissão ou abuso de poder.

III – prestadores de serviços notariais e de registro, quando relacionadas ao exercício do serviço delegado.

Parágrafo único. Aplicam-se as disposições deste artigo a outras situações de violência quando:

a) embora não tenham sido praticadas diretamente por magistrados, haja indicativo de omissão quanto aos deveres de cuidado pela integridade física e psicológica da vítima, na forma da Lei nº 14.245/2021 e da Lei nº 14.321/2022 (violência institucional); e

b) de alguma forma, possam repercutir no pleno exercício das atribuições de magistradas e servidoras do Poder Judiciário, observado o previsto no § 3º do artigo 4º.

Parágrafo único. A representação de que trata o inciso XII será encaminhada pela via hierárquica e apreciada pela autoridade superior àquela contra a qual é formulada, assegurando-se ao representando ampla defesa.

246. Art. 117. Ao servidor é proibido:
I – ausentar-se do serviço durante o expediente, sem prévia autorização do chefe imediato;
II – retirar, sem prévia anuência da autoridade competente, qualquer documento ou objeto da repartição;
III – recusar fé a documentos públicos;
IV – opor resistência injustificada ao andamento de documento e processo ou execução de serviço;
V – promover manifestação de apreço ou desapreço no recinto da repartição;
VI – cometer a pessoa estranha à repartição, fora dos casos previstos em lei, o desempenho de atribuição que seja de sua responsabilidade ou de seu subordinado;
VII – coagir ou aliciar subordinados no sentido de filiarem-se a associação profissional ou sindical, ou a partido político;
VIII – manter sob sua chefia imediata, em cargo ou função de confiança, cônjuge, companheiro ou parente até o segundo grau civil;
IX – valer-se do cargo para lograr proveito pessoal ou de outrem, em detrimento da dignidade da função pública;
X – participar de gerência ou administração de sociedade privada, personificada ou não personificada, exercer o comércio, exceto na qualidade de acionista, cotista ou comanditário;
XI – atuar, como procurador ou intermediário, junto a repartições públicas, salvo quando se tratar de benefícios previdenciários ou assistenciais de parentes até o segundo grau, e de cônjuge ou companheiro;
XII – receber propina, comissão, presente ou vantagem de qualquer espécie, em razão de suas atribuições;
XIII – aceitar comissão, emprego ou pensão de estado estrangeiro;
XIV – praticar usura sob qualquer de suas formas;
XV – proceder de forma desidiosa;
XVI – utilizar pessoal ou recursos materiais da repartição em serviços ou atividades particulares;
XVII – cometer a outro servidor atribuições estranhas ao cargo que ocupa, exceto em situações de emergência e transitórias;
XVIII – exercer quaisquer atividades que sejam incompatíveis com o exercício do cargo ou função e com o horário de trabalho;
XIX – recusar-se a atualizar seus dados cadastrais quando solicitado.
Parágrafo único. A vedação de que trata o inciso X do caput deste artigo não se aplica nos seguintes casos:
I – participação nos conselhos de administração e fiscal de empresas ou entidades em que a União detenha, direta ou indiretamente, participação no capital social ou em sociedade cooperativa constituída para prestar serviços a seus membros; e
II – gozo de licença para o trato de interesses particulares, na forma do art. 91 desta Lei, observada a legislação sobre conflito de interesses.

Art. 4º Será criado, no sítio eletrônico do CNJ (no âmbito da Corregedoria Nacional de Justiça), portal específico da política permanente de enfrentamento a todas as formas de violência contra a mulher, o qual deverá conter, no mínimo:

I – formulário simplificado para encaminhamento de representações à Corregedoria Nacional de Justiça por violência contra a mulher, nos limites estabelecidos no art. 3º deste Provimento; e

II – conteúdo informativo acerca das atribuições da Corregedoria Nacional de Justiça no enfrentamento a todas as formas de violência contra a mulher.

§ 1º A possibilidade de formulação de representações prevista no inciso I não exclui outras formas tradicionais de peticionamento no âmbito da Corregedoria Nacional de Justiça;

§ 2º O formulário de que trata o inciso I deverá conter, além de linguagem simplificada e humanizada, dados que permitam a formulação de estudos estatísticos acerca do perfil das demandas, observado o sigilo previsto no inciso I do art. 2º;

§ 3º Caso a apuração dos fatos reportados não seja de competência da Corregedoria Nacional de Justiça, a vítima receberá orientação acerca das vias adequadas para a formulação de sua demanda;

§ 4º Será disponibilizado link para acesso direto ao formulário de que trata o art. 4º, inciso I, à Ouvidoria Nacional da Mulher e ao Comitê de Prevenção e Enfrentamento do Assédio Moral e do Assédio Sexual e da Discriminação no Poder Judiciário, bem como aos demais comitês e comissões que tratem do tema da violência contra a mulher no âmbito do CNJ, visando à adoção das medidas previstas neste Provimento de forma célere e eficaz.

Art. 5º As representações por violência contra a mulher recebidas pela Corregedoria Nacional de Justiça, por quaisquer vias, receberão tratamento específico conforme protocolo de julgamento com perspectiva de gênero (Resolução CNJ nº 492/2023), com a adoção, entre outras, das seguintes diretrizes:

I – não será exigida prova pré-constituída dos fatos alegados como requisito de procedibilidade da representação;

II – o procedimento poderá ser integralmente instruído no âmbito da Corregedoria Nacional de Justiça, com colheita de documentos, arquivos e oitiva de testemunhas indicadas pela representante e demais interessados;

III – a representante será sempre indagada se deseja ser ouvida previamente, de preferência, por uma juíza auxiliar da Corregedoria Nacional de Justiça, para reportar os fatos com maior detalhamento;

IV – em caso de necessidade e concordância da vítima, esta poderá ser encaminhada a atendimento de apoio psicossocial oferecido por um órgão judicial de sua preferência, que poderá elaborar estudo a respeito da dinâmica de violência a que estiver exposta, dos riscos porventura ainda existentes e de quaisquer outros aspectos relevantes à compreensão dos fatos alegados;

V – instaurado procedimento a partir do formulário de que trata o art. 4º, inciso I, constará na autuação a Corregedoria Nacional de Justiça como requerente, com imputação de sigilo em todos os casos.

§ 1º Na oitiva de que trata o inciso III, o(a) magistrado(a) que conduzir o ato auxiliará a vítima, se for o caso, a preencher o Formulário de Avaliação de Risco aplicável, conforme as diretrizes da Resolução Conjunta CNJ/CNMP nº 05/2020 e da Lei nº 14.149/2021;

§ 2º A oitiva da vítima, das testemunhas e do agressor será registrada em meio eletrônico, devendo a mídia integrar os autos do procedimento.

Art. 6º Sem prejuízo do poder de requisição previsto no art. 8º, inciso VII[247], do Regimento Interno do Conselho Nacional de Justiça (RICNJ), a Corregedoria Nacional de Justiça poderá celebrar termos de cooperação com os tribunais ou outros órgãos públicos para o compartilhamento de pessoal e de serviço psicossocial ou multidisciplinar especializados em violência contra a mulher, para fins do que dispõe o inciso IV do art. 5º deste Provimento.

Art. 7º Recebida a representação e analisados os elementos colhidos pela Corregedoria Nacional de Justiça, não sendo caso de arquivamento, o procedimento tramitará conforme a Resolução CNJ nº 135/2011 e o RICNJ.

Art. 8º Este provimento entra em vigor na data de sua publicação.

PROVIMENTO Nº 145
23 DE JUNHO DE 2023

Institui o Prêmio "Solo Seguro", com o objetivo de premiar iniciativas inovadoras e incentivar o aperfeiçoamento de práticas relativas à regularização fundiária urbana e rural.

Art. 1º Instituir o Prêmio "Solo Seguro", no contexto da governança fundiária e do Provimento CNJ nº 144, de 25 de abril de 2023, com os seguintes objetivos:

I – premiar e disseminar ações, projetos ou programas inovadores e práticas de sucesso que visem ao aperfeiçoamento da Regularização Fundiária Urbana – Reurb e rural, bem como à identificação de áreas públicas e de proteção ambiental, à simplificação de procedimentos, à gestão compartilhada de informações e à redução da quantidade de tempo e de recursos necessários à conclusão de processos de regularização fundiária;

II – premiar e estimular o desempenho dos Tribunais, incluindo suas Corregedorias, na política da regularização fundiária e no monitoramento do cumprimento das decisões administrativas proferidas pela Corregedoria Nacional de Justiça sobre o tema; e

III – dar visibilidade e promover a conscientização dos integrantes do Poder Judiciário e da sociedade quanto à necessidade de conhecimento da relevância da governança fundiária responsável.

Art. 2º O Prêmio "Solo Seguro" será concedido, no mínimo, anualmente para o reconhecimento de boas práticas, relativas seja a iniciativas inovadoras e práticas de sucesso que contribuam para o aprimoramento na temática da regularização fundiária, apuradas em termos de tempo de duração dos procedimentos e em resultados sociais obtidos, seja a medidas adotadas pelos Tribunais para a efetivação da regularização fundiária.

Art. 3º São admitidos a participar do Prêmio "Solo Seguro", nos termos do art. 2º, os Tribunais, magistrados(as), servidores(as), registradores(as) de imóveis, associações representativas dos oficiais de registro de imóveis em âmbito nacional e estadual e órgãos ou entidades federais, estaduais e municipais, bem como entidades da sociedade civil e demais parceiros aderentes das ações de regularização fundiária.

Art. 4º. As práticas serão avaliadas e julgadas por uma comissão julgadora, cuja composição será fixada em regulamento próprio da Corregedoria Nacional, devendo privilegiar os seguintes critérios:

I – impacto territorial e/ou social;

II – eficiência e celeridade;

III – inovação e criatividade;

IV – avanço no georreferenciamento de áreas urbanas e rurais;

V – articulação com órgãos e entidades encarregados da regularização fundiária urbana e rural;

VI – replicabilidade.

Art. 5º Os(as) vencedores(as) serão premiados(as) com a entrega de selo, concedido em solenidade anual realizada, preferencialmente, durante a Semana Nacional de Regularização Fundiária – "Solo Seguro", que ocorre na última semana do mês de agosto, nos termos do Provimento CNJ nº 144, de 25 de abril de 2023.

Parágrafo único. A critério da Comissão Julgadora, poderá ser concedida menção honrosa a outras iniciativas meritórias que não tenham sido premiadas.

Art. 6º Os prazos de submissão de práticas e outras disposições específicas serão estabelecidos, anualmente, por meio de Portaria da Corregedoria Nacional de Justiça.

Art. 7º A atividade, a ação, o projeto e o programa que tenham sido premiados serão disponibilizados no sítio eletrônico do CNJ e da Corregedoria Nacional de Justiça.

Art. 8º Os casos omissos serão decididos pela Corregedoria Nacional de Justiça.

Art. 9º Este Provimento entra em vigor na data de sua publicação.

PROVIMENTO Nº 144
25 DE ABRIL DE 2023

Estabelece, no âmbito do Poder Judiciário, o Programa Permanente de Regularização Fundiária na Amazônia Legal, institui a Semana Nacional de Regularização Fundiária, e dá outras providências.

Art. 1º Instituir, no âmbito do Poder Judiciário, o Programa Permanente de Regularização Fundiária, com vigência e eficácia sobre a área territorial da Amazônia Legal, constituída pelos Estados do Pará, Acre, Amazonas, Roraima, Rondônia, Mato Grosso, Amapá, Tocantins e Maranhão, com a finalidade de definir, coordenar e dar celeridade às medidas relativas à Regularização Fundiária Urbana – Reurb e rural, bem como à identificação de áreas públicas e daquelas destinadas à proteção ambiental, na forma prevista na legislação pertinente.

Art. 2º O Programa Permanente de Regularização Fundiária é orientado pelas seguintes diretrizes, as quais deverão ser observadas pelas Corregedorias-Gerais de Justiça dos Estados:

I – efetivação do direito à moradia e à proteção ambiental;

II – observância da legislação atinente à regularização fundiária urbana e rural;

III – observância da autonomia dos Municípios, dos Estados e da União;

IV – articulação, nos três níveis da federação, com órgãos e entidades encarregados da regularização fundiária urbana e rural, em especial com o Instituto Nacional de Colonização e Reforma Agrária – Incra e outras entidades congêneres também especializadas;

V – participação dos interessados em todas as etapas do processo de regularização, com o estabelecimento de prazos para início e término dos procedimentos;

VI – estímulo a políticas urbanísticas, ambientais e sociais, voltadas à integração de núcleos urbanos informais ao contexto legal das cidades;

VII – diálogo permanente com órgãos e/ou entidades, públicos e/ou privados, com a sociedade civil organizada, com movimentos sociais e/ou com outras iniciativas ligadas ao tema, com vistas à formulação de propostas de melhoria da gestão fundiária, à geração de emprego e renda, à integração social e ao respeito ao direito de povos originários sobre terras tradicionalmente por eles ocupadas;

VIII – articulação com as políticas setoriais de habitação, de meio ambiente, de sustentabilidade, de saneamento básico e de mobilidade urbana, nos diferentes níveis de governo e com as iniciativas públicas e privadas;

IX – fortalecimento da governança fundiária responsável da terra, visando à superação dos conflitos fundiários, à promoção da justiça, ao acesso à terra, à proteção ambiental, à publicidade, à segurança jurídica e ao enfrentamento da grilagem de terras públicas;

X – estímulo à interconexão e à interoperabilidade entre sistemas eletrônicos fiscalizados e ou controlados pelo Poder Judiciário e outros sistemas necessários e/ou úteis à regularização fundiária, como o Sistema Nacional de Cadastro Ambiental Rural – Sicar, dentre outros;

XI – estímulo e fomento ao georreferenciamento de áreas urbanas e rurais, com a sensibilidade e os meios necessários à harmonização entre realidade socioeconômica das partes interessadas e os objetivos pretendidos;

XII – alinhamento institucional junto ao Operador Nacional do Sistema de Registro de Imóveis (ONR) e aos cartórios de registro de imóveis dos respectivos Estados;

---

247. Art. 8º Compete ao Corregedor Nacional de Justiça, além de outras atribuições que lhe forem conferidas pelo Estatuto da Magistratura:

VII – requisitar servidores do Poder Judiciário e convocar o auxílio de servidores do CNJ, para tarefa especial e prazo certo, para exercício na Corregedoria Nacional de Justiça, podendo delegar-lhes atribuições nos limites legais.

XIII – estímulo à resolução extrajudicial de conflitos fundiários;

XIV – participação ativa na construção de marcos normativos relacionados à governança responsável da terra;

XV – observância estrita da Lei nº 5.709/1971 e do Provimento CNJ nº 43/2015, no que concerne à aquisição de imóveis por estrangeiros ou empresas brasileiras controladas por capital estrangeiro;

XVI – postura ativa das Corregedorias e dos registradores de imóveis em todas as etapas dos procedimentos de regularização fundiária, com observância das peculiaridades de cada região e da população diretamente interessada;

XVII – interlocução permanente entre as Corregedorias e entre estas e registradores de imóveis, para o compartilhamento e ampliação de projetos já concebidos em unidades federativas diversas e tidos como exitosos.

Art. 3º As Corregedorias-Gerais de Justiça implementarão, no âmbito dos Estados, o Programa Permanente de Regularização Fundiária, observadas as diretrizes traçadas no art. 2º deste Provimento e os elementos a seguir, sem prejuízo da aplicação das normas legais e administrativas vigentes:

I – estabelecimento das etapas do procedimento de regularização fundiária;

II – definição das atividades integrantes de cada etapa, indicação dos responsáveis pela execução de cada etapa e prazos máximos para execução integral;

III – estratégias, preferencialmente construídas em parcerias com a União, Estados e/ou Municípios, voltadas à identificação de áreas públicas e de proteção ambiental, à simplificação de procedimentos, à gestão compartilhada de informações e à redução da quantidade de tempo e de recursos necessários à conclusão de processos de regularização fundiária;

IV – monitoramento e fiscalização permanente dos cartórios de registro de imóveis nas questões relacionadas à regularização fundiária na metodologia estabelecida pela lei e ao combate à grilagem e corrupção na cessão dos direitos de posse, com eleição de indicadores hábeis à medição de eficiência e eficácia;

V – previsão de núcleos ou coordenadorias de regularização fundiária, bem como estímulo e monitoramento contínuo das atividades afetas à regularização fundiária, objetivando:

a) promoção da segurança jurídica, com cumprimento efetivo da função social da propriedade;

b) proteção ambiental;

c) combate à falsificação de documentos públicos oriundos dos órgãos públicos e/ou cartórios e registros de imóveis e à grilagem de terras públicas;

d) respeito e reconhecimento de direitos legítimos de produtores rurais, de agricultores familiares e de ocupantes de boa-fé que demonstrem a origem lícita da posse, bem como de povos indígenas, de quilombolas e das demais comunidades tradicionais;

e) proteção ao interesse público.

VI – monitoramento do cumprimento das decisões administrativas proferidas pela Corregedoria Nacional de Justiça, em especial daquelas que determinem bloqueios e cancelamentos de matrículas;

VII – realização de audiências públicas e ampla participação das comunidades e demais agentes envolvidos no programa de regularização, com garantia de que todos sejam consultados e de que o processo transcorra de forma transparente, mediante procedimentos simples, claros, acessíveis e compreensíveis para todos, em particular aos povos indígenas e outras comunidades com sistemas tradicionais de posse da terra.

Art. 4º As Corregedorias-Gerais de Justiça estaduais que formam a Amazônia Legal realizarão de forma contínua, no âmbito de suas atribuições, o planejamento, o desenvolvimento e o monitoramento de ações voltadas à regularização fundiária previstas no Programa Permanente de Regularização Fundiária.

Art. 5º Fica instituída a "Semana Nacional de Regularização Fundiária", que ocorrerá, no mínimo, uma vez a cada ano nos diversos Estados que formam a Amazônia Legal, com a convocação prévia pela Corregedoria Nacional de Justiça.

§ 1º A Semana Nacional de Regularização Fundiária será realizada, preferencialmente, na última semana do mês de agosto, e será coordenada pela Corregedoria Nacional de Justiça, devendo as ações ser desenvolvidas e implementadas no âmbito local pelas Corregedorias.

§ 2º Durante a Semana Nacional, serão realizados esforços concentrados de atos de regularização fundiária, com a apresentação de:

I – resultados dos projetos em execução e já concluídos, em favor da regularização fundiária, em período anterior;

II – propostas e projetos relativos ao período seguinte;

III – dados e informações quanto ao cumprimento de decisões administrativas e de metas da Corregedoria Nacional da Justiça, bem como os históricos pertinentes às execuções dos respectivos planos de trabalho.

§ 3º No mesmo período, serão realizados, preferencialmente em meios virtuais, encontros com registradores de imóveis e magistrados com atuação na área da Amazônia Legal, encarregados do julgamento de questões fundiárias, para compartilhamento de experiências, especialmente aquelas qualificadas pela eficiência e eficácia apuradas em termos de tempo de duração de processo e em resultados sociais obtidos;

§ 4º Os encontros mencionados no § 3º deste artigo serão coordenados pelas Corregedorias, e as conclusões obtidas deverão ser apresentadas ao Fórum Nacional Fundiário das Corregedorias-Gerais dos Tribunais de Justiça.

Art. 6º A realização da semana de esforço concentrado será precedida do planejamento e definição de estratégias a partir de reuniões preparatórias entre a Corregedoria Nacional e as Corregedorias dos Tribunais, podendo haver a participação dos demais atores convidados.

§ 1º Poderão ser convidados a participar do projeto as associações representativas dos oficiais de registro de imóveis em âmbito nacional e estadual, os órgãos federais, estaduais e municipais, bem como os demais parceiros aderentes das ações de regularização fundiária;

§ 2º O planejamento e a definição de estratégias deverão referir-se:

I – aos projetos já executados, em execução e em fase de concepção, com relatos breves e objetivos acerca dos resultados pretendidos, dos resultados alcançados, das dificuldades encontradas e do aprendizado incorporado à atividade de regularização fundiária;

II – às medidas concernentes à realização de esforço concentrado de atos de regularização, à organização geral do evento, ao estímulo à participação de magistrados e registradores e à sistematização das apresentações e das discussões, em palestras, seminários ou cursos.

Art. 7º Compete às Corregedorias-Gerais de Justiça apresentar à Corregedoria Nacional de Justiça, em até 30 (trinta) dias após a realização da semana de esforço concentrado, relatório dos resultados alcançados.

Art. 8º As Corregedorias-Gerais de Justiça dos Estados fiscalizarão a efetiva observância deste Provimento, expedindo, no prazo de 60 (sessenta) dias, as normas complementares que se fizerem necessárias para a implementação e cumprimento das diretrizes e dos elementos do Programa Permanente de Regularização Fundiária na Amazônia Legal, bem como promoverão a adequação das normas locais que contrariem as regras e diretrizes constantes do presente Provimento.

Art. 9º. Este Provimento entra em vigor na data de sua publicação.

PROVIMENTO Nº 143
25 DE ABRIL DE 2023

Regulamenta a estrutura, a geração e a validação do Código Nacional de Matrícula (CNM), dispõe sobre a escrituração da matrícula no registro de imóveis, e dá outras providências.

CAPÍTULO I
DO CÓDIGO NACIONAL DE MATRÍCULA

SEÇÃO I
DAS DISPOSIÇÕES GERAIS

SUBSEÇÃO I
DA ESTRUTURA DO CÓDIGO NACIONAL DE MATRÍCULA

Arts. 1º a 12 (Revogados).
→ Provimento nº 149/2023.

CAPÍTULO III
DAS DISPOSIÇÕES FINAIS E TRANSITÓRIAS

SEÇÃO I
DO PRAZO PARA A IMPLANTAÇÃO DO CÓDIGO NACIONAL DE MATRÍCULA

Art. 13. Os oficiais de registro de imóveis implantarão o Código Nacional de Matrícula – CNM:

I – imediatamente, para as matrículas que forem abertas a partir do funcionamento do Programa Gerador e Verificador;

II – sempre que for feito registro ou averbação em matrícula já existente, desde que já esteja em funcionamento o Programa Gerador e Verificador; e

III – em todas as matrículas, no prazo máximo de 1 (um) ano, contado do início do funcionamento do Programa Gerador e Verificador.

SEÇÃO II
DO PRAZO DE TRANSPOSIÇÃO INTEGRAL PARA O SISTEMA DE FICHAS SOLTAS

Art. 14. A transposição integral de todas as matrículas para fichas soltas será feita:

I – a qualquer tempo, facultativamente;

II – por ocasião de qualquer registro ou averbação, obrigatoriamente; e

III – em qualquer hipótese, no prazo máximo de 1 (um) ano, contado da vigência deste Provimento.

SEÇÃO III
DO PRAZO PARA A ESTRUTURAÇÃO DOS DADOS DOS INDICADORES

Art. 15. Para fins de pesquisas para localização de bens, no prazo de 1 (um) ano, contado da vigência deste Provimento, os oficiais de registro de imóveis disponibilizarão os dados estruturados do Livro n. 4 – Indicador Real e do Livro n. 5 – Indicador Pessoal, para acesso remoto por intermédio do Serviço de Atendimento Eletrônico Compartilhado – SAEC (art. 8º, § 3º, inciso III[248], art. 9º, parágrafo único, inciso II[249], e arts. 15 a 23[250] do Provimento n. 89, de 18 de dezembro de 2019, da Corregedoria Nacional de Justiça).

Parágrafo único. Os oficiais de registro de imóveis que já tenham os indicadores real e pessoal (Livros n. 4 e 5) em formato digital com dados estruturados deverão disponibilizar acesso para consulta, nos moldes do caput deste artigo, no prazo de 15 (quinze) dias, contados da entrada em vigor deste Provimento.

---

[248] Art. 8º O Sistema de Registro Eletrônico de Imóveis – SREI tem como objetivo a universalização das atividades de registro público imobiliário, a adoção de governança corporativa das serventias de registros de imóveis e a instituição do sistema de registro eletrônico de imóveis previsto no art. 37 da Lei n. 11.977/2009.
§ 3º São elementos do Sistema de Registro Eletrônico de Imóveis – SREI:
III – os serviços destinados à recepção e ao envio de documentos em formato eletrônico para o usuário que fez a opção pelo atendimento remoto, prestados pelo SAEC e pelas centrais de serviços eletrônicos compartilhados nos estados e no Distrito Federal;

[249] Art. 9º O Sistema de Registro Eletrônico de Imóveis – SREI será implementado e operado pelo Operador Nacional do Sistema de Registro Eletrônico – ONR.
Parágrafo único. São integrantes do Sistema de Registro Eletrônico de Imóveis – SREI, sob coordenação do ONR:
II – o Serviço de Atendimento Eletrônico Compartilhado – SAEC, de âmbito nacional;

[250] Art. 15. O Serviço de Atendimento Eletrônico Compartilhado – SAEC será implementado e gerido pelo Operador Nacional do Sistema de Registro Eletrônico – ONR.
Art. 16. O Serviço de Atendimento Eletrônico Compartilhado – SAEC é destinado ao atendimento remoto dos usuários das serventias de registro de imóveis do País por meio da internet, à consolidação de dados estatísticos sobre dados e operação das serventias de registro de imóveis, bem como ao desenvolvimento de sistemas de apoio e interoperabilidade com outros sistemas.
Parágrafo único. O SAEC constitui-se em uma plataforma eletrônica centralizada que recepciona as solicitações de serviços apresentadas pelos usuários remotos e as distribui às serventias competentes.
Art. 17. Compete, ainda, ao SAEC:
I – desenvolver indicadores de eficiência e implementar sistemas em apoio às atividades das Corregedorias-Gerais de Justiça e da Corregedoria Nacional de Justiça que permitam inspeções remotas das serventias;

II – estruturar a interconexão do SREI com o SINTER – Sistema Nacional de Gestão de Informações Territoriais e com outros sistemas públicos nacionais e estrangeiros;

III – promover a interoperabilidade de seus sistemas com as Centrais de Serviços Eletrônicos Compartilhados dos Estados e do Distrito Federal.

Art. 18. O SAEC deverá oferecer ao usuário remoto os seguintes serviços eletrônicos imobiliários a partir de um ponto único de contato na internet:

I – consulta de Informações Públicas como a relação de cartórios, circunscrição, tabela de custas e outras informações que podem ser disponibilizadas com acesso público e irrestrito;

II – solicitação de pedido que será protocolado e processado pela serventia competente, que compreende:
a. Informação de Registro.
b. Emissão de Certidão.
c. Exame e Cálculo.
d. Registro.
III – acompanhamento do estado do pedido já solicitado;
IV – cancelamento do pedido já solicitado, desde que não tenha sido efetivado;
V – regularização do pedido quando há necessidade de alteração ou complementação de títulos ou pagamentos referentes a pedido solicitado quando permitido pela legislação;
VI – obtenção dos resultados do pedido, que compreende dentre outros:
a. Certidão.
b. Nota de Exigência.
c. Nota de Exame e Cálculo.

Parágrafo único. Todas as solicitações feitas pelos usuários remotos por meio do SAEC serão enviadas ao Oficial de Registro de Imóveis competente, que será o único responsável pelo processamento e atendimento.

Art. 19. São classes de pedidos eletrônicos no âmbito do SAEC:

I – Classe Tradicional, compreendendo os seguintes tipos de pedido eletrônico:
a. informação de registro que será utilizada para o serviço de informação sobre situação da matrícula, pacto antenupcial ou outra;
b. emissão de certidão que será utilizada para o serviço de emissão de certidão;
c. exame e cálculo que serão utilizados para o serviço de exame e cálculo;
d. registro que será utilizada para o serviço de registro.

II – Classe Ofício, com o tipo de pedido Ofício Eletrônico, que será utilizada para o serviço de tratamento de ofício eletrônico;

III – Classe Penhora, compreendendo os seguintes tipos de pedido eletrônico, todos para serem utilizados no serviço de penhora de imóvel:
a. consulta de penhora.
b. inclusão de penhora.
c. exclusão de penhora.

IV – Classe Indisponibilidade, compreendendo os seguintes tipos de pedido eletrônico, todos para serem utilizados no serviço de indisponibilidade de bens imóveis:
a) consulta de indisponibilidade.
b) inclusão de indisponibilidade.
c) exclusão de indisponibilidade.

V – Consulta de Inexistência de Propriedade, com o tipo de pedido Consulta de Inexistência de Propriedade, para ser utilizado no serviço de consulta de inexistência de propriedade a partir do CPF, notadamente pelos agentes financeiros imobiliários.

Art. 20. O SAEC deverá manter as seguintes bases de dados:

I – Base Estatística contendo os dados estatísticos sobre a operação das serventias de registro de imóveis, objetivando a consolidação de dados de tais serventias;

dos estruturados deverão disponibilizar acesso para consulta, nos moldes do caput deste artigo, no prazo de 15 (quinze) dias, contados da entrada em vigor deste Provimento.

SEÇÃO IV
DA CONSERVAÇÃO DE DADOS

Art. 16. Os arquivos dos dados estruturados, não estruturados e semiestruturados, obtidos por ocasião da digitação de texto de matrícula, serão mantidos na serventia para futuro aproveitamento na implantação da matrícula escriturada em forma digital.

SEÇÃO V
DOS CASOS OMISSOS

Art. 17. Os casos omissos na aplicação deste Provimento serão submetidos à Corregedoria-Geral de Justiça competente, que comunicará a respectiva decisão à Corregedoria Nacional de Justiça no prazo de 30 (trinta) dias.

SEÇÃO VI
DA REVOGAÇÃO DE DISPOSIÇÕES EM CONTRÁRIO

Art. 18. Revogam-se os arts. 2º, 3º, 4º, 6º e 7º do Provimento nº 89, de 18 de dezembro de 2019.

SEÇÃO VII
DA VIGÊNCIA

Art. 19. (Revogado).
→ Provimento nº 149/2023.

PROVIMENTO Nº 140
22 DE FEVEREIRO DE 2023

Estabelece, no âmbito do Poder Judiciário, o Programa de Enfrentamento ao Sub-registro Civil e de Ampliação ao Acesso à Documentação Básica por Pessoas Vulneráveis; institui a Semana Nacional do Registro Civil e dá outras providências.

Art. 1º Estabelecer, no âmbito do Poder Judiciário Nacional, o Programa de Enfrentamento ao Sub-registro Civil e de Ampliação ao Acesso à Documentação Básica por Pessoas Vulneráveis

---

II – Base de Indisponibilidade de Bens contendo, de forma atualizada, os pedidos de indisponibilidade de bens encaminhados às serventias possivelmente relacionadas ao pedido, possibilitando a consulta quando do exame de um registro;

III – Base de CPF/CNPJ contendo o número do cadastro na Receita Federal do titular do direito real imobiliário objetivando a otimização da identificação de propriedade.

Art. 21. Todos os ofícios de registro de imóveis deverá possuir um sistema eletrônico que possibilite realizar interações com o SAEC e com as centrais de serviços eletrônicos compartilhados para suportar o atendimento aos serviços eletrônicos, bem como o encaminhamento de estatísticas de operação.

Art. 22. Em todas as operações do SAEC serão obrigatoriamente respeitados os direitos à privacidade, à proteção dos dados pessoais e ao sigilo das comunicações privadas e, se houver, dos registros.

Art. 23. O SAEC deve observar os padrões e requisitos de documentos, de conexão e de funcionamento, da Infraestrutura de Chaves Públicas Brasileira – ICP e da arquitetura dos Padrões de Interoperabilidade de Governo Eletrônico (e-Ping).

...veis e instituir a Semana Nacional do Registro Civil.

Art. 2º A Corregedoria Nacional de Justiça e as Corregedorias-Gerais de Justiça dos Tribunais de Justiça e dos Tribunais Regionais Federais deverão conjugar esforços com a União, Estados, Distrito Federal, Municípios, demais entidades públicas, entidades representativas dos oficiais de registro civil das pessoas naturais, organizações da sociedade civil, iniciativa privada e comunidade, visando erradicar o sub-registro civil de nascimento no País e ampliar o acesso à documentação civil básica a todos os brasileiros, especialmente à população socialmente vulnerável.

Parágrafo único. Considera-se população socialmente vulnerável, para fins deste provimento:

I – população em situação de rua, nos termos do parágrafo único do art. 1º[251] do Decreto nº 7.053, de 23 de dezembro de 2009 (Política Nacional para a População em Situação de Rua);

II – povos originários;

III – população ribeirinha;

IV – refugiados;

V – população em cumprimento de medidas de segurança, situação manicomial, carcerária e egressos do cárcere.

Art. 3º A Corregedoria Nacional de Justiça, no âmbito nacional, e as Corregedorias-Gerais de Justiça, no âmbito estadual e municipal, atuando diretamente ou em articulação com os demais entes federados e outros Poderes, com as entidades representativas dos oficiais de registro civil, demais entidades e pessoas que se vincularem ao Programa, observarão as seguintes diretrizes:

I – erradicação do sub-registro civil de nascimento por meio da realização de ações de mobilização nacional, estadual ou municipal;

II – fortalecimento de ações que visem à ampliação do acesso à documentação civil básica, sobretudo da população vulnerável;

III – ampliação da rede de serviços dos registros públicos das pessoas naturais, visando assegurar a eficiência, desburocratização e a capilaridade do atendimento, com a garantia de sustentabilidade destes serviços;

IV – fomento ao procedimento administrativo de registro tardio de nascimento por meio do aperfeiçoamento normativo e ações de conscientização; e

V – observância da renda mínima ao registrador civil, nos termos do Provimento n. 81, de 6 de dezembro de 2018, do Conselho Nacional de Justiça.

---

1. Art. 1º Fica instituída a Política Nacional para a População em Situação de Rua, a ser implementada de acordo com os princípios, diretrizes e objetivos previstos neste Decreto.
Parágrafo único. Para fins deste Decreto, considera-se população em situação de rua o grupo populacional heterogêneo que possui em comum a pobreza extrema, os vínculos familiares interrompidos ou fragilizados e a inexistência de moradia convencional regular, e que utiliza os logradouros públicos e as áreas degradadas como espaço de moradia e de sustento, de forma temporária ou permanente, bem como as unidades de acolhimento para pernoite temporário ou como moradia provisória.

Art. 4º As Corregedorias-Gerais de Justiça realizarão, de forma contínua, no âmbito de suas atribuições, o planejamento, o desenvolvimento e a monitoração de ações voltadas ao enfrentamento do sub-registro civil de nascimento e de ampliação ao acesso à documentação civil básica por pessoas vulneráveis.

Art. 5º Fica instituída a Semana Nacional do Registro Civil – "Registre-se!", que ocorrerá, no mínimo, uma vez a cada ano, com convocação prévia pela Corregedoria Nacional de Justiça.

§ 1º A Semana Nacional "Registre-se!" será realizada sempre na segunda semana do mês de maio, sem prejuízo de outras convocações;

§ 2º Durante a Semana Nacional "Registre-se!", serão realizados esforços concentrados e eventos, no mínimo, nas capitais dos vinte e seis Estados e no Distrito Federal, voltados à identificação civil da parcela da população socialmente vulnerável indicada no art. 2º deste Provimento.

Art. 6º A Semana Nacional "Registre-se!" será coordenada pela Corregedoria Nacional de Justiça, devendo as ações ser desenvolvidas e implementadas no âmbito local pelas Corregedorias-Gerais de Justiça, com o apoio dos oficiais de registro civil das pessoas naturais.

§ 1º A realização da semana de esforço concentrado será precedida do planejamento e definição de estratégias levados a efeito a partir de reuniões preparatórias realizadas entre a Corregedoria Nacional e Corregedorias-Gerais dos Tribunais, podendo haver a participação dos demais atores convidados;

§ 2º Serão convidados a participar do projeto as associações representativas dos oficiais de registro civil das pessoas naturais em âmbito nacional e estadual, órgãos federais, estaduais e municipais de identificação civil, os parceiros referidos nos §§ 1º e 2º do art. 4º e os demais aderentes das ações.

Art. 7º Nos dias de realização da Semana Nacional "Registre-se!", os oficiais de registro civil das pessoas naturais deverão atender às solicitações de certidão oriundas do projeto de forma prioritária.

Parágrafo único. As declarações de hipossuficiência, necessárias à concessão da gratuidade dos atos, serão prestadas eletronicamente pelos interessados, conforme ferramenta disponibilizada pelos oficiais de registro civil das pessoas naturais.

Art. 8º Os oficiais de registro civil das pessoas naturais serão ressarcidos por todos os atos gratuitos que praticarem em decorrência do projeto.

§ 1º O ressarcimento a que se refere o caput ocorrerá no mês subsequente à realização do projeto, conforme relatório encaminhado aos administradores dos Fundos estaduais de custeio de atos gratuitos pela Central de Informações de Registro Civil das Pessoas Naturais, instituída pelo Provimento nº 46, de 16 de junho de 2015, do Conselho Nacional de Justiça;

§ 2º Os gestores dos Fundos estaduais de custeio de atos gratuitos deverão encaminhar à Corregedoria Nacional de Justiça, em até 10 (dez) dias depois do término do prazo para o ressarcimento, a comprovação do pagamento dos atos indicados no § 1º deste artigo.

Art. 9º Os pedidos de certidão de registro civil realizados durante a Semana Nacional serão processados em ambiente reservado e controlado, por meio do módulo próprio da Central de Informações de Registro Civil das Pessoas Naturais, cujo acesso será franqueado aos usuários indicados pela Associação Nacional dos Registradores de Pessoas Naturais – Arpen Brasil.

Art. 10. Compete às Corregedorias-Gerais dos Tribunais informar à Corregedoria Nacional de Justiça, em até 10 (dez) dias após a realização da semana de esforço concentrado, os dados e relatórios dos resultados alcançados, incluindo a quantidade de pedidos de certidão de registro civil realizados e a população socialmente vulnerável atendida.

Art. 11. Este Provimento será publicado na imprensa oficial e encaminhado a todos os Tribunais de Justiça, Tribunais Regionais Federais e à Associação Nacional dos Registradores de Pessoas Naturais – Arpen Brasil.

Art. 12. Este Provimento entra em vigor na data de sua publicação.

PROVIMENTO Nº 134
24 DE AGOSTO DE 2022

Estabelece medidas a serem adotadas pelas serventias extrajudiciais em âmbito nacional para o processo de adequação à Lei Geral de Proteção de Dados Pessoais.

CAPÍTULO I
DAS DISPOSIÇÕES GERAIS

Arts. 1º e 2º (Revogados).

→ Provimento nº 149/2023.

Art. 3º Fica criada, no âmbito da Corregedoria Nacional de Justiça do Conselho Nacional de Justiça, a Comissão de Proteção de Dados (CPD/CN/CNJ), de caráter consultivo, responsável por propor, independentemente de provocação, diretrizes com critérios sobre a aplicação, interpretação e adequação das Serventias à LGPD, espontaneamente ou mediante provocação pelas Associações.

Arts. 4º a 57. (Revogados).

→ Provimento nº 149/2023.

CAPÍTULO XVI
DAS DISPOSIÇÕES FINAIS

Art. 58. As Corregedorias Gerais da Justiça dos Estados e do Distrito Federal fiscalizarão a efetiva observância das normas previstas neste Provimento pelas unidades do serviço extrajudicial, expedindo as normas complementares que se fizerem necessárias, bem como promoverão, no prazo estabelecido no art. 59, a adequação das normas locais que contrariarem as regras e diretrizes constantes do presente provimento.

Art. 59. Este Provimento entra em vigor na data de sua publicação, observado o prazo de 180 (cento e oitenta) dias para adequação das serventias extrajudiciais às disposições contidas neste documento.

PROVIMENTO Nº 133
15 DE AGOSTO DE 2022

Disciplina a alimentação do Painel Nacional dos Concursos Públicos de Provas e Títulos para Outorga de Delegações de Serviços de Notas e de Registro, gerido pela Corregedoria Nacional de Justiça.

Arts. 1º a 4º (Revogados).
→ Provimento nº 149/2023.

Art. 5º Os dados sobre os concursos em andamento deverão ser alimentados no sistema no prazo de 30 (trinta) dias a contar da publicação deste Provimento.

Art. 6º Este Provimento não se aplica aos concursos já concluídos na data da sua publicação.

Art. 7º Este Provimento entra em vigor na data de sua publicação, ficando revogadas todas as disposições em contrário.

PROVIMENTO Nº 127
09 DE FEVEREIRO DE 2022

Disciplina a Plataforma do Sistema Integrado de Pagamentos Eletrônicos (SIPE) para os serviços notariais e de registro, e dá outras providências.

CAPÍTULO I
DA PLATAFORMA DO SISTEMA INTEGRADO DE PAGAMENTOS ELETRÔNICOS– SIPE

Art. 1º O Operador Nacional do Sistema de Registro Eletrônico de Imóveis (ONR) fica autorizado a desenvolver e gerir a Plataforma do Sistema Integrado de Pagamentos Eletrônicos–SIPE, destinada a receber e repassar os valores recebidos dos usuários dos serviços de registro de imóveis praticados pelos registradores de imóveis e solicitados por meio do Serviço de Atendimento Eletrônico Compartilhado – SAEC, adotados os seguintes meios de pagamento:

I – PIX;

II – cartão de crédito, emitido por operadoras ou administradoras autorizadas a funcionar pelo Banco Central do Brasil, de livre escolha do usuário;

III – boleto bancário;

IV – faturamento; e

V – outras modalidades de pagamento, crédito ou financiamento, autorizadas pelo Banco Central do Brasil, contratadas para que sejam oferecidas aos interessados na plataforma.

Art. 2º Ao menos um dos meios de pagamento previstos no art. 1º será disponibilizado aos usuários sem nenhum custo adicional para os interessados.

§ 1º A oferta dos meios de pagamento observará as seguintes regras:

I – o PIX, quando cobrado ao destinatário da transferência, terá o seu custo suportado pelo gestor da Plataforma do Sistema Integrado de Pagamentos Eletrônicos –SIPE, sem nenhum repasse correspondente aos usuários;

II – os custos da intermediação financeira e/ou de eventual parcelamento por cartão de crédito cobrados pela operadora ou administradora autorizada a funcionar pelo Banco Central do Brasil serão repassados ao usuário e por ele suportados, mediante a inclusão dos valores respectivos no pagamento devido;

III – o custo do boleto, quando esta for a opção do usuário, pessoa jurídica ou física, será incluído no valor devido pela prática do ato, devendo essa tarifa ser especificadamente demonstrada de modo claro e transparente pelo gestor, na Plataforma e no corpo do respectivo boleto;

IV – nas hipóteses autorizadas em lei, quando for adotado o pagamento por meio de faturamento, a fatura relativa aos valores devidos pelos serviços notariais ou registrais será fechada no último dia de cada decêndio, com vencimento no prazo de cinco (5) dias corridos; e

V – no caso de opção pela forma de pagamento por meio de crédito ou financiamento, os juros nominais cobrados pelas instituições de crédito autorizadas a funcionar pelo Banco Central do Brasil, bem como o Custo Efetivo Total (CET), mensal e anual, regulamentado pelas normas de regência destinadas às instituições de crédito, serão também divulgados de modo claro e transparente pelo gestor da Plataforma, permitindo aos interessados comparar os custos e fazer a escolha que lhes for mais conveniente.

§ 2º Quando se tratar de pagamento faturado, assim como previsto no inciso IV do art. 1º e no inciso V deste artigo, vencida a fatura sem pagamento, e decorrido o prazo de dez (10) dias, cumprirá ao titular ou responsável pela serventia expedir certidão correspondente ao crédito, constituindo a certidão título para o protesto extrajudicial e para a ação de execução do crédito (CPC, art. 784, XI)[252].

CAPÍTULO II
DOS EMOLUMENTOS DE SERVIÇOS ELETRÔNICOS NÃO PREVISTOS NAS TABELAS DE CUSTAS E EMOLUMENTOS

Art. 3º Enquanto não for editada, no âmbito dos Estados e do Distrito Federal, legislação específica acerca da fixação de custas e emolumentos para os procedimentos registrais eletrônicos, fica padronizada a cobrança dos atos a seguir, adotadas as seguintes regras:

I – a certidão digital de inteiro teor de matrícula corresponderá ao valor dos emolumentos da certidão de inteiro teor da matrícula, vintenária, com seis (6) páginas ou seis (6) atos;

II – o valor a que se refere o inciso I será atribuído aos emolumentos para a certidão digital da situação jurídica do imóvel, para a certidão digital da transcrição com menção a ônus, ações e alienações, bem como para todas as demais certidões digitais, como disposto no Provimento nº 124/2022, da Corregedoria Nacional de Justiça;

III – na hipótese de visualização de matrícula, será cobrado o correspondente a 1/3 (um terço) do valor dos emolumentos da certidão digital;

IV – para a Pesquisa Prévia de Bens:

a) será cobrado para cada grupo de cem (100) serventias pesquisadas, ou fração, o valor correspondente a 1/3 (um terço) dos emolumentos da certidão digital; e

b) a soma mensal recebida por todas as pesquisas prévias realizadas será rateada entre todos os oficiais de Registro de Imóveis do respectivo estado ou do Distrito Federal, em partes iguais;

V – no caso de Pesquisa Qualificada, será cobrado o valor correspondente a um pedido de busca ou informação, constante da tabela de custas e emolumentos, ou a 1/3 (um terço) dos emolumentos da certidão digital, prevalecendo o menor valor; e

VI – no Monitor Registral, os emolumentos corresponderão, mensalmente, ao valor de emolumentos de uma certidão digital de inteiro teor de matrícula.

Parágrafo único. Todos os valores previstos nos incisos deste artigo ficam limitados ao teto que corresponderá ao valor resultante da média aritmética calculada a partir dos valores praticados para a certidão prevista no inciso I, em cada uma das unidades federativas, segundo os critérios estabelecidos neste dispositivo.

Art. 4º Para o fim da disposição contida no parágrafo único do art. 3º deste Provimento, o Operador Nacional do Sistema de Registro Eletrônico de Imóveis – ONR, no prazo de cinco (5) dias, apresentará memória de cálculo com o demonstrativo dos valores das certidões referidas no art. 2º e incisos, bem como do valor médio nacional da certidão de inteiro teor de matrícula, para ciência da Corregedoria Nacional de Justiça.

CAPÍTULO III
DAS DISPOSIÇÕES GERAIS

Art. 5º As normas deste Provimento aplicam-se, no que couber, às demais especialidades previstas no artigo 5º[253] da Lei nº 8.935, de 18 de novembro de 1994, podendo ser implementadas pelos gestores:

I – da Central de Informações de Registro Civil das Pessoas Naturais – CRC, instituída pelo Provimento 46, de 16 de junho de 2015, da Corregedoria Nacional de Justiça;

II – do Sistema de Registro Eletrônico de Títulos e Documentos e Civil de Pessoa Jurídica (SRTDPJ), instituído pelo Provimento nº 48, de 1 de março de 2016, da Corregedoria Nacional de Justiça;

III – da Central Notarial de Serviços Eletrônicos Compartilhados (CENSEC) e ao Sistema de Atos Notariais Eletrônicos (e-Notariado), regulados, respectivamente, pelos Provimentos nº 1, de 28 de agosto de 2012, e 100, de 26 de maio de 2020, da Corregedoria Nacional de Justiça;

IV – da Central Nacional de Serviços Eletrônicos dos Tabeliães de Protestos de Títulos

---

252. Art. 784. São títulos executivos extrajudiciais:
XI – a certidão expedida por serventia notarial ou de registro relativa a valores de emolumentos e demais despesas devidas pelos atos por ela praticados, fixados nas tabelas estabelecidas em lei.

253. Art. 5º Os titulares de serviços notariais e de registro são:
I – tabeliães de notas;
II – tabeliães e oficiais de registro de contratos marítimos;
III – tabeliães de protesto de títulos;
IV – oficiais de registro de imóveis;
V – oficiais de registro de títulos e documentos e civis das pessoas jurídicas;
VI – oficiais de registro civis das pessoas naturais e interdições e tutelas;
VII – oficiais de registro de distribuição.

(CENPROT), criada pela Lei nº 9.492, de 10 de setembro de 1997 e regulamentada pelo Provimento nº 87, de 11 de setembro de 2019, da Corregedoria Nacional de Justiça.

Parágrafo único. Para os fins deste artigo, ficam ressalvadas, no que forem incompatíveis, as disposições normativas específicas existentes para cada uma das especialidades das serventias dos serviços de notas e registro.

Art. 6º Sem prejuízo dos meios de pagamento ordinários, em espécie ou cheque, nos pedidos feitos diretamente na serventia, poderá o titular ou responsável pela unidade do serviço notarial ou registral adotar os meios de pagamento previstos neste Provimento.

Parágrafo único. No caso de pagamento em espécie, o responsável pela serventia deverá comunicar o Conselho de Controle de Atividades Financeiras (COAF), na hipótese de valores em moeda iguais ou superiores a R$ 30.000,00 (trinta mil reais), persistindo no caso a regra do Provimento nº 88, de 1º de outubro de 2019, da Corregedoria Nacional de Justiça.

Art. 7º As disposições deste Provimento aplicam-se aos Tribunais das unidades federativas que adotam o documento de arrecadação como forma de pagamento de custas, emolumentos, e outros valores devidos pelos serviços de notas e registro.

Art. 8º Nos casos de diferimento do pagamento, o lançamento dos emolumentos no Livro Diário da Receita e Despesa, e a emissão da Nota Fiscal de Serviços, quando for o caso, bem como o recolhimento das custas e contribuições devidas, serão realizados com base no dia do efetivo recebimento dos valores pelo titular ou responsável pela serventia.

Art. 9º Os gestores das Plataformas do Sistema Integrado de Pagamentos Eletrônicos – SIPE, não poderão reter em seu poder quaisquer valores recebidos para repasse em razão dos atos que lhes sejam solicitados encaminhar à serventia competente por meio das plataformas de serviços eletrônicos compartilhados.

Art. 10. Este Provimento entra em vigor na data de sua publicação.

PROVIMENTO Nº 124
07 DE DEZEMBRO DE 2021

Estabelece prazo para a universalização do acesso por todas as unidades do serviço de registro de Imóveis do Brasil, ao Sistema de Registro Eletrônico de Imóveis (SREI), operado pelo Operador Nacional do Registro Eletrônico de Imóveis (ONR), sob regulação da Corregedoria Nacional de Justiça.

Art. 1º As unidades de Registro de Imóveis dos Estados e do Distrito Federal serão integradas ao Sistema de Registro Eletrônico de Imóveis (SREI), diretamente por meio do SAEC (Serviço de Atendimento Eletrônico Compartilhado), operado pelo ONR (Operador Nacional de Registro Eletrônico de Imóveis), impreterivelmente até o dia 15 de fevereiro de 2022.

Parágrafo único. Os Oficiais de Registro de Imóveis ou os responsáveis pelos expedientes das unidades vagas atenderão ao disposto no caput independentemente de já estarem integrados a uma central de serviços eletrônicos compartilhados, prevista no art. 24, caput e § 1º, do Provimento nº 89/2019.

Art. 2º Sem prejuízo do disposto no art. 1º, fica facultado aos responsáveis pelas centrais eletrônicas previstas no art. 24, caput e § 1º, do Provimento nº 89/2019, igual prazo para que promovam a sua integração ou a interoperabilidade com o SAEC (Serviço de Atendimento Eletrônico Compartilhado).

Art. 3º Os Registradores, ou responsáveis pelos expedientes vagos das unidades do serviço de Registro de Imóveis referidas no art. 1º, ou os responsáveis pelas centrais de serviços eletrônicos compartilhados tratadas no art. 2º, adotarão as medidas necessárias para a integração, diretamente com o representante legal do ONR (Operador Nacional de Registro Eletrônico de Imóveis).

Parágrafo único. Quando se tratar das centrais de serviços eletrônicos compartilhados previstas no caput, a integração dar-se-á por meio da celebração de acordo de cooperação técnica entre os responsáveis e o representante legal do ONR, que deverá ser submetido à homologação da Corregedoria Nacional de Justiça.

Art. 4º Determinar que as Corregedorias-Gerais dos Estados e do Distrito Federal, nos âmbitos de suas respectivas competências, promovam e acompanhem a execução da integração das unidades de registro de imóveis ou das centrais de serviços eletrônicos compartilhados ao SAEC, nos termos dos arts. 1º e 2º, sem prejuízo do monitoramento, pela Corregedoria Nacional de Justiça, no âmbito da respectiva competência.

Parágrafo único. O descumprimento das disposições deste Provimento, pelas unidades de registro de imóveis, poderá configurar infração disciplinar, na forma da Lei nº 8.935/1994.

Art. 5º A certidão de inteiro teor da matrícula, e a certidão da transcrição com menção a ônus, ações e alienações, quando for o caso, obtidas por meio do SAEC e expedidas na forma da lei, são suficientes para a lavratura de atos notariais, abertura de matrículas e a realização de registros e averbações nas unidades do serviço de notas e registro, independentemente de quaisquer disposições normativas locais em sentido diverso.

Art. 6º As Corregedorias-Gerais de Justiça dos Estados e do Distrito Federal fiscalizarão a efetiva integração de todas as unidades de registro de imóveis ao SREI, por meio do SAEC, e a observância das normas previstas neste provimento, expedindo as normas complementares que se fizerem necessárias, bem como deverão promover a revogação das normas locais que contrariarem as regras e diretrizes constantes do presente provimento.

Art. 7º Este Provimento entra em vigor na data de sua publicação.

PROVIMENTO Nº 122
13 DE AGOSTO DE 2021

Dispõe sobre o assento de nascimento no Registro Civil das Pessoas Naturais nos casos em que o campo sexo da Declaração de Nascido Vivo (DNV) ou na Declaração de Óbito (DO) fetal tenha sido preenchido "ignorado".

Art. 1º Este Provimento dispõe sobre o assento de nascimento no Registro Civil das Pessoas Naturais nos casos em que o campo sexo da Declaração de Nascido Vivo (DNV), ou da Declaração de Óbito (DO) fetal, tenha sido preenchido "ignorado".

Arts. 2º a 8º (Revogados).
→ Provimento nº 149/2023.

PROVIMENTO Nº 115[254]
24 DE MARÇO DE 2021

Institui a receita do fundo para implementação e custeio do SREI, estabelece a forma do seu recolhimento pelas serventias do serviço de registro de imóveis, e dá outras providências.

CAPÍTULO I
DA DISPOSIÇÃO GERAL

Art. 1º A composição e o recolhimento da receita do Fundo para Implementação e Custeio do Serviço de Registro Eletrônico de Imóveis (FIC/SREI), ficam estabelecidos por este Provimento.

Art. 2º O FIC/SREI será gerido pelo Operador Nacional do Serviço de Registro Eletrônico de Imóveis (ONR) e subvencionado pelas serventias do serviço de registro de imóveis dos Estados e do Distrito Federal.

CAPÍTULO II
DA RECEITA

Art. 3º Constitui-se receita do FIC/SREI a cota de participação das serventias do serviço de registro de imóveis dos Estados e do Distrito Federal que integram o Sistema de Registro Eletrônico de Imóveis e são vinculadas ao ONR.

§ 1º A cota de participação é devida, mensalmente, por todas as serventias do serviço público de registro de imóveis, sob o regime de delegação ou oficializadas, providas ou vagas, instaladas e em funcionamento nos Estados e no Distrito Federal;

§ 2º A cota de participação corresponde a 0,8% (oito décimos por cento) dos emolumentos brutos percebidos pelos atos praticados no serviço do registro de imóveis da respectiva serventia;

§ 3º Na hipótese de a serventia acumular mais de uma especialidade, a cota de participação do FIC/SREI é devida apenas sobre os atos do serviço de registro de imóveis, excluídos os demais atos praticados na respectiva serventia que sejam relacionados com as competências das outras especialidades;

§ 4º Na apuração do valor da cota de participação do FIC/SREI, deverão ser tomados por base exclusivamente os emolumentos brutos destinados ao Oficial de Registro, desconsiderando-se outras parcelas, de qualquer natureza, mesmo que cobradas por dentro, nas respectivas tabelas de emolumentos da unidade federativa;

§ 5º Não devem ser consideradas na apuração dos emolumentos brutos as parcelas incluídas na tabela de emolumentos destinadas obrigatoriamente a repasses previstos em lei e não destinadas ao Oficial de Registro.

---
254. Atualizado até o Provimento nº 159/2023.

CAPÍTULO III
DA ESCRITURAÇÃO

Art. 4º O valor mensal recolhido ao FIC/SREI será apurado em separado, contendo a respectiva memória de cálculo em que necessariamente devem ser identificados:

I – os valores correspondentes a todos os atos praticados no serviço de registro de imóveis; e

II – o valor correspondente à parte dos emolumentos brutos reservada ao Oficial de Registro, na forma estabelecida nos §§ 4º e 5º do art. 3º deste Provimento.

§ 1º O valor da cota de participação deve ser destacado no relatório detalhado de apuração do respectivo mês de referência;

§ 2º O relatório detalhado da apuração deve ser mantido, preferencialmente em meio eletrônico, por 05 (cinco) anos, para fins de fiscalização.

Art. 5º O valor apurado e recolhido ao FIC/SREI será lançado como despesa obrigatória, tal como está prevista em lei, no Livro Diário Auxiliar da Receita e Despesa de que trata o Provimento nº 45/2015, da Corregedoria Nacional de Justiça.

CAPÍTULO IV
DO RECOLHIMENTO

Art. 6º O ONR implantará sistema informatizado para o gerenciamento do recolhimento das cotas de participação das serventias do serviço de registro de imóveis a ele vinculadas.

§ 1º O recolhimento ocorrerá obrigatoriamente por meio do Sistema Financeiro Nacional, em conta própria do ONR mantida para essa finalidade;

§ 2º O recolhimento da cota de participação será efetuado até o último dia útil de cada mês, sendo o valor apurado com base nos emolumentos percebidos no mês imediatamente anterior.

Art. 6º-A. Quando não recolhido no prazo, o débito relativo à cota de participação fica sujeito à incidência de multa, atualização monetária e juros de mora calculados em conformidade com as disposições contidas em portaria regulamentar após proposta do ONSERP, homologada pelo Agente Regulador.

§ 1º O ONR informará às Corregedorias-Gerais das Justiças dos Estados e do Distrito Federal, até o último dia do mês subsequente ao do recolhimento, a listagem, organizada por unidade da federação, das serventias que não efetuaram o recolhimento no mês de referência imediatamente anterior;

§ 2º As Corregedorias-Gerais das Justiças dos Estados e do Distrito Federal deverão adotar providências administrativas disciplinares junto às serventias que não tenham cumprido a obrigação de recolher a cota de participação devida ao FIC/SREI, sem prejuízo das ações de cobrança pelo ONR.

CAPÍTULO V
DA FISCALIZAÇÃO

Art. 7º O ONR manterá sistema informatizado para o gerenciamento do recolhimento das cotas de participação das serventias do serviço de registro a eles vinculadas.

§ 1º O recolhimento ocorrerá obrigatoriamente por meio do sistema bancário, em contas próprias do ONR mantidas para essa finalidade;

§ 2º O recolhimento da cota de participação será efetuado até o último dia útil de cada mês, no valor apurado com base nos valores percebidos no mês imediatamente anterior.

Art. 8º A fiscalização do recolhimento da cota de participação do FIC/SREI caberá às Corregedorias-Gerais das Justiças dos Estados e do Distrito Federal e aos Juízos que detenham competência correcional junto aos serviços de registro de imóveis, sem prejuízo da fiscalização concorrente do respectivo Operador Nacional, cabendo a atuação subsidiária da Corregedoria Nacional de Justiça.

§ 1º O recolhimento da cota de participação do FIC/SREI será, necessariamente, objeto de fiscalização ordinária por ocasião de inspeções ou correições, presenciais ou no módulo on-line, realizadas por órgãos competentes do Poder Judiciário nas serventias de serviços de registro;

§ 2º Nas atas lavradas durante as atividades de fiscalização, deverão constar os seguintes registros:

I – a verificação da regularidade dos recolhimentos da cota de participação, mediante anotações sobre a análise dos relatórios mensais de apuração do valor devido, da escrituração da despesa no Livro Diário Auxiliar da Receita e da Despesa, bem como dos comprovantes de recolhimento; e

II – a ocorrência de eventuais irregularidades, especificando-as e indicando as medidas saneadoras que forem determinadas e/ou, se for o caso, a infração cometida.

CAPÍTULO VI
DAS INFRAÇÕES

Art. 9º O não recolhimento da cota participação do FIC/SREI pelos titulares de delegação do serviço de registro de imóveis, ou das serventias oficializadas, configura, em tese, a infração disciplinar prevista no art. 31, I[255], da Lei nº 8.935/1994.

Art. 10. A falta de apuração em separado do valor devido ao FIC/SREI pelos titulares de delegação do serviço de registro de imóveis, ou pelas serventias oficializadas, configura, em tese, a infração disciplinar prevista no art. 31, V[256], combinado com o art. 30, XIV[257], da Lei nº 8.935/1994.

Art. 11. Será substituído o interino que praticar qualquer das infrações a que se referem os art. 9º e 10 deste Provimento, caso seja constatada a quebra de confiança apurada com a observância do devido processo legal, sem prejuízo

---

255. Art. 31. São infrações disciplinares que sujeitam os Notários e os Oficiais de Registro às penalidades previstas nesta lei:
I – a inobservância das prescrições legais ou normativas;

256. Art. 31. São infrações disciplinares que sujeitam os Notários e os Oficiais de Registro às penalidades previstas nesta lei:
V – o descumprimento de quaisquer dos deveres descritos no art. 30.

257. Art. 30. São deveres dos Notários e dos Oficiais de Registro:
XIV – observar as normas técnicas estabelecidas pelo juízo competente.

---

da responsabilização civil e criminal, quando for o caso.

CAPÍTULO VII
DAS DISPOSIÇÕES FINAIS E TRANSITÓRIAS

Art. 12. Ficam revogados os §§ 2º, 3º e 4º do art. 13 e os §§ 1º e 2º do art. 19 do Provimento CN nº 109/2020.

Art. 13. A primeira cota de participação do FIC/SREI será devida no último dia útil do mês de abril de 2021, e tomará por base os emolumentos percebidos no período de 1º a 31 de março de 2021, prosseguindo-se os recolhimentos seguintes em consonância com o § 2º do art. 6º deste Provimento.

Art. 14. Este Provimento entra em vigor na data de sua publicação.

PROVIMENTO Nº 108
03 DE JULHO DE 2020

Dispõe sobre o envio de dados estatísticos pelas Corregedorias-Gerais de Justiça dos Estados e do Distrito Federal, relativos à fiscalização das obrigações impostas a Notários e Registradores de todo o Brasil, no cumprimento dos termos do Provimento nº 88/2019 da Corregedoria Nacional de Justiça e de correlatas sanções que tenham sido aplicadas, na forma do art. 12 da Lei nº 9.613/1998 e dá outras providências.

Art. 1º As Corregedorias-Gerais de Justiça dos Estados e do Distrito Federal devem, semestralmente, enviar ao Conselho Nacional de Justiça, por meio do Departamento de Pesquisas Judiciárias (DPJ), os dados estatísticos das fiscalizações realizadas nos cartórios extrajudiciais em cumprimento às obrigações estabelecidas no Provimento nº 88/2019 da Corregedoria Nacional de Justiça e de correlatas sanções que tenham sido aplicadas, na forma do art. 12[258] da Lei nº 9.613/1998.

---

258. Art. 12. Às pessoas referidas no art. 9º, bem como aos administradores das pessoas jurídicas, que deixem de cumprir as obrigações previstas nos arts. 10 e 11 serão aplicadas, cumulativamente ou não, pelas autoridades competentes, as seguintes sanções:
I – advertência;
II – multa pecuniária variável não superior:
a) ao dobro do valor da operação;
b) ao dobro do lucro real obtido ou que presumivelmente seria obtido pela realização da operação; ou
c) ao valor de R$ 20.000.000,00 (vinte milhões de reais);
III – inabilitação temporária, pelo prazo de até 10 (dez) anos, para o exercício do cargo de administrador das pessoas jurídicas referidas no art. 9º;
IV – cassação ou suspensão da autorização para o exercício de atividade, operação ou funcionamento.
§ 1º A pena de advertência será aplicada por irregularidade no cumprimento das instruções referidas nos incisos I e II do art. 10;
§ 2º A multa será aplicada sempre que as pessoas referidas no art. 9º, por culpa ou dolo:
I – deixarem de sanar as irregularidades objeto de advertência, no prazo assinalado pela autoridade competente;
II – não cumprirem o disposto nos incisos I a IV do art. 10;
III – deixarem de atender, no prazo estabelecido, a requisição formulada nos termos do inciso V do art. 10;

Parágrafo único. O preenchimento dos dados será efetuado eletronicamente através do link http://www.cnj.jus.br/estatisticas-coaf, observados os seguintes prazos:

I – até 15 de julho, referente às fiscalizações realizadas entre os dias 1º de janeiro e 30 de junho do mesmo ano;

II – até 15 de janeiro, referente às fiscalizações realizadas entre os dias 1º de julho e 31 de dezembro do ano anterior.

Art. 2º Os dados estatísticos deverão indicar:

I – a Corregedoria-Geral do Tribunal de Justiça dos Estados e do Distrito Federal;

II – o universo de pessoas supervisionadas alcançado: quantidade de serventias obrigadas em cada unidade da federação, no âmbito da política de prevenção e combate à lavagem de dinheiro e ao financiamento do terrorismo, cadastradas no CNJ e identificadas no último dia útil de cada período de avaliação;

III – procedimentos de fiscalização cujo escopo tenha abrangido obrigações e deveres disciplinados no Provimento nº 88/2019:

a) presencial: somatório dos procedimentos de fiscalização presenciais realizados no período;

b) remoto: somatório dos procedimentos de fiscalização remotos realizados no período.

IV – Processos Administrativos Sancionadores (PAS): quantidade de PAS instaurados em desfavor de delegatários, interventores ou interinos responsáveis pela serventia, tendo por objeto imputação de descumprimento de obrigação ou dever disciplinado no Provimento nº 88/2019;

V – sanções aplicadas aos delegatários em decorrência dos PAS referidos no inciso IV: quantidade de sanções de cada espécie aplicada no período com fundamento no art. 12²⁵⁹ da Lei nº 9.613/1998;

___
IV – descumprirem a vedação ou deixarem de fazer a comunicação a que se refere o art. 11.
§ 3º A inabilitação temporária será aplicada quando forem verificadas infrações graves quanto ao cumprimento das obrigações constantes desta Lei ou quando ocorrer reincidência específica, devidamente caracterizada em transgressões anteriormente punidas com multa;
§ 4º A cassação da autorização será aplicada nos casos de reincidência específica de infrações anteriormente punidas com a pena prevista no inciso III do caput deste artigo;
59. Art. 12. Às pessoas referidas no art. 9º, bem como aos administradores das pessoas jurídicas, que deixem de cumprir as obrigações previstas nos arts. 10 e 11 serão aplicadas, cumulativamente ou não, pelas autoridades competentes, as seguintes sanções:
I – advertência;
II – multa pecuniária variável não superior:
a) ao dobro do valor da operação;
b) ao dobro do lucro real obtido ou que presumivelmente seria obtido pela realização da operação; ou
c) ao valor de R$ 20.000.000,00 (vinte milhões de reais);
III – inabilitação temporária, pelo prazo de até 10 (dez) anos, para o exercício do cargo de administrador das pessoas jurídicas referidas no art. 9º;
IV – cassação ou suspensão da autorização para o exercício de atividade, operação ou funcionamento.
§ 1º A pena de advertência será aplicada por irregularidade no cumprimento das instruções referidas nos incisos I e II do art. 10;

VI – observações finais: considerações a critério da Corregedoria-Geral de Justiça responsável pela fiscalização e envio dos dados.

Parágrafo único. As sanções referidas no inciso V são aquelas previstas no art. 12 da Lei nº 9.613/1998, e que compete às Corregedorias-Gerais de Justiça dos Estados e do Distrito Federal aplicá-las, na forma do disposto no art. 40, § 1º, do Provimento nº 88/2019.

Art. 3º Os dados enviados estarão permanentemente atualizados e disponíveis na forma de painel para a Coordenação-Geral de Fiscalização e Regulação do COAF (COFIR).

Parágrafo único. Compete à Corregedoria Nacional de Justiça, com o apoio do Departamento de Pesquisas Judiciárias (DPJ), identificar possíveis inconsistências e/ou ausências de dados no sistema.

Art. 4º Este Provimento entra em vigor na data de sua publicação, ficando revogadas todas as disposições em contrário.

PROVIMENTO Nº 107
24 DE JUNHO DE 2020

Dispõe sobre a proibição de cobrança de quaisquer valores dos consumidores finais dos serviços prestados pelas centrais cartorárias em todo o território nacional, e dá outras providências.

Art. 1º É proibida a cobrança de qualquer valor do consumidor final relativamente aos serviços prestados pelas centrais registrais e notariais, de todo o território nacional, ainda que travestidas da denominação de contribuições ou taxas, sem a devida previsão legal.

Art. 2º Os custos de manutenção, gestão e aprimoramento dos serviços prestados pelas centrais devem ser ressarcidos pelos delegatários, interinos e interventores vinculados às entidades associativas coordenadoras.

Parágrafo único. As entidades associativas podem custear, em nome de seus associados, as despesas descritas no caput.

Art. 3º Os valores cobrados a partir da publicação deste Provimento deverão ser ressarcidos ao consumidor no prazo de 24 (vinte e quatro) horas.

___
§ 2º A multa será aplicada sempre que as pessoas referidas no art. 9º, por culpa ou dolo:
I – deixarem de sanar as irregularidades objeto de advertência, no prazo assinalado pela autoridade competente;
II – não cumprirem o disposto nos incisos I a IV do art. 10;
III – deixarem de atender, no prazo estabelecido, a requisição formulada nos termos do inciso V do art. 10;
IV – descumprirem a vedação ou deixarem de fazer a comunicação a que se refere o art. 11.
§ 3º A inabilitação temporária será aplicada quando forem verificadas infrações graves quanto ao cumprimento das obrigações constantes desta Lei ou quando ocorrer reincidência específica, devidamente caracterizada em transgressões anteriormente punidas com multa;
§ 4º A cassação da autorização será aplicada nos casos de reincidência específica de infrações anteriormente punidas com a pena prevista no inciso III do caput deste artigo;

Art. 4º As Corregedorias dos estados e do Distrito Federal deverão fiscalizar todas as centrais existentes, em suas respectivas áreas de competência, a fim de verificar o cumprimento do presente Provimento.

Parágrafo único. Sendo constatada a cobrança ilegal, processo administrativo deverá ser instaurado em face do responsável pela entidade coordenadora da central.

Art. 5º As Corregedorias dos Estados e do Distrito Federal deverão inserir em seu calendário de correições/inspeções do serviço extrajudicial as centrais estaduais de Notários e Registradores existentes no respectivo estado, com a finalidade de verificar a observância das normas vigentes que lhe são afetas.

Art. 6º As centrais nacionais de todos os ramos do serviço extrajudicial brasileiro deverão, em 48 (quarenta e oito) horas, após a publicação do presente ato, comunicar à Corregedoria Nacional de Justiça o fiel cumprimento deste Provimento.

Art. 7º Este Provimento entra em vigor na data de sua publicação, ficando revogadas todas as disposições em contrário constantes de normas da Corregedoria Nacional de Justiça e das Corregedorias-Gerais de Justiça dos Estados e do Distrito Federal.

PROVIMENTO Nº 103²⁶⁰
04 DE JUNHO DE 2020

Dispõe sobre a Autorização Eletrônica de Viagem nacional e internacional de crianças e adolescentes até 16 (dezesseis) anos desacompanhados de ambos ou um de seus pais e dá outras providências.

CAPÍTULO I
DA AUTORIZAÇÃO ELETRÔNICA DE VIAGEM

Art. 1º Fica instituída a Autorização Eletrônica de Viagem (AEV), nacional e internacional, de crianças e adolescentes até 16 (dezesseis) anos desacompanhados de ambos ou um de seus pais, a ser emitida, exclusivamente, por intermédio do Sistema de Atos Notariais Eletrônicos (e-Notariado), acessível por meio do link www.e--notariado.org.br.

Parágrafo único. O Colégio Notarial do Brasil – Conselho Federal desenvolverá, em 60 (sessenta) dias, módulo do e-Notariado para a emissão da Autorização Eletrônica de Viagem.

Art. 2º A Autorização Eletrônica de Viagem obedecerá a todas as formalidades exigidas para a prática do ato notarial eletrônico previstas no Provimento nº 100/2020 da Corregedoria Nacional de Justiça, bem como na Resolução CNJ nº 131/2011, e na Resolução CNJ nº 295/2019.

Parágrafo único. O ato eletrônico emitido com a inobservância dos requisitos estabelecidos nos atos normativos previstos no caput deste artigo é nulo de pleno direito, independentemente de declaração judicial.

Art. 3º A emissão de Autorização Eletrônica de Viagem (AEV) é facultativa, permanecendo vá-

___
260. Atualizado até o Provimento nº 120/2021.

Prov. 89/2019 DEMAIS REGRAMENTOS

lidas as autorizações de viagens emitidas em meio físico.

CAPÍTULO II
DO PROCEDIMENTO

Art. 4º Os pais ou responsáveis, nas hipóteses em que não seja necessária a autorização judicial, poderão autorizar a viagem da criança e do adolescente por instrumento particular eletrônico, com firma reconhecida por autenticidade por um tabelião de notas, nos termos do art. 8º[261] da Resolução CNJ nº 131/2011, e do art. 2º[262] da Resolução CNJ nº 295/2019.

Art. 5º O requerimento eletrônico de autorização de viagem será efetuado, exclusivamente, por meio de eventuais modelos ou formulários produzidos, divulgados e disponibilizados por meio de links pelo Poder Judiciário ou órgãos governamentais nos termos do parágrafo único[263] do art. 11 da Resolução CNJ nº 131/2011.

Parágrafo único. Os formulários deverão constar do Sistema de Atos Notariais Eletrônicos (e-Notariado), a fim de que o interessado possa, gratuitamente, efetuar o seu download.

Art. 6º Para a assinatura da Autorização Eletrônica de Viagem é imprescindível a realização de videoconferência notarial para confirmação da identidade e da autoria daquele que assina, a utilização da assinatura digital notarizada pelas partes e a assinatura do Tabelião de Notas com o uso do certificado digital, segundo a Infraestrutura de Chaves Públicas Brasileira (ICP).

Parágrafo único. Os interessados poderão obter, gratuitamente, do Tabelião de Notas responsável pela lavratura da autorização de viagem, certificado digital notarizado, para uso exclusivo e por tempo determinado, na plataforma e-Notariado e demais plataformas autorizadas pelo Colégio Notarial do Brasil – CF.

Art. 7º A Autorização Eletrônica de Viagem firmada pelos pais ou responsáveis possui o mesmo valor do instrumento particular emitido de forma física e poderá ser apresentada à Polícia Federal e às empresas de transporte rodoviário, marítimo ou aeroportuário.

Art. 8º É competente para a lavratura da autorização de viagem eletrônica o Tabelião de Notas do domicílio dos pais ou dos responsáveis pela criança ou adolescente.

Parágrafo único. Se os pais ou responsáveis possuírem domicílio distintos, o Tabelião de Notas de qualquer dos domicílios poderá lavrar o ato.

Art. 9º A Autorização Eletrônica de Viagem conterá, em destaque, a chave de acesso e QR Code para consulta e verificação da autenticidade na internet.

§ 1º O QR Code constante da Autorização Eletrônica de Viagem poderá ser validado sem a necessidade de conexão com a internet;

§ 2º A versão impressa da autorização eletrônica de viagem poderá ser apresentada pelo interessado, desde que observados os requisitos do caput;

§ 3º Autorização Eletrônica de Viagem poderá ser apresentada em aplicativo desenvolvido pelo CNB-CF, Polícia Federal, empresas de transporte aéreo, rodoviário e marítimo.

Art. 10. O Colégio Notarial do Brasil – Conselho Federal promoverá acordos de cooperação técnica com órgãos públicos e empresas de transporte para a viabilização da apresentação e validação da Autorização Eletrônica de Viagem pelos interessados.

Art. 11. A Autorização Eletrônica de Viagem poderá contemplar a necessidade de hospedagem do menor, em caso de emergência decorrente de atrasos, alterações ou cancelamentos de voos ou viagens, nos termos art. 82[264] do Estatuto da Criança e do Adolescente.

Parágrafo único. O tabelião deverá indagar aos pais ou responsáveis acerca da hipótese prevista no caput, a fim de consigná-la na autorização eletrônica de viagem.

Art. 12. A Autorização Eletrônica de Viagem disciplinada neste provimento poderá ser expedida pelo prazo ou evento a ser indicado pelos pais ou responsáveis da criança ou adolescente.

Parágrafo único. Os documentos de autorizações eletrônicas dadas pelos pais ou responsáveis deverão fazer constar o prazo de validade, compreendendo-se, em caso de omissão, que a autorização é válida por 02 (dois) anos.

Art. 13. Este Provimento entra em vigor em 60 (sessenta) dias após a sua publicação.

---

[261]. Art. 8º As autorizações exaradas pelos pais ou responsáveis deverão ser apresentadas em 02 (duas) vias originais, uma das quais permanecerá retida pela Polícia Federal.
§ 1º O reconhecimento de firma poderá ser por autenticidade ou semelhança;
§ 2º Ainda que não haja reconhecimento de firma, serão válidas as autorizações de pais ou responsáveis que forem exaradas na presença de autoridade consular brasileira, devendo, nesta hipótese, constar a assinatura da autoridade consular no documento de autorização.

[262]. Art. 2º A autorização para viagens de criança ou adolescente menor de 16 (dezesseis) anos dentro do território nacional não será exigida quando:
I – tratar-se de comarca contígua à residência da criança ou do adolescente menor de 16 (dezesseis) anos, se na mesma unidade federativa ou incluída na mesma região metropolitana; ou
II – a criança ou o adolescente menor de 16 (dezesseis) anos estiver acompanhado:
a) de ascendente ou colateral maior, até o terceiro grau, comprovado documentalmente o parentesco; e
b) de pessoa maior, expressamente autorizada por mãe, pai, ou responsável, por meio de escritura pública ou de documento particular com firma reconhecida por semelhança ou autenticidade.
III – a criança ou o adolescente menor de 16 (dezesseis) anos viajar desacompanhado expressamente autorizado por qualquer de seus genitores ou responsável legal, por meio de escritura pública ou de documento particular com firma reconhecida por semelhança ou autenticidade; e
IV – a criança ou adolescente menor de 16 (dezesseis) anos apresentar passaporte válido e que conste expressa autorização para que viajem desacompanhados ao exterior.

[263]. Art. 11. Salvo se expressamente consignado, as autorizações de viagem internacional expressas nesta resolução não se constituem em autorizações para fixação de residência permanente no exterior.
Parágrafo único. Eventuais modelos ou formulários produzidos, divulgados e distribuídos pelo Poder Judiciário ou órgãos governamentais, deverão conter a advertência consignada no caput.

[264]. Art. 82. É proibida a hospedagem de criança ou adolescente em hotel, motel, pensão ou estabelecimento congênere, salvo se autorizado ou acompanhado pelos pais ou responsável.

PROVIMENTO Nº 89
18 DE DEZEMBRO DE 2019

Regulamenta o Código Nacional de Matrículas (CNM), o Sistema de Registro Eletrônico de Imóveis (SREI), o Serviço de Atendimento Eletrônico Compartilhado (SAEC), o acesso da Administração Pública Federal às informações do SREI e estabelece diretrizes para o estatuto do Operador Nacional do Sistema de Registro Eletrônico de Imóveis (ONR).

CAPÍTULO I
DISPOSIÇÕES GERAIS

Art. 1º O Código Nacional de Matrículas (CNM), previsto no art. 235-A[265] da Lei nº 6.015/1973, o Sistema de Registro Eletrônico de Imóveis (SREI), previsto no art. 76[266] da Lei nº 13.465/2017, o Serviço de Atendimento Eletrônico Compartilhado (SAEC), o acesso da Administração Pública Federal às informações do Sistema de Registro Eletrônico de Imóveis (SREI) e o estatuto do Operador Nacional do Sistema de Registro Eletrônico de Imóveis (ONR) deverão observar as normas previstas neste Provimento

---

[265]. Art. 235-A. Fica instituído o Código Nacional de Matrícula (CNM) que corresponde à numeração única de matrículas imobiliárias em âmbito nacional.
§ 1º O CNM referente a matrícula encerrada ou cancelada não poderá ser reutilizado.
§ 2º Ato da Corregedoria Nacional de Justiça do Conselho Nacional de Justiça regulamentará as características e a forma de implementação do CNM.

[266]. Art. 76. O Sistema de Registro Eletrônico de Imóveis (SREI) será implementado e operado, em âmbito nacional, pelo Operador Nacional do Sistema de Registro Eletrônico de Imóveis (ONR).
§ 1º O procedimento administrativo e os atos de registro decorrentes da Reurb serão feitos por meio eletrônico, nos termos do disposto no art. 37 a art. 41 da Lei nº 11.977/2009;
§ 2º O ONR será organizado como pessoa jurídica de direito privado, sem fins lucrativos;
§ 3º (Vetado);
§ 4º Caberá à Corregedoria Nacional de Justiça do Conselho Nacional de Justiça exercer a função de agente regulador do ONR e zelar pelo cumprimento de seu estatuto;
§ 5º As unidades do serviço de Registro de Imóveis dos Estados e do Distrito Federal integram o SREI e ficam vinculadas ao ONR;
§ 6º Os serviços eletrônicos serão disponibilizados, sem ônus, ao Poder Judiciário, ao Poder Executivo federal, ao Ministério Público, aos entes públicos previstos nos regimentos de custas e emolumentos dos Estados e do Distrito Federal, e aos órgãos encarregados de investigações criminais, fiscalização tributária e recuperação de ativos.
§ 7º A administração pública federal acessará as informações do SREI por meio do Sistema Nacional de Gestão de Informações Territoriais (SINTER), na forma do regulamento;
§ 8º (Vetado);
§ 9º Fica criado o fundo para a implementação e custeio do SREI, que será gerido pelo ONR e subvencionado pelas unidades do serviço de registro de imóveis dos Estados e do Distrito Federal referidas no § 5º deste artigo;
§ 10. Caberá ao agente regulador do ONR disciplinar a instituição da receita do fundo para a implementação e o custeio do registro eletrônico de imóveis, estabelecer as cotas de participação das unidades de Registro de Imóveis do país, fiscalizar o recolhimento e supervisionar a aplicação dos recursos e as despesas do gestor, sem prejuízo da fiscalização ordinária e própria como for prevista nos estatutos.

que deve ser complementado, no que couber, pelas Corregedorias-Gerais da Justiça, observadas as peculiaridades locais.

CAPÍTULO II
DO CÓDIGO NACIONAL DE MATRÍCULAS

Arts. 2º a 4º (Revogados).
→ Provimento nº 143/2023.

Art. 5º A abertura de matrícula decorrente de desmembramento da circunscrição imobiliária deverá ser comunicada à serventia de origem para a averbação, de ofício, da baixa na matrícula originária.

Parágrafo único. Para prevenir duplicidade de matrículas decorrente da ausência de baixa da matrícula originária relativamente aos desmembramentos de circunscrição imobiliária, ocorridos anteriormente à edição deste regulamento, deverá a serventia nova comunicar, de ofício, à serventia de origem a abertura da nova matrícula para fins de baixa da originária, quando do primeiro ato a ser lançado na matrícula ou na hipótese de extração de certidão.

Arts. 6º e 7º (Revogados).
→ Provimento nº 143/2023.

CAPÍTULO III
DO SISTEMA DE REGISTRO ELETRÔNICO DE IMÓVEIS (SREI)

Art. 8º O Sistema de Registro Eletrônico de Imóveis (SREI) tem como objetivo a universalização das atividades de registro público imobiliário, a adoção de governança corporativa das serventias de registros de imóveis e a instituição do Sistema de Registro Eletrônico de Imóveis previsto no art. 37[267] da Lei nº 11.977/2009.

§ 1º O SREI deve garantir a segurança da informação e a continuidade da prestação do serviço público de Registro de Imóveis, observando os padrões técnicos, critérios legais e regulamentares, promovendo a interconexão das serventias;

§ 2º Na interconexão de todas as unidades do serviço de Registro de Imóveis, o SREI deve prever a interoperabilidade das bases de dados, permanecendo tais dados nas serventias de Registro de Imóveis sob a guarda e conservação dos respectivos oficiais;

§ 3º São elementos do Sistema de Registro Eletrônico de Imóveis (SREI):

– o registro imobiliário eletrônico;

– os repositórios registrais eletrônicos formados nos Ofícios de Registro de Imóveis para o colhimento de dados e para o armazenamento de documentos eletrônicos;

– os serviços destinados à recepção e envio de documentos e títulos em formato eletrônico para o usuário que fez a opção pelo atendimento remoto, prestados pelo SAEC e pelas centrais de serviços eletrônicos compartilhados dos estados e no Distrito Federal;

– os serviços de expedição de certidões e de informações, em formato eletrônico, prestados aos usuários presenciais e remotos;

V – o intercâmbio de documentos eletrônicos e de informações entre os Ofícios de Registro de Imóveis, o Poder Judiciário e a administração pública.

Art. 9º O Sistema de Registro Eletrônico de Imóveis (SREI) será implementado e operado pelo Operador Nacional do Sistema de Registro Eletrônico de Imóveis (ONR).

Parágrafo único. São integrantes do Sistema de Registro Eletrônico de Imóveis (SREI), sob coordenação do ONR:

I – os Oficiais de Registro de Imóveis de cada estado e do Distrito Federal;

II – o Serviço de Atendimento Eletrônico Compartilhado (SAEC), de âmbito nacional;

III – as centrais de serviços eletrônicos compartilhados criadas pelos respectivos Oficiais de Registro de Imóveis em cada Estado e no Distrito Federal, mediante ato normativo da Corregedoria-Geral da Justiça local.

Art. 10. Para viabilizar a implantação do registro imobiliário eletrônico, os Ofícios de Registro de Imóveis deverão adotar os seguintes parâmetros e rotinas operacionais:

I – numeração única de identificação do pedido, para o atendimento presencial e remoto, que identifica a serventia, o tipo de pedido e o número do pedido na própria serventia, sem prejuízo às regras de prioridade e precedência existentes na legislação;

II – o processamento do pedido apresentado presencialmente também deve ser realizado em meio eletrônico, devendo os documentos apresentados serem digitalizados e assinados no início do processo;

III – estabelecimento da "primeira qualificação eletrônica" com o objetivo de permitir a migração de um registro de imóvel existente efetuado no livro em papel, seja transcrição ou matrícula, para o formato de registro eletrônico denominado matrícula eletrônica;

IV – anotação, na matrícula eletrônica, da situação jurídica atualizada do imóvel (descrição do imóvel, direitos reais sobre o imóvel e restrições existentes) após cada registro e averbação;

V – utilização de objetos que representam a pessoa física ou jurídica e o imóvel envolvido na transação imobiliária como alternativa aos indicadores pessoal e real;

VI – registrar os eventos relevantes da operação interna do cartório, considerando como evento cada interação realizada em decorrência de um pedido, tais como, a entrada do pedido, entrada do título de suporte, recebimento e devolução de valores, comunicação de exigências, entrega da certidão, dentre outros;

VII – a matrícula eletrônica deve conter dados estruturados que podem ser extraídos de forma automatizada contendo seções relativas aos controles, atos e situação jurídica do imóvel, se constituindo em um documento nato-digital de conteúdo estruturado.

Parágrafo único. O Operador Nacional do Sistema de Registro de Imóveis Eletrônico (ONR) disponibilizará aos Oficiais de Registro de Imóveis mecanismos de geração da numeração única de identificação do pedido.

Art. 11. Os Oficiais de Registro de Imóveis continuam com a obrigação de manter, em segurança e sob seu exclusivo controle, indefinida

e permanentemente, os livros, classificadores, documentos e dados eletrônicos, respondendo por sua guarda e conservação, inclusive após a implementação do registro imobiliário eletrônico.

Art. 12. Os documentos eletrônicos apresentados aos Ofícios de Registro de Imóveis, ou por eles expedidos, serão assinados com uso de certificado digital, segundo a Infraestrutura de Chaves Públicas Brasileira (ICP), e observarão a arquitetura dos Padrões de Interoperabilidade de Governo Eletrônico (e-PING).

Art. 13. Para a criação, atualização, manutenção e guarda permanente dos repositórios registrais eletrônicos deverão ser observados:

I – a especificação técnica do modelo de sistema digital para implantação de sistemas de Registro de Imóveis eletrônico, segundo a Recomendação nº 14/2014, da Corregedoria Nacional de Justiça;

II – as Recomendações para Digitalização de Documentos Arquivísticos Permanentes de 2010, baixadas pelo Conselho Nacional de Arquivos (CONARQ), ou outras que a sucederem; e

III – os atos normativos editados pela Corregedoria Nacional de Justiça e pelas Corregedorias-Gerais da Justiça dos Estados e do Distrito Federal.

Art. 14. O SREI deve viabilizar a utilização de novas tecnologias de informação e de comunicação, possibilitando a maior eficiência na prestação dos serviços com base em tecnologia aplicada e redução de prazos e custos, aumentando a segurança e celeridade do serviço público prestado ao cidadão usuário.

SEÇÃO I
DO SERVIÇO DE ATENDIMENTO ELETRÔNICO COMPARTILHADO (SAEC)

Art. 15. O Serviço de Atendimento Eletrônico Compartilhado (SAEC) será implementado e gerido pelo Operador Nacional do Sistema de Registro Eletrônico de Imóveis (ONR).

Art. 16. O Serviço de Atendimento Eletrônico Compartilhado (SAEC) é destinado ao atendimento remoto dos usuários de todas as serventias de Registro de Imóveis do país por meio da internet, à consolidação de dados estatísticos sobre dados e operação das serventias de Registro de Imóveis, bem como ao desenvolvimento de sistemas de apoio e interoperabilidade com outros sistemas.

Parágrafo único. O SAEC constitui-se em uma plataforma eletrônica centralizada que recepciona as solicitações de serviços apresentadas pelos usuários remotos e as distribui às serventias competentes.

Art. 17. Compete, ainda, ao SAEC:

I – desenvolver indicadores de eficiência e implementar sistemas em apoio às atividades das Corregedorias-Gerais da Justiça e da Corregedoria Nacional de Justiça, que permitam inspeções remotas das serventias;

II – estruturar a interconexão do SREI com o Sistema Nacional de Gestão de Informações Territoriais (SINTER) e com outros sistemas públicos nacionais e estrangeiros;

III – promover a interoperabilidade de seus sistemas com as Centrais de Serviços Eletrônicos

---

7. Art. 37. Os serviços de registros públicos de que trata a Lei nº 6.015/1973, promoverão a implantação e o funcionamento adequado do Sistema Eletrônico dos Registros Públicos (SERP), nos termos do disposto na Medida Provisória nº 1.085/2021.

Compartilhados dos Estados e do Distrito Federal.

Art. 18. O SAEC deverá oferecer ao usuário remoto os seguintes serviços eletrônicos imobiliários a partir de um ponto único de contato na internet:

I – consulta de informações públicas como a relação de cartórios, circunscrição, tabela de custas e outras informações que podem ser disponibilizadas com acesso público e irrestrito;

II – solicitação de pedido que será protocolado e processado pela serventia competente, que compreende:

a. Informação de Registro;

b. Emissão de Certidão;

c. Exame e Cálculo;

d. Registro.

III – acompanhamento do estado do pedido já solicitado;

IV – cancelamento do pedido já solicitado, desde que não tenha sido efetivado;

V – regularização do pedido quando há necessidade de alteração ou complementação de títulos ou pagamentos referentes a pedido solicitado quando permitido pela legislação;

VI – obtenção dos resultados do pedido, que compreende dentre outros:

a. Certidão;

b. Nota de Exigência;

c. Nota de Exame e Cálculo.

Parágrafo único. Todas as solicitações feitas pelos usuários remotos por meio do SAEC serão enviadas ao Oficial de Registro de Imóveis competente, que será o único responsável pelo processamento e atendimento eletrônico.

Art. 19. São classes de pedidos eletrônicos no âmbito do SAEC:

I – Classe Tradicional, compreendendo os seguintes tipos de pedido:

a. Informação de Registro que será utilizada para o serviço de informação sobre situação da matrícula, pacto antenupcial ou outra;

b. Emissão de Certidão que será utilizada para o serviço de emissão de certidão;

c. Exame e Cálculo que será utilizada para o serviço de exame e cálculo;

d. Registro que será utilizada para o serviço de registro.

II – Classe Ofício, com o tipo de pedido Ofício Eletrônico que será utilizada para o serviço de tratamento de ofício eletrônico;

III – Classe Penhora, compreendendo os seguintes tipos de pedido eletrônico, todos para serem utilizados no serviço de penhora de imóvel:

a. Consulta de Penhora;

b. Inclusão de Penhora;

c. Exclusão de Penhora.

IV – Classe Indisponibilidade, compreendendo os seguintes tipos de pedido eletrônico, todos para serem utilizados no serviço de indisponibilidade de bens imóveis:

a. Consulta de Indisponibilidade;

b. Inclusão de Indisponibilidade;

c. Exclusão de Indisponibilidade.

V – Consulta de Inexistência de Propriedade, com o tipo de pedido Consulta de Inexistência de Propriedade, para ser utilizado no serviço de consulta de inexistência de propriedade a partir do CPF, notadamente pelos agentes financeiros imobiliários.

Art. 20. O SAEC deverá manter as seguintes bases de dados:

I – Base Estatística contendo os dados estatísticos sobre a operação das serventias de Registro de Imóveis, objetivando a consolidação de dados de tais serventias;

II – Base de Indisponibilidade de Bens contendo, de forma atualizada, os pedidos de indisponibilidade de bens encaminhados às serventias possivelmente relacionadas ao pedido, possibilitando a consulta quando do exame de um registro;

III – Base de CPF/CNPJ contendo o número do cadastro na Receita Federal do titular do direito real imobiliário objetivando a otimização da identificação de propriedade.

Art. 21. Todos os Ofícios de Registro de Imóveis devem possuir um sistema eletrônico que possibilite realizar interações com o SAEC e com as centrais de serviços eletrônicos compartilhados para suportar o atendimento aos serviços eletrônicos, bem como o encaminhamento de estatísticas de operação.

Art. 22. Em todas as operações do SAEC serão obrigatoriamente respeitados os direitos à privacidade, à proteção dos dados pessoais e ao sigilo das comunicações privadas e, se houver, dos registros.

Art. 23. O SAEC deve observar os padrões e requisitos de documentos, de conexão e de funcionamento, da Infraestrutura de Chaves Públicas Brasileira (ICP) e da arquitetura dos Padrões de Interoperabilidade de Governo Eletrônico (e-PING).

SEÇÃO II
DAS CENTRAIS DE SERVIÇOS ELETRÔNICOS COMPARTILHADOS DOS ESTADOS E DO DISTRITO FEDERAL

Art. 24. As centrais de serviços eletrônicos compartilhados são criadas pelos respectivos Oficiais de Registro de Imóveis, mediante ato normativo da Corregedoria-Geral da Justiça local.

§ 1º Haverá uma única central de serviços eletrônicos compartilhados em cada um dos Estados e no Distrito Federal;

§ 2º Onde não seja possível ou conveniente a criação e manutenção de serviços próprios, o tráfego eletrônico far-se-á mediante central de serviço eletrônico compartilhado que funcione em outro Estado ou no Distrito Federal ou exclusivamente pelo SAEC;

§ 3º O SAEC exerce a coordenação e o monitoramento das centrais de serviços eletrônicos compartilhados com a finalidade de universalização do acesso ao tráfego eletrônico e para que se prestem os mesmos serviços em todo o país, velando pela interoperabilidade do sistema.

Art. 25. Compete às centrais de serviços eletrônicos compartilhados, em conjunto com o SAEC, e na forma do regulamento do SREI:

I – o intercâmbio de documentos eletrônicos e de informações entre os Ofícios de Registro de Imóveis, o Poder Judiciário, a administração pública e o público em geral;

II – a recepção e o envio de títulos em formato eletrônico;

III – a expedição de certidões e a prestação de informações em formato eletrônico;

Parágrafo único. Todas as solicitações feitas por meio das centrais de serviços eletrônicos compartilhados serão enviadas ao ofício de Registro de Imóveis competente que é o único responsável pelo processamento e atendimento.

Art. 26. As centrais de serviços eletrônicos compartilhados conterão indicadores somente para os Ofícios de Registro de Imóveis que as integrem.

Art. 27. Em todas as operações das centrais de serviços eletrônicos compartilhados serão respeitados os direitos à privacidade, à proteção dos dados pessoais e ao sigilo das comunicações privadas e, se houver, dos registros.

Parágrafo único. Deverão ser observados no âmbito das operações desenvolvidas pelas centrais de serviços eletrônicos compartilhados os padrões e requisitos de documentos, de conexão e de funcionamento, da Infraestrutura de Chaves Públicas Brasileira (ICP) e da arquitetura dos Padrões de Interoperabilidade de Governo Eletrônico (e-PING).

CAPÍTULO IV
DO ACESSO ÀS INFORMAÇÕES DO SREI PELA ADMINISTRAÇÃO PÚBLICA FEDERAL

Art. 28. O acesso da Administração Pública Federal às informações do Sistema de Registro Eletrônico de Imóveis (SREI) se operacionaliza através do Sistema Nacional de Gestão de Informações Territoriais (SINTER).

Parágrafo único. O Operador Nacional do Sistema de Registro Eletrônico de Imóveis (ONR) deverá estruturar, através do SAEC, a interconexão do SREI com o Sistema Nacional de Gestão de Informações Territoriais (SINTER).

Art. 29. O Manual Operacional do Sistema Nacional de Gestão de Informações Territoriais (SINTER), submetido ao Conselho Nacional de Justiça para a sua eficácia em face dos Registradores de Imóveis e Notários, deve objetivar a harmonia e operacionalidade do SINTER com o Sistema de Registro Eletrônico de Imóveis (SREI).

Parágrafo único. Deverá ser prevista, no Manual Operacional, a forma de disponibilização aos Registradores de Imóveis e aos Notários, o acesso à ferramenta gráfica de visualização dos polígonos limítrofes de imóveis sobrepostos a imagens georreferenciadas, para permitir-lhes obter informações cadastrais e geoespaciais de interesse para os atos praticados em suas serventias.

CAPÍTULO V
DO ESTATUTO DO ONR

Art. 30. O Estatuto do Operador Nacional do Sistema de Registro Eletrônico de Imóveis (ONR) deverá ser aprovado pelos Oficiais de Registro de Imóveis de todo o território nacional, reunidos em assembleia geral.

Parágrafo único. A assembleia geral que tratar este artigo será previamente convocada pel entidades representativas dos Oficiais de Registros de Imóveis, de caráter nacional, alcançando os filiados e não filiados, devendo ser realizada no prazo de 30 (trinta) dias da convocação, sob supervisão da Corregedoria Nacional de Justiça.

Art. 31. O Estatuto do ONR deverá observar as seguintes diretrizes:

I – a pessoa jurídica, constituída exclusivamente pelos Oficiais de Registros de Imóveis, na forma prevista no art. 44[268] do Código Civil na modalidade de entidade civil sem fins lucrativos, deverá ser mantida e administrada conforme deliberação da assembleia geral dos Oficiais de Registro de Imóveis, somente podendo fazer parte de seu quadro diretivo os delegatários que estejam em pleno exercício da atividade;

II – deverá constar dentre as atribuições do ONR:

a. implantação e coordenação do SREI, visando o seu funcionamento uniforme, apoiando os Oficiais de Registro de Imóveis e atuando em cooperação com a Corregedoria Nacional de Justiça e as Corregedorias-Gerais da Justiça;

b. implantação e operação do Serviço de Atendimento Eletrônico Compartilhado (SAEC), como previsto em Recomendação da Corregedoria Nacional de Justiça, com a finalidade de prestar serviços e criar opção de acesso remoto aos serviços prestados pelas unidades registrais de todo país em um único ponto na Internet;

c. coordenação e monitoramento das operações das centrais de serviços eletrônicos compartilhados, através do SAEC, para garantir a interoperabilidade dos sistemas e a universalização do acesso às informações e aos serviços eletrônicos;

d. apresentação de sugestões à Corregedoria Nacional de Justiça para edição de instruções técnicas de normalização aplicáveis ao SREI para propiciar a operação segura do sistema, a interoperabilidade de dados e documentos e a longevidade de arquivos eletrônicos, como também a adaptação eletrônica dos requisitos jurídico-formais implicados nos serviços, visando garantir a autenticidade e segurança das operações realizadas com documentos informáticos;

e. fornecimento de elementos, aos órgãos públicos competentes, para auxiliar a instrução de processos que visam o combate ao crime organizado, à lavagem de dinheiro, à identificação e à indisponibilidade de ativos de origem ilícita;

f. viabilização de consulta unificada das informações relativas ao crédito imobiliário, ao acesso às informações referentes às garantias constituídas sobre imóveis;

g. formulação de indicadores de eficiência e implementação de sistemas em apoio às atividades das Corregedorias-Gerais da Justiça e da Corregedoria Nacional de Justiça, que permitam inspeções remotas das serventias.

III – deverá constar previsão de observância:

a. dos princípios da legalidade, integridade, impessoalidade, moralidade, publicidade, representatividade, eficiência, razoabilidade, finalidade, motivação e interesse público, realizando e apoiando o Conselho Nacional de Justiça nas ações necessárias ao desenvolvimento jurídico e tecnológico da atividade registral;

b. das normas que regem o segredo de justiça, os sigilos profissional, bancário e fiscal, bem como a proteção de dados pessoais e do conteúdo de comunicações privadas, além das disposições legais e regulamentares;

c. do cumprimento das leis, regulamentos, normas externas e internas, convênios e contratos, notadamente as normas editadas pela Corregedoria Nacional de Justiça, seu agente regulador, como previsto no art. 76, § 4º[269] da Lei nº 13.465/2017;

d. da proibição de obtenção de quaisquer benefícios ou vantagens individuais por seus gestores em decorrência da participação em processos decisórios.

Art. 32. O Estatuto aprovado pela assembleia geral e suas posteriores modificações deverão ser submetidas à Corregedoria Nacional de Justiça para homologação no exercício de sua função de agente regulador.

CAPÍTULO VI
DISPOSIÇÕES FINAIS

Art. 33. Aos Ofícios de Registro de Imóveis é vedado:

I – recepcionar ou expedir documentos eletrônicos por e-mail ou serviços postais ou de entrega;

II – postar ou baixar (download) documentos eletrônicos e informações em sites que não sejam os das respectivas centrais de serviços eletrônicos compartilhados ou do SAEC;

III – prestar os serviços eletrônicos referidos neste Provimento, diretamente ou por terceiros, fora do Sistema de Registro Eletrônico de Imóveis.

Art. 34. As Corregedorias-Gerais da Justiça dos Estados e do Distrito Federal fiscalizarão a efetiva vinculação dos Oficiais de Registro de Imóveis ao SREI e a observância das normas previstas neste Provimento, expedindo as normas complementares que se fizerem necessárias, bem como deverão promover a revogação das normas locais que contrariarem as regras e diretrizes constantes do presente Provimento.

Art. 35. O procedimento administrativo e os atos de registro decorrentes da Reurb serão fei-

---

268. Art. 44. São pessoas jurídicas de direito privado:
I – as associações;
II – as sociedades;
III – as fundações.
IV – as organizações religiosas;
V – os partidos políticos.
VI – (Revogado pela Medida Provisória nº 1.085/2021).
§ 1º São livres a criação, a organização, a estruturação interna e o funcionamento das organizações religiosas, sendo vedado ao poder público negar-lhes reconhecimento ou registro dos atos constitutivos e necessários ao seu funcionamento;
§ 2º As disposições concernentes às associações aplicam-se subsidiariamente às sociedades que são objeto do Livro II da Parte Especial deste Código.
§ 3º Os partidos políticos serão organizados e funcionarão conforme o disposto em lei específica.

269. Art. 76. O Sistema de Registro Eletrônico de Imóveis (SREI) será implementado e operado, em âmbito nacional, pelo Operador Nacional do Sistema de Registro Eletrônico de Imóveis (ONR).

§ 4º Caberá à Corregedoria Nacional de Justiça do Conselho Nacional de Justiça exercer a função de agente regulador do ONR e zelar pelo cumprimento de seu estatuto.

---

tos pelos Oficiais de Registro de Imóveis preferencialmente por meio eletrônico, na forma de regulamento próprio de 2020.

Art. 36. O SREI deverá ser implantado pelo ONR até 02 de março.

Art. 37. Fica revogado o Provimento nº 47/2015.

Art. 38. Este Provimento entra em vigor em 1º de janeiro de 2020.

PROVIMENTO Nº 85
19 DE AGOSTO DE 2019

Dispõe sobre a adoção dos Objetivos de Desenvolvimento Sustentável, da Agenda 2030, pelas Corregedorias do Poder Judiciário e pelo Serviço Extrajudicial.

Art. 1º Internalizar, na forma deste Provimento, os Objetivos de Desenvolvimento Sustentável (ODS), da Agenda 2030, das Nações Unidas, à atuação da Corregedoria Nacional de Justiça.

Art. 2º Determinar que conste dos novos atos normativos, a serem editados pela Corregedoria Nacional de Justiça e pelas Corregedorias do Poder Judiciário, a referência ao número do respectivo Objetivo de Desenvolvimento Sustentável, da Agenda 2030, com o qual se adéqua.

§ 1º A Corregedoria Nacional de Justiça deverá, no prazo de 30 (trinta) dias, publicar a indexação de seus atos aos ODS, conforme estudo já realizado pela equipe do CNJ;

§ 2º Determinar que conste dos relatórios estatísticos das Corregedorias do Poder Judiciário a correlação entre os assuntos das Tabelas Processuais Unificadas e os ODS da Agenda 2030, conforme indexação já produzida pelo Comitê Interinstitucional, destinado a proceder estudos e apresentar proposta de integração das metas do Poder Judiciário com as metas e indicadores dos Objetivos de Desenvolvimento Sustentável (ODS), (Portaria nº 133/2018), considerando que esta medida facilita a interação com a gestão judiciária.

Art. 3º As Corregedorias e as Serventias Extrajudiciais deverão inserir em seus portais ou sites, expressamente, a informação de que internalizaram a Agenda 2030, bem como a correspondência dos respectivos assuntos e atos normativos a cada um dos ODS.

§ 1º Determinar que as Corregedorias e o Serviço Extrajudicial deem visibilidade à integração de seus atos normativos aos Objetivos de Desenvolvimento Sustentável, da Agenda 2030;

§ 2º As serventias deverão deixar a referida informação visível para o público nos seus estabelecimentos, na forma como consta do Anexo I – passo a passo para implementar a Agenda 2030 das Nações Unidas.

Art. 4º Incentivar os Tribunais que criem e instalem Laboratórios de Inovação, Inteligência e Objetivos de Desenvolvimento Sustentável (LIODS), com a metodologia que vem sendo adotada no Conselho Nacional de Justiça (CNJ), como um movimento que une o conhecimento institucional, a inovação e a cooperação com o objetivo de se alcançar a paz, a justiça e eficiência institucional, que será o espaço de interação sobre a Agenda 2030.

Art. 5º Este Provimento entra em vigor na data de sua publicação.

PROVIMENTO Nº 82
03 DE JULHO DE 2019

Dispõe sobre o procedimento de averbação, no registro de nascimento e no de casamento dos filhos, da alteração do nome do genitor e dá outras providências.

Art. 1º Poderá ser requerida, perante o Oficial de Registro Civil competente, a averbação no registro de nascimento e no de casamento das alterações de patronímico dos genitores em decorrência de casamento, separação e divórcio, mediante a apresentação da certidão respectiva.

§ 1º O procedimento administrativo previsto no caput deste artigo não depende de autorização judicial;

§ 2º A certidão de nascimento e a de casamento serão emitidas com o nome mais atual, sem fazer menção sobre a alteração ou o seu motivo, devendo fazer referência no campo 'observações' ao parágrafo único[270] art. 21 da Lei nº 6.015/1973;

§ 3º Por ocasião do óbito do(a) cônjuge, poderá o(a) viúvo(a) requerer averbação para eventual retorno ao nome de solteiro(a).

Art. 2º Poderá ser requerido, perante o Oficial de Registro Civil competente, a averbação do acréscimo do patronímico de genitor ao nome do filho menor de idade, quando:

I – houver alteração do nome do genitor em decorrência de separação, divórcio ou viuvez;

II – o filho tiver sido registrado apenas com o patronímico do outro genitor.

§ 1º O procedimento administrativo previsto no caput deste artigo não depende de autorização judicial;

§ 2º Se o filho for maior de 16 (dezesseis) anos, o acréscimo do patronímico exigirá o seu consentimento;

§ 3º Somente será averbado o acréscimo do patronímico ao nome do filho menor de idade, quando o nome do genitor for alterado no registro de nascimento, nos termos do art. 1º, deste Provimento;

§ 4º A certidão de nascimento será emitida com o acréscimo do patronímico do genitor ao nome do filho no respectivo campo, sem fazer menção expressa sobre a alteração ou seu motivo, devendo fazer referência no campo 'observações' ao parágrafo único[271] do art. 21 da Lei nº 6.015/1973.

---

270. Art. 21. Sempre que houver qualquer alteração posterior ao ato cuja certidão é pedida, deve o Oficial mencioná-la, obrigatoriamente, não obstante as especificações do pedido, sob pena de responsabilidade civil e penal, ressalvado o disposto nos arts. 45 e 95.

Parágrafo único. A alteração a que se refere este artigo deverá ser anotada na própria certidão, contendo a inscrição de que "a presente certidão envolve elementos de averbação à margem do termo".

271. Art. 21. Sempre que houver qualquer alteração posterior ao ato cuja certidão é pedida, deve o Oficial mencioná-la, obrigatoriamente, não obstante as especificações do pedido, sob pena de responsabilidade civil e penal, ressalvado o disposto nos arts. 45 e 95.

Parágrafo único. A alteração a que se refere este artigo deverá ser anotada na própria certidão, contendo a inscrição de que "a presente certidão envolve elementos de averbação à margem do termo".

Art. 3º Para os fins deste Provimento deverão ser respeitadas as tabelas estaduais de emolumentos, bem como as normas referentes à gratuidade de atos, quando для o caso.

Art. 4º Este Provimento entra em vigor na data de sua publicação.

PROVIMENTO Nº 81
06 DE DEZEMBRO DE 2018

Dispõe sobre a Renda Mínima do Registrador Civil de Pessoas Naturais.

Art. 1º Dispor sobre a renda mínima dos Registradores de Pessoas Naturais.

Art. 2º Os Tribunais de Justiça devem estabelecer uma renda mínima para os Registradores de Pessoas Naturais com a finalidade de garantir a presença do respectivo serviço registral em toda sede de municipal e nas sedes distritais dos municípios de significativa extensão territorial assim considerado pelo poder delegante.

Parágrafo único. A renda mínima é garantida através do pagamento, ao delegatário ou ao interino que exerce a titularidade da serventia de Registro de Pessoas Naturais, do valor necessário para que a receita do serviço registral de pessoas naturais atinja o valor mínimo da receita estipulado por ato próprio do tribunal.

Art. 3º Além de outras fontes de recursos, devem ser utilizadas para o pagamento da renda mínima a que se refere o artigo anterior, as receitas originadas do recolhimento, efetuado pelos interinos de qualquer serventia extrajudicial, aos Tribunais ou aos respectivos fundos financeiros, relativamente aos valores excedentes a 90,25% (noventa inteiros e vinte e cinco centésimos por cento) do teto constitucional.

Art. 4º O valor da renda mínima do interino que exerce a titularidade da serventia de Registro de Pessoas Naturais não poderá ser inferior à 50% (cinquenta por cento) da renda mínima do delegatário.

Parágrafo único. O valor da renda mínima poderá ser majorado ou reduzido para manter o equilíbrio financeiro do fundo responsável pelo seu pagamento.

Art. 5º O delegatário ou interino que exerce a titularidade da serventia de Registro de Pessoas Naturais, quando estiver exercendo a titularidade de mais de uma serventia, não poderá receber renda mínima que exceda, globalmente, 90,25% (noventa inteiros e vinte e cinco centésimos por cento) do teto constitucional.

Art. 6º Os Tribunais deverão instituir ou adequar a renda mínima Registrador de Pessoas Naturais conforme as regras deste Provimento em até 90 (noventa) dias.

Art. 7º Este Provimento entrará em vigor na data de sua publicação.

PROVIMENTO Nº 79
08 DE NOVEMBRO DE 2018

Dispõe sobre a política institucional de Metas Nacionais do Serviço Extrajudicial e dá outras providências.

Art. 1º Instituir, na forma deste Provimento, no âmbito da Corregedoria Nacional de Justiça, a política institucional de Metas Nacionais do Serviço Extrajudicial, a fim de proporcionar mais eficiência e qualidade à atividade notarial e registral brasileira.

Art. 2º As Metas Nacionais do Serviço Extrajudicial serão anuais e definidas, no ano anterior ao cumprimento, no Encontro Nacional de Corregedores do Serviço Extrajudicial a ser realizado em local e data definidos pela Corregedoria Nacional de Justiça.

§ 1º A presidência do Encontro Nacional de Corregedores do Serviço Extrajudicial será exercida pelo Corregedor Nacional de Justiça, o qual poderá ser substituído por conselheiro por ele designado;

§ 2º A coordenação dos trabalhos ficará sob a responsabilidade de um Juiz Auxiliar da Corregedoria Nacional de Justiça;

§ 3º O Corregedor Nacional de Justiça designará, por portaria, grupo de trabalho para auxiliar nos atos preparatórios e de organização do encontro.

Art. 3º Cabe à Corregedoria Nacional de Justiça definir as Metas Nacionais do Serviço Extrajudicial a serem cumpridas no exercício seguinte por todas as Corregedorias de Justiça dos Estados.

Parágrafo único. As Corregedorias de Justiça de cada Estado poderão apresentar à Corregedoria Nacional de Justiça, até o dia 31 de junho de cada ano, propostas de Metas Nacionais para o Serviço Extrajudicial.

Art. 4º O cumprimento das Metas Nacionais do Serviço Extrajudicial será aferido pela Corregedoria Nacional de Justiça por meio de inspeções e/ou comunicação oficial do órgão correicional local.

§ 1º A Meta Nacional somente será considerada aferida após seu cumprimento por todas as Corregedorias locais;

§ 2º O cumprimento total ou parcial das Metas Nacionais será publicado no portal da Corregedoria Nacional de Justiça;

§ 3º Em caso de descumprimento de alguma das Metas Nacionais estabelecidas pela Corregedoria Nacional de Justiça, será instaurado pedido de providências a fim de acompanhar o cumprimento;

§ 4º Havendo cumprimento integral das Metas Nacionais, a Corregedoria local será agraciada com Certificado de Eficiência do Serviço Extrajudicial.

Art. 5º Este Provimento entra em vigor na data de sua publicação.

PROVIMENTO Nº 78[272]
30 DE ABRIL DE 2020

Dispõe sobre a incompatibilidade da atividade notarial e de registro com o exercício simultâneo de mandato eletivo e dá outras providências.

Art. 1º O notário e/ou registrador que desejarem exercer mandato eletivo deverão se afastar do exercício do serviço público delegado desde sua diplomação.

§ 1º Quando do afastamento do delegatário para o exercício do mandato eletivo, a atividade será conduzida pelo escrevente substituto com

---

272. Republicado em decorrência de decisão Plenária do CNJ, realizada no dia 28/04/2020.

a designação contemplada pelo art. 20, § 5º²⁷³, da Lei Federal nº 8.935/1994;

§ 2º O notário e/ou o registrador que exercerem mandato eletivo terão o direito à percepção integral dos emolumentos gerados em decorrência da atividade notarial e/ou registral que lhe foi delegada.

Art. 2º Este Provimento entra em vigor na data de sua publicação, permanecendo válidos os atos editados pelas corregedorias de justiça no que forem compatíveis.

PROVIMENTO Nº 77
07 DE NOVEMBRO DE 2018

Dispõe sobre a designação de responsável interino pelo expediente.

Art. 1º Dispor sobre a designação de responsável interino pelo expediente de serventias extrajudiciais vagas.

Arts. 2º a 7º (Revogados).
→ Provimento nº 149/2023.

Art. 8º Os Tribunais deverão adequar as designações dos atuais interinos às regras deste Provimento em até 90 (noventa) dias.

Art. 9º Este Provimento entrará em vigor na data de sua publicação.

PROVIMENTO Nº 74
31 DE JULHO DE 2018

Dispõe sobre padrões mínimos de tecnologia da informação para a segurança, integridade e disponibilidade de dados para a continuidade da atividade pelos serviços notariais e de registro do Brasil e dá outras providências.

Art. 1º Dispor sobre padrões mínimos de tecnologia da informação para a segurança, integridade e disponibilidade de dados para a continuidade da atividade pelos serviços notariais e de registro do Brasil.

Art. 2º Os serviços notariais e de registro deverão adotar políticas de segurança de informação com relação a confidencialidade, disponibilidade, autenticidade e integridade e a mecanismos preventivos de controle físico e lógico.

Parágrafo único. Como política de segurança da informação, entre outras, os serviços de notas e de registro deverão:

– ter um plano de continuidade de negócios que preveja ocorrências nocivas ao regular funcionamento dos serviços;

– atender a normas de interoperabilidade, legibilidade e recuperação a longo prazo na prática dos atos e comunicações eletrônicas.

Art. 3º Todos os livros e atos eletrônicos praticados pelos serviços notariais e de registro deverão ser arquivados de forma a garantir a segurança e a integridade de seu conteúdo.

§ 1º Os livros e atos eletrônicos que integram o acervo dos serviços notariais e de registro deverão ser arquivados mediante cópia de segurança (backup) feita em intervalos não superiores a 24 (vinte e quatro) horas;

§ 2º Ao longo das 24 (vinte e quatro) horas mencionadas no parágrafo anterior, deverão ser geradas imagens ou cópias incrementais dos dados que permitam a recuperação dos atos praticados a partir das últimas cópias de segurança até pelo menos 30 (trinta) minutos antes da ocorrência de evento que comprometa a base de dados e informações associadas;

§ 3º A cópia de segurança mencionada no § 1º deverá ser feita tanto em mídia eletrônica de segurança quanto em serviço de cópia de segurança na internet (backup em nuvem);

§ 4º A mídia eletrônica de segurança deverá ser armazenada em local distinto da instalação da serventia, observada a segurança física e lógica necessária;

§ 5º Os meios de armazenamento utilizados para todos os dados e componentes de informação relativos aos livros e atos eletrônicos deverão contar com recursos de tolerância a falhas.

Art. 4º O titular delegatário ou o interino/interventor, os escreventes, os prepostos e os colaboradores do serviço notarial e de registro devem possuir formas de autenticação por certificação digital própria ou por biometria, além de usuário e senha associados aos perfis pessoais com permissões distintas, de acordo com a função, não sendo permitido o uso de "usuários genéricos".

Art. 5º O sistema informatizado dos serviços notariais e de registro deverá ter trilha de auditoria própria que permita a identificação do responsável pela confecção ou por eventual modificação dos atos, bem como da data e hora de efetivação.

§ 1º A plataforma de banco de dados deverá possuir recurso de trilha de auditoria ativada;

§ 2º As trilhas de auditoria do sistema e do banco de dados deverão ser preservadas em backup, visando a eventuais auditorias.

Art. 6º Os serviços notariais e de registro verão adotar os padrões mínimos dispostos no anexo do presente Provimento, de acordo com as classes nele definidas.

Parágrafo único. Todos os componentes de software utilizados pela serventia deverão estar devidamente licenciados para uso comercial, admitindo-se o de código aberto ou os de livre distribuição.

Art. 7º Os serviços notariais e de registro deverão adotar rotina que possibilite a transmissão de todo o acervo eletrônico pertencente à serventia, inclusive banco de dados, softwares e atualizações que permitam o pleno uso, além de senhas e dados necessários ao acesso a tais programas, garantindo a continuidade da prestação do serviço de forma adequada e eficiente, sem interrupção, em caso de eventual sucessão.

Art. 8º Os padrões mínimos dispostos no anexo do presente Provimento deverão ser atualizados anualmente pelo Comitê de Gestão da Tecnologia da Informação dos Serviços Extrajudiciais (COGETISE).

§ 1º Comporão o COGETISE:

I – a Corregedoria Nacional de Justiça, na condição de presidente;

II – as Corregedorias de Justiça dos Estados e do Distrito Federal;

III – a Associação dos Notários e Registradores do Brasil (ANOREG/BR);

IV – o Colégio Notarial do Brasil – Conselho Federal (CNB/CF);

V – a Associação Nacional dos Registradores de Pessoas Naturais do Brasil (ARPEN/BR);

VI – o Instituto de Registro Imobiliário do Brasil (IRIB/BR);

VII – o Instituto de Estudos de Protesto de Títulos do Brasil (IEPTB/BR); e

VIII – o Instituto de Registro de Títulos e Documentos e de Pessoas Jurídicas do Brasil (IRTDPJ/BR).

§ 2º Compete ao COGETISE divulgar, estimular, apoiar e detalhar a implementação das diretrizes do presente Provimento e fixar prazos para tanto.

Art. 9º O descumprimento das disposições do presente Provimento pelos serviços notariais e de registro ensejará a instauração de procedimento administrativo disciplinar, sem prejuízo de responsabilização cível e criminal.

Art. 10. A Recomendação CNJ nº 09/2013, e as normas editadas pelas Corregedorias de Justiça dos Estados e do Distrito Federal permanecem em vigor no que forem compatíveis com o presente Provimento.

Art. 11. Este Provimento entra em vigor após decorridos 180 (cento e oitenta) dias da data de sua publicação.

PROVIMENTO Nº 73
28 DE JUNHO DE 2018

Dispõe sobre a averbação da alteração do prenome e do gênero nos assentos de nascimento e casamento de pessoa transgênero no Registro Civil das Pessoas Naturais (RCPN).

Art. 1º Dispor sobre a averbação da alteração do prenome e do gênero nos assentos de nascimento e casamento de pessoa transgênero no Registro Civil das Pessoas Naturais.

Arts. 2º a 9º (Revogados).
→ Provimento nº 149/2023.

Art. 10. Este Provimento entra em vigor na data de sua publicação.

PROVIMENTO Nº 66
25 DE JANEIRO DE 2018

Dispõe sobre a prestação de serviços pelos ofícios de Registro Civil das Pessoas Naturais mediante convênio, credenciamento e matrícula com órgãos e entidades governamentais e privadas.

Art. 1º Dispor sobre a prestação de serviços de Registro Civil das Pessoas Naturais do Brasil mediante convênio, credenciamento e matrícula com órgãos e entidades governamentais e privadas.

Art. 2º As serventias de Registro Civil das Pessoas Naturais do Brasil poderão, mediante con-

---
³. Art. 20. Os Notários e os Oficiais de Registro poderão, para o desempenho de suas funções, contratar escreventes, dentre eles escolhendo os substitutos, e auxiliares como empregados, com remuneração livremente ajustada e sob o regime da legislação do trabalho.

§ 5º Dentre os substitutos, um deles será designado pelo Notário ou Oficial de Registro para responder pelo respectivo serviço nas ausências e nos impedimentos do titular.

vênio, credenciamento ou matrícula com órgãos públicos, prestar serviços públicos relacionados à identificação dos cidadãos, visando auxiliar a emissão de documentos pelos órgãos responsáveis.

Parágrafo único. Os serviços públicos referentes à identificação dos cidadãos são aqueles inerentes à atividade registral que tenham por objetivo a identificação do conjunto de atributos de uma pessoa, tais como biometria, fotografia, cadastro de pessoa física e passaporte.

Art. 3º O convênio, credenciamento e matrícula com órgãos públicos para prestação de serviços de Registro Civil das Pessoas Naturais em âmbito nacional dependerão da homologação da Corregedoria Nacional de Justiça.

Parágrafo único. A ANOREG-BR ou a ARPEN-BRASIL formularão pedido de homologação à Corregedoria Nacional de Justiça via PJe.

Art. 4º O convênio, credenciamento e matrícula com órgãos públicos para prestação de serviços de Registro Civil das Pessoas Naturais em âmbito local dependerão da homologação das Corregedorias de Justiça dos Estados ou do Distrito Federal, às quais competirá:

I – realizar estudo prévio acerca da viabilidade jurídica, técnica e financeira do serviço;

II – enviar à Corregedoria Nacional de Justiça cópia do termo celebrado em caso de homologação, para disseminação de boas práticas entre os demais entes da Federação.

Art. 5º As Corregedorias de Justiça dos Estados e do Distrito Federal manterão em seu site listagem pública dos serviços prestados pelos Registros Civis das Pessoas Naturais mediante convênio, credenciamento ou matrícula.

Art. 6º Este Provimento entrará em vigor na data de sua publicação, permanecendo válidos os provimentos editados pelas Corregedorias de Justiça no que forem compatíveis.

PROVIMENTO Nº 63[274]
14 DE NOVEMBRO DE 2017

Institui modelos únicos de certidão de nascimento, de casamento e de óbito, a serem adotadas pelos ofícios de Registro Civil das Pessoas Naturais, e dispõe sobre o reconhecimento voluntário e a averbação da paternidade e maternidade socioafetiva no Livro "A" e sobre o registro de nascimento e emissão da respectiva certidão dos filhos havidos por reprodução assistida.

SEÇÃO I
DAS REGRAS GERAIS

Art. 1º Os modelos únicos de certidão de nascimento, de casamento e de óbito, a serem adotados pelos ofícios de Registro Civil das Pessoas Naturais em todo o país, ficam instituídos na forma dos Anexos I, II e III deste Provimento.

Arts. 2º a 8º (Revogados).
→ Provimento nº 149/2023.

Art. 9º Os novos modelos deverão ser implementados até o dia 1º de janeiro de 2018 e não devem conter quadros preestabelecidos para o preenchimento dos nomes dos genitores e progenitores, bem como para anotações de cadastro que não estejam averbadas ou anotadas nos respectivos registros.

Parágrafo único. As certidões expedidas em modelo diverso até a data de implementação mencionada no caput deste artigo não precisarão ser substituídas e permanecerão válidas por prazo indeterminado.

Art. 10. a 19. (Revogados).
→ Provimento nº 149/2023.

SEÇÃO IV
DAS DISPOSIÇÕES FINAIS

Art. 20. Revogam-se os Provimentos CN-CNJ nº 02 e 03, de 27 de abril de 2009, e 52, de 14 de março de 2016.

Art. 21. Este Provimento entra em vigor na data de sua publicação.

PROVIMENTO Nº 62[275]
14 DE NOVEMBRO DE 2017

Dispõe sobre a uniformização dos procedimentos para a aposição de apostila, no âmbito do Poder Judiciário, da Convenção sobre a Eliminação da Exigência de Legalização de Documentos Públicos Estrangeiros, celebrada na Haia, em 05 de outubro de 1961 (Convenção da Apostila).

Art. 1º Dispor sobre a uniformização dos procedimentos para a aposição de apostila em documentos públicos produzidos no território nacional.

Parágrafo único. Equiparam-se a documento público produzido no território nacional os históricos escolares, declarações de conclusão de série e diplomas ou certificados de conclusão de cursos registrados no Brasil (Lei nº 9.394/1996).

Arts. 2º a 6º (Revogados).
→ Provimento nº 149/2023

Art. 7º (Revogado).

§ 1º (Revogado);

§ 2º (Revogado);
→ Provimento nº 149/2023.

§ 3º Para fins de apostilamento, considerar-se-ão válidos, pelo prazo de 12 (doze) meses contados da publicação deste Provimento, os papéis de segurança previamente adquiridos junto à Casa da Moeda do Brasil, na forma estabelecida em contrato firmado pelo Conselho Nacional de Justiça.

Art. 8º a 17. (Revogados).
→ Provimento nº 149/2023

Art. 18. Este Provimento entra em vigor na data de sua publicação, ficando revogado o Provimento CN-CNJ nº 58/2016, bem como quaisquer disposições em contrário.

PROVIMENTO Nº 61
17 DE OUTUBRO DE 2017

Dispõe sobre a obrigatoriedade de informação do número do Cadastro de Pessoa Física (CPF), do Cadastro Nacional de Pessoa Jurídica (CNPJ) e dos dados necessários à completa qualificação das partes nos feitos distribuídos ao Poder Judiciário e aos serviços extrajudiciais em todo o território nacional.

Art. 1º Estabelecer a obrigatoriedade de informação do número do CPF, do CNPJ e dos dados necessários à completa qualificação das partes nos feitos distribuídos ao Poder Judiciário e aos serviços extrajudiciais em todo o território nacional.

Parágrafo único. As obrigações que constam deste Provimento são atribuições dos cartórios distribuidores privados ou estatizados do fórum em geral, bem como de todos os serviços extrajudiciais.

Art. 2º No pedido inicial formulado ao Poder Judiciário e no requerimento para a prática de atos aos serviços extrajudiciais deverão constar obrigatoriamente, sem prejuízo das exigências legais, as seguintes informações:

I – nome completo de todas as partes, vedada a utilização de abreviaturas;

II – número do CPF ou número do CNPJ;

III – nacionalidade;

IV – estado civil, existência de união estável e filiação;

V – profissão;

VI – domicílio e residência;

VII – endereço eletrônico.

Art. 3º O disposto no artigo anterior aplica-se aos inquéritos com indiciamento; denúncias formuladas pelo Ministério Público; queixas-crime; petições iniciais cíveis ou criminais; pedido contraposto; reconvenção; intervenção no processo como terceiro interessado; mandados de citação, intimação, notificação, prisão; e guia de recolhimento ao juízo das execuções penais.

Art. 4º As exigências previstas no art. 2º, imprescindíveis à qualificação das partes, não poderão ser dispensadas, devendo as partes, o Juiz e o responsável pelo serviço extrajudicial no caso de dificuldade na obtenção das informações, atuar de forma conjunta, para regularizá-las.

§ 1º O pedido inicial e o requerimento não serão indeferidos em decorrência do não atendimento do disposto no art. 2º se a obtenção das informações tornar impossível ou excessivamente oneroso o acesso à Justiça ou aos serviços extrajudiciais;

§ 2º No pedido inicial e no requerimento, na hipótese do parágrafo anterior, deverá constar o desconhecimento das informações mencionadas no art. 2º, caso em que o Juiz da causa ou o responsável pelo serviço extrajudicial poderá realizar diligências necessárias à obtenção.

Art. 5º Os juízes e os responsáveis pelos serviços extrajudiciais poderão utilizar-se da Central Nacional de Informações do Registro Civil (CRC Nacional), bem como poderão solicitar informações à Receita Federal do Brasil e ao Tribunal Superior Eleitoral para dar fiel cumprimento a presente Provimento.

Art. 6º Nas causas distribuídas aos juizados especiais cíveis, criminais e de fazenda pública os dados necessários à completa qualificação das partes, quando não tenham sido informados no pedido inicial, deverão ser colhidos em audiência.

---
274. Atualizado até o Provimento nº 83/2019.
275. Atualizado até o Provimento nº 131/2022.

Art. 7º As Corregedorias de Justiça dos Estados e do Distrito Federal orientarão e fiscalizarão o cumprimento do presente Provimento pelos órgãos judiciais e pelos serviços extrajudiciais.

Art. 8º Este Provimento entra em vigor na data de sua publicação.

PROVIMENTO Nº 56
14 DE JULHO DE 2016

Dispõe sobre a obrigatoriedade de consulta ao Registro Central de Testamentos On-Line (RCTO) para processar os inventários e partilhas judiciais e lavrar escrituras públicas de inventários extrajudiciais

Art. 1º Os Juízes de Direito, para o processamento dos inventários e partilhas judiciais, e os Tabeliães de Notas, para a lavratura das escrituras públicas de inventário extrajudicial, deverão acessar o Registro Central de Testamentos On-Line (RCTO), módulo de informação da Central Notarial de Serviços Compartilhados (CENSEC), para buscar a existência de testamentos públicos e instrumentos de aprovação de testamentos cerrados.

Art. 2º É obrigatório para o processamento dos inventários e partilhas judiciais, bem como para lavrar escrituras públicas de inventário extrajudicial, a juntada de certidão acerca da inexistência de testamento deixado pelo autor da herança, expedida pela Central Notarial de Serviços Compartilhados (CENSEC).

Art. 3º Este Provimento não revoga, no que forem compatíveis, as normas editadas pelas Corregedorias-Gerais da Justiça e pelos Juízes Corregedores, ou Juízes competentes na forma da organização local relativas à matéria.

Art. 4º As Corregedorias-Gerais da Justiça deverão dar ciência aos responsáveis pelas unidades do serviço extrajudicial de notas deste Provimento, bem como da obrigatoriedade de promover a alimentação do Registro Central de Testamentos On-Line.

Art. 5º Este Provimento entra em vigor na data de sua publicação.

PROVIMENTO Nº 50
28 DE SETEMBRO DE 2015

Dispõe sobre a conservação de documentos dos cartórios extrajudiciais.

Art. 1º Ficam autorizados os Cartórios de Notas, Protestos de Letras e Títulos, Registros de Imóveis, Registros Civis de Pessoas Naturais, Registros Civis de Pessoas Jurídicas e Registros de Títulos e Documentos a adotar a anexa Tabela de Temporalidade de Documentos.

Art. 2º Os documentos que venham a ser descartados devem ser previamente desfigurados de modo que as informações não possam ser recuperadas, especialmente as indicações de identidade pessoal e assinaturas.

Art. 3º Toda eliminação de documentos pelos cartórios extrajudiciais, observados os termos da Lei nº 8.159/1991 e a Tabela de Temporalidade de Documentos anexa, deverá ser comunicada, semestralmente, ao juízo competente.

Art. 4º Este Provimento entra em vigor na data de sua publicação.

PROVIMENTO Nº 45[276]
13 DE MAIO DE 2015

Revoga o Provimento nº 34/2013 e a Orientação nº 06/2013 e consolida as normas relativas à manutenção e escrituração dos Livros Diário Auxiliar, Visitas e Correições e Controle de Depósito Prévio pelos titulares de delegações e responsáveis interinos do serviço extrajudicial de notas e registros públicos, e dá outras providências.

Arts. 1º a 7º (Revogados).
→ Provimento nº 149/2023.

Art. 8º As despesas serão lançadas no dia em que se efetivarem e sempre deverão resultar da prestação do serviço delegado, sendo passíveis de lançamento no Livro Diário Auxiliar todas as relativas investimentos, custeio e pessoal, promovidas a critério do delegatário, dentre outras:

a. locação de bens móveis e imóveis utilizados para a prestação do serviço, incluídos os destinados à guarda de livros, equipamentos e restante do acervo da serventia;

b. contratação de obras e serviços para a conservação, ampliação ou melhoria dos prédios utilizados para a prestação do serviço público;

c. contratação de serviços, os terceirizados inclusive, de limpeza e de segurança;

d. aquisição de móveis, utensílios, eletrodomésticos e equipamentos mantidos no local da prestação do serviço delegado, incluídos os destinados ao entretenimento dos usuários que aguardem a prestação do serviço e os de manutenção de refeitório;

e. aquisição ou locação de equipamentos (*hardware*), de programas (*software*) e de serviços de informática, incluídos os de manutenção prestados de forma terceirizada;

f. formação e manutenção de arquivo de segurança;

g. aquisição de materiais utilizados na prestação do serviço, incluídos os utilizados para a manutenção das instalações da serventia;

h. plano individual ou coletivo de assistência médica e odontológica contratado com entidade privada de saúde em favor dos prepostos e seus dependentes legais, assim como do titular da delegação e seus dependentes legais, caso se trate de plano coletivo em que também incluídos os prepostos do delegatário;

i. despesas trabalhistas com prepostos, incluídos FGTS, vale alimentação, vale transporte e quaisquer outros valores que lhes integrem a remuneração, além das contribuições previdenciárias devidas ao Instituto Nacional do Seguro Social (INSS) ou ao órgão previdenciário estadual;

j. custeio de cursos de aperfeiçoamento técnico ou formação jurídica fornecidos aos prepostos ou em que regularmente inscrito o titular da delegação, desde que voltados exclusivamente ao aprimoramento dos conhecimentos jurídicos, ou, em relação aos prepostos, à melhoria dos conhecimentos em sua área de atuação;

---
276. Atualizado até o Provimento nº 76/2018.

k. o valor que for recolhido a título de Imposto Sobre Serviço (ISS) devido pela prestação do serviço extrajudicial, quando incidente sobre os emolumentos percebidos pelo delegatário;

l. o valor de despesas com assessoria jurídica para a prestação do serviço extrajudicial;

m. o valor de despesas com assessoria de engenharia para a regularização fundiária e a retificação de registro.

Parágrafo único. Serão arquivados na forma definida em lei ou em norma das Corregedorias-Gerais da Justiça dos Estados e do Distrito Federal todos os comprovantes das despesas efetuadas, incluindo os de retenção do imposto de renda, pelo prazo mínimo de 05 (cinco) anos, salvo quando houver expressa previsão de prazo maior.

Arts. 9º a 11. (Revogados).
→ Provimento nº 149/2023.

Art. 12. É facultativa a utilização do Livro Diário Auxiliar também para fins de recolhimento do Imposto de Renda (IR), ressalvada nesta hipótese a obrigação de o delegatário indicar quais as despesas não dedutíveis para essa última finalidade e também o saldo mensal específico para fins de imposto de renda.

Parágrafo único. A mesma faculdade aplica-se para os fins de cálculo de Imposto Sobre Serviços (ISS), hipótese em que deverá ser observada a legislação municipal.

Arts. 13. e 14. (Revogados).
→ Provimento nº 149/2023.

Art. 15. Este Provimento não revoga, no que forem compatíveis, as normas editadas pelas Corregedorias-Gerais da Justiça e pelos Juízes Corregedores, ou Juízes competentes na forma da organização local, relativas à escrituração de Livro Diário, Livro Diário Auxiliar ou Livro Contábil.

Art. 16. As Corregedorias-Gerais da Justiça deverão dar ciência deste Provimento aos Juízes Corregedores ou Juízes que na forma da organização local forem competentes para a fiscalização dos serviços extrajudiciais de notas e de registro, e aos responsáveis pelas unidades do serviço extrajudicial de notas e de registro.

Art. 17. Este Provimento entrará em vigor em 30 (trinta) dias contados de sua publicação, revogando-se o Provimento nº 34/2013 e Orientação nº 06/2013 desta Corregedoria Nacional de Justiça.

PROVIMENTO Nº 44
18 DE MARÇO DE 2015

Estabelece normas gerais para o registro da regularização fundiária urbana.

SEÇÃO I
DISPOSIÇÕES GERAIS

Art. 1º O processo e os atos de registro da regularização fundiária urbana, sem prejuízo de outras normas aplicáveis, observarão o disposto, especialmente:

I – nos arts. 195-A[277] e 195-B[68], e nos arts. 288-A a 288-G[69], da Lei nº 6.015/1973

II – nos arts. 46 a 71-A[280] da Lei nº 11.977/2009;

III – nos arts. 21 a 30[281] da Lei nº 11.952/2009; e

277. Art. 195-A. O município poderá solicitar ao Cartório de Registro de Imóveis competente a abertura de matrícula de parte ou da totalidade de imóveis públicos oriundos de parcelamento do solo urbano implantado, ainda que não inscrito ou registrado, por meio de requerimento acompanhado dos seguintes documentos:

I – planta e memorial descritivo do imóvel público a ser matriculado, dos quais constem a sua descrição, com medidas perimetrais, área total, localização, confrontantes e coordenadas preferencialmente georreferenciadas dos vértices definidores de seus limites;

II – comprovação de intimação dos confrontantes para que informem, no prazo de 15 (quinze) dias, se os limites definidos na planta e no memorial descritivo do imóvel público a ser matriculado se sobrepõem às suas respectivas áreas, se for o caso;

III – as respostas à intimação prevista no inciso II, quando houver; e

IV – planta de parcelamento ou do imóvel público a ser registrado, assinada pelo loteador ou elaborada e assinada por agente público da prefeitura, acompanhada de declaração de que o parcelamento encontra-se implantado, na hipótese de este não ter sido inscrito ou registrado.

§ 1º Apresentados pelo município os documentos relacionados no caput, o Registro de Imóveis deverá proceder ao registro dos imóveis públicos decorrentes do parcelamento do solo urbano na matrícula ou transcrição da gleba objeto de parcelamento;

§ 2º Na abertura de matrícula de imóvel público oriundo de parcelamento do solo urbano, havendo divergência nas medidas perimetrais de que resulte, ou não, alteração de área, a situação de fato implantada do bem deverá prevalecer sobre a situação constante do registro ou da planta de parcelamento, respeitados os limites dos particulares lindeiros;

§ 3º Não será exigido, para transferência de domínio, formalização da doação de áreas públicas pelo loteador nos casos de parcelamentos urbanos realizados na vigência do Decreto-lei nº 58/1937;

§ 4º Recebido o requerimento e verificado o atendimento aos requisitos previstos neste artigo, o Oficial do Registro de Imóveis abrirá a matrícula em nome do município;

§ 5º A abertura de matrícula de que trata o caput independe do regime jurídico do bem público;

§ 6º Na hipótese de haver área remanescente, a sua apuração poderá ocorrer em momento posterior;

§ 7º O procedimento definido neste artigo poderá ser adotado para abertura de matrícula de glebas municipais adquiridas por lei ou por outros meios legalmente admitidos, inclusive para as terras devolutas transferidas ao município em razão de legislação estadual ou federal, dispensado o procedimento discriminatório administrativo ou judicial;

§ 8º O disposto neste artigo aplica-se, em especial, às áreas de uso público utilizadas pelo sistema viário do parcelamento urbano irregular.

278. Art. 195-B. A União, os Estados e o Distrito Federal poderão solicitar ao Registro de Imóveis competente a abertura de matrícula de parte ou da totalidade de imóveis urbanos sem registro anterior, cujo domínio lhes tenha sido assegurado pela legislação, por meio de requerimento acompanhado dos documentos previstos nos incisos I, II e III do caput do art. 195-A, inclusive para as terras devolutas, dispensado o procedimento discriminatório administrativo ou judicial.

§ 1º Recebido o requerimento na forma prevista no caput deste artigo, o Oficial do Registro de Imóveis abrirá a matrícula em nome do requerente, observado o disposto nos §§ 5º e 6º do art. 195-A;

§ 2º O município poderá realizar, em acordo com o Estado, o procedimento de que trata este artigo e requerer, em nome deste, no Registro de Imóveis competente a abertura de matrícula de imóveis urbanos situados nos limites do respectivo território municipal;

§ 3º O procedimento de que trata este artigo poderá ser adotado pela União para o Registro de Imóveis rurais de sua propriedade, observado o disposto nos §§ 3º, 4º, 5º, 6º e 7º do art. 176 desta Lei;

§ 4º Para a abertura de matrícula em nome da União com base neste artigo, a comprovação de que trata o inciso II do caput do art. 195-A será realizada, no que couber, mediante o procedimento de notificação previsto nos arts. 12-A e 12-B do Decreto-lei nº 9.760/1946, com ressalva quanto ao prazo para apresentação de eventuais impugnações, que será de 15 (quinze) dias, na hipótese de notificação pessoal, e de 30 (trinta) dias, na hipótese de notificação por edital.

279. Art. 288-A. O procedimento de registro da regularização fundiária urbana observará o disposto em legislação específica.

Art. 288-B a 288-G. (Revogados pela Lei nº 13.465/2017).

280. Dispositivos revogados pela Lei nº 13.465/2017.

281. Art. 21. São passíveis de regularização fundiária as ocupações incidentes em terras públicas da União, previstas no art. 3º desta Lei, situadas em áreas urbanas, de expansão urbana ou de urbanização específica.

§ 1º A regularização prevista no caput deste artigo será efetivada mediante doação aos municípios interessados, para a qual fica o Poder Executivo autorizado, sob a condição de que sejam realizados pelas administrações locais os atos necessários à regularização das áreas ocupadas, nos termos desta Lei.

§ 2º Nas hipóteses previstas no § 1º do art. 4º desta Lei, será aplicada concessão de direito real de uso das terras;

§ 3º Fica vedado aos municípios e ao Distrito Federal alienar os imóveis recebidos na forma do § 1º deste artigo por valor superior àquele cobrado pela Secretaria do Patrimônio da União (SPU) ou, na ausência de previsão nesse sentido, na forma de ato da SPU.

Art. 22. Constitui requisito para que o município seja beneficiário da doação ou da concessão de direito real de uso previstas no art. 21 desta Lei ordenamento territorial urbano que abranja a área a ser regularizada, observados os elementos exigidos no inciso VII do art. 2º desta Lei.

§ 1º Os elementos do ordenamento territorial das áreas urbanas, de expansão urbana ou de urbanização específica constarão no plano diretor, em lei municipal específica para a área ou áreas objeto de regularização ou em outra lei municipal;

§ 2º Em áreas com ocupações para fins urbanos já consolidadas ou com equipamentos públicos urbanos ou comunitários a serem implantados, nos termos estabelecidos em regulamento, a transferência da União para o município poderá ser feita independentemente da existência da lei municipal referida no § 1º deste artigo;

§ 3º Para transferência de áreas de expansão urbana, os municípios deverão apresentar justificativa que demonstre a necessidade da área solicitada, considerando a capacidade de atendimento dos serviços públicos em função do crescimento populacional previsto, o déficit habitacional, a aptidão física para a urbanização e outros aspectos definidos em regulamento;

§ 4º As áreas com destinação rural localizadas em perímetro urbano que venham a ser transferidas pela União para o município deverão ser objeto de regularização fundiária, conforme as regras previstas em legislação federal específica de regularização fundiária urbana;

§ 5º Os limites das áreas de preservação permanente marginais de qualquer curso d'água natural em área urbana serão determinados nos planos diretores e nas leis municipais de uso do solo, ouvidos os conselhos estaduais e municipais de meio ambiente.

Art. 23. O pedido de doação ou de concessão de direito real de uso de terras para regularização fundiária de área urbana ou de expansão urbana será dirigido:

I – ao INCRA, quando se tratar de terras arrecadadas ou por ele administradas; ou

II – ao Ministério da Economia, quando se tratar de outras áreas sob domínio da União.

§ 1º Os procedimentos de doação ou de concessão de direito real de uso deverão ser instruídos pelo município com as seguintes peças, além de outros documentos que poderão ser exigidos em regulamento:

I – pedido de doação devidamente fundamentado e assinado pelo seu representante;

II – comprovação das condições de ocupação;

III – planta e memorial descritivo do perímetro da área pretendida, cuja precisão posicional será fixada em regulamento;

IV – cópia do plano diretor ou da lei municipal que contemple os elementos do ordenamento territorial urbano observado o previsto no § 2º do art. 22 desta Lei;

V – relação de acessões e benfeitorias federais existentes na área pretendida, contendo identificação e localização.

§ 2º Caberá ao INCRA ou, se for o caso, ao Ministério da Economia analisar se a planta e o memorial descritivo da área apresentados atendem às exigências técnicas fixadas;

§ 3º O Ministério do Desenvolvimento Regional participará da análise do pedido de doação ou de concessão de direito real de uso de imóveis urbanos e emitirá parecer.

Art. 24. Quando necessária a prévia arrecadação ou discriminação da área, o INCRA ou, se for o caso, o Ministério da Economia procederá à sua demarcação, com a cooperação do município interessado e de outros órgãos públicos federais e estaduais, com posterior registro imobiliário em nome da União.

Art. 25. Na hipótese prevista no § 2º do art. 21, o Ministério da Economia lavrará o auto de demarcação.

Parágrafo único. Nas áreas de várzeas, leitos de rios ou outros corpos d'água federais, o auto de demarcação será instruído apenas pela planta e memorial descritivo da área a ser regularizada, fornecidos pelo município observado o disposto no inciso I do § 2º do art. 18-A do Decreto-lei nº 9.760/1946.

Art. 26. O INCRA ou, se for o caso, o Ministério da Economia formalizará a doação em favor do município, com a expedição de título que será levado a registro, nos termos do disposto no inciso I do caput do art. 167 da Lei nº 6.015/1973.

§ 1º O Ministério da Economia formalizará a concessão de direito real de uso na hipótese prevista no § 2º do art. 21;

§ 2º Na hipótese de estarem abrangidas as áreas referidas nos incisos I a IV do caput do art. 4º desta Lei, o registro do título será condicionado à sua exclusão bem como à abertura de nova matrícula para as áreas destacadas objeto de doação ou concessão no registro imobiliário competente, nos termos do inciso I do a 167 da Lei nº 6.015/1973;

§ 3º A delimitação das áreas de acessões, benfeitorias, terrenos de marinha e terrenos marginais será atribuição dos órgãos federais competentes, facultada a realização de parceria com Estados e Municípios;

§ 4º A doação ou a concessão de direito real de uso serão precedidas de avaliação da terra nua elaborada pelo INCRA ou outro órgão federal competente com base em planilha referencial de preços, sendo dispensada a vistoria da área;

§ 5º A abertura de matrícula referente à área independerá do georreferenciamento do remanescente da gleba, nos termos do disposto no § 3º do art. 176 da Lei 6.015/1973, desde que a doação ou a concessão de reito real de uso sejam precedidas do reconhecimento dos limites da gleba pelo INCRA ou, se for o caso, pelo Ministério da Economia, de modo a garantir que a área esteja nela localizada.

Art. 27. A doação e a concessão de direito real de uso a um mesmo município de terras que venham a perfazer quantitativo superior a 2.500ha (dois mil e quinhentos hectares) em uma ou mais parcelas deverão previamente ser submetidas à aprovação do Congresso Nacional.

IV – neste Provimento, complementado pelas Corregedorias-Gerais da Justiça de cada uma das unidades da Federação, atendidas as peculiaridades locais.

Art. 2º A prática registral relativa à regularização fundiária urbana compreende, principalmente:

I – a abertura de matrícula, se não houver, para a área objeto de regularização;

II – o registro do parcelamento ou instituição de condomínio, resultante do projeto de regularização fundiária;

III – a abertura obrigatória de matrícula para cada lote ou unidade autônoma referida ao projeto de regularização fundiária; e

IV – os atos de registro ou averbação dos títulos expedidos em favor dos beneficiários do processo de regularização fundiária.

§ 1º No registro da regularização fundiária urbana serão mencionados os números das matrículas abertas para cada um dos imóveis correspondentes ao parcelamento ou ao condomínio;

§ 2º As matrículas das áreas destinadas a uso público deverão ser abertas, com averbação de suas destinações e, se for o caso, das limitações legais.

Art. 3º Os atos de averbação ou de registro, no processo de regularização fundiária urbana, serão feitos sempre em matrícula na circunscrição da situação do imóvel, vedada a averbação à margem da transcrição ou de inscrição.

Parágrafo único. O Oficial de Registro do local da situação do imóvel abrirá matrícula ex officio, quando necessário para fazer a averbação.

Art. 28. A doação e a concessão de direito real de uso implicarão o cancelamento automático, total ou parcial, das autorizações e das licenças de ocupação e de quaisquer outros títulos não definitivos outorgados pelo INCRA ou, se for o caso, pelo Ministério da Economia, que incidam na área.

§ 1º As novas pretensões de justificação ou legitimação de posse existentes sobre as áreas alcançadas pelo cancelamento deverão ser submetidas ao município;

§ 2º Para o cumprimento do disposto no caput, o INCRA ou, se for o caso, o Ministério da Economia fará publicar extrato dos títulos expedidos em nome do município, com indicação do número do processo administrativo e dos locais para consulta ou obtenção de cópias das peças técnicas necessárias à identificação da área doada ou concedida.

§ 3º Garantir-se-ão às pessoas atingidas pelos efeitos do cancelamento a que se refere o caput:

I – a opção de aquisição de lote urbano incidente na área do título cancelado, desde que preencham os requisitos fixados para qualquer das hipóteses do art. 30; e

II – o direito de receber do município indenização pelas acessões e benfeitorias que houver erigido em boa-fé nas áreas de que tiver que se retirar.

§ 4º A União não responderá pelas acessões e benfeitorias erigidas de boa-fé nas áreas doadas ou concedidas.

Art. 29. Incumbe ao município dispensar às terras recebidas a destinação prevista nesta Lei, observadas as condições nela previstas e aquelas fixadas no título, cabendo-lhe, em qualquer caso:

I – regularizar as ocupações nas áreas urbanas, de expansão urbana ou de urbanização específica; e

II – indenizar as benfeitorias de boa-fé erigidas nas áreas insuscetíveis de regularização.

Art. 30. O município deverá efetuar a regularização fundiária das áreas doadas pela União mediante a aplicação dos instrumentos previstos na legislação federal específica de regularização fundiária urbana.

Art. 4º O processo e os atos de registro da regularização fundiária urbana poderão fazer-se por etapas.

Art. 5º O processo de registro da regularização fundiária urbana, em quaisquer de suas fases, independerá de manifestação judicial ou do representante do Ministério Público, instaurando-se mediante requerimento escrito, dirigido ao Oficial de Registro da situação do imóvel.

§ 1º Tratando-se de registro de parcelamento, serão apresentados e autuados, com o requerimento:

I – certidão atualizada da matrícula ou transcrição do imóvel, quando o registro anterior estiver em circunscrição diversa;

II – certidão atualizada de atos constitutivos, quando os requerentes forem cooperativas habitacionais, associações de moradores, fundações, organizações sociais, organizações da sociedade civil de interesse público ou outras associações civis que tenham por finalidade atividades nas áreas de desenvolvimento urbano ou regularização fundiária urbana;

III – projeto de regularização fundiária, aprovado pelo Poder Público competente, com a definição, no mínimo, dos seguintes elementos:

a) planta do parcelamento assinada por profissional legalmente habilitado, aprovada pelo Poder Público competente, contendo as subdivisões das quadras, as dimensões e numeração dos lotes, logradouros, espaços livres, vias de circulação existentes ou projetadas, e outras áreas com destinação específica;

b) quadro indicativo das áreas ocupadas pelos lotes, logradouros, espaços livres, vias de circulação existentes ou projetadas, e outras áreas com destinação específica, caso tais dados não constem de planta referida no inciso anterior;

c) memorial descritivo da gleba, da área parcelada, dos lotes, dos bens públicos e das demais áreas;

d) medidas necessárias para a promoção da sustentabilidade urbanística, social e ambiental da área ocupada, incluindo as compensações urbanísticas e ambientais, previstas em lei, em particular o licenciamento urbanístico e, quando exigível, ambiental;

e) as condições para promover a segurança da população em situações de risco, considerado o disposto no parágrafo único do art. 3º[282] da Lei nº 6.766/1979; e

f) as medidas previstas para adequação da infraestrutura básica.

---

282. Art. 3º Somente será admitido o parcelamento do solo para fins urbanos em zonas urbanas, de expansão urbana ou de urbanização específica, assim definidas pelo plano diretor ou aprovadas por lei municipal.

Parágrafo único. Não será permitido o parcelamento do solo:

I – em terrenos alagadiços e sujeitos a inundações, antes de tomadas as providências para assegurar o escoamento das águas;

II – em terrenos que tenham sido aterrados com material nocivo à saúde pública, sem que sejam previamente saneados;

III – em terrenos com declividade igual ou superior a 30% (trinta por cento), salvo se atendidas exigências específicas das autoridades competentes;

IV – em terrenos onde as condições geológicas não aconselham a edificação;

IV – instrumento de instituição, especificação e convenção de condomínio, quando exigível.

§ 2º Tratando-se de registro de condomínio edilício, além do requerimento e dos documentos previstos no parágrafo anterior, serão também apresentados e autuados, caso já não constem do projeto de regularização fundiária urbana:

I – projeto arquitetônico das edificações assinado por profissional legalmente habilitado, aprovado pelo Poder Público competente, contendo as especificações previstas na legislação municipal e nas diretrizes da Associação Brasileira de Normas Técnicas (ABNT);

II – cálculo das áreas das edificações, discriminando, além da global, a das partes comuns e indicando, para cada tipo de unidade a respectiva metragem da área construída, e a fração ideal no terreno e nas coisas comuns, a serem elaboradas com base nas diretrizes da Associação Brasileira de Normas Técnicas (ABNT); e

III – memorial descritivo do terreno condominial, com descrição das unidades autônomas, das áreas de propriedade e uso comum e das áreas de uso exclusivo, se houver.

§ 3º O registro do parcelamento decorrente de processo de regularização fundiária de interesse social independe do atendimento aos requisitos constantes da Lei nº 6.766/1979;

§ 4º Independe de projeto de regularização fundiária urbana o registro:

I – da sentença de usucapião, da sentença declaratória ou da planta, elaborada para outorga administrativa, de concessão de uso especial para fins de moradia; e

II – do parcelamento de glebas para fins urbanos anterior à vigência da Lei nº 6.766/1979, desde que o parcelamento esteja implantado e integrado à cidade, nos termos do art. 71[283] da Lei nº 11.977/2009.

Art. 6º No caso de qualificação negativa de registro ou de averbação da regularização fundiária urbana, o Oficial indicará por escrito as exigências que devam ser satisfeitas. Caso com elas não se conforme, o interessado poderá requerer ao Oficial a suscitação de dúvida, na forma do art. 198[284] da Lei nº 6.015/1973.

V – em áreas de preservação ecológica ou naquelas onde a poluição impeça condições sanitárias suportáveis, até a sua correção.

283. Dispositivo revogado pela Lei nº 13.465/2017.

284. Art. 198. Havendo exigência a ser satisfeita, ela será indicada pelo Oficial por escrito, dentro do prazo previsto no art. 188 e de uma só vez, articuladamente, de forma clara e objetiva, com data, identificação e assinatura do Oficial ou preposto responsável, para que:

I – o interessado possa satisfazê-la; ou

II – não se conformando, ou sendo impossível cumpri-la, para requerer que o título e a declaração de dúvida sejam remetidos ao juízo competente para dirimi-la.

§ 1º O procedimento da dúvida observará o seguinte:

I – no Protocolo, anotará o Oficial, à margem da prenotação, a ocorrência da dúvida;

II – após certificar, no título, a prenotação e a suscitação da dúvida, rubricará o Oficial todas as suas folhas;

III – em seguida, o Oficial dará ciência dos termos da dúvida ao apresentante, fornecendo-lhe cópia da suscitação e notificando-o para impugná-la, perante o juízo competente, no prazo de 15 (quinze) dias; e

IV – certificado o cumprimento do disposto no inciso III, serão remetidos eletronicamente ao juízo competente as razões da dúvida e o título.

Art. 7º Estão legitimados a requerer o registro da regularização fundiária urbana:

I – as pessoas enumeradas no art. 50[285] da Lei nº 11.977/2009;

II – quem haja promovido o parcelamento; ou

III – qualquer dos proprietários ou dos titulares de direito real constantes do registro ou seus sucessores a qualquer título.

Parágrafo único. O registro não exime aquele que haja promovido o parcelamento da responsabilidade civil, administrativa ou criminal, ainda que ele próprio promova a regularização fundiária urbana.

Art. 8º Para fins de regularização fundiária, o imóvel considera-se urbano, segundo o previsto nos incisos I e II do art. 47[286] da Lei nº 11.977/2009, ainda que esteja cadastrado como rural junto ao Instituto Nacional de Colonização e Reforma Agrária (INCRA).

Parágrafo único. A regularização fundiária urbana independe de averbação de cancelamento de cadastro do imóvel rural, cabendo ao Registrador, após a conclusão dos procedimentos de inscrição, enviar comunicação ao INCRA para os devidos fins.

Art. 9º Para fins de regularização fundiária urbana, nos conjuntos habitacionais, com abertura de ruas e compostos de edifícios de uso multifamiliar, o terreno correspondente a um ou mais edifícios de cada quadra será considerado como lote do parcelamento, e cada edifício ou conjunto de edifícios como um condomínio edilício.

SEÇÃO II
DA REGULARIZAÇÃO FUNDIÁRIA DE INTERESSE SOCIAL

Art. 10. Para os atos de registro de regularização fundiária de interesse social é suficiente a declaração do município de que a área pode ser objeto dessa modalidade de regularização, segundo o previsto no art. 47, VII[287], da Lei nº 11.977/2009.

§ 1º Caberá à União, aos Estados ou ao Distrito Federal declarar que a área pode ser objeto de regularização fundiária de interesse social, quando um deles for o promotor;

§ 2º Não obsta a regularização a existência de áreas com ocupação não residencial.

Art. 11. A prenotação do requerimento vigorará pelo prazo necessário à finalização dos procedimentos registrais, mas cessarão automaticamente seus efeitos se, decorridos 60 (sessenta) dias de seu lançamento no Livro de Protocolo, o requerente não tiver atendido às exigências indicadas pelo Registrador.

SEÇÃO III
DA DEMARCAÇÃO URBANÍSTICA E DA LEGITIMAÇÃO DE POSSE

Art. 12. O averbamento da demarcação urbanística poderá ser feito ainda que:

§ 2º A inobservância ao disposto neste artigo ensejará a aplicação das penas previstas no art. 32 da Lei nº 8.935/1994, nos termos estabelecidos pela Corregedoria Nacional de Justiça do Conselho Nacional de Justiça.

285. Dispositivo revogado pela Lei nº 13.465/2017.
286. Dispositivo revogado pela Lei nº 13.465/2017.
287. Dispositivo revogado pela Lei nº 13.465/2017.

I – haja discordância descritiva entre a área a ser regularizada e a constante da matrícula ou transcrição;

II – o auto de demarcação urbanística não conte com a anuência dos titulares de domínio do imóvel, desde que regularmente notificados na forma prevista no § 1º[288] do art. 57 da Lei nº 11.977/2009, sem que haja impugnação ou que esta seja resolvida na forma da lei;

III – a área a ser regularizada envolva mais de uma matrícula ou transcrição, com proprietários distintos; ou

IV – a área a ser regularizada não conste do registro, no todo ou em parte.

Art. 13. Prenotado o auto de demarcação urbanística e instruído com os documentos referidos no § 1º[289] do art. 56 da Lei nº 11.977/2009, o Oficial de Registro, autuando-os, iniciará o processo e promoverá as buscas para a confirmação das identidades dos proprietários e titulares de imóveis confrontantes, segundo o indicado pelo requerente, solicitando informações, se for o caso, aos oficiais das circunscrições anteriores.

Art. 14. Findo o processo de que trata o art. 57[290] da Lei nº 11.977/2009, o Oficial de Registro procederá à averbação da demarcação urbanística.

§ 1º A averbação da demarcação urbanística informará:

I – a área total e o perímetro correspondente ao imóvel objeto de regularização;

II – as matrículas e, se houver as transcrições alcançadas pelo auto de demarcação urbanística e, quando possível, a área abrangida em cada uma delas; e

III – a existência de áreas cuja origem não tenha sido identificada em razão de imprecisões dos registros anteriores.

§ 2º A averbação da demarcação urbanística será feita:

I – na matrícula que se abrir para a área demarcada e na matrícula anterior; ou

II – não sendo necessária a abertura de nova matrícula, na matrícula atingida pela demarcação urbanística.

§ 3º Se a matrícula anterior estiver em outra circunscrição imobiliária, o Oficial de Registro noticiar-lhe-á a averbação da demarcação urbanística.

Art. 15. O Oficial de Registro abrirá matrícula para a área demarcada, se:

I – não houver registro anterior;

II – o registro anterior for transcrição;

III – o registro anterior for matrícula, mas a área demarcada não coincidir com a que já estiver matriculada; ou

IV – o registro anterior for matrícula de outra circunscrição imobiliária.

Parágrafo único. Na matrícula nova:

I – a descrição do imóvel será a do auto de demarcação urbanística, a ser elaborada com os

288. Dispositivo revogado pela Lei nº 13.465/2017.
289. Dispositivo revogado pela Lei nº 13.465/2017.
290. Dispositivo revogado pela Lei nº 13.465/2017.

requisitos previstos nos arts. 176[291] e 225[82] da Lei nº 6.015/1973; e

291. Art. 176. O Livro nº 2 – Registro Geral – será destinado, à matrícula dos imóveis e ao registro ou averbação dos atos relacionados no art. 167 e não atribuídos ao Livro nº 3.

§ 1º A escrituração do Livro nº 2 obedecerá às seguintes normas:

I – cada imóvel terá matrícula própria, que será aberta por ocasião do primeiro ato de registro ou de averbação;

II – são requisitos da matrícula:

1) o número de ordem, que seguirá ao infinito;
2) a data;
3) a identificação do imóvel, que será feita com indicação:

a) se rural, do código do imóvel, dos dados constantes do CCIR, da denominação e de suas características, confrontações, localização e área;

b) se urbano, de suas características e confrontações, localização, área, logradouro, número e de sua designação cadastral, se houver.

4) o nome, domicílio e nacionalidade do proprietário, bem como:

a) tratando-se de pessoa física, o estado civil, a profissão, o número de inscrição no Cadastro de Pessoas Físicas do Ministério da Fazenda ou do Registro Geral da cédula de identidade, ou, à falta deste, sua filiação;

b) tratando-se de pessoa jurídica, a sede social e o número de inscrição no Cadastro Geral de Contribuintes do Ministério da Fazenda.

5) o número do registro anterior;

6) tratando-se de imóvel em regime de multipropriedade, a indicação da existência de matrículas, nos termos do § 10 deste artigo.

III – são requisitos do registro no Livro nº 2:

1) a data;
2) o nome, domicílio e nacionalidade do transmitente, ou do devedor, e do adquirente, ou credor, bem como:

a) tratando-se de pessoa física, o estado civil, a profissão e o número de inscrição no Cadastro de Pessoas Físicas do Ministério da Fazenda ou do Registro Geral da cédula de identidade, ou, à falta deste, sua filiação;

b) tratando-se de pessoa jurídica, a sede social e o número de inscrição no Cadastro Geral de Contribuintes do Ministério da Fazenda.

3) o título da transmissão ou do ônus;

4) a forma do título, sua procedência e caracterização;

5) o valor do contrato, da coisa ou da dívida, prazo desta, condições e mais especificações, inclusive os juros, se houver.

§ 2º Para a matrícula e registro das escrituras e partilhas, lavradas ou homologadas na vigência do Decreto nº 4.857/1939, não serão observadas as exigências deste artigo, devendo tais atos obedecer ao disposto na legislação anterior.

§ 3º Nos casos de desmembramento, parcelamento ou remembramento de imóveis rurais, a identificação prevista na alínea "a" do item 3 do inciso II do § 1º será obtida a partir de memorial descritivo, assinado por profissional habilitado e com a devida Anotação de Responsabilidade Técnica (ART), contendo as coordenadas dos vértices definidores dos limites dos imóveis rurais, georreferenciadas ao Sistema Geodésico Brasileiro e com precisão posicional a ser fixada pelo INCRA, garantida a isenção de custos financeiros aos proprietários de imóveis rurais cuja somatória da área não exceda a 04 (quatro) módulos fiscais;

§ 4º A identificação de que trata o § 3º tornar-se-á obrigatória para efetivação de registro, em qualquer situação de transferência de imóvel rural, nos prazos fixados por ato do Poder Executivo;

§ 5º Nas hipóteses do § 3º, caberá ao INCRA certificar que a poligonal objeto do memorial descritivo não se sobrepõe a nenhuma outra constante de seu cadastro georreferenciado e que o memorial atende às exigências técnicas, conforme ato normativo próprio;

§ 6º A certificação do memorial descritivo de glebas públicas será referente apenas ao seu perímetro originário.

II – nos campos referentes ao registro anterior e ao proprietário constarão:

§ 7º Não se exigirá, por ocasião da efetivação do registro do imóvel destacado de glebas públicas, a retificação do memorial descritivo da área remanescente, que somente ocorrerá a cada 03 (três) anos, contados a partir do primeiro destaque, englobando todos os destaques realizados no período;

§ 8º O ente público proprietário ou imitido na posse a partir de decisão proferida em processo judicial de desapropriação em curso poderá requerer a abertura de matrícula de parte de imóvel situado em área urbana ou de expansão urbana, previamente matriculado ou não, com base em planta e memorial descritivo, podendo a apuração de remanescente ocorrer em momento posterior;

§ 9º A instituição do direito real de laje ocorrerá por meio da abertura de uma matrícula própria no Registro de Imóveis e por meio da averbação desse fato na matrícula da construção-base e nas matrículas de lajes anteriores, com remissão recíproca;

§ 10. Quando o imóvel se destinar ao regime da multipropriedade, além da matrícula do imóvel, haverá uma matrícula para cada fração de tempo, na qual se registrarão e averbarão os atos referentes à respectiva fração de tempo, ressalvado o disposto no § 11 deste artigo;

§ 11. Na hipótese prevista no § 10 deste artigo, cada fração de tempo poderá, em função de legislação tributária municipal, ser objeto de inscrição imobiliária individualizada;

§ 12. Na hipótese prevista no inciso II do § 1º do art. 1.358-N da Lei nº 10.406/2002 (Código Civil), a fração de tempo adicional, destinada à realização de reparos, constará da matrícula referente à fração de tempo principal de cada multiproprietário e não será objeto de matrícula específica;

§ 13. Para a identificação de que tratam os §§ 3º e 4º deste artigo, é dispensada a anuência dos confrontantes, bastando para tanto a declaração do requerente de que respeitou os limites e as confrontações;

§ 14. É facultada a abertura da matrícula na circunscrição onde estiver situado o imóvel, a requerimento do interessado ou de ofício, por conveniência do serviço;

§ 15. Ainda que ausentes alguns elementos de especialidade objetiva ou subjetiva, desde que haja segurança quanto à localização e à identificação do imóvel, a critério do oficial, e que constem os dados do registro anterior, a matrícula poderá ser aberta nos termos do disposto no § 14;

§ 16. Não sendo suficientes os elementos de especialidade objetiva ou subjetiva, será exigida a retificação, no caso de requerimento do interessado na forma prevista no § 14, perante a circunscrição de situação do imóvel;

§ 17. Os elementos de especialidade objetiva ou subjetiva que não alterarem elementos essenciais do ato ou do negócio jurídico praticado, quando não constantes do título ou do acervo registral, poderão ser complementados por outros documentos ou, quando se tratar de manifestação de vontade, por declarações dos proprietários ou dos interessados, sob sua responsabilidade.

292. Art. 225. Os Tabeliães, escrivães e juízes farão com que, nas escrituras e nos autos judiciais, as partes indiquem, com precisão, os característicos, as confrontações e as localizações dos imóveis, mencionando os nomes dos confrontantes e, ainda, quando se tratar só de terreno, se esse fica do lado par ou do lado ímpar do logradouro, em que quadra e a que distância métrica da edificação ou da esquina mais próxima, exigindo dos interessados certidão do registro imobiliário.

§ 1º As mesmas minúcias, com relação à caracterização do imóvel, devem constar dos instrumentos particulares apresentados em cartório para registro;

§ 2º Consideram-se irregulares, para efeito de matrícula, os títulos nos quais a caracterização do imóvel não coincida com a que consta do registro anterior;

§ 3º Nos autos judiciais que versem sobre imóveis rurais, a localização, os limites e as confrontações serão obtidos a partir do memorial descritivo assinado por

a) a matrícula ou a transcrição anterior e o nome dos respectivos proprietários, quando for possível identificar a exata origem da área demarcada, por meio de planta de sobreposição com os registros existentes;

b) a expressão "proprietário não identificado", quando não for possível identificar a exata origem da parcela demarcada, dispensando-se, neste caso, os requisitos dos itens 4 e 5[293] do inciso II do art. 176 da Lei nº 6.015/1973; e

c) na matrícula do lote ou da unidade autônoma, em vez do determinado nos itens anteriores, na hipótese de multiplicidade de proprietários, a advertência "proprietários indicados na matrícula de origem", no campo destinado à indicação do proprietário.

Art. 16. Tendo havido demarcação urbanística, a cada uma das matrículas anteriores atingidas por efeito do projeto de regularização, aplicar-se-á, quando cabível, o disposto no inciso II do § 1º do art. 14 deste Provimento.

Parágrafo único. Para a averbação da demarcação urbanística, fica dispensada a descrição do remanescente para as matrículas ou transcrições cujas áreas sejam atingidas apenas parcialmente.

Art. 17. Em caso de impugnação do processo de averbamento da demarcação urbanística, o Oficial de Registro dos imóveis deverá proceder à tentativa de conciliação prevista no § 9º[294] do art. 57 da Lei nº 11.977/2009.

Art. 18. A verificação dos requisitos da legitimação de posse de que trata o § 1º[295] do art. 59 da Lei nº 11.977/2009, será feita pelo órgão público concedente.

Parágrafo único. Caso o título não faça referência à verificação desses requisitos, o Oficial exigirá, para o registro, que o legitimado declare expressamente, por escrito com firma reconhecida, que:

I – não é concessionário, foreiro ou proprietário de outro imóvel urbano ou rural; e

II – não é beneficiário de legitimação de posse concedida anteriormente.

Art. 19. A conversão de legitimação de posse em propriedade será feita por meio de requerimento oficial de Registro, atendidos os requisitos previstos no art. 60[296] da Lei nº 11.977/2009.

Parágrafo único. As certidões previstas no inciso I[297] do § 1º do art. 60 da Lei nº 11.977/2009, serão extraídas segundo buscas em nome do titular da legitimação de posse, original e atual, e dos eventuais proprietários da gleba, quando houver.

Art. 20. Se o legitimado obtiver, do proprietário da área, título hábil para aquisição do domínio, o registro será feito independentemente do prazo previsto no art. 60[298] da Lei nº 11.977/2009.

SEÇÃO IV
DA REGULARIZAÇÃO FUNDIÁRIA DE INTERESSE ESPECÍFICO

Art. 21. As normas concernentes à regularização fundiária de interesse social aplicam-se, no que couber, à regularização fundiária de interesse específico, prevista no art. 47, VIII[299], da Lei nº 11.977/2009.

SEÇÃO V
DA REGULARIZAÇÃO FUNDIÁRIA DE ÁREAS PARCELADAS ANTES DA VIGÊNCIA DA LEI Nº 6.766/1979

Art. 22. Tratando-se de áreas parceladas antes da vigência da Lei nº 6.766/1979, o registro da regularização fundiária será feito a requerimento do interessado, dirigido ao Oficial de Registro de Imóveis e acompanhado dos seguintes documentos:

I – certidão da matrícula ou transcrição referente à gleba objeto de parcelamento;

II – planta e memorial descritivo do parcelamento objeto de regularização;

III – documento expedido pelo Poder Executivo municipal que ateste a conformidade legal do procedimento de regularização, observados os requisitos de implantação do parcelamento e de sua integração à cidade; e

IV – prova da responsabilidade técnica do profissional legalmente habilitado a que foi confiada a regularização.

Art. 23. Consideram-se irregulares as áreas parceladas antes da vigência da Lei nº 6.766/1979, quando se verificar a falta de:

I – aprovação, após a promulgação de lei municipal que passou a exigi-la para projetos de parcelamento; ou

II – inscrição do loteamento no Registro de Imóveis, após a entrada em vigor do Decreto-lei nº 58/1937, quando obrigatória fosse essa inscrição, nos termos de seu art. 1º[300].

---

profissional habilitado e com a devida Anotação de Responsabilidade Técnica (ART), contendo as coordenadas dos vértices definidores dos limites dos imóveis rurais, georreferenciadas ao Sistema Geodésico Brasileiro e com precisão posicional a ser fixada pelo INCRA, garantida a isenção de custos financeiros aos proprietários de imóveis rurais cuja somatória da área não exceda a 04 (quatro) módulos fiscais.

293. Art. 176. O Livro nº 2 – Registro Geral – será destinado, à matrícula dos imóveis e ao registro ou averbação dos atos relacionados no art. 167 e não atribuídos ao Livro nº 3.

II – são requisitos da matrícula:

4) o nome, domicílio e nacionalidade do proprietário, bem como:

a) tratando-se de pessoa física, o estado civil, a profissão, o número de inscrição no Cadastro de Pessoas Físicas do Ministério da Fazenda ou do Registro Geral da cédula de identidade, ou à falta deste, sua filiação;

b) tratando-se de pessoa jurídica, a sede social e o número de inscrição no Cadastro Geral de Contribuintes do Ministério da Fazenda.

5) o número do registro anterior.

294. Dispositivo revogado pela Lei nº 13.465/2017.
295. Dispositivo revogado pela Lei nº 13.465/2017.

296. Dispositivo revogado pela Lei nº 13.465/2017.
297. Dispositivo revogado pela Lei nº 13.465/2017.
298. Dispositivo revogado pela Lei nº 13.465/2017.
299. Dispositivo revogado pela Lei nº 13.465/2017.
300. Art. 1º Os proprietários ou coproprietários de terras rurais ou terrenos urbanos, que pretendam vendê-los, divididos em lotes e por oferta pública, mediante pagamento do preço a prazo em prestações sucessivas e periódicas, são obrigados, antes de anunciar a venda, a depositar no Cartório do Registo de Imóveis da circunscrição respectiva:

I – um memorial por eles assinado ou por procuradores com poderes especiais, contendo:

Art. 24. A comprovação da época da implantação do parcelamento poderá ser feita mediante a apresentação de:

I – planta, ainda que de origem particular, desde que apresentada e depositada em qualquer repartição pública, incluídas as arquivadas no Registro de Imóveis;

II – cadastramento municipal, lançamentos fiscais de época ou certidão emitida pela administração pública municipal;

    a) denominação, área, limites, situação e outros característicos do imóvel;
    b) relação cronológica dos títulos de domínio, desde 30 (trinta) anos, com indicação da natureza e da data de cada um, e do número e data das transcrições, ou cópia autêntica dos títulos e prova de que se acham devidamente transcritos;
    c) plano de loteamento, de que conste o programa de desenvolvimento urbano, ou de aproveitamento industrial ou agrícola; nesta última hipótese, informações sobre a qualidade das terras, águas, servidões ativas e passivas, estradas e caminhos, distância de sede do município e das estações de transporte de acesso mais fácil.

II – planta do imóvel, assinada também pelo engenheiro que haja efetuado a mediação e o loteamento e com todos os requisitos técnicos e legais; indicadas a situação, as dimensões e a numeração dos lotes, as dimensões e a nomenclatura das vias de comunicação e espaços livres, as construções e benfeitorias, e as vias públicas de comunicação;

III – exemplar de caderneta ou do contrato-tipo de compromisso de venda dos lotes;

IV – certidão negativa de impostos e de ônus reais;

V – certidão dos documentos referidos na letra "b" do nº I.

§ 1º Tratando-se de propriedade urbana, o plano e a planta de loteamento devem ser previamente aprovados pela Prefeitura Municipal, ouvidas, quanto ao que lhes disser respeito, as autoridades sanitárias, militares e, desde que se trata de área total ou parcialmente florestada as autoridades florestais;

§ 2º As certidões positivas da existência de ônus reais, de impostos e de qualquer ação real ou pessoal, bem como qualquer protesto de título de dívida civil ou comercial não impedir o registro;

§ 3º Se a propriedade estiver gravada de ônus real, o memorial será acompanhado da escritura pública em que o respectivo titular estipule as condições em que se obriga a liberar os lotes no ato do instrumento definitivo de compra e venda;

§ 4º O plano de loteamento poderá ser modificado quanto aos lotes não comprometidos e o de arruamento desde que a modificação não prejudique os lotes comprometidos ou definitivamente adquiridos, se a Prefeitura Municipal aprovar a modificação. A planta e o memorial assim aprovados serão depositados no cartório do registo para nova inscrição, observando o disposto no art. 2º e parágrafos;

§ 5º O memorial, o plano de loteamento e os documentos depositados serão franqueados, pelo Oficial do Registo, ao exame de qualquer interessado, independentemente do pagamento de emolumentos, ainda que a título de busca. O Oficial, neste caso, receberá apenas as custas regimentais das certidões que fornecer;

§ 6º Sob pena de incorrerem em crime de fraude, os vendedores, se quiserem invocar, como argumento de propaganda, a proximidade do terreno com algum acidente geográfico, cidade, fonte hidromineral ou termal ou qualquer outro motivo de atração ou valorização, serão obrigados a declarar no memorial descritivo e a mencionar nas divulgações, anúncios e prospectos de propaganda, a distância métrica a que se situa o imóvel do ponto invocado ou tomado como referência.

III – fotos aéreas encomendadas pelos poderes públicos; ou

IV – compromissos de compra e venda em que a época da contratação possa ser comprovada.

Art. 25. Os registros necessários para a regularização fundiária na hipótese desta Seção poderão ser feitos por meio de planta aprovada, pelo município, para essa finalidade específica ou em quaisquer dos programas de regularização fundiária anteriores à Lei nº 11.977/2009.

Parágrafo único. A certidão municipal indicando que o parcelamento foi implantado antes de 19 de dezembro de 1979 e que está integrado e consolidado à cidade, com irreversibilidade de ocupação dispensará outras manifestações, licenças ou alvarás.

Art. 26. Tendo ocorrido destaques parciais por motivo de usucapião, ou de registro de quaisquer títulos, a matrícula a ser aberta abrangerá somente a parte a regularizar-se no momento.

§ 1º Poderá ser aberta matrícula para toda a gleba, desde que a planta e o memorial indiquem quais os lotes que, por já terem registro próprio, ficam excluídos da regularização, devendo essa circunstância ser averbada na matrícula;

§ 2º O requerente poderá, também, optar por fazer a regularização em etapas, ainda que lote a lote, arquivando-se os documentos ao proceder-se à primeira regularização, bastante mero requerimento quanto aos lotes seguintes.

Art. 27. Quando não for verificada irregularidade alguma das mencionadas no art. 22 deste Provimento, e faltar apenas a abertura de matrícula, o Oficial de Registro poderá abri-la com base em planta, memorial descritivo ou documento oficial que indique a posição do lote e da quadra, bem como suas medidas perimetrais.

SEÇÃO VI
DA REGULARIZAÇÃO FUNDIÁRIA DE CONDOMÍNIOS

Art. 28. Aberta a matrícula da área em que estiver construído o edifício, a instituição do condomínio será feita mediante requerimento acompanhado de planta aprovada, comprovação do término e regularidade da construção, memorial de instituição de condomínio e convenção aprovada na forma da lei, conforme o previsto no § 2º do art. 5º deste Provimento.

Parágrafo único. Aplicam-se, no que couber, os dispositivos referentes à regularização fundiária, especialmente quanto ao interesse social, à legitimação de posse, ao registro dos títulos e à conservação de legitimação de posse em propriedade.

SEÇÃO VII
DO REGISTRO DE TÍTULOS DE AQUISIÇÃO IMOBILIÁRIA

Art. 29. Com o registro do parcelamento do solo urbano, poderão ser registrados, para os fins dos arts. 26, § 6[301], e 41[302] da Lei nº 6.766/1979, os compromissos de compra ou reserva de lote devidamente quitados.

§ 1º Presume-se a quitação com o comprovante do pagamento da última parcela do preço aquisitivo, nos termos do art. 322[303] do Código Civil, acompanhado de certidão forense de inexistência de ação de cobrança ou de rescisão contratual, bastando esta última se já decorrido o prazo de prescrição da pretensão ao recebimento das prestações;

§ 2º Não havendo dúvida quanto à determinação e individuação do imóvel, o registro do título poderá ser feito ainda que não haja perfeita coincidência em sua descrição do imóvel com a do registro anterior;

§ 3º Regularizado o parcelamento, se tiverem sido efetuados os depósitos de que trata o art. 38[304] da Lei nº 6.766/1979, o Juiz competente, ouvidos todos os interessados e o Ministério

---

301. Art. 26. Os compromissos de compra e venda, as cessões ou promessas de cessão poderão ser feitos por escritura pública ou por instrumento particular, de acordo com o modelo depositado na forma do inciso VI do art. 18 e conterão, pelo menos, as seguintes indicações:
§ 6º Os compromissos de compra e venda, as cessões e as promessas de cessão valerão como título para o registro da propriedade do lote adquirido, quando acompanhados da respectiva prova de quitação.

302. Art. 41. Regularizado o loteamento ou desmembramento pela Prefeitura Municipal, ou pelo Distrito Federal quando for o caso, o adquirente do lote, comprovando o depósito de todas as prestações do preço avençado, poderá obter o registro, de propriedade do lote adquirido, valendo para tanto o compromisso de venda e compra devidamente firmado.

303. Art. 322. Quando o pagamento for em quotas periódicas, a quitação da última estabelece, até prova em contrário, a presunção de estarem solvidas as anteriores.

304. Art. 38. Verificado que o loteamento ou desmembramento não se acha registrado ou regularmente executado ou notificado pela Prefeitura Municipal, ou pelo Distrito Federal quando for o caso, deverá o adquirente do lote suspender o pagamento das prestações restantes e notificar o loteador para suprir a falta.
§ 1º Ocorrendo a suspensão do pagamento das prestações restantes, na forma do caput deste artigo, o adquirente efetuará o depósito das prestações devidas junto ao Registro de Imóveis competente, que as depositará em estabelecimento de crédito, segundo a ordem prevista no inciso I do art. 666 do Código de Processo Civil, em conta com incidência de juros e correção monetária cuja movimentação dependerá de prévia autorização judicial;
§ 2º A Prefeitura Municipal, ou o Distrito Federal quando for o caso, ou o Ministério Público, poderá promover notificação ao loteador prevista no caput deste artigo;
§ 3º Regularizado o loteamento pelo loteador, este promoverá judicialmente a autorização para levantar as prestações depositadas, com os acréscimos de correção monetária e juros, sendo necessária a citação da Prefeitura, ou do Distrito Federal quando for o caso, para integrar o processo judicial aqui previsto, bem como audiência do Ministério Público;
§ 4º Após o reconhecimento judicial de regularidade do loteamento, o loteador notificará os adquirentes dos lotes, por intermédio do Registro de Imóveis competente, para que passem a pagar diretamente as prestações restantes, a contar da data da notificação;
§ 5º No caso de o loteador deixar de atender à notificação até o vencimento do prazo contratual, ou quando o loteamento ou desmembramento for regularizado pela Prefeitura Municipal, ou pelo Distrito Federal quando for o caso, nos termos do art. 40 desta Lei, o loteador não poderá, a qualquer título, exigir o recebimento das prestações depositadas.

Público, determinará o levantamento a favor de quem de direito;

§ 4º Em caso de impugnação que envolva matéria de alta indagação, as partes serão remetidas às vias ordinárias.

SEÇÃO VIII
DOS EMOLUMENTOS E DOS TRIBUTOS

Art. 30. Não serão cobradas custas e emolumentos para os atos de registro decorrentes de regularização fundiária de interesse social a cargo da administração pública.

Art. 31. Devem ser realizados independentemente do recolhimento de custas e emolumentos:

I – o primeiro registro de direito real constituído em favor de beneficiário de regularização fundiária de interesse social em áreas urbanas;

II – a primeira averbação de construção residencial de até 70m² (setenta metros quadrados) de edificação em áreas urbanas objeto de regularização fundiária de interesse social;

III – o registro de título de legitimação de posse, concedido pelo poder público, de que trata o art. 59[305] da Lei nº 11.977/2009, e de sua conversão em propriedade em imóvel.

Parágrafo único. O registro e a averbação de que tratam os incisos I, II e III independem da comprovação do pagamento de tributos, previdenciários inclusive.

Art. 32. A averbação da construção civil localizada em área objeto de regularização fundiária urbana de interesse social, na forma da Lei nº 11.977/09, independe da apresentação da Certidão Negativa de Débito para com a Previdência Social, nos termos da alínea "e"[306] do § 6º do art. 47 da Lei nº 8.212/1991.

Art. 33. Na regularização fundiária urbana de interesse específico, exige-se a apresentação de certidão negativa de débito para com a Previdência Social relativa à construção, ressalvados os casos de dispensa.

Parágrafo único. Independe de prazo de validade a certidão negativa de débitos emitida pela Previdência social relativa à construção.

SEÇÃO IX
DISPOSIÇÃO FINAL

Art. 34. Este Provimento entrará em vigor 60 (sessenta) dias depois de sua publicação.

PROVIMENTO Nº 39[307]
25 DE JULHO DE 2014

Dispõe sobre a instituição e funcionamento da Central Nacional de Indisponibilidade de Bens (CNIB), destinada a recepcionar comunicações de indisponibilidade de bens imóveis não individualizados.

Art. 1º Fica instituída a Central Nacional de Indisponibilidade de Bens (CNIB) que funcionará no Portal publicado sob o domínio http:// www.indisponibilidade.org.br, desenvolvido, mantido e operado pela Associação dos Registradores Imobiliários de São Paulo (ARISP), com a cooperação do Instituto de Registro Imobiliário do Brasil (IRIB), e funcionará sob o acompanhamento e a fiscalização da Corregedoria Nacional da Justiça, das Corregedorias-Gerais da Justiça e das Corregedorias Permanentes, nos âmbitos de suas respectivas competências.

Art. 2º A Central Nacional de Indisponibilidade terá por finalidade a recepção e divulgação, aos usuários do sistema, das ordens de indisponibilidade que atinjam patrimônio imobiliário indistinto, assim como direitos sobre imóveis indistintos, e a recepção de comunicações de levantamento das ordens de indisponibilidades nela cadastrada.

§ 1º A ordem de indisponibilidade que atinja imóvel específico e individualizado continuará sendo comunicada pela autoridade que a expediu diretamente ao Oficial de Registro de Imóveis competente para a averbação, podendo o encaminhamento ser promovido por via física ou eletrônica conforme disposto nas normas da Corregedoria Geral da Justiça a que submetida a fiscalização da respectiva unidade do serviço extrajudicial;

§ 2º A comunicação de levantamento de indisponibilidade cadastrada será efetuada na Central Nacional de Indisponibilidade de Bens (CNIB) pela autoridade competente, sem prejuízo de comunicação, pela referida autoridade, diretamente ao Oficial de Registro de Imóveis em que promovida averbação da indisponibilidade em imóvel específico, a fim de que proceda ao seu cancelamento.

Art. 3º O sistema deverá contar com módulo de geração de relatórios (correição online) e de estatísticas, para efeito de contínuo acompanhamento, controle gerencial e fiscalização pela Corregedoria Nacional de Justiça, Corregedorias-Gerais da Justiça dos Estados e do Distrito Federal e Corregedorias Permanentes das serventias extrajudiciais de notas e de registros, nos âmbitos de suas respectivas competências.

§ 1º Serão gerados e-mails automáticos relativos ao descumprimento de prazos legais pelos Registradores para a averbação de indisponibilidade quando a busca de bens resultar positiva e não existir risco de homonímia, com encaminhamento para a Corregedoria-Geral da Justiça para fins de abertura de procedimento administrativo de verificação.

Art. 4º A CNIB será constituída por Sistema de Banco de Dados Eletrônico (DBMS) que será alimentado com as ordens de indisponibilidades decretadas pelo Poder Judiciário e pelos demais órgãos da Administração Pública nas hipóteses legalmente previstas.

Art. 5º Os usuários da Central Nacional de Indisponibilidade de Bens (CNIB) são definidos nas seguintes categorias:

a) máster (responsável pela administração técnica da central, a ser realizada pela ARISP);

b) administrador máster (membro ou servidor do Tribunal ou de órgãos públicos encarregado de cadastrar Magistrados e servidores para acesso à CNIB);

c) Magistrado;

d) autoridade;

e) assessor máster (servidor do Tribunal habilitado para cadastrar as ordens de indisponibilidade, ou sua revogação, decorrentes de decisão judicial);

f) assessor (servidor do Tribunal com acesso limitado para preenchimento de comunicação de indisponibilidade, ou sua revogação, para oportuna assinatura pelo Magistrado caso prefira não delegar a realização do ato específico a assessor máster previsto na letra "e");

g) Notário;

h) Registrador;

i) substituto de Notário ou Registrador;

j) preposto de Notário ou Registrador;

k) usuário qualificado (art. 9º, § 4º); e,

l) usuário.

§ 1º A ARISP indicará os usuários com perfil de másters, os quais habilitarão no sistema os administradores másters dos órgãos do Conselho Nacional de Justiça, dos Tribunais, dos órgãos da Administração Pública, assim como os usuários qualificados, de conformidade com as indicações desses entes;

§ 2º O credenciamento de Magistrados, autoridades e assessores será feito pelo administrador máster do respectivo Tribunal ou órgão da Administração Pública, que também credenciará os administradores másters da respectiva Corregedoria-Geral ou Regional. Os Magistrados e autoridades definirão os perfis de seus respectivos assessores;

§ 3º O acesso por Registrador e por Tabelião de Notas independe de filiação associativa a entidade de classe;

§ 4º Os Tabeliães de Notas e os Registradores credenciarão seus respectivos substitutos e prepostos e definirão seus perfis.

Art. 5º[308] As indisponibilidades de bens determinadas por Magistrados, assim como seus respectivos levantamentos, deverão ser imediatamente cadastradas na Central Nacional de Indisponibilidade de Bens (CNIB), vedada a expedição de ofícios ou mandados em papel com tal finalidade às Corregedorias da Justiça dos Estados e aos Oficiais de Registros de Imóveis, salvo para o fim específico de indisponibilidade relativa a imóvel certo e determinado, hipótese em que a ordem será enviada diretamente à serventia competente para a averbação, com indicação do nome e do CPF do titular do domínio ou outros direitos reais atingidos, o endereço do imóvel e o número da respectiva matrícula.

§ 1º O disposto no caput deste artigo não se aplica aos membros dos Tribunais Superiores que poderão, a seu critério, encaminhar as ordens de indisponibilidade de bens imóveis, genéricas ou para incidir sobre imóveis específicos, mediante uso da Central Nacional de Indisponibilidade de Bens (CNIB) ou por outra via;

§ 2º As ordens de indisponibilidade encaminhadas por ofício à Corregedoria Nacional de Justiça, bem como nos seus respectivos levantamentos, poderão ser cadastradas diretamente por usuário lotado na unidade, a critério do Corregedor.

---
305. Dispositivo revogado pela Lei nº 13.465/2017.
306. Art. 47. É exigida Certidão Negativa de Débito (CND), fornecida pelo órgão competente, nos seguintes casos:
§ 6º Independe de prova de inexistência de débito:
e) a averbação da construção civil localizada em área objeto de regularização fundiária de interesse social, na forma da Lei nº 11.977/2009.
307. Atualizado até o Provimento nº 142/2023.

308. Redação original repete "Art. 5º".

Art. 6º As comunicações de indisponibilidades de bens decretadas por Órgãos Administrativos que detêm competência legal poderão ser incluídas diretamente por seus respectivos emissores na Central Nacional de Indisponibilidade de Bens (CNIB), na forma prevista neste Provimento. Também deverão ser incluídas no CNIB, pela autoridade competente, as ordens de levantamento das indisponibilidades previstas neste artigo.

§ 1º A partir do cadastramento dos usuários previstos no art. 4º deste Provimento, as comunicações de indisponibilidades genéricas de bens encaminhadas em papel por autoridades judiciárias e administrativas deverão ser devolvidas aos respectivos remetentes com a informação de que para tal desiderato deverá utilizar o sistema ora instituído ou fazê-lo de forma específica, diretamente à serventia de competência registral, indicando o nome e CPF do titular de domínio ou direitos reais atingidos, o endereço do imóvel e o número da respectiva matrícula ou transcrição;

§ 2º As indisponibilidades anteriormente decretadas e ainda vigentes poderão ser incluídas no sistema, bem como seus posteriores cancelamentos.

Art. 7º A consulta ao banco de dados da Central Nacional de Indisponibilidade de Bens (CNIB) será obrigatória para todos os Notários e Registradores do país, no desempenho regular de suas atividades e para a prática dos atos de ofício, nos termos da lei e das normas específicas.

Parágrafo único. Nenhum pagamento será devido por qualquer modalidade de utilização da Central Nacional de Indisponibilidade de Bens (CNIB) pelos Registradores, Tabeliães de Notas, órgãos do Poder Judiciário e da Administração Pública.

Art. 8º A partir da data de funcionamento da Central Nacional de Indisponibilidade de Bens (CNIB) os Oficiais de Registro de Imóveis verificarão, obrigatoriamente, pelo menos na abertura e uma hora antes do encerramento do expediente, se existe comunicação de indisponibilidade de bens para impressão ou importação (XML) para seu arquivo, visando o respectivo procedimento registral.

§ 1º Ficam dispensadas da verificação continuativa prevista no caput deste artigo as serventias que adotarem solução de comunicação com a Central Nacional de Indisponibilidade de Bens (CNIB) via WebService configurada para consulta em menor tempo, desde que atendidas as normas técnicas e de segurança utilizadas para integração de sistemas;

§ 2º O responsável pela serventia, nos termos do art. 37, § 6º[309], da Constituição Federal, responderá pela reparação de danos ocasionados a terceiros pelo descumprimento de seus deveres previstos neste Provimento, sem prejuízo de eventual procedimento administrativo disciplinar, notadamente pelo descumprimento do previsto no caput deste artigo.

Art. 9º O acesso para inclusão de ordens de indisponibilidade, de comunicações de seus cancelamentos e de consultas circunstanciadas deverá ser feito exclusivamente com a utilização de Certificado Digital ICP-Brasil e dependerá de prévio cadastramento do respectivo órgão.

§ 1º A pessoa sujeita à declaração de indisponibilidade poderá consultar os dados de origem das ordens cadastradas em seu respectivo nome, desde que vigentes, e obter relatório circunstanciado, mediante uso de Certificado Digital ICP-Brasil. A informação será livre e gratuita para o próprio atingido pela indisponibilidade que fizer o acesso ao sistema com seu Certificado Digital ICP-Brasil, ou quando for solicitada diretamente à Central Nacional de Indisponibilidade de Bens (CNIB) por meio de requerimento com firma reconhecida por Tabelião de Notas;

§ 2º A Presidência do Conselho Nacional de Justiça, a Corregedoria Nacional de Justiça, os Conselheiros do Conselho Nacional de Justiça e os demais órgãos do Poder Judiciário, de qualquer instância, terão acesso livre e integral aos dados e informações constantes da Central Nacional de Indisponibilidade de Bens (CNIB), inclusive das indisponibilidades canceladas;

§ 3º O cadastramento dos membros do Ministério Público, ou servidores por esses autorizados, e de servidores de órgãos públicos com interesse decorrente da natureza do serviço prestado, terão acesso ao cadastro geral das indisponibilidades, para fins de consulta, inclusive das canceladas, mediante habilitação a ser solicitada diretamente à operadora da Central Nacional de Indisponibilidade de Bens (CNIB), visando o credenciamento com o perfil de "usuário qualificado".

Art. 10. Poderão aderir à Central Nacional de Indisponibilidade de Bens (CNIB) os órgãos da Administração Pública que detenham competência legal para a expedição de ordens de restrição, bem como outros entes e órgãos públicos que tiverem interesse decorrente da natureza do serviço que prestarem.

Parágrafo único. O cadastramento dos Tribunais e as adesões dos órgãos da Administração Pública que detenham competência para imposição de indisponibilidade de bens deverão ser comunicados pela Central Nacional de Indisponibilidade de Bens (CNIB) à Corregedoria Nacional da Justiça, pelo sistema Justiça Aberta quando adaptado para essa finalidade.

Art. 11. O termo padrão de uso será disponibilizado no sítio da Central Nacional de Indisponibilidade de Bens (CNIB), com livre acesso para amplo conhecimento das suas condições.

Art. 12. A requisição de informações e certidões registrais, quando rogadas por entes ou órgãos públicos, estarão isentas de custas e emolumentos, conforme as hipóteses contempladas em lei.

Art. 13. Para afastamento de homonímia, resguardo e proteção da privacidade, os cadastramentos e as pesquisas na Central Nacional de Indisponibilidade de Bens (CNIB) serão feitas, exclusivamente, a partir do número de contribuinte de pessoa física (CPF) ou jurídica (CNPJ).

Art. 14. Os Registradores de Imóveis e Tabeliães de Notas, antes da prática de qualquer ato notarial ou registral que tenha por objeto bens imóveis ou direitos a eles relativos, exceto lavratura de testamento, deverão promover prévia consulta à base de dados da Central Nacional de Indisponibilidade de Bens (CNIB), consignando no ato notarial o resultado da pesquisa e o respectivo código gerado (hash), dispensado o arquivamento do resultado da pesquisa em meio físico ou digital.

§ 1º A existência de comunicação de indisponibilidade não impede a lavratura de escritura pública representativa de negócio jurídico tendo por objeto a propriedade ou outro direito real sobre imóvel de que seja titular a pessoa atingida pela restrição, nessa incluída a escritura pública de procuração, devendo constar na escritura pública, porém, que as partes do negócio jurídico foram expressamente comunicadas da existência da ordem de indisponibilidade que poderá ter como consequência a impossibilidade de registro do direito no Registro de Imóveis, enquanto vigente a restrição;

§ 2º Os Oficiais do Registro de Imóveis deverão manter, em relação a todas as indisponibilidades, registros no Indicador Pessoal (Livro nº 5) ou em fichas, ou em base de dados informatizada off-line, ou mediante solução de comunicação com a CNIB via webservice, que serão destinados ao controle das indisponibilidades e às consultas simultâneas com a pesquisa sobre a tramitação de títulos representativos de direitos contraditórios;

§ 3º Verificada a existência de bens no nome cadastrado, a indisponibilidade será prenotada e averbada na matrícula ou transcrição do imóvel, ainda que este tenha passado para outra circunscrição. Caso não figure do registro o número do CPF ou o do CNPJ, a averbação da indisponibilidade somente será realizada se não houver risco de tratar-se de pessoa homônima;

§ 4º Em caso de aquisição de imóvel por pessoa cujos bens foram atingidos por ordem de indisponibilidade deverá o Oficial de Registro de Imóveis, imediatamente após o lançamento do registro do título aquisitivo na matrícula do imóvel, promover a averbação da indisponibilidade, independentemente de prévia consulta ao adquirente;

§ 5º Imediatamente após o lançamento da averbação da indisponibilidade na matrícula do imóvel, o Oficial do Registro de Imóveis fará o devido cadastramento, em campo próprio da Central Nacional de Indisponibilidade de Bens (CNIB) que contemplará espaço para essa informação.

Art. 15. As ordens judiciais e administrativas que determinem indisponibilidade serão arquivadas em ordem cronológica, dispensado o arquivamento se forem microfilmadas conforme Lei nº 5.433/1968, ou armazenadas em mídia digital na forma prevista no art. 38[310] da Lei

---

309. Art. 37. A administração pública direta e indireta de qualquer dos Poderes da União, dos Estados, do Distrito Federal e dos Municípios obedecerá aos princípios de legalidade, impessoalidade, moralidade, publicidade e eficiência e, também, ao seguinte:

§ 6º As pessoas jurídicas de direito público e as de direito privado prestadoras de serviços públicos responderão pelos danos que seus agentes, nessa qualidade, causarem a terceiros, assegurado o direito de regresso contra o responsável nos casos de dolo ou culpa.

310. Art. 38. Os documentos eletrônicos apresentados a serviços de registros públicos ou por eles expedidos deverão atender aos requisitos estabelecidos pela Corregedoria Nacional de Justiça do Conselho Nacional Justiça, com a utilização de assinatura eletrônica avançada ou qualificada, conforme definido no art. 4º da nº 14.063/2020.

§ 1º Os serviços de registros públicos disponibilizarão serviços de recepção de títulos e de fornecimento informações e certidões em meio eletrônico;

§ 2º Ato da Corregedoria Nacional de Justiça do Conselho Nacional de Justiça poderá estabelecer hipóteses

11.977/2009, ou importadas em arquivo formato XML.

Art. 16. As indisponibilidades averbadas nos termos deste Provimento e as decorrentes do § 1º[311], do art. 53, da Lei nº 8.212/1991, não impedem a inscrição de constrições judiciais, assim como não impedem o registro da alienação judicial do imóvel desde que a alienação seja oriunda do juízo que determinou a indisponibilidade, ou a que distribuído o inquérito civil público e a posterior ação desse decorrente, ou que consignado no título judicial a prevalência da alienação judicial em relação à restrição oriunda de outro juízo ou autoridade administrativa a que foi dada ciência da execução.

Parágrafo único. Consistindo eventual exigência para o registro de alienação judicial de imóvel atingido por ordem de indisponibilidade na falta de indicação, no título, da prevalência da alienação judicial em relação à restrição oriunda de outro juízo ou autoridade administrativa a que foi dada ciência da execução, será o fato comunicado ao juízo que expediu o título de alienação, visando sua complementação, ficando prorrogada a prenotação por 30 (trinta) dias contados da efetivação dessa comunicação.

Art. 17. A definição de padrões tecnológicos e o aprimoramento contínuo do sistema ficarão a cargo da Associação dos Registradores Imobiliários de São Paulo (ARISP), sob suas expensas, sem nenhum ônus para o Conselho Nacional de Justiça ou qualquer outro órgão do Poder Público.

Art. 18. A Central Nacional de Indisponibilidade de Bens (CNIB), com sistema de autenticação homologado pelo Instituto de Tecnologia da Informação (ITI) sob o nº 00100.000110/2011-12, estará disponível 24 (vinte e quatro) horas por dia, em todos os dias da semana, observadas as seguintes peculiaridades e características técnicas:

§ 1º O sistema foi desenvolvido em plataforma WEB, com sua base de dados em MySQL, em conformidade com os Padrões de Interoperabilidade de Governo Eletrônico (e-PING);

§ 2º O acesso ao sistema, bem como as assinaturas de informações ou outros documentos emitidos por meio deste, deverá ser feito mediante uso de Certificado Digital ICP-Brasil.

Art. 19. Ocorrendo a extinção da ARISP, que se apresenta como titular dos direitos autorais e de propriedade intelectual do sistema, do qual detém o conhecimento tecnológico, o código-fonte e o banco de dados, ou a paralisação pela citada entidade da prestação do serviço objeto deste Provimento, sem substituição pelo Instituto de Registro Imobiliário do Brasil (IRIB), ou por outra associação ou entidade de classe que o assuma em idênticas condições mediante prévia autorização do Conselho Nacional de Justiça (CNJ), será o banco de dados de indisponibilidades, em sua totalidade, transmitido ao Conselho Nacional de Justiça, ou entidade que Conselho Nacional de Justiça indicar, com o direito de uso do domínio http://www.indisponibilidade.org.br, o código-fonte e as informações técnicas necessárias para o acesso e utilização de todos os seus dados, bem como para a continuação de seu funcionamento na forma prevista neste Provimento, sem ônus, custos ou despesas para o Poder Público e, notadamente, sem qualquer remuneração por direitos autorais e de propriedade intelectual, a fim de que a Central Nacional de Indisponibilidade de Bens (CNIB) permaneça em integral funcionamento.

Art. 20. A Associação dos Registradores Imobiliários de São Paulo (ARISP), ou quem a substituir na forma do art. 19 deste Provimento, se obriga a manter sigilo relativo à identificação das autoridades judiciárias, administrativas e servidores que acessarem a Central Nacional de Indisponibilidades de Bens (CNIB), ressalvadas a requisição judicial e a fiscalização pela Corregedoria Nacional de Justiça, ou fiscalização específica pelo respectivo Tribunal.

Art. 21. Outras funcionalidades do sistema serão previstas no "Manual de Utilização da Central Nacional de Indisponibilidades de Bens" que enunciará com detalhes, em sequência lógica, passo a passo, os procedimentos a serem adotados para plena utilização dos correspondentes serviços, e permanecerá disponível no Portal da Central Nacional de Indisponibilidade de Bens (CNIB) para consulta ou download.

Art. 22. Será instaurado procedimento de Pedido de Providências, perante a Corregedoria Nacional de Justiça, para acompanhamento e fiscalização da implementação do presente Provimento e para estudos complementares.

Art. 23. Fica estabelecido o prazo de 90 (noventa) dias para cadastramentos dos administradores másters dos Tribunais e das Corregedorias-Gerais e Regionais e para cadastramentos dos Tabeliães de Notas e Oficiais de Registro.

Parágrafo único. Os prazos limites previstos neste artigo para cadastramentos dos Notários e Registradores poderão ser reduzidos a critério da respectiva Corregedoria Geral da Justiça do Estado e do Distrito Federal.

Art. 24. Este Provimento entrará em vigor em 15 (quinze) dias contados de sua publicação, sem prejuízo da aplicação subsidiária das normas fixadas pelas correspondentes Corregedorias-Gerais da Justiça.

PROVIMENTO Nº 27
12 DE DEZEMBRO DE 2012

Dispõe sobre a facultatividade e a competência para o registro de contratos de alienação fiduciária e de arrendamento mercantil de veículos por Oficial de Registro de Títulos e Documentos.

Art. 1º É facultativo o registro de contrato de alienação fiduciária e de arrendamento mercantil de veículo por Oficial de Registro de Títulos e Documentos.

Arts. 2º e 3º (Revogados).

→ Provimento nº 149/2023.

Art. 4º Este Provimento entrará em vigor na data de sua publicação.

PROVIMENTO Nº 26
12 DE DEZEMBRO DE 2012

Dispõe sobre o "Projeto Pai Presente".

Art. 1º Determinar a remessa em forma que preserve o sigilo, para cada uma das 27 (vinte e sete) Corregedorias-Gerais dos Tribunais de Justiça, de 02 (dois) CDs (um com dados do cadastro do MEC e outro do MDS), com os nomes e endereços das crianças e adolescentes que, naquela unidade da federação, não possuem paternidade estabelecida, segundo os referidos cadastros.

Parágrafo único. Ressalvar que, como as informações são de cadastros diversos, é possível que a mesma criança ou adolescente conste em ambos os CDs, bem como que, mesmo constando nos cadastros como "sem registro paterno", é possível que esse registro exista e tenha sido omitido quando do preenchimento do cadastro.

Art. 2º Ao receber os CDs, a Corregedoria do Tribunal de Justiça do Estado, ou do DF, sempre preservando o nome e o endereço da criança ou adolescente e de sua mãe, deverá abrir as mídias, observar o município de residência e que já consta dos CDs, encaminhar as informações ao Juiz competente para os procedimentos previstos nos arts. 1º, IV[312] e 2º[313], ambos da Lei nº 8.560/1992, e tomar as medidas necessárias para que eventuais exames de DNA decorrentes das medidas adotadas possam ser realizados com segurança e celeridade.

Art. 3º Recebida a informação, o Juiz competente providenciará a notificação de cada mãe, para que compareça perante o ofício/secretaria judicial, munida de seu documento de identi-

---

312. Art. 1º O reconhecimento dos filhos havidos fora do casamento é irrevogável e será feito:
IV – por manifestação expressa e direta perante o Juiz, ainda que o reconhecimento não haja sido o objeto único e principal do ato que o contém.

313. Art. 2º Em registro de nascimento de menor apenas com a maternidade estabelecida, o Oficial remeterá ao Juiz certidão integral do registro e o nome e prenome, profissão, identidade e residência do suposto pai, a fim de ser averiguada oficiosamente a procedência da alegação.

§ 1º O Juiz, sempre que possível, ouvirá a mãe sobre a paternidade alegada e mandará, em qualquer caso, notificar o suposto pai, independente de seu estado civil, para que se manifeste sobre a paternidade que lhe é atribuída;

§ 2º O Juiz, quando entender necessário, determinará que a diligência seja realizada em segredo de justiça;

§ 3º No caso do suposto pai confirmar expressamente a paternidade, será lavrado termo de reconhecimento e remetida certidão ao Oficial do Registro, para a devida averbação;

§ 4º Se o suposto pai não atender no prazo de 30 (trinta) dias, a notificação judicial, ou negar a alegada paternidade, o Juiz remeterá os autos ao representante do Ministério Público para que intente, havendo elementos suficientes, a ação de investigação de paternidade;

§ 5º Nas hipóteses previstas no § 4º deste artigo, é dispensável o ajuizamento de ação de investigação de paternidade pelo Ministério Público se, após o não comparecimento ou a recusa do suposto pai em assumir a paternidade a ele atribuída, a criança for encaminhada para adoção;

§ 6º A iniciativa conferida ao Ministério Público não impede a quem tenha legítimo interesse de intentar investigação, visando a obter o pretendido reconhecimento da paternidade.

dade e, se possível, com a certidão de nascimento do filho, para que, querendo, informe os dados (nome e endereço) do suposto pai, caso estes realmente não constem do registro de nascimento, sendo recomendável que conste na notificação que "caso a paternidade já esteja regularizada, ou a mãe não tenha interesse, ou já tenha sido procurada antes e já tenha tomado as providências, que desconsidere o aviso".

§ 1º O procedimento, salvo determinação judicial em sentido diverso, correrá em segredo de justiça e deverá ser realizado de forma a preservar a dignidade dos envolvidos;

§ 2º Positivada a notificação do genitor, o expediente será registrado e formalmente autuado na distribuição forense do local em que tramita, onde ao final será arquivado.

Art. 4º Caso atenda à notificação, compareça perante o ofício/secretaria judicial e forneça dados suficientes para o chamamento do genitor, a mãe do menor sairá intimada da data da audiência designada para a manifestação do suposto genitor.

§ 1º A anuência da genitora do menor de idade é indispensável para que a averiguação seja iniciada;

§ 2º O procedimento não depende de advogado e a participação do Ministério Público é facultativa;

§ 3º O reconhecimento de filho independe do estado civil dos genitores ou de eventual parentesco entre eles.

Art. 5º Na própria audiência, após os interessados serem identificados por documento oficial com fotografia e ouvidos pelo Juiz, será lavrado e assinado o termo de reconhecimento espontâneo de paternidade.

§ 1º Inexistindo norma local em sentido diverso, faculta-se aos Tribunais atribuir aos Juízes Corregedores Permanentes dos Oficiais do Registro Civil das Pessoas Naturais, aos Juízes da Infância e da Juventude, aos Juízes dos Juizados Especiais Cíveis, aos Juízes dos Juizados Itinerantes e aos Juízes de Família a prestação de serviço de reconhecimento voluntário da paternidade;

§ 2º O reconhecimento da paternidade pelo pai relativamente incapaz independerá da assistência de seus pais ou tutor. O reconhecimento da paternidade pelo absolutamente incapaz dependerá de decisão judicial, a qual poderá ser proferida na esfera administrativa pelo próprio Juiz que tomar a declaração do representante legal;

§ 3º O expediente, formado pelo termo de reconhecimento, cópia dos documentos apresentados pelos interessados e deliberação do Juiz elaborada de forma que sirva de mandado de averbação, será encaminhado ao serviço de Registro Civil em até 05 (cinco) dias;

§ 4º Na hipótese de o registro de nascimento do reconhecido ter sido lavrado no Cartório de Registro Civil da mesma comarca do juízo que formalizou o reconhecimento da paternidade, será imediatamente determinada a averbação da paternidade, independentemente do "cumpra-se" do Juízo Corregedor do serviço extrajudicial na decisão que serve de mandado, ressalvados os casos de dúvida do Oficial no cumprimento, os quais sempre deverão ser submetidos à análise e decisão da Corregedoria do Oficial destinatário da ordem de averbação;

§ 5º Nas hipóteses de o registro de nascimento do reconhecido ter sido lavrado no Cartório de Registro Civil de outra comarca, do mesmo ou de outro Estado da Federação, a decisão que serve de mandado de averbação será remetida pelo juízo responsável, por ofício, ao endereço fornecido pela Corregedoria-Geral da Justiça ao qual está vinculado o serviço extrajudicial destinatário, para cumprimento;

§ 6º Os interessados deverão ser orientados a solicitar a certidão de nascimento averbada ao Cartório de Registro Civil competente.

Art. 6º Àquele que se declarar pobre, por não ter condição de arcar com as custas e emolumentos eventualmente devidos sem prejuízo do próprio sustento ou da família, será reconhecida a isenção.

Art. 7º Caso não haja reconhecimento incondicionado, mas seja possível o reconhecimento consensual após a realização de exame de DNA admitido pelos envolvidos, o juízo tomará as providências necessárias para a realização do exame, designando nova audiência quando necessário.

Art. 8º Caso o suposto pai não atenda à notificação judicial, ou negue a paternidade que lhe é atribuída, o Juiz, a pedido da mãe ou do interessado capaz, remeterá o expediente para o representante do Ministério Público, ou da Defensoria Pública ou para serviço de assistência judiciária, a fim de que seja proposta ação de investigação de paternidade caso os elementos disponíveis sejam suficientes.

Parágrafo único. A iniciativa conferida ao Ministério Público não impede a quem tenha legítimo interesse de intentar a investigação, visando obter o pretendido reconhecimento da paternidade.

Art. 9º No prazo de 60 (sessenta) dias, contados da publicação deste Provimento, as Corregedorias-Gerais de cada um dos Tribunais de Justiça deverão informar à Corregedoria Nacional sobre o encaminhamento das informações aos juízes competentes.

Parágrafo único. Da ata de inspeção e/ou de correição de cada Corregedoria local deverá constar informação sobre o cumprimento das medidas previstas no art. 2º³¹⁴ da Lei nº 8.560/1992 pelos Registradores e pelos Magistrados competentes para os atos, bem como do Provimento nº 16 da Corregedoria Nacional pelos Registradores.

Art. 10. O presente Provimento veicula regulamentação geral sobre o tema e não proíbe a edição ou a manutenção de normas locais capazes de adaptar as suas finalidades às peculiaridades de cada região.

Art. 11. Este Provimento entra em vigor na data de sua publicação.

PROVIMENTO Nº 25
12 DE NOVEMBRO DE 2012

Dispõe sobre a regulamentação do uso do Malote Digital pelas serventias extrajudiciais de notas e de registro.

Art. 1º As comunicações entre as serventias extrajudiciais de notas e de registro e entre estas e os órgãos do Poder Judiciário, serão realizadas com a utilização do Sistema Hermes – Malote Digital, nos termos deste Provimento e da regulamentação constante do seu anexo.

Parágrafo único. O disposto no caput não se aplica nas hipóteses em que for necessária a remessa de documentos físicos e não substitui outros sistemas para remessa de documentos eletrônicos.

Art. 2º Os Tribunais de Justiça dos Estados providenciarão, no prazo de 90 (noventa) dias, o cadastramento de uma Unidade Organizacional (UO) para cada uma das serventias existentes, além dos usuários responsáveis por cada uma delas, o que deverá obedecer ao padrão constante na "árvore/Unidade Organizacional" conforme constante no anexo deste Provimento.

§ 1º Tais "UOs" deverão ser mantidas atualizadas (incluídas ou excluídas) de acordo com a relação geral de serventias extrajudiciais prevista no Sistema Justiça Aberta sob o código Cadastro Nacional de Serventias (CNS), e as senhas dos usuários deverão ser atualizadas sempre que houver alteração da titularidade da serventia;

§ 2º Não serão mantidos "UOs" autônomos para serventias com acervos recolhidos.

Art. 3º Os Tribunais poderão, no âmbito de suas competências, expedir normas complementares de utilização do sistema, não conflitantes com o presente Provimento.

---

314. Art. 2º Em registro de nascimento de menor apenas com a maternidade estabelecida, o Oficial remeterá ao juiz certidão integral do registro e o nome e prenome, profissão, identidade e residência do suposto pai, a fim de ser averiguada oficiosamente a procedência da alegação.

§ 1º O juiz, sempre que possível, ouvirá a mãe sobre a paternidade alegada e mandará, em qualquer caso, notificar o suposto pai, independente de seu estado civil, para que se manifeste sobre a paternidade que lhe é atribuída.

§ 2º O juiz, quando entender necessário, determinará que a diligência seja realizada em segredo de justiça.

§ 3º No caso do suposto pai confirmar expressamente a paternidade, será lavrado termo de reconhecimento e remetida certidão ao Oficial do Registro, para a devida averbação;

§ 4º Se o suposto pai não atender no prazo de 3 (trinta) dias, a notificação judicial, ou negar a alegada paternidade, o juiz remeterá os autos ao representante do Ministério Público para que intente, havendo elementos suficientes, a ação de investigação de paternidade;

5º Nas hipóteses previstas no § 4º deste artigo, dispensável o ajuizamento de ação de investigação de paternidade pelo Ministério Público se, após não comparecimento ou a recusa do suposto pai em assumir a paternidade a ele atribuída, a criança for encaminhada para adoção;

§ 6º A iniciativa conferida ao Ministério Público não impede a quem tenha legítimo interesse de intentar investigação, visando a obter o pretendido reconhecimento da paternidade.

Art. 4º Deverão os Tribunais manter pública no sítio na internet a relação das serventias que estiverem em situação de ausência de comunicação com a rede mundial de computadores ou de falta de estrutura de equipamento de acesso, recomendando-se, tanto quanto possível, que envidem esforços para que venham a utilizar o sistema.

Art. 5º Este Provimento entrará em vigor na data da sua publicação.

PROVIMENTO Nº 24
23 DE OUTUBRO DE 2012

Dispõe sobre a alimentação dos dados no sistema "Justiça Aberta".

Art. 1º Os órgãos judiciários de 1ª e 2ª Instância deverão alimentar mensalmente e diretamente, via internet, todos os dados no sistema "Justiça Aberta" até o dia 10 (dez) seguinte de cada mês (ou até o próximo dia útil subsequente), devendo também manter atualizadas quaisquer alterações cadastrais.

Art. 2º Os responsáveis pelos serviços notariais e de registro deverão alimentar semestralmente e diretamente, via internet, todos os dados no sistema "Justiça Aberta" até o dia 15 (quinze) dos meses de JANEIRO e JULHO (ou até o próximo dia útil subsequente), devendo também manter atualizadas quaisquer alterações cadastrais, em até 10 (dez) dias após suas ocorrências.

Parágrafo único. A obrigatoriedade contida neste artigo abrange também os dados de produtividade, arrecadação, bem como os cadastros de eventuais Unidades Interligadas que conectem unidades de saúde e serviços de Registro Civil.

Art. 3º Este Provimento entra em vigor na data da sua publicação.

PROVIMENTO Nº 16
17 DE FEVEREIRO DE 2012

Dispõe sobre a recepção, pelos Oficiais de Registro Civil das Pessoas Naturais, de indicações de supostos pais de pessoas que já se acharem registradas sem paternidade estabelecida, bem como sobre o reconhecimento espontâneo de filhos perante os referidos Registradores.

Arts. 1º a 9º (Revogados).
Provimento nº 149/2023.

Art. 10. Este Provimento entrará em vigor na data de sua publicação.

PROVIMENTO Nº 15
15 DE DEZEMBRO DE 2011

Dispõe sobre a emissão de certidões pelos Ofícios de Registro Civil das Pessoas Naturais em papel de segurança unificado fornecido pela Casa da Moeda do Brasil e o início de sua utilização obrigatória.

Art. 1º Fica transferido para o dia 02 de julho de 2012 o início da obrigatoriedade do uso do papel de segurança unificado, fornecido pela Casa da Moeda do Brasil, para a expedição de certidões de nascimento, casamento e óbito, bem como para a expedição de certidões de inteiro teor.

Art. 2º Caso o Registrador opte por iniciar a utilização do papel de segurança unificado antes da data prevista no artigo anterior, ficará obrigado, desde a expedição da primeira certidão neste papel especial, a empregá-lo para emitir todas as certidões de nascimento, casamento e óbito subsequentes, inclusive as de inteiro teor, sem quebra de continuidade, vedado o uso de qualquer outro.

§ 1º Se houver sido iniciado antecipadamente o uso do papel de segurança unificado, mas o estoque se esgotar antes da data acima fixada e, apesar da regular solicitação de novo lote pelo Registrador, a Casa da Moeda do Brasil não o fornecer em tempo hábil, as certidões posteriores deverão ser expedidas em papel comum, para evitar a interrupção do serviço;

§ 2º Na hipótese do parágrafo anterior, o Registrador comunicará o fato, para controle, ao Juiz Corregedor Permanente da respectiva comarca, apresentando-lhe cópia da solicitação ainda não atendida pela Casa da Moeda;

§ 3º Tão logo receba o novo lote de papel de segurança, deverá o Registrador retomar, prontamente, sua utilização;

§ 4º O disposto nos parágrafos anteriores também se aplicará se, em algum caso, a Casa da Moeda do Brasil não entregar ao Registrador, até a data prevista no art. 1º, seu primeiro lote de papel de segurança;

§ 5º Após 02 de julho de 2012, caso o uso do papel de segurança já tenha sido iniciado e as folhas se esgotarem antes da chegada de outras, o Registrador deverá solicitar à Corregedoria-Geral da Justiça do respectivo Estado, imediatamente, a remessa de lote suplementar, a ser extraído do estoque de emergência por esta mantido;

§ 6º Em nenhuma hipótese deverá o Registrador, após 02 de julho de 2012, retomar, excepcional e provisoriamente, o uso de papel comum sem expressa autorização da Corregedoria-Geral da Justiça local, fundada na efetiva impossibilidade de atender a solicitação prevista no parágrafo anterior e na necessidade de garantir a continuidade da prestação do serviço à população.

Art. 3º Ficam integralmente mantidas as regras previstas no Provimento nLº 14 desta Corregedoria Nacional de Justiça, com as adaptações ora estabelecidas no presente Provimento nº 15.

Art. 4º Este Provimento entrará em vigor na data de sua publicação.

PROVIMENTO Nº 14
29 DE ABRIL DE 2011

Dispõe sobre a emissão de certidões pelos Ofícios de Registro Civil das Pessoas Naturais em papel de segurança unificado fornecido pela Casa da Moeda do Brasil.

Art. 1º Os Registradores Civis das Pessoas Naturais deverão solicitar, desde logo, à Casa da Moeda do Brasil, o papel de segurança unificado, mediante regular preenchimento do formulário eletrônico por esta disponibilizado na rede mundial de computadores.

Parágrafo único. Observarão, para tanto, as instruções veiculadas por meio de manual próprio acessível pela mesma via (CERTUNI Versão 1.0.0 – Guia Rápido do Usuário, ou outra versão que venha a substituí-lo).

Art. 2º Em situações excepcionais, quando evidenciada a absoluta impossibilidade de acesso à rede mundial de computadores, a solicitação deverá ser feita pelo correio, dirigida ao endereço físico da Casa da Moeda do Brasil (Rua René Bittencourt, 371, Distrito Industrial de Santa Cruz, Rio de Janeiro – RJ, CEP 23565-200, telefones 21 2414-2319 e 2418-1130).

Art. 3º A partir de 1º de janeiro de 2012 será obrigatório o uso do papel de segurança unificado, fornecido pela Casa da Moeda do Brasil, para a expedição de certidões de nascimento, casamento e óbito, com estrita observância dos modelos editados por esta Corregedoria Nacional de Justiça, bem como para a expedição de certidões de inteiro teor.

Art. 4º Caso o Registrador opte por iniciar a utilização do papel de segurança unificado antes da data prevista no artigo anterior, ficará obrigado, desde a expedição da primeira certidão neste papel especial, a empregá-lo para emitir todas as certidões de nascimento, casamento e óbito subsequentes, inclusive as de inteiro teor, sem quebra de continuidade, vedado o uso de qualquer outro.

Art. 5º Para preenchimento e impressão de certidões não é obrigatório o emprego de formulários eletrônicos específicos disponibilizados no âmbito do sistema da Casa da Moeda (CERTUNI).

Art. 6º Os Registradores deverão armazenar os estoques de papel especial em condições adequadas de segurança.

Art. 7º As Corregedorias-Gerais da Justiça dos Estados poderão, em caráter preventivo, solicitar à Casa da Moeda o envio de papel de segurança unificado em quantidade suficiente para o fornecimento, mediante rígido controle, a Registradores em situações emergenciais.

Parágrafo único. Em caso de fornecimento emergencial, a Corregedoria responsável comunicará à Casa da Moeda, no prazo de 10 (dez) dias contado da remessa, o serviço de registro destinatário do papel de segurança e a numeração das folhas encaminhadas.

Art. 8º Este Provimento entrará em vigor na data de sua publicação.

PROVIMENTO Nº 12
06 DE AGOSTO DE 2010

Determina que seja remetido, em forma que preserve o sigilo, para cada uma das 27 (vinte e sete) Corregedorias-Gerais dos Tribunais de Justiça, o CD com os nomes e endereços dos alunos que, naquela unidade da federação, não possuem paternidade estabelecida, segundo os dados do Censo Escolar.

Art. 1º Determinar que seja remetido, em forma que preserve o sigilo, para cada uma das 27 (vinte e sete) Corregedorias-Gerais dos Tribunais de Justiça, o CD com os nomes e endereços dos alunos que, naquela unidade da federação, não possuem paternidade estabelecida, segundo os dados do Censo Escolar;

Art. 2º Ao receber o CD, a Corregedoria do Tribunal de Justiça do Estado, ou do DF, sempre preservando o nome e o endereço do aluno e de sua mãe, deverá abrir a mídia, observar o município de residência de cada aluno e que já consta do CD, encaminhar as informações ao Juiz competente para os procedimentos previstos nos arts. 1º, IV[315] e 2º[316], ambos da Lei nº 8.560/1992, e tomar as medidas necessárias para que eventuais exames de DNA decorrentes das medidas adotadas possam ser realizados com segurança e celeridade.

Art. 3º Recebida a informação, o Juiz competente providenciará a notificação de cada mãe, para que compareça perante o ofício/secretaria judicial, munida de seu documento de identidade e, se possível, com a certidão de nascimento do filho, para que, querendo, informe os dados (nome e endereço) do suposto pai, caso estes realmente não constem do registro de nascimento. O aluno maior de idade será notificado pessoalmente (art. 4º[317] da Lei nº 8.560/1992 e art. 1.614[318] do Código Civil).

§ 1º O procedimento, salvo determinação judicial em sentido diverso, correrá em segredo de justiça e deverá ser realizado de forma a preservar a dignidade dos envolvidos;

§ 2º Positivada a notificação do genitor, o expediente será registrado e formalmente autuado na distribuição forense do local em que tramita, onde ao final será arquivado.

---

315. Art. 1º O reconhecimento dos filhos havidos fora do casamento é irrevogável e será feito:
    IV – por manifestação expressa e direta perante o juiz, ainda que o reconhecimento não haja sido o objeto único e principal do ato que o contém.
316. Art. 2º Em registro de nascimento de menor apenas com a maternidade estabelecida, o Oficial remeterá ao juiz certidão integral do registro e o nome e prenome, profissão, identidade e residência do suposto pai, a fim de ser averiguada oficiosamente a procedência da alegação.
    § 1º O juiz, sempre que possível, ouvirá a mãe sobre a paternidade alegada e mandará, em qualquer caso, notificar o suposto pai, independente de seu estado civil, para que se manifeste sobre a paternidade que lhe é atribuída;
    § 2º O juiz, quando entender necessário, determinará que a diligência seja realizada em segredo de justiça;
    § 3º No caso do suposto pai confirmar expressamente a paternidade, será lavrado termo de reconhecimento e remetida certidão ao Oficial do Registro, para a devida averbação;
    § 4º Se o suposto pai não atender no prazo de 30 (trinta) dias, a notificação judicial, ou negar a alegada paternidade, o juiz remeterá os autos ao representante do Ministério Público para que intente, havendo elementos suficientes, a ação de investigação de paternidade;
    § 5º Nas hipóteses previstas no § 4º deste artigo, é dispensável o ajuizamento de ação de investigação de paternidade pelo Ministério Público, após o não comparecimento ou a recusa do suposto pai em assumir a paternidade a ele atribuída, a criança for encaminhada para adoção;
    § 6º A iniciativa conferida ao Ministério Público não impede a quem tenha legítimo interesse de intentar investigação, visando a obter o pretendido reconhecimento da paternidade.
317. Art. 4º O filho maior não pode ser reconhecido sem o seu consentimento.
318. Art. 1.614. O filho maior não pode ser reconhecido sem o seu consentimento, e o menor pode impugnar o reconhecimento, nos 04 (quatro) anos que se seguirem à maioridade, ou à emancipação.

Art. 4º Caso atenda à notificação, compareça perante o ofício/secretaria judicial e forneça dados suficientes para o chamamento do genitor, a mãe do menor ou o interessado (se maior de 18 (dezoito) anos e capaz) sairá intimada(o) da data da audiência designada para a manifestação do suposto genitor.

§ 1º A anuência da genitora do menor de idade é indispensável para que a averiguação seja iniciada. E se o reconhecido for maior de idade, seu consentimento é imprescindível;

§ 2º O procedimento não depende de advogado e a participação do Ministério Público é facultativa;

§ 3º O reconhecimento de filho independe do estado civil dos genitores ou de eventual parentesco entre eles.

Art. 5º Na própria audiência, após os interessados serem identificados por documento oficial com fotografia e ouvidos pelo Juiz, será lavrado e assinado o termo de reconhecimento espontâneo de paternidade.

§ 1º Inexistindo norma local em sentido diverso, faculta-se aos Tribunais atribuir aos Juízes Corregedores Permanentes dos Oficiais do Registro Civil das Pessoas Naturais, aos Juízes da Infância e da Juventude, aos Juízes dos Juizados Especiais Cíveis, aos Juízes dos Juizados Itinerantes e aos juízes de família a prestação de serviço de reconhecimento voluntário da paternidade;

§ 2º O reconhecimento da paternidade pelo pai relativamente incapaz independerá da assistência de seus pais ou tutor. O reconhecimento da paternidade pelo absolutamente incapaz dependerá de decisão judicial, a qual poderá ser proferida na esfera administrativa pelo próprio Juiz que tomar a declaração do representante legal;

§ 3º O expediente, formado pelo termo de reconhecimento, cópia dos documentos apresentados pelos interessados e deliberação do Juiz elaborada de forma que sirva de mandado de averbação, será encaminhado ao serviço de Registro Civil em até 05 (cinco) dias;

§ 4º Na hipótese de o registro de nascimento do reconhecido ter sido lavrado no Cartório de Registro Civil da mesma comarca do juízo que formalizou o reconhecimento da paternidade, será imediatamente determinada a averbação da paternidade, independentemente do "cumpra-se" do Juízo Corregedor do serviço extrajudicial na decisão que serve de mandado, ressalvados os casos de dúvida do Oficial no cumprimento, os quais sempre deverão ser submetidos à análise e decisão da Corregedoria do Oficial destinatário da ordem de averbação;

§ 5º Nas hipóteses de o registro de nascimento do reconhecido ter sido lavrado no Cartório de Registro Civil de outra comarca, do mesmo ou de outro Estado da Federação, a decisão que serve de mandado de averbação será remetida pelo juízo responsável, por ofício, ao juízo fornecido pela Corregedoria-Geral da Justiça ao qual está vinculado o serviço extrajudicial destinatário, para cumprimento;

§ 6º Em 05 (cinco) dias as Corregedorias-Gerais da Justiça deverão fornecer à Corregedoria Nacional de Justiça o endereço que receberá os mandados de averbação. Os endereços permanecerão disponíveis no endereço eletrônico da Corregedoria Nacional;

§ 7º Os interessados deverão ser orientados a solicitar a certidão de nascimento averbada ao Cartório de Registro Civil competente.

Art. 6º Àquele que se declarar pobre, por não ter condição de arcar com as custas e emolumentos eventualmente devidos sem prejuízo do próprio sustento ou da família, será reconhecida a isenção.

Art. 7º Caso não haja reconhecimento incondicionado, mas seja possível o reconhecimento consensual após a realização de exame de DNA admitido pelos envolvidos, o juízo tomará as providências necessárias para a realização do exame, designando nova audiência quando necessário.

Art. 8º Caso o suposto pai não atenda à notificação judicial, ou negue a paternidade que lhe é atribuída, o Juiz, a pedido da mãe ou do interessado capaz, remeterá o expediente para o representante do Ministério Público, ou da Defensoria Pública ou para serviço de assistência judiciária, a fim de que seja proposta ação de investigação de paternidade caso os elementos disponíveis sejam suficientes.

Parágrafo único. A iniciativa conferida ao Ministério Público não impede a quem tenha legítimo interesse de intentar a investigação, visando obter o pretendido reconhecimento da paternidade.

Art. 9º No prazo de 60 (sessenta) dias, contados da publicação deste Provimento, as Corregedorias-Gerais de cada um dos Tribunais de Justiça deverá informar à Corregedoria Nacional as providências tomadas para a execução deste Provimento e o encaminhamento das informações aos juízes competentes.

Parágrafo único. Da ata de inspeção e/ou de correição de cada Corregedoria local deverá constar informação sobre o cumprimento das medidas previstas no art. 2º[319] da Lei nº 8.560/1992 pelos Registradores e pelos Magistrados competentes para os atos.

---

319. Art. 2º Em registro de nascimento de menor apenas com a maternidade estabelecida, o Oficial remeterá ao juiz certidão integral do registro e o nome e prenome, profissão, identidade e residência do suposto pai, a fim de ser averiguada oficiosamente a procedência da alegação.
    § 1º O juiz, sempre que possível, ouvirá a mãe sobre a paternidade alegada e mandará, em qualquer caso, notificar o suposto pai, independente de seu estado civil, para que se manifeste sobre a paternidade que lhe é atribuída;
    § 2º O juiz, quando entender necessário, determinar que a diligência seja realizada em segredo de justiça;
    § 3º No caso do suposto pai confirmar expressamente a paternidade, será lavrado termo de reconhecimento e remetida certidão ao Oficial do Registro, para a devida averbação;
    § 4º Se o suposto pai não atender no prazo de 30 (trinta) dias, a notificação judicial, ou negar a alegada paternidade, o juiz remeterá os autos ao representante do Ministério Público para que intente, havendo elementos suficientes, a ação de investigação de paternidade;
    § 5º Nas hipóteses previstas no § 4º deste artigo, é dispensável o ajuizamento de ação de investigação de paternidade pelo Ministério Público se, após o não comparecimento ou a recusa do suposto pai em assumir a paternidade a ele atribuída, a criança for encaminhada para adoção;
    § 6º A iniciativa conferida ao Ministério Público não impede a quem tenha legítimo interesse de intentar investigação, visando a obter o pretendido reconhecimento da paternidade.

Art. 10. O presente Provimento veicula regulamentação geral sobre o tema e não proíbe a edição ou a manutenção de normas locais capazes de adaptar as suas finalidades às peculiaridades de cada região.

Parágrafo único. As normas locais sobre o tema deverão ser informadas a esta Corregedoria Nacional.

Art. 11. Este Provimento entra em vigor na data de sua publicação.

RESOLUÇÃO Nº 402
28 DE JUNHO DE 2021

Dispõe sobre ações de caráter informativo, no âmbito do Serviço de Registro Civil das Pessoas Naturais, para melhor preparação para o casamento civil, e dá outras providências.

Art. 1º Instituir, no âmbito do Serviço de Registro Civil das Pessoas Naturais, a obrigatoriedade de disponibilização aos nubentes, no momento da habilitação para o matrimônio, de material informativo para melhor preparação para o casamento civil.

Parágrafo único. O material informativo será também disponibilizado a qualquer interessado(a) que compareça a uma unidade do Serviço de Registro Civil das Pessoas Naturais para obter informações sobre o casamento.

Art. 2º O acesso ao material informativo pelos pretendentes ao casamento é facultativo, de modo que não constitui requisito ou condição para a habilitação para o matrimônio.

Art. 3º O material informativo consistirá de manuais, cartilhas, guias rápidos, cartazes a serem fixados nas unidades do Registro Civil e vídeos, acessíveis por meio eletrônico, por intermédio e link a ser fornecido aos(às) interessados(as) pelo(a) registrador(a).

Parágrafo único. Os vídeos informativos serão disponibilizados nos sítios eletrônicos das unidades do Serviço de Registro Civil de Pessoas Naturais, após sua aprovação pela Presidência do CNJ e pela Corregedoria Nacional de Justiça.

Art. 4º O material informativo de preparação para o casamento civil tem por objetivos:

– prestar aos(às) interessados(as) em se casar as informações jurídicas necessárias à compreensão do casamento, de suas formalidades, de seus efeitos jurídicos, do regime de bens entre os cônjuges, dos direitos e deveres conjugais, do poder familiar sobre os filhos e das formas de sua dissolução;

– conscientizar os(as) nubentes sobre a relevância e o significado do casamento, sobre a importância do diálogo como forma de superação de conflitos familiares e de se evitar o divórcio irrefletido, e sobre o interesse da sociedade e dos(as) próprios(as) contraentes na estabilidade e permanência das relações matrimoniais;

– possibilitar aos(às) nubentes a antevisão de seus direitos e deveres e a previsão das consequências jurídicas de suas condutas;

– conscientizar os(as) nubentes sobre o exercício adequado da parentalidade, como forma de se assegurar o sadio desenvolvimento de crianças e adolescentes, e de prevenção de maus tratos e abusos; e

V – esclarecer os(as) pretendentes ao matrimônio sobre o fenômeno da violência doméstica e familiar contra a mulher e as formas de sua prevenção e enfrentamento.

§ 1º O material informativo deverá ser produzido em linguagem acessível ao grande público;

§ 2º Os conteúdos informativos poderão ser desdobrados por temas, no formato de minicursos, de modo a possibilitar maior verticalização de conhecimentos.

Art. 5º O material informativo, além de observar estritamente os parâmetros descritos no artigo anterior, não poderá se revestir de caráter religioso ou ideológico, haja vista a laicidade do Estado e o princípio fundamental do pluralismo político em que se assenta a República Federativa do Brasil (art. 1º, V[320], da Constituição Federal).

Art. 6º O material informativo será produzido em conformidade com o disposto nesta Resolução e no Termo de Cooperação Técnica firmado entre o Conselho Nacional de Justiça, o Ministério da Mulher, da Família e dos Direitos Humanos, a Confederação Nacional dos Notários e Registradores (CNR) e a Associação Nacional dos Registradores de Pessoas Naturais (ARPEN-Brasil).

Art. 7º Esta Resolução entra em vigor na data de sua publicação.

RESOLUÇÃO Nº 363
12 DE JANEIRO DE 2021

Estabelece medidas para o processo de adequação à Lei Geral de Proteção de Dados Pessoais a serem adotadas pelos Tribunais.

Art. 1º Estabelecer medidas para o processo de adequação à Lei Geral de Proteção de Dados Pessoais (LGPD) a serem adotadas pelos Tribunais do país (primeira e segunda instâncias e Cortes Superiores), à exceção do Supremo Tribunal Federal, para facilitar o processo de implementação no âmbito do sistema judicial, consistentes em:

I – criar o Comitê Gestor de Proteção de Dados Pessoais (CGPD), que será o responsável pelo processo de implementação da Lei nº 13.709/2018 em cada tribunal, com as seguintes características:

a) a composição do referido Comitê deverá ter caráter multidisciplinar e ter em vista o porte de cada tribunal;

b) caberá a cada tribunal a decisão de promover a capacitação dos membros do CGPD sobre a LGPD e normas afins, o que poderá ser viabilizado pelas academias ou escolas judiciais das respectivas Cortes de Justiça.

II – designar o encarregado pelo tratamento de dados pessoais, conforme o disposto no art. 41[321] da LGPD;

___

320. Art. 1º A República Federativa do Brasil, formada pela união indissolúvel dos Estados e Municípios e do Distrito Federal, constitui-se em Estado Democrático de Direito e tem como fundamentos:
V – o pluralismo político.
321. Art. 41. O controlador deverá indicar encarregado pelo tratamento de dados pessoais.
§ 1º A identidade e as informações de contato do encarregado deverão ser divulgadas publicamente, de forma

III – formar Grupo de Trabalho Técnico de caráter multidisciplinar para auxiliar nas funções junto ao encarregado pelo GT, composto, entre outros, por servidores da área de tecnologia, segurança da informação e jurídica;

IV – elaborar, por meio de canal do próprio encarregado, ou em parceria com as respectivas ouvidorias dos Tribunais:

a) formulário eletrônico ou sistema para atendimento das requisições e/ou reclamações apresentadas por parte dos titulares dos dados pessoais;

b) fluxo para atendimento aos direitos dos titulares (art. 18[322], 19[113] e 20[114] da LGPD), requisi-

___

clara e objetiva, preferencialmente no sítio eletrônico do controlador;
§ 2º As atividades do encarregado consistem em:
I – aceitar reclamações e comunicações dos titulares, prestar esclarecimentos e adotar providências;
II – receber comunicações da autoridade nacional e adotar providências;
III – orientar os funcionários e os contratados da entidade a respeito das práticas a serem tomadas em relação à proteção de dados pessoais; e
IV – executar as demais atribuições determinadas pelo controlador ou estabelecidas em normas complementares.
§ 3º A autoridade nacional poderá estabelecer normas complementares sobre a definição e as atribuições do encarregado, inclusive hipóteses de dispensa da necessidade de sua indicação, conforme a natureza e o porte da entidade ou o volume de operações de tratamento de dados;
§ 4º (Vetado).
322. Art. 18. O titular dos dados pessoais tem direito a obter do controlador, em relação aos dados do titular por ele tratados, a qualquer momento e mediante requisição:
I – confirmação da existência de tratamento;
II – acesso aos dados;
III – correção de dados incompletos, inexatos ou desatualizados;
IV – anonimização, bloqueio ou eliminação de dados desnecessários, excessivos ou tratados em desconformidade com o disposto nesta Lei;
V – portabilidade dos dados a outro fornecedor de serviço ou produto, mediante requisição expressa, de acordo com a regulamentação da autoridade nacional, observados os segredos comercial e industrial;
VI – eliminação dos dados pessoais tratados com o consentimento do titular, exceto nas hipóteses previstas no art. 16 desta Lei;
VII – informação das entidades públicas e privadas com as quais o controlador realizou uso compartilhado de dados;
VIII – informação sobre a possibilidade de não fornecer consentimento e sobre as consequências da negativa;
IX – revogação do consentimento, nos termos do § 5º do art. 8º desta Lei.
§ 1º O titular dos dados pessoais tem o direito de peticionar em relação aos seus dados contra o controlador perante a autoridade nacional;
§ 2º O titular pode opor-se a tratamento realizado com fundamento em uma das hipóteses de dispensa de consentimento, em caso de descumprimento ao disposto nesta Lei;
§ 3º Os direitos previstos neste artigo serão exercidos mediante requerimento expresso do titular ou de representante legalmente constituído, a agente de tratamento;
§ 4º Em caso de impossibilidade de adoção imediata da providência de que trata o § 3º deste artigo, o controlador enviará ao titular resposta em que poderá:
I – comunicar que não é agente de tratamento dos dados e indicar, sempre que possível, o agente; ou

ções e/ou reclamações apresentadas, desde o seu ingresso até o fornecimento da respectiva resposta.

V – criar um site com informações sobre a aplicação da LGPD aos Tribunais, incluindo:

a) os requisitos para o tratamento legítimo de dados;

b) as obrigações dos controladores e os direitos dos titulares nos termos do art. 1º, II, "a"[325] da Recomendação do CNJ nº 73/2020;

_____

II – indicar as razões de fato ou de direito que impedem a adoção imediata da providência.

§ 5º O requerimento referido no § 3º deste artigo será atendido sem custos para o titular, nos prazos e nos termos previstos em regulamento;

§ 6º O responsável deverá informar, de maneira imediata, aos agentes de tratamento com os quais tenha realizado uso compartilhado de dados a correção, a eliminação, a anonimização ou o bloqueio dos dados, para que repitam idêntico procedimento, exceto nos casos em que esta comunicação seja comprovadamente impossível ou implique esforço desproporcional;

§ 7º A portabilidade dos dados pessoais a que se refere o inciso V do caput deste artigo não inclui dados que já tenham sido anonimizados pelo controlador;

§ 8º O direito a que se refere o § 1º deste artigo também poderá ser exercido perante os organismos de defesa do consumidor.

323. Art. 19. A confirmação de existência ou o acesso a dados pessoais serão providenciados, mediante requisição do titular:

I – em formato simplificado, imediatamente; ou

II – por meio de declaração clara e completa, que indique a origem dos dados, a inexistência de registro, os critérios utilizados e a finalidade do tratamento, observados os segredos comercial e industrial, fornecida no prazo de até 15 (quinze) dias, contado da data do requerimento do titular.

§ 1º Os dados pessoais serão armazenados em formato que favoreça o exercício do direito de acesso;

§ 2º As informações e os dados poderão ser fornecidos, a critério do titular:

I – por meio eletrônico, seguro e idôneo para esse fim; ou

II – sob forma impressa.

§ 3º Quando o tratamento tiver origem no consentimento do titular ou em contrato, o titular poderá solicitar cópia eletrônica integral de seus dados pessoais, observados os segredos comercial e industrial, nos termos de regulamentação da autoridade nacional, em formato que permita a sua utilização subsequente, inclusive em outras operações de tratamento;

§ 4º A autoridade nacional poderá dispor de forma diferenciada acerca dos prazos previstos nos incisos I e II do caput deste artigo para os setores específicos.

324. Art. 20. O titular dos dados tem direito a solicitar a revisão de decisões tomadas unicamente com base em tratamento automatizado de dados pessoais que afetem seus interesses, incluídas as decisões destinadas a definir o seu perfil pessoal, profissional, de consumo e de crédito ou os aspectos de sua personalidade.

§ 1º O controlador deverá fornecer, sempre que solicitadas, informações claras e adequadas a respeito dos critérios e dos procedimentos utilizados para a decisão automatizada, observados os segredos comercial e industrial;

§ 2º Em caso de não oferecimento de informações de que trata o § 1º deste artigo baseado na observância do segredo comercial e industrial, a autoridade nacional poderá realizar auditoria para verificação de aspectos discriminatórios em tratamento automatizado de dados pessoais;

§ 3º (Vetado).

325. Art. 1º Recomendar a todos os órgãos do Poder Judiciário brasileiro, à exceção do Supremo Tribunal Federal, a

c) as informações sobre o encarregado (nome, endereço e e-mail para contato), referidas no art. 41, § 1º[326], da LGPD.

VI – disponibilizar informação adequada sobre o tratamento de dados pessoais, nos termos do art. 9º[327] da LGPD, por meio de:

a) avisos de cookies no portal institucional de cada tribunal;

b) política de privacidade para navegação na página da instituição;

c) política geral de privacidade e proteção de dados pessoais a ser aplicada internamente no âmbito de cada tribunal e supervisionada pelo CGPD;

VII – zelar para que as ações relacionadas à LGPD sejam cadastradas com os assuntos pertinentes da tabela processual unificada;

VIII – determinar aos serviços extrajudiciais que, sob a supervisão da respetiva Corregedoria-Geral da Justiça, analisem a adequação à LGPD no âmbito de suas atribuições;

IX – organizar programa de conscientização sobre a LGPD, destinado a magistrados, a ser-

_____

adoção das seguintes medidas destinadas a instituir um padrão nacional de proteção de dados pessoais existentes nas suas bases:

II – disponibilizar, nos sítios eletrônicos, de forma ostensiva e de fácil acesso aos usuários:

a) informações básicas sobre a aplicação da Lei Geral de Proteção de Dados aos tribunais, incluindo os requisitos para o tratamento legítimo de dados, as obrigações dos controladores e os direitos dos titulares.

326. Art. 41. O controlador deverá indicar encarregado pelo tratamento de dados pessoais.

§ 1º A identidade e as informações de contato do encarregado deverão ser divulgadas publicamente, de forma clara e objetiva, preferencialmente no sítio eletrônico do controlador.

327. Art. 9º O titular tem direito ao acesso facilitado às informações sobre o tratamento de seus dados, que deverão ser disponibilizadas de forma clara, adequada e ostensiva acerca de, entre outras características previstas em regulamentação para o atendimento do princípio do livre acesso:

I – finalidade específica do tratamento;

II – forma e duração do tratamento, observados os segredos comercial e industrial;

III – identificação do controlador;

IV – informações de contato do controlador;

V – informações acerca do uso compartilhado de dados pelo controlador e a finalidade;

VI – responsabilidades dos agentes que realizarão o tratamento; e

VII – direitos do titular, com menção explícita aos direitos contidos no art. 18 desta Lei.

§ 1º Na hipótese em que o consentimento é requerido, esse será considerado nulo caso as informações fornecidas ao titular tenham conteúdo enganoso ou abusivo ou não tenham sido apresentadas previamente com transparência, de forma clara e inequívoca.

§ 2º Na hipótese em que o consentimento é requerido, se houver mudanças da finalidade para o tratamento de dados pessoais não compatíveis com o consentimento original, o controlador deverá informar previamente o titular sobre as mudanças de finalidade, podendo o titular revogar o consentimento, caso discorde das alterações.

§ 3º Quando o tratamento de dados pessoais for condição para o fornecimento de produto ou de serviço ou para o exercício de direito, o titular será informado com destaque sobre esse fato e sobre os meios pelos quais poderá exercer os direitos do titular elencados no art. 18 desta Lei.

vidores, a trabalhadores terceirizados, a estagiários e residentes judiciais, das áreas administrativas e judiciais de primeira e segunda instâncias e Cortes Superiores, à exceção do Supremo Tribunal Federal;

X – revisar os modelos de minutas de contratos e convênios com terceiros já existentes, que autorizem o compartilhamento de dados, bem como elaborar orientações para as contratações futuras, em conformidade com a LGPD considerando os seguintes critérios:

a) para uma determinada operação de tratamento de dados pessoais deve haver:

1. uma respectiva finalidade específica;

2. em consonância ao interesse público; e

3. com lastro em regra de competência administrativa aplicável à situação concreta.

b) o tratamento de dados pessoais previsto no respectivo ato deve ser:

1. compatível com a finalidade especificada; e

2. necessário para a sua realização.

c) inclusão de cláusulas de eliminação de dados pessoais nos contratos, convênios e instrumentos congêneres, à luz dos parâmetros da finalidade e da necessidade acima indicados;

d) realizar relatório de impacto de proteção de dados previamente ao contrato ou convênio, com observância do princípio da transparência.

XI – implementar medidas de segurança, técnicas e administrativas aptas a proteger os dados pessoais de acessos não autorizados e de situações acidentais ou ilícitas de destruição, perda, alteração, comunicação ou qualquer forma de tratamento inadequado ou ilícito, nos termos do art. 46[328] e seguintes da LGPD, por meio:

a) da elaboração de política de segurança da informação que contenha plano de resposta a incidentes (art. 48[329] da LGPD), bem como previsão de adoção de mecanismos de segu-

_____

328. Art. 46. Os agentes de tratamento devem adotar medidas de segurança, técnicas e administrativas aptas a proteger os dados pessoais de acessos não autorizados e de situações acidentais ou ilícitas de destruição, perda, alteração, comunicação ou qualquer forma de tratamento inadequado ou ilícito.

§ 1º A autoridade nacional poderá dispor sobre padrões técnicos mínimos para tornar aplicável o disposto no caput deste artigo, considerados a natureza das informações tratadas, as características específicas do tratamento e o estado atual da tecnologia, especialmente no caso de dados pessoais sensíveis, assim como os princípios previstos no caput do art. 6º desta Lei;

§ 2º As medidas de que trata o caput deste artigo deverão ser observadas desde a fase de concepção do produto ou do serviço até a sua execução.

329. Art. 48. O controlador deverá comunicar à autoridade nacional e ao titular a ocorrência de incidente de segurança que possa acarretar risco ou dano relevante aos titulares.

§ 1º A comunicação será feita em prazo razoável, conforme definido pela autoridade nacional, e deverá mencionar, no mínimo:

I – a descrição da natureza dos dados pessoais afetados;

II – as informações sobre os titulares envolvidos;

III – a indicação das medidas técnicas e de segurança utilizadas para a proteção dos dados, observados os segredos comercial e industrial;

IV – os riscos relacionados ao incidente;

rança desde a concepção de novos produtos ou serviços (art. 46, § 1º);

b) da avaliação dos sistemas e dos bancos de dados, em que houver tratamento de dados pessoais, submetendo tais resultados à apreciação do CGPD para as devidas deliberações;

c) da avaliação da segurança de integrações de sistemas;

d) da análise da segurança das hipóteses de compartilhamento de dados pessoais com terceiros.

XII – elaborar e manter os registros de tratamentos de dados pessoais contendo informações sobre:

a) finalidade do tratamento;

b) base legal;

c) descrição dos titulares;

d) categorias de dados;

e) categorias de destinatários;

f) eventual transferência internacional; e

g) prazo de conservação e medidas de segurança adotadas, nos termos do art. 37[330] da LGPD.

XIII – informar o CGPD sobre os projetos de automação e inteligência artificial.

Art. 2º Para o cumprimento do disposto nesta Resolução, recomenda-se que o processo de implementação da LGPD contemple, ao menos, as seguintes ações:

– realização do mapeamento de todas as atividades de tratamento de dados pessoais por meio de questionário, conforme modelo a ser elaborado pelo CNJ;

– realização da avaliação das vulnerabilidades (gap assessment) para a análise das lacunas da instituição em relação à proteção de dados pessoais; e

– elaboração de plano de ação (Roadmap), com a previsão de todas as atividades constantes nesta Resolução.

Art. 3º Esta Resolução entra em vigor na data da sua publicação.

RESOLUÇÃO Nº 356
27 DE NOVEMBRO DE 2020

Dispõe sobre a alienação antecipada de bens apreendidos em procedimentos criminais e dá outras providências.

Art. 1º Os procedimentos para alienação antecipada de bens apreendidos, sequestrados ou arrestados em procedimentos criminais obedecerão ao disposto nesta Resolução.

Art. 2º Os magistrados com competência criminal, nos autos em que existam bens e ativos apreendidos ou que sejam objeto de medida assecuratória, deverão:

I – manter, desde a data da efetiva apreensão, arresto ou sequestro, rigoroso acompanhamento do estado da coisa ou bem, diretamente ou por depositário formalmente designado, sob responsabilidade;

II – ordenar o registro e averbações necessárias dos bens apreendidos, arrestados ou sequestrados nos respectivos órgãos de registro, nos termos dos arts. 837[331] e 844[332] do Código de Processo Civil e do § 12[333] do art. 61 da Lei nº 11.343/2006, alterada pela Lei nº 13.840/2019;

III – realizar busca ativa e restituição do bem apreendido à vítima, quando cabível e na medida das possibilidades;

IV – providenciar, no prazo de trinta dias contados da apreensão, arresto ou sequestro de bens, a alienação antecipada dos ativos apreendidos em processos criminais, nos termos do § 1º[334] do art. 61 da Lei nº 11.343/2006 (Lei de Drogas), alterada pela Lei nº 13.840/2019;

V – decidir, no prazo de trinta dias contados da apreensão, arresto ou sequestro de bens, ouvido o Ministério Público, sobre o cabimento da alienação antecipada dos bens e ativos apreendidos ou que sejam objeto de medida assecuratória, nos termos do art. 144-A[335] do CPP;

---

331. Art. 837. Obedecidas as normas de segurança instituídas sob critérios uniformes pelo Conselho Nacional de Justiça, a penhora de dinheiro e as averbações de penhoras de bens imóveis e móveis podem ser realizadas por meio eletrônico.

332. Art. 844. Para presunção absoluta de conhecimento por terceiros, cabe ao exequente providenciar a averbação do arresto ou da penhora no registro competente, mediante apresentação de cópia do auto ou do termo, independentemente de mandado judicial.

333. Art. 61. A apreensão de veículos, embarcações, aeronaves e quaisquer outros meios de transporte e dos maquinários, utensílios, instrumentos e objetos de qualquer natureza utilizados para a prática dos crimes definidos nesta Lei será imediatamente comunicada pela autoridade de polícia judiciária responsável pela investigação ao juízo competente.

§ 12. O juiz ordenará às secretarias de fazenda e aos órgãos de registro e controle que efetuem as averbações necessárias, tão logo tenha conhecimento da apreensão.

334. Art. 61. A apreensão de veículos, embarcações, aeronaves e quaisquer outros meios de transporte e dos maquinários, utensílios, instrumentos e objetos de qualquer natureza utilizados para a prática dos crimes definidos nesta Lei será imediatamente comunicada pela autoridade de polícia judiciária responsável pela investigação ao juízo competente.

§ 1º O juiz, no prazo de 30 (trinta) dias contado da comunicação de que trata o caput, determinará a alienação dos bens apreendidos, excetuadas as armas, que serão recolhidas na forma da legislação específica.

335. Art. 144-A. O juiz determinará a alienação antecipada para preservação do valor dos bens sempre que estive-

---

VI – determinar o depósito das importâncias de valores referentes ao produto da alienação, ou relacionados a numerários apreendidos ou que tenham sido convertidos, desde que sujeitos a perdimento em favor da União;

VII – determinar a devida destinação dos valores depositados em contas vinculadas ao juízo, antes do arquivamento dos autos; e

VIII – especificar expressamente nas sentenças quando o crime estiver relacionado a decretação do perdimento dos bens móveis e imóveis, quando apreendidos ou sequestrados em decorrência das atividades criminosas perpetradas por milicianos ou relacionadas ao tráfico de drogas.

Art. 3º Os valores atualmente depositados em contas judiciais, decorrentes de alienação antecipada da apreensão em processos criminais, deverão ser transferidos, observando-se a sistemática e os códigos de recolhimento divulgados no portal eletrônico do Conselho Nacional de Justiça.

§ 1º Aplica-se o disposto no caput aos ativos apreendidos ou decorrentes de alienação antecipada em processos criminais não relacionados com o tráfico de drogas, desde que os bens estejam sujeitos a perdimento em favor da União;

§ 2º O produto da alienação depositado em conta vinculada ao juízo, após a decisão condenatória final do processo ou conforme dispuser lei específica, será convertido em renda para a União, observando-se a sistemática e os códigos de recolhimento divulgados no portal eletrônico do Conselho Nacional de Justiça;

Art. 4º Em caso de alienação ou destinação de veículos automotores, o juízo deverá providenciar, antes da entrega do bem, a baixa de even-

---

rem sujeitos a qualquer grau de deterioração ou depreciação, ou quando houver dificuldade para sua manutenção.

§ 1º O leilão far-se-á preferencialmente por meio eletrônico;

§ 2º Os bens deverão ser vendidos pelo valor fixado na avaliação judicial ou por valor maior. Não alcançado o valor estipulado pela administração judicial, será realizado novo leilão, em até 10 (dez) dias contados da realização do primeiro, podendo os bens ser alienados por valor não inferior a 80% (oitenta por cento) do estipulado na avaliação judicial;

§ 3º O produto da alienação ficará depositado em conta vinculada ao juízo até a decisão final do processo, procedendo-se à sua conversão em renda para a União, Estado ou Distrito Federal, no caso de condenação, ou, no caso de absolvição, à sua devolução ao acusado;

§ 4º Quando a indisponibilidade recair sobre dinheiro, inclusive moeda estrangeira, títulos, valores mobiliários ou cheques emitidos como ordem de pagamento, o juízo determinará a conversão do numerário apreendido em moeda nacional corrente e o depósito das correspondentes quantias em conta judicial;

§ 5º No caso da alienação de veículos, embarcações ou aeronaves, o juiz ordenará à autoridade de trânsito ou ao equivalente órgão de registro e controle a expedição de certificado de registro e licenciamento em favor do arrematante, ficando este livre do pagamento de multas, encargos e tributos anteriores, sem prejuízo da execução fiscal em relação ao antigo proprietário;

§ 6º O valor dos títulos da dívida pública, das ações das sociedades e dos títulos de crédito negociáveis em bolsa será o da cotação oficial do dia, provada por certidão ou publicação no órgão oficial;

§ 7º (Vetado).

tual registro de bloqueio no Sistema Renajud, caso tenha sido efetivado.

Art. 5º A alienação antecipada de ativos deverá ser realizada preferencialmente por meio de leilões unificados, que poderão ser organizados pelo próprio juízo ou por centrais de alienação criadas para tal fim, na primeira e na segunda instâncias, ou ainda por meio de adesão a procedimento de alienação do Ministério da Justiça e Segurança Pública (MJSP).

§ 1º Os Tribunais poderão criar cadastro de pessoas físicas ou jurídicas administradoras de bens, com comprovada experiência na área de gestão do bem ou estabelecimento empresarial apreendido, visando sua gestão até a alienação pelo Poder Judiciário, ou aderir ao procedimento do órgão gestor de ativos pertencente à estruturado Ministério da Justiça e Segurança Pública com essa finalidade;

§ 2º Optando o juízo pelo encaminhamento dos bens e ativos apreendidos ou sobre os quais recaia alguma medida assecuratória para alienação pelo MJSP, esta será conduzida por leiloeiros contratados por aquele Ministério, aptos a leiloar todos os tipos de ativos, incluindo bens imóveis, ativos biológicos e fundos de comércio, após gestão empresarial executada por profissionais indicados pelo Conselho Federal de Administração ao Poder Judiciário, por intermédio de acordo firmado pelo MJSP;

§ 3º Enquanto não houver a integração entre sistemas do Poder Judiciário e do MJSP, a utilização dos leiloeiros, e de acordos firmados com outras instituições, deverá ser solicitada ao MJSP, mediante o preenchimento, no Sistema Eletrônico de Informações (SEI) do Ministério da Justiça e Segurança Pública, do formulário de peticionamento eletrônico denominado "SENAD: Pedido Judicial de Alienação de Bens Apreendidos";

§ 4º Aderindo o juízo ao procedimento de alienação do Ministério da Justiça e Segurança Pública, o envio de documentos ao MJSP ocorrerá mediante peticionamento eletrônico no SEI, devendo observar o Manual de Orientações sobre Recolhimentos de Receitas Relacionadas a Fundos Geridos pelo Ministério da Justiça e Segurança Pública, disponibilizados na página do MJSP na internet.

Art. 6º O juízo deverá determinar, no ato do perdimento ou antes do encaminhamento dos bens à alienação, independentemente se por meio da central de alienação ou do MJSP, as seguintes providências:

I – às Secretarias de Fazenda e aos órgãos de registro e controle, que efetuem as averbações necessárias, caso não tenham sido realizadas quando da apreensão;

II – aos cartórios de registro de imóveis, ao proferir a sentença em que determine o perdimento, que realizem o registro da propriedade em favor da União, nos termos do caput e do parágrafo único do art. 243[336] da Constituição Federal;

---

336. Art. 243. As propriedades rurais e urbanas de qualquer região do País onde forem localizadas culturas ilegais de plantas psicotrópicas ou a exploração de trabalho escravo na forma da lei serão expropriadas e destinadas à reforma agrária e a programas de habitação popular, sem qualquer indenização ao proprietário e sem prejuízo de outras sanções previstas em lei, observado, no que couber, o disposto no art. 5º.

afastada a responsabilidade de terceiros prevista no inciso VI[337] do caput do art. 134 da Lei nº 5.172/1966 (Código Tributário Nacional); e

III – à Secretaria de Coordenação e Governança do Patrimônio da União, ao proferir a sentença em que determine o perdimento, que proceda à incorporação e entrega do imóvel, tornando-o livre e desembaraçado de quaisquer ônus para sua destinação.

Parágrafo único. As decisões judiciais deverão destacar que eventuais multas, encargos ou tributos pendentes de pagamento não podem ser cobrados do arrematante ou do órgão público alienante como condição para regularização dos bens, sem prejuízo de execução fiscal em relação ao antigo proprietário.

Art. 7º A consulta ao MJSP, em atenção ao art. 62, § 1º-A[338], da Lei nº 11.343/2006, quanto às indicações de órgãos de polícia judiciária, militar e rodoviária que poderão fazer uso de bens apreendidos, deverão ser feitas diretamente no sítio eletrônico do MJSP, na internet.

Art. 8º O Corregedor Nacional de Justiça apreciará as questões ou proposições decorrentes da aplicação desta Resolução, podendo editar instruções complementares e sobre elas deliberar.

Art. 9º Fica revogada a Recomendação CNJ nº 30/2010.

Art. 10. Esta Resolução entra em vigor na data de sua publicação.

RESOLUÇÃO Nº 228[339]
22 DE JUNHO DE 2016

Regulamenta a aplicação, no âmbito do Poder Judiciário, da Convenção sobre a Eliminação da Exigência de Legalização de Documentos Públicos Estrangeiros, celebrada na Haia, em 05 de outubro de 1961 (Convenção da Apostila).

Art. 1º A legalização de documentos produzidos em território nacional e destinados a produzir efeitos em países partes da Convenção sobre a Eliminação da Exigência de Legalização de Documentos Públicos Estrangeiros (Convenção da Apostila) será realizada, a partir de 14 de agosto de 2016, exclusivamente por meio da

---

Parágrafo único. Todo e qualquer bem de valor econômico apreendido em decorrência do tráfico ilícito de entorpecentes e drogas afins e da exploração de trabalho escravo será confiscado e reverterá a fundo especial com destinação específica, na forma da lei.

337. Art. 134. Nos casos de impossibilidade de exigência do cumprimento da obrigação principal pelo contribuinte, respondem solidariamente com este nos atos em que intervierem ou pelas omissões de que forem responsáveis:
VI – os tabeliães, escrivães e demais serventuários de ofício, pelos tributos devidos sobre os atos praticados por eles, ou perante eles, em razão do seu ofício.

338. Art. 62. Comprovado o interesse público na utilização de quaisquer dos bens de que trata o art. 61, os órgãos de polícia judiciária, militar e rodoviária poderão deles fazer uso, sob sua responsabilidade e com o objetivo de sua conservação, mediante autorização judicial, ouvido o Ministério Público e garantida a prévia avaliação dos respectivos bens.
§ 1º-A. O juízo deve cientificar o órgão gestor do Funad para que, em 10 (dez) dias, avalie a existência de interesse público mencionado no caput deste artigo e indique o órgão que deve receber o bem.

339. Atualizada até a Resolução nº 392/2021.

---

aposição de apostila, emitida nos termos desta Resolução.

Parágrafo único. Para os fins desta Resolução, entende-se como legalização, ou chancela consular, a formalidade pela qual se atesta a autenticidade da assinatura, da função ou do cargo exercido pelo signatário do documento e, quando cabível, a autenticidade do selo ou do carimbo nele aposto.

Art. 2º As apostilas emitidas por países partes da Convenção da Apostila, inclusive as emitidas em data anterior à vigência da referida Convenção no Brasil, serão aceitas em todo o território nacional a partir de 14 de agosto de 2016, em substituição à legalização diplomática ou consular.

Art. 3º Não será exigida a aposição de apostila quando, no país onde o documento deva produzir efeitos, a legislação em vigor, tratado, convenção ou acordo de que a República Federativa do Brasil seja parte afaste ou dispense o ato de legalização diplomática ou consular.

§ 1º As disposições de tratado, convenção ou acordo de que a República Federativa do Brasil seja parte e que tratem da simplificação ou dispensa do processo de legalização diplomática ou consular de documentos prevalecerão sobre as disposições da Convenção da Apostila, sempre que tais exigências formais sejam menos rigorosas do que as dispostas nos art. 3º e 4º da citada Convenção.

§ 2º Conforme a natureza do documento, poderão ser exigidos procedimentos específicos prévios à aposição da apostila.

Art. 4º Não será aposta apostila em documento que evidentemente consubstancie ato jurídico contrário à legislação brasileira.

Art. 5º Permanece regido pelas normas do Ministério das Relações Exteriores o procedimento de legalização diplomática ou consular de documentos que tenham como origem ou destino países que não sejam partes da Convenção da Apostila, ou quando não for possível a sua aplicação, com base nas exceções previstas em seu art. 1º ou na hipótese de objeção mencionada em seu art. 12.

Parágrafo único. Consoante as normas do Ministério das Relações Exteriores, a legalização de documentos mencionados no caput deste artigo poderá continuar a ser realizada na daquele Ministério, em Brasília-DF, em seus Escritórios Regionais em território nacional e nas Embaixadas e Repartições Consulares da República Federativa do Brasil.

Art. 6º O Conselho Nacional de Justiça é a autoridade competente para emitir apostilas em documentos originados no Brasil, podendo delegar o exercício do apostilamento a:

I – pessoas jurídicas de direito público e a órgãos públicos, mediante normatização específica da Corregedoria Nacional de Justiça;

II – titulares dos serviços extrajudiciais;

III – (Revogado).

→ Resolução nº 392/2021.

§ 1º O exercício da competência para emissão de apostilas, observado o art. 17 desta Resolução, pressupõe autorização específica e individualizada da Corregedoria Nacional de Justiça.

§ 2º O CNJ manterá, em sua página eletrônica, para fins de divulgação ao público, lista atua zada das autoridades brasileiras habilitadas a emitir a apostila, bem como relação de países para os quais será possível a emissão do documento.

Art. 7º A apostila deverá estar em conformidade com o modelo constante do Anexo I desta Resolução, apresentando as seguintes características:

I – terá a forma de um quadrado com pelo menos 09 (nove) centímetros de lado;

II – constarão do cabeçalho o brasão de Armas da República Federativa do Brasil e a logomarca do CNJ;

III – título apenas em francês "Apostille (Convention de La Haye du 05 octobre 1961)";

IV – campos fixos inscritos, redigidos em português, inglês e francês;

V – indicar o número sequencial e a data de emissão;

VI – constar o nome do signatário do documento público ou, no caso de documentos não assinados, a indicação da autoridade que após o selo ou carimbo, juntamente com o cargo e a função exercida e a instituição que representa.

§ 1º Os campos 3 (três) e 4 (quatro) serão preenchidos em língua portuguesa, podendo ser acrescidos outros idiomas, mediante apresentação de tradução juramentada do documento original;

§ 2º A Corregedoria Nacional de Justiça definirá os padrões de segurança, validade e eficácia para a aposição da apostila em documento assinado eletronicamente e da emissão de apostila em meio eletrônico.

Art. 8º As apostilas serão emitidas e registradas em sistema eletrônico.

§ 1º As apostilas serão assinadas com certificado digital e registradas pelo emissor;

§ 2º A apostila será emitida desde que realizada a conferência de autenticidade da assinatura, da função ou do cargo exercido pelo signatário do documento e, quando cabível, de autenticidade do selo ou do carimbo nele aposto;

§ 3º O apostilamento de documentos assinados fisicamente dependerá da apresentação do original;

§ 4º As apostilas emitidas deverão conter mecanismo que permita a verificação eletrônica de existência e de autenticidade, assim como conexão com o documento apostilado.

Art. 9º O sistema eletrônico de apostilamento registro é de propriedade intelectual da União administrado pelo Conselho Nacional de Justiça, por meio da Corregedoria Nacional de Justiça.

Parágrafo único. A Corregedoria Nacional de Justiça poderá, sob sua normatização e fiscalização, delegar, sem ônus para o CNJ, a gestão, administração e manutenção do sistema à Associação de Notários e Registradores do Brasil (ANOREG/BR) ou outra entidade de representação nacional de todas as especialidades notariais e registrais que venha a substituí-la.

Art. 10. A numeração da apostila será única em todo o território nacional, cabendo ao CNJ o registro e o armazenamento de todas as informações relativas às apostilas emitidas pelas autoridades de que trata o art. 6º desta Resolução.

Art. 11. A apostila em papel será impressa, nos termos de normatização da Corregedoria Nacional de Justiça, carimbada na forma do Anexo II desta Resolução e rubricada em campo próprio pela autoridade competente.

Art. 12. O CNJ manterá banco de dados unificado do registro eletrônico das apostilas emitidas em território nacional, permitindo a qualquer interessado, por meio de consulta eletrônica (online), a verificação da existência e da autenticidade das apostilas emitidas, bem como da conexão com cada documento apostilado.

Art. 13. (Revogado).

→ Resolução nº 392/2021.

Art. 14. O CNJ manterá interlocução com entidades e autoridades nacionais e estrangeiras, assim como com a Conferência da Haia de Direito Internacional Privado sobre assuntos relacionados à Convenção da Apostila, para o que poderá coordenar-se com o Ministério das Relações Exteriores.

Art. 15. Será constituído Comitê Gestor, no âmbito do Conselho Nacional de Justiça, composto pelos seguintes membros, presidido pelo primeiro e coordenado pelo segundo:

I – Conselheiro Ouvidor do CNJ;

II – Secretário-Geral do CNJ;

III – Diretor-Geral do CNJ;

IV – um representante da Corregedoria Nacional de Justiça;

V – um representante do Ministério das Relações Exteriores, indicado pelo Subsecretário-Geral das Comunidades Brasileiras no Exterior; e

VI – (Revogado).

→ Resolução nº 392/2021.

Art. 16. Caberá à Ouvidoria do CNJ o recebimento de consultas eventualmente formuladas quanto ao tema disciplinado por esta Resolução.

Art. 17. A Corregedoria Nacional de Justiça editará provimentos para a regulamentação da atuação das autoridades apostilantes, especialmente sobre o controle das atividades regidas por esta Resolução.

Art. 18. Os emolumentos corresponderão, para cada apostila emitida, ao custo de Procuração Sem Valor Declarado, segundo os valores vigentes em cada Estado da Federação.

Parágrafo único. Será isenta da cobrança de emolumentos a emissão de apostila em documentos requeridos por órgãos do Poder Executivo Federal para utilização no exterior, no interesse do serviço público.

Art. 19. A emissão de apostilas será obrigatória em todas as capitais do país a partir de 14 de agosto de 2016, cabendo à Corregedoria Nacional de Justiça, nos termos do art. 6º, § 1º, desta Resolução, a análise da conveniência e da oportunidade quanto à interiorização da prestação deste serviço público.

Art. 20. (Revogado).

→ Resolução nº 247/2018.

Art. 21. Esta Resolução entra em vigor na data de sua publicação.

RESOLUÇÃO Nº 175
14 DE MAIO DE 2013

Dispõe sobre a habilitação, celebração de casamento civil, ou de conversão de união estável em casamento, entre pessoas de mesmo sexo.

Art. 1º É vedada às autoridades competentes a recusa de habilitação, celebração de casamento civil ou de conversão de união estável em casamento entre pessoas de mesmo sexo.

Art. 2º A recusa prevista no art. 1º implicará a imediata comunicação ao respectivo Juiz Corregedor para as providências cabíveis.

Art. 3º Esta Resolução entra em vigor na data de sua publicação.

RESOLUÇÃO Nº 155[340]
16 DE JULHO DE 2012

Dispõe sobre traslado de certidões de Registro Civil de Pessoas Naturais emitidas no exterior.

DISPOSIÇÕES COMUNS

Art. 1º O traslado de assentos de nascimento, casamento e óbito de brasileiros em país estrangeiro, tomados por autoridade consular brasileira, nos termos do regulamento consular, ou por autoridade estrangeira competente, a que se refere o caput do art. 32[341] da Lei nº 6.015/1973, será efetuado no Livro "E" do 1º Ofício de Registro Civil de Pessoas Naturais da comarca do domicílio do interessado ou do 1º Ofício de Registro Civil de Pessoas Naturais do Distrito Federal, sem a necessidade de autorização judicial.

Art. 2º Os assentos de nascimento, casamento e óbito de brasileiros lavrados por autoridade estrangeira competente, que não tenham sido

---

340. Atualizada até a Resolução nº 419/2021.

341. Art. 32. Os assentos de nascimento, óbito e de casamento de brasileiros em país estrangeiro serão considerados autênticos, nos termos da lei do lugar em que forem feitos, legalizadas as certidões pelos cônsules ou quando por estes tomados, nos termos do regulamento consular.

§ 1º Os assentos de que trata este artigo serão, porém, trasladados nos cartórios do 1º Ofício do domicílio do registrado ou no 1º Ofício do Distrito Federal, em falta de domicílio conhecido, quando tiverem de produzir efeito no país, ou, antes, por meio de segunda via que os cônsules serão obrigados a remeter por intermédio do Ministério das Relações Exteriores;

§ 2º O filho de brasileiro ou brasileira, nascido no estrangeiro, e cujos pais não estejam ali a serviço do Brasil, desde que registrado em consulado brasileiro ou não registrado, venha a residir no território nacional antes de atingir a maioridade, poderá requerer, no juízo de seu domicílio, se registre, no Livro "E" do 1º Ofício do Registro Civil, o termo de nascimento;

§ 3º Do termo e das respectivas certidões do nascimento registrado na forma do parágrafo antecedente constará que só valerão como prova de nacionalidade brasileira, até 04 (quatro) anos depois de atingida a maioridade;

§ 4º Dentro do prazo de 04 (quatro) anos, depois de atingida a maioridade pelo interessado referido no § 2º deverá ele manifestar a sua opção pela nacionalidade brasileira perante o Juízo Federal. Deferido o pedido, proceder-se-á ao registro no Livro "E" do Cartório do 1º Ofício do domicílio do optante;

§ 5º Não se verificando a hipótese prevista no parágrafo anterior, o Oficial cancelará, de ofício, o registro provisório efetuado na forma do § 2º.

previamente registrados em repartição consular brasileira, somente poderão ser trasladados no Brasil se estiverem legalizados por autoridade consular brasileira que tenha jurisdição sobre o local em que foram emitidas.

§ 1º Antes de serem trasladados, tais assentos também deverão ser traduzidos por tradutor público juramentado, inscrito em junta comercial brasileira;

§ 2º A legalização efetuada por autoridade consular brasileira consiste no reconhecimento da assinatura de Notário/autoridade estrangeira competente aposta em documento original/fotocópia autenticada ou na declaração de autenticidade de documento original não assinado, nos termos do regulamento consular. O reconhecimento, no Brasil, da assinatura da autoridade consular brasileira no documento será dispensado, conforme previsto no art. 2º[342] do Decreto nº 84.451/1980;

§ 3º Os Oficiais de Registro Civil deverão observar a eventual existência de acordos multilaterais ou bilaterais, de que o Brasil seja parte, que prevejam a dispensa de legalização de documentos públicos originados em um Estado a serem apresentados no território do outro Estado, ou a facilitação dos trâmites para a sua legalização.

Art. 3º Sempre que o traslado for indeferido pelo Oficial de Registro Civil, será feita nota com os motivos do indeferimento, cumprindo-se, quando for o caso, o art. 198[343] c/c o art. 296[344] da Lei nº 6.015/1973.

Art. 4º O traslado de certidões de assentos de nascimento, casamento e óbito de brasileiros lavrados em país estrangeiro será efetuado mediante apresentação de documentos originais.

Parágrafo único. O arquivamento de tais documentos poderá ser feito por cópia reprográfica conferida pelo Oficial de Registro Civil.

Art. 5º O Oficial de Registro Civil deverá efetuar o traslado das certidões de assentos de nascimento, casamento e óbito de brasileiros ocorridos em país estrangeiro, ainda que o requerente relate a eventual necessidade de retificação do seu conteúdo. Após a efetivação do traslado, para os erros que não exijam qualquer indagação para a constatação imediata de necessidade de sua correção, o Oficial de Registro deverá proceder à retificação conforme art. 110[345] da Lei nº 6.015/1973.

---

342. Dispositivo revogado pelo Decreto nº 8.742/2016.
343. § 1º O procedimento da dúvida observará o seguinte:
  I – no Protocolo, anotará o Oficial, à margem da prenotação, a ocorrência da dúvida;
  II – após certificar, no título, a prenotação e a suscitação da dúvida, rubricará o Oficial todas as suas folhas;
  III – em seguida, o Oficial dará ciência dos termos da dúvida ao apresentante, fornecendo-lhe cópia da suscitação e notificando-o para impugná-la, perante o juízo competente, no prazo de 15 (quinze) dias; e
  IV – certificado o cumprimento do disposto no inciso III, serão remetidos eletronicamente ao juízo competente as razões da dúvida e o título.
  § 2º A inobservância ao disposto neste artigo ensejará a aplicação das penas previstas no art. 32 da Lei nº 8.935/1994, nos termos estabelecidos pela Corregedoria Nacional de Justiça do Conselho Nacional de Justiça.
344. Art. 296. Aplicam-se aos registros referidos no art. 1º, § 1º, incisos I, II e III, desta Lei, as disposições relativas ao processo de dúvida no Registro de Imóveis.
345. Art. 110. O Oficial retificará o registro, a averbação ou a anotação, de ofício ou a requerimento do interessado, mediante petição assinada pelo interessado, represen-

---

Parágrafo único. Para os demais erros, aplica-se o disposto no art. 109[346] da referida Lei.

Art. 6º As certidões dos traslados de nascimento, de casamento e de óbito, emitidas pelos Cartórios de 1º Ofício de Registro Civil de Pessoas Naturais deverão seguir os padrões e modelos estabelecidos pelo Provimento CN-CNJ nº 63/2017, bem como por outro(s) subsequente(s) que venha(m) a alterá-lo ou complementá-lo, com as adaptações que se fizerem necessárias.

Art. 6º-A Poderá ser averbado o número de CPF nos traslados dos assentos de nascimento, casamento e óbito de brasileiros em país estrangeiro, de forma gratuita.

TRASLADO DE NASCIMENTO

Art. 7º O traslado de assento de nascimento, lavrado por autoridade consular brasileira, deverá ser efetuado mediante a apresentação dos seguintes documentos:

tante legal ou procurador, independentemente de prévia autorização judicial ou manifestação do Ministério Público, nos casos de:
  I – erros que não exijam qualquer indagação para a constatação imediata de necessidade de sua correção;
  II – erro na transposição dos elementos constantes em ordens e mandados judiciais, termos ou requerimentos, bem como outros títulos a serem registrados, averbados ou anotados, e o documento utilizado para a referida averbação e/ou retificação ficará arquivado no registro no cartório;
  III – inexatidão da ordem cronológica e sucessiva referente à numeração do livro, da folha, da página, do termo, bem como da data do registro;
  IV – ausência de indicação do município relativo ao nascimento ou naturalidade do registrado, nas hipóteses em que existir descrição precisa do endereço do local do nascimento;
  V – elevação de distrito a município ou alteração de suas nomenclaturas por força de lei.
  § 1º a § 4º (Revogados pela Lei nº 13.484/2017);
  § 5º Nos casos em que a retificação decorra de erro imputável ao Oficial, por si ou por seus prepostos, não será devido pelos interessados o pagamento de selos e taxas.
346. Art. 109. Quem pretender que se restaure, supra ou retifique assentamento no Registro Civil, requererá, em petição fundamentada e instruída com documentos ou com indicação de testemunhas, que o Juiz ordene, ouvido o órgão do Ministério Público e os interessados, no prazo de 05 (cinco) dias, que correrá em cartório.
  § 1º Se qualquer interessado ou o órgão do Ministério Público impugnar o pedido, o Juiz determinará a produção da prova, dentro do prazo de 10 (dez) dias e ouvidos, sucessivamente, em 03 (três) dias, os interessados e o órgão do Ministério Público, decidirá em 05 (cinco) dias;
  § 2º Se não houver impugnação ou necessidade de mais provas, o Juiz decidirá no prazo de 05 (cinco) dias;
  § 3º Da decisão do Juiz, caberá o recurso de apelação com ambos os efeitos;
  § 4º Julgado procedente o pedido, o Juiz ordenará que se expeça mandado para que seja lavrado, restaurado e retificado o assentamento, indicando, com precisão, os fatos ou circunstâncias que devam ser retificados, e em que sentido, ou os que devam ser objeto do novo assentamento;
  § 5º Se houver de ser cumprido em jurisdição diversa, o mandado será remetido, por ofício, ao Juiz sob cuja jurisdição estiver o cartório do Registro Civil e, com o seu "cumpra-se", executar-se-á;
  § 6º As retificações serão feitas à margem do registro, com as indicações necessárias, ou, quando for o caso, com a trasladação do mandado, que ficará arquivado. Se não houver espaço, far-se-á o transporte do assento, com as remissões à margem do registro original.

---

a) certidão de assento de nascimento emitida por autoridade consular brasileira;

b) declaração de domicílio do registrando na comarca ou comprovante de residência/domicílio, a critério do interessado. Na falta de domicílio no Brasil, o traslado deverá ser efetuado no 1º Ofício do Distrito Federal; e

c) requerimento assinado pelo registrado, por um dos seus genitores, pelo responsável legal ou por procurador.

§ 1º Deverá constar do assento e da respectiva certidão do traslado a seguinte observação: "Brasileiro nato, conforme os termos da alínea "c"[347] do inciso I do art. 12, in limine, da Constituição Federal."

Art. 8º O traslado de assento estrangeiro de nascimento de brasileiro, que não tenha sido previamente registrado em repartição consular brasileira, deverá ser efetuado mediante a apresentação dos seguintes documentos:

a) certidão do assento estrangeiro de nascimento, legalizada por autoridade consular brasileira e traduzida por tradutor público juramentado;

b) declaração de domicílio do registrando na comarca ou comprovante de residência/domicílio, a critério do interessado. Na falta de domicílio no Brasil, o traslado deverá ser efetuado no 1º Ofício do Distrito Federal;

c) requerimento assinado pelo registrado, por um dos seus genitores, pelo responsável legal ou por procurador; e

d) documento que comprove a nacionalidade brasileira de um dos genitores.

§ 1º Deverá constar do assento e da respectiva certidão do traslado a seguinte observação: "Nos termos do artigo 12, inciso I, alínea "c"[348] in fine, da Constituição Federal, a confirmação da nacionalidade brasileira depende de residência no Brasil e de opção, depois de atingida a maioridade, em qualquer tempo, pela nacionalidade brasileira, perante a Justiça Federal."

Art. 9º O traslado de assento de nascimento ocorrido em país estrangeiro poderá ser requerido a qualquer tempo.

Art. 10. Caso não conste o sobrenome do registrando no assento de nascimento ocorrido em país estrangeiro, faculta-se ao requerente a sua indicação, mediante declaração escrita que será arquivada.

Art. 11. A omissão no assento de nascimento ocorrido em país estrangeiro de dados previsto

---

347. Art. 12. São brasileiros:
  I – natos:
  c) os nascidos no estrangeiro de pai brasileiro ou de mãe brasileira, desde que sejam registrados em repartição brasileira competente ou venham a residir na República Federativa do Brasil e optem, em qualquer tempo, depois de atingida a maioridade, pela nacionalidade brasileira.
348. Art. 12. São brasileiros:
  I – natos:
  c) os nascidos no estrangeiro de pai brasileiro ou de mãe brasileira, desde que sejam registrados em repartição brasileira competente ou venham a residir na República Federativa do Brasil e optem, em qualquer tempo, depois de atingida a maioridade, pela nacionalidade brasileira.

no art. 54[349] da Lei nº 6.015/1973 não obstará o traslado.

Parágrafo único. Os dados faltantes poderão ser inseridos posteriormente por averbação, mediante a apresentação de documentação comprobatória, sem a necessidade de autorização judicial.

Art. 12. Por força da redação atual da alínea "c"[350] do inciso I do art. 12[351] da Constituição Federal e do art. 95[352] do Ato das Disposições Constitucionais Transitórias (Emenda Constitucional nº 54/2007), o Oficial de Registro Civil deverá, de ofício ou a requerimento do interessado/procurador, sem a necessidade de autorização judicial, efetuar averbação em traslado de assento consular de nascimento, cujo registro em repartição consular brasileira tenha sido lavrado entre 07 de junho de 1994 e 21 de setembro de 2007, em que se declara que o registrado é: "Brasileiro nato de acordo com o disposto no artigo 12, inciso I, alínea "c", in limine, e do artigo 95 dos ADCTs da Constituição Federal."

Parágrafo único. A averbação também deverá tornar sem efeito eventuais informações que indiquem a necessidade de residência no Brasil e a opção pela nacionalidade brasileira perante a Justiça Federal, ou ainda expressões que indiquem tratar-se de um registro provisório, que não mais deverão constar na respectiva certidão.

TRASLADO DE CASAMENTO

Art. 13. O traslado do assento de casamento de brasileiro ocorrido em país estrangeiro deverá ser efetuado mediante a apresentação dos seguintes documentos:

a) certidão de assento de casamento emitida por autoridade consular brasileira ou certidão estrangeira de casamento legalizada por autoridade consular brasileira e traduzida por tradutor público juramentado;

b) certidão de nascimento do cônjuge brasileiro, ou certidão de casamento anterior com prova da sua dissolução, para fins do art. 106[353] da Lei nº 6.015/1973;

c) declaração de domicílio do registrando na comarca ou comprovante de residência/domicílio, a critério do interessado. Na falta de domicílio no Brasil, o traslado deverá ser efetuado no 1º Ofício do Distrito Federal; e

d) requerimento assinado por um dos cônjuges ou por procurador.

§ 1º Se o assento de casamento a ser trasladado referir-se a brasileiro naturalizado, será obrigatória também a apresentação do certificado de naturalização ou outro documento que comprove a nacionalidade brasileira;

§ 2º A omissão do regime de bens no assento de casamento, lavrado por autoridade consular brasileira ou autoridade estrangeira competente, não obstará o traslado;

§ 3º Faculta-se a averbação do regime de bens posteriormente, sem a necessidade de autorização judicial, mediante apresentação de documentação comprobatória;

§ 4º Deverá sempre constar do assento e da respectiva certidão a seguinte anotação: "Aplica-se o disposto no art. 7º, § 4º[354], do Decreto-lei nº 4.657/1942";

§ 5º Na eventual existência de pacto antenupcial, lavrado perante autoridade estrangeira competente, o Oficial de Registro Civil deverá, antes de efetuar o traslado, solicitar que os interessados providenciem o seu registro em cartório de Registro de Títulos e Documentos no Brasil, alertando-os que o documento deverá estar previamente legalizado por autoridade consular brasileira e tenha jurisdição sobre o local em que foi emitido e traduzido por tradutor público juramentado;

§ 6º A omissão do(s) nome(s) adotado(s) pelos cônjuges após o matrimônio no assento de casamento ocorrido em país estrangeiro não obstará o traslado;

§ 7º Nesse caso, deverão ser mantidos os nomes de solteiro dos cônjuges. Faculta-se a averbação posterior, sem a necessidade de autorização judicial, mediante apresentação de documentação comprobatória de que os nomes foram modificados após o matrimônio, em conformidade com a legislação do país em que os nubentes tinham domicílio, nos termos do art. 7º[355] do Decreto-lei nº 4.657/1942;

---

349. Art. 54. O assento do nascimento deverá conter:
  1º) o dia, mês, ano e lugar do nascimento e a hora certa, sendo possível determiná-la, ou aproximada;
  2º) o sexo do registrando;
  3º) o fato de ser gêmeo, quando assim tiver acontecido;
  4º) o nome e o prenome, que forem postos à criança;
  5º) a declaração de que nasceu morta, ou morreu no ato ou logo depois do parto;
  6º) a ordem de filiação de outros irmãos do mesmo prenome que existirem ou tiverem existido;
  7º) Os nomes e prenomes, a naturalidade, a profissão dos pais, o lugar e cartório onde se casaram, a idade da genitora, do registrando em anos completos, na ocasião do parto, e o domicílio ou a residência do casal;
  8º) os nomes e prenomes dos avós paternos e maternos;
  9º) os nomes e prenomes, a profissão e a residência das 02 (duas) testemunhas do assento, quando se tratar de parto ocorrido sem assistência médica em residência ou fora de unidade hospitalar ou casa de saúde;
  10) o número de identificação da Declaração de Nascido Vivo, com controle do dígito verificador, exceto na hipótese de registro tardio previsto no art. 46 desta Lei; e
  11) a naturalidade do registrando.
  § 1º Não constituem motivo para recusa, devolução ou solicitação de retificação da Declaração de Nascido Vivo por parte do Registrador Civil das Pessoas Naturais:
  I – equívocos ou divergências que não comprometam a identificação da mãe;
  II – omissão do nome do recém-nascido ou do nome do pai;
  III – divergência parcial ou total entre o nome do recém-nascido constante da declaração e o escolhido em manifestação perante o registrador no momento do registro de nascimento, prevalecendo este último;
  IV – divergência parcial ou total entre o nome do pai constante da declaração e o verificado pelo registrador nos termos da legislação civil, prevalecendo este último;
  V – demais equívocos, omissões ou divergências que não comprometam informações relevantes para o registro de nascimento.
  § 2º O nome do pai constante da Declaração de Nascido Vivo não constitui prova ou presunção da paternidade, somente podendo ser lançado no registro de nascimento quando verificado nos termos da legislação civil vigente;
  § 3º Nos nascimentos frutos de partos sem assistência de profissionais da saúde ou parteiras tradicionais, a Declaração de Nascido Vivo será emitida pelos Oficiais de Registro Civil que lavrarem o registro de nascimento, sempre que haja demanda das Secretarias Estaduais ou Municipais de Saúde para que realizem tais emissões;
  § 4º A naturalidade poderá ser do município em que ocorreu o nascimento ou do município de residência da mãe do registrando na data do nascimento, desde que localizado em território nacional, e a opção caberá ao declarante no ato do registro de nascimento.
350. Art. 12. São brasileiros:
  I – natos:
  c) os nascidos no estrangeiro de pai brasileiro ou de mãe brasileira, desde que sejam registrados em repartição brasileira competente ou venham a residir na República Federativa do Brasil e optem, em qualquer tempo, depois de atingida a maioridade, pela nacionalidade brasileira.
1. Alterado e corrigido. Redação original consta "art. 2".

352. Art. 95. Os nascidos no estrangeiro entre 7 de junho de 1994 e a data da promulgação desta Emenda Constitucional, filhos de pai brasileiro ou mãe brasileira, poderão ser registrados em repartição diplomática ou consular brasileira competente ou em ofício de registro, se vierem a residir na República Federativa do Brasil.
353. Art. 106. Sempre que o Oficial fizer algum registro ou averbação, deverá, no prazo de 05 (cinco) dias, anotá-lo nos atos anteriores, com remissões recíprocas, lançadas em seu cartório, ou fará comunicação, com resumo do assento, ao Oficial em cujo cartório estiverem os registros primitivos, obedecendo-se sempre à forma prescrita no art. 98.
  Parágrafo único. As comunicações serão feitas mediante cartas relacionadas em protocolo, anotando-se à margem sob o ato comunicado, o número de protocolo e ficarão arquivadas no cartório que as receber.

354. Art. 7º A lei do país em que domiciliada a pessoa determina as regras sobre o começo e o fim da personalidade, o nome, a capacidade e os direitos de família.
  § 4º O regime de bens, legal ou convencional, obedece à lei do país em que tiverem os nubentes domicílio, e, se este for diverso, a do primeiro domicílio conjugal.
355. Art. 7º A lei do país em que domiciliada a pessoa determina as regras sobre o começo e o fim da personalidade, o nome, a capacidade e os direitos de família.
  § 1º Realizando-se o casamento no Brasil, será aplicada a lei brasileira quanto aos impedimentos dirimentes e às formalidades da celebração;
  § 2º O casamento de estrangeiros poderá celebrar-se perante autoridades diplomáticas ou consulares do país de ambos os nubentes;
  § 3º Tendo os nubentes domicílio diverso, regerá os casos de invalidade do matrimônio a lei do primeiro domicílio conjugal;
  § 4º O regime de bens, legal ou convencional, obedece à lei do país em que tiverem os nubentes domicílio, e, se este for diverso, a do primeiro domicílio conjugal;
  § 5º O estrangeiro casado, que se naturalizar brasileiro, pode, mediante expressa anuência de seu cônjuge, requerer ao juiz, no ato de entrega do decreto de naturalização, se apostile ao mesmo a adoção do regime de comunhão parcial de bens, respeitados os direitos de terceiros e dada esta adoção ao competente registro;
  § 6º O divórcio realizado no estrangeiro, se um ou ambos os cônjuges forem brasileiros, só será reconhecido no Brasil depois de 1 (um) ano da data da sentença, salvo se houver sido antecedida de separação judicial por igual prazo, caso em que a homologação produzirá efeito imediato, obedecidas as condições estabelecidas para a eficácia das sentenças estrangeiras no país. O Superior Tribunal de Justiça, na forma de seu regimento interno, poderá reexaminar, a requerimento do interessado, decisões já proferidas em pedidos de homologação de sentenças estrangeiras de divórcio de brasileiros, a fim de que passem a produzir todos os efeitos legais;
  § 7º Salvo o caso de abandono, o domicílio do chefe da família estende-se ao outro cônjuge e aos filhos não

§ 8º A omissão no assento de casamento ocorrido em país estrangeiro de outros dados previstos no art. 70[356] da Lei nº 6.015/1973 não obstará o traslado;

§ 9º Os dados faltantes poderão ser inseridos posteriormente por averbação, mediante a apresentação de documentação comprobatória, sem a necessidade de autorização judicial;

§ 10. Os casamentos celebrados por autoridades estrangeiras são considerados autênticos, nos termos da lei do local de celebração, conforme previsto no caput do art. 32[357] da Lei nº 6.015/1973, inclusive no que respeita aos possíveis impedimentos, desde que não ofendam a soberania nacional, a ordem pública e os bons costumes, nos termos do art. 17[358] do Decreto nº 4.657/1942;

§ 11. O traslado no Brasil, a que se refere o § 1º do referido artigo, efetuado em Cartório de 1º Ofício, tem o objetivo de dar publicidade e eficácia ao casamento, já reconhecido válido para o ordenamento brasileiro, possibilitando que produza efeitos jurídicos plenos no território nacional.

TRASLADO DE CERTIDÃO DE ÓBITO

Art. 14. O traslado do assento de óbito de brasileiro, ocorrido em país estrangeiro, deverá ser efetuado mediante a apresentação da seguinte documentação:

a) certidão do assento de óbito emitida por autoridade consular brasileira ou certidão estrangeira de óbito, legalizada por autoridade consular brasileira e traduzida por tradutor público juramentado;

b) certidão de nascimento e, se for o caso, de casamento do falecido, para fins do art. 106[359] da Lei nº 6.015/1973; e

c) requerimento assinado por familiar ou por procurador.

§ 1º A omissão no assento de óbito ocorrido em país estrangeiro, de dados previstos no art. 80[360] da Lei nº 6.015/1973 não obstará o traslado;

§ 2º Os dados faltantes poderão ser inseridos posteriormente por averbação, mediante a apresentação de documentação com probatória, sem a necessidade de autorização judicial.

REGISTRO DE NASCIMENTO DE NASCIDOS NO BRASIL FILHOS DE PAIS ESTRANGEIROS A SERVIÇO DE SEU PAÍS

Art. 15. Os registros de nascimento de nascidos no território nacional em que ambos os genitores sejam estrangeiros e em que pelo menos um deles esteja a serviço de seu país no Brasil deverão ser efetuado no Livro "E" do 1º Ofício do Registro Civil da comarca devendo constar do assento e da respectiva certidão a seguinte observação: "O registrando não possui a nacionalidade brasileira conforme do art. 12, inciso I, alínea "a"[361], in fine, da Constituição Federal."

Art. 16. Esta Resolução entra em vigor na data de sua publicação.

RESOLUÇÃO CONJUNTA Nº 03
19 DE ABRIL DE 2012

Dispõe sobre o assento de nascimento de indígena no Registro Civil das Pessoas Naturais

Art. 1º O assento de nascimento de indígena não integrado no Registro Civil das Pessoas Naturais é facultativo.

Art. 2º No assento de nascimento do indígena integrado ou não, deve ser lançado, a pedido do apresentante, o nome indígena do registrando, de sua livre escolha, não sendo caso de aplicação do art. 55, parágrafo único[362] da Lei nº 6.015/1973.

§ 1º No caso de registro de indígena, a etnia do registrando pode ser lançada como sobrenome, a pedido do interessado;

---

emancipados, e o do tutor ou curador aos incapazes sob sua guarda;

§ 8º Quando a pessoa não tiver domicílio, considerar-se-á domiciliada no lugar de sua residência ou naquele em que se encontre.

356. Art. 70. Do matrimônio, logo depois de celebrado, será lavrado assento, assinado pelo presidente do ato, os cônjuges, as testemunhas e o Oficial, sendo exarados:
1º) os nomes, prenomes, nacionalidade, naturalidade, data de nascimento, profissão, domicílio e residência atual dos cônjuges;
2º) os nomes, prenomes, nacionalidade, data de nascimento ou de morte, domicílio e residência atual dos pais;
3º) os nomes e prenomes do cônjuge precedente e a data da dissolução do casamento anterior, quando for o caso;
4º) a data da publicação dos proclamas e da celebração do casamento;
5º) a relação dos documentos apresentados ao Oficial do Registro;
6º) os nomes, prenomes, nacionalidade, profissão, domicílio e residência atual das testemunhas;
7º) o regime de casamento, com declaração da data e do cartório em cujas notas foi tomada a escritura antenupcial, quando o regime não for o da comunhão ou o legal que sendo conhecido, será declarado expressamente;
8º) o nome, que passa a ter a mulher, em virtude do casamento;
9º) os nomes e as idades dos filhos havidos de matrimônio anterior ou legitimados pelo casamento.
10) à margem do termo, a impressão digital do contraente que não souber assinar o nome.
Parágrafo único. As testemunhas serão, pelo menos, 02 (duas), não dispondo a lei de modo diverso.

357. Art. 32. Os assentos de nascimento, óbito e de casamento de brasileiros em país estrangeiro serão considerados autênticos, nos termos da lei do lugar em que forem feitos, legalizadas as certidões pelos cônsules ou quando por estes tomados, nos termos do regulamento consular.
§ 1º Os assentos de que trata este artigo serão, porém, transladados nos cartórios de 1º Ofício do domicílio do registrado ou no 1º Ofício do Distrito Federal, em falta de domicílio conhecido, quando tiverem de produzir efeito no País, ou, antes, por meio de segunda via que os cônsules serão obrigados a remeter por intermédio do Ministério das Relações Exteriores.
§ 2º O filho de brasileiro ou brasileira, nascido no estrangeiro, e cujos pais não estejam ali a serviço do Brasil, desde que registrado em consulado brasileiro ou não registrado, venha a residir no território nacional antes de atingir a maioridade, poderá requerer, no juízo de seu domicílio, se registre, no livro "E" do 1º Ofício do Registro Civil, o termo de nascimento.
§ 3º Do termo e das respectivas certidões do nascimento registrado na forma do parágrafo antecedente constará que só valerão como prova de nacionalidade brasileira, até 04 (quatro) anos depois de atingida a maioridade.
§ 4º Dentro do prazo de 04 (quatro) anos, depois de atingida a maioridade pode o interessado referido no § 2º deverá ele manifestar a sua opção pela nacionalidade brasileira perante o juízo federal. Deferido o pedido,

proceder-se-á ao registro no livro "E" do Cartório do 1º Ofício do domicílio do optante;
§ 5º Não se verificando a hipótese prevista no parágrafo anterior, o Oficial cancelará, de ofício, o registro provisório efetuado na forma do § 2º.

358. Art. 17. As leis, atos e sentenças de outro país, bem como quaisquer declarações de vontade, não terão eficácia no Brasil, quando ofenderem a soberania nacional, a ordem pública e os bons costumes.

359. Art. 106. Sempre que o Oficial fizer algum registro ou averbação, deverá, no prazo de 05 (cinco) dias, anotá-lo nos atos anteriores, com remissões recíprocas, se lançados em seu cartório, ou, fará comunicação, com resumo do assento, ao Oficial em cujo cartório estiverem os registros primitivos, obedecendo-se sempre à forma prescrita no art. 98.
Parágrafo único. As comunicações serão feitas mediante cartas relacionadas em protocolo, anotando-se à margem ou sob o ato comunicado, o número de protocolo e ficarão arquivadas no cartório que as receber.

360. Art. 80. O assento de óbito deverá conter:
1º) a hora, se possível, dia, mês e ano do falecimento;
2º) o lugar do falecimento, com indicação precisa;
3º) o prenome, nome, sexo, idade, cor, estado, profissão, naturalidade, domicílio e residência do morto;
4º) se era casado, o nome do cônjuge sobrevivente, mesmo quando desquitado; se viúvo, o do cônjuge pré-defunto; e o cartório de casamento em ambos os casos;
5º) os nomes, prenomes, profissão, naturalidade e residência dos pais;
6º) se faleceu com testamento conhecido;
7º) se deixou filhos, nome e idade de cada um;
8º) se a morte foi natural ou violenta e a causa conhecida, com o nome dos atestantes;
9º) lugar do sepultamento;
10) se deixou bens e herdeiros menores ou interditos;
11) se era eleitor;
12) pelo menos uma das informações a seguir arroladas: número de inscrição do PIS/PASEP; número de inscrição no Instituto Nacional do Seguro Social (INSS), se contribuinte individual; número de benefício previdenciário (NB), se a pessoa falecida for titular de qualquer benefício pago pelo INSS; número do CPF; número do registro da Carteira de Identidade e respectivo órgão emissor número do título de eleitor; número do registro de nascimento, com informação do livro, da folha e do termo número e série da Carteira de Trabalho.
Parágrafo único. O Oficial de Registro Civil comunicará o óbito à Receita Federal e à Secretaria de Segurança Pública da unidade da Federação que tenha emitido cédula de identidade, exceto se, em razão da idade falecido, essa informação for manifestamente desnecessária.

361. Art. 12. São brasileiros:
I – natos:
a) os nascidos na República Federativa do Brasil, ainda que de pais estrangeiros, desde que estes não estejam a serviço de seu país;

362. Art. 55. Quando o declarante não indicar o nome completo, o Oficial lançará adiante do prenome escolhido o nome do pai, e na falta, o da mãe, se forem conhecidos e não o impedir a condição de ilegitimidade, salvo reconhecimento do ato.
Parágrafo único. Os oficiais do registro civil não registrarão prenomes suscetíveis de expor ao ridículo os seus portadores. Quando os pais não se conformarem com a recusa do Oficial, este submeterá por escrito o caso, independente da cobrança de quaisquer emolumentos, à decisão do Juiz competente.

§ 2º A pedido do interessado, a aldeia de origem do indígena e a de seus pais poderão constar como informação a respeito das respectivas naturalidades, juntamente com o município de nascimento;

§ 3º A pedido do interessado, poderão figurar, como observações do assento de nascimento, a declaração do registrando como indígena e a indicação da respectiva etnia;

§ 4º Em caso de dúvida fundada acerca do pedido de registro, o Registrador poderá exigir o Registro Administrativo de Nascimento do Indígena (RANI), ou a presença de representante da FUNAI;

§ 5º Se o Oficial suspeitar de fraude ou falsidade, submeterá o caso ao juízo competente para fiscalização dos atos notariais e registrais, assim definido na órbita Estadual e do Distrito Federal, comunicando-lhe os motivos da suspeita;

§ 6º O Oficial deverá comunicar imediatamente à FUNAI o assento de nascimento do indígena, para as providências necessárias ao registro administrativo.

Art. 3º O indígena já registrado no Serviço de Registro Civil das Pessoas Naturais poderá solicitar, na forma do art. 57[363] da Lei nº 6.015/1973, pela via judicial, a retificação do seu assento de nascimento, pessoalmente ou por representante legal, para inclusão das informações constantes do art. 2º, "caput" e § 1º.

§ 1º Caso a alteração decorra de equívocos que não dependem de maior indagação para imediata constatação, bem como nos casos de erro de grafia, a retificação poderá ser procedida na forma prevista no art. 110[364] da Lei nº 6.015/1973;

§ 2º Nos casos em que haja alterações de nome no decorrer da vida em razão da cultura ou do costume indígena, tais alterações podem ser averbadas à margem do registro na forma do art. 57 da Lei nº 6.015/1973, sendo obrigatório constar em todas as certidões do registro o inteiro teor destas averbações, para fins de segurança jurídica e de salvaguarda dos interesses de terceiros;

§ 3º Nos procedimentos judiciais de retificação ou alteração de nome, deve ser observado o benefício previsto na Lei nº 1.060/1950, levando-se em conta a situação sociocultural do indígena interessado.

Art. 4º O registro tardio do indígena poderá ser realizado:

I – mediante a apresentação do RANI;

II – mediante apresentação dos dados, em requerimento, por representante da Fundação Nacional do Índio (FUNAI) a ser identificado no assento; ou

III – na forma do art. 46[365] da Lei nº 6.015/1973.

---

363. Art. 57. A alteração posterior de nome, somente por exceção e motivadamente, após audiência do Ministério Público, será permitida por sentença do Juiz a que estiver sujeito o registro, arquivando-se o mandado e publicando-se a alteração pela imprensa, ressalvada a hipótese do art. 110 desta Lei.

§ 1º Poderá, também, ser averbado, nos mesmos termos, o nome abreviado, usado como firma comercial registrada ou em qualquer atividade profissional;

§ 2º A mulher solteira, desquitada ou viúva, que viva com homem solteiro, desquitado ou viúvo, excepcionalmente e havendo motivo ponderável, poderá requerer ao Juiz competente que, no registro de nascimento, seja averbado o patronímico de seu companheiro, sem prejuízo dos apelidos próprios, de família, desde que haja impedimento legal para o casamento, decorrente do estado civil de qualquer das partes ou de ambas;

§ 3º O Juiz competente somente processará o pedido, se tiver expressa concordância do companheiro, e se da vida em comum houverem decorrido, no mínimo, 05 (cinco) anos ou existirem filhos da união;

§ 4º O pedido de averbação só terá curso, quando desquitado o companheiro, se a ex-esposa houver sido condenada ou tiver renunciado ao uso dos apelidos do marido, ainda que dele receba pensão alimentícia;

§ 5º O aditamento regulado nesta Lei será cancelado a requerimento de uma das partes, ouvida a outra;

§ 6º Tanto o aditamento quanto o cancelamento da averbação previstos neste artigo serão processados em segredo de justiça;

§ 7º Quando a alteração de nome for concedida em razão de fundada coação ou ameaça decorrente de colaboração com a apuração de crime, o Juiz competente determinará que haja a averbação no registro de origem de menção da existência de sentença concessiva da alteração, sem a averbação do nome alterado, que somente poderá ser procedida mediante determinação posterior, que levará em consideração a cessação da coação ou ameaça que deu causa à alteração;

§ 8º O enteado ou a enteada, havendo motivo ponderável e na forma dos §§ 2º e 7º deste artigo, poderá requerer ao Juiz competente que, no registro de nascimento, seja averbado o nome de família de seu padrasto ou de sua madrasta, desde que haja expressa concordância destes, sem prejuízo de seus apelidos de família.

364. Art. 110. O Oficial retificará o registro, a averbação ou a anotação, de ofício ou a requerimento do interessado, mediante petição assinada pelo interessado, representante legal ou procurador, independentemente de prévia autorização judicial ou manifestação do Ministério Público, nos casos de:

I – erros que não exijam qualquer indagação para a constatação imediata de necessidade de sua correção;

II – erro na transposição dos elementos constantes em ordens e mandados judiciais, termos ou requerimentos, bem como outros títulos a serem registrados, averbados ou anotados, e o documento utilizado para a referida averbação e/ou retificação ficará arquivado no registro no cartório;

III – inexatidão da ordem cronológica e sucessiva referente à numeração do livro, da folha, da página, do termo, bem como da data do registro;

IV – ausência de indicação do município relativo ao nascimento ou naturalidade do registrado, nas hipóteses em que existir descrição precisa do endereço do local do nascimento;

V – elevação de distrito a município ou alteração de suas nomenclaturas por força de lei.

§ 1º a § 4º (Revogados pela Lei nº 13.484/2017);

§ 5º Nos casos em que a retificação decorra de erro imputável ao Oficial, por si ou por seus prepostos, não será devido pelos interessados o pagamento de selos e taxas.

365. Art. 46. As declarações de nascimento feitas após o decurso do prazo legal serão registradas no lugar de residência do interessado.

§ 1º O requerimento de registro será assinado por 02 (duas) testemunhas, sob as penas da lei;

§ 2º (Revogado pela Lei nº 10.215/2001);

§ 3º O Oficial do Registro Civil, se suspeitar da falsidade da declaração, poderá exigir prova suficiente;

§ 4º Persistindo a suspeita, o Oficial encaminhará os autos ao juízo competente.

---

§ 1º Em caso de dúvida fundada acerca da autenticidade das declarações ou de suspeita de duplicidade de registro, o Registrador poderá exigir a presença de representante da FUNAI e apresentação de certidão negativa de registro de nascimento das serventias de registro que tenham atribuição para os territórios em que nasceu o interessado, onde é situada sua aldeia de origem e onde esteja atendido pelo serviço de saúde;

§ 2º Persistindo a dúvida ou a suspeita, o Registrador submeterá o caso ao juízo competente para fiscalização dos atos notariais e registrais, assim definido na órbita Estadual e do Distrito Federal, comunicando-lhe os motivos;

§ 3º O Oficial deverá comunicar o registro tardio de nascimento do indígena imediatamente à FUNAI, a qual informará o juízo competente quando constatada duplicidade, para que sejam tomadas as providências cabíveis.

Art. 5º Esta Resolução entra em vigor na data da sua publicação.

RESOLUÇÃO Nº 81[366]
09 DE JUNHO DE 2009

Dispõe sobre os concursos públicos de provas e títulos, para a outorga das Delegações de Notas e de Registro, e minuta de edital.

Art. 1º O ingresso, por provimento ou remoção, na titularidade dos serviços notariais e de registros declarados vagos, se dará por meio de concurso de provas e títulos realizado pelo Poder Judiciário, nos termos do § 3º[367] do art. 236 da Constituição Federal.

§ 1º A Comissão Examinadora será composta por um Desembargador, que será seu Presidente, por 03 (três) Juízes de Direito, um Membro do Ministério Público, um Advogado, um Registrador e um Tabelião cujos nomes constarão do edital;

§ 2º O Desembargador, os Juízes e os respectivos Delegados do Serviço de Notas e de Registro serão designados pelo Presidente do Tribunal de Justiça, depois de aprovados os nomes pelo Pleno ou pelo órgão Especial do Tribunal de Justiça;

§ 3º O Membro do Ministério Público e o Advogado serão indicados, respectivamente, pelo Procurador Geral de Justiça e pelo Presidente da Ordem dos Advogados do Brasil, Secção local;

§ 4º É vedada mais de uma recondução consecutiva de membros da Comissão;

---

§ 5º Se o Juiz não fixar prazo menor, o Oficial deverá lavrar o assento dentro em 05 (cinco) dias, sob pena de pagar multa correspondente a um salário mínimo da região.

366. Atualizada até a Resolução nº 516/2022.

367. Art. 236. Os serviços notariais e de registro são exercidos em caráter privado, por delegação do Poder Público.

§ 3º O ingresso na atividade notarial e de registro depende de concurso público de provas e títulos, não se permitindo que qualquer serventia fique vaga, sem abertura de concurso de provimento ou de remoção, por mais de 06 (seis) meses.

§ 5º Aplica-se à composição da Comissão Examinadora o disposto nos arts. 134[366] e 135[369] do Código de Processo Civil quanto aos candidatos inscritos no concurso;

§ 5º-A Aplicam-se aos membros das comissões os seguintes motivos de suspeição e de impedimento:

I – os previstos nos artigos 134 e 135 do Código de Processo Civil quanto aos candidatos inscritos no concurso;

---
368. Dispositivo revogado pela Lei nº 13.105/2015. Corresponde ao artigo 144 do NCPC.
Art. 144. Há impedimento do Juiz, sendo-lhe vedado exercer suas funções no processo:
I – em que interveio como mandatário da parte, oficiou como perito, funcionou como membro do Ministério Público ou prestou depoimento como testemunha;
II – de que conheceu em outro grau de jurisdição, tendo proferido decisão;
III – quando nele estiver postulando, como defensor público, advogado ou membro do Ministério Público, seu cônjuge ou companheiro, ou qualquer parente, consanguíneo ou afim, em linha reta ou colateral, até o terceiro grau, inclusive;
IV – quando for parte no processo ele próprio, seu cônjuge ou companheiro, ou parente, consanguíneo ou afim, em linha reta ou colateral, até o terceiro grau, inclusive;
V – quando for sócio ou membro de direção ou de administração de pessoa jurídica parte no processo;
VI – quando for herdeiro presuntivo, donatário ou empregador de qualquer das partes;
VII – em que figure como parte instituição de ensino com a qual tenha relação de emprego ou decorrente de contrato de prestação de serviços;
VIII – em que figure como parte cliente do escritório de advocacia de seu cônjuge, companheiro ou parente, consanguíneo ou afim, em linha reta ou colateral, até o terceiro grau, inclusive, mesmo que patrocinado por advogado de outro escritório;
IX – quando promover ação contra a parte ou seu advogado.
§ 1º Na hipótese do inciso III, o impedimento só se verifica quando o defensor público, o advogado ou o membro do Ministério Público já integrava o processo antes do início da atividade judicante do Juiz;
§ 2º É vedada a criação de fato superveniente a fim de caracterizar impedimento do Juiz.
§ 3º O impedimento previsto no inciso III também se verifica no caso de mandato conferido a membro de escritório de advocacia que tenha em seus quadros advogado que individualmente ostente a condição nele prevista, mesmo que não intervenha diretamente no processo.

369. Dispositivo revogado pela Lei nº 13.105/2015. Corresponde ao artigo 145 do NCPC.
Art. 145. Há suspeição do Juiz:
I – amigo íntimo ou inimigo de qualquer das partes ou de seus advogados;
II – que receber presentes de pessoas que tiverem interesse na causa antes ou depois de iniciado o processo, que aconselhar alguma das partes acerca do objeto da causa ou que subministrar meios para atender às despesas do litígio;
III – quando qualquer das partes for sua credora ou devedora, de seu cônjuge ou companheiro ou de parentes destes, em linha reta até o terceiro grau, inclusive;
IV – interessado no julgamento do processo em favor de qualquer das partes.
§ 1º Poderá o Juiz declarar-se suspeito por motivo de foro íntimo, sem necessidade de declarar suas razões;
§ 2º Será ilegítima a alegação de suspeição quando:
I – houver sido provocada por quem a alega;
II – a parte que a alega houver praticado ato que signifique manifesta aceitação do arguido.

II – o exercício de magistério em cursos formais ou informais de preparação para concurso para a outorga das Delegações de Notas e de Registro, até 3 (três) anos após cessar a referida atividade;

III – a existência de servidores funcionalmente vinculados ao examinador ou de cônjuge, companheiro ou parente em linha reta, colateral ou por afinidade, até o terceiro grau, inclusive, cuja inscrição haja sido deferida;

IV – a participação societária, como administrador, ou não, em cursos formais ou informais de preparação para concurso público para a outorga das Delegações de Notas e de Registro, até 3 (três) anos após cessar a referida atividade, ou contar com parentes nessas condições, até terceiro grau, em linha reta ou colateral;

§ 5º-B Os motivos de suspeição e de impedimento deverão ser comunicados ao Presidente da Comissão de Concurso, por escrito, até 5 (cinco) dias úteis após a publicação da relação dos candidatos inscritos no Diário Oficial;

§ 6º Competem à Comissão Examinadora do Concurso a confecção, aplicação e correção das provas, a apreciação dos recursos, a classificação dos candidatos e demais tarefas para execução do concurso, facultada a delegação de tais atribuições, ou parte delas, assim como o auxílio operacional, à instituição especializada contratada ou conveniada;

§ 7º Constará do edital o nome dos integrantes da instituição especializada a quem forem delegadas as atribuições do parágrafo anterior, aplicadas as regras de suspeição e impedimento previstas no § 5º-A;

§ 8º Deverá ser dada ciência à Corregedoria Nacional de Justiça acerca da delegação das atribuições do concurso à instituição especializada.

Art. 2º Os concursos serão realizados semestralmente ou, por conveniência da Administração, em prazo inferior, caso estiverem vagas ao menos 03 (três) delegações de qualquer natureza.

§ 1º Os concursos serão concluídos impreterivelmente no prazo de 12 (doze) meses, com a outorga das Delegações vagas. O prazo será contado da primeira publicação do respectivo edital de abertura do concurso, sob pena de apuração de responsabilidade funcional;

§ 2º Duas vezes por ano, sempre nos meses de janeiro e julho, os Tribunais dos Estados, e o do Distrito Federal e Territórios, publicarão a relação geral dos serviços vagos, especificada a data da morte, da aposentadoria, da invalidez, da apresentação da renúncia, inclusive para fins de remoção, ou da decisão final que impôs a perda da delegação (art. 39, V e VI[370] da Lei nº 8.935/1994);

§ 3º A critério dos tribunais, poderão ser realizadas até 3 (três) audiências de escolha. Só poderão participar da 2ª e 3ª audiências os candidatos que comparecerem pessoalmente à 1ª audiência ou enviaram mandatário habilitado, e não tiveram oportunidade de escolher as serventias que permaneceram vagas;

---
370. Art. 39. Extinguir-se-á a delegação a Notário ou a Oficial de registro por:
V – perda, nos termos do art. 35.
VI – descumprimento, comprovado, da gratuidade estabelecida na Lei nº 9.534/1997.

---

§ 4º Nas audiências de re-escolha poderão ser ofertadas todas as serventias cujo exercício não tenha se aperfeiçoado, além das serventias renunciadas, restando excluídas somente as que vagaram após a publicação do edital.

Art. 2º-A A Escola Nacional de Formação e Aperfeiçoamento de Magistrados (Enfam) e o Centro de Formação e Aperfeiçoamento de Servidores do Poder Judiciário (CEAJud) anualmente elaborarão tabela com os valores mínimos e máximos de remuneração dos membros da Comissão Examinadora do Concurso, quando integrantes do Poder Judiciário, observados os princípios da proporcionalidade e da razoabilidade.

Parágrafo único. Na falta de divulgação da tabela pela Escola Nacional, prevalecerá aquela divulgada pelo CEAJud, quanto aos integrantes do Poder Judiciário, sendo a remuneração dos demais fixada em cada caso, segundo os princípios que regem a administração pública.

Art. 3º O preenchimento de 2/3 (dois terços) das delegações vagas far-se-á por concurso público, de provas e títulos, destinado à admissão dos candidatos que preencherem os requisitos legais previstos no art. 14[371] da Lei Federal nº 8.935/1994; e o preenchimento de 1/3 (um terço) das delegações vagas far-se-á por concurso de provas e títulos de remoção, com a participação exclusiva daqueles que já estiverem exercendo a titularidade de outra delegação, de notas ou de registro, em qualquer localidade da unidade da federação que realizará o concurso, por mais de 02 (dois) anos, na forma do art. 17[372] da Lei Federal nº 8.935/1994, na data da publicação do primeiro edital de abertura do concurso

§ 1º Serão reservadas aos negros o percentual mínimo de 20% (vinte por cento) das serventias vagas oferecidas no certame de provimento, aplicando-se a Resolução CNJ nº 203, de 23 de junho de 2015;

§ 1º-A É vedado o estabelecimento de nota de corte ou qualquer espécie de cláusula de barreira para os candidatos negros na prova objetiva seletiva.

§ 2º A reserva de vagas aos negros será aplicada sempre que o número de serventias oferecido no concurso público for igual ou superior a 3 (três);

§ 3º Caso a aplicação do percentual estabelecido nos parágrafos anteriores resulte em número fracionado, este será elevado para o primeiro número inteiro subsequente, em caso de fração igual ou maior que 0,5 (cinco décimos) ou diminuído para o número inteiro imediatamente inferior, em caso de fração menor que 0, (cinco décimos)

---
371. Art. 14. A delegação para o exercício da atividade notarial e de registro depende dos seguintes requisitos:
I – habilitação em concurso público de provas e títulos;
II – nacionalidade brasileira;
III – capacidade civil;
IV – quitação com as obrigações eleitorais e militares;
V – diploma de bacharel em direito;
VI – verificação de conduta condigna para o exercício profissão.
372. Art. 17. Ao concurso de remoção somente serão admitidos titulares que exerçam a atividade por mais de (dois) anos.

§ 4º O critério de escolha das serventias reservadas aos candidatos negros e com deficiência será o sorteio, após a divisão das serventias vagas em 3 (três) classes, por faixa de faturamento, na forma do Anexo do Provimento nº 74/2018 da Corregedoria Nacional de Justiça;

§ 4º-A A regra do parágrafo antecedente só será aplicada caso haja a destinação de pelo menos 1 (uma) serventia aos candidatos com deficiência e aos cotistas negros, em cada uma das faixas de faturamento;

§ 5º Os tribunais instituirão, obrigatoriamente, comissões de heteroidentificação, formadas necessariamente por especialistas em questões raciais e direito da antidiscriminação, voltadas à confirmação da condição de negros dos candidatos que assim se identificarem no ato da inscrição;

§ 6º As comissões de que trata o parágrafo anterior deverão funcionar preferencialmente no ato da inscrição ou antes da publicação do resultado final do concurso, de acordo com os critérios de conveniência e oportunidade de cada tribunal.

Art. 4º O edital do concurso será publicado por 03 (três) vezes no Diário Oficial e disporá sobre a forma de realização das provas, que incluirão exame seletivo objetivo, exame escrito e prático, exame oral e análise dos títulos.

Parágrafo único. O edital somente poderá ser impugnado no prazo de 15 (quinze) dias da sua primeira publicação.

Art. 5º O edital indicará as matérias das provas a serem realizadas.

Art. 6º O Tribunal de Justiça disponibilizará para todos os candidatos os dados disponíveis sobre a receita, despesas, encargos e dívidas das serventias colocadas em concurso.

Art. 7º São requisitos para inscrição no concurso público, de provimento inicial ou de remoção, de provas e títulos, que preencha o candidato os seguintes requisitos:

– nacionalidade brasileira;

– capacidade civil;

I – quitação com as obrigações eleitorais e militares;

V – ser bacharel em direito, com diploma registrado, ou ter exercido, por 10 (dez) anos, completados antes da publicação do primeiro edital, unção em serviços notariais ou de registros;

– comprovar conduta condigna para o exercício da atividade delegada.

1º Constará do edital a relação dos documentos destinados à comprovação do preenchimento dos requisitos acima enumerados;

2º Deverão obrigatoriamente ser apresentadas certidões dos distribuidores Cíveis e Criminais, a Justiça Estadual e Federal, bem como de protesto, emitidas nos locais em que o candidato manteve domicílio nos últimos 10 (dez) nos;

3º A abertura do prazo – de no mínimo 30 dias para o pedido de isenção total ou parcial da xa de inscrição, assim como a decisão sobre o eu (in)deferimento, deve ocorrer antes da aberra do prazo da inscrição geral.

Art. 8º Os valores conferidos aos títulos serão especificados no edital, observado de modo obrigatório o teor da Minuta do Edital que integra esta Resolução.

Art. 9º Os títulos deverão ser apresentados na oportunidade indicada no edital.

Art. 10. A classificação dos candidatos observará os seguintes critérios:

I – as provas terão peso 9 (nove) e os títulos peso 1 (um);

II – os títulos terão valor máximo de 10 (dez) pontos;

§ 1º Será considerado habilitado o candidato que obtiver, no mínimo, nota final cinco;

§ 2º A nota final será obtida pela soma das notas e pontos, multiplicados por seus respectivos pesos e divididos por 10 (dez);

§ 3º Havendo empate na classificação, decidir-se-á pelos seguintes critérios:

I – a maior nota no conjunto das provas ou, sucessivamente, na prova escrita e prática, na prova objetiva e na prova oral;

II – exercício na função de jurado, e

III – mais idade.

Art. 10-A. Somente serão considerados habilitados e convocados para a Prova Escrita e Prática os candidatos que alcançarem maior pontuação, incluídos os empatados na última colocação, dentro da proporção de até 12 (doze) candidatos por vaga, em cada opção de inscrição.

Art. 11. Publicado o resultado do concurso, os candidatos escolherão, pela ordem de classificação, as delegações vagas que constavam do respectivo edital, vedada a inclusão de novas vagas após a publicação do edital.

Art. 12. Das decisões que indeferirem inscrição ou classificarem candidatos caberá recurso ao pleno, órgão especial ou órgão por ele designado, no prazo de 05 (cinco) dias, contados da publicação do respectivo ato no Diário Oficial. Nos recursos referentes à classificação dos candidatos, será assegurado o sigilo da identificação destes.

Art. 13. Encerrado o concurso, o Presidente do Tribunal de Justiça expedirá ato outorgando a delegação.

Art. 14. A investidura na delegação, perante a Corregedoria-Geral da Justiça, dar-se-á em 30 (trinta) dias, prorrogáveis por igual período, uma única vez.

Parágrafo único. Não ocorrendo a investidura no prazo marcado, será tornada sem efeito a outorga da delegação, por ato do Presidente do Tribunal de Justiça.

Art. 15. O exercício da atividade notarial ou de registro terá início dentro de 30 (trinta) dias, contados da investidura.

§ 1º É competente para dar exercício ao delegado o Corregedor-Geral de Justiça do Estado ou do Distrito Federal, ou Magistrado por ele designado;

§ 2º Se o exercício não ocorrer no prazo legal, o ato de delegação do serviço será declarado sem efeito pelo Presidente do Tribunal de Justiça.

Art. 16. Os concursos em andamento, na data da publicação da presente Resolução, serão concluídos, com outorga das delegações, no prazo máximo de 06 (seis) meses da data desta Resolução, sob pena de apuração de responsabilidade funcional.

Art. 17. Esta Resolução entrará em vigor na data de sua publicação em sessão pública de julgamento pelo plenário do Conselho Nacional de Justiça, e, ressalvado o disposto no artigo anterior, não se aplica aos concursos cujos editais de abertura já estavam publicados por ocasião de sua aprovação.

RESOLUÇÃO Nº 80
09 DE JUNHO DE 2009

Declara a vacância dos serviços notariais e de registro ocupados em desacordo com as normas constitucionais pertinentes à matéria, estabelecendo regras para a preservação da ampla defesa dos interessados, para o período de transição e para a organização das vagas do serviço de notas e registro que serão submetidas a concurso público.

I – DA VACÂNCIA DAS UNIDADES DOS SERVIÇOS NOTARIAIS E REGISTRAIS

Art. 1º É declarada a vacância dos serviços notariais e de registro cujos atuais responsáveis não tenham sido investidos por meio de concurso público de provas e títulos específico para a outorga de delegações de notas e de registro, na forma da Constituição Federal de 1988;

§ 1º Cumprirá aos respectivos Tribunais dos Estados, do Distrito Federal e Territórios elaborar lista das delegações vagas, inclusive aquelas decorrentes de desacumulações, encaminhando-a à Corregedoria Nacional de Justiça, acompanhada dos respectivos títulos de investidura dos atuais responsáveis por essas unidades tidas como vagas, com a respectiva data de criação da unidade, no prazo de 45 (quarenta e cinco) dias;

§ 2º No mesmo prazo os Tribunais elaborarão uma lista das delegações que estejam providas segundo o regime constitucional vigente, encaminhando-a, acompanhada dos títulos de investidura daqueles que estão atualmente respondendo por essas unidades como delegados titulares e as respectivas datas de suas criações.

Art. 2º Recebidas as listas encaminhadas pelos Tribunais, na forma do art. 1º e seus parágrafos, a Corregedoria Nacional de Justiça organizará a Relação Provisória de Vacâncias, das unidades vagas em cada unidade da federação, publicando-as oficialmente a fim de que essas unidades sejam submetidas a concurso público de provas e títulos para outorga de delegações.

Parágrafo único. No prazo de 15 (quinze) dias, a contar da sua ciência, poderá o interessado impugnar a inclusão da vaga na Relação Provisória de Vacâncias, cumprindo à Corregedoria Nacional de Justiça decidir as impugnações, publicando as decisões e a Relação Geral de Vacâncias de cada unidade da federação.

Art. 3º Fica preservada a situação dos atuais responsáveis pelas unidades declaradas vagas nesta Resolução, que permanecerão respondendo pelas unidades dos serviços vagos, precária e interinamente, e sempre em confiança do Poder Público delegante, até a assunção da respectiva unidade pelo novo delegado, que tenha sido aprovado no concurso público de provas e títulos, promovido na forma da disposição constitucional que rege a matéria.

§ 1º A cessação da interinidade antes da assunção da respectiva unidade pelo atual delegado apenas será possível por decisão administrativa motivada e individualizada, que poderá ser proferida pelo Tribunal de Justiça dos Estados, ou do Distrito Federal e Territórios a que estiver afeta a unidade do serviço, ou, ainda, pela Corregedoria Nacional de Justiça;

§ 2º Não se deferirá a interinidade a quem não seja preposto do serviço notarial ou de registro na data da vacância, preferindo-se os prepostos da mesma unidade ao de outra, vedada a designação de parentes até o terceiro grau, por consanguinidade ou afinidade, de Magistrados que estejam incumbidos da fiscalização dos serviços notariais e registrais, de Desembargador integrante do Tribunal de Justiça da unidade da federação que desempenhe o respectivo serviço notarial ou de registro, ou em qualquer outra hipótese em que ficar constatado o nepotismo, ou o favorecimento de pessoas estranhas ao serviço notarial ou registral, ou designação ofensiva à moralidade administrativa;

§ 3º As designações feitas com ofensa ao § 1º deste artigo sujeitarão o infrator à responsabilidade civil, criminal e administrativa. Em caso de dúvida, fica facultado ao juízo competente pela designação consultar previamente a Corregedoria Nacional de Justiça;

§ 4º Aos responsáveis pelo serviço, que tenham sido designados interinamente, na forma deste artigo, é defeso contratar novos prepostos, aumentar salários dos prepostos já existentes na unidade, ou contratar novas locações de bens móveis ou imóveis, de equipamentos ou de serviços, que possam onerar a renda da unidade vaga de modo continuado, sem a prévia autorização do respectivo tribunal a que estiver afeta a unidade do serviço. Todos os investimentos que comprometam a renda da unidade vaga no futuro deverão ser objeto de projeto a ser encaminhado para a aprovação do respectivo Tribunal de Justiça.

Art. 4º Estão incluídas nas disposições de vacância do caput do art. 1º desta Resolução todas as demais unidades cujos responsáveis estejam respondendo pelo serviço a qualquer outro título, que não o concurso público específico de provas e títulos para a delegação dos serviços notariais e de registro, a exemplo daqueles que irregularmente foram declarados estáveis depois da Constituição Federal de 1988 e dos que chegaram à qualidade de responsável pela unidade por permuta ou por qualquer outra forma não prevista na Constituição Federal de 05 de outubro de 1988.

Parágrafo único. Excluem-se das disposições de vacância do caput do art. 1º desta Resolução as unidades dos serviços de notas e registro, cujos Notários e Oficiais de Registro:

a) tenham sido legalmente nomeados, segundo o regime vigente até antes da Constituição de 1988, assim como está prescrito no art. 47[373] da Lei Federal nº 8.935/1994, cuja norma deferiu a esses titulares, regularmente investidos sob as regras do regime anterior, a delegação constitucional prevista no art. 2º dessa mesma lei;

b) eram substitutos e foram efetivados, como titulares, com base art. 208[374] da Constituição Federal de 1967 (na redação da EC nº 22/1982). Nesses casos, tanto o período de 05 (cinco) anos de substituição, devidamente comprovado, como a vacância da antiga unidade, deverão ter ocorrido até a promulgação da Constituição Federal de 05 de outubro de 1988;

c) foram aprovados em concurso de títulos para remoção concluídos, com a publicação da relação dos aprovados, desde a vigência da Lei nº 10.506/2002, que deu nova redação ao art. 16[375] da Lei nº 8.935/1994, até a publicação desta Resolução em sessão plenária pública, ressalvando-se eventual modulação temporal em sentido diverso quando do julgamento da Ação Declaratória de Constitucionalidade nº 14 pelo C. Supremo Tribunal Federal;

Art. 5º São declaradas vagas também as unidades dos serviços notariais e de registro oficializadas cujos servidores titulares tenham tido sua investidura extinta por qualquer causa, já na vigência do atual regime constitucional, salvo se já providas essas unidades por concurso público de provas e títulos específico para outorga de delegação de serviços notariais e de registro na forma da Constituição Federal de 1988 (art. 32[376] do Ato das Disposições Constitucionais Transitórias da Constituição Federal de 1988 e arts. 39[377] e 50[378] da Lei nº 8.935/1994);

§ 1º Até que o serviço extrajudicial delegado entre em funcionamento, subsistirá a cumulação na forma ora existente, a fim de que se garanta a continuidade dos serviços notariais e de registro;

---

374. Art. 208. Fica assegurada aos substitutos das serventias extrajudiciais e do foro judicial, na vacância, a efetivação, no cargo de titular, desde que, investidos na forma da lei, contem ou venham a contar 05 (cinco) anos de exercício, nessa condição e na mesma serventia, até 31 de dezembro de 1983.

375. Art. 16. As vagas serão preenchidas alternadamente, 2/3 (duas terças) partes por concurso público de provas e títulos e 1/3 (uma terça) parte por meio de remoção, mediante concurso de títulos, não se permitindo que qualquer serventia notarial ou de registro fique vaga, sem abertura de concurso de provimento inicial ou de remoção, por mais de 06 (seis) meses.

Parágrafo único. Para estabelecer o critério do preenchimento, tomar-se-á por base a data de vacância da titularidade ou, quando vagas na mesma data, aquela de criação do serviço.

376. Art. 32. O disposto no art. 236 não se aplica aos serviços notariais e de registro que já tenham sido oficializados pelo Poder Público, respeitando-se o direito de seus servidores.

377. Art. 39. Extinguir-se-á a delegação a Notário ou a Oficial de Registro por:

I – morte;
II – aposentadoria facultativa;
III – invalidez;
IV – renúncia;
V – perda, nos termos do art. 35.
VI – descumprimento, comprovado, da gratuidade estabelecida na Lei nº 9.534/1997.

§ 1º Dar-se-á aposentadoria facultativa ou por invalidez nos termos da legislação previdenciária federal;

§ 2º Extinta a delegação a Notário ou a Oficial de Registro, a autoridade competente declarará vago o respectivo serviço, designará o substituto mais antigo para responder pelo expediente e abrirá concurso.

378. Art. 50. Em caso de vacância, os serviços notariais e de registro estatizados passarão automaticamente ao regime desta lei.

§ 2º Não se inclui nas disposições do caput deste artigo, até que ocorra a sua vacância, a unidade do serviço de notas e de registro que já estava oficializada até 05 de outubro de 1988 e cujos servidores titulares permanecem desde a vigência da Constituição Federal de 1967 no exercício de seus cargos.

Art. 6º Caso os serviços extrajudiciais declarados vagos ainda sejam cumulativamente responsáveis pelo processamento de feitos judiciários (art. 31[379] do ADCT), deve o Tribunal de Justiça, em 30 (trinta) dias, encaminhar as medidas necessárias para que a oficialização do serviço judiciário esteja efetivada a partir de 1º de janeiro de 2010.

§ 1º Até que o serviço judicial oficializado entre em funcionamento, subsistirá a cumulação na forma ora existente, a fim de que se garanta a continuidade dos serviços judiciários;

§ 2º A cumulação poderá cessar antes de o serviço judicial oficializado entrar em funcionamento, por meio de decisão administrativa individualizada proferida pelo Tribunal de Justiça dos Estados, ou do Distrito Federal e Territórios a que estiver afeta a unidade do serviço, ou, ainda, por decisão da Corregedoria Nacional de Justiça.

Art. 7º Os Tribunais de Justiça dos Estados e do Distrito Federal e Territórios formalizarão, no prazo de 30 (trinta) dias a contar da publicação desta Resolução, por decisão fundamentada, proposta de acumulações e desacumulações dos serviços notariais e de registro vagos (arts. 26[380] e 49[381] da Lei nº 8.935/1994), a qual deverá ser encaminhada à Corregedoria Nacional de Justiça.

§ 1º Sempre que necessário, e também por meio de decisão fundamentada, serão propostas as providências previstas no art. 26, parágrafo único, da Lei Federal nº 8.935/1994;

§ 2º Serão observados os seguintes critérios objetivos para as acumulações e desacumulações que devam ser feitas nas unidades vagas do serviço de notas e de registro, assim como acima declaradas:

a) nas comarcas de pequeno movimento quando não estiver assegurada a autonomia financeira, poderão ser acumuladas, excepcionalmente, em decisão fundamentada, todas as especialidades do serviço de notas e de registro em uma única unidade;

b) nas demais comarcas, observado o movimento dos serviços de notas e de registro, sempre que possível serão criadas unidades especializadas, evitando-se a acumulação de mais de uma das competências deferidas a Notários e Registradores na Lei Federal nº 8.935/1994;

c) nas comarcas que não comportem uma unidade para cada uma das especialidades, o

---

379. Art. 31. Serão estatizadas as serventias do foro judicial assim definidas em lei, respeitados os direitos dos atuais titulares.

380. Art. 26. Não são acumuláveis os serviços enumerados no art. 5º.

Parágrafo único. Poderão, contudo, ser acumulados nos municípios que não comportarem, em razão do volume dos serviços ou da receita, a instalação de mais de um dos serviços.

381. Art. 49. Quando da primeira vacância da titularidade do serviço notarial ou de registro, será procedida a desacumulação, nos termos do art. 26.

serviços serão organizados de modo que os tabelionatos (Tabeliães de Notas e Tabeliães de Protestos) sejam acumulados em uma ou mais unidades; enquanto os serviços de registro (Imóveis, Títulos e Documentos, Civil de Pessoa Natural e Civil das Pessoas Jurídicas, e os outros previstos na lei) componham uma ou mais unidades diversas daquelas notariais;

d) não serão acumulados, salvo na exceção da alínea "a" deste § 2º, serviços de notas e de registro na mesma unidade do serviço notarial ou registral;

e) nos casos em que houver excesso de unidades da mesma especialidade vagas, comprometendo a autonomia financeira do serviço de notas e de registro, o acervo da mais nova poderá ser recolhido ao acervo da mais antiga da mesma especialidade, evitando-se o excesso de unidades de notas, ou de registro, funcionando na mesma comarca desnecessariamente;

f) a fim de garantir o fácil acesso da população ao serviço de Registro Civil das Pessoas Naturais, as unidades vagas existentes nos municípios devem ser mantidas e levadas a concurso público de provas e títulos. No caso de não existir candidato, e for inconveniente para o interesse público a sua extinção, será designado para responder pela unidade do serviço vaga o titular da unidade de registro mais próxima, podendo ser determinado o recolhimento do acervo para a sua sede e atendendo-se à comunidade interessada mediante serviço itinerante periódico, até que se viabilize o provimento da unidade vaga.

Art. 8º Não estão sujeitas aos efeitos desta Resolução:

I) as unidades do serviço de notas e de registro cuja declaração de vacância, desconstituição de delegação, inserção ou manutenção em concurso público esteja sub judice junto ao C. Supremo Tribunal Federal na data da publicação desta Resolução em sessão plenária pública, enquanto persistir essa situação;

II) as unidades do serviço de notas e de registro cuja declaração de vacância, desconstituição de delegação, inserção ou manutenção em concurso público seja objeto, na data da publicação desta Resolução em sessão plenária pública, de decisão definitiva em sentido diverso na esfera judicial, de decisão definitiva em sentido diverso junto ao CNJ ou de procedimento administrativo em curso perante este Conselho, desde que a notificado o responsável atual da respectiva unidade.

II – DA ORGANIZAÇÃO DAS VAGAS DO SERVIÇO DE NOTAS E REGISTRO, PARA FIM DE CONCURSO PÚBLICO

Art. 9º A Relação Geral de Vacância publicada pela Corregedoria Nacional de Justiça será organizada segundo a rigorosa ordem de vacância.

§ 1º As vagas serão numeradas na forma ordinal, em ordem crescente, considerando-se as duas primeiras como vagas destinadas ao concurso de provimento, e a terceira vaga ao concurso de remoção, e assim sucessivamente, sempre 02 (duas) vagas de provimento e uma de remoção, até o infinito;

§ 2º A cada nova vacância que ocorrer o fato será reconhecido pelo juízo competente, que fará publicar o ato declaratório da vacância, no prazo de 30 (trinta) dias, mencionando ainda, na própria portaria, o número em que ela ingressará na relação geral de vagas e o critério que deverá ser observado para aquela vaga, quando levada a concurso.

Art. 10. A relação tratada no art. 1º, § 1º, desta Resolução deverá conter, além da indicação da vaga, do número de ordem e do critério em que a vaga ingressou na lista de vacâncias, também a data da criação da serventia, o que servirá para determinar o desempate e a ordem em que a vaga ingressará na relação geral de vacâncias fixando-se assim o critério que deverá ser adotado ao tempo do concurso de provimento ou remoção.

Parágrafo único. Persistindo o empate, nos casos em que ambas as vacâncias tenham ocorrido na mesma data, e também forem da mesma data a criação ou a desacumulação dessas serventias, o desempate se dará por meio de sorteio público, com prévia publicação de editais para conhecimento geral dos interessados, a fim de que possam acompanhar o ato.

Art. 11. A Relação Geral de Vacâncias prevista nesta Resolução é permanente e será atualizada, observados os critérios acima, a cada nova vacância.

§ 1º Sobrevindo as novas vacâncias de unidades do serviço extrajudicial de notas e de registro, o juízo competente a reconhecerá e fará publicar portaria declarando-a, indicando o número que a vaga tomará na Relação Geral de Vacâncias e o critério que deverá ser observado, de provimento ou de remoção, por ocasião de futuro concurso;

§ 2º Publicado o ato declaratório da vacância pelo juízo competente, poderão os interessados apresentar impugnação no prazo de 15 (quinze) dias, cumprindo que ela seja decidida no mesmo prazo, antes de ser incluída na Relação Geral de Vacâncias;

§ 3º Duas vezes por ano, sempre nos meses de janeiro e julho, os Tribunais dos Estados, e o do Distrito Federal e Territórios, publicarão a Relação Geral de Vacâncias das unidades do serviço de notas e de registro atualizada.

Art. 12. Esta Resolução entrará em vigor na data de sua aprovação e publicação em sessão pública de julgamento pelo plenário do Conselho Nacional de Justiça, e não se aplica aos concursos em andamento.

RESOLUÇÃO Nº 35[382]
24 DE ABRIL DE 2007

Disciplina a lavratura dos atos notariais relacionados a inventário, partilha, separação consensual, divórcio consensual e extinção consensual de união estável por via administrativa.

SEÇÃO I
DISPOSIÇÕES DE CARÁTER GERAL

Art. 1º Para a lavratura dos atos notariais relacionados a inventário, partilha, separação consensual, divórcio consensual e extinção consensual de união estável por via administrativa, é livre a escolha do tabelião de notas, não se

---

382. Atualizada até a Resolução nº 452/2022.

aplicando as regras de competência do Código de Processo Civil.

Art. 2º É facultada aos interessados a opção pela via judicial ou extrajudicial; podendo ser solicitada, a qualquer momento, a suspensão, pelo prazo de 30 (trinta) dias, ou a desistência da via judicial, para promoção da via extrajudicial.

Art. 3º As escrituras públicas de inventário e partilha, separação e divórcio consensuais não dependem de homologação judicial e são títulos hábeis para o registro civil e o registro imobiliário, para a transferência de bens e direitos, bem como para promoção de todos os atos necessários à materialização das transferências de bens e levantamento de valores (DETRAN, Junta Comercial, Registro Civil de Pessoas Jurídicas, instituições financeiras, companhias telefônicas, etc.).

Art. 4º O valor dos emolumentos deverá corresponder ao efetivo custo e à adequada e suficiente remuneração dos serviços prestados, conforme estabelecido no parágrafo único[383] do art. 1º da Lei nº 10.169/2000, observando-se, quanto a sua fixação, as regras previstas no art. 2º[384] da citada lei.

---

383. Art. 1º Os Estados e o Distrito Federal fixarão o valor dos emolumentos relativos aos atos praticados pelos respectivos serviços notariais e de registro, observadas as normas desta Lei.

Parágrafo único. O valor fixado para os emolumentos deverá corresponder ao efetivo custo e à suficiente remuneração dos serviços prestados.

384. Art. 2º Para a fixação do valor dos emolumentos, a Lei dos Estados e do Distrito Federal levará em conta a natureza pública e o caráter social dos serviços notariais e de registro, atendidas ainda as seguintes regras:

I – os valores dos emolumentos constarão de tabelas e serão expressos em moeda corrente do país;

II – os atos comuns aos vários tipos de serviços notariais e de registro serão remunerados por emolumentos específicos, fixados para cada espécie de ato;

III – os atos específicos de cada serviço serão classificados em:

a) atos relativos a situações jurídicas, sem conteúdo financeiro, cujos emolumentos atenderão às peculiaridades socioeconômicas de cada região;

b) atos relativos a situações jurídicas, com conteúdo financeiro, cujos emolumentos serão fixados mediante a observância de faixas que estabeleçam valores mínimos e máximos, nas quais enquadrar-se-á o valor constante do documento apresentado aos serviços notariais e de registro.

§ 1º Nos casos em que, por força de lei, devam ser utilizados valores decorrentes de avaliação judicial ou fiscal, esses serão os valores considerados para os fins do disposto na alínea "b" do inciso III do caput deste artigo;

§ 2º Os emolumentos devidos pela constituição de direitos reais de garantia mobiliária ou imobiliária destinados ao crédito rural não poderão exceder o menor dos seguintes valores:

I – 0,3% (zero vírgula três por cento) do valor do crédito concedido, incluída a taxa de fiscalização judicial, limitada a 5% (cinco por cento) do valor pago pelo usuário, vedados quaisquer outros acréscimos a título de taxas, custas e contribuições para o Estado ou Distrito Federal, carteira de previdência ou para associação de classe, criados ou que venham a ser criados sob qualquer título ou denominação; e

II – o valor respectivo previsto na tabela estadual definida em lei, observado que:

a) nos registros, quando 02 (dois) ou mais imóveis forem dados em garantia, situados ou não na mesma circunscrição imobiliária, tenham ou não igual valor, a base de cálculo dos atos será o resultado da divisão do valor

Art. 5º É vedada a fixação de emolumentos em percentual incidente sobre o valor do negócio jurídico objeto dos serviços notariais e de registro (Lei nº 10.169, de 2000, art. 3º, inciso II[385]).

Art. 6º A gratuidade prevista na norma adjetiva compreende as escrituras de inventário, partilha, separação e divórcio consensuais.

Art. 7º Para a obtenção da gratuidade pontuada nesta norma, basta a simples declaração dos interessados de que não possuem condições de arcar com os emolumentos, ainda que as partes estejam assistidas por advogado constituído.

Art. 8º É necessária a presença do advogado, dispensada a procuração, ou do defensor público, na lavratura das escrituras aqui referidas, nelas constando seu nome e registro na OAB.

Art. 9º É vedada ao Tabelião a indicação de advogado às partes, que deverão comparecer para o ato notarial acompanhadas de profissional de sua confiança. Se as partes não dispuserem de condições econômicas para contratar advogado, o Tabelião deverá recomendar-lhes a Defensoria Pública, onde houver, ou, na sua falta, a Seccional da Ordem dos Advogados do Brasil.

Art. 10. É desnecessário o registro de escritura pública nas hipóteses aqui abordadas no Livro "E" de Ofício de Registro Civil das Pessoas Naturais, entretanto, o Tribunal de Justiça deverá promover, no prazo de 180 (cento e oitenta) dias, medidas adequadas para a unificação dos dados que concentrem as informações dessas escrituras no âmbito estadual, possibilitando as buscas, preferencialmente, sem ônus para o interessado.

SEÇÃO II
DISPOSIÇÕES REFERENTES AO INVENTÁRIO E À PARTILHA

Art. 11. É obrigatória a nomeação de interessado, na escritura pública de inventário e partilha, para representar o espólio, com poderes de inventariante, no cumprimento de obrigações ativas ou passivas pendentes, sem necessidade

do mútuo pelo número de imóveis, limitada ao potencial econômico de cada bem;

b) a averbação de aditivo de garantia real com liberação de crédito suplementar será cobrada conforme o disposto neste artigo e terá como base de cálculo o valor do referido crédito;

c) a averbação de aditivo que contenha outras alterações que não importem mudança no valor do crédito concedido é considerada ato sem conteúdo econômico;

d) os valores de cancelamento dos atos de que trata o caput deste parágrafo obedecerão ao previsto nas tabelas estaduais, até o limite máximo de 0,1% (zero vírgula um por cento) do valor do crédito concedido;

e) a prenotação, as indicações e os arquivamentos estão incluídos nos emolumentos devidos pelos registros de garantias reais previstas nesta Lei;

f) os emolumentos devidos pelo registro auxiliar de cédula ou nota de crédito e de produto rural, não garantida por hipoteca ou alienação fiduciária de bens imóveis, obedecerão ao previsto nas tabelas estaduais e não poderão exceder 0,3% (zero vírgula três por cento) do valor do crédito concedido, incluída a taxa de fiscalização judicial, limitada a 5% (cinco por cento) do valor pago pelo usuário, observadas as vedações estipuladas no inciso I deste parágrafo.

385. Art. 3º É vedado:

II – fixar emolumentos em percentual incidente sobre o valor do negócio jurídico objeto dos serviços notariais e de registro.

de seguir a ordem prevista no art. 617[386] do Código de Processo Civil.

§ 1º O meeiro e os herdeiros poderão, em escritura pública anterior à partilha ou à adjudicação, nomear inventariante;

§ 2º O inventariante nomeado nos termos do § 1º poderá representar o espólio na busca de informações bancárias e fiscais necessárias à conclusão de negócios essenciais para a realização do inventário e no levantamento de quantias para pagamento do imposto devido e dos emolumentos do inventário;

§ 3º A nomeação de inventariante será considerada o termo inicial do procedimento de inventário extrajudicial.

Art. 12. Admitem-se inventário e partilha extrajudiciais com viúvo(a) ou herdeiro(s) capazes, inclusive por emancipação, representado(s) por procuração formalizada por instrumento público com poderes especiais.

Art. 13. A escritura pública pode ser retificada desde que haja o consentimento de todos os interessados. Os erros materiais poderão ser corrigidos, de ofício ou mediante requerimento de qualquer das partes, ou de seu procurador, por averbação à margem do ato notarial ou, não havendo espaço, por escrituração própria lançada no livro das escrituras públicas e anotação remissiva.

Art. 14. Para as verbas previstas na Lei nº 6.858/1980, é também admissível a escritura pública de inventário e partilha.

Art. 15. O recolhimento dos tributos incidentes deve anteceder a lavratura da escritura.

Art. 16. É possível a promoção de inventário extrajudicial por cessionário de direitos hereditários, mesmo na hipótese de cessão de parte do acervo, desde que todos os herdeiros estejam presentes e concordes.

Art. 17. Os cônjuges dos herdeiros deverão comparecer ao ato de lavratura da escritura pública de inventário e partilha quando houver renúncia ou algum tipo de partilha que importe em transmissão, exceto se o casamento se der sob o regime da separação absoluta.

Art. 18. O(A) companheiro(a) que tenha direito à sucessão é parte, observada a necessidade de ação judicial se o autor da herança não deixar outro sucessor ou não houver consenso de

386. Art. 617. O juiz nomeará inventariante na seguinte ordem:

I – o cônjuge ou companheiro sobrevivente, desde que estivesse convivendo com o outro ao tempo da morte deste;

II – o herdeiro que se achar na posse e na administração do espólio, se não houver cônjuge ou companheiro sobrevivente ou se estes não puderem ser nomeados;

III – qualquer herdeiro, quando nenhum deles estiver na posse e na administração do espólio;

IV – o herdeiro menor, por seu representante legal;

V – o testamenteiro, se lhe tiver sido confiada a administração do espólio ou se toda a herança estiver distribuída em legados;

VI – o cessionário do herdeiro ou do legatário;

VII – o inventariante judicial, se houver;

VIII – pessoa estranha idônea, quando não houver inventariante judicial.

Parágrafo único. O inventariante, intimado da nomeação, prestará, dentro de 05 (cinco) dias, o compromisso de bem e fielmente desempenhar a função.

todos os herdeiros, inclusive quanto ao reconhecimento da união estável.

Art. 19. A meação de companheiro(a) pode ser reconhecida na escritura pública, desde que todos os herdeiros e interessados na herança, absolutamente capazes, estejam de acordo.

Art. 20. As partes e respectivos cônjuges devem estar, na escritura, nomeados e qualificados (nacionalidade; profissão; idade; estado civil; regime de bens; data do casamento; pacto antenupcial e seu registro imobiliário, se houver; número do documento de identidade e número de inscrição no CPF/MF; domicílio e residência).

Art. 21. A escritura pública de inventário e partilha conterá a qualificação completa do autor da herança; o regime de bens do casamento; pacto antenupcial e seu registro imobiliário, se houver; dia e lugar em que faleceu o autor da herança; data da expedição da certidão de óbito; livro, folha, número do termo e unidade de serviço em que consta o registro do óbito; e a menção ou declaração dos herdeiros de que o autor da herança não deixou testamento e outros herdeiros, sob as penas da lei.

Art. 22. Na lavratura da escritura deverão ser apresentados os seguintes documentos:

a) certidão de óbito do autor da herança;

b) documento de identidade oficial e CPF das partes e do autor da herança;

c) certidão comprobatória do vínculo de parentesco dos herdeiros;

d) certidão de casamento do cônjuge sobrevivente e dos herdeiros casados e pacto antenupcial, se houver;

e) certidão de propriedade de bens imóveis e direitos a eles relativos;

f) documentos necessários à comprovação da titularidade dos bens móveis e direitos, se houver;

g) certidão negativa de tributos; e

h) Certificado de Cadastro de Imóvel Rural (CCIR), se houver imóvel rural a ser partilhado.

Art. 23. Os documentos apresentados no ato da lavratura da escritura devem ser originais ou em cópias autenticadas, salvo os de identidade das partes, que sempre serão originais.

Art. 24. A escritura pública deverá fazer menção aos documentos apresentados.

Art. 25. É admissível a sobrepartilha por escritura pública, ainda que referente a inventário e partilha judiciais já findos, mesmo que o herdeiro, hoje maior e capaz, fosse menor ou incapaz ao tempo do óbito ou do processo judicial.

Art. 26. Havendo um só herdeiro, maior e capaz, com direito à totalidade da herança, não haverá partilha, lavrando-se a escritura de inventário e adjudicação dos bens.

Art. 27. A existência de credores do espólio não impedirá a realização do inventário e partilha, ou adjudicação, por escritura pública.

Art. 28. É admissível inventário negativo por escritura pública.

Art. 29. É vedada a lavratura de escritura pública de inventário e partilha referente a bens localizados no exterior.

Art. 30. Aplica-se a Lei nº 11.441/2007 aos casos de óbitos ocorridos antes de sua vigência.

Art. 31. A escritura pública de inventário e partilha pode ser lavrada a qualquer tempo, cabendo ao Tabelião fiscalizar o recolhimento de eventual multa, conforme previsão em legislação tributária estadual e distrital específicas.

Art. 32. O Tabelião poderá se negar a lavrar a escritura de inventário ou partilha se houver fundados indícios de fraude ou em caso de dúvidas sobre a declaração de vontade de algum dos herdeiros, fundamentando a recusa por escrito.

SEÇÃO III
DISPOSIÇÕES COMUNS À SEPARAÇÃO E DIVÓRCIO CONSENSUAIS

Art. 33. Para a lavratura da escritura pública de separação e de divórcio consensuais, deverão ser apresentados:

a) certidão de casamento;

b) documento de identidade oficial e CPF/MF;

c) pacto antenupcial, se houver;

d) certidão de nascimento ou outro documento de identidade oficial dos filhos absolutamente capazes, se houver;

e) certidão de propriedade de bens imóveis e direitos a eles relativos; e

f) documentos necessários à comprovação da titularidade dos bens móveis e direitos, se houver.

Art. 34. As partes devem declarar ao Tabelião, no ato da lavratura da escritura, que não têm filhos comuns ou, havendo, que são absolutamente capazes, indicando seus nomes e as datas de nascimento.

Parágrafo único. As partes devem, ainda, declarar ao Tabelião, na mesma ocasião, que a cônjuge virago não se encontra em estado gravídico, ou ao menos, que não tenha conhecimento sobre esta condição.

Art. 35. Da escritura, deve constar declaração das partes de que estão cientes das consequências da separação e do divórcio, firmes no propósito de pôr fim à sociedade conjugal ou ao vínculo matrimonial, respectivamente, sem hesitação, com recusa de reconciliação.

Art. 36. O comparecimento pessoal das partes é dispensável à lavratura de escritura pública de separação e divórcio consensuais, sendo admissível ao(s) separando(s) ou ao(s) divorciando(s) se fazer representar por mandatário constituído, desde que por instrumento público com poderes especiais, descrição das cláusulas essenciais e prazo de validade de 30 (trinta) dias.

Art. 37. Havendo bens a serem partilhados na escritura, distinguir-se-á o que é do patrimônio individual de cada cônjuge, se houver, do que do patrimônio comum do casal, conforme o regime de bens, constando isso do corpo da escritura.

Art. 38. Na partilha em que houver transmissão de propriedade do patrimônio individual de um cônjuge ao outro, ou a partilha desigual do patrimônio comum, deverá ser comprovado o recolhimento do tributo devido sobre a fração transferida.

Art. 39. A partilha em escritura pública de separação e divórcio consensuais far-se-á conforme as regras da partilha em inventário extrajudicial, no que couber.

Art. 40. O traslado da escritura pública de separação e divórcio consensuais será apresentado ao Oficial de Registro Civil do respectivo assento de casamento, para a averbação necessária, independente de autorização judicial e de audiência do Ministério Público.

Art. 41. Havendo alteração do nome de algum cônjuge em razão de escritura de separação, restabelecimento da sociedade conjugal ou divórcio consensuais, o Oficial de Registro Civil que averbar o ato no assento de casamento também anotará a alteração no respectivo assento de nascimento, se de sua unidade, ou, se de outra, comunicará ao Oficial competente para a necessária anotação.

Art. 42. Não há sigilo nas escrituras públicas de separação e divórcio consensuais.

Art. 43. Na escritura pública deve constar que as partes foram orientadas sobre a necessidade de apresentação de seu traslado no registro civil do assento de casamento, para a averbação devida.

Art. 44. É admissível, por consenso das partes, escritura pública de retificação das cláusulas de obrigações alimentares ajustadas na separação e no divórcio consensuais.

Art. 45. A escritura pública de separação ou divórcio consensuais, quanto ao ajuste do uso do nome de casado, pode ser retificada mediante declaração unilateral do interessado na volta ao uso do nome de solteiro, em nova escritura pública, com assistência de advogado.

Art. 46. O Tabelião poderá se negar a lavrar a escritura de separação ou divórcio se houver fundados indícios de prejuízo a um dos cônjuges ou em caso de dúvidas sobre a declaração de vontade, fundamentando a recusa por escrito.

SEÇÃO IV
DISPOSIÇÕES REFERENTES À SEPARAÇÃO CONSENSUAL

Art. 47. São requisitos para lavratura da escritura pública de separação consensual:

a) 01 (um) ano de casamento;

b) manifestação de vontade espontânea e isenta de vícios em não mais manter a sociedade conjugal e desejar a separação conforme as cláusulas ajustadas;

c) ausência de filhos menores não emancipados ou incapazes do casal;

d) inexistência de gravidez do cônjuge virago ou desconhecimento acerca desta circunstância; e

e) assistência das partes por advogado, que poderá ser comum.

Art. 48. O restabelecimento de sociedade conjugal pode ser feito por escritura pública, ainda que a separação tenha sido judicial. Neste caso, é necessária e suficiente a apresentação de certidão da sentença de separação ou da averbação da separação no assento de casamento.

Art. 49. Em escritura pública de restabelecimento de sociedade conjugal, o Tabelião deve:

a) fazer constar que as partes foram orientadas sobre a necessidade de apresentação de seu traslado no registro civil do assento de casamento, para a averbação devida;

b) anotar o restabelecimento à margem da escritura pública de separação consensual, quando esta for de sua serventia, ou, quando de outra, comunicar o restabelecimento, para a anotação necessária na serventia competente; e

c) comunicar o restabelecimento ao juízo da separação judicial, se for o caso.

Art. 50. A sociedade conjugal não pode ser restabelecida com modificações.

Art. 51. A averbação do restabelecimento da sociedade conjugal somente poderá ser efetivada depois da averbação da separação no registro civil, podendo ser simultâneas.

SEÇÃO V
DISPOSIÇÕES REFERENTES AO DIVÓRCIO CONSENSUAL

Art. 52. Os cônjuges separados judicialmente, podem, mediante escritura pública, converter a separação judicial ou extrajudicial em divórcio, mantendo as mesmas condições ou alterando-as. Nesse caso, é dispensável a apresentação de certidão atualizada do processo judicial, bastando a certidão da averbação da separação no assento do casamento.

Art. 53. (Revogado).
→ Resolução nº 120/2010.

Art. 54. Esta Resolução entra em vigor na data de sua publicação.

RESOLUÇÃO Nº 20
29 DE AGOSTO DE 2006

Disciplina a contratação, por delegados extrajudiciais, de cônjuge, companheiro e parente, na linha reta e na colateral, até terceiro grau, de Magistrado incumbido da Corregedoria do respectivo serviço de notas ou de registro.

Art. 1º Fica vedada a contratação, como preposto, por delegado extrajudicial, de cônjuge, companheiro ou parente, natural, civil ou afim, na linha reta ou colateral até terceiro grau, de Magistrado de qualquer modo incumbido da atividade de Corregedoria dos respectivos serviços de notas e de registros.

Parágrafo único. Fica ainda proibida igual contratação de cônjuge, companheiro ou parente, natural, civil ou afim, na linha reta ou colateral até terceiro grau, de Desembargador integrante do Tribunal de Justiça do Estado em que desempenhado o respectivo serviço notarial ou de registros.

Art. 2º A vedação disposta no caput do artigo antecedente se estende até 02 (dois) anos depois de cessada a vinculação correicional e alcança as contratações efetivadas em quaisquer circunstâncias que caracterizem ajuste para burlar a regra neste ato estabelecida.

Art. 3º Esta Resolução entrará em vigor a partir da data de sua publicação.

ORIENTAÇÃO Nº 04
25 DE JUNHO DE 2013

Orienta sobre a desnecessidade de preenchimento da coluna "CID" do campo 40 da Declaração de Óbito do Ministério da Saúde para efeito de lavratura de assento de óbito por Oficial de Registro Civil das Pessoas Naturais.

Art. 1º Orientar os Oficiais de Registro Civil das Pessoas Naturais que a ausência da indicação do Código da Classificação Internacional de Doenças (CID) da Organização Mundial da Saúde na coluna "CID" do campo 40 da Declaração de Óbito não constitui impedimento para a lavratura do respectivo assento de óbito.

Art. 2º Esclarecer que compete ao médico responsável pelo preenchimento da Declaração de Óbito promover a correta descrição do(s) nome(s) da(s) causa(s) da morte em conformidade terminologia prevista nos volumes 1 a 3 da CID, sendo que o oportuno preenchimento da coluna "CID" do campo 40 da Declaração de Óbito será feito de forma independente da lavratura do assento de óbito, por profissional da Secretaria da Saúde, conforme previsto no Manual de Instruções para o Preenchimento da Declaração de Óbito editado pelo Ministério da Saúde (Brasília: Ministério da Saúde, 2011, p. 24).

Art. 3º Determinar o encaminhamento de cópia desta Orientação às Corregedorias Gerais da Justiça dos Estados e do Distrito Federal, inclusive para ciência aos responsáveis pelas unidades do serviço extrajudicial de registro civil das pessoas naturais.

ORIENTAÇÃO Nº 05
04 DE NOVEMBRO DE 2013

Orienta sobre o procedimento de averbação de descrição georreferenciada de Gleba Pública Federal na Amazônia Legal previsto nos arts. 3º e 4º[387] do Provimento nº 33/2013 da Corregedoria Nacional de Justiça.

Art. 1º Esclarecer aos Oficiais de Registro de Imóveis que é dispensada a manifestação de anuência dos confrontantes ou a sua notificação para o procedimento de averbação de descrição georreferenciada de Gleba Pública Federal na Amazônia Legal regulamentado nos arts. 3º e 4º do Provimento nº 33, de 03 de julho de 2013, quando certificado ou declarado pelo Instituto Nacional de Colonização e Reforma Agrária – INCRA, ou pelo Ministério do Desenvolvimento Agrário – MDA, que o memorial descritivo é referente apenas ao perímetro originário da referida Gleba.

Art. 2º Esclarecer que a presente Orientação Normativa tem aplicação exclusiva para a averbação de descrição georreferenciada de Gleba Pública Federal situada na Amazônia Legal disciplinada nos art. 3º e 4º do Provimento nº 33/2013, da Corregedoria Nacional de Justiça, em que certificado que o memorial descritivo é referente apenas ao perímetro originário da Gleba, sendo vedada sua aplicação analógica em qualquer hipótese.

Art. 3º Determinar o encaminhamento de cópia desta Orientação às Corregedorias Gerais da

Justiça dos Estados e do Distrito Federal, inclusive para ciência aos responsáveis pelas unidades do serviço extrajudicial de registro de imóveis.

RECOMENDAÇÃO Nº 47
12 DE MARÇO DE 2021

Dispõe sobre medidas preventivas para que se evitem atos de violência patrimonial ou financeira contra pessoa idosa, especialmente vulnerável, no âmbito das serventias extrajudiciais e da execução dos serviços notariais.

Art. 1º Recomendar aos serviços notariais e de registro do Brasil que adotem medidas preventivas para coibir a prática de abusos contra pessoas idosas, especialmente vulneráveis, realizando diligências se entenderem necessário, a fim de evitar violência patrimonial ou financeira nos seguintes casos:

I – antecipação de herança;

II – movimentação indevida de contas bancárias;

III – venda de imóveis;

IV – tomada ilegal;

V – mau uso ou ocultação de fundos, bens ou ativos; e

VI – qualquer outra hipótese relacionada à exploração inapropriada ou ilegal de recursos financeiros e patrimoniais sem o devido consentimento do idoso.

Art. 2º Havendo indícios de qualquer tipo de violência contra idosos nos atos a serem praticados perante Notários e Registradores, o fato deverá ser comunicado imediatamente ao Conselho Municipal do Idoso, Defensoria Pública, Polícia Civil ou Ministério Público.

Art. 3º Esta Recomendação entra em vigor na data de sua publicação.

RECOMENDAÇÃO Nº 46
23 DE JUNHO 2020

Dispõe sobre medidas preventivas para que se evitem atos de violência patrimonial ou financeira contra pessoa idosa, especialmente vulnerável no período de Emergência em Saúde Pública de Importância Nacional (ESPIN), no âmbito das serventias extrajudiciais e da execução dos serviços notariais.

Art. 1º Recomendar aos serviços notariais e de registro do Brasil, a adoção de medidas preventivas para a coibir a prática de abusos contra pessoas idosas, especialmente vulneráveis no período de Emergência em Saúde Pública de Importância Nacional (ESPIN), realizando diligências se entenderem necessário, a fim de evitar violência patrimonial ou financeira nos seguintes casos:

I – antecipação de herança;

II – movimentação indevida de contas bancárias;

III – venda de imóveis;

IV – tomada ilegal;

V – mau uso ou ocultação de fundos, bens ou ativos; e

VI – qualquer outra hipótese relacionada à exploração inapropriada ou ilegal de recursos fi-

nanceiros e patrimoniais sem o devido consentimento do idoso.

Art. 2º Havendo indícios de qualquer tipo de violência contra idosos nos atos a serem praticados perante notários e registradores, o fato deverá ser comunicado imediatamente ao Conselho Municipal do Idoso, Defensoria Pública, Polícia Civil ou Ministério Público.

Art. 3º Esta recomendação entra em vigor na data de sua publicação e terá validade até 31 de dezembro de 2020, podendo sua validade ser prorrogada ou reduzida por ato do Corregedor Nacional de Justiça, enquanto subsistir a situação excepcional que levou à sua edição.

RECOMENDAÇÃO Nº 43
30 DE OUTUBRO DE 2019

Dispõe sobre o procedimento prévio a ser observado por todos os Registradores Civis do país para a lavratura de registros de nascimento e passaportes.

Art. 1º Recomendar aos Ofícios de Registro Civil de Pessoas Naturais de todo o território nacional que, antes da lavratura de qualquer registro de nascimento, seja realizada consulta prévia à Central de Informações de Registro Civil das Pessoas Naturais (CRC), a fim de verificar a existência de registro de nascimento lavrado com o mesmo número de Declaração de Nascido Vivo (DNV).

Parágrafo único. Havendo registro de nascimento anteriormente lavrado com o mesmo número da Declaração de Nascido Vivo (DNV) apresentado, o Oficial de Registro Civil, titular, interino ou interventor, não lavrará o registro de nascimento, encaminhando cópias dos documentos apresentados pelo interessado e sua identificação às autoridades policiais e ao Ministério Público no prazo de 48 (quarenta e oito) horas.

Art. 2º Os Ofícios de Registro Civil de Pessoas Naturais que emitirem documentos de identificação dos cidadãos, mediante convênio, credenciamento e matrícula com órgãos e entidades governamentais privadas, na forma do Provimento nº 66/2018, deverão, antes da emissão de passaportes, efetuar consulta à Central de Informações de Registro Civil das Pessoas Naturais (CRC), a fim de verificar a regularidade do registro de nascimento e respectiva Declaração de Nascido Vivo (DNV).

Parágrafo único. Sendo constatada a utilização da mesma Declaração de Nascido Vivo (DNV) para a lavratura de mais de um registro de nascimento, deve o Oficial de Registro Civil titular, interino ou interventor agir na forma do parágrafo único do artigo anterior.

Art. 3º As Corregedorias dos Tribunais de Justiça dos Estados e do Distrito Federal deverá fiscalizar o cumprimento desta Recomendação instaurando procedimentos administrativos em desfavor dos Registradores que deixarem de observar as regras aqui estabelecidas, sem prejuízo da comunicação e envio dos documentos às autoridades policiais e ao Ministério Público.

Art. 4º Esta Recomendação entra em vigor na data de sua publicação.

---

387. Dispositivos revogados pelo Provimento nº 149/2023. Correspondem aos artigos 439 e 440.

RECOMENDAÇÃO Nº 41
02 DE JULHO DE 2019

Dispõe sobre a dispensa dos Cartórios de Registro de Imóveis da anuência dos confrontantes na forma dos §§ 3º e 4º do art. 176 da Lei nº 6.015/1973, alterada pela Lei nº 13.838/2019.

Art. 1º Recomendar aos Registradores de Imóveis que, nas retificações previstas no art. 213[388] da Lei nº 6.015/1973, provenientes de georreferenciamento de que trata a Lei Federal nº 10.267/2001, dispensem a anuência dos confrontantes nos casos de desmembramento, parcelamento ou remembramento de imóveis rurais, bastando para tanto a declaração do requerente de que respeitou os limites e as confrontações, nos termos no art. 176, §§ 3º e 4º, c/c o § 13[389] da Lei nº 6.015/1973, alterada pela Lei nº 13.838/2019.

Art. 2º Esta Recomendação entra em vigor na data de sua publicação.

---

[388]. Art. 213. O Oficial retificará o registro ou a averbação:
I – de ofício ou a requerimento do interessado nos casos de:
a) omissão ou erro cometido na transposição de qualquer elemento do título;
b) indicação ou atualização de confrontação;
c) alteração de denominação de logradouro público, comprovada por documento oficial;
d) retificação que vise a indicação de rumos, ângulos de deflexão ou inserção de coordenadas georreferenciadas, em que não haja alteração das medidas perimetrais;
e) alteração ou inserção que resulte de mero cálculo matemático feito a partir das medidas perimetrais constantes do registro;
f) reprodução de descrição de linha divisória de imóvel confrontante que já tenha sido objeto de retificação;
g) inserção ou modificação dos dados de qualificação pessoal das partes, comprovada por documentos oficiais, ou mediante despacho judicial quando houver necessidade de produção de outras provas;
II – a requerimento do interessado, no caso de inserção ou alteração de medida perimetral de que resulte, ou não, alteração de área, instruído com planta e memorial descritivo assinado por profissional legalmente habilitado, com prova de anotação de responsabilidade técnica no competente Conselho Regional de Engenharia e Arquitetura (CREA), bem assim pelos confrontantes.
§ 1º Uma vez atendidos os requisitos de que trata o caput do art. 225, o Oficial averbará a retificação;
§ 2º Se a planta não contiver a assinatura de algum confrontante, este será notificado pelo Oficial de Registro de Imóveis competente, a requerimento do interessado, para se manifestar em 15 (quinze) dias, promovendo-se a notificação pessoalmente pelo correio, com aviso de recebimento, ou, ainda, por solicitação do Oficial de Registro de Imóveis, pelo Oficial de Registro de Títulos e Documentos da comarca da situação do imóvel ou do domicílio de quem deva recebê-la;
§ 3º A notificação será dirigida ao endereço do confrontante constante do Registro de Imóveis, podendo ser dirigida ao próprio imóvel contíguo ou àquele fornecido pelo requerente; não sendo encontrado o confrontante ou estando em lugar incerto e não sabido, tal fato será certificado pelo Oficial encarregado da diligência, promovendo-se a notificação do confrontante mediante edital, com o mesmo prazo fixado no § 2º, publicado por 02 (duas) vezes em jornal local de grande circulação;
§ 4º Presumir-se-á a anuência do confrontante que deixar de apresentar impugnação no prazo da notificação;
§ 5º Findo o prazo sem impugnação, o Oficial averbará a retificação requerida; se houver impugnação fundamentada por parte de algum confrontante, o Oficial intimará o requerente e o profissional que houver assinado a planta e o memorial a fim de que, no prazo de 05 (cinco) dias, se manifestem sobre a impugnação;
§ 6º Havendo impugnação e se as partes não tiverem formalizado transação amigável para solucioná-la, o Oficial remeterá o processo ao Juiz competente, que decidirá de plano ou após instrução sumária, salvo se a controvérsia versar sobre o direito de propriedade de alguma das partes, hipótese em que remeterá o interessado para as vias ordinárias;
§ 7º Pelo mesmo procedimento previsto neste artigo poderão ser apurados os remanescentes de áreas parcialmente alienadas, caso em que serão considerados como confrontantes tão-somente os confinantes das áreas remanescentes;
§ 8º As áreas públicas poderão ser demarcadas ou ter seus registros retificados pelo mesmo procedimento previsto neste artigo, desde que constem do registro ou sejam logradouros devidamente averbados;
§ 9º Independentemente de retificação, 02 (dois) ou mais confrontantes poderão, por meio de escritura pública, alterar ou estabelecer as divisas entre si e, se houver transferência de área, com o recolhimento do devido imposto de transmissão e desde que preservadas, se rural o imóvel, a fração mínima de parcelamento e, quando urbano, a legislação urbanística;
§ 10. Entendem-se como confrontantes os proprietários e titulares de outros direitos reais e aquisitivos sobre os imóveis contíguos, observado o seguinte:
I – o condomínio geral, de que trata o Capítulo VI do Título III do Livro III da Parte Especial da Lei nº 10.406/2002 – Código Civil, será representado por qualquer um dos condôminos; e
II – o condomínio edilício, de que tratam os art. 1.331 a art. 1.358 da Lei nº 10.406/2002 – Código Civil, será representado pelo síndico e o condomínio por frações autônomas, de que trata o art. 32 da Lei nº 4.591/1964, pela comissão de representantes.
§ 11. Independe de retificação:
I – a regularização fundiária de interesse social realizada em Zonas Especiais de Interesse Social, promovida por município ou pelo Distrito Federal, quando os lotes já estiverem cadastrados individualmente ou com lançamento fiscal há mais de 10 (dez) anos;
II – a adequação da descrição de imóvel rural às exigências dos arts. 176, §§ 3º e 4º, e 225, § 3º, desta Lei.
III – a adequação da descrição de imóvel urbano decorrente de transformação de coordenadas geodésicas entre os sistemas de georreferenciamento oficiais;
IV – a averbação do auto de demarcação urbanística e o registro do parcelamento decorrente de projeto de regularização fundiária de interesse social de que trata a Lei nº 11.977/2009; e
V – o registro do parcelamento de glebas para fins urbanos anterior a 19 de dezembro de 1979, que esteja implantado e integrado à cidade, nos termos do art. 71 da Lei nº 11.977/2009;
§ 12. Poderá o Oficial realizar diligências no imóvel para a constatação de sua situação em face dos confrontantes e localização na quadra;
§ 13. Não havendo dúvida quanto à identificação do imóvel:
I – o título anterior à retificação poderá ser levado a registro desde que requerido pelo adquirente, promovendo-se o registro em conformidade com a nova descrição; e
II – a prenotação do título anterior à retificação será prorrogada durante a análise da retificação de registro.
§ 14. Verificado a qualquer tempo não serem verdadeiros os fatos constantes do memorial descritivo, responderão os requerentes e o profissional que o elaborou pelos prejuízos causados, independentemente das sanções disciplinares e penais;
§ 15. Não são devidos custas ou emolumentos notariais ou de registro decorrentes de regularização fundiária de interesse social a cargo da administração pública;
§ 16. Na retificação de que trata o inciso II do caput, serão considerados confrontantes somente os confinantes de divisas que forem alcançadas pela inserção ou alteração de medidas perimetrais.
§ 17. São dispensadas as assinaturas dos confrontantes, previstas no inciso II do caput, quando da indicação das coordenadas dos vértices definidores dos limites dos imóveis rurais, georreferenciadas ao Sistema Geodésico Brasileiro e com precisão posicional fixada pelo INCRA, bastando a apresentação de declaração do requerente interessado de que respeitou os limites e as confrontações.

RECOMENDAÇÃO Nº 40
02 DE JULHO DE 2019

Dispõe sobre os prazos e informações a serem prestadas ao Sistema Nacional de Informações de Registro Civil (SIRC) pelas serventias extrajudiciais de Registro de Pessoas Naturais.

Art. 1º Recomendar às serventias extrajudiciais de Registro de Pessoas Naturais a observância do prazo de 01 (um) dia útil estabelecido pela Lei nº 13.846/2019, para remessa ao INSS pelo Sistema Nacional de Informações de Registro Civil (SIRC), ou por outro meio que venha a substituí-lo, da relação dos nascimentos, dos natimortos, dos casamentos, dos óbitos, das averbações, das anotações e das retificações registradas na serventia.

Parágrafo único. As serventias extrajudiciais de Registro de Pessoas Naturais localizadas em municípios que não dispõem de provedor de conexão com a internet ou de qualquer meio de acesso à internet poderão remeter as informações de que trata o caput em até 05 (cinco) dias úteis.

Art. 2º Devem ser remetidas pelas serventias extrajudiciais de Registro de Pessoas Naturais todas as informações disponíveis no registro e exigidas pelo SIRC por meio do sistema informatizado de transmissão eletrônica de dados.

Art. 3º As Corregedorias locais devem fiscalizar o cumprimento dos prazos fixados em lei, bem como o integral fornecimento das informações disponíveis no registro pelas serventias extrajudiciais de Registro de Pessoas Naturais.

Art. 4º Esta Recomendação entra em vigor na data de sua publicação.

---

[389]. Art. 176. O Livro nº 2 – Registro Geral – será destinado, à matrícula dos imóveis e ao registro ou averbação dos atos relacionados no art. 167 e não atribuídos ao Livro nº 3.

§ 3º Nos casos de desmembramento, parcelamento ou remembramento de imóveis rurais, a identificação prevista na alínea "a" do item 3 do inciso II do § 1º será obtida a partir de memorial descritivo, assinado por profissional habilitado e com a devida Anotação de Responsabilidade Técnica (ART), contendo as coordenadas dos vértices definidores dos limites dos imóveis rurais, georreferenciadas ao Sistema Geodésico Brasileiro e com precisão posicional a ser fixada pelo INCRA, garantida a isenção de custos financeiros aos proprietários de imóveis rurais cuja somatória da área não exceda a 04 (quatro) módulos fiscais;

§ 4º A identificação de que trata o § 3º tornar-se-á obrigatória para efetivação de registro, em qualquer situação de transferência de imóvel rural, nos prazos fixados por ato do Poder Executivo.

§ 13. Para a identificação de que tratam os §§ 3º e 4º deste artigo, é dispensada a anuência dos confrontantes, bastando para tanto a declaração do requerente de que respeitou os limites e as confrontações.

RECOMENDAÇÃO Nº 39
19 DE JUNHO DE 2019

Dispõe sobre a necessidade de observância das decisões da Corregedoria Nacional de Justiça relacionadas à vedação de designação de interinos parentes de antigos delegatários titulares das serventias vagas.

Art. 1º Recomendar aos Tribunais de Justiça dos Estados e do Distrito Federal que deem cumprimento ao Provimento nº 77 e às decisões proferidas pela Corregedoria Nacional de Justiça, que coíbem a prática de nepotismo, ainda que haja decisão judicial em sentido diverso mantendo no cargo interinos parentes de antigos delegatários titulares das serventias vagas, salvo se a ordem judicial advier do Supremo Tribunal Federal.

§ 1º As decisões judiciais em sentido diverso, ainda que tenham sido cumpridas antes da publicação desta Recomendação, devem ser informadas pelo Corregedor-Geral de Justiça à Corregedoria Nacional de Justiça, no prazo de 15 (quinze) dias, encaminhando-se cópia da decisão judicial e do ato de designação do interino;

§ 2º A não observância do caput ensejará providências por parte do Corregedor Nacional de Justiça para o imediato cumprimento de sua ordem, além da comunicação à Advocacia-Geral da União para que possa intervir nos feitos e das cominações previstas no art. 105[390] do RICNJ.

Art. 2º Esta Recomendação entra em vigor na data de sua publicação.

RECOMENDAÇÃO Nº 36
30 DE MAIO DE 2019

Dispõe sobre a vedação aos Tribunais de Justiça dos Estados e do Distrito Federal de regulamentarem a averbação de divórcio por declaração unilateral emanada de um dos cônjuges.

Art. 1º Recomendar aos Tribunais de Justiça dos Estados e do Distrito Federal que:

I – se abstenham de editar atos regulamentando a averbação de divórcio extrajudicial por declaração unilateral emanada de um dos cônjuges (divórcio impositivo), salvo nas hipóteses de divórcio consensual, separação consensual e extinção de união estável, previstas no art. 733[391] do Código de Processo Civil;

---

390. Art. 105. Comprovada a resistência ao cumprimento da decisão proferida pelo CNJ em mais de 30 (trinta) dias além do prazo estabelecido, o Plenário, o Presidente ou o Corregedor Nacional de Justiça, de ofício ou por reclamação do interessado, adotará as providências que entenderem cabíveis à sua imediata efetivação, sem prejuízo da instauração do competente procedimento disciplinar contra a autoridade recalcitrante e, quando for o caso, do envio de cópias ao Ministério Público para a adoção das providências pertinentes.
391. Dispositivo revogado pela Lei nº 13.105/2015. Corresponde ao artigo 528 do NCPC.
   Art. 528. No cumprimento de sentença que condene ao pagamento de prestação alimentícia ou de decisão interlocutória que fixe alimentos, o Juiz, a requerimento do exequente, mandará intimar o executado pessoalmente para, em 03 (três) dias, pagar o débito, provar que o fez ou justificar a impossibilidade de efetuá-lo.

II – havendo a edição de atos em sentido contrário ao disposto no inciso anterior, providenciem a sua imediata revogação.

Art. 2º Esta Recomendação entrará em vigor na data de sua publicação.

RECOMENDAÇÃO Nº 54
10 DE SETEMBRO DE 2018

Recomenda aos tribunais a não exigência de tradução de documentos estrangeiros redigidos em língua portuguesa.

Art. 1º Recomendar aos tribunais a não exigência de tradução de documentos estrangeiros redigidos em língua portuguesa, conforme os arts. 224[392] do Código Civil brasileiro e 162[393] do Código de Processo Civil, bem como da jurisprudência dos Tribunais Superiores.

Art. 2º Publique-se e encaminhe-se cópia desta Recomendação a todos os tribunais.

---

§ 1º Caso o executado, no prazo referido no caput, não efetue o pagamento, não prove que o efetuou ou não apresente justificativa da impossibilidade de efetuá-lo, o Juiz mandará protestar o pronunciamento judicial, aplicando-se, no que couber, o disposto no art. 517;

§ 2º Somente a comprovação de fato que gere a impossibilidade absoluta de pagar justificará o inadimplemento;

§ 3º Se o executado não pagar ou se a justificativa apresentada não for aceita, o Juiz, além de mandar protestar o pronunciamento judicial na forma do § 1º, decretar-lhe-á a prisão pelo prazo de 01 (um) a 03 (três) meses;

§ 4º A prisão será cumprida em regime fechado, devendo o preso ficar separado dos presos comuns;

§ 5º O cumprimento da pena não exime o executado do pagamento das prestações vencidas e vincendas;

§ 6º Paga a prestação alimentícia, o Juiz suspenderá o cumprimento da ordem de prisão;

§ 7º O débito alimentar que autoriza a prisão civil do alimentante é o que compreende até as 03 (três) prestações anteriores ao ajuizamento da execução e as que se vencerem no curso do processo;

§ 8º O exequente pode optar por promover o cumprimento da sentença ou decisão desde logo, nos termos do disposto neste Livro, Título II, Capítulo III, caso em que não será admissível a prisão do executado, e, recaindo a penhora em dinheiro, a concessão de efeito suspensivo à impugnação não obsta a que o exequente levante mensalmente a importância da prestação;

§ 9º Além das opções previstas no art. 516, parágrafo único, o exequente pode promover o cumprimento da sentença ou decisão que condena ao pagamento de prestação alimentícia no juízo de seu domicílio.

392. Art. 224. Os documentos redigidos em língua estrangeira serão traduzidos para o português para ter efeitos legais no País.
393. Art. 162. O juiz nomeará intérprete ou tradutor quando necessário para:
   I – traduzir documento redigido em língua estrangeira;
   II – verter para o português as declarações das partes e das testemunhas que não conhecerem o idioma nacional;
   III – realizar a interpretação simultânea dos depoimentos das partes e testemunhas com deficiência auditiva que se comuniquem por meio da Língua Brasileira de Sinais, ou equivalente, quando assim for solicitado.

RECOMENDAÇÃO Nº 28
17 DE AGOSTO DE 2018

Recomenda aos Tribunais de Justiça dos Estados e do Distrito Federal a celebração de convênios com Notários e Registradores do Brasil para a instalação de Centros Judiciários de Solução de Conflitos e Cidadania (CEJUSCs).

Art. 1º Recomendar aos Tribunais de Justiça dos Estados e do Distrito Federal, por intermédio de seus Núcleos Permanentes de Métodos Consensuais de Solução de Conflitos, a celebração de convênios com Notários e Registradores do Brasil para a instalação de centros judiciários de solução de conflitos e cidadania nos locais em que ainda não tenham sido implantados.

§ 1º A celebração do convênio de que trata o caput deverá ser precedida de estudo preliminar acerca da viabilidade jurídica, técnica e financeira do serviço;

§ 2º O estudo prévio referido no parágrafo anterior deverá ser realizado pelos Tribunais de Justiça dos Estados e do Distrito Federal, por meio dos NUPEMECs, em conjunto com os Notários ou Registradores da jurisdição a que estiverem vinculados.

Art. 2º Firmado termo de convênio com base nesta Recomendação, os Tribunais de Justiça dos Estados e do Distrito Federal deverão:

I – encaminhar cópia do termo à Corregedoria Nacional de Justiça, via PJe, para conhecimento e disseminação de boas práticas entre os demais entes da Federação;

II – manter, em seu *site*, por intermédio dos núcleos permanentes de métodos consensuais de solução de conflitos, listagem pública dos centros judiciários de solução de conflitos e cidadania instalados mediante convênio com os serviços notariais e de registro.

Art. 3º Os procedimentos de conciliação e de mediação realizados nos CEJUSCs instalados nos serviços notariais e de registro em virtude do convênio objeto desta Recomendação serão fiscalizados pela Corregedoria-Geral de Justiça (CGJ) e pelo Juiz coordenador do CEJUSC da jurisdição a que o serviço notarial e de registro estiver vinculado.

Art. 4º Aplicar-se-ão aos Centros Judiciários de Solução de Conflitos e Cidadania instalados nos termos desta Recomendação as disposições dos Provimentos CN-CNJ nº 67/2018 e 72/2018.

Art. 5º Esta Recomendação entra em vigor na data da sua publicação.

RECOMENDAÇÃO Nº 23
28 DE JUNHO DE 2016

Recomenda aos Oficiais de Registro Civis de Pessoas Naturais que registrem a profissão dos pais a serviço de seu país nos assentos de certidões de nascimento dos seus filhos nascidos no Brasil.

Art. 1º Recomendar aos Oficiais de Registro Civis das Pessoas Naturais que promovam e fiscalizem a inclusão completa dos dados ferentes à profissão dos pais nos assentos de nascimento e nas respectivas certidões.

Parágrafo único. O registro de nascimento de filhos de funcionários de Missões Diplomáticas e Consulares estrangeiras, a serviço no Brasil, deverá ser efetuado no Livro "E" do Registro Civil da Comarca, devendo constar do assento e da respectiva certidão a seguinte observação: 'O registrando não possui a nacionalidade brasileira, conforme o art. 12, inciso I, alínea "a"[394], in fine, da Constituição Federal'.

Art. 2º Esta Recomendação não revoga, no que forem compatíveis, as normas editadas pelas Corregedorias Gerais da Justiça e pelos Juízes Corregedores, ou Juízes competentes na forma da organização local relativas à matéria.

Art. 3º As Corregedorias Gerais da Justiça dos Estados e do Distrito Federal deverão dar ciência desta Recomendação aos Juízes Corregedores ou Juízes que na forma da organização local forem competentes para a fiscalização dos serviços extrajudiciais de Registro Civis das Pessoas Naturais e de Interdições e Tutelas, e aos responsáveis pelas unidades de Registro Civis das Pessoas Naturais e de Interdições e Tutelas.

Art. 4º Esta Recomendação entra em vigor na data de sua publicação.

RECOMENDAÇÃO Nº 19
25 DE MARÇO DE 2015

Dispõe sobre a instituição de Banco de Dados de óbitos de pessoas não identificadas, nos estados que possuem Central de Registro Civil no Distrito Federal.

Art. 1º Recomendar a instituição de um Banco de Dados de óbitos de pessoas não identificadas, junto à Central de Registro Civil dos Estados e do Distrito Federal.

Art. 2º O Banco de Dados disponibilizará informações para identificação da pessoa falecida, tais como: a idade presumida, o sexo, a cor da pele, os sinais aparentes e a data do óbito.

Art. 3º A confirmação da identidade será feita mediante confronto datiloscópico ou exame de DNA.

Art. 4º Esta Recomendação entra em vigor na data de sua publicação.

RECOMENDAÇÃO Nº 18
02 DE MARÇO DE 2015

Dispõe sobre a expedição de certidão de óbito no estabelecimento de saúde em que ocorra o falecimento.

Art. 1º Recomendar às Corregedorias-Gerais da Justiça dos Estados e do Distrito Federal que promovam e fiscalizem a expedição

---

4. Art. 12. São brasileiros:
I – natos:
a) os nascidos na República Federativa do Brasil, ainda que de pais estrangeiros, desde que estes não estejam a serviço de seu país.

---

da certidão de óbito no estabelecimento de saúde em que ocorra o falecimento, utilizando analogicamente o procedimento disposto nos Provimento ns. 13 e 17 da Corregedoria Nacional de Justiça, observada a Lei nº 6.015/1973.

Art. 2º Oficiar a todos os Corregedores-Gerais da Justiça para que informem à Corregedoria Nacional os resultados das práticas locais objeto desta Recomendação.

Art. 3º Esta Recomendação entra em vigor na data de sua publicação.

RECOMENDAÇÃO Nº 14
02 DE JULHO DE 2014

Dispõe sobre a divulgação do resultado de estudos realizados para a especificação do modelo de sistema digital para implantação de Sistemas de Registro de Imóveis Eletrônico (SREI).

Art. 1º Recomendar às Corregedorias-Gerais da Justiça que na regulamentação ou na autorização de adoção de sistema de registro eletrônico por responsável por delegação de Registro de Imóveis, inclusive quando prestados com uso de centrais eletrônicas, sejam adotados os parâmetros e requisitos constantes do modelo de sistema digital para implantação de Sistemas de Registro de Imóveis Eletrônico (SREI) elabora pela Associação do Laboratório de Sistemas Integráveis Tecnológicos (LSI-TEC) em cumprimento ao contrato CNJ nº 01/2011.

Art. 2º Determinar a expedição de ofícios às Corregedorias-Gerais da Justiça e às Associações de Classe dos Oficiais de Registro de Imóveis, para ciência e divulgação.

RECOMENDAÇÃO Nº 09[395]
07 DE MARÇO DE 2013

Dispõe sobre a formação e manutenção de arquivo de segurança pelos responsáveis pelas serventias do serviço extrajudicial de notas e de registro.

Art. 1º Recomendar aos titulares e aos responsáveis pelas delegações do serviço extrajudicial de notas e de registro que mantenham cópias de segurança em microfilme, ou arquivo em mídia digital formado por imagens extraídas por meio de "scanner", ou fotografia, ou arquivo de dados assinado eletronicamente com certificado digital emitido em consonância com as normas do ICP-Brasil, ou qualquer outro método hábil, que, em sua fase inicial, deverá abranger os livros obrigatórios previsto em lei para as suas respectivas especialidades.

§ 1º Mediante opção do Tabelião ou do Oficial de Registro, a formação de arquivo de segurança dos Livros de Notas poderá abranger os livros escriturados a partir do ano de 1980. O arquivo de segurança dos Livros de Protesto poderá abranger os livros escriturados nos últimos cinco anos;

---

395. Atualizada até a Recomendação nº 11/2013.

---

§ 2º O arquivo de segurança dos livros de protocolo de todas as especialidades do serviço de notas e de registro poderá ser formado por meio informatizado, dispensada a assinatura digital e a reprodução de imagem;

§ 3º O arquivo de segurança dos índices do Registro Civil de Pessoas Jurídicas, do indicador pessoal do Registro de Títulos e Documentos (Livro "D") e dos indicadores real e pessoal do Registro de Imóveis (Livros ns. 4 e 5) poderá ser formado por meio exclusivamente informatizado, dispensada a assinatura digital e a reprodução de imagem;

§ 4º Poderá ser dispensada, a critério do Oficial de Registro, a formação de arquivo de segurança do Livro "D – de registro de proclama" do Registro Civil das Pessoas Naturais.

Art. 2º Recomendar que o arquivo de segurança seja atualizado com periodicidade não superior a 01 (um) mês e que ao menos uma de suas vias seja arquivada em local distinto da serventia, facultado o uso de servidores externos ou qualquer espécie de sistema de mídia eletrônica ou digital.

Art. 3º Alertar que deverá ser formado e mantido arquivo de segurança dos documentos eletrônicos que integrarem o acervo da delegação do serviço extrajudicial, mediante "backup" em mídia eletrônica, digital ou outro método hábil à sua preservação.

Art. 4º Alertar que o arquivo de segurança integrará o acervo da respectiva serventia e deverá ser transmitido ao novo titular da delegação em caso de extinção da delegação anterior, ou ao novo responsável pela delegação, em conjunto com os softwares que permitas seu pleno uso e atualização.

Art. 5º Esclarecer que prevalecerão as normas e determinações das Corregedorias-Gerais da Justiça, dos Juízes Corregedores ou juízes competentes na forma da organização local, sobre a formação e guarda de arquivo de segurança, caso existentes.

Art. 6º Determinar que, em 120 dias, os titulares e responsáveis pelas delegações do serviço extrajudicial informem se possuem, ou não, arquivo de segurança e, se não o possuírem, quais as providências que estão adotando para formá-lo e a previsão do tempo que estimam para sua realização.

Parágrafo único. As informações previstas no caput deste artigo deverão ser encaminhadas à Corregedoria Nacional de Justiça, diretamente pelos Oficiais e Tabeliães, por meio de resposta eletrônica em questionário disponível no Sistema de Serventias Extrajudiciais, que pode ser acessado pelo link "http://www.cnj.jus.br/corregedoria.

Art. 7º Determinar o encaminhamento de cópia desta Recomendação às Corregedorias-Gerais da Justiça, inclusive para ciência aos responsáveis pelas unidades do serviço extrajudicial de notas e de registro e aos Juízes Corregedores, ou juízes competentes na forma da organização local para a fiscalização dos serviços extrajudiciais de notas e de registro.

RECOMENDAÇÃO Nº 08
07 DE NOVEMBRO DE 2012

Dispõe sobre a colocação de criança e adolescente em família substituta por meio de guarda.

Art. 1º Recomendar aos juízes com jurisdição na infância e juventude que ao conceder a guarda provisória, em se tratando de criança com idade menor ou igual a 3 anos, seja ela concedida somente a pessoas ou casais previamente habilitados nos cadastros a que se refere o art. 50 do ECA, em consulta a ser feita pela ordem cronológica da data de habilitação na seguinte ordem: primeiro os da comarca; esgotados eles, os do Estado e, em não havendo, os do Cadastro Nacional de Adoção.

Art. 2º Publique-se, inclusive no site do CNJ e encaminhe-se cópia aos Presidentes dos Tribunais de Justiça dos Estados para que providenciem ampla divulgação a todos os magistrados que atuam na infância e juventude.

Art. 3º A presente Recomendação entrará em vigor na data de sua publicação.

RECOMENDAÇÃO Nº 06
02 DE JULHO DE 2012

Dispõe sobre o uso de papel de segurança unificado para a emissão de certidões pelos Ofícios de Registro Civil das Pessoas Naturais.

Art. 1º Recomendar aos Oficiais de Registro de Pessoas Naturais que observem, rigorosamente, a data (02 de julho de 2012) e as regras estabelecidas no Provimento nº 15 desta Corregedoria Nacional.

Art. 2º Recomendar aos Registradores que, até tal data, não hajam recebido o papel de segurança, ou cujos estoques tenham se esgotado, que, nos termos do citado Provimento, comuniquem o fato ao respectivo Juiz Corregedor Permanente, com cópia da solicitação não atendida pela Cada da Moeda, e continuem a expedir certidões normalmente, sem interrupção, utilizado outro papel.

§ 1º Os Registradores que se encontrem na situação prevista no caput deverão iniciar a utilização do papel de segurança tão logo o recebam;

§ 2º Os que já houverem iniciado o uso do papel de segurança deverão mantê-lo, sem interrupção, até que o estoque se esgote e, caso não recebam novo lote depois de esgotado o anterior, procederão na forma do caput.

Art. 3º Recomendar que as Corregedorias-Gerais da Justiça dos Estados zelem pela estrita observância do acima disposto.

RECOMENDAÇÃO Nº 03
15 DE MARÇO DE 2012

Dispõe sobre a cientificação prévia das partes, nos atos notariais que especifica, quanto à possibilidade de obterem Certidão Negativa de Débitos Trabalhistas (CNDT).

Art. 1º Recomendar aos Tabeliães de Notas que cientifiquem as partes envolvidas da possibilidade de obtenção prévia de Certidão Negativa de Débitos Trabalhistas (CNDT), nos termos do art. 642-A[396] da CLT, com a redação data pela Lei nº 12.440/2011, nas seguintes hipóteses:

I – alienação ou oneração, a qualquer título, de bem imóvel ou direito a ele relativo;

II – partilha de bens imóveis em razão de separação, divórcio ou dissolução de união estável.

Art. 2º Deverá constar da escritura lavra que a cientificação referida no artigo anterior foi previamente realizada.

Art. 3º O atendimento à presente Recomendação não esgota ou substitui outras providências necessárias à segurança jurídica do negócio.

Art. 4º As Corregedorias-Gerais da Justiça dos Estados serão cientificadas do teor desta Recomendação, para divulgação e fiscalização de seu cumprimento.

Art. 5º A presente Recomendação entrará em vigor na data de sua publicação.

RECOMENDAÇÃO Nº 17
26 DE AGOSTO DE 2008

Recomenda aos Tribunais de Justiça a promoção de campanhas e mutirões que visem ao registro civil de nascimento.

Recomendar aos Tribunais de Justiça dos Estados e do Distrito Federal e Territórios que promovam junto às varas com competência registral, campanhas e mutirões que visem ao registro civil de todas as crianças nascidas em seus Estados e a efetividade na fiscalização da gratuidade dos registros de nascimento, podendo para tanto realizar parcerias com as secretarias municipais, sociedade, organizações não governamentais e associações de Notários e Registradores.

---

396. Art. 642-A. É instituída a Certidão Negativa de Débitos Trabalhistas (CNDT), expedida gratuita e eletronicamente, para comprovar a inexistência de débitos inadimplidos perante a Justiça do Trabalho.

§ 1º O interessado não obterá a certidão quando em seu nome constar:

I – o inadimplemento de obrigações estabelecidas em sentença condenatória transitada em julgado proferida pela Justiça do Trabalho ou em acordos judiciais trabalhistas, inclusive no concernente aos recolhimentos previdenciários, a honorários, a custas, a emolumentos ou a recolhimentos determinados em lei; ou

II – o inadimplemento de obrigações decorrentes de execução de acordos firmados perante o Ministério Público do Trabalho ou Comissão de Conciliação Prévia.

§ 2º Verificada a existência de débitos garantidos por penhora suficiente ou com exigibilidade suspensa, será expedida Certidão Positiva de Débitos Trabalhistas em nome do interessado com os mesmos efeitos da CNDT;

§ 3º A CNDT certificará a empresa em relação a todos os seus estabelecimentos, agências e filiais;

§ 4º O prazo de validade da CNDT é de 180 (cento e oitenta) dias, contado da data de sua emissão.

PORTARIA Nº 53
14 DE OUTUBRO DE 2020

Disciplina o funcionamento da Coordenadoria de Gestão de Serviços Notariais e de Registro, no âmbito da Corregedoria Nacional de Justiça, e dá outras providências.

Art. 1º As atividades da Coordenadoria de Gestão de Serviços Notariais e de Registro da Corregedoria Nacional de Justiça (CONR) subdividem-se nos seguintes eixos de atuação:

I – Processual;

II – Agente Regulador;

III – Fiscalização e Regulação; e

IV – Institucional.

Parágrafo único. A supervisão das atividades da CONR caberá aos juízes auxiliares designados pelo Corregedor Nacional de Justiça.

Art. 2º No eixo Processual, são atribuições da CONR:

I – analisar e instruir os processos de competência da Corregedoria Nacional de Justiça relacionados com os assuntos do foro extrajudicial;

II – definir o regramento do banco de precedentes, consistente em base pesquisável de tecnologia avançada, com indicação dos julgados relacionados à matéria, mantendo-atualizado com vistas a institucionalizar a memória dos assuntos relativos aos serviços de notas e registro no âmbito do Conselho Nacional de Justiça e a permitir o inter-relacionamento e interoperabilidade das bases de dados com apoio em novas tecnologias de informação; e

III – prestar assessoria técnica, caso solicitada, fornecendo subsídios e precedentes à consideração dos Conselheiros, com o propósito de agregar maior segurança jurídica às decisões do Conselho Nacional de Justiça.

Art. 3º No eixo Agente Regulador, compete à CONR funcionar, no âmbito da Corregedoria Nacional de Justiça, como Secretaria Executiva do Agente Regulador do Operador Nacional do Sistema de Registro Eletrônico de Imóveis (ONR).

§ 1º Compõem o Agente Regulador do ONR a Secretaria Executiva, a Câmara de Regulação e o Conselho Consultivo;

§ 2º São atribuições da Secretaria Executiva do Agente Regulador do ONR:

I – recepcionar e processar os procedimentos administrativos de competência do Agente Regulador;

II – elaborar a pauta das reuniões e secretariar os trabalhos de competência da Câmara de Regulação e do Conselho Consultivo, formalizando a convocação, a pedido dos respectivos coordenadores, e lavrando as atas das reuniões;

III – secretariar os trabalhos de fiscalização do Agente Regulador do ONR, de competência da Corregedoria Nacional de Justiça, quando for o caso, lavrando as respectivas atas;

IV – submeter à deliberação da Câmara de Regulação a proposta de Regimento Interno do Agente Regulador, assim como as respectivas proposições de alteração;

V – analisar o atendimento dos requisitos pelos nomes indicados para integrar o Comitê de Normas Técnicas do ONR, submetendo-os à aprovação e homologação da Câmara de Regulação do Agente Regulador;

VI – analisar e submeter à Câmara de Regulação as Instruções Técnicas propostas pelo Comitê de Normas Técnicas do ONR;

VII – acompanhar a execução do planejamento estratégico do ONR; e

VIII – exercer as demais funções que lhe forem atribuídas pelo ato normativo expedido pela Corregedoria Nacional de Justiça para regulamentar o funcionamento do Agente Regulador.

Art. 4º No eixo de Fiscalização e Regulação, cabe à CONR:

I – promover a organização das unidades do serviço de notas e registro em funcionamento nas unidades federativas;

II – orientar o trabalho de fiscalização dos serviços extrajudiciais pelos Tribunais;

III – promover o aprimoramento, a padronização e o nivelamento dos serviços notariais e de registro, bem como das atividades em geral atribuídas aos Notários e registradores que prestem os serviços por delegação do Poder Público.

Parágrafo único. Para consecução das atribuições a que se refere este artigo, as atividades da CONR consistem em fiscalização, elaboração de atas de correição e relatórios, acompanhamento do cumprimento de determinações e de medidas correicionais, elaboração de normas, além do acompanhamento dos concursos públicos de provas e títulos para outorga de delegações de serventias extrajudiciais, mediante organização das vagas, designação de interinos nas vacâncias, combate ao nepotismo e saneamento financeiro com vistas à sustentação e ao controle da renda excedente das serventias.

Art. 5º No eixo Institucional, compete à CONR gerenciar os seguintes projetos e programas especiais da Corregedoria:

I – Apostil (e-APP da Haia);

II – Colégios de Corregedores;

III – Programas especiais:

a) Gestão Documental (e-Folium);

b) Comissão Especial para Gestão Documental do Foro Extrajudicial (e-FOLIVM);

c) Fórum de Assuntos Fundiários;

d) Proteção de Dados Pessoais nos serviços extrajudiciais;

e) Renda Mínima (equilíbrio econômico-financeiro das pequenas serventias);

f) Justiça Aberta 2.0;

g) Desjudicialização por meio dos serviços de notas e registro;

h) Combate ao sub-registro civil (Pai Presente e outros projetos a serem desenvolvidos); e

i) Regularização Fundiária (qualificação dos profissionais das unidades do serviço extrajudicial).

Art. 6º O plano de trabalho de execução das atividades da CONR para o biênio 2020/2022 fica aprovado na forma do Anexo a esta Portaria.

Art. 7º Esta Portaria entra em vigor na data de sua publicação.

ANEXO DO
CÓDIGO NACIONAL DE NORMAS

ANEXO I
REQUERIMENTO DE ALTERAÇÃO DE PRENOME

OFICIAL DE REGISTRO CIVIL DAS PESSOAS NATURAIS DO MUNICÍPIO DE ...

I – REQUERENTE:

Nome civil completo, nacionalidade, naturalidade, data e local do nascimento, estado civil, profissão, RG, CPF, endereço completo, telefone, endereço eletrônico.

II – REQUERIMENTO:

O(a) REQUERENTE acima indicado(a), registrado(a) nesta serventia, no Livro A- ___, fls.___, termo nº ___, vem, respeitosamente, requerer, a V.Sa., a **INSTAURAÇÃO DE PROCEDIMENTO PARA ALTERAÇÃO DE PRENOME**, de modo que seu prenome passe a ser _____, passando a ser identificado(a) pelo nome completo de _____.

III – DECLARAÇÕES SOB AS PENAS DA LEI:

O(A) REQUERENTE **DECLARA** que:

a) a alteração ora requerida está de acordo com seu nome atual e que responde civil e criminalmente pela veracidade desta afirmação. Declara, ainda, que não é parte em ação judicial em trâmite sobre alteração de prenome ou, em caso de ação judicial com o referido escopo, que a mesma já foi devidamente arquivada, conforme certidão anexa (se for o caso);

b) possui cédula de identidade RG nº _____ (órgão expedidor), inscrição perante o CPF sob o nº _____, passaporte de nº _____ e título de eleitor nº _____;

c) não possui cédula de identidade RG emitida em outra unidade da federação (se for o caso);

d) está ciente de que não será admitida outra alteração de prenome por este procedimento diretamente perante Oficial de Registro Civil das Pessoas Naturais, resguardada a via judicial;

e) está ciente que deverá promover a alteração nos demais registros que lhe digam respeito, direta ou indiretamente, e em respectivos documentos de identificação.

IV – FUNDAMENTO JURÍDICO:

O presente requerimento está fundamentado no artigo 56 da Lei n. 6.015/1973.

Por ser verdade, firmo o presente termo.

Local e data.

Assinatura do(a) requerente

CERTIFICO E DOU FÉ que a assinatura supra foi lançada em minha presença.

Carimbo e assinatura do Oficial/Preposto autorizado

ANEXO II
DECLARAÇÃO DE DOAÇÃO DE ÓRGÃOS, TECIDOS E PARTES DO CORPO HUMANO PARA DEPOIS DA MORTE

Eu, _____ (nome preenchido automaticamente pelo e-Notariado), CPF n. _____-____ (número preenchido automaticamente pelo e-Notariado), DECLARO que sou DOADOR de órgãos, tecidos e partes do corpo humano para fins de transplante ou finalidade terapêutica post mortem, ou seja, depois de minha morte. AUTORIZO a retirada de _____ (órgãos, tecidos e partes do corpo humano) para transplantes ou outra finalidade terapêutica. Esta é a minha vontade e solicito que seja cumprida. Autorizo a consulta da presente declaração pelos órgãos e profissionais que atuem na área médica ou estejam autorizados por previsão legal ou normativa.

___/___/___ (data preenchida automaticamente) _____(local preenchido automaticamente)

Assinatura Eletrônica e-Notariado

ANEXO III
REVOGAÇÃO DE DECLARAÇÃO DE DOAÇÃO DE ÓRGÃOS, TECIDOS E PARTES DO CORPO HUMANO PARA DEPOIS DA MORTE

Eu, _____ (nome preenchido automaticamente pelo e-Notariado), CPF n. _____-____ (número preenchido automaticamente pelo e-Notariado), REVOGO a anterior DECLARAÇÃO DE DOAÇÃO DE ÓRGÃOS, TECIDOS E PARTES DO CORPO HUMANO PARA DEPOIS DA MORTE assinada em ___/___/___ (data preenchida automaticamente).

___/___/___ (data preenchida automaticamente) _____ (local preenchido automaticamente)

Assinatura Eletrônica e-Notariado

ANEXOS DOS DEMAIS REGRAMENTOS

PROVIMENTO Nº 16
17 DE FEVEREIRO DE 2012
ANEXO I

TERMO DE INDICAÇÃO DE PATERNIDADE

Qualificação completa (nome completo, nacionalidade, naturalidade, data de nascimento, estado civil, profissão, RG, CPF, endereços e telefones) **da pessoa que faz a indicação** (filho maior ou mãe de filho menor):
_____
_____
_____

Qualificação completa do filho menor (se o caso):
_____
_____
_____

Dados do suposto pai:

a) De preenchimento obrigatório:

Nome:_____

Endereço:_____
_____

b) De preenchimento tão completo quanto possível (mas observando-se que a falta dos dados abaixo não obstará o andamento do pedido):

Profissão:_____; endereço do local de trabalho:_____;

Telefones fixos (residencial e profissional):_____;

Telefone(s) celular(es):_____; outras informações inclusive RG e CPF:_____
_____.

Declaração da pessoa que faz a indicação: **DECLARO, sob as penas da lei, que o reconhecimento da paternidade não foi pleiteado em juízo.**

Local:_____, data:_____

Assinaturas:

_____
(pessoa que faz a indicação)

_____
(Oficial de Registro de Pessoas Naturais, com identificação e carimbo)

Obs.: o Oficial deverá anexar certidão de nascimento original (Prov. nº 16, art. 3º, § 3º) ou por cópia conferida (art. 3º, § 2º).

ANEXO II

TERMO DE RECONHECIMENTO DE FILHO (A)

Qualificação completa da pessoa que comparece espontaneamente para reconhecer filho (nome completo, nacionalidade, naturalidade, data de nascimento, estado civil, profissão, RG, CPF, endereços, telefones e filiação, com especificação dos nomes completos dos respectivos genitores para constarem como avós do reconhecido):

_____
_____
_____
_____

Dados para identificação induvidosa do filho(a) reconhecido(a), em especial seu nome completo e indicação do Oficio de Registro de Pessoas Naturais em que realizado seu registro de nascimento, que poderá ser diverso daquele em que preenchido o presente termo (sem prejuízo de outros elementos que seja possível consignar, tais como nome da mãe, endereços desta e do filho (a), respectivos telefones, identificação e localização de outros parentes etc.):

_____
_____
_____
_____

Declaração da pessoa que realiza o reconhecimento: **DECLARO, sob as penas da lei, que a filiação por mim afirmada é verdadeira e que RECONHEÇO, nos termos do art. 1.609, II, do Código Civil, meu(minha) FILHO(A) BIOLÓGICO(A) acima identificado(a). Por ser expressão da verdade, firmo o presente termo.**

Local:_____, data:_____

Assinaturas:

_____
pessoa que reconhece o (a) filho (a)

_____
filho(a) maior ou mãe de filho(a) menor, caso compareça
simultaneamente para anuência (com qualificação no campo acima)

_____
Oficial de Registro de Pessoas Naturais, com identificação e carimbo

Obs.: o Oficial deverá anexar cópia da certidão de nascimento se apresentada nos termos do art. 6º, §2º, do Prov. nº 16.

PROVIMENTO Nº 50
28 DE SETEMBRO DE 2015
ANEXO

SIGA-DOC (Adm.) ou CNJ (Jud.)	Código (método duplex)	Assunto	Documento	Prazo de guarda (Unidade Competente – fins probatórios)			Destinação final				Observação	Alterações
				Fase Corrente	Fase Intermediária	Eliminação	Guarda Permanente	Microfilmagem	Digitalização			
N/A	3-0	SERVIÇOS NOTARIAIS E DE REGISTRO - PROCESSOS E DOCUMENTOS										
N/A	3-1	REGISTRO CIVIL DAS PESSOAS NATURAIS										
N/A	3-1-1	LIVROS										
N/A	3-1-1-1	Livro tombo		Permanente	----		X				=> BASE LEGAL: - Lei nº 6015/73.	
N/A	3-1-1-2	Livro de editais e proclamas		Permanente	----		X				=> BASE LEGAL: - Lei nº 6015/73.	
N/A	3-1-1-3	Livro de registro de nascimento – assento		Permanente	----		X				=> BASE LEGAL: - Lei nº 6015/73.	
N/A	3-1-1-4	Livro de registro de óbito – assento		Permanente	----		X				=> BASE LEGAL: - Lei nº 6015/73.	
N/A	3-1-1-5	Livro de registro de casamento – assento		Permanente	----		X				=>BASE LEGAL: - Lei nº 6015/73.	
N/A	3-1-1-6	Livro E – registro de qualquer espécie (sentenças, transcrições, opções de nacionalidade etc.)		Permanente	----		X				=> BASE LEGAL: - Lei nº 6015/73.	
N/A	3-1-2	REGISTRO DE NASCIMENTO - ASSENTO (INATIVO)		1 ano	----	X		X			=> Documento controlado pelo Ministério da Saúde.	
N/A	3-1-3	DECLARAÇÃO DE NASCIDO VIVO – DNV		Permanente	----		X				=> BASE LEGAL: - Lei nº 6015/73.	
N/A	3-1-4	REGISTRO DE ÓBITO – ASSENTO (INATIVO)		1 ano	----	X		X			=> Documento controlado pelo Ministério da Saúde.	
N/A	3-1-5	DECLARAÇÃO DE ÓBITO – DO (GUIA)		5 anos	----	X					=> BASE LEGAL: - Lei nº 6015/73.	
N/A	3-1-6	RETIFICAÇÕES DE QUALQUER ESPÉCIE, REGISTRO DE NASCIMENTO TARDIO E OUTROS PROCESSOS COM TRÂMITE NA PRÓPRIA SERVENTIA		5 anos após a averbação propriamente dita	----	X						
N/A	3-1-7	AVERBAÇÕES (MANDADO, CARTA DE SENTENÇA, RECONHECIMENTO VOLUNTÁRIO DE PATERNIDADE, ADOÇÃO, LEGITIMAÇÕES ETC.)									=> BASE LEGAL: - Lei nº 6015/73.	

SIGA-DOC (Adm.) ou CNJ (Jud.)	Código (método duplex)	Assunto	Documento	Prazo de guarda (Unidade Competente – fins probatórios)			Destinação final				Observação	Alterações
				Fase Corrente	Fase Intermediária	Eliminação	Guarda Permanente	Microfilmagem	Digitalização			
N/A	3-1-8	CASAMENTO										
N/A	3-1-8-1	Registro de casamento – assento		Permanente	---		X	X	X	=> BASE LEGAL: – Lei nº 6015/73.	
N/A	3-1-8-2	Habilitação para casamento								=> PRAZO DE GUARDA: - A eliminação só é permitida caso a documentação seja microfilmada ou digitalizada; – Microfilmar ou digitalizar: memorial, certidão de nascimento dos noivos, termo de opção, certidão de habilitação de casamento ou a certificação de sua entrega aos nubentes, sentença de suprimento de idade núbil e sentença homologatória (Lei nº 6015/73). ->QUANTO AO CONTEÚDO, ENGLOBA: - Sentença de suprimento de idade núbil/Suprimento de idade ou consentimento (código 3-1-9)	
N/A	3-1-8-2-1	Casamentos celebrados		5 anos após o trânsito em julgado da sentença homologatória	---	X		X	X			
N/A	3-1-8-2-2	Casamentos inocorridos		6 meses após a autuação	---	X				=> O casamento não realizado no prazo de 90 (noventa) dias após a efetiva habilitação sofre os efeitos da decadência (Código Civil).	

ANEXOS DOS DEMAIS REGRAMENTOS Prov. 50/2015

SIGA-DOC (Adm.) ou CNJ (Jud.)	Código (método duplex)	Assunto	Documento	Prazo de guarda (Unidade Competente – fins probatórios)			Destinação final				Observação	Alterações
				Fase Corrente	Fase Intermediária	Eliminação	Guarda Permanente	Microfilmagem	Digitalização			
N/A	3-1-8-3	Edital de proclamas		6 meses após a sua fixação no serviço e publicação	----	X						
N/A	3-1-9	SUPRIMENTO (DE IDADE OU CONSENTIMENTO) (INATIVO)		2 anos após o trânsito em julgado da sentença	----	X		X	X	=> PRAZO DE GUARDA: - A eliminação só é permitida caso a documentação seja microfilmada ou digitalizada; - Microfilmar ou digitalizar: sentença de suprimento (Lei nº 6015/73).	
N/A	3-1-10	COMUNICAÇÕES		2 anos após a efetiva anotação	----	X				=> BASE LEGAL: - Art. 106 da Lei nº 6015/73.	
N/A	3-1-11	DECLARAÇÃO DE HIPOSSUFICIÊNCIA		1 ano	----	X					
N/A	3-1-12	REGISTRO DE QUALQUER ESPÉCIE (SENTENÇAS, TRANSCRIÇÕES, OPÇÕES DE NACIONALIDADE) (INATIVO)		Permanente	----		X	X	X	=> BASE LEGAL: - Lei nº 6015/73.	
N/A	3-1-13	DOCUMENTOS QUE INSTRUÍRAM O REGISTRO (FEITOS REFERENTES A BRASILEIROS NO EXTERIOR, APÓS REGISTRO NO RTD; OPÇÕES DE NACIONALIDADE ETC.)		5 anos após o efetivo registro no Livro E	----	X			X	=> BASE LEGAL: - Lei nº 6015/73.	
N/A	3-2	REGISTRO GERAL DE IMÓVEIS									
N/A	3-2-1	Livros									
N/A	3-2-1-1	Protocolo		Permanente	----		X				
N/A	3-2-1-2	Registro geral		Permanente	----		X				
N/A	3-2-1-3	Registro auxiliar		Permanente	----		X				
N/A	3-2-1-4	Indicador real		Permanente	----		X				
N/A	3-2-1-5	Indicador pessoal		Permanente	----		X				
N/A	3-2-1-6	De estrangeiros de terras rurais		Permanente	----		X				
N/A	3-2-1-7	Indisponibilidade de bens		Permanente	----		X				
N/A	3-2-1-8	Registro de Torrens		Permanente	----		X				

SIGA-DOC (Adm.) ou CNJ (Jud.)	Código (método duplex)	Assunto	Documento	Prazo de guarda (Unidade Competente – fins probatórios)			Destinação final				Observação	Alterações
				Fase Corrente	Fase Intermediária	Eliminação	Guarda Permanente	Microfilmagem	Digitalização			
N/A	3-2-2	AVISO DE INDISPONIBILIDADE DE BENS		---	---		X					
N/A	3-2-3	MEMORIAL DE INCORPORAÇÃO		Permanente	---		X					
N/A	3-2-4	MEMORIAL DE LOTEAMENTO		Permanente	---		X					
N/A	3-2-5	DOCUMENTOS APRESENTADOS PARA REGISTRO (TÍTULOS, COM PRENOTAÇÃO CANCELADA, NÃO RETIRADOS PELO REQUERENTE)		5 anos após o cancelamento da prenotação		X					=> QUANTO AO CONTEÚDO, ENGLOBA: - carta de adjudicação; formal de partilha; quitação de hipoteca/averbação; escrituras translativas de propriedade, de hipoteca e requerimento de averbação.	
N/A	3-2-5-1	DOCUMENTOS APRESENTADOS PARA REGISTRO (TÍTULOS REGISTRADOS)		1 ano	---	X		X	X		=> PRAZO DE GUARDA: - A eliminação só é permitida caso a documentação seja microfilmada ou digitalizada.	
N/A	3-2-6	COMPROVANTE DE EMISSÃO DE DECLARAÇÃO DE OPERAÇÃO IMOBILIÁRIA (DOI)		5 anos	---	X						
N/A	3-3	REGISTRO DE DISTRIBUIÇÃO / DISTRIBUIDORES										
N/A	3-3-1	LIVROS										
N/A	3-3-1-1	Registro de ações distribuídas		Permanente	---		X					
N/A	3-3-1-2	Registro de títulos distribuídos para protesto		Permanente	---		X					
N/A	3-3-1-3	Registro de títulos distribuídos para transferência de domínio		Permanente	---		X					
N/A	3-3-1-4	Registro de sentença – Varas empresariais		Permanente	---		X					
N/A	3-3-1-5	Registro de escritura pública de imóveis		Permanente	---		X			=> ALTERAÇÕES: - Denominação anterior: "Ônus reais".	

ANEXOS DOS DEMAIS REGRAMENTOS — Prov. 50/2015

SIGA-DOC (Adm.) ou CNJ (Jud.)	Código (método duplex)	Assunto	Documento	Prazo de guarda (Unidade Competente – fins probatórios)			Destinação final				Observação	Alterações
				Fase Corrente	Fase Intermediária	Eliminação	Guarda Permanente	Microfilmagem	Digitalização			
N/A	3-3-1-6	Registro de testamentos		Permanente	----		X					
N/A	3-3-1-7	Registro de habilitações de casamentos		Permanente	----		X					
N/A	3-3-1-8	Registro de constituição de pessoa jurídica		Permanente	----		X					
N/A	3-3-1-9	Registro de títulos e documentos		Permanente	----		X					
N/A	3-3-2	ATAS DE DISTRIBUIÇÃO		5 anos	----	X		X	X	=> PRAZO DE GUARDA: – A eliminação só é permitida caso a documentação seja microfilmada ou digitalizada.	
N/A	3-3-3	AVISOS DA CGJ (SOBRE INDISPONIBILIDADE DE BENS ETC.)		20 anos	----	X		X	X	=> PRAZO DE GUARDA: – A eliminação só é permitida caso a documentação seja microfilmada ou digitalizada.	
N/A	3-3-4	CERTIDÕES DE BAIXAS (PROTESTOS), CARTAS DE ANUÊNCIAS		10 anos	----	X				=> BASE LEGAL: – Art. 205 do Código Civil.	
N/A	3-3-5	COMUNICAÇÃO RELATIVA À HABILITAÇÃO DE CASAMENTO (DAS CIRCUNSCRIÇÕES DE REGISTRO CIVIL)		1 ano após o efetivo registro	----	X				=> BASE LEGAL: – Art. 205 do Código Civil.	
N/A	3-3-6	DECLARAÇÃO DE HOMONÍMIA		20 anos	----	X		X	X	=> PRAZO DE GUARDA: – A eliminação só é permitida caso a documentação seja microfilmada ou digitalizada.	
N/A	3-3-7	FICHAS E ÍNDICES		20 anos	----	X		X	X	=> PRAZO DE GUARDA: – A eliminação só é permitida caso a documentação seja microfilmada ou digitalizada.	

SIGA-DOC (Adm.) ou CNJ (Jud.)	Código (método duplex)	Assunto	Documento	Prazo de guarda (Unidade Competente – fins probatórios)			Destinação final				Observação	Alterações
				Fase Corrente	Fase Intermediária	Eliminação	Guarda Permanente	Microfilmagem	Digitalização			
N/A	3-3-8	OFÍCIOS – DE ANOTAÇÕES (AVERBAÇÕES, BAIXAS, RETIFICAÇÕES, INCLUSÕES ETC.)		10 anos	---	X					=> BASE LEGAL: - Art. 205 do Código Civil;	
N/A	3-3-9	OFÍCIOS / PEDIDOS DE CERTIDÕES E CANCELAMENTOS		5 anos	---	X					=> PRAZO DE GUARDA: - A eliminação só é permitida caso a documentação seja microfilmada ou digitalizada;	
N/A	3-3-10	PROTOCOLO DOS TÍTULOS DISTRIBUÍDOS PARA PROTESTO		10 anos	---	X		X	X		=> PRAZO DE GUARDA: - A eliminação só é permitida caso a documentação seja microfilmada ou digitalizada;	
N/A	3-3-11	PUBLICAÇÕES EM JORNAIS – SOBRE REQUISIÇÃO DE CERTIDÕES (DIÁRIO OFICIAL...)		1 ano	---	X		X	X		=> PRAZO DE GUARDA: - Caso estes documentos sejam microfilmados ou digitalizados, a eliminação poderá ocorrer a qualquer tempo (Art. 35 § 2º da Lei nº 9492/97).	
N/A	3-3-12	CÓPIA DE TÍTULOS E / OU REQUERIMENTOS APRESENTADOS PARA PROTESTO		10 anos	---	X						
N/A	3-4	TABELIONATO DE PROTESTO DE TÍTULOS										
N/A	3-4-1	LIVROS										
N/A	3-4-1-1	Protocolo		3 anos	---	X					=> BASE LEGAL: - Art. 36 da Lei nº 9492/97	
N/A	3-4-1-2	Registro de protesto		10 anos	---	X					=> BASE LEGAL: - Art. 36 da Lei nº 9492/97	
N/A	3-4-2	COMPROVANTES DE PAGAMENTO DOS CREDORES, DE DEVOLUÇÃO DE TÍTULOS E DOCUMENTOS		1 mês	---	X					=> BASE LEGAL: - Art. 35 § 1º, III, da Lei nº 9492/97	

SIGA-DOC (Adm.) ou CNJ (Jud.)	Código (método duplex)	Assunto	Documento	Prazo de guarda (Unidade Competente – fins probatórios)			Destinação final				Observação	Alterações
				Fase Corrente	Fase Intermediária	Eliminação	Guarda Permanente	Microfilmagem	Digitalização			
N/A	3-4-3	INTIMAÇÕES E EDITAIS										
N/A	3-4-3-1	de documentos protestados		1 ano	----	X					=> BASE LEGAL: - Art. 35 § 1°, III, da Lei n° 9492/97	
N/A	3-4-3-2	de títulos pagos ou retirados		6 meses	----	X					=> BASE LEGAL: - Art. 35 § 1°, III, da Lei n° 9492/97	
N/A	3-4-4	MANDADOS / OFÍCIOS JUDICIAIS		10 anos	----	X					=> BASE LEGAL: - Art. 205 – Código Civil	
N/A	3-4-4-1	Mandado de sustação		1 ano após solução definitiva pelo Juiz	----	X					=> BASE LEGAL: - Art. 35 § 3°, da Lei n° 9492/97	
N/A	3-4-5	ORDENS DE CANCELAMENTO		1 ano	----	X					=> BASE LEGAL: - Art. 35 § 1°, I, da Lei n° 9492/97	
N/A	3-4-6	DOCUMENTOS QUE INSTRUÍRAM A AVERBAÇÃO NO REGISTRO		1 ano	----	X					=> BASE LEGAL: - Analogia no art. 35 § 1°, I, da Lei n° 9492/97	
N/A	3-5	OFÍCIO DE NOTAS										
N/A	3-5-1	LIVROS										
N/A	3-5-1-1	Protocolo de livros		Permanente	----		X					
N/A	3-5-1-2	Testamentos públicos		Permanente	----		X					
N/A	3-5-1-3	Aprovação de testamentos cerrados		Permanente	----		X					
N/A	3-5-1-4	Escritura / misto		Permanente	----		X					
N/A	3-5-1-5	Procurações e substabelecimentos / misto		Permanente	----		X					
N/A	3-5-1-6	Depósito de firmas		Permanente	----		X					
N/A	3-5-1-7	Reconhecimento de firmas por autenticidade		Permanente	----		X					
N/A	3-5-1-8	Índice de testamentos e notas		Permanente	----		X					
N/A	3-5-1-9	Outros livros (auxiliares)		Permanente	----		X					
N/A	3-5-2	FICHAS DE DEPÓSITO DE FIRMAS		Permanente	----		X					
N/A	3-5-3	CERTIDÕES DOS DISTRIBUIDORES, INTERDIÇÕES E TUTELAS		10 anos		X					=> BASE LEGAL: - Art. 205 do Código Civil.	

SIGA-DOC (Adm.) ou CNJ (Jud.)	Código (método duplex)	Assunto	Documento	Fase Corrente	Fase Intermediária	Eliminação	Guarda Permanente	Microfilmagem	Digitalização	Observação	Alterações
N/A	3-5-4	CONTROLE DE DISTRIBUIÇÃO DE ESCRITURAS (NOTAS DE DISTRIBUIÇÃO)		10 anos	----	X				=> BASE LEGAL: - Art. 205 do Código Civil.	
N/A	3-5-5	OUTROS DOCUMENTOS DE ESCRITURA / PROCURAÇÃO		10 anos	----	X				=> BASE LEGAL: - Art. 205 do Código Civil.	
N/A	3-5-6	COMPROVANTE DE EMISSÃO DE DECLARAÇÃO DE OPERAÇÃO IMOBILIÁRIA (DOI)		5 anos	----	X					
N/A	3-6	OFÍCIO DE NOTAS E REGISTROS DE CONTRATOS MARÍTIMOS								=> Fazem parte desse grupo os livros da subclasse 3-5 - Ofício de Notas.	
N/A	3-6-1	LIVROS									
N/A	3-6-1-1		Protocolo	Permanente	----		X				
N/A	3-6-1-2		Registro de contratos	Permanente	----		X				
N/A	3-6-1-3		Procuração	Permanente	----		X				
N/A	3-6-1-4		Escritura	Permanente	----		X				
N/A	3-6-1-5		Abertura de firma	Permanente	----		X				
N/A	3-6-1-6		Reconhecimento de firmas por autenticidade	Permanente	----		X				
N/A	3-6-2	AVISO DE INDISPONIBILIDADE DE BENS		20 anos	----	X		X	X	=> PRAZO DE GUARDA: - A eliminação só é permitida caso a documentação seja microfilmada ou digitalizada.	
N/A	3-6-3	CONTROLE DE DISTRIBUIÇÃO		20 anos	----	X					
N/A	3-6-4	DEPÓSITO DE FIRMAS (FICHAS)		Permanente	----		X				
N/A	3-6-5	MATRÍCULAS (FICHAS)		Permanente	----		X				
N/A	3-6-6	PUBLICAÇÕES EM JORNAIS (DIÁRIO OFICIAL...)		2 anos	----	X					
N/A	3-6-7	REGISTROS DIVERSOS (FICHAS)		Permanente	----		X		X		
N/A	3-6-8	DOCUMENTOS QUE INSTRUÍRAM O REGISTRO		15 anos	----	X				=> BASE LEGAL: - Art. 205 do Código Civil.	

ANEXOS DOS DEMAIS REGRAMENTOS - Prov. 50/2015

SIGA-DOC (Adm.) ou CNJ (Jud.)	Código (método duplex)	Assunto	Documento	Prazo de guarda (Unidade Competente – fins probatórios)		Destinação final				Observação	Alterações
				Fase Corrente	Fase Intermediária	Eliminação	Guarda Permanente	Microfilmagem	Digitalização		
N/A	3-6-9	DOCUMENTOS QUE INSTRUÍRAM A PROCURAÇÃO, A ESCRITURA		5 anos	----	X					
N/A	3-7	REGISTRO DE TÍTULOS E DOCUMENTOS									
N/A	3-7-1	LIVROS REGISTRAIS									
N/A	3-7-1-1	Livro A (Protocolo)		Permanente	----		X				
N/A	3-7-1-2	Livro B (Registro integral)		Permanente	----		X				
N/A	3-7-1-3	Livro C (Registro resumido)		Permanente	----		X				
N/A	3-7-1-4	Livro D (Indicador pessoal)		Permanente	----		X				
N/A	3-7-2	AVISO DE INDISPONIBILIDADE DE BENS		20 anos	----	X		X			
N/A	3-7-3	BOLETINS DOS ATOS EXTRAJUDICIAIS		5 anos	----		X				
N/A	3-7-4	COMPROVANTES DE EMISSÃO DE DECLARAÇÃO DE OPERAÇÃO IMOBILIÁRIA (DOI)		5 anos	----	X		X			
N/A	3-7-5	CONTROLE DE DISTRIBUIÇÃO (NOTAS DE DISTRIBUIÇÃO)		10 anos	----	X				=> BASE LEGAL: - Art. 205 do Código Civil.	
N/A	3-7-6	PUBLICAÇÕES EM JORNAIS (DIÁRIO OFICIAL...)		2 anos	----	X					
N/A	3-7-7	REQUERIMENTOS DE CANCELAMENTOS DE REGISTROS E DOCUMENTOS		10 anos	----	X		X	X	=> PRAZO DE GUARDA: - A eliminação só é permitida caso a documentação seja microfilmada ou digitalizada. BASE LEGAL: - Art. 205 do Código Civil	
N/A	3-7-8	DOCUMENTOS QUE INSTRUÍRAM O REGISTRO		10 anos		X				=> BASE LEGAL: - Art. 205 do Código Civil.	
N/A	3-8	REGISTRO CIVIL DE PESSOAS JURÍDICAS									
N/A	3-8-1	LIVROS									

149

ANEXOS DOS DEMAIS REGRAMENTOS

SIGA-DOC (Adm.) ou CNJ (Jud.)	Código (método duplex)	Assunto	Documento	Prazo de guarda (Unidade Competente - fins probatórios)		Destinação final				Observação	Alterações
				Fase Corrente	Fase Intermediária	Eliminação	Guarda Permanente	Microfilmagem	Digitalização		
N/A	3-8-1-1	Protocolo		Permanente	----		X			=> BASE LEGAL: - Art. 1º da Lei nº 6015/73.	
N/A	3-8-1-2	Livro A (registros de contratos, estatutos etc.) e B (oficinas, impressoras, jornais e periódicos)		Permanente	----		X			=> BASE LEGAL: - Art. 1º da Lei nº 6015/73.	
N/A	3-8-2	CERTIDÕES RECEBIDAS PARA REGISTROS E AVERBAÇÕES		10 anos	----	X		X	X	=> PRAZO DE GUARDA: - A eliminação só é permitida caso a documentação seja microfilmada ou digitalizada.	
N/A	3-8-3	CÓPIA DE DOCUMENTOS PESSOAIS DOS SÓCIOS / PRESIDENTE		10 anos	----	X		X	X	=> PRAZO DE GUARDA: - A eliminação só é permitida caso a documentação seja microfilmada ou digitalizada.	
N/A	3-8-4	EXEMPLARES DE CONTRATOS SOCIAIS, ATOS, ESTATUTOS (REGISTRADOS)		Permanente	----		X				
N/A	3-8-5	PUBLICAÇÕES EM JORNAIS (DIÁRIO OFICIAL...)		1 ano	----	X					
N/A	3-8-6	REQUERIMENTOS DE REGISTRO		1 ano	----	X					
N/A	3-9	DOCUMENTOS COMUNS									
N/A	3-9-1	LIVROS									
N/A	3-9-1-1	Adicional		10 anos	----	X					
N/A	3-9-1-2	Controle de selos		10 anos	----	X					
N/A	3-9-2	CERTIDÃO NÃO PROCURADA PELAS PARTES / CÓPIA DE CERTIDÃO (DOCUMENTOS COMUNS)		3 meses	----	X					
N/A	3-9-3	GUIA DE RECOLHIMENTO DE RECEITA JUDICIÁRIA		10 anos	----	X					
N/A	3-9-4	OFÍCIOS / REQUERIMENTOS		5 anos	----	X					
N/A	3-9-5	RELATÓRIOS DE CORREIÇÃO		5 anos	----	X					
N/A	3-9-6	RECIBO		5 anos	----	X					
N/A	3-9-7	BOLETINS DOS ATOS EXTRAJUDICIAIS		5 anos	----	X					

RESOLUÇÃO Nº 228
22 DE JUNHO DE 2016
ANEXO I

CONSELHO NACIONAL DE JUSTIÇA

BRASIL
APOSTILLE
(Convention de La Haye du 5 octobre 1961)

1. País: (Country / Pays)	REPÚBLICA FEDERATIVA DO BRASIL

Este documento público
(This public document / Le présent acte public)

2. Foi assinado por: (Has been signed by / A été signé par)	
3. Na qualidade de: (Acting in the capacity of / Agissant en qualité de)	
4. Tem o selo / carimbo de: (Bears the seal / stamp of / Est revêtu du sceau/ timbre de)	

Certificado
(Certified / Attesté)

5. Em: (At / À)	Porto Alegre	6. No dia: (The / Le)	09/06/2016
7. Por: (By / Par)	Teste do Sistema		
8. Nº: (N°/ Sous n°)	0000117		
9. Selo / Carimbo: (Seal / Stamp / Sceau / Timbre)		10. Firma: (Signature)	Assinatura Eletrônica / Electronic Signature / Signature Electronique

Tipo de documento:
(Type of document / Type d'acte)

Nome do titular:
(Name of holder of document/ Nom du titulaire)

Esta Apostila certifica apenas a assinatura, a capacidade do signatário e, quando apropriado, o selo ou carimbo constantes no documento público. Ela não certifica o conteúdo do documento para o qual foi emitida.

This Apostille certifies only the signature, the capacity of the person signing it and where appropriate, the seal or stamp which the public document bears. It does not certify the content of the document for which it was issued.

Cette Apostille ne certifie que la signature, la qualité en laquelle le signataire de l'acte a agi, et, le cas échéant, les sceau ou le timbre dont cet acte public est revêtu. Elle ne certifie pas le contenu de l'acte pour lequel elle a été émise.

_____

A autenticidade desta Apostila e de sua assinatura eletrônica, bem como o documento público subjacente, podem ser verificadas em:

The authenticity of this Apostille and its electronic signature, along with the underlying public document, may be verified at:

L'authenticité de cette Apostille, de la signature électronique, ainsi que de l'acte public sous-jacent peut être vérifiée sur:

A presente Apostila foi firmada com assinatura eletrônica, conforme a Lei nº 11.419/2006.

This Apostille was electronically signed in accordance with Law nº 11.419/2006.

Cette Apostille a été signée par une signature électronique, d'après la Loi nº 11.419/2006.

Dúvidas a respeito desta Apostila entrar em contato com a Ouvidoria do CNJ.

Any questions about this Apostille may be directed to the Ombudsman of the CNJ.

Veuillez contacter l'Ombudsman de la CNJ pour toute question relative à cette Apostille.

Por favor, utilize este QR Code para checar a autenticidade desta Apostila e de sua assinatura eletrônica. Uma cópia do documento público subjacente também está disponível na mesma página.

Please use this QR Code to check the authenticity of this Apostille and its electronic signature. A copy of the underlying public document is also accessible from the same page.

Veuillez utiliser ce Code QR pour vérifier l'authenticité de cette Apostille et de sa signature électronique. Une copie de l'acte public sous-jacent est également disponible sur la même page.

Código (Code):
0000117
CRC
FAC0F35F

📞 55 61 2326-4607
✉ ouvidoria@cnj.jus.br

www.cnj.jus.br/sei

16.0.00000049-3

ANEXO II

MODELO DE CARIMBO

O arquivo será fornecido pela Secretaria de Comunicação do Conselho Nacional de Justiça.
Para solicitar, basta enviar um e-mail para: q-institucional@cnj.jus.br.

2,8 CM

FONTE: ARIAL
Cor: Preta

PROVIMENTO Nº 63
14 DE NOVEMBRO DE 2017
ANEXO I

REPÚBLICA FEDERATIVA DO BRASIL
REGISTRO CIVIL DAS PESSOAS NATURAIS

CERTIDÃO DE NASCIMENTO
NOME

CPF

MATRÍCULA
9999999999 9999 9 9999 999 9999999 99

DATA DE NASCIMENTO POR EXTENSO — DIA — MÊS — ANO

HORA DE NASCIMENTO — NATURALIDADE

MUNICÍPIO DE REGISTRO E UNIDADE DA FEDERAÇÃO — LOCAL, MUNICÍPIO DE NASCIMENTO E UF — SEXO

FILIAÇÃO

AVÓS

GÊMEOS — NOME E MATRÍCULA DOS GÊMEOS

DATA DO REGISTRO POR EXTENSO — NÚMERO DA DNV/DECLARAÇÃO DE NASCIDO VIVO

AVERBAÇÕES/ANOTAÇÕES A ACRESCER

ANOTAÇÕES DE CADASTRO

TIPO DOCUMENTO	NÚMERO	DATA EXPEDIÇÃO	ÓRGÃO EXPEDIDOR	DATA DE VALIDADE
RG				
PIS/PIS				
Passaporte				
Cartão Nacional de Saúde				

TIPO DOCUMENTO	NÚMERO	ZONA/SEÇÃO	MUNICÍPIO	UF
Título de Eleitor				

CEP Residencial		Grupo Sanguíneo	

* As anotações de cadastro acima não dispensam a parte interessada da apresentação do documento original, quando exigido pelo órgão solicitante ou quando necessário para identificação de seu portador.

NOME DO OFÍCIO
OFICIAL REGISTRADOR
MUNICÍPIO/UF
ENDEREÇO
TELEFONE
E-MAIL

O conteúdo da certidão é verdadeiro. Dou fé.
Data e Local:

Assinatura do Oficial

ANEXO II

REPÚBLICA FEDERATIVA DO BRASIL
REGISTRO CIVIL DAS PESSOAS NATURAIS

CERTIDÃO DE CASAMENTO

NOMES

CPF

CPF

MATRÍCULA
9999999999 9999 9 9999 999 9999999 99

Nomes completos de solteiro, datas de nascimento, naturalidade, nacionalidade e filiação dos cônjuges

DATA DO REGISTRO DO CASAMENTO (POR EXTENSO) — DIA — MÊS — ANO

REGIME DE BENS DO CASAMENTO

NOME QUE CADA UM DOS CÔNJUGES PASSOU A UTILIZAR (QUANDO HOUVER ALTERAÇÃO)

AVERBAÇÕES/ANOTAÇÕES A ACRESCER

ANOTAÇÕES DE CADASTRO

TIPO DOCUMENTO	NÚMERO	DATA EXPEDIÇÃO	ORGÃO EXPEDIDOR	DATA DE VALIDADE
RG				
PIS/NIS				
Passaporte				
Cartão Nacional de Saúde				

TIPO DOCUMENTO	NÚMERO	ZONA/SEÇÃO	MUNICÍPIO	UF
Título de Eleitor				

CPF Residencial — Grupo Sanguíneo

* As anotações de cadastro acima não dispensam a parte interessada da apresentação do documento original, quando exigido pelo órgão solicitante ou quando necessário para identificação de seu portador.

NOME DO OFÍCIO
OFICIAL REGISTRADOR
MUNICÍPIO/UF
ENDEREÇO
TELEFONE
E-MAIL

O conteúdo da certidão é verdadeiro. Dou fé.
Data e Local:

_____
Assinatura do Oficial

ANEXO III

REPÚBLICA FEDERATIVA DO BRASIL
REGISTRO CIVIL DAS PESSOAS NATURAIS

CERTIDÃO DE ÓBITO

NOME

CPF

MATRÍCULA
9999999999 9999 9 9999 999 9999999 99

SEXO | COR | ESTADO CIVIL E IDADE

NATURALIDADE | DOCUMENTO DE IDENTIFICAÇÃO | ELEITOR

FILIAÇÃO E RESIDÊNCIA

DATA E HORA DE FALECIMENTO | DIA | MÊS | ANO

LOCAL DE FALECIMENTO

CAUSA DA MORTE

SEPULTAMENTO/CREMAÇÃO (município e cemitério, se conhecido) | DECLARANTE

NOME E NÚMERO DO DOCUMENTO DO MÉDICO QUE ATESTOU O ÓBITO

AVERBAÇÕES/ANOTAÇÕES A ACRESCER

ANOTAÇÕES DE CADASTRO

TIPO DOCUMENTO	NÚMERO	DATA EXPEDIÇÃO	ÓRGÃO EXPEDIDOR	DATA DE VALIDADE
RG				
PIS/NIS				
Passaporte				
Cartão Nacional de Saúde				

TIPO DOCUMENTO	NÚMERO	ZONA/SEÇÃO	MUNICÍPIO	UF
Título de Eleitor				

CEP Residencial			Grupo Sanguíneo	

* As anotações de cadastro acima não dispensam a apresentação do documento original, quando exigida pelo órgão solicitante.

NOME DO OFÍCIO
OFICIAL REGISTRADOR
MUNICÍPIO/UF
ENDEREÇO
TELEFONE
E-MAIL

O conteúdo da certidão é verdadeiro. Dou fé.
Data e Local:

Assinatura do Oficial

ANEXO IV

TERMO DE RECONHECIMENTO DE FILIAÇÃO SOCIOAFETIVA

Qualificação completa da pessoa que compare espontaneamente para reconhecer o(a) filho(a) (nome completo, nacionalidade, naturalidade, data e local de nascimento, estado civil, profissão, RG, CPF, endereços, telefones, endereço eletrônico e filiação, com especificação dos nome completos do respectivos genitores, para constarem como avós do reconhecido): _____
_____
_____

Dados para identificação induvidosa do filho(a) reconhecido(a), em especial seu nome completo e indicação do Oficial de Registro de Pessoas Naturais em que realizado seu registro de nascimento, que poderá ser diverso daquele em que preenchido o presente termo (sem prejuízo de outros elementos que seja possível consignar, tais como nome da mãe, endereços desta e do filho(a), respectivos telefones, endereço eletrônico, identificação e localização de outros parentes etc.): _____
_____
_____

Declaração da pessoa realiza o reconhecimento: **DECLARO**, sob as penas da lei, que:

1. a filiação socioafetiva ora afirmada é verdadeira e que **RECONHEÇO**, nos termos do Provimento nº ___ do Conselho Nacional de Justiça, meu(-minha) filho(a) **SOCIOAFETIVO** acima identificado(a);
2. o reconhecimento da filiação socioafetiva ou adoção não foi pleiteado em juízo;
3. não há vínculo de parentesco biológico na linha ascendente ou de irmãos com o(a) filho(a) reconhecido(a);
4. possuo diferença de idade em, no mínimo, de 16 (dezesseis) anos com o(a) filho(a) reconhecido(a);
5. tenho conhecimento que o(a) filho(a) reconhecido(a) passará a ter todos os direitos legais de filho, inclusive os direitos sucessórios, em igualdade com os filhos biológicos ou adotados, sem distinção;
6. tenho ciência de que o reconhecimento é irrevogável nos termos do art. 1.610 do vigente Código Civil.

Por ser expressão da verdade, firmo o presente termo.

(Local), ___/___/___

_____
Pessoa que reconhece o(a) filho(a)

_____
Filho(a) maior de 12 (doze) anos ou mãe do(a) filho(a) menor, caso compareça simultaneamente para anuência (com qualificação no campo acima)

_____
Oficial de Registro de Pessoal Naturais, com identificação e carimbo

ANEXO IV – VERSO DO IMPRESSO DE SEGURANÇA

DETALHAMENTO DA MATRÍCULA

MATRÍCULA	
PADRÃO	
DETALHAMENTO	
	CÓDIGO NACIONAL DA SERVENTIA (IDENTIFICAÇÃO ÚNICA DO CARTÓRIO)
	CÓDIGO DO ACERVO, SENDO: 01 – ACERVO PRÓPRIO OUTROS – ACERVOS INCORPORADOR
	TIPO DE SERVIÇO PRESTADO, SENDO 51: SERVIÇO DE NOTAS 52: SERVIÇO DE PROTESTO DE TÍTULOS 53: SERVIÇO DE REGISTRO DE IMÓVEIS 54: SERVIÇO DE REGISTRO DE TÍTULOS E DOCUMENTO CIVIL DE PESSOA JURÍDICA 55: SERVIÇO DE REGISTRO CIVIL DAS PESSOAS NATURAIS 56: SERVIÇO DE REGISTRO DE CONTRATOS MARÍTIMOS 57: REGISTRO DE DISTRIBUIÇÃO
	ANO DO REGISTRO
	TIPO DE LIVRO, SENDO 1: LIVRO A (NASCIMENTO) 2: LIVRO B (CASAMENTO) 3: LIVRO B (REGISTRO DE CASAMENTO RELIGIOSO PARA FINS CIVIS) 4: LIVRO C (ÓBITO) 5: LIVRO C AUXILIAR (REGISTRO DE NATIMORTOS) 6: LIVRO D (REGISTRO DOS PROCLAMAS) 7: LIVRO E (DEMAIS ATOS RELATIVOS AO REGISTRO CIVIL)
	NÚMERO DO LIVRO
	NÚMERO DA FOLHA
	NÚMERO DO TERMO
	DÍGITO VERIFICADOR

ANEXO V

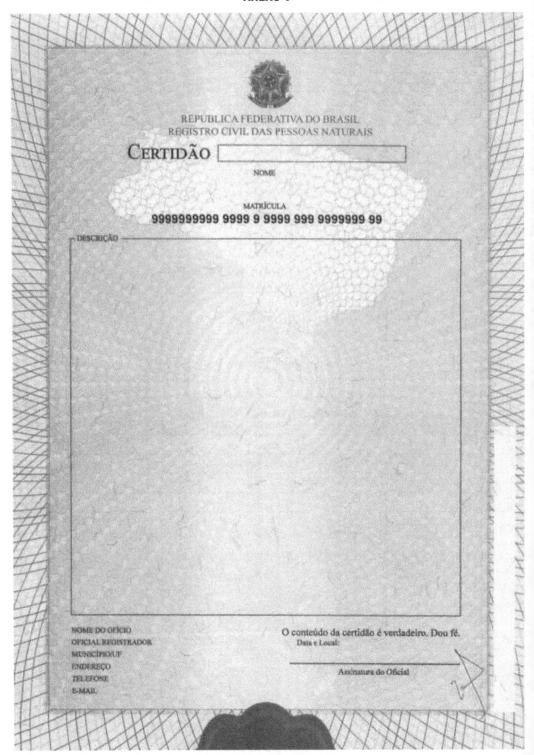

PROVIMENTO Nº 62
14 DE NOVEMBRO DE 2017

ANEXO

CADASTRAMENTO PARA SERVENTIAS EXTRAJUDICIAIS
Informações necessárias
– Número do Cadastro Nacional de Serventia (CNS) do cartório (sem ponto e sem hífen)
– Nome, endereço completo e telefone do cartório (tudo em caixa-alta)
– Nome dos colaboradores (Tabelião, Tabelião substituto e escreventes – no máximo, cinco colaboradores, incluindo Tabelião e substituto), CPF (sem ponto e sem hífen), e-mail (cada colaborador deve ter o seu), tudo em caixa-alta

CADASTRAMENTO PARA CORREGEDORIAS-GERAIS
Informações necessárias
– Nome do tribunal completo (sem ponto e sem hífen) e CNPJ
– Endereço completo e telefone do tribunal (tudo em caixa-alta)
– Nome do corregedor-geral e dos colaboradores (juízes auxiliares e assessores – no máximo cinco), CPF (sem ponto e sem hífen), e-mail (cada colaborador deve ter o seu), tudo em caixa-alta

CADASTRAMENTO PARA JUÍZES DIRETORES DE FORO NAS DEMAIS UNIDADES JUDICIÁRIAS, COMARCAS OU SUBSEÇÕES
Informações necessárias
– Nome completo do fórum, comarcas ou subseções e sigla do tribunal a que pertencem (sem ponto e sem hífen)
– Endereço completo e telefone do fórum, comarcas ou subseções (tudo em caixa-alta)
– Nome completo do Juiz Diretor do Fórum, da comarca ou subseção e dos colaboradores (assessores – no máximo cinco), CPF (sem ponto e sem hífen), e-mail (cada colaborador deve ter o seu), tudo em caixa-alta

PROVIMENTO Nº 73
28 DE JUNHO DE 2018
ANEXO

SR. OFICIAL DE REGISTRO CIVIL DAS PESSOAS NATURAIS DO MUNICÍPIO DE ...

I – REQUERENTE:

Nome civil completo, nacionalidade, naturalidade, data e local do nascimento, estado civil, profissão, RG, CPF, endereço completo, telefone, endereço eletrônico.

II – REQUERIMENTO:

Visto que o gênero que consta em meu registro de nascimento não coincide com minha identidade autopercebida e vivida, solicito que seja averbada a alteração do sexo para (masculino ou feminino), bem como seja alterado o prenome para...

III – DECLARAÇÕES SOB AS PENAS DA LEI

Declaro que não possuo passaporte, identificação civil nacional (ICN) ou registro geral de identidade (RG) emitido em outra unidade da Federação.

OU

Declaro que possuo o Passaporte n. ...., ICN n. .... e RG n. ...

Estou ciente de que não será admitida outra alteração de sexo e prenome por este procedimento diretamente no registro civil, resguardada a via administrativa perante o Juiz Corregedor Permanente.

Estou ciente de que deverei providenciar a alteração nos demais registros que digam respeito, direta ou indiretamente, a minha pessoa e nos documentos pessoais.

Declaro que não sou parte em ação judicial em trâmite sobre identidade de gênero (ou Declaro que o pedido que estava em trâmite na via judicial foi arquivado, conforme certidão anexa.)

IV – FUNDAMENTO JURÍDICO

O presente requerimento está fundamentado no princípio da dignidade da pessoa humana, no art. 58 da Lei nº 6.015/1973, interpretado pelo Supremo Tribunal Federal no julgamento da ADI nº 4.275, e no Provimento CN-CNJ nº ..../2018.

Por ser verdade, firmo o presente termo.

Local e data.

Assinatura do requerente

CERTIFICO E DOU FÉ que a assinatura supra foi lançada em minha presença.

Local e data.

Carimbo e assinatura do cartório

PROVIMENTO Nº 74
31 DE JULHO DE 2018

ANEXO

CLASSE 1
Serventias com arrecadação de até R$ 100 mil por semestre, equivalente a 30,1% dos cartórios
PRÉ-REQUISITOS
Energia estável, rede elétrica devidamente aterrada e link de comunicação de dados mínimo de 2 megabits
Endereço eletrônico (e-mail) da unidade para correspondência e acesso ao sistema
Malote Digital Local técnico (CPD) isolado dos demais ambientes preferencialmente por estrutura física de alvenaria ou, na sua impossibilidade, por divisórias. Em ambos os casos, com possibilidade de controle de acesso (porta com chave) restrito aos funcionários da área técnica
Local técnico com refrigeração compatível com a quantidade de equipamentos e metragem Unidade de alimentação ininterrupta (nobreak) compatível com os servidores instalados, com autonomia de pelo menos 30 (trinta) minutos
Dispositivo de armazenamento (storage), físico ou virtual Serviço de cópias de segurança na internet (backup em nuvem)
Servidor com sistema de alta disponibilidade que permita a retomada do atendimento à população em até 15 minutos após eventual pane do servidor principal Impressoras e scanners (multifuncionais)
Switch para a conexão de equipamentos internos Roteador para controlar conexões internas e externas
Softwares licenciados para uso comercial Software antivírus e antissequestro
Firewall
Proxy
Banco de dados
Mão de obra: pelo menos 2 funcionários do cartório treinados na operação do sistema e das cópias de segurança ou empresa contratada que preste o serviço de manutenção técnica com suporte de pelo menos 02 pessoas

CLASSE 2
Serventias com arrecadação entre R$ 100 mil e R$ 500 mil por semestre, equivalente a 26,5% dos cartórios
PRÉ-REQUISITOS
Energia estável, rede elétrica devidamente aterrada e link de comunicação de dados mínimo de 4 megabits
Endereço eletrônico (e-mail) da unidade para correspondência e acesso ao sistema Malote Digital
Local técnico (CPD) isolado dos demais ambientes preferencialmente por estrutura física de alvenaria ou, na sua impossibilidade, por divisórias. Em ambos os casos, com possibilidade de controle de acesso (porta com chave) restrito aos funcionários da área técnica
Local técnico com refrigeração compatível com a quantidade de equipamentos e metragem
Unidade de alimentação ininterrupta (nobreak) compatível com os servidores instalados, com autonomia de pelo menos 30 (trinta) minutos
Dispositivo de armazenamento (storage), físico ou virtual
Serviço de cópias de segurança na internet (backup em nuvem)
Servidor com sistema de alta disponibilidade que permita a retomada do atendimento à população em até 15 minutos após eventual pane do servidor principal
Impressoras e scanners (multifuncionais)
Switch para a conexão de equipamentos internos
Roteador para controlar conexões internas e externas Softwares licenciados para uso comercial
Software antivírus e antissequestro Firewall
Proxy
Banco de dados
Mão de obra: pelo menos 2 funcionários do cartório treinados na operação do sistema e das cópias de segurança ou empresa contratada que preste o serviço de manutenção técnica com suporte de pelo menos 02 pessoas

CLASSE 3
Serventias com arrecadação acima de R$ 500 mil por semestre, equivalente a 21,5% dos cartórios
PRÉ-REQUISITOS
Energia estável, rede elétrica devidamente aterrada e link de comunicação de dados mínimo de 10 megabits
Endereço eletrônico (e-mail) da unidade para correspondência e acesso ao sistema Malote Digital Local técnico (CPD) isolado dos demais ambientes preferencialmente por estrutura física de alvenaria ou, na sua impossibilidade, por divisórias. Em ambos os casos, com possibilidade de controle de acesso (porta com chave) restrito aos funcionários da área técnica
Local técnico com refrigeração compatível com a quantidade de equipamentos e metragem
Unidade de alimentação ininterrupta (nobreak) compatível com os servidores instalados, com autonomia de pelo menos 30 (trinta) minutos
Dispositivo de armazenamento (storage), físico ou virtual
Serviço de cópias de segurança na internet (backup em nuvem)
Servidor com sistema de alta disponibilidade que permita a retomada do atendimento à população em até 15 minutos após eventual pane do servidor principal Impressoras e scanners (multifuncionais)
Switch para a conexão de equipamentos internos
Roteador para controlar conexões internas e externas
Softwares licenciados para uso comercial
Software antivírus e antissequestro
Firewall
Proxy
Banco de dados
Mão de obra: pelo menos 3 funcionários do cartório treinados na operação do sistema e das cópias de segurança ou empresa contratada que preste o serviço de manutenção técnica com suporte de pelo menos 3 pessoas

PROVIMENTO Nº 122
13 DE AGOSTO DE 2021

ANEXO
(art. 4º do Provimento nº 122/2021)

OFICIAL DE REGISTRO CIVIL DAS PESSOAS NATURAIS DO MUNICÍPIO DE ...

– OPTANTE:

Nome civil completo, nacionalidade, naturalidade, data e local do nascimento, estado civil, profissão, RG, CPF, endereço completo, telefone, endereço eletrônico.

– REPRESENTANTE(S) OU ASSISTENTE(S):

Nome civil completo, nacionalidade, naturalidade, data e local do nascimento, estado civil, profissão, RG, CPF, endereço completo, telefone, endereço eletrônico.

I – OPÇÃO:

Consta no assento de nascimento da pessoa optante a indicação do sexo "ignorado". Solicito a averbação da opção pelo sexo (masculino ou feminino) no assento de nascimento.

II – PRENOME:

A pessoa optante não deseja alterar o prenome. OU Solicito seja alterado o prenome da pessoa optante, averbando-se o novo prenome ...

Local e data.

Assinaturas.